2013年度安徽省高等学校省级质量工程项目·省级规划教材
2018年度安徽省高等学校省级质量工程项目·省级一流教材

刑法学

（第二版）

彭凤莲　汪维才◎主编

安徽师范大学出版社
·芜湖·

责任编辑:郭行洲
装帧设计:丁奕奕

图书在版编目(CIP)数据

刑法学/彭凤莲,汪维才主编.—2版.—芜湖:安徽师范大学出版社,2016.5(2019.8重印)
ISBN 978-7-5676-2453-5

Ⅰ.①刑… Ⅱ.①彭… ②汪… Ⅲ.①刑法-法的理论-中国-高等学校-教材 Ⅳ.①D924.01

中国版本图书馆CIP数据核字(2016)第058107号

刑　法　学

（第二版）

彭凤莲　汪维才　主编

出版发行:安徽师范大学出版社
芜湖市九华南路189号安徽师范大学花津校区　　邮政编码:241002
网　　址:http://www.ahnupress.com/
发 行 部:0553-3883578 5910327 5910310(传真)　　E-mail:asdcbsfxb@126.com
印　　刷:江苏凤凰数码印务有限公司
版　　次:2016年5月第2版
印　　次:2019年8月第5次印刷
规　　格:787 mm×1092 mm　1/16
印　　张:26.5
字　　数:630千
书　　号:ISBN 978-7-5676-2453-5
定　　价:69.00元

第二版重印说明

我们编写的《刑法学》教材第二版自2016年出版以来，在本科生、研究生、继续教育等不同类别学生中使用了3年，至2019年8月已第5次印刷。该教材先后被评为安徽师范大学优秀教材、安徽省十二五规划教材、安徽省一流本科教材。

此次重印，保持了以下三个“不变”：一是第二版教材的基本架构和编写体例不变；二是及时反映全国人大常委会出台的立法解释，最高人民法院、最高人民检察院等制定的司法解释以及其印发的指导性案例的编写精神不变；三是注意吸收最新的刑法学研究成果和最新的司法考试或者法律职业资格考试内容的风格不变。第二版问世后，《刑法修正案（十）》出台，也出台了一些新的司法解释，因此，借此次重印的机会，重点吸纳了《刑法修正案（十）》以及最新司法解释、指导性案例的内容，也对第二版教材的少数表述进行了文字润色，对个别错漏之处进行了修正，以使本教材在内容上与时俱进，在表述上更简练、准确。

本次修订分工如下：

刑法总论第一章至第九章（彭凤莲编写）；

刑法总论第十章至第十九章（雍自元编写）；

刑法分论第二十章、第二十三章、第二十八章（汪维才编写）；

刑法分论第二十一章、第二十二章、第二十七章、第三十章（张磊编写）；

刑法分论第二十四章、第二十九章（陈银珠编写）；

刑法分论第二十五章、第二十六章（李光宇编写）；

本书由彭凤莲、汪维才担任主编，全书由主编统改定稿。

教材中难免存在不当、不足之处，祈请读者批评指正。

编　者

2019 年 8 月

目　录

第二编　刑法分论

绪 言

对刑法学的学习、研究应建立在对其概念的科学界定和对其研究对象的准确定位基础之上，并对刑法学的体系有所了解和掌握。

一、刑法学的概念

刑法学是研究刑法及其所规定的犯罪、刑事责任和刑罚的科学。

刑法学有不同的含义。最广义的刑法学是研究有关犯罪与刑事责任的一切问题的科学，其研究对象包括实体规范、犯罪原因与对策、刑事诉讼程序、刑罚执行等等。这种最广义的刑法学实际上是刑事法学。广义的刑法学，是指对现行刑法进行解释（刑法解释学）、对刑法规范的哲学基础进行阐释（刑法哲学或理论刑法学）、对刑法的历史进行研究（刑法史学）、对不同的刑法进行比较（比较刑法学）的学科。狭义的刑法学，仅指刑法解释学。

二、刑法学的研究对象

刑法学的研究对象是“刑法及其所规定的犯罪、刑事责任和刑罚”，包括：刑法的概念、性质、地位、目的、原则和适用范围等；刑法规范；刑法规范的哲学基础；对刑法规范的立法解释与司法解释；刑事责任的设定与实现；刑法适用的规律、经验与问题等。

三、刑法学的体系

刑法学的体系，是指依据一定原理构筑的刑法理论有机统一体。刑法学由总论与分论构成，前者主要研究《中华人民共和国刑法》（以下简称《刑法》）的总则，后者主要研究《刑法》的分则规范。分论又称罪刑各论，通常与《刑法》的分则体系相一致，但总论的体系与《刑法》总则的框架并不一致。因此，刑法学体系之争，聚焦于总论体系的构建上。

本书分“刑法总论”和“刑法分论”两编展开。

第一编　刑法总论

第一章　刑法总论概述

刑法总论主要解决刑法学的基本概念、基本理论与基本法律制度，内容主要包括：刑法学的概念与研究对象，刑法的概念、渊源、机能与任务，刑法的规范、体系与解释，刑法的基本原则，刑法的效力范围，犯罪的概念与特征，犯罪构成，正当行为，犯罪停止形态，共同犯罪，罪数形态，刑事责任，刑罚的概念、体系和种类，刑罚裁量，刑罚执行，刑罚消灭等。刑法总论以《刑法》总则为基础，又不拘泥于《刑法》总则。刑法总论侧重对《刑法》总则部分的相关内容进行阐释和研究，所涉及的是刑法学的基本问题。

第一节　刑法的概念、渊源、机能与任务

刑法是刑法学最主要的研究对象，刑法的概念、渊源、机能与任务等问题是刑法学研究的基本范畴。

一、刑法的概念

刑法是规定犯罪、刑事责任和刑罚的法律。它是独立的部门法，属于刑事法、实体法、子法、强行法、公法、固有法和司法法。

广义刑法是指一切规定犯罪、刑事责任和刑罚的法律规范的总和。它包括《刑法》、单行刑法和附属刑法（非刑事法律中的刑事责任条款）。狭义刑法是指系统规定犯罪、刑事责任和刑罚的《刑法》。我国刑法学界习惯将具有普遍适用效力的《刑法》称为普通刑法，将适用于特定的人、时、地、事的单行刑法和附属刑法称为特别刑法。

二、刑法的渊源

刑法的渊源是指刑法在效力意义上的来源，即刑法的表现形式，其渊源有下列几种形式。

（一）《刑法》

《刑法》是指国家以刑法名称颁布的，系统规定犯罪、刑事责任与刑罚的法律，如1997年《中华人民共和国刑法》。“刑法修正案”是《刑法》的组成部分。

（二）单行刑法

单行刑法是指国家立法机关以决定、规定、补充规定、条例等名称颁布的规定某一类犯

罪及其刑事责任或者刑罚的某一事项的法律,如1998年全国人民代表大会常务委员会《关于惩治骗购外汇、逃汇和非法买卖外汇犯罪的决定》。

(三)附属刑法

附属刑法是指附带规定于经济法、行政法等非刑事法律中的罪刑规范,如2015年《食品安全法》第149条的规定:“违反刑法规定,构成犯罪的,依法追究刑事责任。”

此外,民族自治地方的省级人民代表大会根据当地民族的政治、经济、文化的特点和刑法的基本原则制定的变通或补充的规定,也是刑法的渊源,但不具有普遍效力。

三、刑法的机能

刑法的机能是指刑法现实的与可能发挥的作用。国外刑法理论一般认为具有以下三种机能。

(一)行为规制机能

行为规制机能也称秩序维持机能,是指刑法具有使对犯罪行为的规范评价得以明确的机能,通常以禁止规范、命令规范的方式来表达。

(二)法益保护机能

刑法通过规定何种行为是犯罪以及配置相应的法定刑,通过司法活动惩罚各种犯罪行为,保护各种法益不受犯罪侵害与威胁。

(三)自由保障机能

保障无罪的人不受刑事追究,保障有罪的人只受法律规定的追究,保障公民个人自由不受国家刑罚权不当侵害。德国刑法学家李斯特曾说过,刑法既是善良人的大宪章,也是犯罪人的大宪章。

四、刑法的任务

《刑法》第2条规定:“中华人民共和国刑法的任务,是用刑罚同一切犯罪行为作斗争,以保卫国家安全,保卫人民民主专政的政权和社会主义制度,保护国有财产和劳动群众集体所有的财产,保护公民私人所有的财产,保护公民的人身权利、民主权利和其他权利,维护社会秩序、经济秩序,保障社会主义建设事业的顺利进行。”据此,刑法的任务包括四个方面:保卫国家安全,人民民主专政的政权和社会主义制度;保护社会主义的经济基础;保护公民人身权利、民主权利和其他权利;维护社会秩序、经济秩序。

第二节 刑法的规范、体系与解释

理解刑法规范、刑法体系与刑法解释是学习、研究刑法的基础。

一、刑法规范

（一）刑法规范的概念

以禁止、处罚犯罪行为为内容的法律规范，就是刑法规范，也称罪刑规范。

法律规范一般分为义务性规范和授权性规范。刑法规范主要是义务性规范，其中又以禁止性义务规范为主，命令性义务规范为辅，并以刑罚作为制裁手段。禁止性规范以消极义务为内容，即禁止人们为一定的行为，人们只要消极地不实施刑法禁止的行为即可，它一般直接由刑法加以规定，无需其他法律予以特别规定。命令性规范以积极义务为内容，即命令人们为一定的行为，是禁止性规范的必要补充，由刑法加以规定外，其他部门法往往会具体规定如何履行此义务。刑法规范也有授权性规范，例如正当防卫、紧急避险等刑法规范，是刑法义务性规范的补充。

（二）刑法规范与刑法条文的关系

刑法条文表达刑法规范，是刑法规范的载体，因此刑法规范是刑法条文的内容与实质。但二者并非等同，刑法总则中的许多一般性规定与原则性规定，就不是刑法规范。有时一个条文可能表达几个规范，例如《刑法》第114条规定了放火罪、决水罪、爆炸罪、投放危险物质罪、以危险方法危害公共安全罪5个罪刑规范；有时几个条文可能表达一个规范，例如《刑法》第382条、第383条共同表达了贪污罪一个规范。刑法条文是直观的，刑法规范则不是直观的。

二、刑法体系

刑法体系是指刑法的组成与结构。狭义的刑法体系是指刑法典的体系。《刑法》共452条，分为两编和附则。第一编总则共5章，第二编分则共10章。基本层次是：编－章－节－条－款－项。

若同一条款表达两个意思，分别称为前段与后段，例如《刑法》第29条第1款。若同一条款表达三个意思，分别称为前段、中段与后段，例如《刑法》第53条第1款。

但书多是对前段内容的例外、限制、相反或补充规定，主要包括如下情况。

第一，与前段构成例外关系，例如《刑法》第8条关于保护管辖规定中的“但是按照犯罪地的法律不受处罚的除外”。

第二，与前段构成限制关系，例如《刑法》第73条第1款关于缓刑考验期限规定中的“但是不能少于二个月”。

第三，与前段构成补充关系，例如《刑法》第37条关于非刑罚处罚措施规定中的“但是可以根据案件的不同情况，予以训诫或者责令具结悔过、赔礼道歉、赔偿损失，或者由主管部门予以行政处罚或者行政处分。”

三、刑法解释

（一）刑法解释的概念

刑法解释是对刑法规定含义的阐明，刑法解释的对象是刑法规定。

（二）刑法解释的效力

1. 正式刑法解释

（1）立法解释：国家最高立法机关即全国人民代表大会及其常委会对刑法的含义所做的解释。包括三种情况：一是用刑法条文对有关刑法术语所做的解释，如《刑法》第94条“本法所称司法工作人员，是指有侦查、检察、审判、监管职责的工作人员”；二是由国家立法机关在法律的起草说明或修订说明中对某种特定的刑法术语所做的解释；三是刑法在施行中发生歧义，由全国人大常委会进行解释，如2014年《全国人民代表大会常务委员会关于〈中华人民共和国刑法〉第三十条的解释》。立法解释与法律具有同等的效力，不禁止扩大解释，但禁止类推解释。

（2）司法解释：由国家最高司法机关对刑法规定的含义所做的说明。凡属于法院审判工作中具体应用法律、法令的问题，由最高人民法院进行解释。凡属于检察院检察工作中具体应用法律、法令的问题，由最高人民检察院进行解释。最高人民法院与最高人民检察院（以下简称“两高”）的解释如果有原则性的分歧，报请全国人大常委会解释或决定。近几年，“两高”联合发布司法解释的情形居多。

2. 非正式刑法解释

主要指学理解释。学理解释是指由国家宣传机构、社会组织、科研单位或专家学者从学理上对刑法含义所做的解释。

（三）刑法解释的方法

1. 文理解释

文理解释是指从刑法条款语义出发阐释刑法规定含义的解释方法，如对“公共财产”“司法工作人员”的解释。

2. 论理解释

论理解释是指按照立法精神，联系刑法产生的缘由、沿革及其他相关事项，对刑法规定做逻辑分析，从而阐明其真实含义的解释方法，又可分为当然解释、体系解释、同类解释、扩大解释与缩小解释等。

当然解释是指刑法规定虽未明示某一事项，但依规范目的、事物属性和形式逻辑，将该事项当然包含在该规范适用范围之内的解释。例如，《刑法》第238条规定，为索取债务非法扣押、拘禁他人的，构成非法拘禁罪，那么为索取赌债、高利贷而非法拘禁他人的行为，当然成立非法拘禁罪。

体系解释是指将被解释的法律条文或法律概念放在整个法律体系中来理解，联系此法条与其他法条的相互关系来解释法律。如，按体系解释，《刑法》分则中的“买卖”一词包括购买和出卖两种行为，只要实施了其中一种行为就属于买卖。

同类解释是指当刑法列举了相关事项的同时又设置了概括性规定，对于附随于确定性词语之后的概括性词语，应当根据确定性词语所涉及的同类事项确定其含义及范围。因此，对于《刑法》分则条文在列举具体要素后使用的“等”“其他”用语时，应按照所列举的内容、性质进行同类解释。

扩大解释是根据立法原意，对刑法条文作超过字面意思的解释。例如司法解释把抢劫正在使用中的银行或者其他金融机构的运钞车的，视为“抢劫银行或者其他金融机构”。立法上对随身携带枪支等国家禁止个人携带的器械以外的其他器械进行抢夺的，解释为以抢劫罪定罪，也属于扩大解释。

缩小解释是根据立法原意，对刑法条文作窄于字面意思的解释。例如，将为境外窃取、刺探、收买、非法提供国家秘密、情报罪中的“情报”解释为“关系国家安全和利益、尚未公开或者依照有关规定不应公开的事项”，属于缩小解释。

3．类推解释

类推解释是指在一个具体事实与法律规定情况相似，但根本不可能为该法条的字面含义所包容的前提下，以其相似性作为援引某一法律规定为依据的解释方法。它过分超出了字面含义，与被解释的对象具有的是“类似性”而不是“同一性”。如将盗窃骨灰的行为认定为盗窃“尸体”，即属于类推解释。罪刑法定原则禁止类推解释。

第二章　刑法的基本原则

刑法的基本原则具有指导刑事立法和刑事司法的重要作用，1997年《刑法》明确规定了刑法的基本原则。

第一节　刑法基本原则概述

刑法基本原则是一个带有全局性、根本性的问题，因此对其应做准确的认识和理解。

一、刑法基本原则的概念

刑法基本原则，是指刑法本身所具有的，贯穿于全部刑法规范，必须得到普遍遵循的具有全局性、根本性的准则。它具有指导刑事立法、刑事司法的作用和意义，并体现刑事法治基本精神，其特征有如下三方面。

(1)一般说来，应是刑法所特有的原则，而不是各个部门法所共有的原则，但也不排除与其他部门法共同适用同一原则。

(2)应贯穿于刑法始终，具有全局性、根本性的原则。

(3)应是刑法的制定、解释与适用都必须遵循的原则。

二、刑法基本原则的确定与意义

(一)刑法基本原则的确定

《刑法》明确规定了三项基本原则，即罪刑法定原则、适用刑法平等原则和罪责刑相适应原则。那么，除了这三原则之外，还有没有其他基本原则?这是学界纷争的问题。

(二)刑法基本原则的意义

1. 指导刑事立法

刑事立法过程中，必须遵循刑法基本原则。

2. 指导刑事司法

刑事司法过程中，必须大力贯彻刑法基本原则，强化法治意识和司法公正观念，反对特权思想和徇私舞弊。

第二节 罪刑法定原则

罪刑法定原则是当今世界各国刑法中最普遍、最重要的一项原则，体现了现代社会民主与法治的发展趋势。

一、罪刑法定原则溯源

（一）罪刑法定原则的含义

罪刑法定原则的经典表达来自拉丁文的法律格言："法无明文规定不为罪，法无明文规定不处刑"。一般认为，罪刑法定原则是17至18世纪之间，资产阶级为反对封建特权和法官司法擅断而在刑事方面提出的具有划时代意义的刑法原则。但其思想肇始于1215年英王约翰签署的大宪章，其中第39条规定："凡是自由民除经其贵族依法判决或遵照国内法律之规定外，不得加以扣留、监禁、没收其财产，剥夺其法律保护权，或加以放逐、伤害、搜索或逮捕。"这一规定奠定了"正当程序"的思想基础。英国1628年的《权利请愿书》、1688年的《人身保护法》也从不同角度巩固了罪刑法定思想。外国刑法理论通常认为，现代意义上的罪刑法定原则的法律渊源是法国1789年的《人权宣言》、1791年的法国《宪法》和1810年的法国《刑法》。《人权宣言》第8条规定："在绝对必要的刑罚之外不能制定法律，不依据犯罪行为前制定且颁布并付诸实施的法律，不得处罚任何人。"1810年法国《刑法》第4条规定："没有在犯罪行为时以明文规定刑罚的法律，对任何人不得处以违警罪、轻罪和重罪。"《公民权利和政治权利国际公约》第15条第1款规定："任何人的任何行为或不行为，在其发生时依照国家法或国际法均不构成刑事罪者，不得据以犯有刑事罪。所加的刑罚也不得重于犯罪时适用的规定。如果在犯罪之后依法规定了应处以较轻的刑罚，犯罪者应予减刑。"

罪刑法定原则的基本要求是：第一，罪刑法定化，即犯罪和刑罚必须由法律事先加以明文规定，不允许法官的擅断。第二，罪刑实定化，即对构成犯罪的行为和犯罪的具体法律后果，刑法应做出实体性的规定。第三，罪刑明确化，即刑法的条文必须文字意思清楚，表达准确。

（二）罪刑法定原则的思想渊源

罪刑法定原则沿革意义上的思想渊源，是自然法理论[①]、三权分立思想与心理强制说。但是，现在西方学者一般认为，民主主义与尊重人权主义是罪刑法定原则的思想基础。民主主义是指对于什么行为是犯罪，对犯罪应处以何种刑罚，应由国民自己决定——由国民选举自己的代表组成立法机关，由立法机关制定法律决定。尊重人权主义是指为了保障人权，就要使国民事先能预测自己行为的性质和后果，因此对"罪"与"刑"都必须在事前明确规定。

---

①自然法：实在法的对称。奴隶制时期，古希腊罗马法学家认为自然法是产生于自然界的规范的总和。中世纪经院哲学家认为自然法是神的一切吩咐的总和，是上帝意志的体现。17、18世纪资产阶级思想家霍布斯、洛克、孟德斯鸠等人认为自然法是人类理性的体现，是人类的自然要求而永恒存在的。

(三)罪刑法定原则的派生原则

1. 禁止类推

类推,是指将法律没有规定为犯罪的行为比照刑法分则最相类似的条文定罪量刑的制度。罪刑法定原则禁止类推适用法律,即不得类推适用不利于被告人的刑法规定,但是允许类推适用有利于被告人的刑法规定,此即严格的罪刑法定。

2. 禁止事后法

也称禁止溯及既往,是指行为人是否有罪以及如何处罚只能依据行为时的法律,而不能依据行为后颁布实施的法律进行评价。但对被告人有利的法律具有溯及既往的效力,此即事前的罪刑法定。

3. 排斥习惯法

定罪量刑以制定法为依据,刑法是立法机关制定的成文法,习惯法不是刑法的渊源。此即成文的罪刑法定。

4. 禁止不定刑

罪刑法定原则要求严格依照法律定罪处刑,立法者不能规定、司法者不能适用绝对不定刑和绝对不定期刑,刑罚法规要适当。此即确定的罪刑法定原则。

5. 明确性原则

刑法关于犯罪、刑罚及其相互关系的规定应当清楚明确,不能模糊不清。

二、罪刑法定原则的立法体现

《刑法》第3条规定:“法律明文规定为犯罪行为的,依照法律定罪处刑;法律没有明文规定为犯罪行为的,不得定罪处刑。”具体表现在以下几方面。

(一)罪、责、刑的法定化

刑法规定了犯罪的概念,具体的罪状,刑事责任的程度,并为每个罪配置了相应的刑种、法定刑幅度。

(二)废除类推制度

1979年《刑法》第79条规定了类推制度:“刑法分则没有明文规定的犯罪,可以比照刑法分则最相类似的条文定罪量刑,但是应当报请最高人民法院核准。”1997年《刑法》废除了这一内容。

(三)在溯及力上采取从旧兼从轻原则

1997年《刑法》第12条规定:“中华人民共和国成立以后刑法施行以前的行为,如果当时的法律不认为是犯罪的,适用当时的法律;如果当时的法律认为是犯罪的,依照刑法总则第四章第八节的规定应当追诉的,按照当时的法律追究刑事责任,但是如果刑法不认为是犯罪或者处刑较轻的,适用刑法。刑法施行以前,依照当时的法律已经作出的生效判决,继续有效。”此即溯及力的从旧兼从轻原则。

（四）完善了具体犯罪的罪状与法定刑

在具体犯罪的罪状和处罚上，叙明罪状的大量运用，法定刑档次的细化，增加了刑法规范的可操作性。

第三节　适用刑法人人平等原则

法律面前人人平等原则是我国宪法确立的社会主义法治的基本原则，作为惩罚犯罪、保护人民的基本法律刑法进一步贯彻了这一宪法原则。

一、适用刑法人人平等原则的基本含义

《刑法》第4条规定："对任何人犯罪，在适用法律上一律平等。不允许任何人有超越法律的特权。"其基本含义是：任何人犯罪，都应当受到刑法的追究；任何人不得享有超越刑法规定的特权；对于一切犯罪行为，应一律平等适用刑法，定罪量刑时不得因犯罪人的社会地位、家庭出身、职业状况、财产状况、政治面貌、才能业绩的差异而有所区别；任何人受到犯罪侵害，都应受到刑法的保护；不同被害人的同等权益，应受到刑法的同样保护。

二、适用刑法人人平等原则的基本要求

（一）定罪平等

任何人犯罪，不论其身份地位，一律平等对待，适用相同的定罪标准。

（二）量刑平等

犯相同的罪且具有相同的犯罪情节的，应同罪同罚。

（三）行刑平等

执行刑罚时，对于所有的受刑人平等对待，若罪行相同、主观恶性相同，则刑罚处置应相同。

当然，刑法的平等是相对的，不否定区别对待。根据特殊身份，区别对待同样是一种公正。例如，对未成年人犯罪应当从轻处罚，对公职人员犯罪应当从重处罚。再如，《刑法修正案（八）》第3条增加规定："审判的时候已满七十五周岁的人，不适用死刑，但以特别残忍手段致人死亡的除外。"

三、适用刑法人人平等原则的司法适用

适用刑法人人平等原则，包括立法上的平等与司法上的平等，两者缺一不可。在刑事司法实践中贯彻该原则，应当着重解决两个问题：其一，刑事司法公正，包括定罪、量刑与行刑三个方面。其二，反对特权。

第四节 罪责刑相适应原则

罪责刑相适应原则是刑罚个别化和传统的罪刑相适应结合的产物，具有科学性和时代性。

一、罪责刑相适应原则的历史演进

罪责刑相适应，又称罪刑均衡，其基本观念最早可以追溯到原始社会的同态复仇和奴隶社会的等量报应。古巴比伦《汉谟拉比法典》、古罗马《十二铜表法》都对"以眼还眼""以血还血"做了较为相似的规定。这些规定强调了罪与刑之间绝对等量报应的观念，成为罪刑均衡思想最原始也是最粗俗的表现形式。

罪责刑相适应作为一项刑法基本原则的确立是17、18世纪启蒙思想家力倡的结果。孟德斯鸠指出："惩罚应有程度之分，按罪大小，定惩罚轻重。"[①]贝卡利亚指出："犯罪对公共利益的危害越大，促使人们犯罪的力量越强，制止人们犯罪的手段就应该越强有力。这就需要刑罚与犯罪相对称。"[②]为此，贝卡利亚设计了一个罪刑阶梯："既然存在着人们联合起来的必要性，既然存在着作为私人利益相互斗争的必然产物的契约，人们就能找到一个由一系列越轨行为构成的阶梯，它的最高一级就是那些直接毁灭社会的行为，最低一级就是对于作为社会成员的个人所可能犯下的、最轻微的非正义行为。在这两级之间，包括了所有侵害公共利益的，我们称之为犯罪的行为。这些行为都沿着无形的阶梯，从高到低顺序排列。如果说，对于无穷无尽、暗淡模糊的人类行为组合可以应用几何学的话，那么也很需要有一个相应的、由最强到最弱的刑罚阶梯。有了这种精确的普遍的犯罪与刑罚的阶梯，我们就有了一把衡量自由和暴政程度的潜在的共同标尺，它显示着各个国家的人道程度和败坏程度。然而，对于明智的立法者来说，只要标出这一尺度的基本点，不打乱其次序，不使最高一级的犯罪受到最低一级的刑罚，就足够了。"这些思想后来被资产阶级刑事立法所吸纳。如1793年法国《宪法》所附的《人权宣言》第15条规定："刑罚应与犯罪行为相适应，并应当有益于社会。"1810年法国《刑法》也确立了罪刑均衡原则。

19世纪末以来，随着刑事实证学派的兴起，传统的罪刑均衡原则面临了严峻的考验。行为人中心论如人身危险性论的出现，保安处分和不定期刑制度的推行，使罪刑均衡原则受到冷落和排挤。但由于新派理论并未找到有效遏制日益严重的犯罪现象的救世良方，罪刑均衡原则的推行又成为人们普遍的渴望。

该原则也是马克思主义经典作家所一贯主张的。马克思指出："如果犯罪的概念要有惩罚，那么实际的罪行就要有一定的惩罚尺度。实际的罪行是有界限的。因此，就是为了使惩罚成为实际的，惩罚也应该有界限。"[③]如果罪犯所受的惩罚比应受的重，那么，一方面，"不考虑任何差别的残酷手段，使惩罚毫无效果"[④]，另一方面，对犯罪者也不公平。若罪犯所受的惩罚比应受的轻，那么会出现"他们可能受到的处罚和他们因破坏法律而获得的利益比起来实在

①孟德斯鸠：《波斯人信札》，罗大冈译，商务印书馆1962出版，第141页。
②贝卡利亚：《论犯罪与刑罚》，黄风译，中国大百科全书出版社1993年版，第65页。
③《马克思恩格斯全集》第1卷，人民出版社1962版，第140页。
④《马克思恩格斯全集》第1卷，人民出版社1962版，第139页。

太微小了”[①],不利于威慑犯罪和预防犯罪。

二、罪责刑相适应原则的基本含义与要求

(一)罪责刑相适应原则的基本含义

《刑法》第5条规定:“刑罚的轻重,应当与犯罪分子所犯罪行和承担的刑事责任相适应。”可见,刑罚的轻重不是单纯地与犯罪分子所犯罪行相适应,而且也与犯罪分子承担的刑事责任相适应,即在犯罪与刑罚之间需要通过刑事责任这个中介来进行调节。《刑法》总则确立的科学严密的刑罚体系、区别对待的处罚原则、轻重不同的量刑制度都是罪责刑相适应原则的体现。

(二)罪责刑相适应原则的基本要求

1. 制定合理的刑罚体系

罪责刑相适应原则要求刑罚的设定首先必须轻重有序、适当。主刑与附加刑要设置合理,二者之间要合理衔接,主刑与附加刑内部也要合理衔接。其次,分则各个法条之间对犯罪配刑要统一平衡,不能罪重的配刑比罪轻的轻,也不能罪轻的配刑比罪重的重。

2. 刑罚与犯罪性质、犯罪情节相适应

罪责刑相适应原则要求刑罚与罪质相适应。不同的罪质标志着各该行为侵害、威胁法益不同。这种不同正是表明各种犯罪具有不同的危害程度,从而决定刑事责任大小的根本所在。该原则要求刑罚与犯罪情节相适应,在罪质相同的犯罪中,犯罪情节不一致,其社会危害性就不同,量刑当然必须注意刑罚与犯罪情节相适应。

3. 刑罚与罪犯承担的刑事责任、罪犯的人身危险性相适应

刑罚的轻重还要与犯罪人刑事责任能力的程度和刑事责任的大小相适应,与犯罪人的人身危险性相适应。完全刑事责任能力人与限制刑事责任能力人在量刑上是应该有差别的。人身危险性体现着行为人对社会的潜在危险程度,现代刑罚追求遏制犯罪、预防犯罪的目标,把人身危险性作为决定刑罚轻重的标准之一,符合刑罚目的的要求。因此,司法实践中刑罚裁量,不仅要考虑犯罪行为及其危害结果,而且应结合分析整个犯罪事实和犯罪分子个体的各方面因素,力求刑罚个别化。

4. 合理地运用减刑、假释制度

减刑、假释是刑罚执行过程中的制度,对符合条件的罪犯依法予以减刑、假释,同样是罪责刑相适应原则的要求。

三、罪责刑相适应原则的司法适用

在司法适用中,贯彻罪责刑相适应原则,应坚持三点:一是纠正重定罪轻量刑的错误倾向,定罪与量刑具有同等重要地位;二是纠正重刑主义的错误思想,强化量刑公正的执法观念;三是纠正不同法院对相同类型案件的处罚轻重不一致现象,强调司法中的平衡与统一。

---

①《马克思恩格斯全集》第2卷,人民出版社1962版,第460页。

第三章　刑法的效力

“法律效力”一语主要有两方面的含义:一是泛指法律的约束力,即规范效力;二是指法律的适用效力。本章探讨的是后一问题,即刑法的适用效力。

第一节　刑法的空间效力

刑法的空间效力涉及刑法在什么领域内有效力和对什么人适用两个方面的问题。

一、刑法空间效力的概念和原则

(一)刑法空间效力的概念

刑法的空间效力,是指刑法在什么地方、对什么人具有法律效力,解决的是国家刑事管辖权问题。刑事管辖权的确立,各国往往根据各自社会政治、历史传统的实际情况,对其作出符合国情的规定。

(二)刑法空间效力的原则

1. 属地原则

又称地域管辖原则、领土原则,是指根据领土主权,对于在本国领域内发生的犯罪,不问犯罪人的国籍,一律适用本国刑法,即以犯罪地为标准。

2. 属人原则

又称国籍原则,是指对于本国国民,无论在何地犯罪,一律适用本国刑法,即以犯罪人的国籍为准。

3. 保护原则

又称安全原则,是指对于侵害本国国家以及国民利益的犯罪,不论犯罪人是谁,也不论犯罪发生在何地,一律适用本国刑法,这是以特定的犯罪为准。

4. 普遍原则

又称世界性原则,是指对于某些严重侵害人类共同利益、生存状态的犯罪,无论谁是犯罪人,也不论犯罪发生在何处,更不考虑是否侵犯本国国家或公民的利益,一律适用本国刑法,这也是以特定的犯罪为准。

上述各种原则,孤立地看,都有它的正确性,但也有其局限性,故都不能只取其一,而排斥其他。现代世界各国刑法,都是采用属地原则为主,兼采其他原则。我国刑法有关空间效力的规定,采取的也是这样的混合刑事管辖权体制。

二、刑法关于空间效力的规定

（一）属地管辖权

《刑法》第6条第1款规定："凡在中华人民共和国领域内犯罪的，除法律有特别规定的以外，都适用本法。"第2款规定："凡在中华人民共和国船舶或者航空器内犯罪的，也适用本法。"第3款规定："犯罪的行为或者结果有一项发生在中华人民共和国领域内的，就认为是在中华人民共和国领域内犯罪。"这三款是关于我国刑法属地管辖权的完整规定。例如，外国人乘坐外国民航飞机进入中国领空后实施犯罪行为，外国人乘坐中国民航飞机进入外国领空后实施犯罪行为，根据我国属地管辖权的规定，都适用我国刑法。

1."中华人民共和国领域"的含义

中华人民共和国领域包括以下三个组成部分：①领陆、领水与领空及其底土；②悬挂有中华人民共和国国旗的船舶或者航空器；③我国驻外使领馆[①]。

2."法律有特别规定"的含义

（1）《刑法》第11条："享有外交特权与豁免权的外国人的刑事责任问题，通过外交途径解决。"

（2）《刑法》第90条："民族自治地方不能全部适用本法规定的，可以由自治区或者省的人民代表大会根据当地民族的政治、经济、文化的特点和本法规定的基本原则，制定变通或者补充的规定，报请全国人民代表大会常务委员会批准施行。"

（3）《刑法》不能适用于港澳地区。根据港澳基本法的有关规定，内地刑法对港澳无适用效力。

（4）《刑法》颁布后国家立法机关制定修正案、特别刑法，出现法条竞合时，根据新法优于旧法、特别法优于普通法的原则，不适用《刑法》的相关条款。

3. 对犯罪地的确定

以什么因素为标准确定犯罪发生在本国领域内，有几种观点与立法例。一是行为地说，认为犯罪是行为，故行为发生在本国领域内才认为是在本国领域内犯罪。二是结果地说，主张犯罪的实质是侵害或威胁法益，故该种结果发生在本国领域内才认为是在本国领域内犯罪。三是中间地说，认为行为的中间影响地或中间结果地也是犯罪地。四是遍在说，认为行为实施地与结果发生地都是犯罪地，行为或结果有一项发生在本国领域内，就适用本国刑法。我国《刑法》第6条第3款采取了遍在说。只有一部分行为或只有一部分结果发生在我国领域内时，就认为是在我国领域内犯罪。根据遍在说，在未遂犯场合，行为地与行为人希望结果发生之地、可能发生结果之地，都是犯罪地。在共同犯罪场合，共同犯罪行为有一部分发生在本国领域内或共同犯罪结果有一部分发生在本国领域内，就认为是在本国领域内犯罪。例如，甲在国外教唆乙到中国境内实施绑架行为，中国司法机关对甲的教唆犯罪具有刑事管辖权。

---

①根据1961年《维也纳外交关系公约》（我国1975年加入）规定，各国驻外大使馆、领事馆不受驻在国的司法管辖而只接受本国的司法管辖。

(二)属人管辖权

《刑法》第7条第1款规定:“中华人民共和国公民在中华人民共和国领域外犯本法规定之罪的,适用本法,但是按本法规定的最高刑为三年以下有期徒刑的,可以不予追究。”第2款规定:“中华人民共和国国家工作人员和军人在中华人民共和国领域外犯本法规定之罪的,适用本法。”除国家工作人员和军人外,刑法原则上只对我国公民在领域外实施的重罪行使管辖权,是一种有限制的属人管辖原则。

(三)保护管辖权

《刑法》第8条规定:“外国人在中华人民共和国领域外对中华人民共和国国家或者公民犯罪,而按本法规定的最低刑为三年以上有期徒刑的,可以适用本法,但是按照犯罪地的法律不受处罚的除外。”适用保护管辖原则受三个条件的限制:①所犯之罪必须侵犯了我国国家或公民的利益;②所犯之罪最低刑为3年以上有期徒刑;③所犯之罪按犯罪地的法律也应受处罚。

(四)普遍管辖权

《刑法》第9条规定:“对于中华人民共和国缔结或者参加的国际条约所规定的罪行,中华人民共和国在所承担条约义务的范围内行使刑事管辖权的,适用本法。”

采用普遍管辖原则,主要是为了防止国际犯罪。20世纪70年代以来,为了加强国际合作,对付不断加剧的国际犯罪活动,国际社会先后签订了一系列公约。根据该原则审理的罪犯,其实体法的适用根据是国内刑法,而非国际公约。适用该原则受到一定限制:①必须针对危害人类共同利益的国际犯罪适用;②管辖国应是有关公约的缔约国或参加国;③管辖国的国内刑法也规定该行为是犯罪;④罪犯出现在管辖国的领土上。

三、对外国刑事判决的承认

《刑法》第10条规定:“凡在中华人民共和国领域外犯罪,依照本法应当负刑事责任的,虽然经过外国审判,仍然可以依照本法追究,但是在外国已经受过刑罚处罚的,可以免除或者减轻处罚。”此规定表明,中国作为一个独立主权的国家,不受外国刑事判决的拘束,但是依照我国刑法追究时,通常会考虑犯罪人在外国已经受过刑罚处罚的情节。这在理论上称之为消极承认。

第二节 刑法的时间效力

刑法的时间效力涉及的是刑法发生效力的时段,包括生效时间、失效时间和溯及力问题。

一、刑法的时间效力的概念

刑法的时间效力是指刑法从何时起至何时止具有适用效力,包括:生效时间、失效时间和溯及力。

二、刑法的生效时间

刑法的生效时间一般有两种规定方式：一是从公布之日起生效，这种方式通常为单行刑法施行所采用。二是公布之后经过一段时间再施行，这种方式常为刑法典所采用。

三、刑法的失效时间

刑法的失效时间通常有两种规定方式：一是由国家立法机关明确宣布某些法律失效。如《刑法》第452条第2款规定，列于附件一的《关于惩治走私罪的补充规定》等15部单行刑法，自1997年10月1日起予以废止。二是自然失效。即新法施行后代替了同类内容的旧法，或由于原来的特殊立法条件已经消失，旧法自行废止。如《刑法修正案（九）》对《刑法》中相关内容的修订取代，被取代的内容在《刑法修正案（九）》生效后自行失效。

四、刑法的溯及力

（一）刑法的溯及力的概念

刑法的溯及力，是指刑法生效后，对于其生效以前未经审判或者判决尚未确定的行为是否适用的问题。如果适用，就是有溯及力，如果不适用，就是没有溯及力。世界各国刑事立法关于溯及力大致包括以下几种原则：从旧原则，从新原则，从新兼从轻原则，从旧兼从轻原则。

（二）我国刑法中的溯及力原则

《刑法》第12条第1款规定："中华人民共和国成立以后本法施行以前的行为，如果当时的法律不认为是犯罪的，适用当时的法律；如果当时的法律认为是犯罪的，依照本法总则第四章第八节的规定应当追诉的，按照当时的法律追究刑事责任，但是如果本法不认为是犯罪或者处刑较轻的，适用本法。"第2款规定："本法施行以前，依照当时的法律已经作出的生效判决，继续有效。"此即从旧兼从轻原则。

在新刑法生效以前发生的犯罪，应区别不同情况处理：①当时的法律不认为是犯罪，而新刑法认为是犯罪的，适用当时的法律，新刑法无溯及力。②当时的法律认为是犯罪，而新刑法不认为是犯罪的，只要该行为在刑法施行以前尚未处理或者处理尚未确定的案件，就应适用新刑法，新刑法有溯及力。③当时的法律认为是犯罪，且依照刑法总则第四章第八节的规定应当追诉的，按照当时的法律追究刑事责任，新刑法无溯及力。但新刑法不认为是犯罪或者处刑较轻的，则应适用新刑法，新刑法有溯及力。④如果依当时的法律已经做出了生效判决，该判决继续有效，新刑法无溯及力。

2015年10月29日，最高人民法院公布了《关于〈中华人民共和国刑法修正案（九）〉时间效力问题的解释》，对修订前后相关内容的适用作出了规定。

第四章　犯罪概说

犯罪问题是刑法学的基本问题，犯罪论是刑法学理论的核心内容，也是刑罚理论建立的前提。

第一节　犯罪的概念

犯罪的概念是犯罪理论建立的基石。在刑法理论中关于犯罪概念存在着多种理解。

一、犯罪概念的历史沿革

（一）原始社会没有犯罪概念

据我国古籍记载，“罪”字的源体为“辠”，原意是列人食肉。夏代以后，“辠”才成为各种罪名的概括语，其含义，《墨子》注为：“辠，犯禁也”；《说文解字》注为：“辠，犯法也。”什么是“犯”呢？《淮南子·修务》注：“犯，触也”。《史记·天官书》集解：“自下触之曰犯。”可见，犯罪是统治者所禁止的行为、不容许的现象。但犯罪是人类社会发展到一定阶段的产物，原始社会不存在犯罪概念。我国古书对此有生动的记载，如《礼记·礼运篇》：“大道之行也，天下为公。选贤与能，讲信修睦。故人不独亲其亲，不独子其子，使老有所终，壮有所用，幼有所长，鳏寡孤独废疾者皆有所养，男有分，女有归。货恶其弃于地也，不必藏于己；力恶其不出于身也，不必为己。是故谋闭而不兴，盗窃乱贼而不作，故外户而不闭，是谓大同。”不过古今中外，也有一些学者提出了犯罪概念与人类共始终的观点。

（二）奴隶制国家关于犯罪的概念

奴隶制国家法律上没有关于犯罪概念的一般规定，其犯罪概念的基本点就是着重强调犯罪是对神意的违反。特点主要有以下几个方面。

1．假借神意，宣扬天罚

古巴比伦王国的第六代国王汉穆拉比，在《汉穆拉比法典》序言中，宣布自己是神或诸神的代理人，是受神的委托而治理国家的。我国奴隶社会的统治者也大搞“君权神授”，宣称行为人“获罪于天”，所以天子不得不“恭行天罚”。司法中各国大都运用神明裁判法，我国也有神兽裁判的传说。

2．在认定与惩罚犯罪上，习惯法与成文法并存

习惯法大体有：①行为人是否有罪，取决于被害者及亲属的意见，如雅典刑法。②在证据不能认定事件真相时，采取宣誓或神明裁判的方法来确定罪与非罪，这在《汉穆拉比法典》和

《摩奴法典》中都有规定。③保留了某些同态复仇、血亲复仇的习惯，如《汉穆拉比法典》规定：自由民损坏他人的眼睛，则“应毁其眼”；击落同等自由民的牙齿，也“应击落其齿”。据文献记载，我国奴隶社会也主要是习惯法，成文法很少，且实行所谓“临时制刑，不预设法，刑不可知，则威不可测。”周礼实际上是一部习惯法汇编。

3. 罪出一人，罪刑擅断

国王、君主是最高的立法者。司法时，法官或君主不顾法律的规定，按个人意志定罪量刑。中国古代在没有公开的成文法时，“议事以制”(《左传·昭公六年》)，但有了公开的成文法后，官吏仍不依法判案，帝王的意志、命令，就是法律的一种形式，甚至其法律效力高于其他一切法律之上。在欧洲，罪刑擅断不仅在君主制国家存在，在共和制国家也盛行，如古希腊法律规定，法官可以临时根据个人的信念决定罪与刑。

(三)封建制国家关于犯罪的概念

封建制法律对犯罪的一般概念未做出规定，人们对犯罪概念的认识还停留在具体行为的描述的水平上。我国封建社会中后期，对什么是犯罪的基本看法和观念则进一步复杂化、多样化。《唐律》之首篇《名例律》已具有了若干总则性的一般规定，并将犯罪分为公罪与私罪：“公罪，谓缘公事致罪而无私曲者”，“私罪，谓私自犯及对制诈不以实、受请枉法之类”。《大清新刑律》第10条规定：“法律无正条者，不问何种行为不为罪”。上述情况表明，犯罪的一般概念就较明显地出现在法制史上了。

在西方，犯罪概念的历史发展与中国不同。早在罗马法时代，罗马第一部成文法《十二铜表法》中，就赋予了犯罪的一般社会意义，分类规定了“私犯、公罪”。而在以后日耳曼法中，并未进一步对犯罪的一般概念进行规定。这导致了以后在相当长的一个时期，人们都把犯罪当做侵害个人的行为，由私人进行报复或赔偿了事。至欧洲中世纪，犯罪概念基本上成了神学概念，教会的信条成了政治信条，圣经的词句在法庭上拥有至高无上的法律效力，一切都从属于宗教神学。

(四)资产阶级国家关于犯罪的概念

资产阶级国家的刑法立法和司法中关于犯罪一般概念的规定，大致可分为两种。

1. 犯罪的形式概念

犯罪的形式概念，是指对犯罪仅从法律特征上给予定义，而未涉及犯罪的本质特征。在西方国家刑法理论和刑事立法中，犯罪的形式概念较为普遍。其共同点是把犯罪概括为违反刑事法律并且应当受到刑罚处罚的行为。例如，美国联邦法院在判例中将之解释为：“犯罪是一种违反公法上所禁止的作为或不作为。”《意大利刑法》第39条规定：“刑法规定应处罚之可罚性行为分为犯罪行为及违警行为。”

2. 犯罪的实质概念

犯罪的实质概念，是指仅揭示犯罪的本质特征而不涉及其法律特征。所有资产阶级国家刑法都没有这种定义，但某些学者提出过自己的主张，如康德认为，犯罪的本质就在于犯罪人为了实现个人的自由而实施侵害他人自由的行为。因此，犯罪是出于不道德的动机而实施的不道德的行为。黑格尔说，犯罪是对他人权利的一种侵犯行为，是对权利普遍性的否定，换言之,也就是对法律秩序的否定。刑法学家李斯特认为,犯罪的本质在于“对社会共同法益的侵害”。英国的边沁认为,犯罪就是给社会造成痛苦大于快乐的邪恶行为。

这些定义有一共同点,即不仅回避犯罪的阶级实质,而且几乎所有定义不与刑法相联系,带有很大的任意性。

(五)犯罪概念的发展

随着犯罪概念的发展,出现了实质与形式相统一的犯罪概念,即从犯罪的本质特征和法律特征两个角度对犯罪进行界定。

二、我国刑法中的犯罪概念

《刑法》第13条规定:“一切危害国家主权、领土完整和安全,分裂国家、颠覆人民民主专政的政权和推翻社会主义制度,破坏社会秩序和经济秩序,侵犯国有财产或者劳动群众集体所有的财产,侵犯公民私人所有的财产,侵犯公民的人身权利、民主权利和其他权利,以及其他危害社会的行为,依照法律应当受刑罚处罚的,都是犯罪,但是情节显著轻微危害不大的,不认为是犯罪。”这一定义是从形式和实质两个角度对犯罪的科学概括,是认定犯罪、划分罪与非罪界限的基本依据。据此,概括地说,犯罪是指依照法律应当受到刑罚处罚的危害社会的行为。它具有以下三个基本特征。

1. 严重的社会危害性

即犯罪是严重危害社会的行为。社会危害性,是指行为对合法权益的侵犯性,是犯罪最本质最基本的特征。严重的社会危害性,是指行为对刑法所保护的社会关系造成损害的特性。严重的社会危害性可以通过《刑法》第13条所列举的犯罪侵害客体来体现,具体地可以通过《刑法》分则10个罪章规定的犯罪侵害的客体来体现。

决定社会危害性大小的因素主要有:第一,行为侵犯的客体;第二,行为的手段、后果以及时间、地点等;第三,行为人的情况及其主观因素。

2. 刑事违法性

即犯罪是触犯刑法的行为。具有严重社会危害性的行为未必具有刑事违法性,只有当刑法规定了某种行为是犯罪,该行为才具有刑事违法性。

3. 应受刑罚惩罚性

即犯罪是应受刑罚处罚的行为。不应受刑罚处罚不等同于不需要刑罚处罚,前者是指行为不构成犯罪,后者是指行为构成犯罪,只是依法不给予刑罚处罚。

以上三个基本特征是相互联系、紧密结合的。严重的社会危害性是刑事违法性和应受刑罚惩罚性的基础,它是犯罪的最基本属性。刑事违法性是社会危害性在刑法上的表现,它与应受刑罚惩罚性一起构成社会危害性的度量。行为的社会危害性未达到违反刑法、应受刑罚惩罚的程度,则不构成犯罪。因此,这三个基本特征都是任何犯罪所不可或缺的,是区分罪与非罪的根本标准。

第二节　犯罪的本质

所谓犯罪的本质，就是人们对犯罪现象的全面的、根本的看法。不同的阶级对犯罪的本质有不同的看法，尤其是对犯罪的阶级本质的认识。

一、犯罪的阶级本质

（一）资产阶级对犯罪阶级本质的认识

资产阶级对犯罪阶级本质的认识可归纳为两个方面：①认为犯罪是触犯刑事法律的行为，而不是内心邪恶、不是人的意图，这是资产阶级在反对封建专制斗争中形成的，针对罪刑擅断而主张的罪刑法定认识。②认为犯罪是破坏共同秩序的行为，犯罪行为是反社会的，违反社会共同生活秩序。这两种对犯罪本质的认识都是形式主义的，是掩盖犯罪的阶级本质的。

（二）马克思主义对犯罪阶级本质的认识

马克思主义对犯罪阶级本质的认识是建立在批判封建社会犯罪观、资产阶级犯罪观的基础上的。马克思主义的创始人曾就此有过多层面论述。

1. 犯罪应当是人的行为而不是人的思想

马克思认为："凡是不以行为本身而以当事人的思想方式作为主要标准的法律，无非是对非法行为的公开认可。"这是"最可怕的恐怖主义"[①]。

2. 犯罪是危害社会的行为，是蔑视社会秩序最明显最极端的表现

社会秩序就是"社会上一部分人积极地按自己的意志规定下来并由另一部分人消极地接受下来的秩序。"[②]恩格斯在《英国工人阶级状况》中指出："蔑视社会秩序最明显最极端的表现就是犯罪"[③]。

3. 犯罪的本质是反对统治关系，犯罪与现行统治都产生于相同的条件

马克思、恩格斯在《德意志意识形态》中指出，犯罪——孤立的个人反对统治关系的斗争，和法一样，也不是随心所欲地产生的。相反地，犯罪和现行的统治都产生于相同的条件。同样也就是那些把法律看作是某种独立存在的一般意志的统治的幻想家才会把犯罪看成单纯是对法律的破坏。

4. 犯罪是对现存的东西的否定，通常会招致刑罚

马克思、恩格斯在《德意志意识形态》中指出，谈到犯罪，正如我们已经看到过的，它只是自我一致的利己主义者这个普遍范畴的名称，是圣物（指现存的东西）的否定，罪孽的名称。马克思曾直截了当地说，刑罚不外是社会对付违犯它的生存条件（不管是些什么样的条件）的行为的一种自卫手段。

---

①《马克思恩格斯全集》第1卷，人民出版社1962年版，第16页。
②《马克思恩格斯全集》第2卷，人民出版社1962年版，第515页。
③《马克思恩格斯全集》第2卷，人民出版社1962年版，第416页。

马克思主义经典作家虽然揭示了犯罪的阶级实质,但也未否认犯罪的社会属性。犯罪是阶级性与社会性的统一。

二、犯罪的法律本质

对犯罪的法律本质的认识,西方刑法理论主要有以下几种观点。

(一)权利侵害说

在刑法史上,意大利的贝卡利亚最早提出了“社会危害性”这个概念,并以此揭示犯罪的本质特征。费尔巴哈不满足于对犯罪的社会危害性这种实质意义的理解,而是从罪刑法定主义出发,提出了权利侵害说,以此揭示犯罪的本质。费尔巴哈认为,犯罪的本质和犯罪的侵害方面在于对主观权利的侵害,刑法的任务乃是对主观权利进行保护,并相应保障公民的自由。该理论认为,犯罪不仅是对个别权利的侵害,国家也具有人格、享有权利,对国家的犯罪也是对权利的侵害。该说几乎成了19世纪前半期的刑法学的主流。权利侵害说以启蒙学派的人权理论及古典自然法思想为基础,并从罪刑法定主义中引申出来,它具有限定被扩张的犯罪概念的作用。该说摒弃了中世纪将犯罪视为邪恶,将道德责任与法律责任混为一谈的犯罪概念,从法律上严格限定犯罪的范围,具有一定的历史进步意义。其缺陷在于:难以包括侵害社会利益的犯罪,它反映的是个人本位的犯罪观念[①]。

(二)法益侵害说

法益是指法律所保护的利益。该说认为犯罪的本质是对作为权利对象的、国家保护的利益造成侵害或者有造成侵害的危险。因此,违法性的实体内容是行为对于法所保护的共同生活的实质侵害和威胁。这一理论最初由毕恩堡姆提出,得到了李斯特等人的继承与发展。法益侵害说论者一般赞成结果无价值论。

(三)义务违反说

认为刑法是国家与公民之间的一种契约,强调个人对国家、社会的义务。该说20世纪初产生,由德国学者谢夫斯坦提出,二战后不久被淘汰。

(四)折中说

犯罪的本质首先是对法益的侵害或威胁,其次也要考虑对义务的违反,如对身份犯的处罚重于非身份犯,业务过失的处罚要重于普通过失等。该说由日本的团藤重光提出。

刑法的目的与任务是保护合法权益,《刑法》第13条所规定的犯罪定义指明了犯罪是侵犯合法权益的危害行为,刑法分则所规定的各种犯罪都是对合法权益的侵犯。故犯罪的法律本质是对合法权益的侵犯,与前述犯罪的本质特征是一致的。

---

①参见陈兴良:《刑法的启蒙》,法律出版社1998年版,第107－108页。

第三节　犯罪的分类

根据不同的标准可以对犯罪进行不同的归类，对犯罪进行分类有利于对犯罪问题展开更加全面的研究。

一、犯罪的理论分类

（一）重罪与轻罪

以法定刑为标准，将犯罪分为重罪、轻罪与违警罪，始于1791年法国《刑法》。我国刑法没有做此划分，但从理论上可以做此划分。理论上通常以法定刑为标准区分重罪与轻罪，而不是以现实犯罪的轻重为标准。一般将法定最低刑为3年以上有期徒刑的犯罪称为重罪，其他则为轻罪。

（二）自然犯与法定犯

基本上可以从与伦理道德的关系进行区分。自然犯是明显违反伦理道德的传统型犯罪，法定犯不是明显违反伦理道德的现代型犯罪。自然犯的社会危害性的变易性较小，而法定犯则较大。

（三）隔隙犯与非隔隙犯

隔隙犯是指在实行行为与犯罪结果之间存在时间的、场所的间隔的犯罪。有隔时犯、隔地犯之分。实行行为与犯罪结果之间没有时间、场所间隔的犯罪，则是非隔隙犯。

二、犯罪的法定分类

（一）危害国家安全罪与普通罪

危害国家安全罪在1997年《刑法》以前称之为反革命罪，俄罗斯称之为国事罪。在我国，危害国家安全罪是指故意危害我国主权、领土完整与安全以及人民民主专政的政权和社会主义制度的行为。危害国家安全罪以外的犯罪相对应地称之为普通罪。

（二）身份犯与非身份犯

通常而言，犯罪的成立，与犯罪人的身份无关，但在有些情形下，法律将“身份”或“其他特定关系”规定为构成要件或为刑罚加减或免除的原因的，此种犯罪称为“身份犯”。反之，刑法上多数犯罪，原则上对行为人之资格并未设限，即为“非身份犯”。

（三）亲告罪与非亲告罪

法律规定告诉才处理的犯罪是亲告罪。《刑法》规定了5个亲告罪：第246条侮辱罪、诽谤罪（严重危害社会秩序和国家利益的除外）、第257条暴力干涉婚姻自由罪（致使被害人死亡的除外)、第260条虐待罪(被害人没有能力告诉,或者因受到强制、威吓无法告诉的除外;致使被害人重伤、死亡的除外;)和第270条的侵占罪。法律没有规定告诉才处理的犯罪是非亲告罪。

(四)基本犯、加重犯与减轻犯

基本犯是指刑法分则条文规定的不具有法定加重或减轻情节的犯罪。加重犯是指刑法分则条文以基本犯为基础规定了加重情节与较重法定刑的犯罪,有结果加重犯(如《刑法》第260条第2款虐待罪致人重伤、死亡的)与情节加重犯(如《刑法》第294条第3款包庇、纵容黑社会性质组织罪)。

减轻犯是指刑法分则条文以基本犯为基础规定了减轻情节与较轻法定刑的犯罪,如《刑法》第233条过失致人死亡罪。

第五章　犯罪构成

犯罪构成理论是刑法科学中极其重要的理论，在整个刑法理论体系中居于中心地位，是正确认定犯罪的理论基础。

第一节　犯罪构成概述

犯罪构成的诞生经历了一个曲折的过程。各国犯罪构成理论存有较大差异，我国犯罪构成理论有自己的特色。

一、外国犯罪构成理论简介

（一）大陆法系的犯罪构成理论

犯罪构成最早是中世纪欧洲纠问式诉讼过程中的一个只具有刑事诉讼意义上的专有术语，随着资产阶级革命思潮的兴起和革命的胜利，在罪刑法定原则的前提下，刑事古典学派开始将犯罪构成的概念从刑事诉讼法上移至刑事实体法上。费尔巴哈从刑法理论上首次提出了犯罪构成的概念——“犯罪构成就是违法行为中所包含的各个行为的或事实的诸要件的总和”，并希望它应该而且也能够反映在法律条文中。该理论的最终形成是20世纪初以来的事情，其中有德国的贝林格、迈耶、麦兹格和日本小野清一郎的功劳。

以德日为主的大陆法系国家的犯罪构成模式，是由构成要件的符合性（该当性）、违法性和有责性三个要件组成。符合性是指行为人的行为已经符合法律对某一具体犯罪规定的客观外部的要素要求；违法性是指行为违反刑法要求禁止实施的规定；有责性是指行为人在具有责任能力的前提下在主观上具有故意或过失的罪过时应当承担的责任。

现在，大陆法系国家的构成要件理论形成了以下通说或特色：构成要件符合性、违法性、有责性是成立犯罪的三个要件。行为符合构成要件不一定成立犯罪；构成要件以实行行为为中心，既包括记述的、客观的构成要件要素，也包括规范的、主观的要素；构成要件是抽象的、观念的概念，不是具体的事实本身，具体事实与构成要件相一致时，便具有构成要件符合性；构成要件是违法类型，即符合构成要件的行为原则上具有违法性。

（二）英美法系的犯罪构成理论

从整体上看，英美刑法采取的是双重模式的犯罪构成，它分为实质意义和形式意义的犯罪构成要件，前者包括犯罪行为和犯罪意图，后者则通过诉讼意义上的抗辩事由体现出来。犯罪实质成立要件是无罪辩护事由不存在。英美法系国家犯罪构成理论的实践意义在于为刑事证明责任的分配提供了实体法基础。

(三)苏联的犯罪构成理论

十月革命后,苏维埃刑法学者引入历史唯物主义和辩证唯物主义的观点,通过批判、借鉴、吸收的方法对资产阶级的犯罪构成理论进行了改造。特拉伊宁认为,犯罪构成乃是苏维埃法律认为决定具体的、危害社会主义国家的作为(或不作为)为犯罪的一切客观要件和主观要件(因素)的总和。特拉伊宁将犯罪构成作为理论概念、理论体系加以提出的,并在苏维埃刑法已有各种具体规定的基础上加以研究。

二、我国的犯罪构成理论

中华人民共和国成立后,我们没有及时地制定系统的刑法,因此我国刑法在法律结构中不存在犯罪构成的法律概念。我国现行传统的犯罪构成理论是从苏联移植引进的,1958年我国翻译出版了特拉伊宁的《犯罪构成的一般学说》,该书对我国的犯罪构成理论的建立和发展产生了深远的影响。自此,犯罪构成便成了我国刑法理论体系的核心问题。因此,犯罪构成是以理论概念、理论体系出现在我国的刑法理论领域,我国的刑法学者也是首先从理论角度对犯罪构成进行研究探讨,并努力使之法定化。但1979年《刑法》在明确规定犯罪概念的同时,并没有明确规定犯罪构成的概念,只是在刑法分则条文中规定了各种具体犯罪的构成要件,对此我国刑法学者称之为"法定的具体犯罪构成"。1997年《刑法》依然如此,故在我国,犯罪构成至今基本上属于一种自成体系的理论。它究竟具有理论属性还是具有法律属性?评断的基础离不开相应的理论体系和法律规定,以此为标准,我国的犯罪构成属于折中兼有说。以苏联为模式,我国采取了四要件说。

我国传统的犯罪构成理论摒弃了以行为或行为人为中心的主客观相脱离的犯罪构成体系的弊端,把犯罪构成视为主客观的统一体,因而具有一定的进步性,在某种意义上起到定罪的规格和定罪的模式的作用。

三、犯罪构成的概念和特征

犯罪构成与犯罪概念是两个既有联系又有区别的范畴。联系在于:犯罪概念是犯罪构成的基础,犯罪构成是犯罪概念的具体化。区别在于它们的功能不同:犯罪概念的功能是从整体上回答什么是犯罪,犯罪有哪些基本特征,揭示犯罪行为的法律、政治本质,从而使我们从原则上区分罪与非罪;而犯罪构成的功能是解决构成犯罪的具体规格和标准问题,进一步明确回答犯罪是怎样成立的,构成犯罪需要具备哪些条件。

犯罪构成是依照我国刑法的规定,决定某一具体行为的社会危害性及其程度,而为该行为构成犯罪所必需的一切主观要件和客观要件的有机统一,它具有以下三个特征。

1. 犯罪构成是一系列主客观要件的有机整体

每一个犯罪构成都是主客观要件要素的集合体,既不能单凭主观要件归罪,也不能单凭客观要件归罪,主客观要件的统一才能具备某种犯罪的犯罪构成。

2. 犯罪构成是犯罪的社会危害性的法律标志

首先,犯罪构成是刑法规定的。其次,犯罪构成并不是抽象的法律概念,而是犯罪的社会危害性的法律标志。

3. 犯罪构成是认定犯罪的法律标准

行为成立犯罪所需的构成要件,必须由我国刑法加以规定或包含。只有经过法律选择的案件事实特征才能成为犯罪构成要件。

四、犯罪构成的分类

(一)基本的犯罪构成与修正的犯罪构成

一般认为,基本的犯罪构成是指分则性条文就单独的既遂犯所规定的犯罪构成;修正的犯罪构成是指总则性条文以基本的犯罪构成为基础并对之加以修正而就共犯、未遂犯等所规定的犯罪构成。这种分类原本是日本等国刑法理论对构成要件所作的分类,现在也被引进了我国的刑法教科书。根据这一分类,刑法分则规定的犯罪以单独的既遂犯为模式;基本犯罪构成是由分则性条文规定而不是由总则与分则统一规定;分则"先"设定了"完整"的犯罪构成,总则又取消了其中的部分要件。

(二)完结的犯罪构成与待补充的犯罪构成

完结的犯罪构成,也称关闭的犯罪构成,指刑法完整地规定了所有要件的犯罪构成;待补充的犯罪构成,也称开放的犯罪构成,指刑法仅规定了部分要件,其他要件需要法官适用时进行补充的犯罪构成。这一分类最先由德国学者威尔采尔所倡,具有一定意义。当刑法规定了完结的犯罪构成时,司法工作人员应严格依法适用,不得附加或减少要件;当刑法规定了待补充的犯罪构成时,司法工作人员应依照法律的相关规定补充构成要件。至于刑法规定的犯罪构成究竟是完结的犯罪构成还是待补充的犯罪构成,则需要根据犯罪行为的性质、犯罪之间的关系等进行识别。

(三)单一的犯罪构成与复杂的犯罪构成

单一的犯罪构成,是指刑法规定的各个要件均属单一的犯罪构成,即当刑法规定的犯罪构成中只含单一行为、单一主体、单一罪过形式时,便是单一的犯罪构成。复杂的犯罪构成是指刑法规定的要件内容可供选择或互有重叠的犯罪构成,主要表现为两类情况:一类是刑法规定了两种以上的行为、对象、主体等,只要具体事实符合其中之一,便成立犯罪,如刑法第305条;另一类是刑法规定了两种以上的行为等,具体事实同时符合刑法规定时,才成立犯罪。这两类现象也可能交织在一个犯罪构成中,司法工作人员应特别注重哪些要件是可供选择的,哪些要件是必须同时具备的。

第二节 犯罪构成要件

犯罪构成是对一切犯罪的构成所做的抽象和概括,但是每种犯罪的成立都必须符合具体的犯罪构成要件。

一、犯罪构成要件的含义

犯罪构成要件，是犯罪构成的组成部分，如表明行为对法益侵犯性的客观要件，表明主体的年龄与能力的主体要件，表明行为人对行为及其结果的心理状态的主观要件，要件的有机统一形成犯罪构成。

犯罪构成要件是由刑法总则与分则统一规定的，而不是仅由分则条文规定的。它是一种法律规定，而不是具体事实。

二、具体犯罪的构成要件

也称具体的构成要件，是指具体犯罪的成立必须具备的要件，是具体犯罪的社会危害性的法律标志。每一个具体犯罪都有其特定的构成要件，刑法分则规定了具体犯罪，但并没有完整地规定每个犯罪的具体构成要件。

三、犯罪构成的共同要件

犯罪构成的共同要件是指任何犯罪的成立都必须具备的要件，是从具体要件中抽象出来的。归纳各种犯罪的构成，每种犯罪都具有四个共同的构成要件：犯罪客体、犯罪客观方面、犯罪主体、犯罪主观方面。该排序方式为传统犯罪构成理论所采用，符合人们认定犯罪的思维规律。

第三节　犯罪构成要件要素

犯罪构成要件由要素组成，不同的要素组成不同的构成要件，因此各要素在犯罪构成要件中的性质、地位以及对构成犯罪的意义不相同。

一、犯罪构成要件要素的概念

犯罪构成各要件由不同要素所组成，组成要件的要素就是犯罪构成要件要素，如危害行为、危害结果是犯罪客观要件的要素。

二、犯罪构成要件要素的分类

（一）客观的构成要件要素与主观的构成要件要素

说明行为外部的、客观方面的要素即为客观的构成要件要素，如行为、结果、行为对象等，例如，“淫秽物品”属于行为对象，属于客观的构成要件要素。表明行为人内心的、主观方面的要素即为主观的构成要件要素，如故意、过失、目的等。

（二）记述的构成要件要素与规范的构成要件要素

记述的构成要件要素与规范的构成要件要素是构成要件要素的种类。对于构成要件要素是否存在的判断，只需法官的认识活动即可的构成要件要素，就是记述的构成要件要素；

如果这种判断还需要法官的规范的、评价的行为的，则是规范的构成要件要素，如贩卖淫秽物品牟利罪中的“贩卖”，签订、履行合同失职被骗罪中的“签订、履行”是记述的构成要件要素，“淫秽物品”是规范的构成要件要素。可以通俗解释如下：记述的构成要件要素是对事实的记述或描述；解释者与司法者的价值观的差异不会影响对它的理解与适用，故不存在争议；司法者易于判断客观事实是否符合构成要件，故不会因理解不同而形成不同的判决结论。规范的构成要件要素是一种规范的表述，包含价值判断；解释者与司法者的价值观的差异必然影响对它的理解与适用，故常存争议；司法者难以判断客观事实是否符合构成要件，故往往因为理解不同而形成不同的判决结论。

（三）积极的构成要件要素与消极的构成要件要素

通常的构成要件要素，是积极地、正面表明成立犯罪必须具备的要素，这为积极的构成要件要素。但例外地也存在否定犯罪性的构成要件要素，这便是消极的构成要件要素，如《刑法》第389条第3款规定：“因被勒索给予国家工作人员以财物，没有获得不正当利益的，不是行贿。”

（四）共同的构成要件要素与非共同的构成要件要素

共同的构成要件要素，是指犯罪构成共同要件中为任何犯罪的成立所必须具备的要素。例如，行为是客观要件的要素，也是任何犯罪的成立都必须具备的要素。非共同的构成要件要素，是指部分犯罪的成立所必须具备的要素。例如，时间与地点、身份与目的只是部分犯罪的成立必须具备的要素。

（五）成文的构成要件要素与不成文的构成要件要素

成文的构成要件要素，通常是指刑法明文规定的构成要件要素，绝大多数构成要件要素都是成文的构成要件要素。不成文的构成要件要素，是指刑法条文表面上没有明文规定，但根据刑法条文之间的相互关系、刑法条文对相关要素的描述所确定的，成立犯罪所必须具备的要素。就一些具体犯罪而言，由于众所周知的理由或者其他原因，刑法并没有将所有的构成要件要素完整地规定下来，而是需要法官在适用过程中进行补充。例如，根据通说，抢劫罪的客观构成要件要素是成文的构成要件要素，“非法占有目的”是不成文的构成要件要素。

第六章　犯罪客体

从本质上看，犯罪是对整个社会的危害，每个具体犯罪都会侵犯某种具体的社会关系。通过研究犯罪客体，能够揭示犯罪的这一危害本质。

第一节　犯罪客体概述

把握犯罪客体有助于准确认识和确定犯罪的性质，区分罪与非罪、此罪与彼罪。

一、犯罪客体的概念

传统观点认为，犯罪客体是指刑法所保护而为犯罪行为所侵犯的社会主义社会关系。但本书认为，犯罪客体是指刑法所保护而为犯罪行为所侵犯的社会关系，它包括以下三层含义。

首先，犯罪客体是一种社会关系。社会关系，是人们在生产和共同生活中所形成的人与人之间的相互关系，它分为物质关系和思想关系。物质关系是社会的生产关系即经济关系，包括人身权利关系、财产所有关系等，是人们在生产过程中形成的，是一切社会关系的基础；思想关系是经济基础所决定的上层建筑，是建立在生产关系基础上的政治关系和意识形态关系。任何一种犯罪行为，都会侵犯社会关系。

其次，犯罪客体是刑法所保护的社会关系。社会关系范围非常广泛，但并非所有的社会关系都会成为犯罪客体，只有那些重要的需要刑法保护的社会关系才能成为犯罪客体。在我国，能够成为犯罪客体的主要是《刑法》第2条和第13条规定的国家主权、领土完整和安全，经济秩序、社会秩序、财产所有权、人身权利、民主权利等社会关系。

最后，犯罪客体是被犯罪行为侵害的社会关系。刑法所保护的社会关系是客观存在的，但是，并非刑法所保护的社会关系就是犯罪客体，只有当它受到犯罪行为侵害时，才能成为犯罪客体。

二、犯罪客体的意义

（一）有助于认识犯罪的本质特征

犯罪客体是决定犯罪社会危害性及其程度的首要条件。任何一种犯罪行为都具有社会危害性，此危害性通过犯罪客体受侵犯而体现。

(二)有助于准确定罪

犯罪客体有时是区分此罪与彼罪的依据。例如,同样是盗窃电线行为,会因为侵犯的客体不同而构成不同的犯罪:如果侵犯的是公共安全,构成破坏电力设备罪;如果侵犯的是财产权,则构成盗窃罪。

第二节 犯罪客体的种类

按照犯罪行为侵害的社会关系的范围,刑法理论将犯罪客体划分为三类或三个层次:一般客体、同类客体和直接客体。

一、犯罪的一般客体

犯罪的一般客体,又称犯罪的共同客体,是指一切犯罪所侵犯的社会关系的整体。《刑法》第2条、第13条概括了犯罪一般客体的主要内容。一般客体反映了一切犯罪客体的共性,它是刑法所保护客体的最高层次。

二、犯罪的同类客体

犯罪的同类客体,又称分类客体,是指某一类犯罪所共同侵犯的某一类社会关系。同类客体是建立我国刑法分则体系的基本依据,刑法据此确立了分则的10个罪章,有的章又根据次同类客体分为若干罪节,如刑法分则第三章分为八节、第六章分为九节。

三、犯罪的直接客体

犯罪的直接客体,是指具体犯罪所直接侵犯的特定社会关系,揭示了具体犯罪所侵害合法权益的性质以及该犯罪的社会危害性程度。直接客体是研究犯罪客体的重点。理论上进一步可分类为以下三方面。

(一)简单客体和复杂客体

根据具体犯罪行为危害具体合法权益数量的多少分为简单客体与复杂客体。简单客体,又称单一客体,是指某一种犯罪只直接侵害一种具体的社会关系。复杂客体,是指犯罪行为所直接侵害的客体包括两种以上的具体社会关系。

(二)主要客体、次要客体和随机客体

根据直接客体在犯罪中受危害的程度、机遇和受刑法保护的状况,可对复杂客体进行再分类,分为主要客体、次要客体和随机客体。

主要客体,是指某一具体犯罪所侵害的复杂客体中程度较严重的,刑法予以重点保护的社会关系。主要客体决定该具体犯罪的性质,从而也决定该犯罪在刑法分则中的归属。

次要客体,是指某一具体犯罪所侵害的复杂客体中程度较轻的、刑法予以一般保护的社会关系,也称辅助客体。次要客体虽不决定犯罪的类罪性质,但也对某些犯罪的具体性质和

主要特征产生重要影响。在同类犯罪中区分此罪与彼罪，次要客体往往起决定性的作用。如抢劫罪与抢夺罪。

随机客体，是指某一具体犯罪侵害的复杂客体中可能由于某种机遇而出现的客体，也称随意客体、选择客体。一般情况下，随机客体往往是加重刑事处罚的原因和依据。如非法拘禁罪，侵害的主要客体是他人的人身自由权利，如果非法拘禁致人重伤、死亡时，就危害到他人的健康权利、生命权利。随机客体是复杂客体的一种，但主要客体、次要客体是某些犯罪的必备要件，而随机客体仅仅是选择要件，可能出现也可能不出现。

（三）物质性犯罪客体和非物质性犯罪客体

以具体犯罪侵害的社会关系是否为物质性为标准，可将直接客体分为物质性犯罪客体和非物质性犯罪客体。对物质性犯罪客体侵害的标志是产生物质性的损害或威胁，可能成为物质性犯罪客体的法益有财产、生命与健康等。对非物质性犯罪客体侵害的标志是不具有直接的物质损害的形式，可能成为非物质性犯罪客体的法益有政治制度、社会秩序、人格、名誉等。

第三节　犯罪客体与犯罪对象

犯罪客体与犯罪对象是两个既有联系也有区别的概念，对它们关系的认识有助于进一步把握犯罪构成要件。

一、犯罪对象的概念

犯罪对象是指刑法分则条文规定的犯罪行为所作用的客观存在的具体人或者具体物。其基本含义有以下几方面。

（一）犯罪对象是具体的人或物

人是指人的生命机体，它承载着人的生命、健康、自由、名誉、安宁等权利。物是指一切具有价值、归属关系的物品，包括货币、实物、生产资料、生活资料、动产和不动产信息等等。

（二）犯罪对象是犯罪行为直接作用的人或物

作为犯罪对象的具体的人或物，具有客观实在性，但在其未受到犯罪行为侵害时，仅是可能的犯罪对象。只有犯罪行为直接作用于某人或某物时，其才能成为现实的犯罪对象。据此，可以将犯罪对象与犯罪所得之物、犯罪所用之物区分开来。犯罪所得之物是指犯罪人通过犯罪所获得的财产或物品，犯罪所用之物是指犯罪人进行犯罪活动所使用的工具或物品，这些都不能认定为犯罪对象。

（三）犯罪对象是刑法规定的人或物

刑法分则条文大多数并不明确规定犯罪客体，而往往通过规定犯罪对象的方式来表明犯罪客体的存在。因此刑法条文或者规定作为犯罪对象的人，或者规定作为犯罪对象的物，用以表明犯罪客体。犯罪对象可以从不同角度做不同的分类。从物质表现形式上，犯罪对象包括物体和人体两种。从犯罪对象有无特殊限制来看，存在普遍犯罪对象与特定犯罪对象，前者是泛指人或物而不加任何限制，如故意杀人罪中的“人”；后者则指某种人或物，明确限制其范围，如盗窃、抢夺枪支、弹药、爆炸物罪，犯罪对象是枪支、弹药、爆炸物。

二、犯罪客体与犯罪对象的联系与区别

（一）犯罪客体与犯罪对象的联系

（1）犯罪对象是犯罪客体的物质载体或主体承担者。作为犯罪对象的具体物是具体社会关系的物质表现，而人则是社会关系的主体或参加者。

（2）犯罪对象在不同的场合会表现为不同的犯罪客体。犯罪行为作用于犯罪对象，就是通过具体的物或人来侵害一定的社会关系，但侵害的社会关系不同，犯罪客体亦不同。

（二）犯罪客体与犯罪对象的区别

（1）犯罪客体是任何犯罪构成的必备要件，而犯罪对象则仅仅是某些犯罪的必备要件。

（2）犯罪客体决定犯罪性质，犯罪对象则未必，如公共财物可以是盗窃罪、贪污罪、诈骗罪的犯罪对象。

（3）任何犯罪都会使犯罪客体受到危害，而犯罪对象则不一定受到损害，如盗窃罪。

（4）犯罪客体是犯罪分类的基础，犯罪对象则不是，如刑法分则十大罪章就是根据犯罪客体进行的分类。

第七章　犯罪客观方面

在犯罪构成要件中，犯罪客观方面居于核心地位，它通常包括危害行为、危害结果等。危害行为与危害结果之间的因果关系一般也放在本部分进行研究。

第一节　犯罪客观方面概述

犯罪客观方面是构成犯罪所必须具备的要件，不具备客观要件不能成立犯罪。

一、犯罪客观方面的概念与特征

犯罪客观方面，又称犯罪客观要件、犯罪客观因素，是指刑法规定的构成犯罪的客观外在表现。其特征有以下几方面。

（一）客观性

指犯罪活动的外在表现形式，能被人们所直接感知，以客观事实特征为内容。只有在主观罪过外化成为不依人们意志而存在的客观范畴时，才能对其定罪量刑。

（二）具体性

刑法规定的犯罪客观方面的要件，是具体的而不是抽象的。客观方面的要件具体表现为危害行为、危害结果，犯罪的特定时间、地点、方法、手段等。以是否为构成犯罪必备为标准，这些要件可分为必备要件和选择要件。

（三）法定性

指构成犯罪的各种客观要件必须是刑法条文明确规定的、能够充分体现犯罪行为的社会危害性及其程度的客观事实。在分则条文中，犯罪客观方面作为罪状的主要内容表现出来。犯罪客观方面的法定性，是罪刑法定原则在犯罪构成中的重要体现。

（四）必备性

在犯罪构成的四个共同要件中，犯罪客观方面居于核心地位，是成立犯罪所必须具备的客观因素。犯罪客观方面是犯罪其他要件所依附的本体性要件，不具备客观方面说明不存在社会关系受到侵害的客观事实。

二、犯罪客观方面的意义

在犯罪构成的诸要件中，犯罪客观方面处于核心地位，它既是犯罪主体与犯罪客体的纽带，也是认定犯罪主观方面的客观依据。

（一）区分罪与非罪的重要依据

近代刑法确立的一个原则是：无行为则无犯罪。因此，对一切犯罪来说，危害行为的有无，是区分罪与非罪行为的重要标志，但对于某些犯罪而言，危害结果、特定的时间、地点、方法或手段的有无，也是区分罪与非罪的重要标志。

（二）区分此罪与彼罪的客观标准

我国刑法中一些犯罪，犯罪主体要件、犯罪客体要件、主观要件相同，为什么规定为不同的犯罪，主要就在于客观方面要件不同。例如，同样是侵犯财产所有权，如果是用窃取的方式将他人数额较大的财物据为己有，则构成盗窃罪；如果是用暴力、胁迫或者其他方法非法占有他人财物，则构成抢劫罪。

（三）分析和认定犯罪主观方面的客观基础

犯罪主观方面支配犯罪客观方面，犯罪客观方面是犯罪主观方面的外部表现即客观化，犯罪意图只有通过犯罪行为才能实现。因此，考察犯罪的客观要件，可以为正确判定犯罪主观要件中的罪过、动机、目的等内容提供可靠的客观基础。

（四）影响正确量刑的重要因素

从立法上看，刑法对不少犯罪往往把是否具备某种危害结果作为加重处罚的根据。从司法上看，要充分考虑实施犯罪行为的方式、手段以及时间、地点、条件、侵犯对象等客观情况对犯罪危害程度的影响。

第二节　危害行为

危害行为是我国刑法中犯罪客观方面首要的因素，是一切犯罪构成在客观方面都必须具备的要件。正如法谚所说，无行为则无犯罪。

一、危害行为的概念与特征

没有行为则没有犯罪、没有刑罚，已成为现代刑法的普遍原则。我国刑法所惩处的犯罪，首先是人或单位的一种危害社会的行为。特定的危害社会的行为，是我国刑法中犯罪客观方面首要的因素，是一切犯罪构成在客观方面的必备要件，在犯罪客观要件中居于核心地位。

(一)危害行为的概念

我国刑法中的危害行为,是指犯罪构成客观方面的行为,即由行为人的意识、意志支配的违反刑法规定的危害社会的身体动作,它不同于犯罪行为。

(二)危害行为的特征

1. 主体特定性

危害行为是自然人或单位实施的行为,我国刑法排除动植物、物品或自然现象作为犯罪主体的可能性。

2. 有意性

从主观上看,刑法中的危害行为是表现人的意识或意志的行为,即危害行为必须是受人的意识和意志支配的。人的意识意志与人的身体动静存在因果关系,前者因,后者果。只有这种因果关系客观存在时,才能作为危害行为来研究。同时,也只有这样的身体外部动静即危害行为,才可能由刑法来调整并达到刑法调整所预期的目的。

3. 有害性

危害行为是对社会有危害的行为,即对社会关系有侵害或威胁的行为。

4. 刑事违法性

危害行为是违反刑法规范的行为,这是危害行为的法律特征。违反刑法规范,既包括禁止性规范,如禁止伤害、抢劫等,也包括命令性规范,如赡养父母、依法纳税等。违反命令性规范的属于不作为的危害行为,违反禁止性规范的属于作为的危害行为。欠缺有意性的行为、欠缺有害性的行为、欠缺刑事违法性的行为均不属于犯罪客观方面的危害行为。

二、危害行为的基本形态

从区分罪与非罪、此罪与彼罪的界限角度出发,危害行为的基本形态应区分为作为与不作为两种,这是现代刑法理论的通说。

(一)作为

所谓作为,指犯罪人用积极的行为实施的刑法禁止的危害社会的行为,即不当为而为之,作为违反刑法禁止性规范。大多数刑法规范是禁止性规范,由危害社会的作为构成犯罪。

作为的实施方式主要有两类:利用行为人自身条件的作为;利用外力条件的作为,包括利用工具、利用动物、利用自然力甚至利用别人的行动等。

(二)不作为

所谓不作为,是指犯罪人有义务实施且有可能实施某种积极的行为而未实施的行为,即当为而不为。构成刑法中的不作为,客观方面必须具备下述三个条件。

1. 行为人负有实施某种积极行为的特定义务

这是构成不作为犯罪的前提。特定义务是法律上的义务,而不只是普通的道德上的义务。特定义务一般有三个来源:其一,法律明文规定的义务,如纳税的义务,保守国家秘密的义务等。其二，职务上或业务上要求履行的义务，这一特定义务以行为人具有某种职务身份或从事某种业务并且正在执行为前提。其三，行为人的先行行为产生的(作为)义务，法益状态的变化处于行为人支配领域内时，行为人便具有作为义务。行为人偶然遇到了自发的或者他人造成的法益危险状态时，除非行为人处于保护被害人的法律地位，一般不产生作为义务。宪法等所规定的义务具有抽象性，难以直接成为具体不作为犯罪的义务根据。例如，虽然《消防法》规定，任何人发现火灾都必须立即报警，过路人甲发现火灾后没有及时报警，导致火灾蔓延，但是甲的行为不成立不作为的放火罪。

2. 行为人有履行特定义务的实际可能性

这是不作为犯罪成立的主要条件，这一条件表明了我国刑法中不作为犯罪构成上的合理性。如果行为人不具有履行特定义务的实际可能性，就不成立不作为。

3. 行为人未履行特定义务

这是区分作为与不作为的外在根本标志，也是不作为犯罪成立的关键条件。行为符合不作为的一般客观条件，并不直接成立犯罪，只有当某种不作为符合具体的犯罪构成才成立犯罪。例如，甲下班回家后，发现自家门前放着一包来历不明、类似面粉的东西，甲第二天上班时拿到实验室化验，发现是海洛因，于是立即倒入厕所马桶冲入下水道，甲虽然没有将毒品上交公安部门，但不构成非法持有毒品罪。刑法规定，依法配备公务用枪的人员丢失枪支不及时报告，造成严重后果的构成犯罪，该罪以不报告为成立条件，属于不作为犯罪。遗弃罪是一种不履行扶养义务的行为，属于不作为犯罪。

作为和不作为在我国刑法中的表现形式多种多样，大多数犯罪只能由作为方式构成，但有一些犯罪只能由不作为方式构成，如第261条的遗弃罪、第311条拒绝提供间谍、恐怖主义、极端主义犯罪证据罪、第422条的拒传军令罪、第429条的拒不救援友邻部队罪等，对此，刑法理论上称为“纯正不作为犯”。另有一些犯罪既可以由作为方式构成，也可以由不作为方式构成，如故意杀人罪、放火罪、交通肇事罪等，刑法理论上称为“不纯正不作为犯”。

第三节 危害结果

危害结果是犯罪客观方面一个较为复杂的问题，从犯罪构成而言，它是犯罪客观方面要件要素，是选择性要件要素。

一、危害结果的概念

我国刑法理论界对危害结果的理解有广义和狭义之分。广义的危害结果，是指由行为人的危害行为引起的一切对社会的损害事实，包括危害行为的直接结果与间接结果；属于构成要件的结果和不属于构成要件的结果。狭义的危害结果，是指作为犯罪客观方面构成要件的结果，通常也就是对直接客体造成的损害，也并非存在于任何犯罪之中。在行为犯、预备犯、未遂犯中，并不要求具备这种狭义的危害结果。狭义的危害结果是定罪的主要根据之一。我国法学界通常从狭义的角度去理解危害结果。从这一角度出发，所谓危害结果，是指危害行为对犯罪直接客体造成的法定的实际损害或现实危险状态。其特点有以下几方面。

(一)侵害性与危险性

危害结果可以是实际损害,也可以是现实危险状态。例如,《刑法》第232条故意杀人罪中的人被杀死这一危害结果就是实际损害;《刑法》第116条破坏交通工具罪中所规定的交通工具或交通设施被破坏后"足以使火车、汽车、电车、船只、航空器发生倾覆、毁坏危险",就是一种现实危险状态。

(二)因果性

产生危害结果的原因只能是危害行为,非危害行为造成的损害事实,如自然力、动物引起的损害,都不属于危害结果的范畴。

(三)客观性

危害结果具有客观性,它是一种客观存在的事实。

(四)法定性

危害结果具有法定性,是刑法意义上的。一种罪所造成的实际危害结果,可能是多种多样的,如在故意杀人案件中,有的造成轻伤或重伤,有的造成死亡,但是作为故意杀人罪的构成要件的结果,只能是死亡。

值得注意的是,经对方同意的行为未必就没有造成刑法意义上的危害结果。例如,甲男(25岁)明知孙某(女)只有13岁而追求她,在征得孙某同意后,与其发生性行为,甲的行为造成了危害后果。

二、危害结果的种类

(一)直接危害结果与间接危害结果

这是根据危害结果与危害行为的联系形式所做的分类。直接结果,是指由危害行为所决定而必然产生的损害结果,行为与该结果存在着直接的、必然的因果联系。作为构成要件的危害结果,都是直接结果,即对直接客体的直接损害。但直接结果并非都是构成要件的结果,例如抢劫致人重伤、死亡的结果是直接结果,但不是抢劫罪构成要件的结果。

间接结果,指在犯罪完成以后,通过犯罪的直接结果而连带引起的其他危害结果,如诈骗罪的受害人因为钱财被骗而自杀身亡,此自杀身亡便是间接结果。

(二)物质性危害结果与非物质性危害结果

这是根据危害结果的现象形态所做的分类。物质性结果,指能够经过行为的物理作用,引起对象的有形变化的结果;非物质性结果,指现象形态表现为非物质性变化的危害结果。

(三)构成要件要素的结果与非构成要件要素的结果

这是以危害结果是否属于具体犯罪构成要件要素为标准所做的分类。构成要件要素的结果，指成立某一具体犯罪所必须具备的危害结果；非构成要件要素结果，指不是成立犯罪所必需具备的危害结果，它不影响犯罪的成立，但影响法定刑是否升格以及同一法定刑幅度内的量刑轻重。

（四）普通结果与加重结果

这是根据危害结果的严重程度所做的分类。普通结果是犯罪构成要件要素的结果，例如故意伤害罪中的轻伤害是普通结果；比普通结果更严重的结果是加重结果，即使没有发生这种加重结果，该行为也构成犯罪，有加重结果，则会加重法定刑。例如，故意伤害致人重伤，法定刑就升格了。

这里要注意结果加重与犯罪构成之间的关系。例如，《刑法》第246条第1款规定："以暴力或者其他方法公然侮辱他人或者捏造事实诽谤他人，情节严重的，处三年以下有期徒刑、拘役、管制或者剥夺政治权利。"根据这一规定，侮辱的行为并不一定构成侮辱罪，只有情节严重才构成侮辱罪，侮辱造成的结果再严重也不会加重法定刑。因此侮辱他人导致他人自杀身亡不属于结果加重犯。

还要注意结果加重犯与犯罪转化之间的关系。《刑法》第248条第1款规定："监狱、拘留所、看守所等监管机构的监管人员对被监管人进行殴打或者体罚虐待，情节严重的，处三年以下有期徒刑或者拘役；情节特别严重的，处三年以上十年以下有期徒刑。致人伤残、死亡的，依照本法第二百三十四条、第二百三十二条的规定定罪从重处罚。"根据这一规定，"监管人员对被监管人进行殴打与体罚虐待致人死亡"应定故意杀人罪，属于犯罪的转化，因此监管人员对被监管人进行殴打与体罚虐待致人死亡不属于结果加重犯。

犯罪行为虽然引起了严重危害结果，但只要该结果没有被法律规定为加重法定刑的理由，也不能理解为是结果加重犯。例如，《刑法》第237条第1款和第2款规定："以暴力、胁迫或者其他方法强制猥亵他人或者侮辱妇女的，处五年以下有期徒刑或者拘役。聚众或者在公共场所当众犯前款罪的，或者有其他恶劣情节的，处五年以上有期徒刑。"根据这一规定，有聚众或在公共场所犯该罪的情节的，加重法定刑，不包括致人死亡的结果，所以强制猥亵他人致人死亡的，不属于结果加重犯。

法律把"情节恶劣"设置成构罪情节时，包含在"情节恶劣"中的危害结果就不属于加重结果。例如，《刑法》第261条规定："对于年老、年幼、患病或者其他没有独立生活能力的人，负有扶养义务而拒绝扶养，情节恶劣的，处五年以下有期徒刑、拘役或者管制。"该条文未规定加重情节，如果遗弃没有独立生活能力的人致其死亡的，不属于结果加重犯。

（五）实害结果与危险结果

这是以危害结果是否对犯罪直接客体造成现实的损害为标准所作的区分。实害结果，指危害行为对犯罪直接客体所造成的现实的损害；危险结果，指危害行为使犯罪直接客体处于足以发生实害结果的危险状态。

第四节 刑法上的因果关系

危害行为与危害结果之间的因果关系,是指实行行为同危害结果之间存在的引起与被引起的关系。这是刑法学总论中的一个难点。

一、因果关系在刑法中的地位

关于因果关系在刑法中的地位有三种观点:一是因果关系是一切犯罪构成的必备要件要素;二是因果关系不是一切犯罪构成的必备要件要素,只有当已经造成了物质损害结果,才发生因果关系问题;三是在任何犯罪构成中都不存在因果关系要件要素。

本书认为,第三种观点较为可取。理由:第一,因果关系只是危害行为与危害结果之间的一种客观的、自然的联系,它不从任何角度反映行为的社会危害性,故不具有犯罪构成要件的实质内容。第二,确定行为人刑事责任的客观基础是由因果关系联结起来的危害行为与危害结果,而不是因果关系本身。第三,犯罪的性质和构成的特点,是由犯罪的行为、结果以及其他法定要件的性质和特点所决定的,而不是由因果关系决定的。

二、刑法上因果关系的特点

(一)刑法上因果关系与哲学上因果关系的统一性

(1)因果关系的客观性。因果关系是事物之间一种引起与被引起的关系。

(2)因果关系的序列性。先有因,后有果。

(3)因果关系的相对性。因果链条中因可以是果,果也可以是因。

(4)因果关系中的规定性(条件性和具体性)。原因中具有导致结果的根据或条件性。

(5)因果关系的复杂性。有一因一果、一因多果、多因一果及多因多果。.

(二)刑法上因果关系的特殊性

(1)范围的特定性。只有引起危害结果发生的行为才是原因,只有行为所引起的危害结果才是结果。作为刑法因果关系中的结果,是指法律所要求的已经造成的有形的、可被具体测量确定的物质性危害结果,以及危险结果。

(2)作用的单向性。只研究行为对结果的单向作用。

(3)内容的法定性。在不少情况下,刑法上的因果关系是法律规定的特定发展过程,而不是一种简单的引起与被引起的关系,与经验上的因果关系不同。

三、刑法上因果关系的学说

刑法上因果关系的学说众说纷纭,我国学界传统观点认为,必然因果关系与偶然因果关系都是刑法上的因果关系,但是从近几年司法考试题的设计与答案来看,似乎国外关于因果关系的学说理论逐渐占了上风。

(一)必然因果关系说

当危害行为中包含着危害结果产生的根据,并合乎规律地产生了危害结果时,危害行为与危害结果之间就是必然因果关系。只有必然因果关系,才是刑法上的因果关系。

(二)偶然因果关系说

危害行为本身并不包含着产生危害结果的根据,但在其发展过程中,偶然介入其他因素,并由介入因素合乎规律地引起危害结果时,危害行为与危害结果之间就是偶然因果关系,介入因素与危害结果之间就是必然因果关系。必然因果关系与偶然因果关系都是刑法上的因果关系。

(三)相当因果关系说

这是日本较为流行的学说。根据一般社会生活经验,在通常情况下,某种行为产生某种结果被认为是相当的场合,行为与结果之间就具有因果关系。对“相当”性的判断,要考虑以下几个因素:一是行为导致结果发生的概率的大小;二是介入情况的异常性的大小;三是介入情况对结果的作用的大小。例如乙欲杀其仇人苏某,在山崖边对其砍了7刀,被害人重伤昏迷,乙以为苏某已经死亡,遂离去,但苏某自己醒来后,刚迈了两步即跌下山崖摔死,苏某的死亡和乙的危害行为之间存在因果关系。

(四)条件说

这是德国较为流行的学说。行为与结果之间存在着没有前者就没有后者的条件关系时,前者就是后者的原因。例如,甲致乙重伤,乙在治疗中因医生丙的重大过失致乙死亡。在数个行为导致一个结果的情况下,如果除去一个行为结果将发生,除去全部行为结果将不发生,则全部行为都是结果发生的原因。例如,甲乙无意思联络同时向丙开枪,均打中丙的心脏,致丙死亡。前条件对某一结果还没有起作用,与此无关的条件导致了该结果的发生,则因果关系断绝。即在因果关系的发展进程中,如果由于介入第三者的行为或者特殊自然事实导致了结果发生,那么,前行为与结果之间的因果关系便中断。例如,丙追杀情敌赵某,赵狂奔逃命,赵的仇人赫某早就想杀赵,偶然见赵慌不择路,在丙尚未赶到时,即向其开枪射击,致赵死亡,赵的死亡和丙的追杀之间没有因果关系。再例如,甲以杀人的目的向乙的食物中投放了足以致死的毒药,但在该毒药尚未起作用时,丙开枪打死乙,则甲的行为与乙的死亡结果之间没有因果关系。

与前“条件”无关的后条件直接导致结果发生,而且即使没有前“条件”也将发生结果时,前“条件”与结果之间没有因果关系。例如,甲欲杀害其女友,某日故意破坏其汽车的刹车装置。女友如驾车外出,15分钟后遇一陡坡,必定会坠下山崖死亡。但是,女友将汽车开出5分钟后,即遇山洪暴发,泥石流将其冲下山摔死。死亡结果的发生和甲的杀害行为之间,没有因果关系。

我国司法解释规定,虽交通肇事重伤3人以上但负事故次要责任的,不构成交通肇事罪。这说明即使有条件关系,也不一定能将结果归责于行为。

四、不作为与危害结果之间的因果关系

理论界近几年对不作为犯罪的因果关系问题较为关注,并形成了不同的观点。

(一)否定论

认为不作为是人的消极静止的行为,对外界事物不起任何变更作用,因此在不作为犯罪中不存在因果关系问题。

(二)准因果关系说

认为不作为犯罪在客观事实上不存在因果关系,但在法律上要将不作为看作引起危害结果的原因,与作为犯罪同等看待,它是法律拟制的因果关系。

(三)肯定说

不作为的危害行为与危害结果的因果关系是客观存在的,并非法律拟制。不作为的原因,在于它应该阻止而没有阻止事物向危险方向发展,从而引起危害结果的发生。不作为犯罪因果关系的特殊性在于:它以行为人负有特定的义务为前提。否认不作为犯罪因果关系的客观性,实际上也就是否认了不作为犯罪负刑事责任的客观基础。本书赞同肯定说。

五、刑法因果关系与刑事责任

对于行为犯、抽象危险犯,一般不存在解决刑法因果关系问题,但实害犯、具体危险犯不同。因果关系是对危害行为与危害结果之间客观上是否存在引起与被引起关系的判断,则与行为人主观上是否预见、能否预见没有关系,只要危害行为与危害结果之间客观上存在引起与被引起的关系,即使是由于行为人无法预见的原因引起的,也应当认为存在因果关系。例如,甲以杀人故意向乙开枪,但由于不可预见的原因导致丙中弹身亡,甲的行为与丙的死亡有因果关系。但是,查明刑法因果关系仅仅为追究行为人的刑事责任提供了客观基础,而确立了行为人对特定危害结果负刑事责任的客观基础,并不等于解决了其刑事责任问题,行为人要负刑事责任,还必须具备主观上的故意或过失。

第五节 犯罪客观方面的其他要件要素

犯罪客观方面的其他要件要素,是指刑法规定的构成某些犯罪必须具备的特定的时间、地点和方法(手段)等客观要件要素。

一、构成要件的时间、地点、方法

构成要件的时间,指刑法规定的某些犯罪构成必须具备的特定时间,如《刑法》第340条的非法捕捞水产品罪中的“禁渔期”。

构成要件的地点,指刑法规定的某些犯罪构成必须具备的特定场所,如《刑法》第444条的遗弃伤病军人罪,必须发生在“战场上”。

构成要件的方法，指刑法规定的某些犯罪构成必须具备的实施危害行为的特定方式，如《刑法》第 277 条妨害公务罪，通常必须是“以暴力、威胁”方法。

二、犯罪的时间、地点、方法对定罪量刑的意义

在法律把特定的时间、地点、方法明文规定为某些犯罪构成必备的要件要素时，它们对某些行为是否构成该种犯罪具有决定性作用。虽然对大多数犯罪来说，犯罪的时间、地点、方法等并非犯罪构成要件要素，但是往往影响到犯罪行为本身社会危害程度的大小，因而对正确量刑具有重要意义。

第八章　犯罪主体

任何犯罪都是由主体实施的，因而犯罪主体是犯罪构成必备的要件之一。离开了主体，犯罪就无从实施。

第一节　犯罪主体概述

犯罪主体对于准确区分罪与非罪、此罪与彼罪意义重大，对于量刑也会产生一定的影响，因而要厘清犯罪主体的概念及其与相关概念的界限。

一、犯罪主体的概念

通常认为，我国刑法中的犯罪主体是指实施危害社会的行为、依法应当负刑事责任的自然人和单位。自然人主体是我国刑法中最基本的、具有普遍意义的犯罪主体，单位主体则不具有普遍意义。自然人犯罪主体，是指具备刑事责任能力、实施危害社会的行为并且依法应当负刑事责任的自然人。

二、犯罪主体要件的概念

犯罪主体要件是指刑法规定的实施犯罪行为的主体本身必须具备的条件。

犯罪主体不等同于犯罪主体要件。前者概括地揭示犯罪主体的本质特征，后者则具体地反映其本质特征。因此，犯罪主体要件依犯罪主体的概念而定，犯罪主体概念是确立犯罪主体要件的基本依据。然而，并非犯罪主体概念的所有内容都是犯罪主体的要件，只有主体人身特征才属于犯罪主体要件的范畴。一般而言，中外刑法中的自然人犯罪主体要件，都可以区分为两个不同的层次：基本层次与特殊层次。前者指任何犯罪的主体都必须具备的要件或特征，通常称为犯罪的一般主体要件；后者为特殊层次，即某些犯罪要求在具备犯罪主体的共同要件的基础上附加特殊身份要件。例如，我国刑法中自然人犯罪主体的共同要件有两个：一是犯罪主体必须是自然人，二是作为自然人的犯罪主体必须具备刑事责任能力。再如，贪污贿赂罪的主体必须是国家工作人员。

三、犯罪主体要件的意义

（一）定罪方面

不具备犯罪主体要件的人，即使实施了刑法所禁止的危害社会的行为，也不构成犯罪。犯罪主体要件的具备，是行为人具备犯罪主观要件的前提，也是对犯罪人适用刑罚的基础。

(二)量刑方面

我国刑法对于未成年人犯罪、老年人犯罪、聋哑人犯罪和盲人犯罪、限制责任能力的精神病人犯罪、国家工作人员犯罪的处罚问题等，都规定了有别于一般人的刑罚。

第二节　自然人犯罪主体要件

自然人主体是我国刑法中最基本、最普遍的犯罪主体。自然人作为犯罪主体必须具备两个条件，即达到刑事责任年龄、具备刑事责任能力。

一、刑事责任年龄

(一)刑事责任年龄的概念

刑事责任年龄，是指法律所规定的行为人对自己实施的刑法所禁止的危害社会行为负刑事责任必须达到的年龄。只有达到一定年龄，能够辨认和控制自己的行为，并具有刑罚适应能力的人，才能够要求他们对危害行为承担刑事责任。因而，刑事立法根据年龄因素与责任能力的关系，确立了刑事责任年龄制度。

(二)刑事责任年龄阶段的划分

多数国家刑法中，责任年龄制度采用三分制或四分制。我国刑法以教育为主、惩罚为辅的刑事政策为指导，从我国政治、经济、文化教育状况、少年儿童的成长过程以及各类犯罪等实际情况出发，并适当借鉴外国立法例，顺应刑法的世界发展趋势，在第17条对责任年龄做了集中规定，把刑事责任年龄划分为完全不负刑事责任、相对负刑事责任与完全负刑事责任三个年龄阶段。

1. 完全不负刑事责任年龄阶段

根据《刑法》第17条的规定，不满14周岁，完全不负刑事责任。但若实施了危害社会的行为，应依法责令其家长或监护人加以管教，也可以由政府收容教养。

2. 相对负刑事责任年龄阶段

根据《刑法》第17条第2款的规定，已满14周岁不满16周岁，是相对负刑事责任年龄阶段，也称相对无刑事责任年龄阶段。法律要求他们对“故意杀人、故意伤害致人重伤或者死亡、强奸、抢劫、贩卖毒品、放火、爆炸、投毒罪”负刑事责任。同样对因不满16周岁实施了危害社会行为不予刑事处罚的未成年人，应依法责令其家长或者监护人加以管教，在必要的时候也可以由政府收容教养。根据2002年7月24日全国人大常委会法制工作委员会《关于已满十四周岁不满十八周岁的人承担刑事责任范围问题的答复意见》，《刑法》第17条第2款规定的犯罪，是指具体犯罪行为而不是具体罪名。《刑法》第17条第2款规定的“故意杀人、故意伤害致人重伤或者死亡”，是指只要故意实施了杀人、故意伤害致人重伤、死亡的，都应负刑事责任。此外，当一种犯罪行为出现了致人重伤、死亡的严重后果，刑法规定按照故意伤害罪、故意杀人罪定罪处罚的时候，已满14周岁不满16周岁的人也应负刑事责任。例如，《刑法》第292条第2款规定:"聚众斗殴,致人重伤、死亡的,依照本法第二百三十四条、第二百三十二条的规定定罪处罚。"也就是按照故意伤害罪、故意杀人罪定罪处罚。《刑法》第238条规定:非法拘禁他人或者以其他方法非法剥夺他人人身自由的,若"使用暴力致人伤残、死亡的,依照本法第二百三十四条、第二百三十二条的规定定罪处罚。"也就是说,在非法拘禁过程中,使用暴力致人伤残、死亡的按照故意伤害罪、故意杀人罪定罪处罚。再如,已满14周岁不满16周岁者骗取他人数额巨大财物,为抗拒抓捕,当场使用暴力将他人打成重伤的,要负抢劫罪的刑事责任。

3. 完全负刑事责任年龄阶段

《刑法》第17条第1款规定:"已满十六周岁的人犯罪,应当负刑事责任。"据此,年满16周岁,属于完全负刑事责任年龄阶段。

(三)未成年人犯罪的处理

我国刑法从刑罚根本目的出发并结合未成年人违法犯罪的特点,对未成年人犯罪案件的处理采取了两条重要而特殊的处理原则。

1. 从宽处罚的原则

《刑法》第17条第3款规定:"已满十四周岁不满十八周岁的人犯罪,应当从轻或者减轻处罚。"

2. 排除死刑适用的原则

《刑法》第49条第1款规定:"犯罪的时候不满十八周岁的人和审判的时候怀孕的妇女,不适用死刑。"

3. 排除累犯适用

根据《刑法》第65条,不满18周岁的人犯罪的不成立累犯。

4. 刑事责任年龄的计算与刑事责任的追究

(1)关于刑事责任年龄的计算。我国《刑法》第17条规定的刑事责任年龄是指实足年龄,即周岁,已满14、16、18周岁是指从过完生日的第二天起算,刑事责任年龄一律以公历的年、月、日计算。

(2)关于未成年人犯罪和处罚的法定年龄界限。法律规定的刑事责任年龄界限,不存在任何弹性,差一天也不行,这是罪刑法定原则的必然要求。

(3)关于跨年龄段危害行为的刑事责任。主要有三个问题:①行为人已满16周岁后实施了某种犯罪行为,并在已满14周岁不满16周岁期间也实施过相同的行为,应否一并追究刑事责任?对此应当具体分析:如果在已满14周岁不满16周岁期间所实施的是《刑法》第17条第2款规定的特定严重犯罪,则应一并追究刑事责任;否则,就只能追究已满16周岁以后犯罪的刑事责任。②行为人在已满14周岁不满16周岁期间,实施了《刑法》第17条第2款规定的特别严重犯罪,并在未满14周岁时也实施过相同行为,对此只能追究已满14周岁以后实施的特定严重犯罪的刑事责任。③行为人在不满14周岁时实施《刑法》第17条第2款规定的特别严重危害行为,但危害后果在已满14周岁后发生,对此行为人要负刑事责任,如甲在不满14周岁时安放定时炸弹,炸弹于甲已满14周岁后爆炸,导致多人伤亡,甲对此应负刑事责任。

（四）老年人犯罪的处理

《刑法修正案（八）》从人道主义出发，对老成年人犯罪的处理同样采取了两条重要而特殊的处理原则。

1．从宽处罚的原则

《刑法》第17条规定："已满七十五周岁的人故意犯罪的，可以从轻或者减轻处罚；过失犯罪的，应当从轻或者减轻处罚。"

2．限制性排除死刑适用的原则

《刑法》第49条第2款规定："审判的时候已满七十五周岁的人，不适用死刑，但以特别残忍手段致人死亡的除外。"

二、刑事责任能力

（一）刑事责任能力的概念

刑事责任能力，是指行为人构成犯罪和承担刑事责任所必须具备的刑法意义上辨认和控制自己行为的能力。

我国刑法理论认为，刑事责任能力的本质，是行为人实施行为时具备的相对自由意志能力，即行为人实施刑法所禁止的严重危害社会的行为时具备的相对自由的认识和抉择行为的能力。因此，刑事责任能力是行为人犯罪能力与承担刑事责任能力的统一，是辨认能力与控制能力的统一。刑事责任能力作为犯罪主体的核心和关键要件，对于犯罪主体的成立与否以及行为人应承担的刑事责任的轻重，具有至关重要的作用和意义。

（二）刑事责任能力的内容

刑事责任能力的内容，是行为人所具备的刑法意义上的辨认能力与控制能力。辨认能力是刑事责任能力的基础，控制能力的具备以辨认能力的存在为前提条件；另一方面，控制能力是刑事责任能力的关键，只要具备控制能力就一定具备辨认能力。总之，刑事责任能力的存在，要求辨认能力与控制能力必须齐备，不可或缺。

（三）刑事责任能力的程度

影响刑事责任能力的程度有两个方面的因素：一是知识和智力成熟程度；二是精神健康因素，即大脑功能是否正常，它经常受精神疾病的影响。只有知识和智力成熟且精神正常的人，才具有刑事责任能力。

根据年龄、精神状况等因素影响刑事责任能力有无和大小的实际情况，各国刑事立法对刑事责任能力程度采用三分法或四分法。三分法将刑事责任能力分为完全刑事责任能力、完全无刑事责任能力和限定（减轻）刑事责任能力。四分法增加了一个相对无刑事责任能力的情况。我国刑法采取四分法。

1．完全刑事责任能力

各国刑事立法对此概念和内容一般未予规定，而是由刑法理论和司法实践结合刑法中关于责任能力和限制责任能力的规定来加以概括。在我国，凡年满18周岁、精神和生理功能健全且智力与知识发展正常的人，都是完全刑事责任能力人。完全责任能力人实施了犯罪行为的，依法应当负全部的刑事责任，不存在因责任能力因素减免刑事责任。

2. 完全无刑事责任能力

完全无刑事责任能力是指行为人没有刑法意义上的辨认或者控制自己行为的能力。根据我国《刑法》第17、18条，完全无责任能力人是不满14周岁的人和行为时因精神疾病而不能辨认或者不能控制自己行为的人。

3. 相对无刑事责任能力

相对无刑事责任能力是指行为人仅限于对刑法所明确限定的某些严重犯罪行为具有刑事责任能力，而对未明确限定的刑法中其他犯罪行为无刑事责任能力的情况，也称相对有刑事责任能力。考察关于相对刑事责任能力的立法，这种相对无责任能力人都是已超过完全无责任能力但尚未成年的一定年龄段的未成年人。在我国是指已满14周岁未满16周岁的未成年人。

4. 减轻刑事责任能力

减轻刑事责任能力是指完全刑事责任能力和完全无刑事责任能力的中间状态，即指因年龄、精神状况、生理功能缺陷等原因，而使行为人实施刑法所禁止的危害行为时，虽然具有责任能力，但其辨认或者控制自己行为的能力较完全刑事责任能力者有一定程度的减弱、降低的情况。又称限定刑事责任能力、限制刑事责任能力、部分刑事责任能力。我国刑法明文规定的限制责任能力人有四种情况：已满14周岁不满18周岁的未成年人；聋哑人；盲人；尚未完全丧失辨认或者控制能力的精神病人。

也有一些国家和地区对老年人犯罪减免刑事责任。如我国台湾地区现行"刑法"第18条第(3)项："满八十岁之行为，得减轻其刑。"我国《刑法修正案(八)》也将老年人规定为减轻刑事责任能力人。

三、影响刑事责任能力的其他因素

(一)精神障碍

一般而言，达到刑事责任年龄标志着刑事责任能力的具备。但是，如果存在精神障碍尤其是精神病性精神障碍，则可能影响刑事责任能力。《刑法》第18条专门规定了精神病人的刑事责任问题。

1. 完全无刑事责任的精神病人

《刑法》第18条第1款规定："精神病人在不能辨认或者不能控制自己行为的时候造成危害结果，经法定程序鉴定确认的，不负刑事责任，但是应当责令他的家属或者监护人严加看管和医疗；在必要的时候，由政府强制医疗。"认定精神障碍者为无责任能力，必须同时具备两个标准。

(1)生物学(医学)标准。从医学上看，行为人是基于精神病理的作用而实施特定危害社会行为的精神病人。其一，行为人须是精神病人；其二，精神病人必须实施了特定的危害社会的行为即实施了刑法所禁止的行为；其三，精神病人实施刑法所禁止的危害行为是基于精神病理的作用。

(2)心理学(法学)标准。从心理学、法学的角度看,患有精神病的行为人的危害行为,不但是由精神病理机制直接引起的,而且是由于精神病理的作用,使其在行为时丧失了辨认或者控制自己实施刑法所禁止行为的能力。

2. 完全负刑事责任的精神障碍人

(1)精神正常时期的"间歇性精神病人"。《刑法》第18条第2款规定:"间歇性的精神病人在精神正常的时候犯罪,应当负刑事责任。"司法精神病学一般认为,间歇性精神病是指具有间歇发作特点的精神病,包括精神分裂症、躁狂症、抑郁症、癫痫性精神病、周期性精神病、分裂情感性精神病、癔症性精神病等。

(2)大多数非精神病性精神障碍人。司法精神病学一般认为,非精神病性精神障碍包括:神经官能症,焦虑症,疑病症,强迫症,神经症性抑郁等,但癔症性精神错乱除外;人格障碍式变态(包括器质性人格障碍);性变态,如同性恋,露阴癖,恋物癖,恋童癖,性虐待癖等;情绪反应(未达到精神病程度);未达到精神病程度的成瘾药物中毒与戒断反应;轻躁狂与轻性抑郁症;生理性醉酒与单纯慢性酒精中毒;脑震荡后遗症、癫痫性心境恶劣以及其他未达到精神病程度的精神疾患;轻微精神发育不全者等等。

3. 限制刑事责任的精神障碍人

《刑法》第18条第3款规定:"尚未完全丧失辨认或者控制自己行为能力的精神病人犯罪的,应当负刑事责任,但是可以从轻或者减轻处罚。"这是一种中间状态。这里的"精神病人",一般认为包括两类:一是处于早期(发作前趣期)或部分缓解期的精神病(如精神分裂症等)患者;二是某些非精神病性精神障碍人。

(二)生理功能丧失

行为人可能因为重要的生理功能丧失而影响到其刑法意义上的辨认或控制行为能力的不完备。刑法对聋哑人、盲人的刑事责任做了特殊规定,他们实施刑法禁止的危害行为,构成犯罪的,应当负刑事责任,但可以从轻、减轻或者免除处罚。《刑法》第19条规定:"又聋又哑的人或者盲人犯罪,可以从轻、减轻或者免除处罚。"

(三)生理醉酒

《刑法》第18条第4款规定:"醉酒的人犯罪,应当负刑事责任。"生理醉酒,指因饮酒过量而致精神过度兴奋甚至神志不清的情况。在生理醉酒状态下,人的生理、心理和精神变化大致可分为兴奋期、共济运动失调期和昏睡期三个时期。现代医学、司法精神病学认为,生理醉酒不是精神病。司法实践表明,生理醉酒的上述前两个时期,醉酒者对作为或不作为方式的危害行为均有能力实施,而且一般容易实施作为方式的危害行为。

四、犯罪主体的特殊身份

(一)犯罪主体特殊身份的概念

身份是指人的出身、地位和资格。刑法理论通说认为,犯罪主体的特殊身份是指刑法所规定的影响刑事责任的行为人人身方面特定的资格、地位或状态，是某些犯罪主体必须具备的要件。

以主体是否要求以特定身份为要件，自然人犯罪主体可分为一般主体与特殊主体。刑法规定不要求以特殊身份作为要件的主体，称为一般主体；刑法规定以特殊身份作为要件的主体，称为特殊主体。在刑法理论上，通常还将以特殊身份作为主体构成要件或者刑罚加减根据的犯罪称为身份犯。身份犯可以分为真正身份犯与不真正身份犯：前者是指以特殊身份作为主体要件，无此特殊身份，该犯罪则不能成立；不真正身份犯，是指特殊身份不影响定罪但影响量刑的犯罪。

（二）犯罪主体特殊身份的分类

1．自然身份与法定身份

自然身份，是指人因自然因素赋予而形成的身份，例如，性别上的男女。法定身份，是指人基于法律赋予而形成的身份，例如，军警、公务员等。

2．定罪身份与量刑身份

定罪身份，是指决定刑事责任存在的身份，又称犯罪构成要件身份。量刑身份，是指影响刑事责任程度的身份，又称刑罚加减身份。

（三）犯罪主体特殊身份的意义

1．犯罪主体特殊身份影响行为的定罪

影响行为的定罪是犯罪主体特殊身份的首要功能，主要有以下分类。

（1）可以区分罪与非罪。如我国刑法中，强奸罪的实行犯要求具备男子身份，不是男性不能成为强奸罪的实行犯。

（2）可以区分此罪与彼罪。如同是隐匿、毁弃或者非法开拆他人信件的行为，具有邮政工作人员身份并利用其职务便利实施者构成《刑法》第253条的私自开拆、隐匿、毁弃邮件、电报罪，一般公民则构成第252条的侵犯通信自由罪。

（3）具有特殊身份者影响无特殊身份者的定罪。这主要是无特定身份者与有特定身份者共同实施要求主体具备特殊身份的情况。

2．犯罪主体特殊身份影响行为的量刑

犯罪主体特殊身份影响行为人的量刑主要表现在以下几方面。

（1）分则性规范中，如国家工作人员实施的非法拘禁罪的刑罚重于非国家工作人员实施该罪的刑罚。

（2）总则性规范中，如累犯，审判的时候怀孕的妇女等会影响量刑。

第三节　单位犯罪主体要件

单位犯罪是相对于自然人犯罪而言的，单位作为犯罪主体要晚于自然人犯罪主体。

一、单位犯罪的立法沿革

单位犯罪，与自然人犯罪相对应。英美国家和地区普遍确认了法人刑事责任制度，大陆法系国家在理论上曾经坚持“法人或社团不能犯罪”的原则，但不少国家在单行刑法、附属刑法中规定了法人犯罪。至今，法国、日本、德国、荷兰、瑞士、韩国、泰国、土耳其、古巴等国，在立法上均确立了法人刑事责任制度。

我国至20世纪70年代末，一致对法人犯罪持否定态度。1987年1月22日《海关法》第47条第4款首次以附属刑法的方式确立了单位犯罪，规定：“企业事业单位、国家机关、社会团体犯走私罪的，由司法机关对其主管人员和直接责任人员依法追究刑事责任；对该单位判处罚金，判处没收走私货物、物品、走私运输工具和违法所得。”1988年全国人大常委会《关于惩治贪污罪贿赂罪的补充规定》和《关于惩治走私罪的补充规定》，分别规定企业、事业单位、机关、团体可以成为受贿罪、行贿罪、走私罪等罪的主体，第一次以单行刑法的形式确认了单位犯罪。

二、单位犯罪的概念和特征

《刑法》第30条规定：“公司、企业、事业单位、机关、团体实施的危害社会的行为，法律规定为单位犯罪的，应当负刑事责任。”这是对单位犯罪成立范围的一般性规定。据此，所谓单位犯罪，是指由公司、企业、事业单位、机关、团体实施的依法应当承担刑事责任的危害社会的行为。单位犯罪的基本特征有以下几方面。

（一）单位犯罪的主体

单位犯罪的主体包括公司、企业、事业单位、机关、团体。根据最高人民法院《关于审理单位犯罪案件具体应用法律有关问题的解释》（法释〔1999〕14号），《刑法》第30条中的“公司、企业、事业单位”，既包括国有或集体所有的公司、企业、事业单位，也包括依法设立的合资经营、合作经营企业和具有法人资格的独资、私营等公司和企业、事业单位。此外，符合我国法人资格条件的外国公司、企业、事业单位，在我国领域内实施危害社会的行为，符合我国刑法构成犯罪的，应当依照我国刑法关于单位犯罪的规定追究刑事责任。

（二）单位犯罪必须是在单位意志支配下由单位内部成员实施的犯罪

单位犯罪必须经单位集体研究决定或由其负责人员决定实施，这是单位整体犯罪意志的体现形式。单位集体研究决定，是指经过根据法律和章程规定的有权代表单位的机构研究决定，如职工代表大会、董事会、股东大会等。负责人员决定，是经过根据法律或章程规定有权代表单位的个人决定，如企业的厂长、公司的董事长或经理。如果单位内部人员未经单位授权擅用单位名义实施犯罪，除非事后得到单位认可，否则只能是个人犯罪而非单位犯罪。

（三）单位犯罪必须由刑法分则性条文明确规定

刑法分则性条文，包括刑法分则及国家最高立法机关根据实际需要制定的单行刑法及有关附属刑法规范。《刑法》规定了130多个单位犯罪。《关于惩治骗购外汇、逃汇、非法买卖外汇犯罪的决定》增设的骗购外汇罪，也可由单位主体构成。如果刑法分则性条文没有规定某种犯罪单位可以构成，则不构成单位犯罪。例如，经企业领导集体研究决定并实施的盗窃电力的行为，不成立单位犯罪。这是基于单位犯罪的法定性，《刑法》第264条的盗窃罪并未将单位列为犯罪主体，因此单位不能构成盗窃罪。经企业领导集体研究决定并实施的盗窃电力的行为，是盗窃罪的普通共同犯罪行为。2014年4月24日全国人大常委会《关于〈中华人民共和国刑法〉第三十条的解释》规定："公司、企业、事业单位、机关、团体等单位实施刑法规定的危害社会的行为，刑法分则和其他法律未规定追究单位的刑事责任的，对组织、策划、实施该危害社会行为的人依法追究刑事责任。"

三、单位犯罪的认定

根据《最高人民法院关于审理单位犯罪案件具体应用法律有关问题的解释》(法释〔1999〕14号)等一系列司法解释，司法实践中认定单位犯罪应注意以下几方面。

(一)单位的性质、国别不影响单位犯罪的成立

《刑法》第30条中的"公司、企业、事业单位"，既包括国有和集体所有的公司、企业、事业单位，也包括依法设立的合资经营、合作经营企业和具有法人资格的独资、私营等公司及企业、事业单位。符合我国法人资格条件的外国公司、企业、事业单位，在我国领域内实施危害社会的行为，符合我国刑法构成犯罪的，应当依照我国刑法关于单位犯罪的规定追究刑事责任。

(二)单位的分支机构或者内设机构、部门实施犯罪行为的处理

以单位的分支机构或者内设机构、部门的名义实施犯罪，违法所得亦归分支机构或者内设机构、部门所有的，应认定为单位犯罪。

(三)不以单位犯罪论处的情况

(1)个人为进行违法犯罪活动而设立的公司、企业、事业单位实施犯罪的；

(2)公司、企业、事业单位设立后，以实施犯罪为主要活动的；

(3)盗用、借用单位名义实施犯罪，违法所得由实施犯罪的个人所得或私分的；

(4)个人在我国领域内进行违法犯罪活动而设立的外国公司、企业、事业单位实施犯罪的，或者外国公司、企业、事业单位设立后在我国领域内以实施违法犯罪为主要活动的，不以单位犯罪论处。

(四)单位犯罪直接负责的主管人员和其他直接责任人员的认定

直接负责的主管人员，是在单位实施的犯罪中起决定、批准、授意、纵容、指挥等作用的人员，一般是单位的主管负责人，包括法定代表人。其他直接责任人员，是在单位犯罪中具体实施犯罪并起较大作用的人员，既可以是单位的经营管理人员，也可以是单位的职工，包括聘任、雇佣的人员。应当注意的是，在单位犯罪中，对于受单位领导指派或奉命而参与实施了一定犯罪行为的人员，一般不宜作为直接责任人员追究刑事责任。在审理单位故意犯罪案件

时，直接负责的主管人员和其他直接责任人员，可不区分主犯、从犯，按照其在单位犯罪中所起的作用判处刑罚。

（五）单位共同犯罪的处理

两个以上单位以共同故意实施的犯罪，应根据各单位在共同犯罪中的地位、作用大小，确定犯罪单位的主、从犯。

（六）涉嫌犯罪单位被撤销、注销、吊销营业执照或者宣告破产的处理

涉嫌犯罪单位被撤销、注销、吊销营业执照或者宣告破产的，应当根据刑法关于单位犯罪的相关规定，对实施犯罪行为的该单位直接负责的主管人员和其他直接责任人员追究刑事责任，对该单位不再追诉。

四、单位犯罪的处罚原则

对此，世界各国有三种立法例：一是双罚制；二是转嫁制（只处罚单位）；三是代罚制（只处罚直接责任人员）。我国《刑法》第31条规定："单位犯罪的，对单位判处罚金，并对直接负责的主管人员和其他直接责任人员判处刑罚。刑法分则和其他法律另有规定的，依照规定。"

我国刑法分则中，有少数几个单位犯罪采取单罚制而且是代罚制，如《刑法》第244条的强迫劳动罪、第161条的违规披露、不披露重要信息罪和第162条的妨害清算罪。

第九章　犯罪的主观方面

犯罪是主客观相统一的活动，任何犯罪行为都是在一定的心理态度支配下实施的，因而犯罪主观方面是犯罪构成必不可少的因素。

第一节　犯罪主观方面概述

犯罪主观方面是犯罪构成的必备要件之一，对其概念与特征的正确认识与把握是正确认定犯罪的前提之一。

一、犯罪的主观方面的概念与特征

犯罪的主观方面，也可称之为犯罪的主观要件，是指犯罪主体对自己的危害行为及其危害结果所持的心理态度。有两个特征：第一，它是行为人的心理态度，这是犯罪主观方面的表现形式。第二，它以一定的危害行为与危害结果为内容，这是犯罪的主观方面的法律含义。

犯罪的主观方面所涵盖的基本内容，包括犯罪的故意与过失（统称为罪过）、犯罪的目的与动机等因素。此外，还包括某些与犯罪的主观方面相关的问题，诸如意外事件和刑法上的认识错误等。

二、研究犯罪主观方面应注意的问题

（一）罪过是行为人负刑事责任的主观基础

犯罪的主观要件以故意或过失的形式揭示出犯罪主体的罪过心理，为惩罚犯罪行为提供了主观上的根据。如果没有罪过，不成立犯罪，因此故意或过失是犯罪主观方面的共同要件，称之为罪过形式。

（二）犯罪主观方面与客观方面是对立的统一

从犯罪构成的整体性要求来考察，犯罪的主观方面与犯罪的客观方面是相互联系、不可分割的统一体。根据我国刑法规定，确认某人构成犯罪并追究刑事责任，在客观上必须具备刑法所禁止的危害社会的行为，同时在主观上必须具有犯罪的故意或者过失。缺少前者，会导致"主观归罪"；缺少后者，会导致"客观归罪"。

（三）罪过在刑法中的结合方式

有三种不同的情况：一是只能由故意构成的犯罪，如故意杀人罪；二是只能由过失构成

的犯罪,如失火罪;三是既包含有故意又包含有过失的犯罪,如故意伤害(致人死亡)罪。

第二节　犯罪故意

犯罪故意是犯罪人在实施故意犯罪时所持的心理态度,我国刑法规定的大多数罪的心理态度是犯罪故意。

一、犯罪故意的概念

《刑法》第14条规定:“明知自己的行为会发生危害社会的结果,并且希望或者放任这种结果发生,因而构成犯罪的,是故意犯罪。”据此,犯罪的故意,是指行为人明知自己的行为会发生危害社会的结果,并且希望或者放任这种结果发生的一种主观心理态度。它包含以下两项内容。

(一)犯罪故意的认识因素

行为人明知自己的行为会发生危害社会的结果,这是构成犯罪故意的认识因素。

1. 认识的内容

即“明知”的内容。按通说,“明知”包含以下三个方面:一是对行为本身的认识;二是对行为结果的认识;三是对危害行为与危害结果相联系的其他构成要件事实的认识。但“明知”不一定等于对犯罪行为及其对象的“确知”,例如,成立贩卖毒品罪,只要求行为人认识到自己贩卖的是毒品即可,并不要求行为人认识到所贩卖的毒品种类是什么。

“明知”是否包括行为人对违法性的认识?一般认为,违法性认识不是故意的认识内容,但是特殊情况下也有例外。例如,甲在从事生产经营的过程中,不知道某种行为是否违法,于是以书面形式向法院咨询,法院正式书面答复该行为合法,于是,甲实施该行为,但该行为实际上违反刑法。然而本案中,由于甲没有违法性认识的可能性,所以不成立犯罪。

2. 认识的程度

即明知自己的行为“会发生”危害社会的结果,包括必然发生与可能发生两种情况。

(二)犯罪故意的意志因素

行为人对自己的行为将要引起的危害结果持有希望或者放任的心理态度,是构成犯罪故意的意志因素。

二、犯罪故意的类型

(一)直接故意

犯罪的直接故意,是指行为人明知自己的行为必然或者可能发生危害社会的结果,并且希望这种结果发生的心理态度。直接故意的构成因素有二:其认识因素是行为人明知自己的行为必然或可能发生危害社会的结果;其意志因素是行为人希望危害结果的发生。

（二）间接故意

犯罪的间接故意，是指行为人明知自己的行为可能发生危害社会的结果，并且放任这种结果发生的心理态度。其构成因素也有两个方面：认识因素是行为人明知自己的行为可能发生危害社会的结果；其意志因素是放任危害结果的发生。

司法实践中，间接故意的存在大致有三种情况：

(1)行为人为了实现某种犯罪意图而放任另一个危害结果发生。

(2)行为人为了实现一个非犯罪的意图而放任某种危害结果的发生。

(3)在突发性事件中，行为人不计后果，放任严重后果的发生。如突发性捅刀子事件，常见于聚众斗殴中。《刑法》第292条第2款规定：聚众斗殴，致人重伤、死亡的，依照《刑法》第234条、第232条定罪处罚。

（三）直接故意与间接故意的关系

1. 直接故意与间接故意的联系

两者同属于犯罪故意的范畴，在认识因素上，两者都是明知自己的行为会发生危害社会的结果；在意志因素上，两者都不排斥危害结果的发生。

2. 直接故意与间接故意的区别

(1)两者对危害结果发生的认识有所不同。直接故意包括必然性认识与可能性认识两种，间接故意只包括后一种。

(2)对危害结果发生的意志表现不同。直接故意表现为希望，间接故意表现为放任。

(3)在成立条件上，特定危害结果是否发生，对二者成立的意义不同。在直接故意的情况下，特定的危害结果是否发生，并不影响犯罪的成立；在间接故意的情况下，只有发生了特定的危害结果，才能构成犯罪。

第三节 犯罪过失

犯罪过失是行为人过失犯罪时的一种心理态度，我国刑法分则在设置过失犯罪时通常会明确表明其心理态度为过失。

一、犯罪过失的概念

《刑法》第15条规定："应当预见自己的行为可能发生危害社会的结果，因为疏忽大意而没有预见，或者已经预见而轻信能够避免，以致发生这种结果的，是过失犯罪。"据此，犯罪过失，是指行为人应当预见自己的行为可能发生危害社会的结果，因为疏忽大意而没有预见，或者已经预见而轻信能够避免，以致发生这种结果的心理态度。其特征有如下两方面。

1. 行为人的实际认识与认识能力不一致

在过失犯罪的场合，行为人具备认识自己行为可能发生危害社会结果的可能性，但事实上在行为时却没有认识到，或者虽然已经认识到，但对结果发生的可能性却做出了错误的估计和判断，认为危害结果可以避免。

2. 行为人的主观愿望与客观效果不一致

在过失犯罪的场合，行为人在主观上对某种危害结果的发生既不希望也不放任，而持一种排斥和反对的态度，危害结果的发生完全是由于行为人缺乏注意、轻率行事造成的，是与行为人的主观愿望相违背的。

二、犯罪过失的类型

（一）疏忽大意的过失

疏忽大意的过失，是指行为人应当预见自己的行为可能发生危害社会的结果，因为疏忽大意而没有预见，以致发生了这种结果的心理态度。由于行为人对危害结果的发生没有预见，因此又被称为无认识的过失。它有以下两个基本特征。

1. 行为人应当预见自己的行为可能发生危害社会的结果

应当预见，是指行为人在行为时对危害结果的发生既有预见的义务，又有预见的能力，这是疏忽大意的过失不同于意外事件的关键所在。预见的义务是指行为人在行为时对危害结果的发生负有预见的责任。预见的义务一般由法律或者规章制度规定，在没有相应的法律或者规章时，一般应根据共同生活准则或生活经验来确定。预见的能力是指行为人在行为时对危害结果的发生有预见的现实条件和实际可能性。

关于行为人对其行为的危害结果应否预见的判断标准问题，目前在刑法理论界尚未达成共识，有多种学说：①主观说，也称个人标准说——根据行为人在当时的条件下其本身所具有的能力和水平来衡量；②客观说，也称社会标准说——根据社会上一般人的能力和水平来衡量；③折中说，也称综合标准说——以主观标准为根据、以客观标准做参考。

2. 行为人由于疏忽大意没有预见到自己的行为可能发生危害社会的结果

没有预见到，是指行为人在实施行为的当时没有想到自己的行为可能发生危害社会的结果，这种对危害结果的无认识状态，是疏忽大意过失心理的基本特征和重要内容。

（二）过于自信的过失

过于自信的过失，是指行为人已经预见到自己的行为可能发生危害社会的结果，但轻信能够避免，以致发生这种结果的心理态度。又称之为有认识的过失。它有两个方面特征。

1. 行为人已经预见到自己的行为可能发生危害社会的结果

这是过于自信的过失成立的前提。过于自信的过失的行为人对危害结果发生的预见可分为两种情况：一是认识到了自己行为发生危害社会结果的抽象危险，即行为人根据常识或经验已经认识到了自己的行为可能产生危害结果，只是这种预见比较抽象，尚未具体化到特定的犯罪样态。二是认识到自己的行为可能发生危害社会结果的具体危险，即行为人在实施某种行为时，已经预见到危害结果的具体形式，并指向特定的对象。

2. 行为人轻信能够避免但未能避免，以致发生了危害结果

所谓轻信能够避免，一般包含三方面的意思：

(1)行为人相信危害结果不会发生，即对危害结果的发生，行为人是持否定态度的。

(2)相信能够避免危害结果的发生有一定的实际根据，如行为人的熟练的技巧或较强的体力,对客观环境或自然规律的熟悉等。

(3)相信能够避免危害结果发生的根据并不可靠,过高地估计了能够避免危害结果发生的根据,以至于最终还是发生了危害结果,故叫作过于自信的过失。

三、过于自信的过失与间接故意的关系

(一)过于自信的过失与间接故意的联系

二者在认识因素上对危害结果的发生均有认识,在意志因素上对危害结果的发生均持非希望的态度,所以二者较难分辨。

(二)过于自信的过失与间接故意的区别

1. 对危害结果的认识程度不同

过于自信的过失的行为人仅仅是预见到危害结果的可能发生,认识程度相对较低;间接故意的行为人则是明知危害结果的现实可能发生,认识程度相对较高。过于自信的过失是预料到行为可能导致危害结果,但由于过于自信,而采取的措施不够或未采取措施。

2. 对危害结果发生所持的心理态度不同

过于自信的过失,其危害结果的发生是违背行为人本意的;间接故意,其危害结果的发生并不违背行为人的本意。间接故意是放任危害结果发生,结果的发生符合行为人的意志,间接故意的行为人是为了实现其他意图而实施行为,主观上根本不考虑是否可以避免危害结果发生,客观上也没有采取措施避免危害结果,而过于自信过失的行为人之所以实施其行为,是因为考虑到可以避免危害结果的发生。从法律用语来看,间接故意是“明知”危害结果可能发生,而过于自信过失是“预见”危害结果可能发生。疏忽大意的过失是没有预见到危害结果可能会发生,在此点上与间接故意较易区分。

3. 承担的刑事责任轻重不同

过于自信的过失构成的犯罪,行为人主观恶性较小,因而处罚也相应较轻;间接故意构成的犯罪,行为人主观恶性较大,因而其处罚也相应较重。

四、意外事件

《刑法》第16条规定:“行为在客观上虽然造成了损害结果,但是不是出于故意或者过失,而是由于不能抗拒或者不能预见的原因所引起的,不是犯罪。”通说认为,本条的规定是广义上的意外事件。但从严格意义上讲,它包括狭义的意外事件和不可抗力两种情况。广义意外事件的主要特征是:一是行为人的行为在客观上造成了损害结果;二是行为人在主观上对自己的行为造成的损害结果没有任何过错;三是损害结果的产生是由于不能预见或者不能抗拒的原因引起的。

第四节 犯罪目的和犯罪动机

对某些犯罪而言,在主观方面除了具备犯罪故意或者犯罪过失的心理态度之外,还需

要特定的目的才能构成犯罪。为了准确定罪量刑，有时尚需查明犯罪动机。

一、犯罪目的和犯罪动机的概念

一般来讲，动机是推动行为人去追求某种目的的内心起因或者内在动力；目的则是行为人在一定的动机推动下希望通过实施某种行为来达到某种结果的心理态度。刑法意义的目的与动机与此不完全等同。

犯罪目的，是指犯罪人希望通过自己所实施的犯罪行为达到某种危害社会的结果的心理态度。通常而言，犯罪目的一般只存在于直接故意犯罪的过程中。可见，行为人对某种危害结果所持的希望、追求的心理，实际上就是犯罪目的的内容。刑法对绝大多数直接故意犯罪没有规定犯罪目的，道理就在于此。但是，对有的犯罪，刑法对其主观目的还是做了明文规定的。例如，《刑法》第175条的高利转贷罪中的“以转贷牟利为目的”；《刑法》第363条制作、复制、出版、贩卖、传播淫秽物品牟利罪中的“以牟利为目的”。

有时相同的行为因犯罪目的不同而构成不同的犯罪。根据我国刑法的规定，偷盗婴幼儿的行为即可因主观目的的不同而构成不同的犯罪：以出卖为目的，成立拐卖儿童罪；以勒索钱财为目的，成立绑架罪；以自己收养或他人收养为目的的，成立拐骗儿童罪。

犯罪动机，是指刺激犯罪人实施犯罪行为以达到犯罪目的的内在冲动或者内心起因。

二、犯罪目的与犯罪动机的关系

（一）犯罪目的与犯罪动机的联系

（1）二者都是犯罪人实施犯罪行为过程中的主观心理活动，都反映了犯罪人的主观恶性及其行为的社会危害性。

（2）犯罪目的以犯罪动机为前提和基础，它源于犯罪的动机，是犯罪动机的延伸和发展，而犯罪动机对犯罪目的的形成又具有促进作用，犯罪目的是犯罪动机进一步发展的结果。

（3）二者有时表现为直接的联系，即它们所反映的行为人的需要是一致的，如出于贪财图利的动机所实施的以非法占有为目的的财产犯罪。

（二）犯罪目的与犯罪动机的区别

（1）二者形成的时间先后不同。犯罪动机是促使犯罪人实施犯罪行为以达到犯罪目的的内心起因或内心冲动，它产生于犯罪目的之前；犯罪目的是犯罪人通过实施某种犯罪行为所希望达到的结果，它形成于犯罪动机之后。

（2）同一种犯罪的目的相同，而犯罪动机则可能有所不同，如同是故意杀人罪，有的是出于报复而杀人，有的是出于谋财而害命。

（3）一种犯罪动机可以导致几种不同的犯罪目的，如出于同一种报复的动机可以实施盗窃罪与故意杀人罪。所以，犯罪动机与犯罪目的在某些情况下反映的需要并不一致。

（4）犯罪目的与犯罪动机在定罪量刑中的作用不同，前者偏重于影响定罪，后者偏重于影响量刑。

第五节 刑法中的认识错误

刑法中的认识错误，是指行为人对自己的行为在法律上的意义或者对有关客观事实存在的不正确认识。根据行为人认识错误产生的原因不同，刑法理论上通常将其分为两种情况。

一、行为人对法律的认识错误

行为人对法律的认识错误，是指行为人在有意识地实施某种行为时，对自己行为的法律性质或意义有不正确的认识。通常包括三种情况：一是误认无罪为有罪；二是误认有罪为无罪；三是对定罪量刑的误认。这三种认识错误均不影响对行为人罪之有无的认定与刑罚轻重的判定。

二、行为人对事实的认识错误

行为人对事实的认识错误，是指行为人对与自己行为有关的事实情况所产生的不正确的认识。对属于犯罪构成要件方面的事实情况认识错误影响行为人的刑事责任；对属于构成要件以外的事实情况认识错误不影响行为人的刑事责任。对事实的认识错误分为具体的事实认识错误与抽象的事实认识错误。

（一）具体的事实认识错误

具体的事实认识错误，也称具体的事实错误，是指行为人认识的事实与实际发生的事实虽然不一致，但没有超出同一犯罪构成的范围，即行为人只是在某个犯罪构成的范围内发生了对事实的认识错误，因而也被称为同一犯罪构成内的错误。具体的事实错误主要包括对象错误、打击错误与因果关系错误。

对于具体的事实错误，主要存在具体的符合说与法定的符合说的争论。具体的符合说认为，行为人所认识的事实与实际发生的事实具体地相一致时，才成立故意的既遂犯。例如，甲想烧死乙，结果烧死的就是乙，甲才构成故意杀人罪既遂。法定的符合说认为，行为人所认识的事实与实际发生的事实，只要在犯罪构成范围内是一致的，就成立故意的既遂犯。例如，甲想烧死乙，结果烧死的却是丙，甲同样成立故意杀人罪既遂。

法定符合说重视法益的性质，不重视法益主体的区别。例如，甲欲杀乙，便向乙开枪，但开枪的结果是将乙和丙都打死。关于本案，根据具体符合说，甲对乙成立故意杀人罪既遂，对丙成立过失致人死亡罪；根据法定符合说，甲对乙与丙均成立故意杀人罪既遂。

1. 对象错误

（1）误认甲对象为乙对象，两者体现的合法权益相同。如甲想杀死睡在床上的乙，结果睡在床上的却是丙，所以杀死的是丙，乙、丙体现的合法权益相同，都是生命权。

（2）误将非犯罪对象当作犯罪对象加以侵害，如误把狗熊当作人举枪射击。

（3）误将犯罪对象当作非犯罪对象加以侵害，不能认定为故意犯罪，若应当预见由于疏忽大意而没有预见，则认定为过失犯罪；若不能预见，不应预见，则是意外事件。

2. 打击错误

打击错误，也称方法错误，是指由于行为本身的误差，导致行为人所欲攻击的对象与实际受害的对象不一致，但这种不一致没有超出同一犯罪构成。例如，甲射击乙，因没有瞄准而击中了丙，导致丙死亡。

关于打击错误，具体符合说认为，由于客观事实与行为人的主观认识没有形成具体的符合，所以，上例中，甲对乙承担杀人未遂的责任，对丙则承担过失致人死亡的责任，属于想象竞合犯，从一重罪论处。具体的符合说重视法益主体区别，要求故意的认识内容包括对具体的法益主体的认识。法定符合说认为上述行为成立故意杀人罪既遂。

另有学者认为，方法错误是指行为人对自己所使用的手段是否会发生危害结果存在不正确的认识。包括三种情况：一是行为人所使用的手段本来会发生危害结果，但行为人误认为不会发生危害结果；二是本想使用会产生危害结果的手段，但由于认识错误却使用了不会发生危害结果的手段；三是行为人因愚昧而使用的手段不可能导致危害结果，但行为人误认为可以导致危害结果发生，例如迷信犯。

3. 因果关系的认识错误

因果关系的认识错误，是指行为人对自己危害社会的行为与危害结果之间的因果联系产生的不正确认识。侵害的对象没有错误，但造成侵害的因果关系的发展过程与行为人所预想的发展过程不一致，以及侵害结果推后或者提前发生的情况。

(1)因果内容的错误。一是实际结果小于行为人预想的结果，如行为人意图杀人，实际上只造成他人伤害，该错误不影响行为人的故意心理，但只负未遂责任。二是实际结果大于行为人预想的结果，如行为人意图伤害他人，结果却造成他人死亡，该错误不影响行为人原有的故意心理，但对实际发生的超出故意范围的结果要排除故意，只应负过失责任，如故意伤害致人死亡。

(2)因果联系的错误。如行为人误认为犯罪结果是由自己的行为引起的，实际上是由行为人以外的其他原因引起的。如甲开枪击中乙，甲以为乙已死即逃走，甲次日得知乙已死亡，以为是自己打死的，实际是其在苏醒后爬到一公路上被汽车压死，甲对乙死亡的结果只应负故意杀人未遂的责任。

(3)因果进程的错误。行为人对因果内容明白无误，而对因果关系的进程却产生了歪曲的反映。例如，甲欲淹死乙，推乙于河中，结果并非被水淹死，而是撞到河中的石头而死亡。行为与结果之间的因果关系，不是故意的独立认识内容；因果关系发展的具体样态，则更不是故意的认识内容。指向同一结果的因果关系发展的错误，在客观构成要件的评价上并不重要，因为既然行为人具有实现同一结果的故意，现实所发生的结果与行为人所实施的行为也具有因果关系，就必须肯定行为人对现实所产生的结果具有故意。因此，因果关系的错误并不阻却故意的成立，是客观的因果关系认定问题，在这种场合，应肯定第一行为与结果之间的因果关系，而且现实所发生的结果与行为人意欲实现的结果完全一致，对此行为人仍应负故意杀人既遂的责任。

4. 事前的故意

事前的故意，是指行为人误认为第一个行为已经造成结果，出于其他目的实施第二个行为，实际上是第二个行为才导致预期的结果出现的情况。例如，甲欲致乙于死地，开车碾压乙,在认为乙已死后推乙于河中,结果是被水淹死的,就事前故意而言,行为人主观意图实施的犯罪与实际实施的犯罪罪名相同,并未超出同一个犯罪构成,因此是具体的事实认识错误,而非抽象的事实认识错误。

(二)抽象的事实认识错误

也称抽象的事实错误,是指行为人所认识的事实与现实所发生的事实,分别属于不同的犯罪构成,也称不同犯罪构成间的错误,包括对象错误和打击错误两种情况。

1. 对象错误

行为人误把甲对象当做乙对象加以侵害,而甲、乙对象分属不同的犯罪构成,如误把枪支当做一般财物盗回,不构成盗窃枪支罪。

2. 打击错误

由于行为本身的差误,导致行为人所欲攻击的对象与实际受害的对象不一致,而且超出了同一犯罪构成。例如,甲欲射击乙,由于没有瞄准,将乙身边的贵重文物损毁了。

对抽象的事实错误的处理,存在抽象符合说与法定符合说的争论。抽象符合说认为,在行为人所认识的构成要件事实与现实发生的构成要件事实相一致的限度内,成立故意犯的既遂。例如,甲故意杀丙,丙受伤未死,同时重伤乙,按抽象符合说,成立故意伤害罪既遂。法定符合说认为,不同犯罪构成间的错误,原则上阻却故意的成立或仅成立故意犯罪未遂。法定符合说还认为,即使犯罪构成不同,但如果犯罪是同质的,那么在重合的限度内,成立轻罪的故意犯罪既遂。

第十章　正当行为

正当行为是指客观上造成一定的损害结果，形式上符合某些犯罪的构成要件，但实质上不具备刑事违法性，因而不负刑事责任的行为。

关于这种行为，各国刑法规定的类型不尽相同，主要有正当防卫和紧急避险两种，有的国家刑法还将执行命令和履行职务的行为规定为正当行为。我国《刑法》只规定了两种，即正当防卫和紧急避险，刑法理论界还研究了其他一些正当行为，如职务行为、自救行为等。

第一节　正当防卫

作为一种重要的正当行为，正当防卫在近现代世界各国刑法立法中大多有专门的规定。我国刑法也不例外。

一、正当防卫的概念

《刑法》第20条第1款规定："为了使国家、公共利益、本人或者他人的人身、财产和其他权利免受正在进行的不法侵害，而采取的制止不法侵害的行为，对不法侵害人造成损害的，属于正当防卫，不负刑事责任。"可见，正当防卫是指为了使国家、公共利益、本人或他人的人身、财产或其他权利免受正在进行的不法侵害，而对不法侵害者实施的制止不法侵害，造成不法侵害者损害的行为。

正当防卫是法律赋予公民的一项合法权利，虽然在客观上，正当防卫可能会给不法侵害者造成一定程度的损害，也有个人行使司法权的嫌疑，它赋予了公民在公权无法救济或来不及救济的场合而予以救济的权利，但这种行为主观上不具有危害社会的内容，而是为了保护社会的权益，因而尽管造成一定的损害，也不能作为犯罪处理，当然不负刑事责任。我国正当防卫的面比较宽，目的就是为了鼓励公民在公权无法救济或者来不及救济的场合，为保护合法权益同违法犯罪行为作斗争，以避免合法权益遭受损失。

二、正当防卫的条件

正当防卫是法律赋予公民的一项权利，但和其他权利一样，这项权利的行使是有条件的，因为这项权利行使不当，就会造成一些不应有的损害。这项权利的滥用，必定会带来社会秩序的混乱，造成无辜的损害，因此我国《刑法》的规定中已体现出正当防卫要受到一定的限制。理论界将将其称为正当防卫的条件，概括起来，有如下几点。

(一)起因条件——存在不法侵害

这是实施正当防卫的前提条件,没有不法侵害,绝对不允许实施防卫。同样,对于合法行为,也不能进行防卫。

(1)何为不法侵害行为,其性质属于违法还是犯罪行为?不法侵害人的责任能力是否影响正当防卫?对此理论界观点不一。有人认为不法侵害仅指犯罪行为,有人认为包括违法犯罪行为[①]。通说认为,不法行为既可以是违法也可以是犯罪行为,不管侵害行为是出于故意还是过失;也不管侵害行为是作为还是不作为。正如日本学者大塚仁所言:“在刑法上,对尚不具备可罚性的轻度的违法的侵害,也能进行相应的正当行为。”[②]

对精神病人和无刑事责任能力的未成年人的侵害行为能否实施正当防卫?对此问题,有主观说和客观说两种。主观说认为,行为是否不法,不仅仅就行为本身认定,而应当根据行为人的主观情况来认定,即客观上必须危害社会,主观上亦需要有责任意思,且行为人有责任能力,才能认定为“不法”。客观说认为不法是指客观上危害社会并且违法的行为,不以行为人是否具备刑事责任能力和责任意思为要件[③]。客观说是刑法的通说。日本学者认为,侵害只要在客观上是违法的就够了,而不问侵害行为人是否有责任,对精神病人和幼儿的行为,也能够进行正当防卫[④]。本书认为,无刑事责任能力人的侵害行为虽不能称为违法侵害,但毕竟是不合法的行为。且在绝大多数情况下,防卫人对侵害人的责任能力状况不可能有准确的认识,将无责任能力人排除在正当防卫的对象之外,不利于对合法权益进行有效的保护,因此对无责任能力人的侵害原则上应当允许实行正当防卫。当然,如果明知侵害人是无责任能力人,应当尽可能采取逃跑等办法避免损害,只有在不得已的情况下才可以进行反击,且在防卫手段上应当有所节制。为了解决理论上的争论,这个问题还有待法律的进一步明确化。

(2)只有对“紧迫”的不法侵害行为才可以实施正当防卫。“紧迫”意指侵害现实存在或直接面临,侵害既可以是现实侵害,也可以是存在侵害的危险。对不具有紧迫性的侵害行为,可以通过揭发、控告等方式使其受到查处,而无需通过正当防卫的方式加以解决。如丙发现邻居刘某(女)正在家中卖淫,即将刘家价值6000元的防盗门砸坏,阻止其卖淫,丙不成立正当防卫 。

(3)不法侵害行为必须是真实的、客观的,而不是主观臆想、推测的侵害。如果侵害行为并不存在,但防卫人认为存在,并对这种“侵害行为”进行了防卫,是假想防卫,如果造成损害的,视情况认定为过失犯罪或意外事件。

(二)主观条件——具有防卫的意图,即防卫行为是为了保护合法权益免受不法侵害

实施正当防卫的人必须是为了维护合法权益免受不法侵害,侵害者的行为是非法的,不受法律保护的,防卫者是为了保护合法权益,否则不能实施正当防卫。如果双方都是合法的,或双方都是非法的,都不能实施正当防卫。

防卫挑拨和互殴行为均不属于正当防卫,不受法律保护。所谓防卫挑拨是指行为人本有

①高铭暄:《刑法专论》(上编),高等教育出版社2002年版,第434页。
②[日]大塚仁:《犯罪论的基本问题》,冯军译,中国政法大学出版社1993年版,第139页。
③王政勋:《正当行为论》,法律出版社2000年版,第126页。
④[日]大塚仁:《犯罪论的基本问题》,冯军译,中国政法大学出版社1993年版,第325页。

加害对方的意图，有意挑逗对方实施侵害行为，然后借口遭到不法侵害，实施加害对方的行为。互殴行为因双方都有主动加害对方的意图，也不成立正当防卫。如甲乙两家有仇，某晚，两拨人在歌厅发生斗殴，甲、乙恰巧在场并各属一方。打斗中乙持刀砍伤甲小臂，甲用木棒击中乙头部，致乙死亡。甲的行为属于故意杀人罪，而不是正当防卫。

（三）时间条件——只能对正在进行的不法侵害实施正当防卫

所谓“正在进行”指已经开始尚未结束的不法侵害，对尚未开始或已经结束的侵害行为不能实施正当防卫。

1．关于不法侵害的开始

理论界主要有四种观点；①“着手说”认为，不法侵害已经着手实行，就认为不法侵害已经开始；②“进入现场说”认为，只要不法侵害者进入侵害现场，侵害的危险即已存在，不法侵害行为已经开始；③“临近说”认为，对某些危险性较大的侵害行为，在其预备行为临近转入着手实施时刻，就应认为不法侵害已经开始；④“综合说”认为，一般应以不法侵害着手实施为不法侵害的开始，但在不法侵害的现实威胁已十分明显，不实行正当防卫就会立即发生危害社会的结果时，也应认为不法侵害已经开始[①]。上述学说各有道理，但“综合说”较为合理，因为不法侵害行为多种多样，因此也很难有统一的标准，“综合说”注意到了这一点，相对来说较为科学。

2．不法侵害的结束

不法侵害的结束有如下几种情况：

（1）侵害者自动中止不法侵害，侵害归于消灭。即侵害者自动放弃了侵害行为或自动有效地防止了危害结果的发生，此时表明不法侵害已经结束，不能进行正当防卫。

（2）不法侵害者已被制服或已经丧失了继续侵害的能力。此时不法侵害已不能继续进行，危险已经消失，不法侵害已经结束。

（3）侵害行为已经实施完毕，危害结果已经发生。不法侵害人已将侵害行为实行终了，也没有继续侵害的意图，侵害行为已经过去。

正当防卫必须针对正在发生的不法侵害，否则属于防卫不适时。防卫不适时有两种情况：一是事前防卫，二是事后防卫。防卫不适时构成犯罪的，应当负刑事责任。制服不法侵害人，不法侵害结束后，又对其实施加害行为，可成立故意犯罪。如张某的次子乙，平时经常因琐事滋事生非，无端打骂张某，一日，乙与其妻发生争吵，张某过来劝说，乙转而辱骂张某并将其踢倒在地，并掏出身上的水果刀欲刺张某，张某起身逃跑，乙随后紧追，张某的长子甲见状，随手从门口拿起扁担朝乙的颈部打了一下，将乙打昏在地上，张某顺手拿起地上的石头转身回来朝乙的头部猛砸数下，致乙死亡。在本案中由于甲的行为针对的是正在发生的不法侵害，属于正当防卫，而张某的行为则是在乙的不法侵害已经结束的情况下实施的，构成故意杀人罪。

要注意的是，“正在进行”往往不是一蹴而就，而是一个延续的过程。目前对侵犯财产的犯罪进行正当防卫，其“正在进行”的理解似有延伸之趋势。在财产性违法犯罪情况下，行为

---

①赵秉志：《刑法争议问题研究》（上卷），河南人民出版社1996年版，第525—526页。

虽然已经既遂，但在现场还来得及挽回损失的，应当认为不法侵害尚未结束，可以实行正当防卫。换言之，被当场发现并同时受到追捕的财产性违法犯罪的侵害行为，一直延续到不法侵害人将其所取得的财务藏匿至安全场所为止；在此之前，追捕者可以使用强力将财物取回[①]。如陈某抢劫出租车司机甲，用匕首刺甲一刀，强行抢走财物后下车逃跑。甲发动汽车追赶，在陈某往前跑了40米处将其撞成重伤并夺回财物。司机甲的行为性质可认定为正当防卫。因为本案陈某实施的是财产性犯罪，在这种犯罪中，虽然抢劫罪已经既遂，但行为人尚未完全离开现场，被害人完全来得及挽回损失，应当认为不法侵害尚未结束，可以实行正当防卫。

（四）对象条件——正当防卫只能针对不法侵害者本人实施

正当防卫的目的是为了制止不法侵害，这就决定了正当防卫只能针对不法侵害者本人实施，而不能及于其他人，但针对共同犯罪人的不法侵害，对其中任何一人进行防卫，都视为对本人进行防卫。

对动物的侵袭能否进行正当防卫？对此问题不能一概而论，如果是动物被饲主唆使侵害他人的，其侵害属于不法侵害，此时当然可以进行正当防卫；若是动物对人的自发侵害，不是不法侵害，谈不上防卫问题。

（五）限度条件——正当防卫不能明显超过必要的限度且造成重大损害

正当防卫是法律赋予公民的一项权利，但在行使这项权利时要把握一定的“度”，即不能明显超过必要的限度，且造成重大的损害。如果明显超过了必要的“度”，且造成重大损害，则成为防卫过当。对正当防卫的必要限度，理论界存在观点分歧。

（1）必需说。这种观点认为制止不法侵害必需有一定的强度，即使防卫强度或后果超过了侵害的强度和后果，只要是为了制止不法侵害，也不能认为超过必要的限度。

（2）基本适应说。这种观点认为应将防卫行为和侵害行为进行比较，二者在方式、强度和后果等方面应当基本相适应，不能有太大的悬殊，否则即为超过必要的限度。

（3）相当说。这种观点认为应将前两种学说结合起来，必要限度原则上以制止不法侵害所必需为标准，但同时要求防卫行为与侵害行为在手段、强度等方面不存在过分悬殊，这种学说是当前的通说。

我国的正当防卫限度为：行为不能明显超过必要的限度且造成重大损害。可以将此概括为“行为适度”和“结果适度”。“行为适度”指防卫行为不能明显超过必要的限度，“必要限度”指足以制止不法侵害、保护合法权益所需要的强烈程度。明显能用较缓和的手段制止不法侵害的，不允许使用激烈的手段，更不允许为保护微小的利益采用激烈的防卫手段。比如，小偷偷自行车后骑车逃跑，被害人紧追不上就开枪射击，就不能认为是适度的防卫。“结果适度”指没有造成重大损害。重大损害一般指致人重伤、死亡或者造成重大财产损失。行为和结果有一项是适度的，就认为防卫行为符合适度性条件，不过当。如甲外出时在自己的住宅内安放了防卫装置。某日晚，乙撬门侵入甲的住宅后，被防卫装置击为轻伤。本案中，甲为保护自

---

①[德]卡尔.拉伦茨:《德国民法通论》(上册)，:王晓晔等译，法律出版社2003年版，第361页。

己的住宅而在住宅内设置防卫装置，对不法侵害人乙正在进行的盗窃行为进行了制止，造成乙轻伤，甲的这种行为未明显超过必要限度造成重大损害，因此，应认为其行为属于正当防卫。

判断防卫是否过当，应当综合考虑不法侵害的性质、手段、强度、危害程度，以及防卫行为的性质、时机、手段、强度、所处环境和损害后果等情节。[①]

三、防卫过当及其刑事责任

防卫过当是指正当防卫明显超过必要的限度，且造成重大损害的行为。对这种行为要追究其责任，但考虑到防卫人是在特定的情境下作出的行为，所以《刑法》第20条第2款规定："正当防卫明显超过必要限度造成重大损害的，应当负刑事责任，但是应当减轻或者免除处罚。"

四、特殊防卫权

《刑法》第20条第3款规定："对正在进行行凶、杀人、抢劫、强奸、绑架及其他严重危及人身安全的暴力犯罪，采取防卫行为，造成不法侵害人伤亡的，不属于防卫过当，不负刑事责任。"本款规定表明，对于严重危害人身安全的暴力犯罪行为实施防卫的，不存在防卫过当，其要旨在于鼓励公民对严重危及人身安全的暴力犯罪勇敢地防卫，消除防卫人的顾虑。这是正当防卫在限度条件上的突破，但特殊防卫行为必须符合正当防卫的其他条件。

本款规定中的"行凶"不是具体罪名，而是指以暴力形式实施的能够造成他人重伤、死亡的故意伤害犯罪行为[②]。杀人、抢劫、强奸、绑架指四种具体罪名。"其他严重危及人身安全的暴力犯罪"指与行凶、杀人、抢劫、强奸、绑架具有相当性，能够造成被害人重伤或死亡的侵害健康、生命的暴力犯罪。以杀人，绑架作为手段实施的触犯其他罪名的犯罪也可以纳入"其他严重危及人身安全的暴力犯罪"。如以出卖为目的，使用暴力方法绑架妇女、儿童的行为，构成拐卖妇女、儿童罪，但由于其严重危及人身安全，应允许对其实施特殊防卫。再如武装叛乱、武装暴乱罪虽然属于危害国家安全罪，但也可能出现"严重危及人身安全"的情形，因而对其也能实行特殊防卫。

第二节 紧急避险

紧急避险是我国刑法明确规定的另一种正当行为。

一、紧急避险的含义

《刑法》第21条第1款规定："为了使国家、公共利益、本人或者他人的人身、财产和其他权利免受正在发生的危险，不得已采取的紧急避险行为，造成损害的，不负刑事责任。"据此，紧急避险指为了国家、公共利益、本人或他人的人身、财产或其他权利免受正在发生的危险，不得已采取的损害较小的合法权益，保护较大的合法权益的行为。

---

①参见最高人民法院指导案例第93号：于欢故意伤害案。

②赵秉志：《当代刑法学》，中国政法大学出版社2009年版，第273页。

紧急避险的意义在于，在特定条件下，当两种合法权益无法同时予以保全时，法律允许行为人牺牲较小的合法权益保护较大的合法权益。

二、紧急避险的条件

（1）起因条件——发生了紧急的危险，即出现了足以使合法权益遭受严重损害的危险情况。而且这种危险必须是客观存在的，是紧迫的，危险可能来源于自然灾害、动物的侵袭、人的行为等。

（2）主观条件——为了使公共利益、本人或他人的合法权利免受正在发生的危险。法律不允许为保护非法利益采取避险行为。

（3）时间条件——必须针对正在发生的危险。危险尚未开始或者危险已经结束，均不能实施紧急避险。

（4）对象条件——避险行为针对的对象常常是第三人的合法权益，是为了保全一个合法权益而不得不损害另一个合法权益。

（5）限度条件——紧急避险不能超过必要的限度且造成不应有的损害。避险行为所造成的损害必须小于所保护的权益，而不能大于或等于所保护的权益。

如何权衡权益的大小呢？一般而言，生命的法益大于身体的法益，身体的法益大于财产的法益，同是财产法益的，比较财产价值的大小。如甲遭乙追杀，情急之下夺过丙的摩托车骑上就跑，丙被摔骨折，乙开车继续追杀，甲为逃命飞身跳下疾驶的摩托车奔入树林，丙一万元的摩托车被毁，本例中甲的生命权重于丙的财产权以及身体权，甲为避免乙的追杀，不得已给丙造成损害，属于紧急避险，不负刑事责任。再如，某公交车司机孙某驾驶公共汽车在正常拐弯时，突然发现前面不远处李某驾驶一辆出租车违章迎面驶来，眼看一场惨重的车祸就要发生，孙某见状眼疾手快，急忙转动方向盘，往右一拐，驶入人行道，车祸是避免了，却把在人行道上行走的郭某撞伤，孙某虽然致使郭某受伤，但由于其保全了更大的合法权益，所以其行为应认定为紧急避险。

（6）可行性条件——紧急避险只能在迫不得已的情况下才可实施。紧急避险会给无辜的第三者合法权益造成损害，因此刑法对紧急避险规定了特别严格的限制条件，即只能在迫不得已的情况下实施。所谓“迫不得已”是指采取紧急避险是唯一的途径，此外别无选择，如果存在其他避险的方法，不允许采取牺牲合法权益的方式避险。

（7）例外条件——紧急避险中关于避免本人危险的规定不适用于职务上、业务上负有特定责任的人。职务上、业务上负有特定责任的人负有排除危险，保护人民的职责，如果他们为了避免本人危险实施避险，必然与他们所负有的职责相违背，因此《刑法》第21条第3款规定，紧急避险中关于避免本人危险的规定，不适用于职务上、业务上负有特定责任的人。不允许他们为避免本人的危险实施紧急避险。例如，执勤的人民警察在面临罪犯对自己进行侵害时，不能牺牲别人的较小合法权益保全自己较大的权益进行紧急避险。发生火灾时，消防队员不能为了避免火灾对本人的危险，而采取紧急避险。

三、避险过当及其刑事责任

避险过当指避险行为超过必要的限度且造成不应有的损害。紧急避险的价值在于在迫不得已的情况下损害较小的合法权益保全较大的合法权益，如果避险行为造成的损害大于或等于保全的利益，避险就失去了意义，也失去了正当的根据，因此，避险过当的应当负刑事责任。但考虑到避险过当毕竟是在紧急避险的过程中发生的，为此，《刑法》第21条第2款规定："紧急避险超过必要限度造成不应有的损害的，应当负刑事责任，但是应当减轻或者免除处罚。"

第三节　其他正当行为

除了刑法典明文规定的正当防卫和紧急避险以外，理论界认为下列行为也可以作为正当行为。

一、依据法令的行为

指根据法律、法规、法令的规定，作为权利或义务实施的行为。如警察逮捕犯罪嫌疑人、击毙逃犯的行为、公务员执行上级命令的行为、公民扭送现行犯罪人的行为等。由于法令行为是法律本身所允许和鼓励的合法行为，实施法令行为是特定机关和人员的权力与义务，因而其不是犯罪行为。尽管从形式上看某些依据法令实施的行为与某些犯罪行为的客观方面具有相似性，但由于其不具有社会危害性，因而属于排除犯罪性的正当行为。

二、执行命令的行为

指在国家法律认可的范围内，依据上级国家机关工作人员的命令而实施的行为，例如武警战士执行法院院长的命令而对死刑犯执行枪决的行为。执行命令的行为的正当化必须符合以下条件：①执行的命令必须是上级国家机关工作人员发布的；②执行的命令必须是上级国家机关工作人员依据职权发布的；③执行的命令必须是上级国家机关工作人员依据法定程序发布的内容合法的命令；④执行人依据自己的权限实施命令要求的行为。在执行形式合法内容不合法的命令时，则根据执行人主观上有无罪过进行判断。主观上无罪过的，由发布命令的上级承担责任，行为人有审查的义务，因没有认真履行审查义务而执行了内容不合法的命令的，应当根据执行人主观罪过的内容和客观情节，确定其相关责任。执行人明知上级命令具有犯罪的内容而予以执行的，则与下达命令者承担共同犯罪的责任。

三、正当业务行为

业务，指在社会生活中反复继续实施的工作，如医疗、新闻报道、体育竞技等。这些行为虽没有法律、法令的直接规定，但在社会生活中均被认为属于正当业务行为。如医生给病人开颅、截肢的行为只要符合医疗常规，即使存在失败的风险，也不认为是犯罪行为。同理，体育竞技中只要遵循竞技规则，即使给参赛对象造成伤害也不属于犯罪行为。

四、权利人承诺的行为

被害人承诺的行为符合一定的条件，便可以排除犯罪性。因为被害人既然不要求保护，刑法也就不必强行介入提供保护，损害被放弃的法益的行为，就不构成犯罪。但是并非所有经被害人承诺后实施的行为都排除犯罪性。只有符合下列条件时经过被害人承诺的行为才排除犯罪的成立：第一，承诺者对被侵害的法益具有处分权限，而且该处分权限有一定的限度，不得损害公共利益。如儿童赵某生活在贫困家庭，甲征得赵某父母的同意，将赵某卖至富贵人家，甲的行为虽然得到了赵某父母的有效承诺，并有利于儿童的成长，但由于赵某的父母不具有处分的权限，且损害了公共利益，故他们仍构成拐卖儿童罪。第二，承诺者必须对所承诺的事项的意义、范围具有理解能力。第三，承诺必须出于被害人的真实意志。第四，必须存在现实的承诺。第五，承诺至迟必须存在于结果发生时。第六，经承诺所实施的行为不得超出承诺的范围。如孙某为戒掉网瘾，让其妻子丙将其反锁在没有电脑的房间一星期，此例中孙某处分的是自己的法益，且没有超过范围，符合被害人承诺的要件，因而丙的行为不构成非法拘禁罪，但如果李某同意丁砍掉自己的一个小手指，而丁却砍掉了李某的大拇指，丁的行为成立故意伤害罪，原因在于李某虽然同意丁砍掉他的小手指，但是没有同意丁砍掉他的大拇指，丁的行为已经超过了承诺的范围，构成故意伤害罪。

虽然经被害人承诺的行为符合一定的条件可以排除其犯罪性，但经被害人承诺或同意结束他人生命的行为，被认为是不可接受的，不排除犯罪性。“安乐死”即属于此种情况。所谓“安乐死”指对于濒临死亡的且极其痛苦的患者，按照患者的意愿提早结束其生命的情形。对于安乐死能否作为排除犯罪性行为，世界各国做法不一。中国至今没有规定安乐死，立法者们对安乐死一直持保守的态度。虽然有学者认为，安乐死符合现代社会人民对尊严的重视和需要[①]。从社会发展的趋势来看，安乐死的非罪化符合社会发展的趋势，但目前为他人实施“安乐死”在法律上仍然属于故意杀人。

五、推定权利人（被害人）承诺的行为

行为人虽然没有权利人的现实承诺，但为了救助权利人的利益，可以推定如果权利人知道行为时的具体情况，会当然做出承诺，从而基于这一推定而实施的行为。如屋主外出时住宅发生火灾，为了避免烧毁住宅内的贵重物品，邻居破门侵入住宅的情形。在推定权利人承诺的场合，同一权利人的不同利益之间发生冲突，为了保护权利人更大的利益而损害了其较小的利益，行为从整体上是有利于权利人的，因而是正当的。

推定权利人承诺的行为正当化必须符合下列条件：①权利人没有现实的承诺；②待处理的事项具有紧迫性；③以一般人的意志为标准，根据一般人的社会经验，推定权利人知道真相将会作出承诺；④为了权利人的一部分权益而牺牲其另外一部分权益，并且牺牲的权益不得大于所保护的权益；⑤针对权利人有处分权限的个人权益实施推定承诺的行为，且行为手段一般为社会观念所允许；⑥行为在客观上有利于权利人。

六、自损行为

指自己损害自己权益的行为，如自己损害自己的财物、自伤，自杀等，这些行为一般不构成犯罪。但是当自损行为同时损害他人、国家、社会利益时，则可能成立犯罪。如军人战时自伤构成战时自伤罪，再如，放火焚烧自家财物时殃及他人财物与人身安全的行为可成立放

---

①参见雷安军：《安乐死非罪化问题研究》，载《法学杂志》2009年第6期，第132页。

火罪。

七、自救行为

自救行为指被害人受到侵害后，若通过法律程序获得救济，该权利的恢复事实上已不可能或者面临显著困难时，个人依靠自己的力量救济权利的行为。如在盗窃犯即将损毁财物或逃往外地等场合，来不及通过司法机关挽回损失，被害人从盗窃犯手中夺回财物的行为即属于自救行为。再如甲发现乙开着自己丢失的汽车，即上前进行阻拦，甚至强行夺取汽车，这种情形不构成非法拘禁罪或抢夺罪。自救行为与正当防卫行为最大的区别在于：正当防卫针对的是正在发生的不法侵害，自救行为是在侵害行为或危险已经过去而被侵害状态存续的情况下实施的事后救济行为[①]。

八、义务冲突

指存在两个不能兼顾的义务，履行其中一个义务而不能履行其他义务的情形。如律师为了维护当事人的利益，不得不泄露当事人的隐私。由于两者之间存在着义务冲突，履行一个义务就不能履行另一个义务，因此，此时尽管泄露了当事人的隐私应当属于正当行为。

---

①赵秉志：《当代刑法学》，中国政法大学出版社2009年版，第287页。

第十一章　故意犯罪的停止形态

故意犯罪往往有一个从预谋到准备到实施的过程，在这个发展过程中，可能会受到一些主客观因素的影响，因而呈现出不同的形态。根据故意犯罪停止形态所处的阶段以及犯罪人的主观心理状态，可将其分为四种形态，即犯罪既遂、犯罪预备、犯罪未遂和犯罪中止。

第一节　犯罪既遂形态

犯罪既遂是故意犯罪的完成形态，或称故意犯罪的正常形态。

一、犯罪既遂的概念

指行为人故意实施的行为已完整地实现了法条规定的基本犯罪构成事实。这是一种犯罪的常规形态，是行为人排除主客观因素的影响，将犯罪行为完整实现的形态，也是依照《刑法》分则条文规定的法定刑适用刑罚的标准形态。

二、犯罪既遂的类型

（一）结果犯

结果犯指以法定结果的出现作为犯罪既遂标准的情形。如《刑法》第232条规定的故意杀人罪，仅有杀人的行为不足以成立该罪的既遂，必须有杀人的行为且致人死亡的事实才能成立故意杀人罪的既遂。故意伤害罪、抢劫罪、盗窃罪、故意毁坏财物罪等都属于常见的结果犯。

（二）行为犯

行为犯指以法定危害行为被实施完毕构成既遂的情形。如《刑法》第125条非法制造、买卖、运输、邮寄、储存枪支、弹药、爆炸物罪，只要非法地实施了上述行为即成立既遂。此外强奸罪、侮辱罪、诽谤罪、脱逃罪、偷越国边境罪、投敌叛变罪、传播性病罪等皆可以归为此类。

（三）危险犯

危险犯指以行为足以造成某种法定危险状态的出现即可构成既遂的情形。如《刑法》第116条规定的破坏交通工具罪，只要破坏行为足以使交通工具发生倾覆、毁坏的危险的，即使尚未造成倾覆、毁坏的严重后果，也成立该罪的既遂。放火罪、爆炸罪、破坏电力设备罪等也是危险犯。

（四）举动犯

指按照法律规定，行为人一着手犯罪实行行为即构成犯罪既遂的情形。如刑法120条的参加恐怖活动组织罪、第294条的参加黑社会性质的组织罪、第249条的煽动民族仇恨、民族歧视罪和第295条传授犯罪方法罪等。

三、对既遂犯的处罚

由于既遂犯是《刑法》规定的标准犯罪形态，因此，对既遂犯直接按照《刑法》分则规定的罪刑条款，结合总则的相关规定进行处罚。

四、犯罪既遂与犯罪成立的关系

犯罪既遂表明犯罪已经成立，它是犯罪成立的标准形态，也是标准的犯罪构成形式，但犯罪既遂并非犯罪成立的标志。在某些情况下，犯罪已经成立，但尚未达到既遂状态，如犯罪未遂、犯罪中止等即属于此种情况。因此，犯罪既遂与犯罪成立是两个有联系也有区别的概念。

第二节　犯罪预备形态

根据我国刑法的规定和有关刑法理论，犯罪预备形态是故意犯罪过程中未完成犯罪的一种停止形态。

一、犯罪预备的概念

《刑法》第22条第1款规定："为了犯罪，准备工具、制造条件的，是犯罪预备。"根据该条规定，结合刑法理论，犯罪预备指行为人为实施犯罪，开始准备工具、制造条件，但由于行为人意志以外的原因而未能着手实行行为的犯罪停止形态。

二、犯罪预备的特征

（1）客观特征：行为人已经开始犯罪的预备行为，但尚未着手犯罪的实行行为，行为人在为犯罪创造条件。如购买犯罪工具、跟踪被害人、勾结同伙、制定作案计划等。

（2）主观特征：首先，行为人进行犯罪预备活动的目的与意图是为了顺利着手实施和完成犯罪；其次，由于行为人意志以外的原因未能着手实施犯罪的实行行为，所谓"意志以外的原因"，指行为人自身无法控制的、违背行为人意志的原因，如张三为杀人购买了大量毒药，尚未投放就被告发即属于犯罪预备。

三、对预备犯的处罚原则

根据《刑法》第22条第2款的规定，对于预备犯，可以比照既遂犯从轻、减轻或免除处罚。考虑到犯罪预备虽有一定的社会危害，但毕竟未能开始着手实施实质性的犯罪行为，故作出上述规定。

需要注意的是，某些预备行为已经被《刑法》分则规定为独立犯罪的，此时应当按照《刑法》分则的规定处理。如《刑法》第120条规定，有下列情形之一的，处5年以下有期徒刑、拘役、管制或者剥夺政治权利，并处罚金；情节严重的，处5年以上有期徒刑，并处罚金或者没收财产：①为实施恐怖活动准备凶器、危险物品或者其他工具的；②组织恐怖活动培训或者积极参加恐怖活动培训的；③为实施恐怖活动与境外恐怖活动组织或者人员联络的；④为实施恐怖活动进行策划或者其他准备的。该条罪名为“准备实施恐怖活动罪”，如果有上述行为，虽然是为实施恐怖活动做准备，但由于《刑法》已经为这种预备行为确定了独立的罪名与法定刑，所以在处理时应该直接按照该条款进行处罚。

第三节 犯罪未遂形态

犯罪未遂形态是故意犯罪过程中一种常见的未完成犯罪的停止形态。

一、犯罪未遂的概念

《刑法》第23条第1款规定，已经着手实行犯罪，由于犯罪分子意志以外的原因而未得逞的，是犯罪未遂。据此，犯罪未遂指行为人已经着手实行犯罪行为，但由于意志以外的原因未得逞的一种犯罪停止状态。

二、犯罪未遂的特征

(一)行为人已经着手实施犯罪行为

行为人已经开始实施《刑法》分则某条文规定的某种犯罪行为。这种行为已经超越了为了犯罪创造条件的准备阶段，而是使刑法所保护的具体权益受到犯罪的危害或面临实际存在的威胁。例如，《刑法》第263条规定：“以暴力、胁迫或者其他方法抢劫公私财物的……”当行为人开始实施该条暴力、胁迫劫取财物时，就认为行为人已经着手实施了犯罪行为。

(二)犯罪未得逞而停止下来

“未得逞”即犯罪未能达到犯罪既遂形态而停止下来。如果犯罪已经既遂，即使没有实现犯罪人的预期目的，也不属于“未得逞”，如国家工作人员非法收受他人给予的现金支票后，未到银行提取现金即被查获，应构成受贿既遂。犯罪未完成而停止有三种表现形式：①对结果犯而言，以法定犯罪结果没有发生作为犯罪未完成的标志，如盗窃罪未发生窃得财物的犯罪结果；发送诈骗短信，受骗人上当后汇出5万元，但因误操作汇到无关第三人的账户等。②对行为犯而言，以法定的犯罪行为未能完成作为犯罪未完成的标志，如实施脱逃罪的行为人在逃出监房后未能逃出监狱的警戒线。③对危险犯而言，以法定的危险状态尚未具备作为犯罪未完成的标志，如行为人在油库放火，因火柴受潮而未能擦着即被捕获。

（三）犯罪未得逞是由于意志以外的原因

所谓意志以外的原因，指行为人自身无法控制的、违背行为人意志的原因。该原因的出现使犯罪人不能将犯罪行为进行下去，从而不得不停止犯罪。从主观上讲，行为人是"欲达目的而不能"。根据我国刑法的基本原理，意志以外的原因应达到"足以阻止犯罪意志"的程度，如果只是受到轻微不利因素的影响，如抢劫过程中发现被害人是自己的熟人，强奸过程中发现对方是怀孕的妇女，犯罪人即放弃犯罪的，不能将这种不利因素作为"意志以外的原因"。司法实践中意志以外的原因主要有被害人的反抗；第三者的阻拦或救助；自然力的阻碍；犯罪人能力不足；认识发生错误等。

三、犯罪未遂的类型

（一）根据犯罪行为是否实行终了为标准将犯罪未遂划分为实行终了的未遂和未实行终了的未遂

实行终了的未遂指行为人把自认为实现犯罪意图必要的行为实施完毕的未遂，如抢劫时，搜遍被害人全身，一无所获的情形。未实行终了的未遂，指没有能够把自认为实现犯罪意图必要的行为实施完毕的未遂，如杀人时被害人反抗逃脱的情形；实施诈骗时被识破等。

（二）根据是否能够达到既遂为标准将犯罪未遂划分为能犯未遂和不能犯未遂

能犯未遂指有实现既遂可能性的未遂，如偷窃财物时被发现而未遂的，因投放的毒药未达致死量而未遂的情形等。不能犯未遂指因事实认识错误，在具体场合不可能达到既遂的情形，包括对象不能犯和工具不能犯两种。对象不能犯未遂，如误把男人当成女人实施强奸的行为，误把尸体当成活人实施杀害的行为；工具不能犯未遂，如误把不具有毒害性的物质当成毒药投放的，误把空枪当成有子弹的枪支射杀的情形。

四、对未遂犯的处罚原则

根据《刑法》第23条第2款的规定，对于未遂犯，可以比照既遂犯从轻或减轻处罚。

第四节 犯罪中止形态

犯罪中止也是一种故意犯罪的未完成形态，但在成立条件上与犯罪预备和犯罪未遂明显不同。

一、犯罪中止的概念

《刑法》第24条第1款规定："在犯罪过程中自动放弃犯罪或者自动有效防止犯罪结果发生的，是犯罪中止。"可见犯罪中止是指在犯罪过程中，自动放弃犯罪或自动有效地防止犯罪结果发生的一种犯罪停止形态。

二、犯罪中止成立要件

根据《刑法》第24条第1款的规定，犯罪中止可以分为两种类型，即自动放弃的犯罪中止和自动有效防止犯罪结果发生的犯罪中止。这两种犯罪中止的成立条件略有不同。

（一）自动放弃犯罪的犯罪中止成立要件

1. 时间性——发生在犯罪过程中

所谓犯罪过程，包括从犯罪预备到犯罪既遂之前的全过程。如果已经既遂，即使事后恢复原状，也不属于犯罪过程中，因而不能成立犯罪中止。如甲绑架幼女乙后，向其父勒索财物。乙父佯装不管乙安危，甲只好将乙送回，甲虽未能成功勒索财物，但仍成立绑架罪既遂。再如，陈某趁珠宝柜台的售货员接待其他顾客时，伸手从柜台内拿出一个价值3000元的戒指，握在手中，然后继续在柜台边假装观看，几分钟后售货员发现少了一个戒指并怀疑陈某，便立即报告保安人员，陈某见状，速将戒指扔回柜台内后逃离，本例中陈某不属于犯罪中止。

2. 自动性——自动停止犯罪

自动性是指犯罪分子在自认为能够完成犯罪的情况下，自主地决定停止犯罪。从主观上讲是“能达目的而不欲”，不管行为人是出于真诚悔改、担心害怕、同情怜悯还是其他原因，只要是在犯罪过程中本可以将犯罪完成的情况下，自主地放弃了犯罪，就可以认定为犯罪中止。虽然有时行为人受到了一些轻微不利因素的影响与阻碍，但只要行为人不是被迫放弃犯罪，而是能达目的而不想继续进行犯罪，均不影响自动性的成立。例如，乙为了杀死刘某，持枪尾随刘某，行至偏僻处时，乙向刘某开了一枪，没有打中，在还可以继续开枪的情况下，乙害怕受刑罚处罚，没有继续开枪，此例中乙的行为成立犯罪中止。再如，丁抓住妇女李某的手腕，欲绑架李某然后出卖，李某为脱身，便假装说：“我有性病，不会有人要。”丁信以为真，于是垂头丧气地离开现场，本例中，李某的话不足以迫使丁放弃犯罪，李某是能继续实施犯罪的，但他自动放弃了犯罪，因而是犯罪中止。

需要注意的是，即使在他人看来不可能继续实施和完成犯罪，或者犯罪客观上已不可能再继续实施和完成，但只要犯罪人自认为能够完成犯罪并自主决定放弃了犯罪的，都属于自动放弃。相反，虽然在客观上犯罪尚可继续实施和完成，但行为人误认为犯罪已不可能进行而放弃犯罪，也不能认定为自动性。自动性是犯罪中止本质特征，也是犯罪中止与犯罪预备和犯罪未遂的关键区别所在。

3. 彻底性——彻底放弃了原来的犯罪意图和犯罪行为

在主观上行为人彻底打消了原来犯罪的意图，在客观上彻底放弃了自认为本可以继续进行的犯罪行为。彻底性表明了行为人自动停止犯罪的真诚性和决心。暂时的停止，等待时机成熟再继续实施犯罪，不是犯罪中止。但是彻底放弃针对的只是此次正在进行的某个具体犯罪，并不表明以后行为人不再犯同种罪行或者不再犯罪。

（二）自动有效防止犯罪结果发生的犯罪中止成立要件

这种犯罪中止发生在犯罪行为实行终了，犯罪结果尚未发生的场合，此时行为人采取积极的行动实际有效地阻止了犯罪结果的发生。它除了要具备时空性、自动性、彻底性要件之外，还需要具备“有效性”的要件，即行为人采取积极的行动有效地防止了他已实施的犯罪的法定犯罪结果的发生，使犯罪未达既遂而停止下来。例如，甲投毒杀害其妻，其妻服毒后痛苦万分，见此情景，甲顿生怜悯之心，速将其妻送医院救治，其妻获救，甲的行为属于犯罪中止。如果行为人自主地停止犯罪并采取了积极的措施欲防止犯罪结果的发生，但未能有效防止犯罪结果的出现，或者该犯罪结果未发生是由于其他原因所致，则不能认定行为人成立犯罪中止。如甲向乙的饮食投放毒药后，乙呕吐不止，甲顿生悔意急忙开车送乙去医院，但乙因救治无效死亡，此例中，甲不成立犯罪中止，构成犯罪既遂。

三、犯罪中止的类型

（一）预备阶段的中止与实行阶段的中止

这是根据犯罪中止发生的阶段所作的分类。预备阶段的中止指发生在犯罪预备之后，着手实行犯罪行为之前的中止。例如，乙将毒药拌入菜中意图杀甲，因久等未归且又惧怕法律制裁，遂打消杀人恶念，将菜倒掉。因为甲进行了犯罪的准备，但最终自动放弃了犯罪，所以属于预备阶段的中止。

实行阶段的中止指发生在着手实行犯罪行为之后的中止，又可以细分为行为未实行终了的中止和行为实行终了的中止。行为未实行终了的中止指中止发生在着手之后，行为终了之前。行为实行终了的中止指在犯罪行为实行终了之后，行为人自动有效防止犯罪结果发生的情形。例如，甲携带凶器拦路抢劫，黑夜中遇到乙便实施暴力，乙发现是自己的熟人甲，便喊甲的名字，甲一听便住手，还向乙道歉说：“对不起，认错人了。”此案中甲的行为属于犯罪中止且是未实行终了的中止。

（二）消极中止与积极中止

这是根据对中止行为的不同要求所作的分类。(1)消极中止，即行为人只需自动停止犯罪行为便可成立的犯罪中止。(2)积极中止，指行为人不仅要自动停止犯罪，而且要以积极的作为去防止犯罪既遂结果的发生才能成立的犯罪中止。

四、对中止犯的处罚原则

根据《刑法》第24条第2款的规定，对于中止犯，没有造成损害的，免除处罚，已经造成损害的，减轻处罚。

刑法中的犯罪构成理论和分则中的刑罚都是针对既遂犯设置的，而犯罪预备、犯罪未遂、犯罪中止都对基本的犯罪构成进行了部分的修正，所以也有学者将它们称为修正的犯罪构成。

第十二章　共同犯罪

共同犯罪在西方刑法理论中通常称为共犯,世界各国一般都在刑法总则中设置共同犯罪的规定,用以解决共同犯罪人的刑事责任问题。

第一节　共同犯罪概述

相对于单独犯罪而言,共同犯罪是一种复杂的犯罪,它对社会的危害性比单独犯罪更加严重。刑法中的犯罪构成理论和分则中的刑罚都是针对单独犯罪设置的,因此刑法学理论界认为共同犯罪是对刑法犯罪构成的修正。

一、共同犯罪的概念

我国《刑法》第25条规定:"共同犯罪是指二人以上共同故意犯罪"。据此,共同犯罪指两人以上的共同故意犯罪。

二、共同犯罪的成立的条件

(一)主体为两人以上

这里的"人"应做广义的理解,既包括自然人也包括单位。具体而言有以下三种情况。

1．两个以上的自然人

主流观点认为:两个以上的人都必须达到刑事责任年龄,具有刑事责任能力。如果两个以上的行为人,其中只有一个人符合犯罪主体条件,其他人均未达到刑事责任年龄或者不具备刑事责任能力,则不是共同犯罪。例如,15岁的甲与17岁的乙共同盗窃他人数额较大的财物,只能追究乙单独犯罪的刑事责任,甲与乙并不构成共同犯罪。

2. 两个以上的单位

此时需要刑法明文规定为单位犯罪的才可能成立共同犯罪,如单位共同生产、销售伪劣产品,共同走私等。

3. 单位与自然人也可成立共同犯罪

如公司、企业、事业单位与走私犯罪分子通谋,为其提供贷款、账号、发票,根据《刑法》第156条的规定,构成走私犯罪的共同犯罪。此时同样以《刑法》明文规定为单位犯罪为前提。

需要注意的是,单位和其直接责任人员之间或单位与其直接负责的主管人员之间不成立共同犯罪。

（二）主观上有共同的犯罪故意

对“共同的犯罪故意”可以从下几个方面理解。首先，各共犯人之间必须有意思联络，即不仅认识到自己在故意地实施犯罪，而且还认识到其他犯罪人和自己一起共同配合实施犯罪；其次，必须有共同的认识，即各共同犯罪人都明知共同犯罪行为会造成某种危害社会的后果；再次，必须有共同意志，即各共同犯罪人都希望或者放任这种危害结果的发生。

虽然在多数情况下，共同故意表现为共犯人均有相同的犯罪故意，但是成立共同犯罪，并不要求共犯人故意犯罪的内容必须完全相同，行为人可以在犯意重合的范围内成立共同犯罪。

共同故意是共同犯罪的主观条件，根据《刑法》第25条第2款的规定，二人以上共同过失犯罪，不以共同犯罪论处；应当负刑事责任的，按照它们所犯的罪分别处罚。但是，最高人民法院《关于审理交通肇事刑事案件具体应用法律若干问题的解释》对此作了突破。该《解释》第5条第2款规定：交通肇事后，单位主管人员、机动车辆所有人、承包人或者乘车人指使肇事人逃逸，致使被害人因得不到救助而死亡的，以交通肇事罪的共犯论处。虽然交通肇事罪为过失犯罪，但肇事人可以与指使逃逸人构成共同犯罪。

（三）客观方面有共同的犯罪行为

所谓“共同的犯罪行为”，指各共犯人在参与共同犯罪时，他们的行为相互配合、相互协调、相互补充，形成一个整体。在发生了危害结果的情况下，这些行为作为一个整体与危害结果之间都具有因果关系。这里的“犯罪行为”可以是共同的实行行为，也可以是预备行为、实行行为、帮助行为、教唆行为的结合。即使只参与了共谋，未参与实行行为者，也与实行者构成共同犯罪。例如，甲与乙共谋次日共同杀丙，但次日甲因腹泻未能前往犯罪地点，乙独自一人杀死丙。本例中，“甲与乙共谋次日共同杀丙”，表明甲与乙在犯罪预备阶段有共同的故意和共同的行为，虽然甲因故未能前往，但并不影响其与乙构成共同犯罪。

共同犯罪的行为方式可以是共同的作为，共同的不作为，也可以是作为与不作为相结合。例如，甲、乙夫妇因8岁的儿子严重残疾，生活完全不能自理而非常痛苦，一天，甲往儿子要喝的牛奶里放入“毒鼠强”时被乙看到，乙说，这是毒药吧，你给他喝呀？见甲不说话，乙叹了口气后就走开了，毒死儿子后，甲、乙二人一起掩埋尸体并对外人说儿子因病而死。本案中甲以作为的方式，乙以不作为的方式共同对其儿子生命权利进行了侵害，可以认定二人有共同的犯罪行为，构成共同犯罪。

主客观一致理论是我国共同犯罪的主流理论。但是也有学者对此提出了质疑。张明楷教授从德国和日本的三阶层犯罪理论（该理论认为，犯罪成立的条件为构成要件符合性、违法性和有责性）出发，提出：共同犯罪是违法形态，认定二人以上的行为是否成立共同犯罪，只是解决二人以上的客观归责问题，并不解决二人以上的主观责任问题。换言之，成立共犯与故意内容、罪名是否一致无关，与责任能力或者法定年龄等责任要素无关。有责任能力者与无责任能力者可以成立共犯。主观故意内容不同的，也可以成立共同犯罪。因此，司法人员在处理共同犯罪案件时，应当首先从客观违法层面“连带地”判断是否成立共同犯罪，然后从主观责任层面“个别地”判断各参与人是否有责任以及具有何种责任[①]。这种观点的合理性还有待进一步论证。

三、不构成共同犯罪的情况

(一)过失犯罪和故意犯罪不构成共同犯罪

共同犯罪的主观方面表现为有共同的犯罪故意,如果其中部分或者个别行为人是过失犯罪,一般认为他不和其他持故意心态的行为人构成共同犯罪。

(二)二人以上先后实施某种故意犯罪,但是主观上缺乏意思联络的,不构成共同犯罪

二人以上同时各自侵害同一对象,但彼此之间无意思联络的,属于同时犯,不构成共同犯罪。如甲、乙都以盗窃的故意同时潜入仓库,分别窃取价值2000元和3000元的财物,由于二人没有共同的犯罪故意,也没有共同的犯罪行为,主观上缺乏意思联络,因而不成立共同犯罪。

(三)二人以上实施的没有重合内容的不同犯罪,不成立共同犯罪

如甲、乙二人共同前往派出所库房,甲盗窃枪支,乙盗窃财物,由于二人的故意内容和行为性质没有重合的部分,分别属于不同的犯罪构成,因而不成立共同犯罪。

(四)事前无通谋的窝藏、包庇、窝赃、销赃行为与其指向的犯罪不成立共同犯罪

这些行为虽然与他人的行为之间存在着密切的关联,但由于彼此间缺乏共同的故意,因而不成立共犯。

(五)实施了超出共同犯罪故意的行为的人,不和其他人构成共同犯罪

此种行为也被称为实行过限行为。如甲、乙经共谋后到丙的住所对其实施了强奸,事后,甲趁丙不注意之机,将丙的钱包(内有5000元)拿走。此例中甲与乙共同成立强奸罪的共犯,乙偷拿丙的财物,是超出他们共同犯罪故意的行为,二人没有意思联络,故甲对盗窃行为不承担刑事责任,乙单独构成盗窃罪。

四、共同犯罪的类型

(一)任意的共同犯罪和必要的共同犯罪

任意的共同犯罪指不以多数人为犯罪成立的必要条件,单个人可构成,由两个以上的主体共同实施的犯罪,如盗窃罪、抢劫罪等。必要的共同犯罪指必须由两个以上的主体才可构成的共同犯罪,刑法中规定的聚众性犯罪大都属于此类。

---

①参见张明楷:《共同犯罪是违法形态》,载《人民检察》2010年第13期。

（二）事前有通谋的共同犯罪和事前无通谋的共同犯罪

这是以犯罪故意形成的时间为标准进行的分类。“通谋”一般是指二人以上为了实施特定的犯罪而进行的谋划和商议。在着手实行犯罪之前，各共犯人已经形成共同犯罪故意的，为事前有通谋的共同犯罪。在刚着手或实行犯罪的过程中形成共同犯罪故意的，则是事前无通谋的共同犯罪。如果其中先行为人已经实施了一部分实行行为，后行为人以共同犯罪的故意中途加入，参与实行或者提供帮助的，称为承继的共同犯罪[①]。例如，周某为抢劫财物在某昏暗场所将王某打昏，周某的朋友高某正好经过此地，高某得知真相后应周某的要求提供照明，使周某顺利地将王某钱包拿走。二人构成承继的共同犯罪。

（三）简单共同犯罪和复杂共同犯罪

此种分类以共犯行为人之间有无分工为标准。简单共同犯罪指行为人之间没有分工，各共同犯罪人均参与实行某一犯罪构成要件的行为，即每一共同犯罪人都是实行犯的形态。复杂共同犯罪指行为人之间有分工，存在着实行犯、帮助犯、教唆犯、组织犯的区别。

（四）一般共同犯罪和特殊共同犯罪

此种分类以行为人之间有无组织形式作为划分的依据。一般共同犯罪指共同犯罪人之间没有特殊组织形式。特殊共同犯罪指三人以上为共同实施犯罪而组成的较为固定的犯罪组织，称为犯罪集团。

第二节　共同犯罪人的刑事责任

在简单共同犯罪中，一般采用“部分行为，全部责任”的原则确定刑事责任的归属。而在复杂和特殊的共同犯罪中，根据犯罪人的作用和分工，可将共同犯罪人分为主犯、从犯、胁从犯和教唆犯。

一、主犯及其刑事责任

（一）主犯的概念

根据《刑法》第26条第1款的规定：“组织、领导犯罪集团进行犯罪活动的或者在共同犯罪中起主要作用的，是主犯。”可见，主犯包括两种类型。

第一，组织领导犯罪集团进行犯罪活动的犯罪分子，即犯罪集团的首要分子。组织行为表现为纠集、串联、领导、指挥、策划犯罪，安排、率领集团成员进行犯罪等。

第二，在共同犯罪中起主要作用的犯罪分子。包括在犯罪集团中除首要分子以外起主要作用的犯罪分子和在一般共同犯罪中起主要作用的犯罪分子。

与主犯直接相关的是首要分子。根据《刑法》第97的规定，首要分子是指在犯罪集团或者聚众犯罪中起组织、策划、指挥作用的犯罪分子。首要分子与主犯是两个不同的概念。首要

①张明楷：《刑法学》（第二版），法律出版社2003年版，第334页。

分子未必都是主犯。因为首要分子分为两类：一类是在犯罪集团中起组织、策划、指挥作用的犯罪分子，此类首要分子都属于主犯；另一类是在聚众犯罪中起组织、策划、指挥作用的犯罪分子，这类首要分子未必都是主犯。这是因为刑法规定对某些聚众犯罪只处罚首要分子，其他参与人不予以处罚，此时并不存在共同犯罪，因而也就不存在主犯。如《刑法》第291条规定："聚众扰乱车站、码头、民用航空站、商场、公园、影剧院、展览会、运动场或者其他公共场所秩序，聚众堵塞交通或者破坏交通秩序，抗拒、阻碍国家治安管理工作人员依法执行职务，情节严重的，对首要分子，处五年以下有期徒刑、拘役或者管制。"

（二）主犯的处罚原则

根据《刑法》第26条第3款和第4款的规定，对组织领导犯罪集团的首要分子，按照集团所犯的全部罪行处罚，对其他主犯，按照其所参与或组织、指挥的全部犯罪处罚。所谓"集团所犯罪行"是指在集团组织、策划、安排下所犯的罪行，不等于"集团成员"所犯罪行。

二、从犯及其刑事责任

（一）从犯的概念

根据《刑法》第27条第1款的规定，从犯指在共同犯罪中起次要或辅助作用的犯罪分子。次要作用意味着作用较小，辅助作用即帮助性作用，如提供犯罪工具、望风，按事前约定销赃等。从犯是依主犯而划分的共犯人种类，没有主犯也就无所谓从犯。

（二）从犯的处罚原则

依据《刑法》第27条第2款的规定，对于从犯，应当从轻、减轻或免除处罚。即对从犯应根据其在共同犯罪中所起的作用，依照法律规定，比照该共同犯罪行为所对应的法定刑从轻、减轻处罚或免除处罚。

但是，如果刑法分则有关条文明确规定了某些共同犯罪中从犯的法定刑，则无需适用总则关于从犯的原则规定①。如《刑法》第120条规定："组织、领导恐怖活动组织的，处十年以上有期徒刑或者无期徒刑，并处没收财产；积极参加的，处三年以上十年以下有期徒刑，并处罚金；其他参加的，处三年以下有期徒刑、拘役、管制或者剥夺政治权利，可以并处罚金。"此处的"其他参加者"，显然是从犯，此时按照该条法定刑处罚即可。

一般来说，从犯的罪名与主犯一致，但如果在刑法分则中，某些帮助行为已经被单独定罪，则直接依据刑法分则的规定定罪处罚。如为他人组织卖淫提供帮助的，不以组织卖淫罪的帮助犯论处，而是按协助组织卖淫罪定罪处罚。再如，有查禁犯罪活动职责的国家机关工作人员，向犯罪分子通风报信、提供便利，帮助犯罪分子逃避处罚的，构成帮助犯罪分子逃避处罚罪。为恐怖活动组织、实施恐怖活动或者恐怖活动培训招募、运送人员的，构成帮助恐怖活动罪。

---

①赵秉志主编：《新刑法教程》，中国人民大学出版社1997年版，第217页。

三、胁从犯及其刑事责任

（一）胁从犯的概念

根据《刑法》第28条的规定，胁从犯指被胁迫参加犯罪的犯罪分子。即犯罪人是在他人的暴力强制或者精神威逼之下被迫参与犯罪的，犯罪人虽然有一定的选择余地，但犯罪并非自愿。但如果犯罪人一开始被胁迫参加犯罪，在着手实行犯罪后，非常积极，成为主要的实行人之一，在共同犯罪中起主要作用的，应认定为主犯。

（二）胁从犯的处罚原则

对于胁从犯，应当按照他的犯罪情节减轻或免除处罚。

四、教唆犯及其刑事责任

（一）教唆犯的概念

故意唆使他人犯罪的犯罪分子是教唆犯。

（二）教唆犯的成立条件

1．主观上具有教唆他人犯罪的故意

即认识到他人尚无犯罪决意，预见到自己的教唆行为将引起被教唆者产生犯罪决意，而希望或者放任教唆行为所产生的结果。一般认为，被教唆者应当是具有刑事责任能力的人。如果教唆不具有刑事责任能力的人实施危害社会的行为，不成立教唆犯，可以构成间接正犯。

2. 客观上具有教唆他人犯罪的行为

教唆的方法可以是授意、怂恿、劝说、利诱等。教唆可以是口头的，也可以是书面的，还可以是示意性的动作。

（三）教唆犯的处罚原则

根据《刑法》第29条第1款的规定，教唆他人犯罪的，应当按照他在共同犯罪中所起的作用进行处罚；被教唆人没有犯被教唆之罪的，对教唆犯可以从轻或减轻处罚；教唆不满18周岁的人犯罪的，应当从重处罚。

所谓“按照其在共同犯罪中的作用进行处罚”指如果教唆犯起主要作用，就按主犯处罚；如果起次要作用，就按从犯处罚。被教唆人没有犯被教唆之罪的情况也称“教唆未遂”，包括如下几种情形。①被教唆人拒绝了教唆人的教唆；②被教唆人虽然接受了教唆，但实际上没有进行任何犯罪活动；③被教唆人当时允诺实施被教唆的犯罪，但实际上实施的是其他犯罪。此时，如果被教唆人所犯的罪与教唆的罪在性质上根本不同，教唆犯只对自己所教唆的犯罪承担刑事责任。如甲唆使乙强奸妇女丙，但乙只是抢夺了丙的财物1万元后即离开现场，此时甲不构成抢夺罪的教唆犯，属于强奸罪的教唆未遂。④教唆犯对被教唆人进行教唆时，被教唆人已有实施犯罪的决意。如乙因妻丙外遇而决意杀之，甲对此不知晓，出于其他原因怂恿乙杀丙，后乙杀害丙，甲属于教唆未遂。教唆未遂的，对教唆犯可以从轻或减轻处罚。由于未成年人思想不成熟，容易接受教唆，所以《刑法》规定教唆未满18周岁的未成年人犯罪的，从重处罚。

需要注意的是，在刑法分则中，某些教唆行为已经被单独定罪，此时依照刑法分则的规定定罪处罚，如煽动分裂国家罪、煽动颠覆国家政权罪；教唆他人吸食、注射毒品，怂恿、引诱他人卖淫等。

第三节 共同犯罪的疑难问题

虽然我国刑法中已经明确规定了共同犯罪的概念，但共同犯罪仍然存在很多疑难问题有待解决。

一、片面共犯

片面共犯是从外国刑法中引进的一个概念，是指两个以上的行为人共同针对同一个犯罪对象实施犯罪行为，但只有一方有共同犯罪的故意，并协力于他人的犯罪行为，另一方却不知其给予了协力，因而缺乏共同犯罪的意思联络的情况。如甲与乙有仇，持凶器追杀乙，适逢丙碰见，丙对乙早已怀恨在心，见此情景，立即暗中在乙逃跑的必经路上设置了障碍，致使乙被甲追上杀死。此案中甲、丙是否成立共犯即涉及片面共犯的问题。

对于片面共犯是否构成共同犯罪的问题理论界存在不同观点，有人肯定片面共犯的概念，认为所有片面共犯都成立共同犯罪；有人只承认片面帮助犯。我们认为，在类似于上述案例中，由于被帮助者缺乏和对方共同犯罪的意图，因而双方缺乏共同犯罪故意的意思联络，不应成立共同犯罪，而应以单独犯罪处理。但对于帮助者如果不以共同犯罪中的从犯处理，即失去对其进行处罚的依据。在片面帮助犯的场合，帮助行为自身不具有可罚性，认定为共犯是追究其刑事责任的唯一途径①。对于这个问题还有待于理论研究的深化和立法的进一步完善。

二、直接正犯和间接正犯

直接正犯，即实行犯，是直接导致危害结果发生的人，它对共同犯罪故意内容的实现起到关键作用。间接正犯指把他人的行为当成犯罪工具利用去实行犯罪的人，但由于缺乏共同犯罪成立的条件，利用者和被利用者之间不成立共同犯罪。间接正犯主要存在于以下场合。

（1）利用无责任能力者进行犯罪。如利用未满14周岁的未成年人或不具有刑事责任能力的精神病人实施危害社会的行为，被利用者的行为不构成犯罪，利用者成立间接正犯。

（2）利用他人的过失行为或无过错行为犯罪。由于被利用人缺乏成立犯罪的条件，故此不成立犯罪，利用者单独构成犯罪，成立间接正犯。如甲医生欲杀害病人乙，将一支毒针交给护士丙，谎称是治病的药物，丙不知是毒药，给乙注射，致乙死亡，甲医生和丙护士不成立共同犯罪，甲是间接正犯。

---

①阮齐林：《刑法学》，中国政法大学出版社2008年版，第221页。

此外，利用有故意的工具，利用非基于意思支配的身体动静，利用被害人的行为等，也可构成间接正犯。

三、共同犯罪的形态

共同犯罪同样存在既遂、未遂、中止、预备等形态。一般情况下，各共犯人犯罪进度不一致时，共同犯罪的形态应当以实行进度最高者为准。据此，如果共同犯罪中任何一人既遂，则所有共犯人既遂，即"一人既遂，全部既遂"。但是在有的共同犯罪中，各共犯人的犯罪形态可能并不一致。如乙欲盗窃汽车，让甲将用于盗窃汽车的钥匙放在乙的信箱，甲同意，但错将钥匙放入丙的信箱，后乙用其他方法将车盗走。此案中甲构成犯罪未遂，而乙构成犯罪既遂。在帮助犯单独成立犯罪中止的问题上，理论界比较一致的意见是，如果帮助犯仅提出退出共同犯罪，但没有消除其作用或影响，则不能认定为犯罪中止。例如，甲与乙共谋盗窃汽车，甲将盗车所需的钥匙交给乙。但甲后来向乙表明放弃犯罪之意，让乙还回钥匙，乙对甲说，"你等几分钟，我用你的钥匙配制一把钥匙后再还给你"，甲要回了自己原来提供的钥匙，后乙利用自己配制的钥匙盗窃了汽车(价值15万元)。本案中甲乙对盗窃汽车进行了共谋，虽然后来甲向乙表明放弃犯罪，但是他却让乙继续配制钥匙用于犯罪，没有消除自己犯罪的作用与影响，因而仍然属于盗窃罪既遂。

四、共同犯罪的罪名

在数个共犯人犯罪故意内容完全一致时，他们涉及的罪名是相同的。但在各共犯人犯罪故意内容仅有部分重合而成立共同犯罪时，存在分别定罪的可能。如，甲、乙共谋行抢，甲在偏僻巷道的出口望风，乙将路人丙的书包(内有现金1万元)一把夺下转身奔逃，丙随后追赶，欲夺回书包，甲在丙跑过巷道口时突然伸腿将丙绊倒，丙倒地后摔成轻伤，甲、乙乘机逃脱。此例中，甲属于在共同抢夺中单独使用暴力，按照《刑法》第269的规定，甲的行为转化为抢劫罪，但乙没有使用暴力的共同故意，仍属抢夺罪。二者仅在抢夺的范围内成立共同犯罪。

五、共同犯罪与身份

有些犯罪除了要求行为人具有刑事责任能力之外，还必须具备特定的身份，这种犯罪主体称为特殊主体，也称为身份犯。身份在共同犯罪中也有一定的意义。

(一)共同犯罪与构罪身份

不具有特殊身份的人与具有特殊身份的人实施真正身份犯罪时，可以构成共同犯罪。例如，不具有国家工作人员身份的人单独不构成贪污罪，但如果伙同国家工作人员贪污的，可以构成贪污罪的共犯。这是因为《刑法》分则中规定的特殊主体等身份犯罪针对的仅仅是实行犯，对于帮助犯和教唆犯则无身份的要求。

(二)共同犯罪与量刑身份

刑法中某些条文规定，当具有身份者和不具有身份者共同实施犯罪时，对身份犯从重处罚，如根据《刑法》第243条第2款的规定，国家机关工作人员犯诬告陷害罪的，从重处罚。

第十三章　罪数形态

罪数指犯罪主体实施犯罪的个数，罪数形态表现为一罪或者数罪的各种类型化的犯罪形态。

第一节　罪数概述

区分一罪与数罪是司法实践中经常遇到的问题。正确区分一罪与数罪对于准确定罪、合理量刑意义重大。

一、罪数判断标准

关于区分罪数的标准，在刑法理论上存在不同的学说。

（一）行为标准说

主张以行为的数量为标准区分一罪和数罪，实施了一个行为的为一罪，实施了数个行为的为数罪。

（二）法益标准说

又称结果标准说。主张以行为侵犯的法益数量为标准区分一罪与数罪，行为侵犯一个法益的为一罪，侵犯数个法益的为数罪。

（三）犯意标准说

又称意思标准说。主张以行为人的主观犯意数量为标准区分一罪与数罪。基于一个犯罪意思实施的犯罪是一罪；基于数个犯罪意思实施的犯罪是数罪。

（四）构成要件标准说

主张以行为符合的构成要件的数量为标准区分一罪与数罪。符合一个犯罪构成要件的是一罪；符合数个构成要件的行为是数罪。

我国通常采用的是犯罪构成要件标准说。根据这个标准，单纯的一罪和典型的数罪都可以依据犯罪情况对其进行区分，比较容易认定，在此不再赘述。但貌似数罪，实为一罪的情形和貌似一罪实为数罪的情形较难区分。为此刑法理论界对这些情形进行了进一步的研究。

二、罪数类型

罪数类型首先分为一罪与数罪。符合一个犯罪构成的为一罪，符合数个犯罪构成的为数罪。在刑法理论上，关于一罪与数罪的分类及具体类型，一直存在争议。但综观起来，以下分类较为常见。

（一）一罪的类型

1. 实质的一罪

指从形式上看具有数罪的形式，但实质上因行为只符合一个罪的构成要件，因此只成立一罪。包括继续犯、想象竞合犯、法条竞合犯和结果加重犯。

2. 法定的一罪

指行为符合数罪的特征，但由于刑法的规定而成为一罪的情况。包括结合犯、集合犯和转化犯。

3. 处断的一罪

指行为虽然符合数个犯罪的犯罪构成，但由于这些行为之间存在着特殊的关系，在刑法理论和刑事司法中将其认定为一罪。包括连续犯、牵连犯和吸收犯。

（二）数罪的类型

（1）同种数罪和异种数罪。

（2）并罚数罪和非并罚数罪。

（3）判决宣告前的数罪和刑罚执行期间的数罪。

第二节　一罪的类型

一罪指符合一个犯罪构成的犯罪，理论界一般认为一罪存在下列类型。

一、实质的一罪

（一）继续犯

继续犯也称持续犯，指作用于一个犯罪对象的一个犯罪行为，在整个犯罪过程中，犯罪行为与不法状态在一定时间内同时持续的犯罪形态。继续犯的特征是：必须是一个犯罪行为；作用的是一个犯罪对象；犯罪行为与不法状态同时持续，且持续达到一定的时间。只有这些条件同时具备，才是继续犯，继续犯属于一罪，不实行数罪并罚，但持续时间的长短可作为量刑的参考。非法拘禁罪是此种形态的典型代表。行为人从着手非法剥夺他人人身自由到恢复他人人身自由为止，持续的时间可能很长。但由于其行为始终作用于一个对象，属于一个犯罪行为的延续，其拘禁行为与非法剥夺人身自由的状态一起处于持续状态，符合继续犯的特点，所以不作为数罪，仅成立一罪。

需要注意的是，继续犯不同于状态犯。状态犯是指犯罪既遂之后，其实行行为所造成的不法状态处于持续之中的犯罪形态。状态犯的实行行为已经结束，仅仅是不法状态在继续，如盗窃行为实施完毕后，非法占有他人财物的不法状态仍然继续存在的情况。

（二）想象竞合犯

指行为人在两个以上罪过的支配下实施一个危害行为，触犯两种以上不同罪名的犯罪形态。如对正在执行公务的警察实施暴力使之受轻伤的，同时触犯了妨害公务罪和故意伤害罪。同理，甲盗割正在使用中的铁路专用电话线，在构成盗窃罪的同时，也构成了破坏交通设施罪，属于一个行为触犯两个罪名的想象竞合犯。对想象竞合犯一般不实行数罪并罚，而是按照“从一重处断”的原则进行处罚，即依照刑法中法定刑较高的犯罪进行处罚，但刑法另有规定的除外。

（三）法条竞合犯

法条竞合犯也称法规竞合犯，指行为人实施的一个犯罪行为同时触犯数个在犯罪构成上具有包容或者交叉关系的刑法规范，只适用其中一个刑法规范的犯罪形态。如《刑法》第279条规定了招摇撞骗罪，而《刑法》第372条规定了冒充军人招摇撞骗罪，二者在构成要件上具有包容关系；《刑法》第266条规定的诈骗罪与《刑法》第279条规定的招摇撞骗罪在犯罪构成上具有交叉关系。法条竞合时适用的法律原则有：①特别法优于普通法；②重法优于轻法。

（四）结果加重犯

指实施基本犯罪构成要件的行为，但发生了基本犯罪构成要件以外的更加严重的结果，且这个结果与行为之间有一定的因果关系，刑法对加重结果规定了加重刑罚的犯罪形态。如，故意伤害致人死亡、抢劫致人死亡、强奸致人死亡、非法行医致就诊人员重伤或死亡等。对结果加重犯直接按照刑法规定的加重法定刑进行处罚。所要注意的是，结果加重犯以刑法对加重结果规定了加重法定刑为前提，否则不能认定为结果加重犯。

二、法定的一罪

（一）结合犯

指数个独立的犯罪由于刑法的规定，结合成为另一个独立的新罪的犯罪形态。例如，日本《刑法》第241条规定的“犯强盗罪的，而又强奸妇女者”，构成强盗强奸罪，就是结合犯的典型。对结合犯，按照日本《刑法》关于该罪的规定直接处罚即可。一般认为我国刑法中没有典型的结合犯。

（二）集合犯

指行为人以多次实施同一危害行为的意图，反复多次实施同一种危害行为，但刑法仍将其规定为一罪的犯罪形态。包括常业犯和营业犯。

常业犯指行为人出于以实施某种危害行为作为职业的目的，在较长时间内反复不断地实施该种危害行为，刑法将其规定为一罪的罪数形态。例如我国《刑法》第303条规定，“……以赌博为业的”，构成赌博罪，即属于常业犯。营业犯是指行为人出于营利的目的，反复多次实施某种危害行为，根据刑法的规定仍成立一罪的形态。例如我国《刑法》第363条规定的制作、复制、出版、贩卖、传播淫秽物品牟利罪，以牟利为目的，多次反复实施上述行为，仍成立一罪。营业犯与常业犯的区别在于构成犯罪的标准不同。行为人实施一次某种营业性的危害行为，可能构成犯罪，反复多次实施的，仍然构成一罪；而常业犯的构成则要求反复多次地实施同种犯罪行为。对集合犯直接按照刑法的规定进行处罚。

（三）转化犯

转化犯是我国刑法中首创的关于罪数形态的概念，也是近年来我国刑法理论研究比较深入的罪数形态之一[①]。是指根据刑法典的具体规定，行为人实施某个具体犯罪的犯罪构成要件之外的行为，使得危害行为活动在整体上符合另外一个犯罪之犯罪构成，犯罪性质发生从轻到重转化的情形[②]。转化犯的特点有：①行为人的行为已经构成具体犯罪。在实施新的危害行为之前，行为人已经实施完毕前罪构成要件中的客观危害行为，该行为已经构成犯罪。②行为人实施了新的危害行为。这种危害行为超出了前罪的犯罪构成，是在新的主观罪过的支配下实施的进一步侵犯刑法所保护的社会关系的行为。例如行为人实施的聚众斗殴行为，本身已经构成犯罪，如果又实施了故意造成他人重伤或者剥夺他人生命的行为，就转化为故意伤害罪或者故意杀人罪。③犯罪性质转化具有法定性。如《刑法》第238条第2款规定了转化的故意伤害罪和故意杀人罪；《刑法》第269条规定了转化的抢劫罪。如果没有刑法的明确规定，即使行为人在某种犯罪之后实施了新的危害行为，也不能认定为转化犯。对转化犯按照转化后的犯罪定罪处罚，不实行数罪并罚。

三、处断的一罪

（一）连续犯

指基于同一或概括的故意，连续多次实施数个性质相同的危害行为，均符合同一个犯罪的犯罪构成，从而触犯同一罪名的犯罪形态。所谓“同一的故意”，指行为人对实施多个相同性质的危害行为有着非常明确的认识和强烈的追求，主观上的认识因素和意志因素都非常明确，而且内容完全一致，从属于行为人已经确定的犯罪计划。“概括的故意”指行为人对实施多个性质相同的危害行为，在主观上只有总的犯罪意向，具体的犯罪故意并不是预先确定好的，而是具有一定的随意性。对连续犯以一罪论处，不实行数罪并罚。对此，相应的刑法条文提供了法律依据。例如《刑法》第153条第3款规定：“对多次走私未经处理的，按照累计走私货物、物品的偷逃应缴税额处罚”。

（二）牵连犯

指犯罪的手段行为与目的行为或者结果行为与原因行为分别触犯不同的罪名的情况。

---

①陈兴良：《刑法适用论》，法律出版社1999年版，第664页。
②赵秉志：《刑法总论》（第二版），中国人民大学出版社2012年版，第267页。

即在犯罪行为可以分为目的行为与手段行为时，如果手段行为与目的行为分别触犯不同罪名的，成立牵连犯；在犯罪行为可以分为原因行为与结果行为时，若原因行为与结果行为分别触犯不同的罪名，便成立牵连犯。前者如为诈骗而伪造国家机关公文、证件、印章的情况；后者如盗窃后为了销赃而伪造国家机关印章。刑法没有明文规定牵连犯的处罚原则，但从刑法中涉及牵连犯的条文来看，有如下几种情况：

（1）数罪并罚。如《刑法》第157条第2款规定："以暴力、威胁方法抗拒缉私的，以走私罪和刑法第二百七十七条规定的阻碍国家机关工作人员依法执行职务罪，依照数罪并罚的规定处罚。"本条中，目的行为为走私，手段行为以暴力、威胁方法抗拒缉私，二者属于牵连关系，但依法实行数罪并罚。《刑法》第198条第2款规定同样属于此种情形。

（2）从一重罪处断。如《刑法》第399条第4款规定，司法工作人员收受贿赂，有前三款行为（如徇私枉法、徇情枉法、枉法裁判等，笔者注），同时又构成刑法第385条规定之罪的（受贿罪，笔者注），依照处罚较重的规定处罚。

（3）从一重罪并从重处罚。《刑法》第253条第2款规定，邮政工作人员犯前款罪（私自开拆、隐匿、毁弃邮件、电报罪，笔者注）而窃取财物的，依照刑法第264条（盗窃罪，笔者注）的规定定罪从重处罚。

在刑法没有明文规定的情况下，对牵连犯应当适用"从一重罪处断"原则定罪处刑，一般不实行数罪并罚。

（三）吸收犯

指数个犯罪行为，其中一个行为能够吸收其他犯罪行为，仅成立吸收后的犯罪一个罪名的犯罪形态。

吸收犯中各行为必须具有吸收关系，所谓吸收关系即包容关系，指前行为是后行为发展所经阶段，后行为是前行为发展的必然结果。吸收关系的种类，在刑法理论上意见不一致，但大多认为有如下三种。第一，重行为吸收轻行为，如非法制造枪支后藏于家中，非法制造是私藏所经的阶段，私藏是非法制造的自然结果，非法制造在性质上重于私藏，所以被制造行为所吸收，只成立非法制造枪支罪。第二，实行行为吸收预备行为。如伪造信用卡后使用伪造的信用卡诈骗的行为，伪造信用卡是信用卡诈骗的预备行为，触犯了伪造金融票证罪，而使用伪造的信用卡诈骗的行为是实行行为，触犯了信用卡诈骗罪，实行行为吸收预备行为，仅成立信用卡诈骗罪。第三，主犯行为吸收从犯、胁从犯行为。这是针对共同犯罪人在共同犯罪中的分工和作用区分的。一般认为，在共同犯罪中，实行行为是主行为，帮助行为或胁从行为是从行为，如果既帮助别人犯罪，随后又参与共同实行犯罪，其帮助行为应为实行行为所吸收。对吸收犯按照吸收后的犯罪进行处罚，不实行数罪并罚。

注意吸收犯与不可罚的事后行为之间的区别。不可罚的事后行为指在状态犯的场合，利用或者加强该犯罪行为导致危害结果的行为。孤立地看，不可罚的事后行为符合其他犯罪的构成要件，具有可罚性，但由于被综合评价在该状态犯中，故没有必要另外认定为其他犯罪，如盗窃他人财物后处分赃物的行为即属"不可罚的事后行为"。有学者认为不可罚的事后行为相当于我国刑法理论中的吸收犯[①]。但二者之间的关系有待进一步研究，目前不能将它们

①参见张明楷：《刑法学》（第二版），法律出版社2003年版，第372—373页。

简单地予以等同。

第三节　数罪的类型

数罪即符合数个犯罪构成的犯罪形态。根据不同的标准，数罪可以作如下分类。

一、异种数罪与同种数罪

（一）异种数罪

指行为人出于数个不同的犯意，实施数个行为，符合数个性质不同的基本犯罪构成，触犯数个不同罪名的数罪。如行为人既实施了杀人行为，也实施了盗窃行为，由于杀人和盗窃是两种性质不同的犯罪，符合两个犯罪的构成条件，因而行为人的行为属于异种数罪。

（二）同种数罪

指行为人出于数个相同的犯意，实施数个行为，符合数个性质相同的基本犯罪构成，触犯数个相同罪名的数罪。如行为人基于杀人的故意杀死一人，一年后，出于杀人的故意又杀死一人，其先后实施的是两个性质相同的犯罪，因此属于同种数罪。

二、并罚数罪与非并罚数罪

（一）并罚数罪

指行为人基于数个罪过，实施数个行为，构成数个独立的犯罪，依法应实行并罚的犯罪。异种数罪多为并罚数罪，但如果已经作为牵连犯按一罪处理则另当别论。

（二）非并罚数罪

指行为人虽然实施数个行为，符合数个犯罪构成，触犯数个罪名，但只按一罪处罚的数罪。同种数罪多为非并罚数罪。但如果是刑罚执行期间又有新犯之罪或被发现还有遗漏的罪未判决，即使该罪与前罪属于同种数罪，也应当数罪并罚。

三、判决宣告以前的数罪与刑罚执行期间的数罪

（一）判决宣告前的数罪

指行为人在判决宣告以前实施的并被发现的数罪。

（二）刑罚执行期间的数罪

指行为人在刑罚执行期间被发现漏罪或再犯新罪而构成的数罪。

第十四章　刑事责任

刑事责任是刑法的基本范畴，但由于有关刑事责任的研究时间较短，在很多方面还没有形成共识，因而关于其争议较多。

第一节　刑事责任的概念

刑事责任的概念，在刑法理论上主要有如下几种观点。

（1）法律后果说。认为“刑事责任是依照刑事法律规定，行为人实施刑事法律所禁止的行为所必须承担的法律后果”。

（2）法律责任说。认为“刑事责任是国家司法机关依据法律规定，根据犯罪行为及其他能说明犯罪社会危害性的事实，强制犯罪人承担的法律责任”。

（3）否定评价说。认为“刑事责任是指犯罪人因实施刑法所禁止的行为而应承担的、代表国家的司法机关依照刑事法律对其犯罪行为及其本人的否定性评价”。

（4）刑事义务说。认为“刑事责任是犯罪人因其犯罪行为根据刑法规定应向国家承担的体现着国家最强烈否定评价的惩罚义务”。

（5）刑事负担说。认为“刑事责任是国家为维持自身的生存条件，在清算触犯刑律的行为时，运用国家暴力，强迫行为人承受的刑事上的负担”。

（6）刑事法律关系说。认为“刑事责任是刑事的、刑事诉讼的以及劳动改造的法律关系的总和”，是“犯罪者和以具体的国家机关为代表的国家之间所形成的一定社会关系的总和”。

（7）否定评价说或责难说。认为“刑事责任指代表国家的权威性法院，根据刑事法律的规定，对具体犯罪行为所作出的评价，对犯罪人所进行的谴责（判罪）。评价和谴责反映在人民法院的有罪判决中”。

上述学说从不同的方面和角度揭示了刑事责任的特征和主要内容，有值得肯定之处，但是也存在着缺陷和不足。法律后果说没有揭示刑事责任作为法律后果的一种其本质属性所在；法律责任说没有触及责任内容和责任主体，显得空洞；否定评价说中的否定评价并不是刑事责任本身，而只是它的内容。刑事义务说和刑事负担说过于强调惩罚意味，不利于对行为人人权的保护；法律关系说混同了刑事责任与刑事责任的实现之间的界限。综上，所谓刑事责任，是指国家司法机关依据刑法规定所加以确认的，犯罪人因其犯罪行为应向国家承担的并体现国家最为强烈的否定性评价和非难的法律责任[①]。

---

①赵秉志主编：《刑法总论》（第二版），中国人民大学出版社2012年版，第305页。

第二节　刑事责任的特征

根据刑事责任的概念，可以总结出刑事责任的特征。

（1）刑事责任是违反刑法，构成犯罪时，犯罪人承担的责任。实施犯罪行为是刑事责任的前提，没有实施犯罪行为，刑事责任不可能产生，刑事责任是实施犯罪行为的必然结果。

（2）刑事责任是国家强制犯罪人承担的一种责任。刑事责任是犯罪分子向国家所负的责任，表现了犯罪者与国家之间的关系。具体由司法机关代表国家强制犯罪者承担刑事责任。

（3）刑事责任以给予刑事处罚、非刑罚处罚或单纯否定性评价为内容。刑事责任不是承受一般的负担，而是承受刑事处罚、非刑事处罚或单纯的否定性法律评价的负担。刑事处罚指刑法规定的刑罚处罚，这种处罚不仅可以剥夺人的政治权利、财产权利、人身自由、甚至可以剥夺人的生命，是最严厉的处罚方式，因而刑事责任也是最为严厉的法律责任。对于一些情节较轻微的犯罪行为，刑法也规定了非刑罚处罚方式。所谓单纯否定性评价，指免除刑事惩罚。此时仅仅宣告犯罪人有罪，但不给予刑罚处罚，也不给予非刑罚处罚，仅以有罪宣告表示对这种行为的否定性评价。

第三节　刑事责任的地位

一、刑事责任在刑法中的地位

我国《刑法》总则分为五章，依次为刑法的任务、基本原则和适用范围，犯罪，刑罚，刑罚的具体运用，其他规定。很明显，刑法总则是按照犯罪——刑罚的结构构建的。总则当中虽然有多处提到刑事责任，但由于《刑法》本身对刑事责任没有专门规定，因而并未形成犯罪——刑事责任——刑罚的刑法总论体系。这种情况与刑事责任在刑法中的重要地位是不相称的。所以有学者建议通过立法确定刑事责任的地位，但目前并没有实现。

二、刑事责任在刑法理论中的地位

我国从20世纪80年代起，开始在刑法理论中涉及刑事责任问题，进入90年代，逐渐受到重视，在一些学者的著作和教材中增加了刑事责任的章节，刑事责任在刑法理论中逐渐占有一定的地位。但关于刑事责任的定位，理论界还有争论。罪、责、刑平行说是通说，该理论认为犯罪、刑事责任、刑罚是各自独立又相互联系的三个范畴，刑事责任是介于犯罪与刑罚之间联接犯罪与刑罚的纽带①。犯罪是刑事责任的前提，刑事责任是犯罪的后果；同时刑事责任是刑罚的前提，刑罚是实现刑事责任的基本方式。因而刑法学的理论体系应当是犯罪论—刑事责任论—刑罚论的体系。

---

①高铭暄：《刑法学》，北京大学出版社，高等教育出版社2000年版，第211页。

第四节 刑事责任的发展阶段

一、刑事责任的产生阶段

关于刑事责任从何时开始，理论界也有不同观点。有人主张刑事责任从犯罪行为实施时开始，有人认为刑事责任始于法院作出有罪判决之时。通说认为刑事责任始于犯罪行为实施之时。本书认为通说较为合理。因为刑事责任是犯罪的法律后果，只能随着犯罪而产生，只要行为人实施了犯罪行为，客观上就产生了刑事责任。所以刑事责任的产生阶段从行为人实施犯罪时起，到司法机关(或公安机关)立案时止。

二、刑事责任的确认阶段

这一阶段从司法机关(或者公安机关)立案时起，到人民法院作出有罪判决生效时止。在这一阶段，要确认行为人是否实施了犯罪，应否负刑事责任，应负怎样的刑事责任以及如何实现刑事责任。鉴于这一阶段的重要性，立法机关在刑事诉讼法中规定了必要的程序，以保证该阶段有条不紊地进行。

三、刑事责任的实现阶段

这一阶段从人民法院作出有罪判决生效时起，到判决确定的刑事制裁措施执行完毕或者被赦免时止，刑事责任的实现是刑事责任阶段的核心。刑法规定刑事责任，依法追究刑事责任，最终都是为了实现刑事责任，所以这一阶段具有特别重要的意义。当然，刑事责任可以通过多种方式实现。

第五节 刑事责任的实现方式

刑事责任的实现方式，也称刑事责任的表现形式，是指司法机关代表国家追究行为人刑事责任的具体方法。刑事责任可以通过以下方式实现。

一、定罪判刑

由人民法院认定犯罪人的行为构成犯罪，同时判处其一定的刑罚。刑事责任往往以刑罚为其法律后果和具体体现，因而对犯罪人适用刑罚也是最为常见、最基本的一种解决刑事责任的方式。

二、定罪免刑

即法院认定犯罪人的行为构成犯罪，但免除其刑罚处罚。具体包括两种情况。

(一)免除刑事处罚，但给予其非刑罚处罚

《刑法》第37条规定："对于犯罪情节轻微不需要判处刑罚的，可以免予刑事处罚，但是

可以根据案件的不同情况，予以训诫或者责令具结悔过、赔礼道歉、赔偿损失，或者由主管部门予以行政处罚或者行政处分”。“训诫”是人民法院对犯罪分子当庭予以批评或者谴责，并责令其改正的一种教育方法。“具结悔过”是人民法院责令犯罪分子以书面形式保证悔改，以后不再重新犯罪的一种教育方法。“责令赔礼道歉”是人民法院责令犯罪分子公开向被害人当面承认错误，表示歉意的一种教育方法。“责令赔偿损失”是人民法院责令犯罪分子向被害人支付一定数额的金钱，以赔偿被害人的经济损失的处理方法。“由主管部门予以行政处罚或者行政处分”是指人民法院根据案件的情况，向犯罪分子的主管部门提出对犯罪分子予以行政处罚或者行政处分的建议，由主管部门给予犯罪分子一定的行政处罚或者行政处分的一种非刑罚处理方法。

（二）免除刑事处罚后，不给予任何处罚

这种情况下人民法院既不给予犯罪行为人刑事处罚，也不予以非刑罚处罚。定罪免刑并不意味着不存在刑事责任，因为免除刑罚是建立在确定行为人刑事责任、具备应受刑罚处罚性的基础上的。它通过有罪的认定而确认了行为人刑事责任的存在，宣告了国家对行为人的否定性评价，但是由于其承担的刑事责任比较轻微，不需要以刑罚作为其后果，因而免除其刑事处罚。刑法中规定的犯罪预备、犯罪中止、防卫过当、避险过当的情况都可能出现免除犯罪人刑罚而不给予任何处罚的情形。

三、消灭处理

指本来行为人的行为已经构成犯罪，应当负刑事责任和应受刑罚处罚，但由于出现了一些法律规定的阻却事由，因而使刑事责任归于消灭。如犯罪行为人的死亡、被赦免或犯罪已经超过诉讼时效，都可以成为消灭刑事责任的事由。

四、转移处理

这种情况只适用于享有外交特权和豁免权的外国人，他们的刑事责任通过外交途径解决。

第十五章　刑罚概述

刑罚是绝大多数犯罪的结局，是犯罪人承担刑事责任的最主要形式，刑法中关于犯罪的规定因为有刑罚才有现实意义。

第一节　刑罚的概念和特点

刑罚是《刑法》规定的，由国家审判机关依法对犯罪人适用的限制或剥夺其某种权益的强制性方法。

一、刑罚是最为严厉的制裁方法

刑罚处罚涉及人的生命、自由、财产和资格等重大权益，从整体而言是最为严厉的强制方法。而其他法律制裁则排除对生命的剥夺，一般也不涉及剥夺自由，其严厉程度都轻于刑罚。

二、刑罚只能对犯罪分子适用

刑罚因犯罪而产生，以犯罪为前提，所以受刑罚处罚的只能是实施犯罪行为的人，对于无罪的人绝对不能适用刑罚。

三、刑罚只能由人民法院依法适用

刑罚只能由人民法院根据《刑法》和《刑事诉讼法》的规定去适用，其他任何机关或个人均无权适用。

四、刑罚只能由特定机关去执行

由特定机关执行体现刑罚的严肃性。根据我国《刑法》和《刑事诉讼法》的规定，死刑、罚金和没收财产由人民法院执行，无期徒刑和有期徒刑由监狱或者其他劳改场所去执行，拘役和剥夺政治权利由公安机关执行，管制则由社区负责进行矫正。

第二节　刑罚的目的

刑罚的目的是指国家制定、适用、执行刑罚的目的。关于刑罚的目的，理论界争论较大，众说纷纭。通说认为我国刑罚的目的是预防犯罪，包括特殊预防和一般预防。

一、特殊预防

通过对犯罪人适用刑罚，惩罚改造犯罪分子，预防他们重新犯罪。对犯罪分子适用刑罚，利用刑罚的剥夺、惩罚和教育改造功能，限制和剥夺犯罪分子的再犯能力，使其悔过自新，重新做人，这就是刑罚的特殊预防功能。特殊预防通过两个途径实现：一是通过对罪行极其严重的犯罪人适用死刑，永远剥夺其重新犯罪的能力；二是通过对犯罪人适用其他刑罚，使他们不能、不敢、不愿犯罪，从而预防他们再次犯罪。

二、一般预防

指预防尚未犯罪的人实施犯罪。通过对犯罪分子适用刑罚，警戒、威慑社会上的具有犯罪企图的不稳定分子，以儆效尤；通过对犯罪分子适用刑罚，提高广大公民的法治观念，对社会大众也是一种教育，有助于社会公众形成和坚定守法意识。

特殊预防与一般预防是一个整体，密切联系。一方面通过制定和适用刑罚，防止已经犯罪的人再次犯罪，这是保护社会公众利益最实际、最紧迫的要求；另一方面通过制定和适用刑罚，告诫和教育社会上其他人，使他们远离犯罪，抵制犯罪，则是防患于未然、保证社会长治久安的要求。

在刑罚的目的方面，有人主张刑罚的目的是对犯罪的报应，即惩罚罪行，除此以外不应有其他目的或企图，最为简明的表述即为“以牙还牙，以眼还眼”。他们认为刑罚是犯罪的当然结果，犯罪是刑罚的原因，刑罚是对犯罪的报应。我们认为报应主义将刑罚的目的仅仅锁定在报应上是有失偏颇的，防卫社会也应该是刑罚的目的。该理论仅从已然之罪出发考察刑罚的目的，而没有从未然之罪探求刑罚的目的，因而是不完整的。

第十六章　刑罚的体系和种类

刑罚的体系是指刑事立法者选择一定的惩罚方法作为刑罚方法组成的刑罚序列，它的构成要素是具体的刑种。根据我国刑法的规定，我国刑罚的体系由主刑和附加刑组成。

第一节　主　刑

主刑即对犯罪者适用的主要刑罚方法。它的特点在于：只能独立适用，不能被附加适用；对一项犯罪只能适用一个主刑；对一个罪犯最终适用的主刑可能不止一个。根据我国刑法的规定，我国共有五种主刑。

一、管　制

管制是对犯罪分子不实行关押，但限制一定程度的自由，交由社区进行矫正的刑罚方法。其主要特点有以下几方面。

（一）对犯罪分子不予关押

即不将犯罪分子羁押在特定的场所或者设施内，不剥夺其人身自由。

（二）限制犯罪分子一定的自由

表现为管制分子要遵守有关规定：①遵守法律、行政法规、服从监督；②未经执行机关的批准，不得行使言论、出版、集会、结社、游行、示威的自由；③按执行机关的规定报告自己的活动情况，遵守执行机关关于会客的规定；④离开所居住的市、县或者迁居，应报经执行机关的批准。这些规定旨在限制管制分子一定程度的自由，体现出其作为犯罪人正在服刑的特点。

为了防止管制犯在管制期间危害社会，《刑法》第38条第2款规定，被判处管制的犯罪人，人民法院可以根据其犯罪情况，同时判令犯罪分子在执行期间不得从事特定活动，不得进入特定区域、场所，不得接触特定的人。这条规定也被称为“禁止令”。违反禁止令的，由公安机关依照《治安管理处罚法》的规定处罚。最高人民法院、最高人民检察院、公安部和司法部《关于对判处管制、宣告缓刑的犯罪分子适用禁止令有关问题的规定（试行）》（法释〔2011〕9号），对禁止令中不得“从事特定活动，进入特定区域、场所，接触特定的人”作了明确的规定①。

---

①对判处管制或者宣告缓刑的未成年被告人，可以根据其犯罪的具体情况以及禁止事项与所犯罪行的关联程度，对其适用“禁止令”。对于未成年人因上网诱发犯罪的，可以禁止其在一定期限内进入网吧等特定场所。参见最高人民法院指导性案例第14号：董某某、宋某某等抢劫案。

需要注意的是:"禁止令"不同于我国《刑法》第37条之一规定的"从业禁止"。根据该条的规定,"从业禁止"指:因利用职业便利实施犯罪,或者实施违背职业要求的特定义务的犯罪被判处刑罚的,人民法院可以根据犯罪情况和预防再犯罪的需要,禁止其自刑罚执行完毕之日或者假释之日起从事相关职业。由此可见,"从业禁止"不是刑罚,而是一项预防犯罪的措施;从业禁止的适用对象为因利用职业实施犯罪,或者实施违背职业要求特定义务的犯罪人,但是尽管有上述犯罪行为,也未必一定会受到从业禁止的处遇,因为它仅是一项授权性的规定,而非命令性的规定。根据该条规定,从业禁止时间为刑罚执行完毕或者假释之日起三至五年。违背从业禁止规定的,由公安机关依法给予处罚,情节严重的,依照《刑法》第313条拒不执行判决、裁定罪定罪处罚。为了防止法规之间的冲突,《刑法》第37条第3款规定"其他法律、行政法规对其从事相关职业另有禁止或者限制性规定的,从其规定。"

(三)对犯罪分子自由的限制具有一定的期限

一般为3个月以上,2年以下,数罪并罚时不超过3年,先前羁押1日折抵刑期2日。

(四)管制犯由社区进行矫正

根据《刑法》第38条第3款的规定,对被判处管制的犯罪分子,实行社区矫正。所谓"社区矫正",是与监禁矫正相对的行刑方式,是指将符合社区矫正条件的罪犯置于社区内,由专门的国家机关,在相关社会团体和民间组织以及社会志愿者的协助下,在判决、裁定或决定确定的期限内,矫正其犯罪心理和行为恶习,并促进其顺利回归社会的非监禁刑罚执行活动。2012年1月10日《社区矫正实施办法》出台,2014年8月28日《关于全面推进社区矫正工作的意见》颁布,同年11月14日《关于组织社会力量参与社区矫正工作的意见》问世,这些文件对社区矫正的原则、任务、主体、措施作出了详细的规定。

(五)管制犯的待遇

管制犯罪分子参加劳动的,应当同工同酬。

管制刑是我国独创的一种刑罚方法,针对的是罪行较轻,不需关押的犯罪分子。它的存在使我国的刑罚体系更加完善。同时,由于管制是对犯罪分子不予关押,因此可以避免剥夺自由刑交叉感染的副作用。此外,管制充分地利用了社会力量改造犯罪分子,也不影响犯罪分子的劳动、工作和家庭生活,避免了监禁释放后的社会适应困难。因此,管制作为一种开放型的刑罚方法,是符合刑罚改革的国际趋势的。

二、拘　役

拘役是剥夺犯罪分子短期自由,就近执行并实行劳动改造的刑罚方法。

根据《刑法》第42条至第44条的规定,拘役具有以下特点。

(一)剥夺犯罪分子自由

即将犯罪分子关押在特定的改造场所进行改造,使其丧失人身自由。

(二)剥夺自由的时间较短

拘役刑期为1个月以上6个月以下,数罪并罚时不超过1年,判决前先行羁押1日抵刑期1日。

(三)拘役由公安机关就近执行

公安机关一般将罪犯放在所在地设置的拘役所执行,没有拘役所的,放在附近的监狱执行,如果附近没有监狱,可将犯罪分子放在看守所内执行。对放在监狱和看守所执行拘役的犯罪分子,应实行分管分押。

(四)享受一定的待遇

在执行期间,被判处拘役的犯罪分子每月可回家一至两天;参加劳动的,可酌量发给报酬。

三、有期徒刑

有期徒刑是剥夺犯罪分子一定期限的自由,强制劳动改造的刑罚方法。主要特点有:

(1)剥夺犯罪分子一定期限的自由。将犯罪分子关押在一定的改造场所,使其丧失人身自由。根据我国《刑法》第45条和第69条的规定,有期徒刑的刑期一般为6个月以上,15年以下。数罪并罚时,总和刑期不满35年的,最高不能超过20年,总和刑期在35年以上的,最高不能超过25年。有期徒刑的刑期从判决执行之日起计算,判决执行以前先行羁押的,羁押1日抵刑期1日。由于有期徒刑刑期弹性大,跨度长,可以对犯轻重不同的犯罪人适用,因而它也是我国适用面最广的刑罚。

(2)在监狱或者其他执行场所执行。有期徒刑的执行场所主要是监狱。剩余刑期在1年以下的,由看守所代为执行。对于未成年犯则在未成年犯管教所执行。

(3)凡有劳动能力的,强制参加劳动。通过劳动,接受教育改造。

四、无期徒刑

无期徒刑是剥夺罪犯终身自由,实行劳动改造的刑罚方法。被判处无期徒刑的犯罪分子除无劳动能力的外,均要参加劳动,接受教育改造。无期徒刑从语义上看,是剥夺犯罪分子终身自由,但实际上并非所有的犯罪分子都被关押终身。这是因为根据刑法的规定,对符合一定条件的无期徒刑犯罪分子,可以适用减刑和假释,甚至有可能被特赦释放,所以,被判处无期徒刑的罪犯有获得人身自由的可能性。但是根据《刑法》第383条第4款和第386条的规定,因犯贪污罪、受贿罪被判处死刑缓期执行的,人民法院根据犯罪情节等情况可以同时决定在其死刑缓期执行二年期满减为无期徒刑后,终身监禁,不得减刑、假释。这就意味着这部分犯罪人可能会失去获得减刑与假释的机会。

无期徒刑是较为严厉的刑罚,它只适用于罪行严重,但尚不够处死的犯罪分子。即便如此,对未成年人犯严重罪行的情况,也未必适用无期徒刑。根据最高人民法院《关于审理未成年人刑事案件具体应用法律若干问题的解释》(法释〔2006〕1号)第13条,未成年人犯罪只有罪行极其严重的，才可以适用无期徒刑。对已满14周岁不满16周岁的人犯罪的，一般不判处无期徒刑。

五、死 刑

（一）死刑的概念

死刑是剥夺犯罪分子生命的刑罚方法。它是最为严厉的刑罚方法，包括死刑立即执行和死刑缓期执行。作为一种古老的刑种，它存在的合理性一直受到怀疑。自18世纪的资产阶级启蒙思想家贝卡利亚提出废除死刑以来，关于死刑的存废之争已经持续了两个多世纪。主存论和主废论围绕死刑是否具有威慑性、死刑是否可以预防犯罪、死刑是否符合世界刑罚的发展方向等问题展开了激烈的争论。

目前世界上近三分之二的国家已废除死刑或不适用死刑。但是当前我国废除死刑的社会物质文化条件尚不具备，运用死刑惩罚极少数罪行极其严重的犯罪分子，仍然是保卫国家安全和人民利益、保障社会主义现代化建设顺利进行的必要手段，所以我国仍然保留了死刑。但“保留死刑，严格控制和慎重适用死刑”是我国的政策。这意味着对于罪行极其严重的犯罪分子，论罪应当判处死刑的，要坚决依法判处死刑，但要依法严格控制死刑的适用，统一死刑案件的裁判标准，确保死刑只适用于极少数罪行极其严重的犯罪分子。1997年《刑法》400多个罪名中，设置了68个死刑罪名。主要集中在危害国家安全罪、危害公共安全罪、侵犯公民人身权利罪、侵犯公民财产权利罪等章节中。总体来看，我国的死刑罪名较多。但是从司法实践看，有些罪名较少适用或基本未适用过死刑。另外根据我国现阶段经济社会发展的现实状况，适当取消一些经济性非暴力犯罪的死刑，不会给我国社会稳定大局和治安形势带来负面影响。因此，《刑法修正案（九）》在《刑法修正案（八）》取消13个死刑罪名的基础上，又取消了9个经济性犯罪非暴力犯罪的死刑。目前我国共有46个死刑罪名。

（二）适用死刑的限制性规定

1. 从适用对象上限制

《刑法》第48条第1款规定：“死刑只适用于罪行极其严重的犯罪分子。”这是从适用对象上限制死刑的适用。但是即使罪行严重，也未必都能被适用死刑，根据《刑法》第49条的规定，“犯罪的时候不满十八周岁的人和审判的时候怀孕的妇女，不适用死刑。审判的时候已满七十五周岁的人，不适用死刑，但以特别残忍手段致人死亡的除外。”这里的“不适用死刑”，指既不适用死刑立即执行，也不适用死刑缓期执行。对犯罪时不满18周岁的人不适用死刑，体现了对未成年人的体恤。对审判时怀孕的妇女，不能适用死刑，体现了人道主义的要求。即使在怀孕的妇女流产后也不能适用死刑。如甲女因抢劫杀人被逮捕，羁押期间不慎摔伤流产，一月后，甲被提起公诉，对甲仍应当视为“审判时怀孕的妇女”，不适用死刑。另根据最高人民法院《关于对怀孕妇女在羁押期间自然流产审判时是否可以适用死刑问题的批复》（法释〔1998〕18号），怀孕妇女因涉嫌犯罪在羁押期间自然流产后，又因同一事实被起诉、交付审判的，应当视为“审判的时候怀孕的妇女”，依法不适用死刑。此外，考虑到老年人的实际情况，对审判时已满75周岁的人，以不适用死刑为原则，但是以特别残忍手段致人死亡的除外。

2. 从适用程序上限制死刑

《刑法》第48条第2款规定:“死刑除依法由最高人民法院判决的以外,都应当报请最高人民法院核准。死刑缓期执行的,可以由高级人民法院判决或者核准。”该规定是从核准程序上限制死刑,也为保证死刑核准标准的统一性和严肃性提供了保障。为了打击严重刑事犯罪的需要,最高人民法院曾经将死刑案件的核准权下放给部分省、自治区、直辖市的高级人民法院行使。这种做法虽然减轻了最高人民法院的负担,但是却破坏了法律的统一性,也难以保证死刑案件的质量,更不利于保障犯罪人的基本人权。为解决这一问题,最高人民法院作出了关于统一行使死刑案件核准权有关问题的决定,规定自2007年1月1日起,所有死刑案件的核准权全部收回至最高人民法院统一行使。最高人民法院、最高人民检察院、公安部、国家安全部、司法部《关于办理死刑案件审查判断证据若干问题的规定》(法发〔2010〕20号),要求办理死刑案件,必须严格执行刑法和刑事诉讼法,切实做到事实清楚,证据确实、充分,程序合法,适用法律正确,确保案件质量。

3. 从死刑的执行制度上限制

《刑法》第48条第一款规定:“对于应当判处死刑的犯罪分子,如果不是必须立即执行的,可以判处死刑同时宣告缓期两年执行。”这就是死缓制度。死缓制度作为一种控制和减少死刑实际执行数量的措施而提出的,针对的是罪行相当严重,但还不至于必须立即执行的犯罪人。根据《刑法》第50条第1款的规定,针对犯罪分子在死缓期间的表现,被判处死缓的犯罪分子有三种不同的结果:①在死刑缓期执行期间,如果没有故意犯罪,二年期满以后,减为无期徒刑;②如果确有重大立功表现,二年期满以后,减为25年有期徒刑;③如果故意犯罪,情节恶劣的,报请最高人民法院核准后执行死刑。对于虽然故意犯罪,但因为未达“情节恶劣”而未被执行死刑的罪犯,死刑缓期执行的期间重新计算,并报最高人民法院备案。如孙某因犯抢劫罪被判处死刑,缓期两年执行,在死刑缓期执行期间,孙某在劳动时由于不服管理,违反规章制度,造成重大伤亡事故。此案中孙某在死缓执行期间的虽然有犯罪行为,但属于过失犯罪,故两年期满后仍应减为无期徒刑。可见,死缓是给犯罪分子留有活路和自新的机会,是从执行制度方面限制死刑的刑罚制度。

4. 死缓限制减刑制度

《刑法》第50条第2款规定:“对被判处死刑缓期执行的累犯以及因故意杀人、强奸、抢劫、绑架、放火、爆炸、投放危险物质或者有组织的暴力性犯罪被判处死刑缓期执行的犯罪分子,人民法院根据犯罪情节等情况可以同时决定对其限制减刑。”对于因民间矛盾引发的故意杀人案件,被告人犯罪手段残忍,且系累犯,论罪应当判处死刑,但被告人亲属主动协助公安机关将其抓捕归案,并积极赔偿的,人民法院根据案件具体情节,从尽量化解社会矛盾角度考虑,可以依法判处被告人死刑,缓期二年执行,同时决定限制减刑[①]。

第二节 附加刑

附加刑是补充主刑适用的刑罚方法。它的特点是既可独立适用,也可附加适用;一项犯

① 参见最高人民法院指导性案例第12号:李飞故意杀人案[(2011)黑刑三终字第63号]。

罪可判处几个附加刑；对一个罪犯，最终可以同时适用几个附加刑。附加刑包括罚金、剥夺政治权利、没收财产和驱逐出境。

一、罚 金

（一）概 念

罚金是人民法院判处罪犯向国家缴纳一定数额金钱的刑罚方法。

罚金主要适用于贪利型和财产型犯罪，同时也适用于少数妨害社会管理秩序的犯罪。对于追求经济利益的犯罪分子判处罚金，既可以剥夺犯罪分子继续犯罪的经济条件，也能对犯罪分子起到惩罚与教育的作用。

（二）罚金的适用方式

1. 选处罚金

即将罚金与有关主刑并列，供法院选择适用。此时罚金只能独立适用，不能附加适用。若选择了罚金，则不能再选择其他主刑。如《刑法》第313条规定："对人民法院的判决、裁定有能力执行而拒不执行，情节严重的，处三年以下有期徒刑、拘役或者罚金。"

2. 单处罚金

即对犯罪分子只能判处罚金，而不能判处其他刑罚，此时罚金是唯一的法定刑。单处罚金存在于以下两种情形：第一，《刑法》分则规定对单位犯罪判处刑罚的，都是对单位判处罚金，即对单位只能判处罚金，而不能判处其他刑罚。第二，根据最高人民法院《关于适用财产刑若干问题的规定》（法释〔2000〕45号），犯罪情节较轻，适用单处罚金不致再危害社会并具有下列情形之一的，可以依法单处罚金：①偶犯或者初犯；②自首或者有立功表现的；③犯罪时不满十八周岁的；④犯罪预备、中止或者未遂的；⑤被胁迫参加犯罪的；⑥全部退赃并有悔罪表现的；⑦其他可以依法单处罚金的情形。

3. 并处罚金

即在判处主刑的同时附加适用罚金，此时必须判处罚金。如《刑法》第263条规定："以暴力、胁迫或者其他方法抢劫公私财物的，处三年以上十年以下有期徒刑，并处罚金。"

4. 并处或单处罚金

即罚金既可附加主刑适用，也可以作为一种与主刑并列的刑种供选择适用。刑法当中并处或单处罚金的立法例较为常见。如《刑法》第176条规定："非法吸收公众存款或者变相吸收公众存款，扰乱金融秩序的，处三年以下有期徒刑或者拘役，并处或者单处二万元以上二十万元以下罚金……"据此，法院可以判处被告人3年以下有期徒刑或者拘役的同时附加适用罚金，也可以仅对其判处罚金，而不判处主刑。

（三）罚金数额的立法规定

1. 无限额罚金制

即只规定判处罚金，但不规定罚金范围和数额的罚金方法。刑法对单位犯罪判处罚金皆属于此种情形，对自然人犯罪也有大量只规定需判处罚金，而不规定罚金具体数额的立法例。如《刑法》第354条规定,容留他人吸毒的,处3年以下有期徒刑、拘役或者管制,并处罚金。虽然《刑法》没有规定具体的罚金数额,但并不等于罚金没有下限。根据最高人民法院《关于适用财产刑若干问题的规定》,罚金最低不少于1000元,对未成年人不少于500元。

2. 比例罚金制

即不规定具体的罚金数额,而是根据犯罪数额的一定比例确定罚金的数额。如《刑法》第158条规定:"申请公司登记使用虚假证明文件或者采取其他欺诈手段虚报注册资本,欺骗公司登记主管部门,取得公司登记,虚报注册资本数额巨大、后果严重或者有其他严重情节的,处三年以下有期徒刑或者拘役,并处或者单处虚报注册资本金额百分之一以上百分之五以下罚金。"

3. 倍数制

即不规定具体的罚金数额,而是根据犯罪数额的一定倍数确定罚金数额。如《刑法》第202条规定:"以暴力、威胁方法拒不缴纳税款的,处三年以下有期徒刑或者拘役,并处拒缴税款一倍以上五倍以下罚金……"

4. 比例兼倍数制

即不规定具体的罚金数额,而是根据犯罪数额的一定比例和倍数确定罚金的数额。如《刑法》第142条规定:"生产、销售劣药,对人体健康造成严重危害的,处三年以上十年以下有期徒刑,并处销售金额百分之五十以上二倍以下罚金"。

5. 特定数额罚金制

即明确规定罚金的数额范围。如《刑法》第172条规定:"明知是伪造的货币而持有、使用,数额较大的,处三年以下有期徒刑或者拘役,并处或者单处一万元以上十万元以下罚金"。

(四)罚金刑的执行

根据《刑法》第53条的规定,罚金在判决指定的期限内一次或者分期缴纳。期满不缴纳的,强制缴纳。对于不能全部缴纳罚金的,法院在任何时候发现被执行人有可以执行的财产,应当随时追缴。如果由于遭遇不能抗拒的灾祸等原因缴纳确实有困难的,经人民法院裁定,可以延期缴纳、酌情减少或者免除缴纳。

(五)对未成年人适用罚金刑的特殊规定

考虑到未成年人没有独立的经济来源,对其判处罚金会加重其监护人的负担,为此,有关司法解释对未成年人罚金作了从宽的规定。最高人民法院《关于审理未成年人刑事案件具体应用法律若干问题的解释》(法释〔2006〕1号)第15条规定,对未成年罪犯实施刑法规定的"并处"没收财产或者罚金的犯罪,应当依法判处相应的财产刑;对未成年罪犯实施刑法规定的"可以并处"没收财产或者罚金的犯罪,一般不判处财产刑。对未成年罪犯判处罚金刑时,应当依法从轻或者减轻判处。

二、剥夺政治权利

（一）剥夺政治权利的概念

指剥夺罪犯参加国家事务的管理和参加政治活动的权利。

（二）剥夺政治权利的内容

根据《刑法》第54条的规定，剥夺政治权利是指剥夺犯罪分子以下权利：①选举权和被选举权；②言论、出版、集会、结社、游行、示威的自由；③担任国家机关职务的权利；④担任国有公司、企业、事业单位和人民团体领导职务的权利。一旦罪犯被判处剥夺政治权利意味着上述权利全部被剥夺。

（三）剥夺政治权利的适用对象

剥夺政治权利既可以适用于严重犯罪，也可以适用较轻微的犯罪。根据《刑法》第56条和第57条的规定，剥夺政治权利的适用对象为：

①对于危害国家安全的犯罪分子应当附加剥夺政治权利；②对于被判处死刑、无期徒刑的犯罪分子，应当剥夺政治权利终身；③对于故意杀人、强奸、放火、爆炸、投放危险物质、抢劫等严重破坏社会秩序的犯罪分子，可以附加剥夺政治权利；④根据最高人民法院1998年1月13日发布的《关于对于故意伤害、盗窃等严重破坏社会秩序的犯罪分子能否附加剥夺政治权利问题的批复》，对故意伤害、盗窃等其他严重破坏社会秩序的犯罪，犯罪分子主观恶性较深，犯罪情节恶劣、罪行严重的，也可附加剥夺政治权利。

但应注意的是，根据最高人民法院《关于审理未成年人刑事案件具体应用法律若干问题的解释》（法释〔2006〕1号）第14条的规定，除刑法规定“应当”附加剥夺政治权利外，对未成年犯罪一般不判处附加剥夺政治权利。如果对未成年犯罪判处附加剥夺政治权利的，应当依法从轻判处。

（四）剥夺政治权利的期限

（1）单独适用或附加于拘役和有期徒刑适用时，剥夺政治权利的期限为1年以上5年以下。被判处有期徒刑、拘役附加剥夺政治权利的，剥夺政治权利的期限从主刑执行完毕之日或者从假释之日起计算，附加剥夺政治权利的效力当然施用于主刑执行期间。如甲因犯罪被判处有期徒刑3年，附加剥夺政治权利1年，甲实际上不享有政治权利的时间为4年。

（2）判处管制附加剥夺政治权利的，剥夺政治权利的期限与管制的期限相等，同时执行。

（3）对于被判处死刑、无期徒刑的犯罪分子，应当剥夺政治权利终身。

（4）在死缓减为有期徒刑或者无期徒刑减为有期徒刑的时候，应当将剥夺政治权利的期限改为3年以上10年以下。

（五）剥夺政治权利的执行机关

剥夺政治权利由公安机关执行。根据《刑法》第58条的规定，被剥夺政治权利的犯罪分子，在执行期间，应当遵守法律、行政法规和国务院公安部门有关监督管理规定，服从监督，不得行使《刑法》第54条规定的各项权利。

三、没收财产

（一）没收财产的概念

没收财产指没收犯罪分子所有财产的一部或者全部，强制无偿收归国家所有的刑罚方法。

（二）没收财产的范围

根据《刑法》第59条的规定，在判处没收财产的时候，不得没收属于犯罪分子家属所有或者应有的财产。没收全部财产时，应当为犯罪者个人和其所抚养的家属保留必需的生活费用。没收财产以前犯罪分子所负的正当债务，需要以没收的财产偿还的，经债权人请求，应当返还。

（三）没收财产的适用方式

根据《刑法》分则的规定，没收财产的适用方式有如下几种。

1．与罚金选择并处

即将没收财产与罚金作为选择性的两种附加刑供附加主刑适用，审判人员可以选择没收财产也可以选择罚金附加于主刑适用，但二者必须选择其一。如《刑法》第267条规定："抢夺公私财物……数额特别巨大或者有其他特别严重情节的，处十年以上有期徒刑或者无期徒刑，并处罚金或者没收财产。"

2．并处没收财产

即没收财产必须附加主刑适用，审判人员没有取舍的余地。如根据《刑法》第383条的规定，贪污数额特别巨大，并使国家和人民利益遭受特别重大损失的，处无期徒刑或者死刑，并处没收财产。

3．可以并处没收财产

即没收财产可以附加于主刑适用，也可以不附加于主刑适用。具体由审判人员决定酌情决定。如《刑法》第271条规定："公司、企业或者其他单位的人员，利用职务上的便利，将本单位财物非法占为己有……数额巨大的，处五年以上有期徒刑，可以并处没收财产。"

没收财产是刑罚种类。它与追缴违法所得、没收违禁品和供犯罪所用的本人财物不能混淆。《刑法》第64条规定："犯罪分子违法所得的一切财物，应当予以追缴或者责令退赔；对被害人的合法财产，应当及时返还；违禁品和供犯罪所用的本人财物，应当予以没收。"犯罪分子犯罪所得财物本来就属于国家或者他人，理应予以追缴；犯罪所涉及的违禁品是法律禁止个人非法所有的物品，当然应予以没收。而没收财产中的"财产"是犯罪人的合法财产。没收财产刑的实质，乃是剥夺犯罪人私有财产权的刑罚。

四、驱逐出境

驱逐出境是强制犯罪的外国人离开中国国（边）境的刑罚方法。《刑法》第35条规定："对于犯罪的外国人，可以独立适用或者附加适用驱逐出境。"据此可知，驱逐出境具有附加刑的特点，但是该项刑罚只适用非中华人民共和国公民。

五种主刑和四种附加刑构成了我国的刑罚体系。通过《刑法》规定刑罚的种类是罪刑法定的要求，是刑之明确化的体现。

第十七章　刑罚的裁量

刑罚因犯罪而产生，但刑罚必须经人民法院的裁量才能适用于具体的犯罪主体，因而刑罚裁量是实现犯罪主体刑事责任，确定犯罪主体刑罚必不可少的环节。

第一节　刑罚的裁量概述

裁量刑罚是人民法院的专门性活动，掌握刑罚裁量的概念、原则和情节有助于对其形成正确认识。

一、刑罚裁量的概念

刑罚的裁量简称量刑，指人民法院根据行为人所犯罪行及其刑事责任的轻重，在定罪的基础上，依照刑法规定决定对犯罪行为人是否适用刑罚，判处何种刑罚的一种审判活动。

量刑对贯彻刑法基本原则和实现刑法的任务具有极其重要的意义。量刑的过程就是对犯罪分子落实刑事责任的过程；适当量刑是正确行刑的前提；正确量刑也有助于维护公民的合法权益和社会的安定。

二、量刑原则

根据《刑法》第5条的规定，刑罚的轻重应当与犯罪分子所犯罪行和承担的刑事责任相适应。《刑法》第61条也规定："对于犯罪分子决定刑罚的时候，应当根据犯罪的事实、犯罪的性质、情节和对于社会的危害程度，依照刑法的有关规定判处。"据此可将量刑原则概括为：以事实为依据，以法律为准绳。

（一）量刑必须以事实为根据

根据《刑法》第61条的规定，以事实为依据中的"事实"包括犯罪的事实、犯罪的性质、情节和对于社会的危害程度。犯罪事实指发生在犯罪实施过程中表明行为社会危害性及其程度的一切主客观事实情况的总和[①]。包括犯罪构成事实和非犯罪构成事实。犯罪构成事实如犯罪的行为、结果等，非犯罪构成事实如犯罪时间、地点、对象、手段、犯罪目的、动机等。犯罪的性质指犯罪行为的法律性质，即某一危害社会行为的犯罪属性，表现为行为人构成何种罪名。犯罪情节是能够反映犯罪行为的社会危害性程度或者行为人主观恶性的各种事实情况。犯罪的社会危害性是指犯罪行为对社会造成或者可能造成的损害程度，对社会的危害程度是裁量刑罚的主要依据。

---

①赵秉志：《当代刑法学》，中国政法大学出版社2009年版，第345页。

(二)量刑必须以刑法为准绳

以法律为准绳，这是社会主义法治的必然要求，也是罪刑法定的具体体现。以刑法为准绳要求司法机关在裁量刑罚时必须严格依照刑法规定的法定刑，对犯罪分子正确运用刑罚的种类，同时必须遵照各种法定量刑情节和量刑制度对犯罪分子适用刑罚。

三、量刑情节

(一)概念

量刑情节指犯罪构成事实之外的、对犯罪的社会危害程度和犯罪人的人身危险性具有影响作用的、人民法院在对犯罪人量刑时需要考虑的各种事实情况。[①]它是落实刑事责任和实现刑罚个别化的根据。量刑情节是一个多层次的复杂系统，根据不同的标准，可作不同的分类。

1. 法定量刑情节和酌定量刑情节

这是以量刑情节是否由刑法明文规定为标准进行的分类。法定量刑情节是刑法明文规定在量刑时应当或可以考虑的情节，如未满18周岁的人犯罪，应当从轻或减轻处罚；又聋又哑的人犯罪，可以从轻、减轻或免除处罚；教唆不满18周岁的人犯罪的，应当从重处罚等。我国刑法总则中共规定了20多个量刑情节，刑法分则也有针对特定犯罪的量刑情节。如奸淫不满14周岁的幼女的，以强奸论，从重处罚。行贿人在被追诉前主动交代行贿行为的，可以从轻或者减轻处罚。其中，犯罪较轻的，对侦破重大案件起关键作用的，或者有重大立功表现的，可以减轻或者免除处罚。酌定量刑情节指刑法未作明文规定而由司法机关和理论工作者根据刑事立法精神和有关刑事政策结合司法实践总结出来的，由审判机关在量刑时灵活掌握，酌情适用的情节，如认罪态度、一贯表现、悔罪表现等。

2. 从宽情节和从严情节

这是依据量刑情节对于刑罚裁量起作用的结果为标准所作的分类。从宽情节指对犯罪人的量刑产生减轻刑事责任，适当降低应判刑罚结果的情节，包括从轻处罚情节、减轻处罚情节和免除处罚情节。从严处罚情节指对犯罪人的量刑产生加重刑事责任，适当增加应判刑罚结果的情节。我国刑法规定的从严处罚情节只有从重处罚。

(1)从轻处罚。根据《刑法》第62条的规定，从轻处罚指在法定刑的范围内，对犯罪分子适用相对较轻的刑种或者相对较短的刑期。

(2)减轻处罚。指在法定刑以下判处刑罚。根据《刑法》第63条第1款的规定，当刑法规定有数个量刑幅度的，应当在法定量刑幅度的下一个量刑幅度内判处刑罚。减轻处罚分为法定的减轻处罚情节和酌情的减轻处罚情节。法定的减轻处罚情节如从犯、胁从犯、自首、立功等。酌定减轻量刑情节的法律依据是《刑法》第63第2款，即犯罪分子虽然不具有刑法规定的减轻处罚情节，但是根据案件的特殊情况，经最高人民法院核准，也可以在法定刑以下判处刑罚。

---

①高铭暄、马克昌:《刑法学》(第七版)，北京大学出版社.高等教育出版社2016年版，第254页。

(3)免除刑事处罚。指对犯罪分子作有罪宣告,同时免除其刑罚处罚。如对于中止犯,没有造成损害的,应当免除处罚。

(4)从重处罚。指在法定刑范围内,对犯罪分子适用相对较重的刑种或者相对较长的刑期。要注意的是"从重处罚"并不意味着在法定刑"中间线"以上判处刑罚,也不是一律判处法定最高刑,而是相对于既没有从重处罚情节又没有从轻处罚情节的一般情况下所应判处的刑罚而言,即比没有上述情节时所应判处的刑罚相对重一些。法定的从重情节在总则和分则中都有设置。总则中第29条第1款规定,教唆不满18周岁的人犯罪的,应当从重处罚;第65条第1款规定,累犯应当从重处罚。在分则中则设置了大量从重处罚的情节,如掌握国家秘密的国家工作人员犯叛逃罪的、司法工作人员滥用职权犯非法搜查罪或非法侵入住宅罪的、冒充国家工作人员招摇撞骗的等等。

3. 命令性量刑情节和授权性量刑情节

这是从规范的命令性或者授权性角度所作的分类。命令性量刑情节也称"应当"型量刑情节,它是由刑法明文规定的,在量刑时必须予以适用的情节。其特点是:刑法已经对这种量刑情节做了硬性规定,法官不能任意选择。如防卫过当的,应当减轻或者免除处罚。授权性量刑情节也称"可以"型量刑情节,它是由刑法明文规定,在量刑时根据案件具体情况,酌情决定是否适用的情节。如被教唆的人没有犯被教唆的罪,对于教唆犯,可以从轻或者减轻处罚。

第二节 累 犯

相对于初犯而言,累犯具有更加严重的社会危害性,将累犯作为一项量刑情节是世界各国较为普遍的做法,我国也不例外。

一、累犯的概念

累犯指因犯罪已经受过一定的刑罚处罚,刑罚执行完毕或者赦免以后,在法定期限内又犯一定之罪的犯罪人。

累犯不同于再犯,再犯是指两次或者两次以上实施犯罪的人,无需考虑多次犯罪之间的时间间隔与前后罪的犯罪类型以及所受的刑罚种类。但累犯的成立需要考虑相关条件是否具备。

二、累犯种类及其成立条件

根据我国《刑法》第65条和第66条的规定,累犯分为一般累犯和特殊累犯。

(一)一般累犯

《刑法》第65条第1款规定,"被判处有期徒刑以上刑罚的犯罪分子,刑罚执行完毕或者赦免以后,在五年以内再犯应当判处有期徒刑以上刑罚之罪的,是累犯,应当从重处罚,但是过失犯罪和不满十八周岁的人犯罪的除外。"这是关于一般累犯的规定,据此,一般累犯成立的条件有如下几方面。

1．前后罪都必须是故意犯罪

由于过失犯罪的罪过较轻，其再次犯罪的可能性较小，因此没有必要为过失犯罪设立累犯制度。如甲因故意伤害罪被判7年有期徒刑，2013年8月29日刑满释放，甲于2015年8月25日犯交通肇事罪，甲不构成累犯。

2. 前罪被判处有期徒刑以上刑罚，后罪应当被判处有期徒刑以上刑罚

当前罪被判处拘役、管制或者后罪应当被判拘役、管制时，不成立累犯。这一条件表明，前后罪都是较为严重的犯罪时，才成立累犯。

3. 后罪发生在前罪刑罚执行完毕或者赦免以后5年以内

5年期限从刑罚执行完毕或者赦免之日起计算。对于被假释的犯罪分子，从假释考验期满之日起计算。这是累犯成立的时间间隔条件，如果后罪在前罪刑罚执行完毕或者赦免5年后发生，则不再以累犯论处。如乙因盗窃罪被判3年有期徒刑，2009年3月25日刑满释放，2015年3月27日因犯诈骗罪被判有期徒刑4年，乙不构成累犯。这里的刑罚执行完毕是指主刑执行完毕，附加刑是否执行完毕不影响累犯的成立。

根据后罪必须是在前罪刑罚执行完毕或者赦免以后5年内发生的要求，如果前罪是被免予刑罚处罚，或者前罪被宣告缓刑的，都不成立累犯。因为免予刑罚处罚不存在刑罚执行完毕的问题。缓刑属于刑罚裁量制度，缓刑考验期满并不意味着刑罚执行完毕，只是刑罚附条件的不再执行，没有满足《刑法》要求的“刑罚执行完毕”这一要求，所以缓刑考验期满后再次犯罪的，不属于累犯。如张某犯故意伤害罪被判处有期徒刑3年，缓刑3年，缓刑期满后的第3年又犯盗窃罪，被判处有期徒刑10年，张某并不属于累犯。

4. 除外条件

不满18周岁的人犯罪的不成立累犯。根据《刑法》第65条第1款的规定，不满18周岁的人犯罪，尽管符合前述三个条件，也不构成累犯。这就意味着未成年时期的犯罪不纳入累犯考虑。

（二）特殊累犯

《刑法》第66条规定：“危害国家安全犯罪、恐怖活动犯罪、黑社会性质的组织犯罪的犯罪分子，在刑罚执行完毕或者赦免以后，在任何时候再犯上述任一类罪的，都以累犯论处。”这是关于特殊累犯的规定，据此，特殊累犯的构成条件如下。

1．前罪和后罪都是危害国家安全犯罪、恐怖活动犯罪、黑社会性质的组织犯罪

“危害国家安全罪”“恐怖活动犯罪”“黑社会性质的组织犯罪”都是类罪名，如“危害国家安全罪”包含了十几种危害国家安全的犯罪行为。只要行为人所犯的前罪与后罪均属于上述三类罪，即可能构成累犯。如，甲犯恐怖活动犯罪被判处有期徒刑4年，刑罚执行完毕后的第12年又犯黑社会性质的组织犯罪的，成立累犯。但如果前罪或者后罪中有一种不属于上述三类罪，则不能成立特殊累犯。如乙犯危害国家安全罪被判处5年有期徒刑，刑满释放后第6年又犯故意杀人罪，甲不成立累犯。

2．必须是前罪刑罚执行完毕或者赦免以后再次犯罪

至于前罪所判处的刑罚种类，后罪应当判处何种刑罚以及前罪和后罪之间的时间间隔，均不影响特殊累犯的成立。如乙犯叛逃罪被判处管制2年，管制期满后20年又犯为境外刺探

国家秘密罪,被判处拘役6个月,此时丁仍然构成累犯。

三、累犯的刑事责任

根据我国《刑法》第65条第1款的规定,对累犯应当从重处罚。即采取必须从重处罚的原则,确定其刑事责任。这是因为累犯在短期内再次故意犯罪,虽经改造,但悔改表现不明显,因而应当从重处罚。

第三节 自首和立功

自首和立功是当今世界各国刑事立法中普遍采用的量刑制度之一。自首和立功有利于鼓励犯罪嫌疑人主动认罪,改过自新,减少司法机关的办案难度,对提高破案率具有积极的意义。

一、自 首

根据自首的成立条件、适用对象的不同,可以对自首分类研究。

(一)自首的种类

根据我国刑法规定,自首包括两类,即一般自首和准自首。此外,有学者认为在刑法分则中,对非国家工作人员行贿罪、行贿罪和介绍贿赂罪中也包含了自首的规定,并将其称为特别自首。

1. 一般自首的成立条件

一般自首也称为普通自首。《刑法》第67条第1款规定:"犯罪后自动投案,如实供述自己的罪行的,是自首。"根据该规定,一般自首的成立条件如下:

(1)犯罪后自动投案。自动投案是自首成立的前提条件,体现了犯罪嫌疑人投案的主动性和自愿性。根据最高人民法院《关于处理自首和立功具体应用法律若干问题的解释》(法释〔1998〕8号,以下称《解释》),"自动投案"是指犯罪事实或者犯罪嫌疑人未被司法机关发觉,或者虽被发觉,但犯罪嫌疑人尚未受到讯问、未被采取强制措施时,主动、直接向公安机关、人民检察院或者人民法院投案。为了鼓励犯罪嫌疑人自动投案,该《解释》还将犯罪后逃跑,在被通缉、追捕过程中,主动投案的;公安机关通知犯罪嫌疑人亲友,或者亲友主动报案后,将犯罪嫌疑人送去投案等情形视为"自动投案"。《最高人民法院关于处理自首和立功若干具体问题的意见》(法发〔2010〕60号,以下简称《意见》),进一步放宽了"自动投案"的条件。将犯罪后主动报案,虽未表明自己是作案人,但没有逃离现场,在司法机关询问时交代自己罪行的;明知他人报案而在现场等待,抓捕时无拒捕行为,供认犯罪事实的等情形也作为"自动投案"。

(2)如实供述自己的罪行。指犯罪嫌疑人自动投案后,如实交代自己的主要犯罪事实。"如实供述"是自首成立的核心条件。根据上述《解释》和《意见》,所谓"如实供述",是指犯罪嫌疑人自动投案后,如实交代自己的主要犯罪事实。虽然投案后没有交代全部犯罪事实,但如实交代的犯罪情节重于未交代的犯罪情节,或者如实交代的犯罪数额多于未交代的犯罪数额,一般也应认定为“如实供述”自己的主要犯罪事实。如甲自动投案后,如实交代自己的杀人行为,但拒绝说明凶器藏匿地点的,仍可成立自首。相反,如果隐瞒主要犯罪事实,避重就轻,或者大包大揽,掩护同伙,均不能认定为自首。

对于共同犯罪分子,其自首的成立条件更加严格。根据上述《解释》的规定,共同犯罪案件中的犯罪嫌疑人,除如实供述自己的罪行,还应当供述所知的同案犯,主犯则应当供述所知其他同案犯的共同犯罪事实,才能认定为自首。如甲和乙共同贪污之后,甲主动到检察机关交代自己的贪污事实,但未提及乙,此时甲并不能成立自首。

自动投案和如实供述罪行是自首成立的条件,它表明行为人主动将自己置于司法机关的控制之下,并等待随时配合调查,交代罪行。如果犯罪嫌疑人只是交代了自己的罪行,但不愿接受司法机关的调查,或者逃之夭夭,则不成立自首。如甲挪用公款后主动向单位领导承认了全部犯罪事实,并请求单位领导不要将自己移送司法机关,甲不成立自首。

2. 准自首成立的条件

《刑法》第67条第2款规定:“被采取强制措施的犯罪嫌疑人、被告人和正在服刑的罪犯,如实供述司法机关还未掌握的本人其他罪行的,以自首论”。可见准自首的其成立不以“自动投案”为条件,但准自首只适用于特定的主体,且供述的应是司法机关还未掌握的本人其他罪行。根据最高人民法院上述《解释》,该罪行应是与司法机关已掌握的或者判决确定的罪行属不同种罪行(一般应以罪名区分)。如果如实供述的是与司法机关已掌握的或者判决确定的罪行属同种罪行的,可以酌情从轻处罚;如实供述的同种罪行较重的,一般应当从轻处罚。

3. 特别自首的成立条件

根据《刑法》第164条第4款、第390条第2款、第383条第3款、第392条第2款的规定,特别自首是指犯对非国家工作人员行贿罪、行贿罪、贪污罪、受贿罪、介绍贿赂罪的人员,在被追诉前主动交代行贿行为、贪污、受贿行为或者介绍贿赂行为的情形。特别自首的主体是特定的犯罪人,在该行为被追诉前或者在提起公诉前,行为人必须主动如实交代自己的犯罪事实。符合上述条件的可以获得从宽处罚。

(二)自首犯的刑事责任

根据《刑法》第67条第1款的规定,针对自首的犯罪分子,可以从轻或者减轻处罚。其中,犯罪较轻的,可以免除处罚。

(三)自首与坦白

“坦白”是指犯罪分子被动归案后如实交代自己罪行的行为。自首与坦白都是在犯罪后交代自己的犯罪事实,但二者有着明显的区别。

(1)自首是犯罪分子自动投案,坦白则是犯罪分子被动归案。

(2)自首犯交代的可以是未被发觉的罪行,也可以是已被发觉的罪行;坦白犯所交代的只限于已被发觉、被指控的罪行。

(3)对于自首的犯罪分子,可以从轻或者减轻处罚,其中,犯罪较轻的,可以免除处罚。对坦白的,可以从轻处罚,因其如实供述自己罪行,避免特别严重后果发生的,可以减轻处罚。

(四)职务犯罪自首的认定

为了鼓励职务犯罪分子积极交代自己的罪行,2009年3月29日最高人民法院、最高人民检察院出台了《关于办理职务犯罪案件认定自首、立功等量刑情节若干问题的意见》,进一步放宽了自首的条件。其中规定:没有自动投案,但具有以下情形之一的,以自首论:①犯罪分子如实交代办案机关未掌握的罪行,与办案机关已掌握的罪行属不同种罪行的;②办案机关所掌握线索针对的犯罪事实不成立,在此范围外犯罪分子交代同种罪行的。

二、立　功

根据《刑法》第68条的规定,立功分为一般立功和重大立功。

(一)一般立功的概念

一般立功指犯罪分子有揭发他人犯罪行为,查证属实,或者提供重要线索,从而得以侦破其他案件等情节。前述最高人民法院出台的《解释》将立功的范围进一步扩大化和具体化。根据该《解释》,立功包括下列情形:犯罪分子到案后有检举、揭发他人犯罪行为,包括共同犯罪案件中的犯罪分子揭发同案犯共同犯罪以外的其他犯罪的,经查证属实;提供侦破其他案件的重要线索,经查证属实;阻止他人犯罪活动;协助司法机关抓捕其他犯罪嫌疑人(包括同案犯);具有其他有利于国家和社会的突出表现的。前述最高人民法院《意见》对“立功线索来源的具体认定”以及“协助抓捕其他犯罪嫌疑人”等问题作了明确的规定。

(二)重大立功的概念

根据前述《解释》,“重大立功”指犯罪分子有检举、揭发他人重大犯罪行为,经查证属实;提供侦破其他重大案件的重要线索,经查证属实;阻止他人重大犯罪活动;协助司法机关抓捕其他重大犯罪嫌疑人(包括同案犯);对国家和社会有其他重大贡献等表现的。

所谓“重大犯罪”“重大案件”“重大犯罪嫌疑人”的标准,一般是指犯罪嫌疑人、被告人可能被判处无期徒刑以上刑罚或者案件在本省、自治区、直辖市或者全国范围内有较大影响等情形。

关于职务犯罪的立功,相关司法解释也进行了规范。《关于办理职务犯罪案件认定自首、立功等量刑情节若干问题的意见》规定:据以立功的线索、材料来源有下列情形之一的,不能认定为立功:①本人通过非法手段或者非法途径获取的;②本人因原担任的查禁犯罪等职务获取的;③他人违反监管规定向犯罪分子提供的;④负有查禁犯罪活动职责的国家机关工作人员或者其他国家工作人员利用职务便利提供的。

(三)立功犯的刑事责任

根据《刑法》第68条的规定,对立功的可以从轻或者减轻处罚;有重大立功表现的,可以减轻或者免除处罚。

（四）自首与立功的区别

如实供述本人的罪行是自首的条件之一；检举、揭发他人的犯罪行为是立功的表现之一。

共同犯罪案件中的犯罪嫌疑人，除如实供述自己的罪行，还应当供述所知的同案犯，主犯则应当供述所知其他同案犯的共同犯罪事实，才能认定为自首。共同犯罪中的立功要求犯罪分子揭发同案犯共同犯罪以外的其他犯罪的，如果协助司法机关抓捕同案犯也认定为立功。

在一人犯有一罪的场合，自首与立功可以集于一身，但在一人犯数罪的场合，自首与立功的效力可能及于不同的罪行。如甲和乙共同入户抢劫并致人死亡后分头逃跑，后甲因犯强奸罪被抓获归案，在羁押期间，甲向公安人员供述了自己和乙共同所犯的抢劫罪行，并提供了乙因犯故意伤害罪被关押在另一城市的看守所的有关情况，使乙所犯的抢劫罪受到刑事追究。此案中甲属于已经被采取强制措施的犯罪嫌疑人，由于其交代了司法机关尚未掌握的本人抢劫犯罪，因而对其抢劫罪应认定为准自首。同时，甲揭发了乙的犯罪行为，提供了线索协助使乙所犯的抢劫罪受到刑事追究，由于其所揭发的乙“入户抢劫并致人死亡”，属重大犯罪，所以对甲的强奸罪应认定为有重大立功表现。

第四节　数罪并罚

数罪并罚制度是贯彻罪责刑相适应原则的具体体现，它解决了同一主体犯有数罪时刑罚的裁量与适用问题。

一、数罪并罚的概念

数罪并罚指人民法院对一人所犯数罪分别定罪量刑，根据法定的并罚原则决定应当执行的刑罚的制度。数罪并罚的实质在于按照一定的原则，解决行为人所犯数罪的各个宣告刑与执行刑之间的关系。

二、数罪并罚的原则

数罪并罚的原则即指对一人所犯数罪合并处罚所依据的原则。综观世界各国，数罪并罚采取的原则主要有四种。

（一）并科原则

也称相加原则，指将一人所犯数罪分别宣告的刑罚相加，合并执行的处罚原则。该原则要求对犯罪分子所犯所有罪行都实际地进行处罚，强调刑罚的威慑功能，但按照该处罚原则处理数罪对犯罪人过于严厉，而且当数罪中有死刑或无期徒刑时，与其他主刑并科难以实现。

(二)吸收原则

指对一人所犯数罪采用重罪之刑吸收轻罪之刑的合并处罚原则。吸收原则对于数刑中有死刑或无期徒刑时较为适宜,便利,但当数刑为有期自由刑或财产刑时,如采用吸收原则有重罪轻罚之嫌疑。

(三)限制加重原则

指以一人所犯数罪中法定应当判处的最高刑罚为基础,再在一定限度之内对其予以加重作为执行刑罚的合并执行原则。限制加重原则克服了上述两种原则的弊端,较为灵活和合理,但当数刑中最高刑为死刑或无期徒刑时,由于没有确定的刑期作为基础,使限制加重无法实现。

(四)混合原则

指以某一并罚原则为主,兼采其他原则。由于并科原则、吸收原则、限制加重原则各有缺陷,为了避免单一的数罪并罚原则带来的问题,大多数国家都采用混合原则。

三、我国数罪并罚的立法规定

根据我国《刑法》第69条的规定:"判决宣告以前一人犯数罪的,除判处死刑和无期徒刑的以外,应当在总和刑期以下、数刑中最高刑期以上,酌情决定执行的刑期,但是管制最高不能超过三年,拘役最高不能超过一年,有期徒刑最高不能超过二十年,总和刑期在三十五年以上的,最高不能超过二十五年。""数罪中有判处有期徒刑和拘役的,执行有期徒刑。数罪中有判处有期徒刑和管制,或者拘役和管制的,有期徒刑、拘役执行完毕后,管制仍须执行。"

"如果数罪中有判处附加刑的,附加刑仍须执行。"由此可见,我国数罪并罚制度采取的是综合原则。具体情况如下。

(1)判决宣告数个刑罚中,最高刑为死刑或者无期徒刑时,采用吸收原则,只执行死刑或者无期徒刑,其他主刑不再执行。数罪中有判处有期徒刑和拘役的,只执行有期徒刑,拘役不再执行。

(2)判决宣告的数个主刑为数个有期徒刑、数个拘役或者数个管制时,采取限制加重原则,即对数罪分别判刑后,在其中最重的一个刑罚之上,在总和刑期以下,选择确定执行的刑罚,并规定刑期的最高限度。有期徒刑总和刑期不满35年的,最高不能超过20年,总和刑期在35年以上的,最高不能超过25年。拘役最高不能超过1年,管制最高不能超过3年。

(3)数罪中有判处有期徒刑和管制,或者拘役和管制的,在有期徒刑、拘役执行完毕后,执行管制。这是主刑之间的并科。数刑中有主刑和附加刑的,同样采取并科原则,附加刑不能被主刑吸收,仍须执行。

(4)附加刑的并科。根据《刑法》第69条第3款的规定,附加刑种类相同的,合并执行,种类不同的,分别执行。

四、数罪并罚的特殊情况

我国《刑法》第69条规定的是判决前一人犯数罪时的并罚情况，但是对于判决宣告后，刑罚执行完毕前发现犯罪人在判决宣告以前还有其他罪未判决的，或者罪犯在刑罚执行期间再次犯罪的情况则要依据《刑法》第70条和第71条处理。

（一）判决宣告后，刑罚执行完毕前，发现犯罪分子漏罪的并罚

《刑法》第70条规定："判决宣告以后，刑罚执行完毕以前，发现被判刑的犯罪分子在判决宣告以前还有其他罪没有判决的，应当对新发现的罪作出判决，把前后两个判决所判处的刑罚，依照刑法第六十九条的规定，决定执行的刑罚，已经执行的刑期，应当计算在新判决决定的刑期以内。"这就意味着此时要将前罪所判处的刑罚与新发现的罪所判处的刑罚按照《刑法》第69条相应的并罚原则，决定执行的刑罚。如果后罪为死刑或者无期徒刑的，采用吸收原则。如果都是有期自由刑的，按照限制加重原则进行处理，但要注意已经执行的刑期，应当计算在新判决决定的刑期以内，也称"先并后减"。如果有附加刑的，采取并科原则，附加刑仍须执行。如王某因贪污罪被判处有期徒刑7年，判决交付执行2个月后，又发现王某在判决以前还强奸过一名妇女，人民法院以强奸罪判处王某有期徒刑6年。此时应将6年有期徒刑与贪污罪所判决宣告的有期徒刑7年实行并罚，其总和刑是13年，数刑中最高刑是7年，假如决定执行有期徒刑10年，但由于王某已经执行了2个月的有期徒刑，所以应当在其中减去已执行的两个月，所以王某实际还要执行9年10个月的刑期。

（二）判决宣告后，刑罚执行完毕前，犯罪分子又犯新罪的并罚

《刑法》第71条规定："判决宣告以后，刑罚执行完毕以前，被判刑的犯罪分子又犯罪的，应当对新犯的罪作出判决，把前罪没有执行的刑罚和后罪所判处的刑罚，依照本法第六十九条的规定，决定执行的刑罚。"这条规定意味着犯罪分子在刑罚执行期间犯新罪时，应对新犯的罪作出判决，然后将前罪没有执行的刑罚和新罪所判处的刑罚，依照《刑法》第69条规定的原则决定执行的刑罚。正因为如此，这条原则也被称为"先减后并"。如张某因犯抢劫罪于2011年9月5日被法院判处有期徒刑10年，刑期自2011年3月21日起开始计算。2014年3月22日，张某在劳改中趁机脱逃，脱逃后张某又继续抢劫作案，同年4月21日张某被捕押回监狱。人民法院对张某以脱逃罪判处有期徒刑3年，以抢劫罪判处有期徒刑9年，并与原判刑罚尚未执行的部分即7年有期徒刑实行并罚，决定执行有期徒刑18年。

第五节 缓 刑

缓刑始于美国，现在已经为世界各国广泛采用。各国规定的缓刑有暂缓起诉、暂缓宣告和刑罚的暂缓执行三种。在我国，缓刑指的是刑罚的暂缓执行。

一、缓刑的概念

缓刑是对被判处较轻刑罚的犯罪分子，在确认对其不执行刑罚也不至再危害社会时，暂

缓执行其刑罚,在判决确定的期限之内,如果没有出现法定事由,原判刑罚就不再执行的制度。

设立缓刑制度的意义在于它能够防止罪犯在监狱中执行刑罚的“交叉感染”,同时能够避免罪犯出狱后的社会适应困难,也有利于减少行刑成本。正因为如此,缓刑颇受世界各国的欢迎。

二、缓刑的特点

(1)缓刑不是刑种,而是刑罚具体运用的一种制度,是刑罚裁量制度的基本内容之一。缓刑依附于监禁刑,缓刑是附条件地不执行监禁刑,但在一定时间内保留执行监禁刑的可能性。

(2)缓刑对犯罪人具有选择性,一般而言,缓刑都是适用于犯罪情节较轻,主观恶性和人身危险性较小,有积极悔改表现的犯罪分子。

(3)对缓刑犯实行人身监督。缓刑并非放任自流,世界各国都规定了对缓刑犯的监督制度。

(4)缓刑可以被撤销。在一定的缓刑考验期内,如果出现了法定的撤销事由,缓刑可以被撤销,执行原判监禁刑。

三、我国的缓刑制度

我国的缓刑可以分为一般缓刑和战时缓刑。

(一)一般缓刑

《刑法》第72条第1款规定:对于被判处拘役、三年以下有期徒刑的犯罪分子,同时符合犯罪情节较轻、有悔罪表现、没有再犯罪的危险、宣告缓刑对所居住社区没有重大不良影响条件的,可以宣告缓刑。对其中不满18周岁的人、怀孕的妇女和已满75周岁的人,应当宣告缓刑。据此可见,我国一般缓刑需要具备一定的条件。

1. 一般缓刑的适用条件

①缓刑针对的是被判处拘役和3年以下有期徒刑的罪犯;②犯罪情节较轻;③有悔罪表现;④没有再犯罪的危险;⑤宣告缓刑对所居住社区没有重大不良影响。对同时符合上述条件的犯罪分子,可以宣告缓刑,但对其中不满18周岁的人、怀孕的妇女和已满75周岁的人,应当宣告缓刑。但是考虑到累犯和犯罪集团首要分子的人身危险性较大,适用缓刑可能会对社会造成新的危害,因而,《刑法》第74条规定:“对于累犯和犯罪集团的首要分子,不适用缓刑。”

根据《最高人民法院关于审理未成年人刑事案件具体应用法律若干问题的解释》第16条:对未成年罪犯符合刑法第72条第1款规定的,可以宣告缓刑。如果同时具有下列情形之一,对其适用缓刑确实不致再危害社会的,应当宣告缓刑:①初次犯罪;②积极退赃或赔偿被害人经济损失;③具备监护、帮教条件。

另外,根据《刑法》第72条第3款的规定,被宣告缓刑的犯罪分子,如果被判处附加刑的,附加刑仍须执行。可见,缓刑针对的是主刑,附加刑不能缓刑。

2. 缓刑的考验期限与考察

缓刑的考验期限是指对被宣告缓刑的犯罪人进行考察的一定时段,也就是对其进行监督的期限。根据《刑法》第73条第2款和第3款的规定,拘役的缓刑考验期限为原判刑期以上1年以下,但是不能少于2个月。有期徒刑的缓刑考验期限为原判刑期以上5年以下,但是不能少于1年。对宣告缓刑的犯罪分子,在缓刑考验期限内,实行社区矫正,由社区矫正机构进行考察。根据《刑法》第75条的规定,考察缓刑犯的范围有:①遵守法律、行政法规,服从监督;②按照考察机关的规定报告自己的活动情况;③遵守考察机关关于会客的规定;④离开所居住的市、县或者迁居,应当报经考察机关批准。为了防止缓刑犯危害社会,《刑法》第72条第2款规定,"宣告缓刑,可以根据犯罪情况,同时判令犯罪分子在缓刑考验期限内不得从事特定活动,不得进入特定区域、场所,不得接触特定的人。此项规定被称为"禁止令"。

3. 缓刑的撤销

根据《刑法》第77条的规定,被宣告缓刑的犯罪分子,在缓刑考验期限内犯新罪或者发现判决宣告以前还有其他罪没有判决的,或者违反法律、行政法规或者国务院有关部门关于缓刑的监督管理规定,或者违反人民法院判决中的禁止令,情节严重的,都应当撤销缓刑。

针对犯新罪或者发现漏罪的情形,应对新犯的罪或者新发现的罪作出判决,把前罪和后罪所判处的刑罚,依照《刑法》第69条规定的原则决定执行的刑罚。已经经过的缓刑考验期不得计算在刑期以内。对在缓刑考验期内违反法律、行政法规或者国务院有关部门关于缓刑的监督管理规定,或者违反人民法院判决中的禁止令,情节严重的,应当撤销缓刑,执行原判刑罚。如果没有上述情形,缓刑考验期满,原判的刑罚就不再执行,并公开予以宣告。例如2010年8月21日,甲因犯诈骗罪被判处有期徒刑3年,缓刑5年。2015年6月20日,甲又犯盗窃罪,此例中甲的缓刑考验期应从2010年8月21日到2015年8月20日,甲在考验期内又犯新罪,根据规定,对甲应当撤销缓刑,按照《刑法》第69条实行数罪并罚。

(二)战时缓刑

《刑法》第449条规定:"在战时,对被判处三年以下有期徒刑没有现实危险宣告缓刑的犯罪军人,允许其戴罪立功,确有立功表现时,可以撤销原判刑罚,不以犯罪论处。"此种缓刑被理论界称为战时缓刑。它与一般缓刑在诸多方面存在不同。战时缓刑所适用的对象是特定的,即军人;适用的时间是战时;适用的条件是被判处3年以下有期徒刑的犯罪军人,考察内容为确有立功表现;法律后果为撤销原判刑罚,不以犯罪论处。

第十八章　刑罚的执行制度

刑罚的执行是指由法律规定的刑罚执行机关,依法将发生法律效力的刑事裁判所确定的刑罚内容付诸实施,并解决由此产生的法律问题所进行的各种活动。在大多数情况下,刑罚的执行都会按照原判决的内容进行,但是在某些时候,由于出现了法定的事由,可能需要对原判刑罚作出变更与调整,减刑与假释就是在刑罚执行过程中经常出现的此类情况。

第一节　减　刑

减刑是我国一项刑罚执行制度,建立这项制度的根据来源于对犯罪人区别对待的刑事政策和刑罚经济性原则。

一、减刑的概念

减刑指对正在执行刑罚的犯罪分子,适当减轻原判刑罚的一种制度。减刑制度是惩罚与宽大原则在刑罚执行中的具体运用。我国《刑法》明确规定了这一制度。

二、减刑制度

《刑法》第78条至第80条对减刑制度作出了规定。2012年1月17日最高人民法院颁布的《关于办理减刑、假释案件具体应用法律若干问题的规定》(以下简称《规定》)对减刑条件等问题作了更为详尽的规定。

(一)减刑的适用对象

根据我国《刑法》第78条的规定,减刑适用于被判处管制、拘役、有期徒刑和无期徒刑的罪犯。可见我国减刑适用的对象较广。死刑缓期执行,2年期满后减为无期徒刑或者有期徒刑的属于死缓制度中法定的变更,与刑罚执行中的减刑依据不同,不属于减刑制度。

(二)减刑的条件

根据《刑法》第78条的规定,减刑分为两种情况,即可以减刑和应当减刑。

1. 可以减刑的条件

被判处管制、拘役、有期徒刑、无期徒刑的犯罪分子,在执行期间如果认真遵守监规,接受教育改造,确有悔改表现,或者有立功表现的,可以减刑。

根据上述《规定》,“确有悔改表现”是指同时具备以下四个方面情形:①认罪悔罪;②认真遵守法律法规及监规,接受教育改造;③积极参加思想、文化、职业技术教育;④积极参加劳动，努力完成劳动任务。根据该《规定》罪犯积极执行财产刑和履行附带民事赔偿义务的，可视为有认罪悔罪表现。未成年罪犯能认罪悔罪，遵守法律法规及监规，积极参加学习、劳动的，应视为确有悔改表现。

“立功表现”指：①阻止他人实施犯罪活动的；②检举、揭发监狱内外犯罪活动，或者提供重要的破案线索，经查证属实的；③协助司法机关抓捕其他犯罪嫌疑人（包括同案犯）的；④在生产、科研中进行技术革新，成绩突出的；⑤在抗御自然灾害或者排除重大事故中表现突出的；⑥对国家和社会有其他贡献的。

2. 应当减刑的条件

根据《刑法》第78条的规定，有重大立功表现的应当减刑。上述最高人民法院的《规定》将重大立功确定为：①阻止他人实施重大犯罪活动的；②检举监狱内外重大犯罪活动，经查证属实的；③协助司法机关抓捕其他重大犯罪嫌疑人（包括同案犯）的；④有发明创造或者重大技术革新的；⑤在日常生产、生活中舍己救人的；⑥在抗御自然灾害或者排除重大事故中，有突出表现的；⑦对国家和社会有其他重大贡献的。

（三）减刑的限度

罪犯在刑罚执行期间可以获得一次或者多次减刑，但减刑以后实际执行的刑期，被判处管制、拘役、有期徒刑的，不能少于原判刑期的二分之一；判处无期徒刑的，不能少于13年。死刑缓期执行罪犯经过一次或几次减刑后，其实际执行的刑期不能少于15年，死刑缓期执行期间不包括在内。对根据《刑法》第50条第2款规定，限制减刑的死刑缓期执行的犯罪分子，缓期执行期满后依法减为无期徒刑的，减刑后实际执行的刑期不能少于25年，缓期执行期满后依法减为25年有期徒刑的，减刑后实际执行的刑期不能少于20年。

（四）减刑的程序

为防止减刑的滥用，减刑需要经过法定的程序。根据《刑法》第79条规定，对于犯罪分子的减刑，由执行机关向中级以上人民法院提出减刑建议书。人民法院应当组成合议庭进行审理，对确有悔改或者立功事实的，裁定予以减刑。非经法定程序不得减刑。

（五）限制减刑的情况

为了防止对罪犯的过分宽容，也是为了减少利用减刑逃避刑罚，《刑法》第50条第2款规定：“对被判处死刑缓期执行的累犯以及因故意杀人、强奸、抢劫、绑架、放火、爆炸、投放危险物质或者有组织的暴力性犯罪被判处死刑缓期执行的犯罪分子，人民法院根据犯罪情节等情况可以同时决定对其限制减刑。”

（六）不得减刑的情况

根据《刑法》第383条第4款和第386条的规定，犯贪污罪，受贿罪，被判处死刑缓期执行的，人民法院根据犯罪情节等情况可以同时决定在其死刑缓期执行二年期满依法减为无期徒刑后，终身监禁，不得减刑。

第二节 假 释

作为一项重要的刑罚执行制度,假释有利于犯罪人悔过自新,鼓励犯罪人积极改造。

一、假释的概念

假释是根据罪犯的悔罪情况,将某些罪犯附条件提前释放到社会并对其予以监督执行的制度。假释可以减少罪犯长期服刑后的社会适应困难,也降低了行刑成本,因而它是世界各国广泛采用的一种刑罚执行制度。

二、假释制度

《刑法》第81条第1款规定:"被判处有期徒刑的犯罪分子,执行原判刑期二分之一以上,被判处无期徒刑的犯罪分子,实际执行十三年以上,如果认真遵守监规,接受教育改造,确有悔改表现,没有再犯罪的危险的,可以假释。如果有特殊情况,经最高人民法院核准,可以不受上述执行刑期的限制。"该条是对我国假释适用条件的规定。

(一)假释的条件

1. 对象条件

根据《刑法》第81条第1款的规定,假释适用于被判处有期徒刑和无期徒刑的犯罪分子。但是根据《刑法》第81条第2款的规定,对累犯以及因故意杀人、强奸、抢劫、绑架、放火、爆炸、投放危险物质或者有组织的暴力性犯罪被判处10年以上有期徒刑、无期徒刑的犯罪分子,不得假释。根据2017年1月1日实施的最高人民法院《关于办理减刑、假释案件具体应用法律的规定》中第25条第2款的规定,因前款情形和犯罪被判处死刑缓期执行的罪犯,被减为无期徒刑、有期徒刑后,也不得假释。另外,根据《刑法》第383条第4款和第386条的规定,犯贪污罪,受贿罪,被判处死刑缓期执行的,人民法院根据犯罪情节等情况可以同时决定在其死刑缓期执行2年期满依法减为无期徒刑后,终身监禁,不得假释。

2. 实质条件

犯罪分子在刑罚执行期间,认真遵守监规,接受教育改造,确有悔改表现,没有再犯罪的危险的。同时符合上述条件的,才有可能获得假释。"确有悔改表现"指同时具备以下四个方面情形:认罪悔罪;认真遵守法律法规及监规,接受教育改造;积极参加思想、文化、职业技术教育;积极参加劳动,努力完成劳动任务。判断"没有再犯罪的危险",除符合《刑法》第81条规定的情形外,还应根据犯罪的具体情节、原判刑罚情况,在刑罚执行中的一贯表现,罪犯的年龄、身体状况、性格特征,假释后生活来源以及监管条件等因素综合考虑。

3. 时间条件

犯罪分子已经被实际执行了一段时间的刑罚。根据《刑法》第81条第1款的规定,被判处有期徒刑的犯罪分子,在执行原判刑期二分之一以上,被判处无期徒刑的犯罪分子,实际执行13年以上后,才可假释。如甲因在学校饭堂投毒被判处8年有期徒刑,服刑期间,甲认真遵守监规,接受教育改造,确有悔改表现,那么甲在服刑4年以上可以假释。但如果有特殊情况，经最高人民法院核准，可以不受上述执行刑期的限制。“特殊情况”是指有国家政治、国防、外交等方面特殊需要的情况。

（二）假释的考验期限和撤销

1．考验期限

假释是对罪犯附条件的提前释放，所附条件为，设置一定的考验期限，在考验期限内被假释的犯罪人需遵守相关规定，并接受社区矫正。根据《刑法》第83条第1款的规定，有期徒刑的假释考验期限为没有执行完毕的刑期；无期徒刑的假释考验期限为10年。

在考验期内，被假释的犯罪人应当遵守下列规定：①遵守法律、行政法规，服从监督；②按照监督机关的规定报告自己的活动情况；③遵守监督机关关于会客的规定；④离开所居住的市、县或者迁居，应当报经监督机关批准。为了落实对假释犯的监管，《刑法》第85条规定，对假释的犯罪分子，在假释考验期限内实行社区矫正。

假释考验期内如果没有发生法定的撤销事由，考验期满，就认为原判刑罚执行完毕，并公开予以宣告。

2．假释的撤销

《刑法》第86条规定了撤销假释的事由。

（1）在假释考验期内发现被假释的犯罪分子在判决前还有其他漏罪没有判决的，应当撤销假释。按照《刑法》第70条规定的原则和方法实行并罚，即将漏罪所判处的刑罚与前罪所判处的刑罚，依照《刑法》第69条的规定，决定执行的刑罚。已经执行的刑期，计算在新判决确定的刑期以内。但假释后经过的考验期，不得计算在新判决确定的刑期之内。

（2）被假释的犯罪分子，在假释考验期限内犯新罪的，应当撤销假释，按照《刑法》第71条规定的原则和方法实行并罚。即将新罪所判处的刑罚与前罪没有执行完毕的刑罚，依照《刑法》第69条的规定，决定执行的刑罚。假释后经过的考验期，也不得计算在新判决确定的刑期之内。

（3）被假释的犯罪分子在假释考验期内违反法律、行政法规或者国务院有关部门关于假释的监督管理规定的行为，尚未构成新的犯罪的，应当依照法定程序撤销假释，收监执行未执行完毕的刑罚。

在假释考验期满后，发现被假释的犯罪分子在判决宣告以前还有其他罪没有判决或者又犯新罪的，不能撤销假释。因为假释考验期满，原判刑罚已经执行完毕，因此也就不存在撤销假释的问题，只能对新发现的犯罪或者犯的新罪另行侦查、起诉、审判，不得与前罪的刑罚并罚。

（三）假释的程序

为了防止假释的滥用，对于犯罪分子的假释，由执行机关向中级以上人民法院提出假释建议书。人民法院应当组成合议庭进行审理，对符合假释条件的，裁定予以假释。

第十九章　刑罚的消灭

刑罚的消灭，指由于法定的或事实的原因，使基于具体犯罪而产生的个别刑罚权的消灭。刑罚的消灭意味着司法机关不能对犯罪人行使具体的刑罚权。导致刑罚权消灭的事由有超过追诉时效，犯罪人被赦免等。

第一节　时　效

时效分为追诉时效和行刑时效。追诉时效指刑法规定的、对犯罪分子追究刑事责任的有效期限。行刑时效指刑法规定的、对被判处刑罚的人执行刑罚的有效期限。我国刑法只规定了追诉时效。在追诉时效内，司法机关有权追究犯罪人的刑事责任，超过了此期限，司法机关就不能再追究犯罪人的刑事责任。设立追诉时效是为了保证司法机关集中力量办理当前的案件，对一些陈年旧案，由于证据灭失、证人难以查找等原因，不再追诉。

一、追诉时效期限

根据《刑法》第87条的规定，犯罪经过下列期限不再追诉：

（1）法定最高刑为不满5年有期徒刑的，经过5年。

（2）法定最高刑为5年以上不满10年有期徒刑的，经过10年。

（3）法定最高刑为10年以上有期徒刑的，经过15年。

（4）法定最高刑为无期徒刑、死刑的，经过20年。如果20年后认为必须追诉的，须报请最高人民检察院核准。

二、追诉期限的计算

根据《刑法》第88条和第89条的规定，追诉期限的计算有四种情况：

（1）追诉期限从犯罪之日起计算；犯罪行为有连续或者继续状态的，从犯罪行为终了之日起计算。

（2）在追诉期限以内又犯罪的，前罪追诉的期限从犯后罪之日起计算。此种情况属于追诉时效的中断。如，行为人于1990年12月1日犯了一般情节的抢劫罪，法定最高刑为10年，追诉时效为15年，但行为人在1997年12月1日又犯了故意伤害罪（轻伤），抢劫罪的追诉期限从1997年12月1日起重新计算到2012年12月1日结束。

（3）在人民检察院、公安机关、国家安全机关立案侦查或者在人民法院受理案件以后，逃避侦查或者审判的，不受追诉期限的限制。

（4）被害人在追诉期限内提出控告，人民法院、人民检察院、公安机关应当立案而不予立案的，不受追诉期限的限制。

后两种情况也称追诉时效的延长。不论经过多长时间均应该追诉。

第二节　赦　免

赦免是指国家宣告对犯罪人免除其罪、免除其刑罚的法律制度，包括大赦和特赦。

大赦，是国家对某一时期内犯有一定罪行的人免予追诉和免除刑罚执行的制度。大赦的法律后果为既赦罪，也赦刑。即被大赦的犯罪分子既不受刑事追诉和处罚，也不构成犯罪。

特赦，是指国家对特定的犯罪人免除执行全部或者部分刑罚的制度。特赦的法律后果是只免除刑罚的执行，而不免除有罪宣告。

新中国成立后，我国共实行过九次特赦，前七次特赦对象基本上是战争罪犯，第八次特赦针对的是2015年1月1日前正在服刑、释放后不具有现实社会危险性的四类罪犯。具体包括：①参加过中国人民抗日战争、中国人民解放战争的服刑罪犯；②中华人民共和国成立以后，参加过保卫国家主权、安全和领土完整对外作战的服刑罪犯，但犯贪污受贿罪，故意杀人、强奸、抢劫、绑架、放火、爆炸、投放危险物质或者有组织的暴力性犯罪，黑社会性质的组织犯罪，危害国家安全犯罪，恐怖活动犯罪的，有组织犯罪的主犯以及累犯除外。③年满75周岁、身体严重残疾且生活不能自理的服刑罪犯。④犯罪时不满18周岁，被判处3年以下有期徒刑或者剩余刑期在1年以下的服刑罪犯，但犯故意杀人、强奸等严重暴力性犯罪，恐怖活动犯罪，贩卖毒品犯罪的除外。第九次特赦针对的是依据2019年1月1日前人民法院作出的生效判决正在服刑的九类罪犯。如：参加过中国人民抗日战争、中国人民解放战争的；曾系现役军人并获得个人一等功以上奖励的；因防卫过当或者避险过当，被判处三年以下有期徒刑或者剩余刑期在一年以下的；犯罪的时候不满十八周岁，被判处三年以下有期徒刑或者剩余刑期在一年以下的。但对其中犯有严重罪行；剩余刑期在十年以上的和仍处于无期徒刑、死刑缓期执行期间的；曾经被特赦又因犯罪被判处刑罚的；不认罪悔改的；经评估具有现实社会危险性的，不得特赦。

第二编　刑法分论

第二十章　刑法分论概述

刑法典的体系是由总则、分则和附则三个部分组成的。其中，刑法总则是关于犯罪、刑事责任和刑罚的一般性规定，而刑法分则是对各类、各种不同的犯罪与刑罚的具体规定。总则以分则为依托，同时制约、指导分则。与此相应，刑法学体系由刑法学总论与刑法学分论两大部分组成。刑法学总论是对刑法总则犯罪与刑罚理论一般原理和原则的阐述与研究，刑法学分论是对具体犯罪及其刑事责任的分析与解释。它们之间的关系，可以对应于刑法总则与刑法分则的关系，是一种一般与特殊、共性与个性的关系。

在刑法总论的基础上学习研究刑法分论，对于推进刑事立法、司法实践的发展和刑法理论的完善，都具有十分重要的意义。

首先，有利于推进刑事立法。刑法分论通过对具体犯罪问题的探讨，可以发现刑法在适用中存在的问题与缺陷，并提出修改和完善建议，从而有利于实现刑法立法的科学化。

其次，有利于正确适用刑法。刑法分则对各种具体犯罪的概念、构成要件及其刑事责任作了具体的规定，明确了各种具体犯罪的定罪量刑标准，从而有利于对具体案件的正确定罪与量刑。

再次，有利于刑法理论的丰富和发展。当下刑法分则的内容日趋膨胀，刑法分论理论研究面临许多新情况、新问题，这不仅推进了刑法分论本身的研究，同时也丰富和深化了刑法总论的内涵，促成了刑法理论研究的繁荣之势，实现了刑法理论研究与刑事立法、司法实践的有效互动。

第一节　刑法分则的体系

刑法分则体系，是指立法者按照一定的标准和原则将具体犯罪进行分类，并依一定次序规定于刑法典分则之中，由此而形成的犯罪分类及其序列。刑法分则体系的构建涉及类罪划分与次序排列两个基本问题，掌握刑法分则的体系是研究刑法分论以及具体犯罪的基础。科学的刑法分则体系的构建，不仅表明了立法者对各类和各种具体社会关系进行刑法保护的价值取向，体现了刑法打击的重点，也有利于司法审判人员把握各类及各种犯罪的危害性质与程度，正确区分各类罪及各个罪之间的界限，从而正确地适用刑法。

一、犯罪的分类排列

我国刑法分则将犯罪分为十类，每一章规定一类犯罪，其排列顺序依次为：危害国家安全罪，危害公共安全罪，破坏社会主义市场经济秩序罪，侵犯公民人身权利、民主权利罪，侵犯财产罪，妨害社会管理秩序罪，危害国防利益罪，贪污贿赂罪，渎职罪，军人违反职责罪。其中，分则的第三章破坏社会主义市场经济秩序罪又分为八小节，第六章妨害社会管理秩序罪又分为九小节，每一节规定一小类犯罪。

二、犯罪分类排列的依据

（1）原则上依据犯罪侵犯的同类客体对犯罪进行分类。我国刑法分则原则上依据同类客体的原理，将犯罪的同类客体归纳为十类：①国家安全；②公共安全；③社会主义市场经济秩序；④公民的人身权利和民主权利；⑤公私财产权利；⑥社会管理秩序；⑦国家国防利益；⑧国家公职人员公务活动的廉洁性；⑨国家机关的正常活动；⑩ 国家军事利益。与此相应，犯罪也分为十大类。比如背叛国家罪、叛逃罪、间谍罪等具体犯罪，共同侵犯的客体是国家的安全，因此归入危害国家安全罪；故意杀人罪、强奸罪、绑架罪等具体犯罪，共同侵犯的客体是公民人身权利，因此归入侵犯公民人身权利、民主权利罪，等等。

（2）总体上依据各类犯罪的危害性质及程度对类罪进行排列。刑法分则对类罪进行排列时，主要根据各类犯罪社会危害性质及程度的不同，采取由重及轻的排列顺序。危害国家安全罪的同类客体是国家安全，而国家安全是我国的根本利益，是最重要的社会关系，因此将危害国家安全罪列在各章之首。危害公共安全罪的同类客体是社会的公共安全，其社会危害程度仅次于危害国家安全罪，因此这类犯罪紧随危害国家安全罪之后，在刑法分则中列于第二章。刑法分则其他章节的排列，基本上也是遵循上述原则。

（3）大体上依据犯罪的危害程度以及犯罪之间的内在联系对类罪中具体犯罪进行安排。刑法分则对类罪中的具体犯罪进行排列时，首先考虑的是具体犯罪社会危害程度的大小，如将背叛国家罪、放火罪、故意杀人罪、抢劫罪等分别规定在各章之首，就是因为这些犯罪的社会危害程度在各章之中最为严重。但是，具体犯罪在各类犯罪中的顺序并不是绝对按照各罪的社会危害性的大小进行排列，刑法分则同时还相应考虑了具体犯罪之间的内在关系，从而将危害程度差别较大的罪规定在一起，如在故意杀人罪之后规定过失致人死亡罪，在重婚罪之后安排破坏军婚罪等。

（4）基本上依据犯罪侵犯的主要客体对犯罪进行归类。一些犯罪所侵犯的客体为复杂客体，刑法分则根据该犯罪侵犯的主要客体将其归入不同的类罪，如将抢劫罪归入侵犯财产罪，将非国家工作人员受贿罪归入破坏社会主义市场经济秩序罪等。

第二节 刑法分则的条文结构

刑法分则条文通常由罪状与法定刑构成。例如，《刑法》第258条规定："有配偶而重婚的，或者明知他人有配偶而与之结婚的，处二年以下有期徒刑或者拘役。"这个条文前半部分的规定是罪状，后半部分的规定是法定刑。

一、罪 状

罪状，是指刑法分则条文对某种犯罪行为构成特征的具体描述。在刑法理论上，通常根据分则条文对罪状的描述方式的不同，将罪状分为四种。

（1）简单罪状。即在条文中仅写出犯罪名称，不具体描述犯罪构成特征。例如，《刑法》第

232条中的"故意杀人的",《刑法》第234条中的"故意伤害他人身体的"等等,都是简单罪状。采用简单罪状,往往是因为这些犯罪的特征众所周知,无需具体描述,其特点是概括简练,避免烦琐。

(2)叙明罪状。即在条文中对具体犯罪的基本构成特征作详细的描述。例如,《刑法》第276条之一规定,"以转移财产、逃匿等方法逃避支付劳动者的劳动报酬或者有能力支付而不支付劳动者的劳动报酬,数额较大,经政府有关部门责令支付仍不支付的",该条款对拒不支付劳动报酬罪的客观特征作了详细的描述,属于叙明罪状。在我国刑法中,叙明罪状占多数,其特点是要件明确,避免歧义。

(3)引证罪状。即引用刑法的其他条款来说明和确定某一犯罪的构成特征。例如,《刑法》第119条第1款规定了破坏电力设备罪的罪状,其第2款规定"过失犯前款罪的",便是引用第1款的罪状,来说明和确定过失损坏电力设备罪的罪状。采用引证罪状是为了避免条款间文字上的重复。

(4)空白罪状。即在条文中指明要参考其他法律、法规中的规定,来确定某一犯罪的构成特征。例如,《刑法》第343条规定,"违反矿产资源法的规定,未取得采矿许可证擅自采矿,擅自进入国家规划矿区、对国民经济具有重要价值的矿区和他人矿区范围采矿,或者擅自开采国家规定实行保护性开采的特定矿种,情节严重的",该条款指明在确定非法采矿罪的构成特征时应当参照矿产资源法的规定,因此属于空白罪状。对空白罪状必须与其他相关法律、法规相结合,才能够正确认定该种犯罪的特征。在我国刑法中,空白罪状占有一定比例,究其原因,主要有:第一,这些犯罪基本上都属于法定犯,其行为的具体特征在其他法律、法规中已有规定,刑法条文无需重述也难以作简要陈述;第二,空白罪状所包含的其他法律、法规对经济、社会发展变化的反应较快,如果刑法亦步亦趋将可能会使刑法朝令夕改,不利于保持刑法的相对稳定。

应当注意的是,有些分则条文采用了两种以上的罪状描述方式,主要表现为同一罪状中既有空白罪状,又有叙明罪状,有人称之为混合罪状。例如,《刑法》第338条规定,"违反国家规定,排放、倾倒或者处置有放射性的废物、含传染病病原体的废物、有毒物质或者其他有害物质,严重污染环境的",在该罪状中,规定了污染环境罪的主要行为方式(叙明罪状),而"违反国家规定"则采用了空白罪状。

二、罪　名

(一)罪名的概念和作用

罪名,即犯罪名称,是对具体犯罪本质或主要特征的高度概括。罪名以罪状为基础,是对罪状所表述的犯罪本质特征的高度概括。在简单罪状的情况下,对罪状的表述就是罪名。

罪名虽然是犯罪的名称,但却有重要的作用。罪名是对形形色色的犯罪现象所作的高度概括,人们能够通过罪名来把握具体的犯罪,从而帮助人们准确区分罪与非罪、此罪与彼罪以及一罪与数罪的界限。

(二)罪名的确定

在司法实践中,确定罪名应注意:①确定罪名要合法。在有法律或者司法解释的情况下,确定罪名必须以法律或者司法解释的规定为依据,不能乱定罪名,如不能使用“打击报复罪”、“过失杀人罪”之类的罪名。此外,除非刑法有特别规定,刑法总则中的一些情节或者某种犯罪的具体情节,仅对量刑产生意义,并不影响定罪,故不能根据情节确定罪名。如对防卫过当,不能定“防卫过当罪”;对教唆犯罪的,不能定“教唆罪”;对强奸致人死亡,不能定“强奸致死罪”,等等。②确定罪名须具体。由于现实中的犯罪都是具体的,因而罪名也必须具体,不能用类罪名作为具体犯罪的罪名。如不能将交通肇事犯罪定为危害公共安全罪。③对选择性的罪名,既可概括使用,也可分解拆开使用。例如,拐卖妇女、儿童罪,它是一个罪名,但它包括了拐卖妇女的行为与拐卖儿童的行为,于是可以分解为二个罪名。当行为人只拐卖妇女时,定拐卖妇女罪;当行为人只拐卖儿童时,定拐卖儿童罪;当行为人既拐卖妇女,又拐卖儿童时,定拐卖妇女、儿童罪,不实行数罪并罚。选择罪名大致分以下三种情况:一是行为选择,即罪名中包括了多种行为,因而形成选择罪名。如出售、购买、运输假币罪,包括了三种行为。二是对象选择,即罪名中包括了多种对象,因而形成选择罪名。如损害商业信誉、商品声誉罪。三是行为与对象同时选择,即罪名中包括了多种行为与多种对象,因而形成选择罪名。如盗窃、抢夺枪支、弹药、爆炸物、危险物质罪,包括两种行为和四种对象,可以分解成诸多罪名。选择罪名的特点是可以包括许多具体犯罪,又避免具体罪名繁杂。

三、法定刑

法定刑,是指刑法分则条文对具体犯罪所规定的适用刑罚的规格和标准,包括对具体犯罪所适用的刑罚种类(刑种)和刑罚幅度(刑度)两个方面的内容。

法定刑不同于宣告刑。前者是立法者针对具体犯罪的性质和危害程度所确定的量刑标准,它着眼于该罪的共性;后者是前者的实际运用,是审判机关对具体犯罪的犯罪人依法判处并宣告的应当实际执行的刑罚,它着眼于具体犯罪及犯罪人的特殊性。可见,法定刑是立法上的规定,宣告刑是司法中的适用。

法定刑也不同于执行刑。法定刑是刑法规定的刑种和刑度,执行刑是犯罪分子实际执行的刑罚。执行刑的基本依据是宣告刑,在刑期上,执行刑既可能与宣告刑相等,也可能因减刑而低于、少于宣告刑。

根据立法实践,以法定刑的刑种和刑度是否确定为标准,可以将法定刑分为绝对确定的法定刑、绝对不确定的法定刑、相对确定的法定刑和浮动法定刑。

(1)绝对确定的法定刑。即在条文中对某种犯罪或某种犯罪的某种情形只规定单一的刑种和固定的刑度。比如《刑法》第121条规定,“以暴力、胁迫或者其他方法劫持航空器”,“致人重伤、死亡或者使航空器遭受严重破坏的,处死刑”。绝对确定的法定刑过于机械,不利于贯彻区别对待的政策。

(2)绝对不确定的法定刑。即在条文中对某种犯罪不规定具体的刑种和刑度,只规定对该种罪处以刑罚,具体如何处罚完全由法官掌握。绝对不确定的法定刑使法官的裁量权过大,难以保障公正、合理地适用刑罚,所以当前我国刑法没有规定绝对不确定的法定刑。

(3)相对确定的法定刑。即条文对某种犯罪规定了相对具体的刑种和刑度。它在司法上有具体裁量的余地,克服了前两种法定刑的弊端,既有利于法制的协调统一,又有利于刑罚个别化的实现,因而被世界各国刑法普遍采用。

我国刑法分则条文中的法定刑绝大多数为相对确定的法定刑,其表现方式有以下几种:①分则条文仅规定最高限度的法定刑,其最低限度根据刑法总则的规定确定。比如《刑法》第448条规定:"虐待俘虏,情节恶劣的,处三年以下有期徒刑。"结合《刑法》第45条关于有期徒刑的最低期限为6个月的规定,该罪的法定刑应为6个月以上3年以下。②分则条文仅规定最低限度的法定刑,其最高限度根据刑法总则的规定确定。比如《刑法》第447条规定:"私放重要俘虏、私放俘虏多人或者有其他严重情节的,处五年以上有期徒刑。"结合《刑法》第45条关于有期徒刑的最高期限为15年的规定,该罪的法定刑就是5年以上15年以下有期徒刑。③分则条文同时规定法定刑的最高限度和最低限度。比如《刑法》第236条规定:"以暴力、胁迫或者其他手段强奸妇女的,处三年以上十年以下有期徒刑。"④分则条文规定两种以上主刑或者规定两种以上主刑或者同时规定附加刑,各主刑除死刑、无期徒刑以外也有明确的幅度。比如《刑法》第232条规定:"故意杀人的,处死刑、无期徒刑或者十年以上有期徒刑。"该条规定了三种主刑,对其中的有期徒刑又规定了最低限度。⑤分则条文规定援引其他条款的法定刑处罚。比如《刑法》第386条规定:"对犯受贿罪的,根据受贿所得数额及情节,依照刑法第三百八十三条的规定处罚。索贿的从重处罚。"

(4)浮动法定刑。浮动法定刑,也称浮动刑、机动刑,是指法定刑的具体期限或具体数量并非确定,而是根据一定的标准升降不居,处于一种相对不确定的游移状态,一般适用于罚金刑。例如,《刑法》第158条规定:"申请公司登记使用虚假证明文件或者采取其他欺诈手段虚报注册资本,欺骗公司登记主管部门,取得公司登记,虚报注册资本数额巨大、后果严重或者有其他严重情节的,处三年以下有期徒刑或者拘役,并处或者单处虚报注册资本金额百分之一以上百分之五以下罚金。"

第二十一章　危害国家安全罪

在刑法理论上,“危害国家安全罪”属于国事犯罪,这类犯罪侵害的是国家的政权、社会制度和安全,而国家安全关涉国家的根本利益,是最重要的社会关系,因此《刑法》分则将“危害国家安全罪”位列各章之首。

第一节　危害国家安全罪概述

一、危害国家安全罪的概念和特征

危害国家安全罪,是指故意危害中华人民共和国的主权、领土完整与安全,颠覆国家政权,推翻社会主义制度的行为。本类犯罪的主要特征有如下几方面。

(1)侵犯的客体是国家的安全。国家安全,是指我国主权、领土完整和安全以及人民民主专政的政权和社会主义制度的安全。国家安全是全国各族人民的根本利益所在,因而我国刑法把同危害国家安全犯罪作斗争放在首要地位,并予以严厉的制裁。

(2)客观方面表现为危害中华人民共和国国家安全的行为。危害国家安全的犯罪和其他刑事犯罪虽然都是危害社会的行为,但其表现形式和内容各不相同,危害国家安全的行为是足以侵害国家和人民根本利益的严重犯罪行为。本类犯罪在行为方式上既可以是作为,也可以是不作为。

(3)犯罪主体多数为一般主体,无论是中国公民、外国公民或无国籍人,无论是有特定身份者还是无特定身份者,均可构成。但是少数犯罪要求是特殊主体,如背叛国家罪、资敌罪的主体只限于中国公民;叛逃罪的主体只限于中国公民中的国家机关工作人员或者掌握国家秘密的国家工作人员。危害国家安全这一类犯罪,实际承担刑事责任而被刑罚处罚的只能是自然人。

(4)主观方面是故意,即明知自己的行为会发生危害中华人民共和国国家安全的结果,并且希望或者放任这种结果发生的心理态度。

二、危害国家安全罪的种类

危害国家安全罪包括以下12种具体罪名:背叛国家罪,分裂国家罪,煽动分裂国家罪,武装叛乱、暴乱罪,颠覆国家政权罪,煽动颠覆国家政权罪,资助危害国家安全犯罪活动罪,投敌叛变罪,叛逃罪,间谍罪,为境外窃取、刺探、收买、非法提供国家秘密、情报罪,资敌罪。

三、危害国家安全罪的刑事责任

1. 本章是刑法中死刑罪名所占比例最高的一章。在本章12个罪名中，除第103条第2款（煽动分裂国家罪）、第105条（颠覆国家政权罪、煽动颠覆国家政权罪）、第107条（资助危害国家安全犯罪活动罪）、第109条（叛逃罪）外，其他7个罪名，对国家和人民危害特别严重、情节特别恶劣的，可以判处死刑。

2. 刑法对本章犯罪没收财产刑的适用作了专门规定。《刑法》第113条规定，犯本章之罪的，可以并处没收财产。

3. 刑法对本章犯罪重视剥夺政治权利刑的适用。《刑法》第56条规定，对于危害国家安全的犯罪分子应当附加剥夺政治权利。

第二节　危害国家安全罪罪名分述

一、背叛国家罪

（一）背叛国家罪的概念和特征

背叛国家罪，是指勾结外国或者与境外机构、组织、个人相勾结，危害国家主权、领土完整和安全的行为。

（1）本罪的客体是国家主权、领土完整和安全。

（2）本罪的客观方面，必须有勾结外国或者与境外机构、组织、个人相勾结，危害国家的主权、领土完整和安全的行为。这里所说的“外国”，主要是指对我国怀有侵略、控制、颠覆野心的外国政府，也指外国敌视和破坏我国社会主义制度的政党、政治集团以及其他反动势力，包括外国机构、组织和个人。“境外机构、组织”包括境外机构、组织在中华人民共和国境内设立的分支（代表）机构和分支组织。“境外个人”包括居住在中华人民共和国境内不具有中华人民共和国国籍的人。

（3）本罪的主体，是年满16周岁并具有辨认和控制自己行为能力的中华人民共和国公民，而且一般是党政军机关内，位居较高职位，掌握一定大权或者有较高社会地位和影响的人。但是，也不排除一般公民在特定情况下构成本罪的可能性。

（4）本罪的主观方面是故意，即具有勾结外国、危害祖国的主权、领土完整和安全的故意。

（二）背叛国家罪的认定

①要注意划清背叛国家罪与偷越国（边）境罪的界限。前者具有危害国家安全的故意，后者没有。②要注意划清背叛国家罪与军人违反职责罪中军人叛逃罪的界限。军人叛逃罪不具有危害国家安全的故意。③划清背叛国家罪与投敌叛变罪的界限。背叛国家罪具有勾结外国的内容；投敌叛变，不仅指投靠国内敌对势力，而且包括投靠外国与国家为敌，两者具有竞合关系。

(三)背叛国家罪的刑事责任

依照《刑法》第102条、第113条第1款的规定,犯本罪的,处无期徒刑或者10年以上有期徒刑;对国家和人民危害特别严重、情节特别恶劣的,可以判处死刑。依照《刑法》第56条、第113条第2款的规定,犯本罪的,可以并处没收财产;应当附加剥夺政治权利。

二、分裂国家罪

(一)分裂国家罪的概念和特征

分裂国家罪,是指组织、策划、实施分裂国家、破坏国家统一的行为。

(1)本罪侵犯的客体是国家统一和民族团结。

(2)本罪在客观方面表现为,行为人具有组织、策划、实施分裂国家、破坏国家统一的行为。所谓组织,是指为分裂国家而安排分散的人使之具有一定的系统性或整体性,既包括预备过程中的组织,也包括实施中的组织。所谓策划,是指为分裂国家而暗中密谋、筹划。所谓实施,是指已经着手、正式开始实行分裂国家、破坏国家统一的活动。所谓分裂国家,是指推翻地方政府,拒绝接受中央领导,割据一方,分裂我们统一的、多民族的国家的行为。所谓破坏国家统一,是指将统一的国家予以瓦解、分裂,或者阻碍国家统一进程。其中阻碍国家统一进程的行为,是分裂国家的一种特殊形式。组织、策划、实施分裂国家、破坏国家统一的行为,可以表现为两种形式:一是行为人利用自己窃取的重要权力或者利用自己的社会地位或影响,公然组织力量,策动政变,对抗中央,进行地方割据,或是组织民族反叛力量,策动民族分裂,企图建立"独立王国",破坏国家统一;二是行为人虽然本身没有力量进行分裂国家的活动,但是明知他人进行分裂国家、破坏国家统一,而予以参加。本罪是行为犯,只要行为人实施了组织、策划、实施分裂国家、破坏国家统一的行为,就可以构成本罪的既遂,而不要求发生实际的危害结果。

(3)本罪的主体为一般主体,即年满16周岁并具有刑事责任能力的自然人。不论是中国公民,还是外国公民或者无国籍人,都可以成为本罪的主体。

(4)本罪在主观方面是直接故意,具有分裂国家、破坏国家统一的目的。

(二)分裂国家罪的认定

1. 本罪与非罪行为的界限

要注意以下两点:一是行为人是否具备分裂国家、破坏国家统一的直接故意;二是是否具有组织、策划、实施分裂国家、破坏国家统一的行为。如果出于狭隘的民族主义或地方主义情绪,或者出于对党和国家某些民族政策的误解而实施了一些过激的行为,或者虽有一些思想上的分裂倾向,而缺乏任何具体的组织、策划、实施分裂国家、破坏国家统一的行为,都不应以本罪论处。

2. 本罪与背叛国家罪的界限

本罪与背叛国家罪的区别主要表现在:(1)犯罪主体不同。本罪的犯罪主体是一般主体,无论是中国公民、外国公民,还是无国籍人均可构成,没有特别限制;而背叛国家罪的主体是特殊主体，只能由中国公民构成。(2)犯罪主观故意的内容不同。本罪行为人具有分裂国家、破坏国家统一的直接故意；而背叛国家罪的行为人具有勾结外国，危害国家主权、领土完整和安全的直接故意。(3)犯罪客观方面的行为不同。首先，本罪并不要求将“勾结外国”作为客观方面的要件内容；而背叛国家罪则将“勾结外国”作为客观方面不可或缺的必要内容。其次，本罪是通过将中华人民共和国的一部分领土分离出去，脱离中央政府的领导，制造地方“独立”的割据局面而危害国家领土完整，是以对国家统一的侵害而危害国家安全；而背叛国家罪则是通过勾结外国，以对国家主权、领土完整和安全的侵害而危害国家安全。

(三)分裂国家罪的刑事责任

依照《刑法》第103条、第113条第1款的规定，犯本罪的，对首要分子或者罪行重大的，处无期徒刑或者10年以上有期徒刑；对积极参加的，处3年以上10年以下有期徒刑；对其他参加的，处3年以下有期徒刑、拘役、管制或者剥夺政治权利；对国家和人民危害特别严重、情节特别恶劣的，可以判处死刑。依照《刑法》第56条、第113条第2款的规定，犯本罪的，可以并处没收财产；应当附加剥夺政治权利。依照《刑法》第106条的规定，与境外机构、组织、个人相勾结，实施本罪的，从重处罚。

三、煽动分裂国家罪

煽动分裂国家罪是指煽惑、挑动群众分裂国家、破坏国家统一的行为。本罪在客观方面表现为煽惑、挑动群众分裂国家、破坏国家统一的行为。本罪在客体、主体、主观方面与分裂国家罪相同。煽动是指行为人以语言、文字、图像等方式对他人进行鼓吹煽动，意图使他人接受或相信所煽动的内容或去实行所煽动的分裂国家的行为，而并非行为人自己实行，这是煽动分裂国家罪与分裂国家罪的根本区别。煽动的对象，可以是一人或众人。煽动的方式多种多样，可以是发表言论、散布文字、制作、传播音像制品等等。

依照《刑法》第103条第2款、第113条第1款的规定，犯本罪的，处5年以下有期徒刑、拘役、管制或者剥夺政治权利；首要分子或者罪行重大的，处5年以上有期徒刑。依照《刑法》第56条、第113条第2款的规定，犯本罪的，可以并处没收财产；应当附加剥夺政治权利。依照《刑法》第106条的规定，与境外机构、组织、个人相勾结，实施本罪的，从重处罚。

四、武装叛乱、暴乱罪

(一) 武装叛乱、暴乱罪的概念和特征

武装叛乱、暴乱罪，是指组织、策划、实施武装叛乱或者武装暴乱的行为。

本罪侵犯的客体是我国人民民主专政的政权和社会主义制度。客观方面表现为组织、策划、实施武装叛乱或者武装暴乱的行为。组织、策划、实施，其含义基本与上述分裂国家罪中所释相同。武装，通常认为是指行为人备有大规模杀伤性、破坏性的器械。叛乱，是指行为人以投靠或者意图投靠境外组织或者境外敌对势力为背景而反叛国家和政府的行为。这种行为一般表现为使用武器装备公开袭击党政机关，杀害、绑架国家机关工作人员、武装部队人员、人民群众，抢夺、抢劫武器弹药，焚烧、毁坏档案和其他公共财物等活动。暴乱，是指行为

人没有上述意图或目的，而直接以武力与国家或政府相对抗的暴力骚乱。主体为一般主体，即任何达到负刑事责任的年龄并具有刑事责任能力的自然人，中国公民、外国公民、无国籍人都可以成为本罪的主体。主观方面只能是直接故意。

（二）武装叛乱、暴乱罪的认定

（1）本罪与非罪行为的界限。在此问题上，特别应注意划清本罪与一般群众闹事的界限。本罪的行为人具有破坏人民民主专政的政权和社会主义制度的目的。而一般群众闹事的起因往往是由于对党和国家的某些政策不了解，或者提出的某些要求和愿望未能得到满足，或者有关部门对某些问题处理不当致使矛盾激化等，但都不具有危害国家安全的目的。有的群众闹事事件也会出现一些冲击国家机关，殴打国家机关工作人员或者毁坏财物等过激行为，甚至还会混入个别具有危害国家安全意图的犯罪分子借机煽动，进行犯罪活动。对此情况，要明确整个事件的实质，做到区别对待。对于群众闹事应以说服教育为主，对于个别借机进行犯罪活动并已构成犯罪的行为人，依法予以惩处。

（2）犯罪既遂与未遂的界限。只要行为人实施了组织、策划、实施武装叛乱、暴乱的行为，就构成本罪的既遂。本罪不存在未遂的问题。

（3）一罪与数罪的界限。在武装叛乱、暴乱犯罪过程中，往往同时具有杀人、伤害、抢劫、放火等破坏活动，这些行为已被涵盖于本罪武装叛乱、暴乱的实行行为之中，尽管形式上触犯了其他罪名，并不构成数罪，而只能按本罪一罪处罚。但是，如果叛乱、暴乱分子在叛乱、暴乱之外又实施其他危害国家安全行为的，如投敌叛变等，则构成数罪并应予以并罚。

（三）武装叛乱、暴乱罪的刑事责任

依照《刑法》第104条、第113条第1款的规定，犯本罪的，对首要分子或者罪行重大的，处无期徒刑或者10年以上有期徒刑；对积极参加的，处3年以上10年以下有期徒刑；对其他参加的，处3年以下有期徒刑、拘役、管制或者剥夺政治权利。策动、胁迫、勾引、收买国家机关工作人员、武装部队人员、人民警察、民兵进行武装叛乱或者武装暴乱的，依照上述法定刑从重处罚；对国家和人民危害特别严重、情节特别恶劣的，可以判处死刑。依照《刑法》第56条、第113条第2款的规定，犯本罪的，可以并处没收财产；应当附加剥夺政治权利。依照《刑法》第106条的规定，与境外机构、组织、个人相勾结，实施本罪的，从重处罚。

五、颠覆国家政权罪

（一）颠覆国家政权罪的概念和特征

颠覆国家政权罪，是指组织、策划、实施颠覆国家政权、推翻社会主义制度的行为。

本罪侵犯的客体是人民民主专政的政权和社会主义制度。客观方面必须具有组织、策划、实施颠覆中华人民共和国政权的行为。颠覆政权，是指公开用暴力方式发动政变，推翻人民政权；或者用手中掌握的权力，搞和平演变，使人民民主专政的社会主义国家转变性质。主体是一般主体，主要指我国党政军机关内部具有较高职位或有重要影响的人。但是，也不排除其他人可以成为本罪的主体。主观方面是故意，其犯罪的目的是颠覆国家政权、推翻社会

主义制度。

（二）颠覆国家政权罪的刑事责任

依照《刑法》第105条第1款的规定，犯本罪的，对首要分子或者罪行重大的，处无期徒刑或者10年以上有期徒刑；对积极参加的，处3年以上10年以下有期徒刑；对其他参加的，处3年以下有期徒刑、拘役、管制或者剥夺政治权利；与境外组织、机构、个人相勾结犯本罪的，从重处罚。依照《刑法》第56条、第113条第2款的规定，犯本罪的，可以并处没收财产；应当附加剥夺政治权利。

六、煽动颠覆国家政权罪

（一）煽动颠覆国家政权罪的概念和特征

煽动颠覆国家政权罪是指以造谣、诽谤或者其他方式煽动颠覆国家政权、推翻社会主义制度的行为。

（1）本罪侵犯的客体是人民民主专政的政权和社会主义制度。

（2）本罪在客观方面表现为以造谣、诽谤或者其他方式煽动颠覆国家政权、推翻社会主义制度的行为。所谓造谣，是指为了达到颠覆国家政权、推翻社会主义制度的目的而无中生有，捏造虚假事实，迷惑群众。所谓诽谤，是指为了达到颠覆政权、推翻社会主义制度的目的，而散布有损于国家政权和社会主义制度的言论，以损害国家政权的形象。行为人只要具有以造谣、诽谤或者其他方式煽动颠覆国家政权、推翻社会主义制度的行为，不管其所煽动的对象是否相信或接受其所煽动的内容，也不管其是否去实行所煽动的有关颠覆活动，均不影响犯罪的构成。如刘某某因对社会主义制度及国家领导人不满，在互联网上多次发表推翻国家政权、诋毁社会主义制度的文章，共计11篇，其客观上实施了煽动颠覆国家政权的行为，构成煽动颠覆国家政权罪①。

（3）本罪的主体为一般主体，即年满16周岁并具有刑事责任能力的自然人。

（4）本罪在主观方面表现为故意，具有颠覆或者煽动颠覆国家政权、推翻社会主义制度的恶意。

（二）煽动颠覆国家政权罪的刑事责任

依照《刑法》第105条、第106条的规定，犯本罪的，处5年以下有期徒刑、拘役、管制或者剥夺政治权利；首要分子或者罪行重大的，处5年以上有期徒刑；与境外机构、组织或者个人相勾结犯本罪的从重处罚。依照《刑法》第56条、第113条第2款的规定，犯本罪的，可以并处没收财产；应当附加剥夺政治权利。

七、资助危害国家安全犯罪活动罪

资助危害国家安全犯罪活动罪是指境内外机构、组织或者个人资助境内组织或者个人实施背叛国家罪、分裂国家罪、煽动分裂国家罪、颠覆国家政权罪、煽动颠覆国家政权罪和武

①参见最高人民法院刑事案例——刘某某煽动颠覆国家政权案，载《刑事审判参考》2001年第9辑（总第20辑）。

装叛乱、暴乱罪的行为。

本罪侵犯的客体为人民民主专政的政权和社会主义制度。客观方面表现为资助实施危害国家安全犯罪活动。这里的资助，是指向实施危害国家安全犯罪的组织或者个人提供资金、通讯器材、交通工具或者其他物品的帮助。这里的危害国家安全犯罪活动，是指《刑法》第102条规定的背叛国家罪、第103条规定的分裂国家罪、煽动分裂国家罪、第104条规定的武装叛乱、暴乱罪与第105条规定的颠覆国家政权罪、煽动颠覆国家政权罪。主体为一般主体，境内外机构、组织或个人均可成为本罪的主体。主观方面表现为故意，即明知实施危害国家安全的行为，仍给予资助。

依照《刑法》第107条、第113条第1款的规定，犯本罪的，对直接责任人员，处5年以下有期徒刑、拘役、管制或者剥夺政治权利；情节严重的，处5年以上有期徒刑。依照《刑法》第56条、第113条第2款的规定，犯本罪的，可以并处没收财产；应当附加剥夺政治权利。

八、投敌叛变罪

投敌叛变罪是指中国公民投奔敌方或者敌对营垒，或者在被捕、被俘或者由于其他原因被敌方控制以后投降敌人，危害中华人民共和国国家安全的行为。

本罪的客体是人民民主专政的政权和社会主义制度。客观方面表现为投敌叛变的行为。行为的具体表现形式主要有两种：一是投奔敌人营垒，即主动投靠与我国处于敌对关系的势力。二是在被敌人抓捕、被俘后投降变节，实施危害中华人民共和国国家安全的活动。对投敌叛变后，参加了间谍组织，又被派遣回我国境内进行危害国家安全活动的，应以投敌叛变罪和其他罪名实行数罪并罚。主体只能是中国公民，外国人和无国籍人可以成为本罪的共犯。投敌叛变可以由单个人实施，也可以率众叛变。主观方面是故意，且具有危害国家安全的目的，过失不构成本罪。

依照《刑法》第108条、第113条第1款的规定，犯本罪的，处3年以上10年以下有期徒刑，情节严重的或者率领武装部队、人民警察、民兵投敌叛变的，处无期徒刑或者10年以上有期徒刑；对国家和人民危害特别严重、情节特别恶劣的，可以判处死刑。依照《刑法》第56条、第113条第2款的规定，犯本罪的，可以并处没收财产；应当附加剥夺政治权利。

九、叛逃罪

(一)叛逃罪的概念和特征

叛逃罪，是指国家机关工作人员在履行公务期间，擅离岗位，叛逃境外或者在境外叛逃，以及掌握国家秘密的其他国家工作人员，叛逃境外或者在境外叛逃的行为。主要特征是：

本罪的客体是国家安全。客观方面表现为两种情形：一种是国家机关工作人员在履行公务期间，擅离岗位，叛逃境外或者在境外叛逃；另一种是掌握国家秘密的国家工作人员叛逃境外或者在境外叛逃，不要求必须在履行公务期间。主体是特殊主体，只能是国家机关工作人员或者掌握国家秘密的国家工作人员。因此，国家机关工作人员以外的没有掌握国家秘密的国家工作人员，以及其他一般公民，不能成为本罪主体。主观方面是故意，且只能是直接故意。

(二)叛逃罪的认定

1. 叛逃罪与投敌叛变罪的界限

叛逃罪与《刑法》第108条规定的投敌叛变罪区别有:①客观方面不同,叛逃罪不要求投奔敌人营垒与投降敌人,不要求实施其他危害国家安全的活动;投敌叛变罪则是投奔敌人营垒、投降敌人并进行危害国家安全活动的行为。②主体要件不同,叛逃罪必须是国家机关工作人员或掌握国家秘密的其他国家工作人员;而投敌叛变罪的主体是一般公民。

2. 叛逃罪与偷越国边(境)罪的界限

叛逃罪与《刑法》第322条规定的偷越国(边)境罪的区别有:①客观方面不同,前者既可由国内逃往国外,又可在国外叛逃,后者只能是非法偷越国境;②主体不同,前者是国家机关工作人员或者掌握国家秘密的国家工作人员,后者是一般主体。

(三)叛逃罪的刑事责任

依照《刑法》第109条的规定,犯本罪的,处5年以下有期徒刑、拘役、管制或者剥夺政治权利;情节严重的,处5年以上10年以下有期徒刑;掌握国家秘密的国家工作人员叛逃境外或者在境外叛逃的,从重处罚。依照《刑法》第56条、第113条第2款的规定,犯本罪的,可以并处没收财产;应当附加剥夺政治权利。

十、间谍罪

(一)间谍罪的概念和特征

间谍罪,是指参加间谍组织或者接受间谍组织及其代理人的任务,或者为敌人指示轰击目标的行为。[①]

(1)本罪侵犯的客体是中华人民共和国的国家安全。

(2)本罪在客观方面表现为,行为人参加间谍组织或者接受间谍组织及其代理人的任务,或者为敌人指示轰击目标的行为。包括三种行为:一是参加间谍组织,即行为人通过某种程序或渠道加入敌视我国的间谍组织而成为其成员。二是接受间谍组织及其代理人的任务,即接受间谍组织的命令、派遣、指使、委托为间谍组织服务,从事危害中华人民共和国国家安全的活动。三是为敌人指示轰击目标,即为军事侵略我国的敌对势力提供有关我国国家安全的重大军事设施、建设工程、城市等目标的行为。行为人只要实施上述三种行为之一的,就可构成间谍罪,实施三种行为的,也不数罪并罚。

(3)本罪的主体为一般主体,即任何年满16周岁并具有刑事责任能力的自然人。本罪主体既可以是中国公民,也可以是外国人或无国籍人。

(4)本罪在主观方面只能是故意。其内容表现为,明知是间谍组织而予以参加,或者明知是间谍组织及其代理人而接受其任务,或者明知是敌人而有意为其指示轰击目标。

---

①具体认定可参见2014年11月1日全国人大常委会《中华人民共和国反间谍法》和2017年12月6日国务院《中华人民共和国反间谍法实施细则》。

(二)间谍罪的认定

(1)本罪与非罪行为的界限。行为人是否具有危害中华人民共和国国家安全的故意,并实施了具体危害我国国家安全的间谍行为,是划分本罪与非罪行为界限应把握的基本问题。因此,对于那些不知道是间谍组织而加入,知道后又退出的;未履行加入间谍组织手续,在间谍组织中从事一般性勤杂、医务、传达等单纯服务性活动的,不能以本罪论处。

(2)本罪与叛逃罪的界限。本罪与叛逃罪的主要区别在于:①犯罪主体不同。本罪的主体为一般主体,即任何达到负刑事责任年龄并具有刑事责任能力的自然人,无论是中国人、外国人,还是无国籍人,均可以成为本罪的主体;而叛逃罪的主体则只能是特殊主体。②犯罪客观方面的行为不同。本罪表现为行为人实行了参加间谍组织或者接受间谍组织及其代理人的任务,或者为敌人指示轰击目标的行为;而叛逃罪则表现为叛逃境外或者在境外叛逃的行为。注意,国家机关工作人员叛逃后又参加间谍组织或接受间谍任务的,成立叛逃罪与间谍罪,数罪并罚。

(三) 间谍罪的刑事责任

依照《刑法》第112条、第113条第1款的规定,犯本罪的,处10年以上有期徒刑或者无期徒刑;情节较轻的,处3年以上10年以下有期徒刑;对国家和人民危害特别严重、情节特别恶劣的,可以判处死刑。依照《刑法》第56条、第113条第2款的规定,犯本罪的,可以并处没收财产;应当附加剥夺政治权利。

十一、为境外窃取、刺探、收买、非法提供国家秘密、情报罪

(一)为境外窃取、刺探、收买、非法提供国家秘密、情报罪的概念和特征

为境外窃取、刺探、收买、非法提供国家秘密、情报罪,是指为境外的机构、组织、人员窃取、刺探、收买、非法提供国家秘密或情报的行为。

(1)本罪侵犯的客体是中华人民共和国国家安全。

(2)本罪在客观方面表现为为境外机构、组织人员窃取、刺探、收买、非法提供国家秘密或者情报的行为。窃取,是指通过盗取文件或者使用计算机、电磁波、照相机等方式取得国家秘密或者情报;刺探,是指使用探听或者一定的侦察技术获取国家秘密或者情报;收买,是指利用金钱、物质或其他利益换取国家秘密或者情报;非法提供,是指违反法律规定,将国家秘密、情报直接或者间接使境外机构、组织或者个人知悉,通过互联网将国家秘密或者情报非法发送给境外的机构、组织、个人的,属于非法提供。行为的对象是国家秘密或者情报。国家秘密是指关系国家安全和利益,依法确定的在一定时间内只限一定范围内的人员知悉的事项。国家秘密分为绝密、机密与秘密三个密级。情报,是指关系国家安全和利益、尚未公开或者依照有关规定不应公开的事项。

(3)本罪主体为一般主体,即凡年满16周岁并具备刑事责任能力的中国公民,外国人、无国籍人不构成本罪。

(4)本罪在主观方面表现为故意。

（二）为境外窃取、刺探、收买、非法提供国家秘密、情报罪的认定

（1）本罪与非罪行为的界限。首先，应查明行为人所窃取、刺探、收买、非法提供的是否属于国家秘密或者情报的范围，不能把一切未公开的情况、信息都列入国家秘密或者情报的范围。其次，应与正常的信息、情报交流区别开，根据《保守国家秘密法》的规定，在对外交往与合作中经国家有关部门依照法定程序审批，与境外机构、组织、人员互换情报、交流资料和信息，是合法行为。

（2）本罪与间谍罪的界限。二者的主要区别表现在行为方式上。本罪的行为方式表现为为境外的机构、组织、人员窃取国家秘密或者情报；而间谍罪的行为为参加间谍组织或者接受间谍组织及其代理人的任务，或者为敌人指示轰击目标。如果行为人接受间谍组织及其代理人的任务而实施本罪的行为的，应按牵连犯的处理原则，择一重罪论处。如果行为人不是接受间谍组织及其代理人的任务而为境外机构、组织、人员窃取、刺探、收买、非法提供国家秘密或者情报的，则构成本罪。

（三）为境外窃取、刺探、收买、非法提供国家秘密、情报罪的刑事责任

依照《刑法》第111条、第113条第1款的规定，犯本罪的，处5年以上10年以下有期徒刑；情节特别严重的，处10年以上有期徒刑或者无期徒刑；情节较轻的，处5年以下有期徒刑、拘役、管制或者剥夺政治权利；对国家和人民危害特别严重、情节特别恶劣的，可以判处死刑。依照《刑法》第56条、第113条第2款的规定，犯本罪的，可以并处没收财产；应当附加剥夺政治权利。

十二、资敌罪

（一）资敌罪的概念和特征

资敌罪，是指战时供给敌人武器装备、军用物资资敌的行为。

本罪侵犯的客体是人民民主专政的政权和社会主义制度。客观方面表现为向敌人提供武器装备或者军用物资的行为。所谓战时，根据《刑法》第451条的规定，是指国家宣布进入战争状态、部队受领作战任务或者遭敌突然袭击时。部队执行戒严任务或者处置突发性暴力事件时，以战时论。主体为一般主体，即凡年满16周岁并具备刑事责任能力的中国公民。但构成本罪主体的只能是我国公民，外国人、无国籍人不能成为本罪主体。主观方面为故意。

（二）资敌罪的刑事责任

依照《刑法》第112条、第113条第1款的规定，犯本罪的，处10年以上有期徒刑或者无期徒刑，情节较轻的，处3年以上10年以下有期徒刑；对国家和人民危害特别严重、情节特别恶劣的，可以处死刑。依照《刑法》第56条、第113条第2款的规定，犯本罪的，可以并处没收财产；应当附加剥夺政治权利。

第二十二章　危害公共安全罪

相对于危害国家安全罪这类国事犯罪而言，刑法分则第二章至第十章规定的犯罪，属于普通犯罪。其中，危害公共安全罪危害的是社会的公共安全，其社会危害程度仅次于危害国家安全罪，因此这类犯罪紧随危害国家安全罪之后，而位列各类普通犯罪之首。

第一节　危害公共安全罪概述

一、危害公共安全罪的概念和特征

危害公共安全罪，是指故意或者过失地实施危害不特定或者多数人的生命、健康或者重大公私财产安全的行为。本类犯罪的主要特征是：

（1）本类犯罪侵犯的客体是公共安全。公共安全，是指不特定或多数人的生命、健康或重大公私财产的安全。“不特定”是相对于“特定”而言的，是指犯罪行为可能侵害的对象和可能造成的危害结果事先无法确定，行为人对此既无法具体预料也难以实际控制。“多数”，是指相对于其他犯罪只能危害到少数对象而言。例如在公共交通工具上安放爆炸装置，可能造成乘车的多人伤亡；在河流水源中投毒，可能会使饮用该水的无数人畜中毒死亡等。如果犯罪行为指向特定的人身或者财产，而不直接危及不特定或者多数人的生命、健康和重大公私财产的安全，则不构成危害公共安全罪，而应当分别属于侵犯人身权利或者侵犯财产的犯罪。

应当注意，行为人的具体行为是否构成危害公共安全罪，不能以行为人主观上有无确定的侵犯对象或者侵犯目标作为依据，不能以行为是否产生实际的严重后果作为依据，而应当以行为是否可能在一定条件下具有产生不特定严重后果的可能性和危险性来认定，应当根据行为在客观上是否有危害公共安全的本质属性来具体认定，如邪教人员以自焚、自爆或者以其他危险方法危害公共安全的，以放火罪、爆炸罪、以危害方法危害公共安全罪定罪处罚。[①]如果行为人所侵害的是特定对象，并且有意识地把损害结果控制在特定对象的范围内，没有并且实际上也不可能造成不特定多数人的伤亡、公共财产或其他公共安全利益的重大损失的，即使行为人采取了通常属于危害公共安全的方法，如放火、投毒等，也不应当认定为本章所规定的危害公共安全犯罪。

（2）本类犯罪在客观方面表现为实施危害公共安全的行为。可以是作为，也可以是不作为。例如放火罪，既可以用直接点燃的作为方式实施；也可以是在有发生火灾危险时，有责任并有能力防止而不防止，故意使火灾发生的不作为方式构成。危害公共安全罪除了过失犯罪

①参见2017年1月25日最高人民法院、最高人民检察院《关于办理组织、利用邪教组织破坏法律实施等刑事案件适用法律若干问题的解释》。

必须要求有危害结果发生外，对于故意危害公共安全的犯罪行为，一般不要求造成实际的危害结果，而只要是"足以"危害公共安全的，即可构成犯罪既遂。

(3)本类犯罪的主体多数是一般主体，但也有少数是特殊主体，这里的特殊主体，包括国家工作人员以及其他业务上、职务上的特定人员。例如重大飞行事故罪，其主体只能是航空人员；而铁路运营安全事故罪的主体只能是铁路职工等。本章所规定的某些犯罪的主体可以是已满14岁不满16岁的未成年人，如放火罪、爆炸罪等。

(4)本类犯罪在主观方面可能是故意，也可能是过失。有些罪只能由故意构成，例如劫持航空器罪、非法制造、买卖、运输、邮寄、储存枪支、弹药、爆炸物罪等；有些罪只能由过失构成，例如重大飞行事故罪、消防责任事故罪、交通肇事罪等。

二、危害公共安全罪的种类

危害公共安全罪共有52个罪名。本章犯罪具体可以划归五类：

(1)以危险方法危害公共安全的犯罪。包括放火罪，决水罪，爆炸罪，投放危险物质罪，以危险方法危害公共安全罪，失火罪，过失决水罪，过失投放危险物质罪，过失爆炸罪，过失以危险方法危害公共安全罪。

(2)破坏特定设施、设备的犯罪。包括破坏交通工具罪，破坏交通设施罪，破坏电力设备罪，破坏易燃易爆设备罪，破坏广播电视设施、公用电信设施罪，过失损坏交通工具罪，过失损坏交通设施罪，过失损坏电力设备罪，过失损坏易燃易爆设备罪，过失损坏广播电视设施、公用电信设施罪。

(3)实施暴力、恐怖活动危害公共安全的犯罪。包括组织、领导、参加恐怖组织罪，帮助恐怖活动罪，准备实施恐怖活动罪，宣扬恐怖主义、极端主义煽动实施恐怖活动罪，利用极端主义破坏法律实施罪，强制穿戴宣扬恐怖主义、极端主义服饰、标志罪，非法持有宣扬恐怖主义、极端主义物品罪，劫持航空器罪，劫持船只、汽车罪，暴力危及飞行安全罪。

(4)以枪支、弹药、爆炸物、危险物质为对象的犯罪，包括非法制造、买卖、运输、邮寄、储存枪支、弹药、爆炸物罪，非法制作、买卖、运输、储存危险物质罪，违规制造、销售枪支罪，盗窃、抢夺枪支、弹药、爆炸物、危险物质罪，抢劫枪支、弹药、爆炸物、危险物质罪，非法持有、私藏枪支、弹药罪，非法出租、出借枪支罪，丢失枪支不报罪，非法携带枪支、弹药、管制刀具、危险物品危及公共安全罪。

(5)重大安全事故的犯罪，包括重大飞行事故罪，铁路运营安全事故罪，交通肇事罪，危险驾驶罪，重大责任事故罪，强令违章冒险作业罪，重大劳动安全事故罪，大型群众性活动重大安全事故罪，危险物品肇事罪，工程重大安全事故罪，教育设施重大安全事故罪，消防责任事故罪，不报、谎报安全事故罪。

第二节 危害公共安全罪罪名分述

一、放火罪

(一)放火罪的概念和特征

放火罪,是指故意放火焚烧公私财物,危害公共安全的行为。

(1)本罪侵犯的客体是公共安全。对于放火烧毁自己的财物是否定放火罪要作具体分析。如果放火行为不足以危害公共安全的,不应认为是放火罪;如果放火行为足以危害公共安全的,应以放火罪论处。

(2)本罪在客观方面表现为行为人实行了危害公共安全的放火行为。所谓放火,是指故意使用引火物或其他方法使物品燃烧的行为。放火的方式,既可以是作为的方式,如利用各种引火物直接把焚烧对象点燃的行为;也可以是不作为的方式,如负有防火义务的油区安全员,发现油区有着火的危险,能够采取措施防止而不防止,导致火灾发生的行为。

(3)本罪的主体是一般主体,即任何已满14周岁、具有辨认和控制自己行为能力的自然人。

(4)本罪主观方面是故意,即行为人明知自己的放火行为会危害公共安全,并且希望或者放任这种结果的发生。

(二)放火罪的认定

(1)本罪与故意杀人罪、故意伤害罪的界限。如果行为人以放火为手段杀人、伤人,不足以危害公共安全的,只能构成故意杀人罪、故意伤害罪;如果行为人虽以放火为手段杀人、伤人,但同时可能造成火灾危害公共安全的,应以放火罪论处。

(2)本罪与故意毁坏财物罪的界限。放火焚烧公私财物,危害公共安全的,构成放火罪;如果不危害公共安全的,则构成故意毁坏财物罪。

(3)本罪既遂与未遂的界限。对于放火罪的既遂与未遂问题,理论界有不同的观点。(1)点火说。认为只要行为人一实施放火行为,即使没点着,也构成既遂;(2)独立燃烧说。认为当放火行为导致目的物在离开媒介物的情况下也能独立燃烧时,就是既遂。(3)烧毁说。认为目的物被烧毁或者目的物的重要部分由于被燃烧而丧失效用时就是既遂。当前的通说是独立燃烧说。我们认为这种观点是正确的。因为根据通行见解,认定某一犯罪行为是否既遂,应看行为是否已经齐备了刑法分则对该罪规定的构成要件。要件齐备的,即使没有达到行为人预期的犯罪目的,也应认为是既遂。对于放火罪来说,只要行为人已将放火行为实施完毕,即行为人已经将目的物点着并开始独立燃烧,就已经齐备了《刑法》第114条对放火罪规定的全部构成要件与要素,而构成既遂。如果使对象物的燃烧的行为足以危害公共安全,只是由于意志以外的原因没有达到独立燃烧程度的,可视为放火罪的未遂。

(三)放火罪的刑事责任

依照《刑法》第114条、第115条的规定,犯本罪,尚未造成严重后果的,处3年以上10年以下有期徒刑;致人重伤、死亡或者使公私财产遭受重大损失的,处10年以上有期徒刑、无期徒刑或者死刑。

二、决水罪

决水罪,是指故意决水,制造水患,危害公共安全的行为。这是一种使用危险方法危害公共安全的犯罪。本罪侵犯的客体是公共安全。本罪在客观方面表现为实施危害公共安全的决水行为。

本罪的主体为一般主体,即年满16周岁并具有刑事责任能力的人均可构成。本罪在主观方面表现为故意,包括直接故意和间接故意。即行为人明知其决水行为会危害公共安全,并且希望或者放任危害公共安全的结果发生。

依照《刑法》第114条、第115条的规定,犯本罪,尚未造成严重后果的,处3年以上10年以下有期徒刑;致人重伤、死亡或者使公私财产遭受重大损失的,处10年以上有期徒刑、无期徒刑或者死刑。

三、爆炸罪

爆炸罪,是指故意用爆炸的方法,杀死杀伤不特定多人、毁坏重大公私财物,危害公共安全的行为。

本罪侵犯的客体是公共安全,即不特定或者多数人的生命、健康或者重大公私财产的安全。本罪在客观方面表现为对公私财物或人身实施爆炸,危害公共安全的行为。爆炸物品,包括炸弹、手榴弹、地雷、炸药(包括黄色炸药、黑色炸药和化学炸药)、雷管、导火索、雷汞、雷银等起爆器材等。本罪的主体为一般主体,已满14周岁以上,具有刑事责任能力的自然人,均可以成为本罪主体。本罪在主观方面表现为故意,包括直接故意和间接故意。犯罪动机如何不影响本罪的成立。

依照《刑法》第114条、第115条的规定,犯本罪,尚未造成严重后果的,处3年以上10年以下有期徒刑;致人重伤、死亡或者使公私财产遭受重大损失的,处10年以上有期徒刑、无期徒刑或者死刑。

四、投放危险物质罪

(一)投放危险物质罪的概念和特征

投放危险物质罪是指故意投放毒害性、放射性、传染病病原体等物质的危险方法危害公共安全的行为。

本罪侵害的客体是公共安全,即不特定或者多数人的生命、健康或重大公私财产的安全。客观方面表现为用投放毒害性、放射性、传染病病原体等物质,危害公共安全的行为。所谓危险物质,是指毒害性、放射性、传染病病原体等物质。本罪的具体行为可以是作为,也可以是不作为。主体为一般主体。根据刑法第17条第2款规定，已满14周岁不满16周岁的人犯投放危险物质罪，危害公共安全的，应当负刑事责任。主观方面表现为故意。动机可以是各种各样，但不同的动机并不影响定罪。

（二）投放危险物质罪的认定

（1）区分投放危险物质罪与一般投放危险物质行为。投放危险物质行为如果只是指向特定的少量的禽畜等，并有意识地将损害结果限制在这个局部范围内，不足以危害公共安全的，不应以投放危险物质罪处理。

（2）投放危险物质罪与投放虚假危险物质罪的区别。投放虚假危险物质的行为对公共安全本质上不构成危害，与本罪侵犯的客体不同，因此不属于本类犯罪，属于扰乱社会公共秩序的犯罪。

（3）投放危险物质罪既遂与未遂的界限。本罪属于危险犯，行为人实施投放危险物质的行为，出现危险状态，足以危害公共安全，即便尚未造成严重后果，也构成投放危险物质罪的既遂。

（三）投放危险物质罪的刑事责任

依照《刑法》第114条、第115条的规定，犯本罪的，处以3年以上10年以下有期徒刑；致人重伤或者死亡或者使公私财产遭受重大损失的，处10年以上有期徒刑、无期徒刑或者死刑。

五、以危险方法危害公共安全罪

（一）以危险方法危害公共安全罪的概念和特征

以危险方法危害公共安全罪是指故意以放火、决水、爆炸、投放危险物质以外的其他危险方法危害公共安全的行为。

本罪侵害的客体是公共安全。客观方面表现为以放火、决水、爆炸、投放危险物质以外的其他的危害公共安全的方法危害公共安全的行为。如行为人黎某某醉酒后驾驶机动车冲撞人群，致二人死亡、一人轻伤，其行为构成以危险方法危害公共安全罪[①]；又如乘客在公共交通工具行驶过程中，抢夺方向盘、变速杆等操纵装置，殴打、拉拽驾驶人员，或者有其他妨害安全驾驶行为，危害公共安全的，以危险方法危害公共安全罪定罪处罚。[②]主体为一般主体，即年满16周岁并具有刑事责任能力的自然人。主观方面是故意。但是如果是过失，可以构成过失以危险方法危害公共安全罪。

（二）以危险方法危害公共安全罪的认定

1. 其他危险方法的认定。①行为必须危及到公共安全。其他危险方法与放火、决水、爆

---

① 参见黎某某以危险方法危害公共安全案，载《刑事审判参考》2013年第5辑（总第94辑）。

②参见2019年1月8日最高人民法院、最高人民检察院公安部《关于依法惩治妨害公共交通工具安全驾驶违法犯罪行为的指导意见》（公通字[2019]1号）。

炸、投放危险物质等犯罪方法均具有一个共同的特征，即危害公共安全。这是本罪的本质特征，是行为能够以本罪定罪的前提条件。②其他危险方法要与放火、决水、爆炸、投放危险物质等在性质、方法、手段、危险性上具有相当性。而且其他危险方法仅限于与放火、决水、爆炸、投放危险物质相当的方法，而不是泛指任何具有危害公共安全性质的方法。③如果某种行为符合其他犯罪的构成要件，应尽量认定为其他犯罪，不宜认定为本罪。如在公共场所故意驾车撞人或者开枪射击的，宜认定为故意杀人罪，不宜认定为本罪。

2. 其他危险方法的种类。理论界与司法实践对其他危险方法作了一些总结，较为普遍地认为下列行为属于其他危险方法：①破坏矿井通风设备，危害公共安全的。②私拉电网，危害公共安全的。③在火灾现场破坏消防设施或者器材，危害公共安全的。④故意传播突发性传染病病原体，危害公共安全的。⑤邪教组织人员以自焚、自爆或者其他危险方法危害公共安全的。(6)醉酒驾车造成重大人员伤亡的[①]。

（三）以危险方法危害公共安全罪的刑事责任

依照《刑法》第114条、第115条的规定，犯本罪，尚未造成严重后果的，处3年以上10年以下有期徒刑；致人重伤、死亡或者使公私财产遭受重大损失的，处10年以上有期徒刑、无期徒刑或者死刑。

六、失火罪

失火罪是指由于过失引起火灾，危害公共安全，造成严重后果的行为。

本罪侵犯的客体是公共安全，即不特定或者多数人的生命、健康或重大公私财产的安全。客观方面表现为行为人实施引起火灾，造成严重后果的危害公共安全行为。主体为一般主体，即年满16周岁并具有刑事责任能力的自然人。主观方面为过失。既可出于疏忽大意的过失，即行为人应当预见自己的行为可能引起火灾，因为疏忽大意而未预见，致使火灾发生；也可出于过于自信的过失，即行为人已经预见自己的行为可能引起火灾，由于轻信火灾能够避免，结果发生了火灾。实践中有的案件行为人对导致火灾的行为是明知故犯的，如明知在特定区域内禁止吸烟却禁而不止等，但对火灾危害结果既不希望，也不放任其发生。这种案件应定为失火罪。行为人对于火灾的发生，主观上具有过失，是其负刑事责任的主观根据。如果查明火灾是由于不可抗拒或不能预见的原因所引起，如雷击、地震等引起的火灾，则属于意外事故，不涉及犯罪问题。

依照《刑法》第115条第2款的规定，犯本罪的，处3年以上7年以下有期徒刑；情节较轻的，处3年以下有期徒刑或者拘役。

七、过失决水罪

过失决水罪是指过失造成水患，危害公共安全，造成严重后果的行为。客观方面表现为造成水患，危害公共安全，致人重伤、死亡或者使公私财产遭受重大损失。主观方面为过失，包括疏忽大意的过失与过于自信的过失。

---

① 参见2009年9月11日最高人民法院《关于印发醉酒驾车法律适用问题指导意见以及相关典型案例的通知》。

依照《刑法》第115条第2款的规定,犯本罪的,处3年以上7年以下有期徒刑;情节较轻的,处3年以下有期徒刑或者拘役。

八、过失爆炸罪

过失爆炸罪,是指因过失引起爆炸,危害公共安全,造成严重后果的行为。过失爆炸行为的具体表现形式多种多样,但其共同特点都是由于行为人在日常生活中不注意安全引起的。如在易燃易爆物品仓库中乱扔烟头,引起爆炸等。从行为方式看,过失爆炸行为,既可以是作为,也可以是不作为。不作为方式的过失爆炸罪,行为人必须负有特定的义务。

依照《刑法》第115条第2款的规定,犯本罪的,处3年以上7年以下有期徒刑;情节较轻的,处3年以下有期徒刑或者拘役。

九、过失投放危险物质罪

过失投放危险物质罪,是指由于过失投放危险物质,造成严重后果,危害公共安全的行为。本罪在客观方面表现为实施了投放毒害性、放射性、传染病病原体等物质,致人重伤、死亡或者公私财产遭受重大损失,危害公共安全的行为。本罪的主体为一般主体,必须年满16周岁并具有刑事责任能力的自然人。主观方面是过失,包括过于自信的过失和疏忽大意的过失。

依照《刑法》第115条第2款的规定,犯本罪的,处3年以上7年以下有期徒刑;情节较轻的,处3年以下有期徒刑或者拘役。

十、过失以危险方法危害公共安全罪

过失以危险方法危害公共安全罪是指行为人以与失火、过失决水、爆炸、投放危险物质等危害性相当的其他危险方法,导致重伤、死亡或公私财产的重大损失,危害公共安全的行为。

本罪侵犯的客体是社会公共安全。客观方面表现为实施以其他危险方法危害公共安全,造成严重后果的行为,必须同时具备下三个特征:①行为人实施了以其他危险方法,即除失火、过失决水、爆炸、投放危险物质以外的并与之相当的危险方法,危害公共安全的行为。②已经造成了危害公共安全的严重后果,致不特定的多数人重伤、死亡或者使公私财产遭受严重损失。③严重后果必须是以其他危险方法危害公共安全的行为所造成。主体是一般主体,即年满16周岁并具有刑事责任能力的自然人。主观方面表现为过失,包括过于自信的过失和疏忽大意的过失。

依照《刑法》第115条第2款的规定,犯本罪的,处3年以上7年以下有期徒刑;情节较轻的,处3年以下有期徒刑或者拘役。

十一、破坏交通工具罪

(一)破坏交通工具罪的概念和特征

破坏交通工具罪,是指故意破坏火车、汽车、电车、船只、航空器,足以使之发生倾覆、毁坏危险，危害公共安全的行为。

（1）本罪侵犯的客体是交通运输安全。本罪的对象是正在使用中的火车、汽车、电车、船只、航空器五种大型交通运输工具。所谓“正在使用中的交通工具”，包括正在运行中的交通工具，也包括虽处于停放状态但已经交付使用，随时都可开动从事交通运输的交通工具。作为本罪对象的交通工具应当具有以下特点：其一，该工具的使用目的必须是为了交通运输。其二，针对该工具的破坏行为会危及公共安全。其三，破坏交通工具罪中的“交通工具”具有法定性，只限于《刑法》第116条中规定的五种交通工具，即火车、汽车、电车、船只、航空器。刑法理论一般对其中的“汽车”做扩大解释，即包括用作交通运输的大型拖拉机。破坏自行车、人力三轮车、马车等非机动交通工具的，由于一般不足以危害公共安全，故不构成本罪。

（2）本罪在客观方面表现为破坏正在使用的火车、汽车、电车、船只、航空器，足以使其发生倾覆、毁坏危险的行为。首先，行为人必须实施了破坏交通工具的行为。其次，破坏的结果必须是足以使火车、汽车、电车、船只、航空器发生倾覆、毁坏的危险。倾覆，是指使汽车、电车翻车，火车脱轨，船只翻沉，飞机坠落等。毁坏，是指烧毁、炸毁、坠毁，或者造成其他无法修复的严重破坏，它不是指任何局部的损害，而是指使交通工具完全毁坏，或者是严重毁坏而不能安全行驶。构成本罪，不要求已经发生了交通工具倾覆或者毁坏的结果，只要产生了足以使交通工具发生倾覆或者毁坏的危险即可。

（3）本罪的主体为一般主体，即年满16周岁并具有刑事责任能力的自然人。

（4）本罪主观方面为故意，包括直接故意与间接故意。动机如何不影响本罪的成立。

（二）破坏交通工具罪的认定

（1）本罪与故意毁坏财物罪的界限。故意毁坏财物罪的对象可以是交通工具，因而应注意区分这种犯罪与破坏交通工具罪的界限。不同之处主要有：故意毁坏财物罪侵犯的客体是公私财物的所有权，而本罪侵犯的客体则是交通运输安全；本罪的对象必须是正在使用中的交通工具，而故意毁坏财物罪则无此限制。因此，如果毁坏行为不影响交通工具的安全行驶，则应以故意毁坏财物罪论处；反之，则应以破坏交通工具罪处理。

（2）本罪与盗窃罪的界限。盗窃罪的对象可以是交通工具，因而应注意区分这种犯罪与破坏交通工具罪的界限。不同之处主要有：盗窃罪侵犯的客体是公私财物的所有权，而本罪侵犯的客体则是交通运输安全；本罪的对象必须是正在使用中的交通工具，而盗窃罪则无此限制。在窃取交通工具的重要部件而破坏交通工具，足以使其发生倾覆、毁坏危险时，其行为属于盗窃罪与破坏交通工具罪的想象竞合犯，以一重罪从重处罚。如对象不属于正在使用中的交通工具，即使窃取了交通工具的重要部件，或者虽属于正在使用中的交通工具，但是不影响交通运输运行安全的，不构成本罪。

（3）本罪与放火罪、爆炸罪的界限。使用放火、爆炸的手段破坏交通工具的安全与放火罪、爆炸罪犯罪手段相同，而且都危害公共安全。其主要区别在于，本罪的犯罪对象是正在使用的火车、汽车、电车、船只、航空器等交通工具，放火罪、爆炸罪侵害的对象则是上述交通工具以外的其他公私财物和不特定多数人的人身和财产安全。为了保证交通运输安全，刑法将正在使用的交通工具作为特殊保护对象加以规定，因此行为人无论采用何种手段破坏交通工具，只要足以使之发生倾覆、毁坏危险，因而危害交通运输安全，均以破坏交通工具罪论处。如果行为人使用放火、爆炸的手段破坏未交付使用的交通工具,则应以放火罪或爆炸罪定罪。

(三)破坏交通工具罪的刑事责任

依照《刑法》第116条、第119条的规定,犯本罪,尚未造成严重后果的,处3年以上10年以下有期徒刑;已经造成严重后果的,处10年以上有期徒刑、无期徒刑或者死刑。

十二、破坏交通设施罪

(一)破坏交通设施罪的概念和特征

破坏交通设施罪,是指故意破坏轨道、桥梁、隧道、公路、机场、航道、灯塔、标志或者进行其他破坏活动,足以使火车、汽车、电车、船只、航空器发生倾覆、毁坏危险,或者已经造成严重后果,危害公共安全的行为。

(1)本罪侵犯的客体是交通运输安全,破坏的对象是正在使用中的直接关系交通运输安全的交通设施。交通设施可以分为以下五种:一是正在使用的铁路干线、支线、地方铁路、专用铁路线路、地下铁路和随时可能投入使用的备用线以及线路上的隧道、桥梁和用于指示车辆行驶的信号标志等;二是用于公路运输的公路干线及支线,包括高速公路、国道、省道、地方公路以及线路上的隧道、桥梁、信号和重要标志等;三是用于飞机起落的军用机场、民用机场的跑道、停机坪以及用于指挥飞机起落的指挥系统,用于导航的灯塔、标志等;四是用于船只航行的内河、内湖航道,我国领海内的海运航道、导航标志和灯塔等;五是用于运输、旅游、森林采伐的空中索道及设施等。

(2)本罪在客观方面表现为使用各种方法破坏轨道、桥梁、隧道、公路、机场、航道、灯塔、标志,或者进行其他破坏活动,足以使火车、汽车、电车、航只、航空器发生倾覆、毁坏危险的行为。

(3)本罪的主体为一般主体,即年满16周岁并具有刑事责任能力的自然人。

(4)主观方面表现为故意,包括直接故意和间接故意,即行为人明知破坏交通设施会造成交通工具倾覆、毁坏危险,并且希望或者放任这种危险状态的发生的心理态度。

(二)破坏交通设施罪的认定

(1)破坏交通设施罪与盗窃罪的界限。在司法实践中,出于非法占有的目的,盗窃交通设施,从而严重危害交通运输安全的犯罪,与盗窃罪容易混淆。两者虽然都是以非法占有为目的窃取财物,但前者盗窃的不是一般公共财物,而是正在使用中关系到交通运输安全的设施,这种盗窃行为,不仅侵犯财产关系,而且严重危害交通运输安全;同时行为人对其行为可能造成交通工具倾覆或者毁坏的危险大多采取放任态度,即表现为间接故意。因此,这种行为既是盗窃罪,又是破坏交通设施罪,应当按一个重罪即破坏交通设施罪定罪判刑。

(2)本罪与破坏交通工具罪的区分。破坏交通设施罪和破坏交通工具罪都是危害交通运输安全的犯罪,两者的主要区别在于侵犯的对象不同。破坏交通设施罪侵犯的对象是正在使用中的轨道、桥梁、隧道、公路、机场、航道、灯塔、标志等保证交通工具正常行驶的交通设施,通过破坏这些交通设施来达到引起火车、汽车等交 通工具发生倾覆、毁坏危险；而破坏交通工具罪侵犯的对象则直接指向正在使用中的火车、汽车、电车、船只、航空器等交通工具本身，通过破坏交通工具本身，来引起交通工具发生倾覆、毁坏危险。由于交通设备与交通工具之间的相互依存关系，破坏交通设施往往引起交通工具的倾覆、毁坏，而且这种危害结果的发生通常是行为人所追求的目的；同样，破坏交通工具也常引起交通设备被破坏。在这种情况下，是定破坏交通设施罪，还是定破坏交通工具罪，要视行为的直接指向而定。如果行为指向交通设施，直接破坏交通设备，应定破坏交通设施罪。其所引起的交通工具的倾覆、毁坏，应视为破坏交通设施，造成严重后果，适用刑法第119条规定的破坏交通设施罪的结果加重条文。如果行为指向交通工具，直接破坏交通工具，应定破坏交通工具罪，其所引起的对交通设备的破坏，也应视为破坏交通工具，造成严重后果的情况。

（三）破坏交通设施罪的刑事责任

依照《刑法》第117条、第119条的规定，犯本罪，尚未造成严重后果的，处3年以上10年以下有期徒刑；造成严重后果的，处10年以上有期徒刑、无期徒刑或者死刑。

十三、破坏电力设备罪

破坏电力设备罪是指故意破坏使用中的电力设备，危害公共安全的行为。

本罪所侵犯的客体属于公共安全。犯罪对象是正在使用中的电力设备。所谓电力设备，是指用于发电、供电、输电、变电的各种设备，上述电力设备还必须正在使用中。客观方面表现为行为人实施了破坏正在使用中的电力设备的行为。本罪的主体为一般主体，即年满16周岁并具有刑事责任能力的自然人。主观方面为故意，包括直接故意和间接故意。注意，盗窃电力设备，危害公共安全，但不构成盗窃罪的，以破坏电力设备罪定罪处罚；同时构成盗窃罪和破坏电力设备罪的，依照刑法处罚较重的规定定罪处罚。[①]

依照《刑法》第118条、第119条的规定，犯本罪，尚未造成严重后果的，处3年以上10年以下有期徒刑；造成严重后果的，处10年以上有期徒刑、无期徒刑或者死刑。

十四、破坏易燃易爆设备罪

破坏易燃易爆设备罪，是指故意破坏燃气或者其他易燃易爆设备，危害公共安全的行为。

本罪所侵犯的客体是公共安全。犯罪对象是正在使用中的燃气或其他易燃易爆设备。燃气设备，是指生产、储存、输送诸如煤气、液化气、石油气、天然气等燃气的各种机器或设施，包括制造系统的燃气发生装置，如煤气发生炉，净化系统的燃气净化装置，输送系统的输送设备如排送机器、输送管道以及贮存设备如储气罐等。其他易燃易爆设备，则是指除电力、燃气设备以外的其他用于生产、贮存和输送易燃易爆物质的设备，如石油、化工、炸药方面的油井、油库、贮油罐、石油输送管道、液化石油罐、汽油加油站以及酒精、煤油、丙酮、炸药、火药等易燃易爆物品的生产、贮存、运送设备等。本罪在客观方面表现为使用各种方法破坏电力、

---

①参见2007年8月15日最高人民法院《关于审理破坏电力设备刑事案件应用法律若干问题的解释》。

燃气或者其他易燃易爆设备，足以危害公共安全的行为。主体是一般主体，即年满16周岁并具有刑事责任能力的自然人。主观方面表现为故意，包括直接故意和间接故意。

依照《刑法》第118条、第119条的规定，犯本罪，尚未造成严重后果的，处3年以上10年以下有期徒刑；造成严重后果的，处10年以上有期徒刑、无期徒刑或者死刑。

十五、过失损坏交通工具罪

过失损坏交通工具罪是指由于过失而引起火车、汽车、电车、船只、航空器遭受严重破坏，造成严重后果的行为。

本罪侵犯的客体是交通运输安全。侵害的对象是正在使用的火车、汽车、电车、船只、航空器等大型现代化交通工具。在客观方面表现为实施使火车、汽车、电车、船只、航空器遭受破坏，并造成严重后果的行为。这种行为通常表现为行为人不谨慎，无意中造成交通工具的破坏。例如，趁司机不在，随意摆弄汽车，无意中将刹车弄坏。如果是交通运输人员在驾驶交通工具中违反规章制度，过失引起交通工具倾覆或毁坏，造成重大事故，虽危害了交通运输安全，也不构成本罪，应以交通肇事罪论处。主体为一般主体，即年满16周岁并具有刑事责任能力的自然人。主观方面为过失，包括疏忽大意的过失和过于自信的过失。

依照《刑法》第119条的规定，犯本罪的，处3年以上7年以下有期徒刑；情节较轻的，处3年以下有期徒刑或者拘役。

十六、过失损坏交通设施罪

过失损坏交通设施罪，是指过失损坏轨道、桥梁、隧道、公路、机场、航道、灯塔、标志等交通设施，危害公共安全，致使火车、汽车、电车、船只、航空器倾覆或毁坏，造成严重后果的行为。本罪侵犯的客体是交通运输安全。客观方面表现为实施损坏上述交通设施，危害公共安全，致使火车等交通工具倾覆或毁坏，造成严重后果的过失行为。本罪的主体为一般主体，即年满16周岁并具有刑事责任能力的自然人。主观方面为过失，包括过于自信的过失和疏忽大意的过失。

依照《刑法》第119条的规定，犯本罪的，处3年以上7年以下有期徒刑；情节较轻的，处3年以下有期徒刑或者拘役。

十七、过失损坏电力设备罪

过失损坏电力设备罪，是指行为人因疏忽大意或者过于自信造成电力设备的损坏，致电力的发生、传输、使用发生故障或者处于停止状态，危害公共安全的行为。

本罪侵犯的客体是公共安全。客观方面表现为实施了损坏电力设备，致使电力的发生、传输、使用发生故障或者处于停止状态，危害公共安全的行为。本罪的主体为一般主体，即年满16周岁并具有刑事责任能力的自然人。主观方面为过失，包括过于自信的过失和疏忽大意的过失。

依照《刑法》第119条的规定，犯本罪的，处3年以上7年以下有期徒刑；情节较轻的，处3年以下有期徒刑或者拘役。

十八、过失损坏易燃易爆设备罪

过失损坏易燃易爆设备罪，是指过失损坏燃气或者其他易燃易爆设备，危害公共安全，造成严重后果的行为。

本罪侵犯的客体是公共安全。客观方面表现为实施了损坏燃气或者其他易燃易爆设备，危害公共安全，造成严重后果的行为。主体为一般主体，即年满16周岁并具有刑事责任能力的自然人。主观方面表现为过失，包括过于自信的过失和疏忽大意的过失。

依照《刑法》第119条的规定，犯本罪的，处3年以上7年以下有期徒刑；情节较轻的，处3年以下有期徒刑或者拘役。

十九、组织、领导、参加恐怖组织罪①

（一）组织、领导、参加恐怖组织罪的概念和特征

组织、领导、参加恐怖组织罪，是指组织、领导、参加以进行恐怖活动为目的的组织的行为。主要特征是：

(1)本罪的客体是社会的公共安全。由于组织、领导和参加恐怖活动组织是以实施恐怖犯罪活动为目的，因此，是直接威胁到不特定或多人的生命、健康及财产安全，即社会的公共安全。

(2)本罪的客观方面表现为组织、领导、参加恐怖活动组织的行为。恐怖活动，是指为引起社会、民众的恐惧，专门从事杀人、伤害、投放危险物质、绑架等有组织的犯罪活动。恐怖活动组织，是指三人以上，以实施恐怖活动为目的，为长期有计划地进行恐怖活动而建立的犯罪组织。首先，组织、领导、参加的必须是恐怖组织。其次，必须实施组织、领导、参加的行为。"组织"，是指召集多人为首发起或者实施招募、雇佣、拉拢、鼓动多人成立恐怖组织的行为；"领导"，是指对恐怖组织的成立以及恐怖活动实施策划、指挥、布置和协调的行为；"参加"有积极参加和其他参加之分："积极参加"是指明知恐怖组织的性质，仍积极加入的行为，"其他参加"是指明知是恐怖组织的性质，仍然加入的行为。"参加"的成立不以履行一定的手续、仪式为必要条件。②

(3)本罪的主体是一般主体，即年满16周岁并具有刑事责任能力的自然人。

(4)本罪的主观方面是故意，应具有恐怖活动的目的，即故意组织、领导恐怖活动组织，或者明知是恐怖活动组织而参加。

（二）组织、领导、参加恐怖组织罪的认定

(1)罪与非罪的界限。本罪是一个选择性罪名，行为人只要实施组织、领导、参加恐怖组织行为之一的即构成本罪。对于参加恐怖组织罪而言，行为人必须明知是恐怖组织而自愿参加，方可构成本罪。对于那些不明真相、受骗上当而参加恐怖组织，一经发觉就表示并实际上

①本罪及本章其他涉恐类犯罪的具体认定参见2015年12月27日全国人大常委会《反恐怖主义法》和2018年最高人民法院、最高人民检察院、公安部、司法部《关于办理恐怖主义和极端主义犯罪案件适用法律若干问题的意见》。

②具体认定参见2018年5月8日最高人民法院、最高人民检察院、公安部、司法部《关于办理恐怖主义和极端主义犯罪案件适用法律若干问题的意见》。

与其脱离关系的人，则不能认定其构成参加恐怖组织罪。但是，如果行为人最初因受骗而参加恐怖组织，后来明知恐怖组织的性质仍然不退出，甚至积极进行恐怖活动的，则当然构成本罪。

（2）本罪与组织、领导、参加黑社会性质组织罪的界限。组织、领导、参加黑社会性质组织罪，是指组织、领导、参加以暴力、胁迫或者其他手段，有组织地进行违法犯罪活动，称霸一方，为非作恶，欺压、残害群众，严重破坏经济、社会生活秩序的黑社会性质的组织的行为。两罪在客观方面的行为方式非常相近，恐怖组织与黑社会性质组织都是犯罪组织，并且在人员构成、犯罪方式、活动形式等方面也非常相似。但两者有着显著区别：①类罪名不同。组织、领导、参加恐怖组织罪是危害公共安全的犯罪；而组织、领导、参加黑社会性质组织罪是破坏社会管理秩序的犯罪。②组织、领导、参加的犯罪组织不同。恐怖组织一般政治色彩较浓，具有一定的政治目的；黑社会性质组织更多是为了追求非法的经济利益，主要构成对经济、社会生活秩序的严重破坏。[①]

（三）组织、领导、参加恐怖组织罪的刑事责任

依照《刑法》第120条的规定，犯本罪，组织、领导恐怖活动组织的，处10年以上有期徒刑或者无期徒刑，并处没收财产；积极参加的，处3年以上10年以下有期徒刑，并处罚金；其他参加的，处3年以下有期徒刑、拘役、管制或者剥夺政治权利，可以并处罚金。犯本罪并实施杀人、爆炸、绑架等犯罪的，依照数罪并罚的规定处罚。

二十、帮助恐怖活动罪

（一）帮助恐怖活动罪的概念和特征

帮助恐怖活动罪，是指为恐怖活动组织或者实施恐怖活动的个人提供帮助、或者资助恐怖活动培训的行为。

本罪的客体是社会的公共安全。为恐怖组织或个人进行恐怖活动提供帮助，或者资助恐怖活动培训，使其能较顺利地实施恐怖活动，因此，帮助恐怖活动罪侵害的是公共安全。客观方面表现为帮助恐怖活动，如无偿提供资金、物资和筹集资金、物资或者主动提供恐怖组织活动的地方、资助恐怖活动培训等。《刑法修正案（九）》增加一款，为恐怖活动组织、实施恐怖活动或者恐怖活动培训招募、运送人员，按照帮助恐怖活动罪处理。主体是一般主体，可以是自然人，也可以是单位。主观方面是故意，过失不构成本罪。

（二）帮助恐怖活动罪的刑事责任

依照《刑法》第120条之一的规定，资助恐怖活动组织、实施恐怖活动的个人的，或者资助恐怖活动培训的，处5年以下有期徒刑、拘役、管制或者剥夺政治权利，并处罚金；情节严重的，处5年以上有期徒刑，并处罚金或者没收财产。为恐怖活动组织、实施恐怖活动或者恐怖活动培训招募、运送人员的，依照前款的规定处罚。单位犯本罪的，对单位判处罚金，并对

---

①具体认定参见2018年5月8日最高人民法院、最高人民检察院、公安部、司法部《关于办理恐怖活动和极端主义犯罪案件适用法律若干问题的意见》。

其直接负责的主管人员和其他直接责任人员，依照上述规定处罚。

二十一、准备实施恐怖活动罪

准备实施恐怖活动罪，是指为实施恐怖活动而实施的准备物品或工具、组织培训或积极参与培训、进行联络和策划的行为。

本罪的客体是社会的公共安全。客观方面表现为为实施恐怖活动而提供准备的行为。具体表现为：①为实施恐怖活动准备凶器、危险物品或者其他工具的；②组织恐怖活动培训或者积极参加恐怖活动培训的；③为实施恐怖活动与境外恐怖活动组织或者人员联络的；④为实施恐怖活动进行策划或者其他准备的。本罪是行为犯，只要满足上述行为之一即构成本罪，同时构成其他犯罪的，属于想象竞合犯，依照处罚较重的规定定罪处罚。主体是一般主体，即年满16周岁具有刑事责任能力的自然人。主观方面是故意，即行为人明知自己的行为是为实施恐怖活动而进行的准备活动，危害公共安全而积极为之，并且希望这种恐怖活动的结果发生。过失不构成本罪。

依照《刑法》第120条之二的规定，犯本罪的，处5年以下有期徒刑、拘役、管制或者剥夺政治权利，并处罚金；情节严重的，处5年以上有期徒刑，并处罚金或者没收财产。有前款行为，同时构成其他犯罪的，依照处罚较重的规定定罪处罚。

二十二、宣扬恐怖主义、极端主义、煽动实施恐怖活动罪

宣扬恐怖主义、极端主义、煽动实施恐怖活动罪，是指实施以制作、散发宣扬恐怖主义、极端主义的图书、音频视频资料或者其他物品，或者通过讲授、发布信息等方式宣扬恐怖主义、极端主义的，或者煽动实施恐怖活动的行为。

本罪的客体是社会的公共安全。客观方面表现为实施了以制作、散发宣扬恐怖主义、极端主义的图书、音频视频资料或者其他物品，或者通过讲授、发布信息等方式宣扬恐怖主义、极端主义的，或者煽动实施恐怖活动的行为。恐怖主义，是指某些组织或个人采取绑架、暗杀、爆炸、空中劫持、扣押人质等手段，企求实现其政治目标或某项具体要求而实施的行为；极端主义，是指为了达到个人或者小部分人的某些目的，而不惜一切后果地采取极端的手段对公众或政治领导集团进行威胁的行为。本罪是行为犯，即只要行为人实施了上述行为之一，即可构成本罪。主体是一般主体，即年满16周岁具有刑事责任能力的自然人。主观方面是故意，即行为人明知自己的行为是宣扬恐怖主义、极端主义、煽动实施恐怖活动的行为，危害公共安全而积极为之，并且希望这种结果的发生。过失不构成本罪。

依照《刑法》第120条之三的规定，犯本罪的，处5年以下有期徒刑、拘役、管制或者剥夺政治权利，并处罚金；情节严重的，处5年以上有期徒刑，并处罚金或者没收财产。

二十三、利用极端主义破坏法律实施罪

利用极端主义破坏法律实施罪，是指利用极端主义煽动、胁迫群众破坏国家法律确立的婚姻、司法、教育、社会管理等制度实施的行为。

本罪侵犯的客体是公共安全和国家法律确立的婚姻、司法、教育、社会管理等制度。客观方面表现为实施利用极端主义煽动、胁迫群众破坏国家法律确立的婚姻、司法、教育、社会管

理等制度实施的行为。主体是一般主体，即年满16周岁具有刑事责任能力的自然人。主观方面是故意，过失不构成本罪。

依照《刑法》第120条之四的规定，犯本罪的，处3年以下有期徒刑、拘役或者管制，并处罚金；情节严重的，处3年以上7年以下有期徒刑，并处罚金；情节特别严重的，处7年以上有期徒刑，并处罚金或者没收财产。

二十四、强制穿戴宣扬恐怖主义、极端主义服饰、标志罪

强制穿戴宣扬恐怖主义、极端主义服饰、标志罪，是指以暴力、胁迫等方式强制他人在公共场所穿着、佩戴宣扬恐怖主义、极端主义服饰、标志的行为。

本罪侵犯的客体是公共安全和他人人身自由。客观方面表现为以暴力、胁迫等方式强制他人在公共场所穿着、佩戴宣扬恐怖主义、极端主义服饰、标志的行为。主体是一般主体，即年满16周岁具有刑事责任能力的自然人。主观方面是故意，过失不构成本罪。

依照《刑法》第120条之五的规定，犯本罪的，处3年以下有期徒刑、拘役或者管制，并处罚金。

二十五、非法持有宣扬恐怖主义、极端主义物品罪

非法持有宣扬恐怖主义、极端主义物品罪，是指明知是宣扬恐怖主义、极端主义的图书、音频视频资料或者其他物品而非法持有，情节严重的行为。

本罪的客体是公共安全。在客观方面表现为明知是宣扬恐怖主义、极端主义的图书、音频视频资料或者其他物品而非法持有，情节严重的行为。本罪是情节犯，需情节严重才能构成犯罪。主体是一般主体，即年满16周岁具有刑事责任能力的自然人。主观方面是故意，过失不构成本罪。

依照《刑法》第120条之六的规定，犯本罪的，处3年以下有期徒刑、拘役或者管制，并处或者单处罚金。

二十六、劫持航空器罪

（一）劫持航空器罪的概念和特征

劫持航空器罪，是指以暴力、胁迫或者其他方法劫持航空器，危害航空运输安全的行为。

（1）本罪侵犯的客体是航空器运输的公共安全。犯罪对象只限于航空器，航空器作为一种现代化的交通运输工具，主要用于物资和旅客的运输，在司法实践中多为飞机。应当注意的是，这里的航空器只能是正在使用中的航空器。所谓“正在使用中”，通常认为包括三种情况：航空器装载完毕、机舱外部各门均已关闭时开始，直至打开任何一个机舱门以便卸载时为止的任何时间；如果航空器是被迫降落，在主管当局接受该机及所载人员和财产责任以前的任何时间；待飞状态的航空器。如果行为人劫持的是非使用中的航空器，不会危及航空运输安全，不能以本罪论处。只要是可载人的航空器，不管是民用航空器，还是使用于公务活动、警察、海关、军用的国家航空器，都可以成为本罪的对象。

（2）本罪在客观方面表现为以暴力、胁迫或者其他方法劫持航空器的行为。所谓暴力，是

指犯罪分子直接对航空器实施暴力袭击或采用杀害、伤害、殴打、捆绑、监禁、扣押等危害人身安全和人身自由的方法，使机组人员或者旅客不能反抗或者不敢反抗。胁迫，是指行为人以暴力相威胁，实行精神强制，使机组人员或者旅客不敢反抗。其他方法，其范围并无特别限制，是指除暴力、胁迫之外的其他使行为人实现强行控制航空器意志的方法。劫持，是指行为人按照自己的意志，实际控制航空器的行为，如强迫航空器改变飞行路线、强迫航空器改变着陆点等。

(3)本罪的主体为一般主体，即任何年满16周岁并具有刑事责任能力的自然人，既包括中国人，也包括外国人或者无国籍人。

(4)本罪主观方面只能是故意，而且只能是直接故意。

(二)劫持航空器罪的认定

(1)本罪与破坏交通工具罪的界限。本罪与以航空器为对象的破坏交通工具罪具有一定的相同之处，如犯罪主体都是一般主体，主观方面都出自故意，犯罪对象都包括正在使用中的航空器。但两者具有严格的区别：①犯罪目的不同。前者的目的在于强行控制航空器使其按自己的意志飞行，即将航空器劫持到指定的地点；后者的目的在于使航空器坠落或毁坏。②犯罪客观行为方式不同。前者是以暴力、胁迫或者其他方法劫持正在使用中的航空器，至于劫持行为是否会产生航空器坠落或毁坏的危险及是否已经使航空器坠落或毁坏，对构成本罪没有影响；后者则是通常采用秘密方法对正在使用中的航空器进行破坏，而且必须足以使航空器发生坠落、毁坏的危险或者已经坠落、毁坏。

(2)本罪既遂的认定。认定劫持航空器的行为是否构成既遂，关键看行为人实行的行为是否已经完全齐备《刑法》第121条对本罪规定的构成要件。本罪是行为犯，只要行为人着手实施了劫持航空器的行为，就构成本罪的既遂。

(三)劫持航空器罪的刑事责任

依照《刑法》第121条的规定，犯本罪的，处10年以上有期徒刑或无期徒刑；致人重伤、死亡或者使航空器遭受严重破坏的，处死刑。

二十七、劫持船只、汽车罪

劫持船只、汽车罪，是指以暴力、胁迫或者其他方法劫持船只、汽车的行为。

本罪侵犯的客体是公共安全，主要是指船只、汽车的交通运输安全和不特定或者多数旅客的生命、健康及财产安全。犯罪对象只能是船只、汽车。客观方面表现为以暴力、胁迫或者其他方法劫持船只、汽车的行为。本罪是行为犯。主体为一般主体，即年满16周岁并具备刑事责任能力的自然人。主观方面为故意，但对犯罪目的没有要求。

依照《刑法》第122条的规定，犯本罪的，处5年以上10年以下有期徒刑；造成严重后果的，处10年以上有期徒刑或者无期徒刑。

二十八、暴力危及飞行安全罪

暴力危及飞行安全罪，是指对飞行中的航空器上的人员使用暴力，危及飞行安全的行为。

本罪侵犯的客体是公共安全，即不特定或者多数人的生命、健康和重大公私财物安全。客观方面表现为行为人对飞行中的航空器上的人员使用暴力，危及飞行安全的行为。犯罪对象是航空器上的人员，行为人必须是对正在飞行中的航空器上的人员使用暴力，危及飞行安全的，才构成犯罪。行为只限于使用“暴力”，单纯的威胁行为不构成本罪。构成本罪，不以造成严重后果为要件。如果造成严重后果时，则应适用结果加重的刑罚处罚。本罪的主体为一般主体，即年满16周岁并具备刑事责任能力的自然人。主观方面为故意，包括直接故意和间接故意。

依照《刑法》第123条的规定，犯本罪的，处5年以下有期徒刑或者拘役；造成严重后果的，处5年以上有期徒刑。

二十九、破坏广播电视设施、公用电信设施罪

破坏广播电视设施、公用电信设施罪，是指故意破坏正在使用中的广播电视设施、公用电信设施，危害公共安全的行为。

本罪所侵犯的客体是通讯方面的公共安全。犯罪对象是正在使用中的广播、电视、公用电信等通讯设施。客观方面表现为破坏广播电视设施、公用电信设施，足以危害公共安全的行为。破坏方法多种多样，如拆卸或毁坏广播电视设施、公用电信设施重要机件，砸毁机器设备，偷割电线，截断电缆，挖走电线杆，故意违反操作规程，使机器设备损坏，使广播、电视、电信通讯无法进行等。故意破坏正在使用的公用电信设施尚未危害公共安全，或者故意毁坏尚未投入使用的公用电信设施，造成物质损失，构成犯罪的，以故意毁坏财物罪处罚[①]。主体是一般主体，既可以是普通公民，也可以是从事广播、电视通讯业务的人员。主观方面为故意，包括直接故意和间接故意。

依照《刑法》第124条的规定，犯本罪的，处3年以上7年以下有期徒刑；造成严重后果的，处7年以上有期徒刑。

三十、过失损坏广播电视设施、公用电信设施罪

过失损坏广播电视设施、公用电信设施罪，是指过失损坏广播电视设施、公用电信设施，造成严重后果，危害公共安全的行为。

本罪所侵犯的客体是通讯方面的公共安全。客观方面表现为破坏广播电视设施、公用电信设施，造成严重后果，危害公共安全的行为。主体是一般主体。主观方面表现为过失。

依照《刑法》第124条的规定，犯本罪的，处3年以上7年以下有期徒刑；情节较轻的，处3年以下有期徒刑或者拘役。

三十一、非法制造、买卖、运输、邮寄、储存枪支、弹药、爆炸物罪

（一）非法制造、买卖、运输、邮寄、储存枪支、弹药、爆炸物罪的概念和特征

① 参见最高人民法院《关于审理破坏公用电信设施刑事案件具体应用法律若干问题的解释》（法释〔2004〕21号）第3条。

非法制造、买卖、运输、邮寄、储存枪支、弹药、爆炸物罪，是指违反国家枪支、弹药、爆炸物管理法规，制造、买卖、运输、邮寄、储存枪支、弹药、爆炸物的行为。

(1)本罪侵犯的客体是社会的公共安全和国家对枪支、弹药、爆炸物的管理秩序。枪支、弹药、爆炸物，是本罪法定的犯罪对象。“枪支”，是指《枪支管理法》所规定的，以火药或者压缩气体等为动力，利用管状器具发射金属弹丸或者其他物质，足以致人伤亡或者丧失知觉的各种枪支，包括军用枪支、民用枪支和仿真枪支。《刑法》意义上的“枪支”不仅包括构造完整的枪支，也包括枪支的主要零部件。“弹药”，是指通过各种军用、民用枪支或者仿真枪支发射的、本身无引爆装置的各种弹药。“爆炸物”，是指各种能够爆裂，以及具有爆裂性和较大杀伤力、破坏性，能够对公共安全构成威胁和危害的物品。从种类上看，爆炸物大致可以分为军用爆炸物、民用爆炸物和其他利用爆裂原料配制成的炸药与爆炸装置三类。

(2)本罪在客观方面表现为行为人实行了非法制造、买卖、运输、邮寄、储存枪支、弹药、爆炸物的行为。“非法”，是指违反了国家有关枪支、弹药、爆炸物管理的法律规定。“制造”，应作广义理解，即不仅包括以各种材料进行原始制作，还包括组装、修理、改装和拼装。“买卖”是指以金钱或实物作价，购买或销售枪支、弹药、爆炸物的行为。“运输”，是指将枪支、弹药、爆炸物由一地运往另一地的行为。运输的空间范围，一般仅限于我国(大陆)境内，而不包括将上述物品运输进出国(边)境。所谓“邮寄”，是指通过邮政系统以邮件形式寄运或者在邮件中夹带枪支、弹药、爆炸物。从空间范围看，邮寄也仅限于国内。“储存”，是指储藏、存放枪支、弹药、爆炸物的行为。由于《刑法》还规定了非法持有、私藏枪支、弹药罪，而且该罪的法定刑与非法储存枪支、弹药罪相比要轻得多，因此，对枪支、弹药而言，这里的储存应权宜理解为大量储藏、存放；少量储藏、存放枪支、弹药的，宜以非法持有、私藏枪支、弹药罪论处。但对爆炸物而言，由于《刑法》没有规定“非法持有、私藏爆炸物罪”，因此，不论数量多少，均应以非法储存爆炸物罪论处(情节显著轻微、危害不大的除外)。

(3)本罪的主体是一般主体，包括已满16周岁并具有刑事责任能力的自然人和单位。

(4)本罪在主观方面只能是直接故意。

(二)本罪与违规制造、销售枪支罪的界限

二者在犯罪对象、客观行为、主观方面上均有相同或类似之处。其主要区别在于：其一，犯罪主体不同。前者的主体是一般主体，包括自然人和单位；后者的主体是特殊主体，即只能是依法被指定、确定的枪支制造企业、销售企业。第二，犯罪的客观方面表现不同。前者在客观方面表现为各种非法制造、买卖、运输、邮寄、储存枪支、弹药、爆炸物的行为。后者在客观方面只能表现为违规制造、销售枪支的行为，而且其具体形式已为法律所明确规定，即只能是超过限额或者不按照规定的品种制造、配售枪支；以非法销售为目的，制造无号、重号、假号的枪支；非法销售枪支或者在境内销售为出口制造的枪支这三种。第三，犯罪的主观方面不同。后者必须具有非法销售的目的；前者则无此限制。第四，犯罪对象不同。前者的对象包括枪支、弹药和爆炸物；后者的对象仅限于枪支。

(二)非法制造、买卖、运输、邮寄、储存枪支、弹药、爆炸物罪的刑事责任

依照《刑法》第125条的规定，犯本罪的，处3年以上10年以下有期徒刑；情节严重的，处

10年以上有期徒刑、无期徒刑或者死刑。单位犯本罪的，对单位判处罚金，并对直接负责的主管人员和其他直接责任人员，处以自然人犯本罪的刑罚。

三十二、非法制造、买卖、运输、储存危险物质罪

（一）非法制造、买卖、运输、储存危险物质罪的概念和特征

非法制造、买卖、运输、储存危险物质罪，是指未经国家有关部门批准，非法制作、买卖、运输、储存毒害性、放射性、传染病病原体等物质，危害公共安全的行为。

本罪为选择性罪名。本罪的对象为具有毒害性、放射性、传染病病原体等危险物质。国家严格监督管理的氰化钠等剧毒化学品，易致人中毒或者死亡，对人体、环境具有极大的毒害性和危险性，即属于“毒害性”物质。客观方面表现为违反对危险物质的管理规定，非法制造、买卖、运输、储存危险物质的行为。“非法买卖”危险物质，是指违反法律和国家主管部门规定，未经有关主管部门批准许可，擅自购买或者出售危险物质的行为，并不需要兼有买进和卖出的行为。本罪的主体，可以是自然人也可以是单位。主观方面是故意。

依照《刑法》第125条的规定，犯本罪的，处3年以上10年以下有期徒刑；情节严重的，处10年以上有期徒刑、无期徒刑或者死刑。单位犯本罪的，对单位判处罚金，并对直接负责的主管人员和其他直接责任人员，处以自然人犯本罪的刑罚。

三十三、违规制造、销售枪支罪

（一）违规制造、销售枪支罪的概念和特征

违规制造、销售枪支罪，是指依法被指定、确定的枪支制造企业、销售企业，违反枪支管理规定制造、销售枪支的行为。

本罪所侵犯的客体是国家对枪支的管理制度。犯罪对象是枪支，包括公务用枪、民用用枪等。其不仅指整枪，而且还包括枪支的主要零部件及用于枪支的弹药。我国对枪支的制造和销售实行特别许可制度。只有经过国家有关部门确定的企业，才有权从事枪支的制造或者销售。客观方面表现为违反国家枪支管理规定，制造、销售枪支的行为。包括三种表现形式：一是以非法销售为目的，超过限额或者不按照规定的品种制造配售枪支的；二是以非法销售为目的，制造无号、重号、假号枪支的；三是非法销售枪支或者在境内销售为出口制造的枪支的。主体为特殊主体，只能是单位，即依法被指定、确定的枪支制造企业、销售企业。主观方面表现为直接故意，且必须有以非法销售的目的，如果行为人不具有此目的，则不构成本罪。

（二）违规制造、销售枪支罪的刑事责任

依照《刑法》第126条的规定，犯本罪的，对单位判处罚金，并对其直接负责的主管人员和其他直接责任人员，处5年以下有期徒刑；情节严重的，处5年以上10年以下有期徒刑；情节特别严重的，处10年以上有期徒刑或者无期徒刑。

三十四、盗窃、抢夺枪支、弹药、爆炸物、危险物质罪

盗窃、抢夺枪支、弹药、爆炸物、危险物质罪，是以非法占有为目的，采取秘密获取或者公然夺取的方式，将枪支、弹药、爆炸物、危险物质据为己有的行为。

本罪的客体是社会的公共安全。客观方面表现为盗窃、抢夺枪支、弹药、爆炸物、危险物质，行为人只要具备盗窃或者抢夺的行为之一，就构成本罪。主体为一般主体，即年满16周岁以上、具有刑事责任能力的自然人。主观方面是故意。盗窃、抢夺国家机关、军警人员、民兵的枪支、弹药、爆炸物的，属情节严重的行为。

依照《刑法》第127条的规定，犯本罪的，处3年以上10年以下有期徒刑；情节严重的，处10年以上有期徒刑、无期徒刑或者死刑。

三十五、抢劫枪支、弹药、爆炸物、危险物质罪

（一）抢劫枪支、弹药、爆炸物、危险物质罪的概念和特征

抢劫枪支、弹药、爆炸物、危险物质罪，是指以非法占有为目的，当场使用暴力、胁迫或其他方法，强行劫夺枪支、弹药、爆炸物、危险物质的行为。

本罪侵犯的客体是复杂客体，即社会的公共安全和和公民的人身权利。本罪的犯罪对象是枪支、弹药、爆炸物、危险物质。客观方面表现为当场使用暴力、胁迫或者其他方法，强行劫夺枪支、弹药、爆炸物、危险物质的行为。主体是一般主体，即年满16周岁并具备刑事责任能力的自然人。本条与《刑法》第263条之间的关系是特别法与普通法之间的关系。根据相关司法解释，已满14周岁不满16周岁的公民，抢劫枪支、弹药、爆炸物、危险物质的，应当依照《刑法》第263条的规定，以抢劫罪追究其刑事责任。主观方面为故意。

（二）抢劫枪支、弹药、爆炸物、危险物质罪的刑事责任

依照《刑法》第127条的规定，犯本罪的，处10年以上有期徒刑、无期徒刑或者死刑。

三十六、非法持有、私藏枪支弹药罪

非法持有、私藏枪支弹药罪，是指违反枪支、弹药管理规定，非法持有、私藏枪支弹药的行为。

本罪侵犯的客体是社会的公共安全和国家对枪支弹药的管理规定。客观方面表现为违反国家管理规定，非法持有、私藏枪支、弹药的行为。“非法持有”，是指不符合配备配置枪支、弹药条件的人员，违反枪支管理法律法规的规定，擅自持有枪支、弹药的行为。“私藏”，是指依法配备配置枪支、弹药的人员，在配备配置枪支、弹药的条件消除后，违反枪支管理法律法规的规定，私自藏匿所配备配置的枪支、弹药且拒不交出的行为。主体是一般主体，即年满16周岁并具备刑事责任能力的自然人。主观方面为故意。

依照《刑法》第128条的规定，犯本罪的，处3年以下有期徒刑、拘役或者管制；情节严重的，处3年以上7年以下有期徒刑。

三十七、非法出租、出借枪支罪

(一)非法出租、出借枪支罪的概念和特征

非法出租、出借枪支罪,是指依法配备公务用枪的人员和单位,违反枪支管理规定,非法出租、出借枪支,或者依法配备枪支的人员和单位,违反枪支管理规定,非法出租、出借枪支,造成严重后果的行为。

(1)本罪侵犯的客体是公共安全和国家对枪支管理的相关规定,犯罪对象是枪支。

(2)本罪在客观方面表现为违反枪支管理规定,非法出租、出借枪支。依法配备公务用枪的人员,非法出租、出借枪支构成本罪不要求造成严重后果,而且非法将枪支用作借债质押物的,以非法出租、出借枪支论。可以配备公务用枪的有:①公安机关、国家安全机关、监狱、劳动教养机关的人民警察,人民法院的司法警察,人民检察院的司法警察和担负案件侦查任务的检察人员,海关的缉私人员。②国家重要的军工、金融、仓储、科研等单位的专职守护、押运人员在执行守护押运任务时确有必要使用枪支的。但是,如果是出租、出借非为国家公务而依法配置的枪支,必须造成严重后果的,才构成犯罪。

(3)本罪的犯罪主体为特殊主体,即合法配枪的人员和单位,不具备合法配枪资格的人员和单位不能构成本罪。

(4)本罪在主观方面表现为直接故意。非法出租枪支的,主观上具有牟利目的,但实际上是否实现不影响本罪的成立。非法出借枪支的,则无论出于什么目的,都不影响本罪的成立。

(二)非法出租、出借枪支罪的刑事责任

依照《刑法》第128条的规定,犯本罪的,处3年以下有期徒刑、拘役或者管制,情节严重的,处3年以上7年以下有期徒刑。单位犯本罪的,对单位处罚金,对直接负责的主管人员和其他直接责任人员,依照非法持有、私藏枪支、弹药罪的规定处罚。

三十八、丢失枪支不报罪

丢失枪支不报罪,是指依法配备公务用枪的人员,违反枪支管理规定,丢失枪支不及时报告,造成严重后果的行为。

本罪侵犯的客体是公共安全和国家对枪支的管理制度。客观方面表现为丢失枪支后不及时报告,并造成严重后果的行为,如丢失的枪与被他人使用造成人员轻伤以上伤亡事故或者被他人利用进行违法犯罪活动的。[①]主体为特殊主体,即依法配备公务用枪的人员。主观方面表现为故意,即明知枪支丢失但不及时报告。

依照《刑法》第129条的规定,犯本罪的,处3年以下有期徒刑或拘役。

三十九、非法携带枪支、弹药、管制刀具、危险物品危及公共安全罪

非法携带枪支、弹药、管制刀具、危险物品危及公共安全罪,是指行为人非法携带枪支、弹药、管制刀具、危险物品进入公共场所、公共交通工具,危及公共安全情节严重的行为。

本罪侵犯的客体是公共安全和枪支、弹药、管制刀具、危险物品的管理秩序。危害的是不特定人或物。客观方面表现为非法携带枪支、弹药、管制刀具或者法律规定的危险物品,进入

①参见2008年6月25日最高人民检察院、公安部《关于公安机关管辖的刑事案件立案追诉标准的规定(一)》第6条。

公共场所或者公共交通工具的行为。“情节严重”，主要是指经常携带屡教不改的；携带危险品数量大的；携带的危险品危险性高的；在公共活动高峰期携带的。主体是一般主体，即年满16周岁且具有刑事责任能力的自然人。主观方面是故意。

依照《刑法》第130条的规定，犯本罪的，处3年以下有期徒刑、拘役或者管制。

四十、重大飞行事故罪

重大飞行事故罪，是指航空人员违反规章制度，因而发生重大飞行事故，造成严重后果的行为。

本罪侵犯的客体是空中运输的正常秩序和空中运输安全。客观方面由以下三个因素组成：①航空人员实施了违反规章制度的行为。②必须因此发生重大飞行事故，致人重伤、死亡或者使公私财产遭受重大损失的严重后果。③严重后果必须是违章行为引起的，二者之间存在刑法上的因果关系。主体是一特殊主体，航空人员才可构成本罪。主观方面是过失。

依照《刑法》第131条的规定，犯本罪的，处3年以下有期徒刑或者拘役；造成飞机坠毁或者人员死亡的，处3年以上7年以下有期徒刑。

四十一、铁路运营安全事故罪

铁路运营安全事故罪，是指铁路职工违反规章制度，造成铁路运营安全事故，后果严重的行为。

本罪的客体是铁路运输的安全。客观方面表现为违反规章制度，致使发生重大铁路运营事故，造成严重后果的行为。主体是特殊主体，即铁路职工中与铁路安全运营有直接关系的人员，如火车司机、调度员、信号员、乘务员、扳道工、巡道工以及对铁路运营安全负有直接责任的主管人员等等。主观方面是过失，所谓过失是指行为人对所发生的后果而言，而对于违反规章制度则是明知故犯的。

依照《刑法》第132条，犯本罪的，处3年以下有期徒刑或者拘役；造成特别严重后果的，处3年以上7年以下有期徒刑。

四十二、交通肇事罪

（一）交通肇事罪的概念和特征

交通肇事罪，是指违反交通运输管理法规，因而发生重大事故，致人重伤、死亡或者使公私财产遭受重大损失的行为。

（1）本罪侵犯的客体是交通运输安全。“交通运输”从一般意义上说，包括铁路、公路、水上、航空、管道（石油、天然气）运输。由于刑法将发生在铁路、航空运输中的特殊主体违规而发生的重大责任事故，单独规定了犯罪，因此，本罪所说的交通运输，主要是指道路和水上交通运输。这里的“道路”，按照《道路交通安全法》第119条第1项，是指“公路、城市道路和虽在单位管辖范围但允许社会机动车辆通行的地方，包括广场、公共停车场等用于公共通行的场所。”李启铭交通肇事一案[①]，就涉及关于校园道路是否属于《道路交通安全法》规定的“道

①参见李启铭交通肇事案，载《刑法审判参考》2013年第五辑（总第94辑）。

路”的认定。

(2)本罪在客观方面表现为行为人实行了违反交通运输管理法规,因而发生重大事故,致人重伤、死亡或者使公私财产遭受重大损失的行为。(1)必须有违反交通运输管理法规的行为。(2)必须发生了重大事故,发生了致人重伤、死亡或者使公私财产遭受重大损失的严重后果。《最高人民法院关于审理交通肇事刑事案件具体应用法律若干问题的解释》(法释〔2000〕33号)对构成本罪的结果有特别的规定。根据该解释第2条的规定,构成本罪,在重伤结果方面的要求具备下列两种情况之一:①重伤3人以上并负事故全部或者主要责任的;②重伤1人以上并负事故全部或者主要责任且具有以下6种情形之一的:酒后、吸食毒品后驾驶机动车辆的;无驾驶资格驾驶机动车辆的;明知是安全装置不全或者安全机件失灵的机动车辆而驾驶的;明知是无牌证或者已报废的机动车辆而驾驶的;严重超载驾驶的;为逃避法律追究逃离事故现场的。构成本罪在死亡结果方面的要求是具备下列两种情况之一:第一,死亡1人,负事故全部或者主要责任的;第二,死亡3人以上,负事故同等责任的。构成本罪在财产损失结果方面的要求是:造成公共财产或者他人财产直接损失,负事故全部或者主要责任,无能力赔偿数额在30万元以上。第三,严重后果必须是行为人违反交通运输管理法规的行为引起的,两者之间存在刑法上的因果关系。

(3)本罪主体为一般主体,既可以是从事交通运输工作的人员,也可以是非交通运输人员。根据司法实践,在偷开机动车辆过程中,因过失撞死、撞伤他人或者撞坏车辆 ,成立交通肇事罪。单位主管人员、机动车辆所有人或者机动车辆承包人指使、强令他人违章驾驶造成重大交通事故的,以交通肇事罪定罪处罚[①]。

(4)本罪在主观方面只能是过失,这种过失是指行为人对所造成的严重后果的心理态度,对违反交通运输管理法规本身也可能是明知故犯。

(二)交通肇事罪的认定

(1)本罪与非罪行为的界限。正确区分交通肇事罪与非罪的界限,一是看行为人是否违反交通运输管理法规。如果行为人没有违反交通运输管理法规,即使造成了严重后果,也不构成犯罪。二是看违反交通运输管理法规的行为是否造成了严重后果。如果行为人虽然违反了交通运输管理法规,但没有造成严重后果的,也不能构成犯罪。

(2)本罪与以危险方法危害公共安全罪的界限。①犯罪客体不同。交通肇事罪侵犯的客体,是交通运输的安全。以危险方法危害公共安全罪,侵犯的客体是社会公共安全。②客观方面的要求不同。交通肇事罪要求违反交通运输管理法规,并且发生重大事故,致人重伤、死亡或者使公私财产遭受重大损失的行为。以危险方法危害公共安全罪在客观方面表现为与放火、决水、爆炸、投放危险物质相当的其他危险方法危害公共安全的行为。③主观方面的故意不同。交通肇事罪的主观方面表现为过失,属于过失犯罪;以危险方法危害公共安全在主观方面表现为故意,属于故意犯罪。④犯罪后果的要求不同。交通肇事罪要求有严重危害结果的发生,属于结果犯;以危险方法危害公共安全罪并不要求以发生严重危害后果作为犯罪成立的要件,属于危险犯。如陆某某、张某某以危险方法危害公共安全、交通肇事案[②]中,陆某某

---

①参见最高人民法院《关于审理交通肇事刑事案件具体应用法律若干问题的解释》(法释〔2000〕33号)第7条。
②参见陆某某、张某某以危险方法危害公共安全、交通肇事案,载《刑事审判参考》第5辑(总第28辑)。

驾驶公交车行驶途中，因张某某不文明，便劝告，张某某不听劝告，反而挥拳殴打正在驾车行驶的陆某某，击中陆的脸部，陆某某被殴后，置行驶中的车辆于不顾，离开驾驶座位，双方扭打在一起，公交车因无人控制偏离行驶路线，撞倒一相向行驶的骑自行车者，致使被害人龚某某当场死亡，撞坏一辆出租车，撞毁附近住宅小区的一段围墙。法院认定陆某某构成以危险方法危害公共安全罪、张某某构成交通肇事罪。

（三）交通肇事罪的刑事责任

依照《刑法》第133条规定，犯本罪的，处3年以下有期徒刑或者拘役；交通运输肇事后逃逸或者有其他特别恶劣情节的，处3年以上7年以下有期徒刑；因逃逸致人死亡的，处7年以上有期徒刑[①]。

四十三、危险驾驶罪

（一）危险驾驶罪的概念和特征

危险驾驶罪，是指在道路上驾驶机动车追逐竞驶，情节恶劣的，或者在道路上醉酒驾驶机动车的，或者从事校车业务或者旅客运输，严重超过额定乘员载客，或者严重超过规定时速行驶的，或者违反危险化学品安全管理规定运输危险化学品，危及公共安全的行为。

本罪侵犯的客体是交通运输安全。客观方面具体表现为：①在道路上驾驶机动车，追逐竞驶，情节恶劣的。司法实践中，张某某、金某危险驾驶案就属于机动驾驶人员出于竞技、追求刺激、斗气或者其他动机，在道路上曲折穿行、快速追赶行驶的“追逐竞驶”行为。[②]追逐竞驶虽未造成人员伤亡或财产损失，但综合考虑超过限速、闯红灯、强行超车、抗拒交通执法等严重违反道路交通安全法的行为，足以威胁他人生命、财产安全的，属于危险驾驶罪中“情节恶劣”的情形。②在道路上醉酒驾驶机动车的。③从事校车业务或者旅客运输，严重超过额定乘员载客，或者严重超过规定时速行驶的。④违反危险化学品安全管理规定运输危险化学品，危及公共安全的。行为人只要实施了上述行为之一，即构成犯罪。主体是一般主体，即年满16周岁并具有刑事责任能力的自然人。机动车所有人、管理人对前述第三、第四种行为负有直接责任的，以危险驾驶罪定罪处罚。主观方面是故意。

（二）危险驾驶罪的刑事责任

依照《刑法》第133条之一的规定，犯本罪的，处拘役，并处罚金。犯本罪，同时构成其他犯罪的，依照处罚较重的规定定罪处罚。

四十四、重大责任事故罪

（一）重大责任事故罪的概念和特征

---

①最高人民法院《关于审理交通肇事刑事案件具体应用法律若干问题的解释》（法释〔2000〕33号）第5条规定，“因逃逸致人死亡，是指行为人在交通肇事后为逃避法律追究而逃跑，致使被害人因得不到救助而死亡的情形”。

②参见2014年12月18日最高人民法院《关于发布第八批指导性案例的通知》（法[2014]327号）（指导案例32号，张某某、金某危险驾驶案）。

重大责任事故罪，是指在生产、作业中违反有关安全管理的规定，因而发生重大伤亡事故或者造成严重后果的行为。

(1)本罪侵犯的客体是生产、作业中的公共安全。

(2)本罪在客观方面表现为在生产作业过程中，违反有关安全管理的规定，因而发生重大伤亡事故或者造成严重后果的行为。如甲在建筑工地开翻斗车，某夜，甲开车时未注意路况，当场将工友乙撞死、丙撞伤，甲背丙去医院，想到会坐牢，遂将丙弃至路沟后逃跑，丙不得救治而亡。甲在作业中违反安全管理规定，发生重大伤亡事故，触犯重大责任事故罪。

(3)本罪的主体为一般主体，包括对生产、作业负有组织、指挥或者管理职责的负责人、管理人员、实际控制人、投资人等人员，以及直接从事生产、作业的人员。如贵州省盘县金银煤矿“3·12”重大瓦斯爆炸事故案①，行为人明知金银煤矿已被当地政府作出严禁开展生产的行政决定，且矿井口已被依法查封的情况下，拒不执行停产监管决定，擅自组织生产，对事故隐患未采取任何措施，导致发生特大责任事故，应当依照重大责任事故罪从重处罚。行为人印华四、印华二作为金银煤矿投资人，虽然已将煤矿承包给他人，但二人仍负有管理职责，且安排人员担任煤矿安全管理人和技术人员，依法应当认定为重大责任事故罪的犯罪主体。

(4)本罪在主观方面表现为过失，包括疏忽大意的过失和过于自信的过失。这里的过失是就行为人对其行为所引起的重大事故的心理态度而言的，至于行为人对其违反规章制度的行为本身，则可能是明知的、故意的。

(二)重大责任事故罪的认定

(1)本罪与非罪行为的界限。应注意从以下两个方面进行：其一，要将本罪与自然事故、技术事故以及技术革新和科学实验失败的界限区分开来。自然事故，是指由于不能预见和不能抗拒的自然条件所引起的事故。技术事故，是指由于技术条件或者设备条件的限制而发生的无法避免的事故。而技术革新和科学试验本身就包含着失败的可能性。区分本罪与这三种情况的关键是看行为人主观上是否存在过失以及是否有违反规章制度的行为。如果事故的发生是由违反规章制度所引起，行为人主观上具有过失，则成立本罪，否则为自然事故、技术事故或革新、科研工作的失败，不构成犯罪。其二，重大责任事故罪与一般责任事故的界限。两者区别的关键在于行为人违反安全管理规定的行为是否造成了人员伤亡或者财产的重大损失。

(2)本罪与危险物品肇事罪的界限。两罪都是过失犯罪，在客观上都因违反有关规定或制度而导致严重后果。其区别为犯罪客观方面的表现不同。本罪在客观方面表现为行为人在生产、作业过程中，违反有关生产、作业的规章制度，因而发生重大伤亡事故或者其他严重后果的行为；而危险物品肇事罪在客观方面表现为行为人在生产、储存、运输、使用危险物品过程中，违反危险物品管理规定，因而造成严重后果的行为。

(三)重大责任事故罪的刑事责任

依照《刑法》第134条第1款规定，犯本罪的，处3年以下有期徒刑或者拘役；情节特别恶

①参见最高人民法院公布三起危害生产安全犯罪典型案例之一：贵州省盘县金银煤矿“3.12”重大瓦斯爆炸事故，印某某等重大责任事故案。

劣的，处3年以上7年以下有期徒刑。

四十五、强令违章冒险作业罪

强令违章冒险作业罪，是指强令他人违章冒险作业，因而发生重大伤亡事故或者造成其他严重后果，危害公共安全的行为。

本罪侵犯的客体是厂矿、企业、事业等单位的生产、作业安全。客观方面表现为行为人在生产、作业过程中，违反有关安全管理的规定，强令他人违章冒险作业，因而发生重大伤亡事故或者造成其他严重后果的行为。“强令他人违章冒险作业”是指：①利用组织、指挥、管理职权，强制他人违章作业的；②采取威逼、胁迫、恐吓等手段，强制他人违章作业的；③故意掩盖事故隐患，组织他人违章作业的；④其他强令他人违章作业的行为[①]。本罪的主体是特殊主体，主要包括对生产、作业负有组织、指挥或者管理职责的负责人、管理人员、实际控制人、投资人等人员。本罪在主观方面表现为过失。所谓过失是指行为人对所发生的后果而言，而对于既违章又冒险则是明知的。

依照《刑法》第134条第2款，犯本罪的，处5年以下有期徒刑或者拘役；情节特别恶劣的，处5年以上有期徒刑。

四十六、重大劳动安全事故罪

重大劳动安全事故罪，是指安全生产设施或者安全生产条件不符合国家规定，因而发生重大伤亡事故或者造成其他严重后果的行为。本罪侵犯的客体是工厂、矿山、林场、建筑企业或者其他企业、事业单位的劳动安全。客观方面表现为安全生产设施或者安全生产条件不符合国家规定，因而发生重大伤亡事故或者造成其他严重后果的行为。主体是特殊主体，即企事业单位直接负责的主管人员和其他直接责任人员。“直接负责的主管人员和其他直接责任人员”，是指对安全生产设施或者安全生产条件不符合国家规定负有直接责任的生产经营单位负责人、管理人员、实际控制人、投资人，以及其他对安全生产设施或者安全生产条件负有管理、维护职责的人员[②]。主观方面是过失。

依照《刑法》第135条，犯本罪的，对直接负责的主管人员和其他直接责任人员，处3年以下有期徒刑或者拘役；情节特别恶劣的，处3年以上7年以下有期徒刑。

四十七、大型群众性活动重大安全事故罪

大型群众性活动重大安全事故罪，是指举办大型群众性活动违反安全管理规定，因而发生重大伤亡事故或者造成其他严重后果的行为。

本罪侵犯的客体是公众活动场所的公共安全，即公园、娱乐场、运动场、展览馆或者其他供社会公众活动场所中不特定或多数人的生命、健康或重大公私财产的安全。客观方面表现

---

① 参见最高人民法院、最高人民检察院《关于办理危害生产安全刑事案件适用法律若干问题的解释》（法释〔2015〕22号）第5条。

②参见最高人民法院、最高人民检察院《关于办理危害生产安全刑事案件适用法律若干问题的解释》（法释〔2015〕22号）第3条。

为在举办大型的群众性活动中，违反在公共场所的群体性活动中相关的安全管理规定，没有履行相应的注意义务，造成了重大的伤亡事故或其他严重后果。本罪的行为形式是不作为，即依照法律、法规、规章以及其他保障公共场所安全的惯例，行为人负有义务采取行动排除在公众活动场所发生的侵害或侵害的危险性，且有能力履行该义务，而没有履行。主体是特殊主体，即大型群众性活动举办的直接负责的主管人员和其他直接责任人员，既可以是非国家机关工作人员，也可以是国家机关工作人员。主观方面为过失。

依照《刑法》第135条之一的规定，犯本罪的，对直接负责的主管人员和其他直接责任人员，处3年以下有期徒刑或者拘役；情节特别恶劣的，处3年以上7年以下有期徒刑。

四十八、危险物品肇事罪

危险物品肇事罪，是指违反爆炸性、易燃性、放射性、毒害性、腐蚀性物品的管理规定，在生产、储存、运输、使用中，由于过失发生重大事故，造成严重后果的行为。

本罪侵犯的客体是公共安全和国家对危险物品的管理制度。客观方面表现为行为人违反有关危险物品的管理规定，在生产、储存、运输、使用中发生重大事故，造成严重后果的行为。如果发生重大事故，造成严重后果不是由于行为人在生产、储存、运输、使用危险物品过程中，违反危险物品管理规定造成的，则不构成本罪。主体为一般主体。主观方面为过失。

依照《刑法》第136条的规定，犯本罪的，处3年以下有期徒刑或者拘役；后果特别严重的，处3年以上7年以下有期徒刑。

四十九、工程重大安全事故罪

工程重大安全事故罪，是指建设单位、设计单位、施工单位、工程监理单位违反国家规定，降低工程质量标准，造成重大安全事故的行为。

本罪侵犯的客体是公共安全以及国家的建筑管理制度。客观方面表现为违反国家规定，降低工程质量标准，造成重大安全事故的行为。"造成重大安全事故"不限于对人的生命、身体的安全事故，还应包括工程本身的安全事故（以对人的生命、身体安全具有危险为前提），如导致工程本身不合格，无法投入使用等。本罪的主体为特殊主体，只能是建设单位、设计单位或者是施工单位及工程监理单位。本罪在主观方面表现为过失。

依照《刑法》137条的规定，犯本罪的，对直接责任人员，处5年以下有期徒刑或者拘役，并处罚金；后果特别严重的，处5年以上10年以下有期徒刑，并处罚金。

五十、教育设施重大安全事故罪

教育设施重大安全事故罪，是指学校及其他教育机构的直接责任人员，明知校舍或者其他教育设施有危险，而不采取措施或者不及时报告，致发生重大伤亡事故的行为。

本罪侵犯的客体是教学活动的安全，直接危及的是学校教职员工和学生的生命安全和身体健康。客观方面表现为明知校舍或其他教育设施有不安全因素，随时有可能发生危险，而不采取措施或者不及时报告，致使发生重大伤亡事故的行为。主体是特殊主体，即对校舍、教育教学设施的安全负有直接责任的人员。这里的"直接责任人员"，包括该教育机构中对校舍、教育教学设施的安全负有直接责任的人员，也包括该教育机构的上级主管部门对校舍、教育教学设施的安全负有直接责任的人员。主观方面为过失。

依照《刑法》第138条的规定，犯本罪的，对直接责任人处3年以下有期徒刑或者拘役；后果特别严重的，处3年以上7年以下有期徒刑。

五十一、消防责任事故罪

消防责任事故罪，是指违反消防管理法规，经消防监督机构通知采取改正措施而拒绝执行，造成严重后果的行为。本罪的客体是公共安全和国家消防监督管理制度。本罪在客观方面表现为行为人违反消防管理法规，经消防监督机构通知采取改正措施而拒绝执行的行为。如行为人只是违反了消防管理法规，但没有接到过消防监督机构采取改正措施的通知，则即使造成了严重后果，也不构成本罪。消防监督机构，是指根据有关法律、法规建立的专门负责消防监督检查工作的机构。本罪的主体是特殊主体，主要是单位中负责消防工作的管理人员及其他直接责任人员。本罪在主观方面为过失。

依照《刑法》第139条的规定，犯本罪的，处3年以下有期徒刑或者拘役；后果特别严重的，处3年以上7年以下有期徒刑。

五十二、不报、谎报安全事故罪

不报、谎报安全事故罪是指在安全事故发生后，负有报告职责的人员不报或者谎报事故情况，贻误事故抢救，情节严重的行为。

本罪侵犯的客体是安全事故的报告制度。客观方面表现为在安全事故发生后，负有报告职责的人员不报或者谎报事故情况，贻误事故抢救，情节严重的行为。主体为特殊主体，即对安全事故负有报告职责的人员。“负有报告职责的人员”，是指负有组织、指挥或者管理职责的负责人、管理人员、实际控制人、投资人，以及其他负有报告职责的人员。主观方面为故意。

依照《刑法》第139条之一的规定，犯本罪，情节严重的，处3年以下有期徒刑或者拘役；情节特别严重的，处3年以上7年以下有期徒刑。

第二十三章　破坏社会主义市场经济秩序罪

破坏社会主义市场经济秩序罪，通称经济犯罪，历来是我国刑法打击的重点。本类犯罪侵害的客体是市场经济秩序，但市场经济秩序的表现形式又是多方面的，有质量管理、进出口管理、金融管理与公司、企业管理等等。具体的犯罪不可能对这些制度都造成侵害，往往只侵害到这些制度的某一方面，因此刑法分则将侵害某一方面的市场经济秩序的犯罪归纳集合成类，分为八类犯罪，依次为：生产、销售伪劣商品罪，走私罪，妨害对公司、企业的管理秩序罪，破坏金融管理秩序罪，金融诈骗罪，危害税收征管罪，侵犯知识产权罪，扰乱市场秩序罪。本类犯罪多为法定犯，具有较弱的伦理性、较大的灵活性。

第一节　破坏社会主义市场经济秩序罪概述

一、破坏社会主义市场经济秩序罪的概念和特征

破坏社会主义市场经济秩序罪，是指违反国家经济管理法规，破坏国家经济管理活动，使社会主义市场经济秩序遭受严重损害的行为。本类犯罪的主要特征有以下几方面。

(1)本类犯罪侵害的共同客体是社会主义的市场经济秩序。所谓市场经济秩序，是指一定时期国家依法管理经济而形成的一种相对稳定、有序的经济状态。从刑法的规定来看，包括正当竞争秩序、对外贸易秩序、对公司、企业的管理秩序、金融管理秩序、税收征管秩序、市场活动秩序等等。本类犯罪虽然都不同程度地侵害了市场经济秩序，但具体犯罪所侵犯的秩序的内容并不完全相同。例如，走私犯罪主要侵犯的是对外贸易秩序，金融犯罪主要侵犯的是金融管理秩序，危害税收征管的犯罪主要侵犯的是税收征管秩序。

(2)本类犯罪的客观方面表现为行为人违反经济管理法规，实施了破坏国家对市场经济管理秩序的行为。本类犯罪多为法定犯。其中，一些犯罪采取了空白罪状的形式，对这些犯罪的认定，必须参照相关法律法规的规定。本类犯罪的行为方式是多种多样的，绝大部分是以作为的形式出现的，但也有一些以不作为的形式出现(如逃税罪)。另外，本类犯罪多数以结果犯的形式出现，以情节严重、数额较大为构成要件。这是本类犯罪在客观方面的重要特点。

(3)本类犯罪的主体是多层次的。既可以是作为自然人的一般主体，也可以是作为自然人的特殊主体，还可以是单位。本类犯罪，单位犯罪的规定较集中，很多犯罪，单位都可以构成。这是本类犯罪在主体方面的重要特点。

(4)本类犯罪的主观方面只有少数犯罪是过失，绝大多数犯罪是故意，在故意犯罪中，有的还以特定的犯罪目的为要件。如金融诈骗犯罪，要求以非法占有为目的。

二、破坏社会主义市场经济秩序罪的种类

根据《刑法》分则第三章及相关"刑法修正案"、全国人大常委会《关于惩治骗购外汇、逃汇和非法买卖外汇犯罪的决定》的规定，本类犯罪分布在《刑法》第140条至第231条之中，共108个罪。

（1）生产、销售伪劣商品罪。包括生产、销售伪劣产品罪，生产、销售假药罪，生产、销售劣药罪，生产、销售不符合安全标准的食品罪，生产、销售有毒、有害食品罪，生产、销售不符合标准的医用器材罪，生产、销售不符合安全标准的产品罪，生产、销售伪劣农药、兽药、化肥、种子罪，生产、销售不符合卫生标准的化妆品罪。

（2）走私罪。包括走私武器、弹药罪，走私核材料罪，走私假币罪，走私文物罪，走私贵重金属罪，走私珍贵动物、珍贵动物制品罪，走私国家禁止进出口的货物、物品罪，走私淫秽物品罪，走私废物罪，走私普通货物、物品罪。

（3）妨害对公司、企业的管理秩序罪。包括虚报注册资本罪，虚假出资、抽逃出资罪，欺诈发行股票、债券罪，提供虚假财会报告罪，违规披露、不披露重要信息罪，妨害清算罪，隐匿、故意销毁会计凭证、会计帐薄、财务会计报告罪，虚假破产罪，非国家工作人员受贿罪，对非国家工作人员行贿罪，对外国公职人员、国际公共组织官员行贿罪，非法经营同类营业罪，为亲友非法牟利罪，签订、履行合同失职被骗罪，国有公司、企业、事业单位人员失职罪、国有公司、企业、事业单位人员滥用职权罪，徇私舞弊低价折股、出售国有资产罪，背信损害上市公司利益罪。

（4）破坏金融管理秩序罪。包括伪造货币罪，出售、购买、运输假币罪，金融工作人员购买假币、以假币换取货币罪，持有、使用假币罪，变造货币罪，擅自设立金融机构罪，伪造、变造、转让金融机构经营许可证、批准文件罪，高利转贷罪，骗取贷款、票据承兑、金融票证罪，非法吸收公众存款罪，伪造、变造金融票证罪，妨害信用卡管理罪，窃取、收买、非法提供信用卡信息罪，伪造、变造国家有价证券罪，伪造、变造股票、公司、企业债券罪，擅自发行股票、公司、企业债券罪，内幕交易、泄露内幕信息罪，利用未公开信息交易罪，编造并传播证券、期货交易虚假信息罪，诱骗投资者买卖证券、期货合约罪，操纵证券、期货市场罪，背信运用受托财产罪，违法运用资金罪，违法发放贷款罪，吸收客户资金不入账罪，违规出具金融票证罪，对违法票据承兑、付款、保证罪，逃汇罪，骗购外汇罪，洗钱罪。

（5）金融诈骗罪。包括集资诈骗罪，贷款诈骗罪，票据诈骗罪，金融凭证诈骗罪，信用证诈骗罪，信用卡诈骗罪，有价证券诈骗罪，保险诈骗罪。

（6）危害税收征管罪。包括逃税罪，抗税罪，逃避追缴欠税罪，骗取出口退税罪，虚开增值税专用发票、用于骗取出口退税、抵扣税款发票罪，虚开发票罪，伪造、出售伪造的增值税专用发票罪，非法出售增值税专用发票罪，非法购买增值税专用发票、购买伪造的增值税专用发票罪，非法制造、出售非法制造的用于骗取出口退税、抵扣税款发票罪，非法制造、出售非法制造的发票罪，非法出售用于骗取出口退税、抵扣税款发票罪，非法出售发票罪，持有伪造的发票罪。

（7）侵犯知识产权罪。包括假冒注册商标罪，销售假冒注册商标的商品罪，非法制造、销售非法制造的注册商标标识罪，假冒专利罪，侵犯著作权罪，销售侵权复制品罪，侵犯商业秘

密罪。

(8)扰乱市场秩序罪。包括损害商业信誉、商品声誉罪,虚假广告罪,串通投标罪,合同诈骗罪,组织、领导传销活动罪,非法经营罪,强迫交易罪,伪造、倒卖伪造的有价票证罪,倒卖车票、船票罪,非法转让、倒卖土地使用权罪,提供虚假证明文件罪,出具证明文件重大失实罪,逃避商检罪。

第二节 生产、销售伪劣商品罪罪名分述

一、生产、销售伪劣产品罪

(一)生产、销售伪劣产品罪的概念和特征

生产、销售伪劣产品罪,是指生产者、销售者在产品中掺杂、掺假,以假充真,以次充好或者以不合格产品冒充合格产品,销售金额5万元以上的行为。

(1)本罪侵犯的客体是复杂客体,既侵犯了国家关于产品质量的管理制度,也损害了用户和消费者的合法权益。本罪的对象是伪劣产品,包括以假充真的产品和质量低劣的产品。

(2)本罪的客观方面表现为生产者、销售者在产品中掺杂掺假、以假充真、以次充好或以不合格的产品冒充合格产品,销售金额数额较大的行为。首先,行为人实施了生产销售伪劣产品的行为。具体包括"在产品中掺杂、掺假"、"以假充真"、"以次充好"和"以不合格产品冒充合格产品"4种行为方式。根据最高人民法院、最高人民检察院《关于办理生产、销售伪劣商品刑事案件具体应用法律若干问题的解释》(法释〔2001〕10号,本节以下简称《伪劣商品案件解释》)第1条阐释以下4种方式。①"在产品中掺杂、掺假",是指在产品中掺入杂质或异物,致使产品质量不符合国家法律、法规或者产品明示质量标准规定的质量要求,降低、失去应有使用性能的行为。②"以假充真",是指以不具有某种使用性能的产品冒充具有该种使用性能的产品的行为。③"以次充好",是指以低等级、低档次产品冒充高等级、高档次产品,或者以残次、废旧零配件组合、拼装后冒充正品或者新产品的行为。④"以不合格产品冒充合格产品",是指以不符合《中华人民共和国产品质量法》第26条第2款规定的质量要求的产品冒充合格产品的行为。其次,本罪是数额犯。根据2008年6月25日最高人民检察院、公安部《关于公安机关管辖的刑事案件立案追诉标准的规定(一)》(本章以下简称《立案追诉标准(一)》)的规定,实施生产、销售伪劣产品行为,涉嫌下列情形之一的,应予立案追诉:①伪劣产品销售金额5万元以上的;②伪劣产品尚未销售,货值金额15万元以上的;③伪劣产品销售金额不满5万元,但将已销售金额乘以3倍后,与尚未销售的伪劣产品货值金额合计15万元以上的。

(3)本罪的主体是伪劣产品的生产者、销售者,既可以是自然人,也可以是单位。

(4)本罪的主观方面出于故意,即明知是伪劣产品而生产或销售,且一般具有营利的目的。

（二）生产、销售伪劣产品罪的认定

（1）本罪罪与非罪的界限。根据《刑法》第140条的规定，行为人生产、销售伪劣产品的行为，必须是销售伪劣产品的金额达到5万元以上的，才构成犯罪。

（2）本罪的未遂。本罪存在未遂形态。《伪劣商品案件解释》第2条规定，伪劣产品尚未销售，货值金额达到《刑法》第140条规定的销售金额3倍以上的，以生产、销售伪劣产品罪（未遂）定罪处罚。例如，杨某生产假冒避孕药品，其成分为面粉和白糖的混合物，货值金额达15万多元，尚未销售即被查获。杨某触犯生产假药罪与生产、销售伪劣产品罪（未遂），依照处罚较重的规定定罪处罚。

（3）本罪的共犯。本罪的共犯，主要是指帮助犯。《伪劣商品案件解释》第9条规定，知道或者应当知道他人实施生产、销售伪劣商品犯罪，而为其提供贷款、资金、账号、发票、许可证件，或者提供生产、经营场所或者运输、仓储、保管、邮寄等便利条件，或者提供制假生产技术的，以生产、销售伪劣商品犯罪的共犯论处。

（4）本罪的罪数。本罪的犯罪对象是一般意义上的不特定商品，并且要求销售金额达到法定标准。根据《刑法》第149条的规定，行为人生产、销售假药等第141条至第148条所列的特定伪劣商品，不构成各该条规定的犯罪，但销售金额在5万元以上的，则依照本罪定罪处罚。但是，如果行为人生产、销售假药等第141条至第148条所列的特定伪劣商品，不仅构成各该条规定的犯罪，同时销售金额在5万元以上，也构成本罪时，则依照处罚较重的规定定罪处罚。例如，甲销售的假药无批准文号，但颇有疗效，销售金额达500万元，如按销售假药罪处理会导致处罚较轻，法院以销售伪劣产品罪定罪处罚。

《伪劣商品案件解释》第10条规定，实施生产、销售伪劣商品犯罪，同时构成侵犯知识产权、非法经营等其他犯罪的，依照处罚较重的规定定罪处罚。这是关于生产、销售伪劣产品罪与其他犯罪的想象竞合与牵连犯罪的规定。例如，行为人生产、销售伪劣卷烟、食盐，由于烟、盐是专卖物品，因此，一行为同时触犯生产、销售伪劣产品罪和非法经营罪，属于想象竞合犯。又如，生产、销售假冒他人注册商标的伪劣产品，存在两个行为，一是生产、销售伪劣产品行为，二是假冒他人注册商标行为，两个犯罪行为之间存在牵连关系，是牵连犯。根据刑法原理，对于想象竞合犯与牵连犯应择一重罪论处。

《伪劣商品案件解释》第11条规定，实施《刑法》第140条至第148条规定的犯罪，又以暴力、威胁方法抗拒查处，构成其他犯罪的，依照数罪并罚的规定处罚。因此，对以暴力、威胁方法抗拒查处生产、销售伪劣产品的，应以生产、销售伪劣产品罪和妨害公务罪并罚。

（三）生产、销售伪劣产品罪的刑事责任

依照《刑法》第140条的规定，生产、销售伪劣产品，销售金额5万元以上不满20万元的，处2年以下有期徒刑或者拘役，并处或者单处销售金额50%以上2倍以下罚金；销售金额20万元以上不满50万元的，处2年以上7年以下有期徒刑，并处销售金额50%以上2倍以下罚金；销售金额50万元以上不满200万元的，处7年以上有期徒刑，并处销售金额50%以上2倍以下罚金；销售金额在200万元以上的，处15年有期徒刑或者无期徒刑，并处销售金额50%以上2倍以下罚金或者没收财产。依照《刑法》第150条的规定，单位犯本罪的，对单位判处罚

金，并对其直接负责的主管人员和其他直接责任人员，依照自然人犯本罪的规定处罚。国家工作人员参与生产、销售伪劣商品犯罪的，从重处罚。

二、生产、销售假药罪

（一）生产、销售假药罪的概念和特征

生产、销售假药罪，是指违反国家的药品管理法规，生产、销售假药的行为。

本罪侵犯的客体是复杂客体，不仅侵犯了国家的药品管理制度，而且危害了公众的健康。本罪的对象是假药。所谓“假药”，是指依照《药品管理法》的规定属于假药和按假药处理的药品、非药品。客观方面表现为违反国家的药品管理法规，生产、销售假药的行为。[①]本罪是行为犯，是否对人体健康造成严重危害或者有其他严重情节，不影响本罪的成立。主体是一般主体，包括自然人和单位。主观方面是故意，即明知是假药而生产、销售。

（二）生产、销售假药罪的认定

（1）本罪的共犯。根据最高人民法院、最高人民检察院《关于办理危害药品安全刑事案件适用法律若干问题的解释》（法释〔2014〕14号，本节以下简称《药品案件解释》），明知他人生产、销售假药、劣药，而有下列情形之一的，以共同犯罪论处：①提供资金、贷款、账号、发票、证明、许可证件的；②提供生产、经营场所、设备或者运输、储存、保管、邮寄、网络销售渠道等便利条件的；③提供生产技术或者原料、辅料、包装材料、标签、说明书的；④提供广告宣传等帮助行为的。

（2）本罪的罪数。《药品案件解释》规定，实施生产、销售假药、劣药犯罪，同时构成生产、销售伪劣产品、侵犯知识产权、非法经营、非法行医、非法采供血等犯罪的，依照处罚较重的规定定罪处罚。

（三）生产、销售假药罪的刑事责任

依照《刑法》第141条、第150条的规定，犯本罪的，处3年以下有期徒刑或者拘役，并处罚金；对人体健康造成严重危害或者有其他严重情节的，处3年以上10年以下有期徒刑，并处罚金；致人死亡或者有其他特别严重情节的，处10年以上有期徒刑、无期徒刑或者死刑，并处罚金或者没收财产。单位犯本罪的，对单位判处罚金，并对其直接负责的主管人员和其他直接责任人员，依照自然人犯本罪的规定处罚。

---

①根据最高人民法院、最高人民检察院《关于办理危害药品安全刑事案件适用法律若干问题的解释》（法释〔2014〕14号）第6条，以生产、销售假药、劣药为目的，实施下列行为之一的，应当认定为《刑法》第141条、第142条规定的“生产”：①合成、精制、提取、储存、加工炮制药品原料的行为；②将药品原料、辅料、包装材料制成成品过程中，进行配料、混合、制剂、储存、包装的行为；③印制包装材料、标签、说明书的行为。医疗机构、医疗机构工作人员明知是假药、劣药而有偿提供给他人使用，或者为出售而购买、储存的行为。

三、生产、销售劣药罪

（一）生产、销售劣药罪的概念和特征

生产、销售劣药罪，是指生产者、销售者明知是劣药而生产、销售，对人体健康造成严重危害的行为。

本罪侵犯的客体是国家的药品管理制度和公众的健康。本罪的对象是劣药。“劣药”，是指依照《药品管理法》的规定属于劣药的药品。客观方面表现为明知是劣药而生产、销售，对人体健康造成严重危害的行为。本罪为结果犯，无后果则不构成犯罪。根据《药品案件解释》第2条、第5条规定，生产、销售的劣药被使用后，造成轻伤或者重伤的；造成轻度残疾或者中度残疾的；造成器官组织损伤导致一般功能障碍或者严重功能障碍的；其他对人体健康造成严重危害的情形，应当认定为《刑法》第142条规定的“对人体健康造成严重危害”。本罪主体可以是自然人和单位。本罪主观上只能是故意，即明知生产、销售劣药的行为会发生破坏市场秩序、危害人体健康的结果，并且希望或者放任这种结果的发生。

（二）生产、销售劣药罪的刑事责任

依照《刑法》第142条、第150条的规定，犯本罪的，处3年以上10年以下有期徒刑，并处销售金额50%以上2倍以下罚金；后果特别严重的，处10年以上有期徒刑或者无期徒刑，并处销售金额50%以上2倍以下罚金或者没收财产。单位犯本罪的，对单位判处罚金，并对其直接负责的主管人员和其他直接责任人员，依照自然人犯本罪的规定处罚。

四、生产、销售不符合安全标准的食品罪

（一）生产、销售不符合安全标准的食品罪的概念与特征

生产、销售不符合安全标准的食品罪，是指生产、销售不符合食品安全标准的食品，足以造成严重食物中毒事故或者其他严重食源性疾病的行为。

本罪侵犯的客体是国家的食品安全管理制度和公众的人体健康。犯罪对象为不符合食品安全标准的食品，其范围由国家《食品安全法》规定。本罪客观方面表现为生产、销售不符合食品安全标准的食品，足以造成严重食物中毒事故或者其他严重食源性疾病的行为。本罪是危险犯。生产、销售不符合安全标准的食品罪必须是“足以造成严重食物中毒事故或者其他严重食源性疾病”才能构成。根据最高人民法院、最高人民检察院《关于办理危害食品安全刑事案件适用法律若干问题的解释》（法释〔2013〕12号，本节以下简称《食品案件解释》），生产、销售不符合食品安全标准的食品，具有下列情形之一的，应当认定为《刑法》第143条规定的“足以造成严重食物中毒事故或者其他严重食源性疾病”：①含有严重超出标准限量的致病性微生物、农药残留、兽药残留、重金属、污染物质以及其他危害人体健康的物质的；②属于病死、死因不明或者检验检疫不合格的畜、禽、兽、水产动物及其肉类、肉类制品的；③属于国家为防控疾病等特殊需要明令禁止生产、销售的；④婴幼儿食品中生长发育所需营养成分严重不符合食品安全标准的；⑤其他足以造成严重食物中毒事故或者严重食源性疾病

的情形。本罪主体是一般主体，包括自然人和单位。本罪主观方面只能出于故意，过失不成立本罪。

（二）生产、销售不符合安全标准的食品罪的认定

（1）本罪的罪名适用。根据《食品案件解释》，在食品加工、销售、运输、贮存等过程中，违反食品安全标准，超限量或者超范围滥用食品添加剂，足以造成严重食物中毒事故或者其他严重食源性疾病的，以生产、销售不符合安全标准的食品罪定罪处罚。在食用农产品种植、养殖、销售、运输、贮存等过程中，违反食品安全标准，超限量或者超范围滥用添加剂、农药、兽药等，足以造成严重食物中毒事故或者其他严重食源性疾病的，适用上述规定定罪处罚。

（2）本罪共犯的认定。根据《食品案件解释》，明知他人生产、销售不符合食品安全标准的食品，有毒、有害食品，具有下列情形之一的，以生产、销售不符合安全标准的食品罪或者生产、销售有毒、有害食品罪的共犯论处：①提供资金、贷款、账号、发票、证明、许可证件的；②提供生产、经营场所或者运输、贮存、保管、邮寄、网络销售渠道等便利条件的；③提供生产技术或者食品原料、食品添加剂、食品相关产品的；④提供广告等宣传的。

（三）生产、销售不符合安全标准的食品罪的刑事责任

依照《刑法》第143条、第150条的规定，犯本罪的，处3年以下有期徒刑或者拘役，并处罚金；对人体健康造成严重危害或者有其他严重情节的，处3年以上7年以下有期徒刑，并处罚金；后果特别严重的，处7年以上有期徒刑或者无期徒刑，并处罚金或者没收财产。单位犯本罪的，对单位判处罚金，并对其直接负责的主管人员和其他直接责任人员，依照自然人犯本罪的规定处罚。

五、生产、销售有毒、有害食品罪

（一）生产、销售有毒、有害食品罪的概念与特征

生产、销售有毒、有害食品罪，是指在生产、销售的食品中掺入有毒、有害的非食品原料的，或者销售明知掺有有毒、有害的非食品原料的食品的行为。

（1）本罪侵害的客体是复杂客体，既违反了国家食品安全管理制度，又危害到不特定的多数人的生命健康的安全。本罪的对象是有毒、有害的食品。所谓有毒、有害的食品，是指在食品中掺入了有毒、有害的非食品原料的食品。根据《食品案件解释》，下列物质应当认定为“有毒、有害的非食品原料”：①法律、法规禁止在食品生产经营活动中添加、使用的物质；②国务院有关部门公布的《食品中可能违法添加的非食用物质名单》《保健食品中可能非法添加的物质名单》上的物质；③国务院有关部门公告禁止使用的农药、兽药以及其他有毒、有害物质；④其他危害人体健康的物质。

（2）本罪的客观方面表现为行为人在生产、销售的食品中掺入有毒、有害的非食品原料，或者销售明知掺有有毒、有害的非食品原料的食品的行为。具体表现为三种行为方式：一是在生产的食品中掺入有毒、有害的非食品原料；二是在销售的食品中掺入有毒、有害的非食品原料；三是明知是掺有有毒、有害的非食品原料的食品而销售。本罪是行为犯，即使没有造

成严重后果,同样构成本罪的既遂。

(3)本罪的主体是一般主体,自然人和单位都可以构成。

(4)本罪的主观方面是故意,即明知是有毒、有害的非食品原料,而掺入自己生产、销售的食品中,或者明知是掺有有毒、有害的非食品原料的食品而销售,并对可能由此引起的食物中毒或者其他食源性疾病采取希望或者放任的态度。至于有毒的具体成分并不在明知的范围内。

(二)生产、销售有毒、有害食品罪的认定

(1)本罪的罪名适用。根据《食品案件解释》,在食品加工、销售、运输、贮存等过程中,掺入有毒、有害的非食品原料,或者使用有毒、有害的非食品原料加工食品的,以生产、销售有毒、有害食品罪定罪处罚。在食用农产品种植、养殖、销售、运输、贮存等过程中,使用禁用农药、兽药等禁用物质或者其他有毒、有害物质的,适用上述规定定罪处罚。在保健食品或者其他食品中非法添加国家禁用药物等有毒、有害物质的,适用上述规定定罪处罚。例如,甲明知贮存的苹果上使用了禁用农药,仍将苹果批发给零售商,以销售有毒、有害食品罪定罪处罚。生产、销售有毒、有害食品罪与以危险方法危害公共安全罪之间存在法条竞合关系,根据特别法优于普通法的原则,应以生产、销售有毒、有害食品罪论处。[①]

(2)本罪与生产、销售不符合安全标准的食品罪的界限。两者在犯罪客体、主体、主观方面等都有相同或相似之处,二者的区别在于:①犯罪对象不同:本罪生产、销售的是掺有有毒、有害的非食品原料的食品,后罪生产、销售的是没有掺入有毒、有害的非食品原料但不符合食品安全标准的食品。②对结果的要求不同:本罪是行为犯,行为人一旦实施了生产、销售有毒、有害的食品的行为,即构成犯罪;后罪是危险犯,要求足以造成严重食物中毒或者其他严重食源性疾病,才构成犯罪。例如,甲专营散酒销售,农村小卖部为其供应对象,甲从他人处得知某村办酒厂生产的散酒价格低廉,虽掺有少量有毒物质,但不会致命,遂大量购进并转销给多家小卖部出售,结果致许多饮者中毒甚至双眼失明。甲销售明知掺有有毒、有害的非食品原料的食品,构成生产、销售有毒、有害食品罪。

(3)本罪与投放危险物质罪的界限。①侵害客体不同。本罪侵犯的客体是国家的食品安全管理制度,而后罪侵犯的是社会的公共安全。②客观方面不同。本罪与生产、销售食品有关,表现为生产、销售食品过程中掺入有毒、有害的非食品原料;后罪可以发生在任何场合,不一定表现为在食品的生产、销售过程中,一般与生产、销售食品无关。③主体不同。本罪的自然人主体必须已满16周岁,单位可以成为本罪主体;后者的自然人主体只需已满14周岁,单位不能成为其主体。④主观方面不同。本罪的行为人往往是为了追求非法利润;后罪一般不以营利为目的。例如,甲将邻居交售粮站的稻米淋洒农药,取出部分作饵料,毒死麻雀后售与饭馆,非法获利5000元,则甲同时构成投放危险物质罪和销售有毒、有害食品罪。

(三)生产、销售有毒、有害食品罪的刑事责任

依照《刑法》第144条、第150条的规定,犯本罪的,处5年以下有期徒刑,并处罚金;对人

---

①参见陈兴良、张军、胡云腾主编:《人民法院刑事指导案例裁判要旨通纂》(上卷),北京大学出版社2013年版,第0068-0069页。

体健康造成严重危害或者有其他严重情节的，处5年以上10年以下有期徒刑，并处罚金；致人死亡或者有其他特别严重情节的，依照《刑法》第141条的规定处罚（即处10年以上有期徒刑、无期徒刑或者死刑，并处罚金或者没收财产）。单位犯本罪的，对单位判处罚金，并对其直接负责的主管人员和其他直接责任人员，依照自然人犯本罪的规定处罚。

六、生产、销售不符合标准的医用器材罪

生产、销售不符合标准的医用器材罪，是指生产不符合保障人体健康的国家标准、行业标准的医疗器械、医用卫生材料，或者销售明知是不符合保障人体健康的国家标准、行业标准的医疗器械、医用卫生材料，足以危害人体健康的行为。

本罪侵犯的客体是复杂客体，既包括国家对医疗卫生材料的管理制度，也包括不特定多数人的生命健康权利。侵害对象为医疗器械、医用卫生材料。客观方面表现为生产不符合保障人体健康的国家标准、行业标准的医疗器械、医用卫生材料，或者销售明知是不符合保障人体健康的国家标准、行业标准的医疗器械、医用卫生材料，足以危害人体健康的行为。本罪为危险犯。生产、销售不符合标准的医用器材必须是“足以危害人体健康”才能构成。本罪主体既可以是自然人，也可以是单位。主观方面只能出于故意，过失不成立本罪。

依照《刑法》第145条、第150条的规定，犯本罪的，处3年以下有期徒刑或者拘役，并处销售金额50%以上2倍以下罚金；对人体健康造成严重危害的，处3年以上10年以下有期徒刑，并处销售金额50%以上2倍以下罚金；后果特别严重的，处10年以上有期徒刑或者无期徒刑，并处销售金额50%以上2倍以下罚金或者没收财产。单位犯本罪的，对单位判处罚金，并对其直接负责的主管人员和其他直接责任人员，依照自然人犯本罪的规定处罚。

七、生产、销售不符合安全标准的产品罪

生产、销售不符合安全标准的产品罪，是指生产不符合保障人身、财产安全的国家标准、行业标准的电器、压力容器、易燃易爆产品或者其他不符合保障人身、财产安全的国家标准、行业标准的产品，或者销售明知是以上不符合保障人身、财产安全的国家标准、行业标准的产品，造成严重后果的行为。

依照《刑法》第146条、第150条的规定，犯本罪的，处5年以下有期徒刑，并处销售金额50%以上2倍以下罚金；后果特别严重的，处5年以上有期徒刑，并处销售金额50%以上2倍以下罚金。单位犯本罪的，对单位判处罚金，并对其直接负责的主管人员和其他直接责任人员，依照自然人犯本罪的规定处罚。

八、生产、销售伪劣农药、兽药、化肥、种子罪

生产、销售伪劣农药、兽药、化肥、种子罪，是指生产假农药、假兽药、假化肥，销售明知是假的或者失去使用效能的农药、兽药、化肥、种子，或者生产者、销售者以不合格的农药、兽药、化肥、种子冒充合格的农药、兽药、化肥、种子，使生产遭受较大损失的行为。

本罪在客观方面的行为表现为三种形式：一是行为人非法生产、销售假农药、假兽药、假化肥、假种子，即以假充真；二是行为人非法销售失去效用的农药、兽药、化肥、种子；三是行为人生产、销售劣质的农药、兽药、化肥、种子。本罪为结果犯，必须发生了一定的危害后果才

能构成。

依照《刑法》第147条、第150条的规定，犯本罪的，处3年以下有期徒刑或者拘役，并处或者单处销售金额50%以上2倍以下罚金；使生产遭受重大损失的，处3年以上7年以下有期徒刑，并处销售金额50%以上2倍以下罚金；使生产遭受特别重大损失的，处7年以上有期徒刑或者无期徒刑，并处销售金额50%以上2倍以下罚金或者没收财产。单位犯本罪的，对单位判处罚金，并对其直接负责的主管人员和其他直接责任人员，依照自然人犯本罪的规定处罚。

九、生产、销售不符合卫生标准的化妆品罪

生产、销售不符合卫生标准的化妆品罪，是指生产不符合卫生标准的化妆品，或者销售明知是不符合卫生标准的化妆品，造成严重后果的行为。不符合卫生标准的化妆品的范围，可根据卫生部《化妆品卫生监督条例》的规定予以确定。本罪为结果犯，即必须发生严重后果，才能构成。主体是一般主体，包括自然人和单位。主观方面是故意。

依照《刑法》第148条、第150条规定，犯本罪的，处3年以下有期徒刑或者拘役，并处或者单处销售金额50%以上2倍以下罚金。单位犯本罪的，对单位判处罚金，并对其直接负责的主管人员和其他直接责任人员，依照自然人犯本罪的规定处罚。

第三节　走私罪罪名分述

一、走私武器、弹药罪

（一）走私武器、弹药罪的概念与特征

走私武器、弹药罪，是指违反海关法规，逃避海关监管，非法运输、携带、邮寄武器、弹药进出国（边）境的行为。

（1）本罪侵犯的客体是国家对武器、弹药禁止进出口的监督管理制度。走私对象为武器、弹药。武器、弹药的种类，参照《中华人民共和国进口税则》及《中华人民共和国禁止进出境物品表》的有关规定确定。

（2）本罪的客观方面表现为实施了违反海关法规，逃避海关监管，非法运输、携带、邮寄武器、弹药进出境的行为。本罪的走私行为主要表现为以下几种形式：①绕关走私，即未经国务院或国务院授权的部门批准，不经过设立海关的地点，非法运输、携带武器、弹药进出国（边）境。②通关走私，即虽然通过设立海关的地点进出国（边）境，但采取隐匿、伪装、假报等欺骗手段，逃避海关监管、检查，非法盗运、偷带或者非法邮寄武器、弹药。③间接走私，即直接向走私人非法收购武器、弹药或者在内海、领海、界河、界湖运输、收购、贩卖武器、弹药。④走私的辅助行为，即与走私武器、弹药的罪犯通谋，为其提供贷款、资金、账号、发票、证明，或者为其提供运输、保管、邮寄或者其他方便。例如，甲利用到国外旅游的机会，购买了手枪1支、子弹若干发自用，并经过伪装将其邮寄回国内。后来甲得知乙欲搞一支枪抢银行，即与乙协商，以1万元将其手枪出租给乙。乙使用该手枪抢劫银行时被抓获。本案中，甲符合走私武

器、弹药罪的构成要件,同时其还与乙构成抢劫罪的共犯,应当数罪并罚。值得注意的是,以上这些走私方式非本罪所特有,本节其他走私罪名通常也采取这样的走私方式。

(3)犯罪主体是一般主体,既可以自然人,也可以是单位。

(4)主观方面只能是故意,即明知是国家禁止进出口的武器、弹药而故意走私。过失不成立本罪。

(二)走私武器、弹药罪的认定

根据《最高人民法院、最高人民检察院关于办理走私刑事案件适用法律若干问题的解释》(法释〔2014〕10号),走私枪支散件,构成犯罪的,以走私武器罪定罪处罚。走私各种弹药的弹头、弹壳,构成犯罪的,以走私弹药罪定罪处罚。走私报废或者无法组装并使用的各种弹药的弹头、弹壳,构成犯罪的,以走私普通货物、物品罪定罪处罚;属于废物的,以走私废物罪定罪处罚。走私国家禁止或者限制进出口的仿真枪、管制刀具,构成犯罪的,以走私国家禁止进出口的货物、物品罪定罪处罚。走私的仿真枪经鉴定为枪支,构成犯罪的,以走私武器罪定罪处罚。不以牟利或者从事违法犯罪活动为目的,且无其他严重情节的,可以依法从轻处罚;情节轻微不需要判处刑罚的,可以免予刑事处罚。

(三)走私武器、弹药罪的刑事责任

依照《刑法》第151条的规定,犯本罪的,处7年以上有期徒刑,并处罚金或者没收财产;情节特别严重的,处无期徒刑,并处没收财产;情节较轻的,处3年以上7年以下有期徒刑,并处罚金。单位犯本罪的,对单位判处罚金,并对其直接负责的主管人员和其他直接责任人员,依照自然人犯本罪的规定处罚。

二、走私核材料罪

走私核材料罪,是指违反海关法规,逃避海关监管,运输、携带、邮寄核材料进出国(边)境的行为。本罪的对象是核材料。核材料,是指可以发生原子核变和聚合反应的放射性材料。

依照《刑法》第151条的规定,犯本罪的,处罚与走私武器、弹药罪相同。

三、走私假币罪

走私假币罪,是指违反海关法规,逃避海关监管,运输、携带、邮寄假币进出国(边)境的行为。本罪的对象是假币。所谓假币,是指伪造的货币,包括伪造的正在流通的人民币和境外货币。伪造的境外货币数额,折合成人民币计算。

依照《刑法》第151条的规定,犯本罪的,处罚与走私武器、弹药罪相同。

四、走私文物罪

走私文物罪,是指违反海关法规和国家文物保护法规,逃避海关监管,运输、携带、邮寄国家禁止出口的文物出境的行为。本罪的对象是国家禁止出口的文物。所谓国家禁止出口的文物,是指国家一、二、三级文物和其他国家禁止出口的文物。本罪的行为方式是单向的,只限于出口,不包括进口。如果将文物从境外走私至境内的,只能成立走私普通货物、物品罪。

依照《刑法》第151条规定，犯本罪的，处5年以上10年以下有期徒刑，并处罚金；情节特别严重的，处10年以上有期徒刑或者无期徒刑，并处没收财产；情节较轻的，处5年以下有期徒刑，并处罚金。单位犯本罪的，对单位判处罚金，并对其直接负责的主管人员和其他直接责任人员，依照自然人犯本罪的规定处罚。

五、走私贵重金属罪

走私贵重金属罪，是指违反海关法规，逃避海关监管，运输、携带、邮寄国家禁止出口的黄金、白银和其他贵重金属出境的行为。本罪的对象是国家禁止出口的黄金、白银和其他贵重金属。本罪的行为方式是单向的，只限于出口，不包括进口。

依照《刑法》第151条规定，犯本罪的，处罚与走私文物罪相同。

六、走私珍贵动物、珍贵动物制品罪

走私珍贵动物、珍贵动物制品罪，是指违反海关法规和野生动物保护法规，逃避海关监管，运输、携带、邮寄珍贵动物及其制品进出国（边）境的行为。走私对象仅限于珍贵动物及其制品，包括列入《国家重点保护野生动物名录》中的国家一、二级保护野生动物，《濒危野生动植物种国际贸易公约》附录Ⅰ、附录Ⅱ中的野生动物，以及驯养繁殖的上述动物及其制品。

依照《刑法》第151条规定，犯本罪的，处罚与走私文物罪相同[①]。

七、走私国家禁止进出口的货物、物品罪

走私国家禁止进出口的货物、物品罪，是指违反海关法规，逃避海关监管，运输、携带、邮寄国家禁止进出口的货物、物品进出国（边）境的行为。本罪的对象是国家禁止进出口的珍稀植物及其制品等国家禁止进出口的其他货物、物品。所谓珍稀植物及其制品，包括列入《国家重点保护野生植物名录》《国家重点保护野生药材物种名录》《国家珍贵树种名录》中的国家一、二级保护野生植物、国家重点保护的野生药材、珍贵树木，《濒危野生动植物种国际贸易公约》附录Ⅰ、附录Ⅱ中的野生植物，以及人工培育的上述植物及其制品。所谓国家禁止进出口的其他货物、物品，是指《刑法》第151条第1、2、3款具体列举以外的其他国家禁止进出口的货物、物品，例如，古植物化石、无脊椎动物化石和来自国际疫区的动植物及其制品等。

依照《刑法》第151条规定，犯本罪的，处5年以下有期徒刑或者拘役，并处或者单处罚金；情节严重的，处5年以上有期徒刑，并处罚金。单位犯本罪的，对单位判处罚金，对其直接负责的主管人员和其他直接责任人员，依照自然人犯本罪的规定处罚。

八、走私淫秽物品罪

走私淫秽物品罪，是指违反海关法规，逃避海关监管，以牟利或者传播为目的，运输、携带、邮寄淫秽的影片、录像带、录音带、图片、书刊或者其他淫秽物品进出国（边）境的行为。

本罪的客体是国家对淫秽物品的监管制度和社会管理秩序。本罪的对象是淫秽物品。所

①不以牟利为目的，为留作纪念而走私珍贵动物制品进境，数额不满10万元的，可以免予刑事处罚；情节显著轻微的，不作为犯罪处理。参见最高人民法院、最高人民检察院《关于办理走私刑事案件适用法律若干问题的解释》（法释〔2014〕10号）。

谓淫秽物品,是指具体描绘性行为或者露骨宣扬色情的淫秽性的书刊、影片、录像带、图片以及其他淫秽物品。有关人体生理、医学知识的科学著作不是淫秽物品;包含有色情内容的有艺术价值的文学、艺术作品不视为淫秽物品。走私非淫秽的影片、影碟、录像带、录音带、音碟、图片、书刊、电子出版物等物品的,按走私普通货物、物品罪定罪处罚。走私行为的表现形式与走私武器、弹药罪相同。本罪主观上不仅要求故意,而且要求以牟利或者传播为目的。牟利,是指行为人以出卖、出租或者其他方式,利用淫秽物品牟取非法利润;传播,是指行为人意图将淫秽物品在社会上扩散。

依照《刑法》第152条规定,犯本罪的,处3年以上10年以下有期徒刑,并处罚金;情节严重的,处10年以上有期徒刑或者无期徒刑,并处罚金或者没收财产;情节较轻的,处3年以下有期徒刑、拘役或者管制,并处罚金。单位犯本罪的,对单位判处罚金,并对其直接负责的主管人员和其他直接责任人员,依照自然人犯本罪的规定处罚。

九、走私废物罪

走私废物罪,是指违反海关法规和国家关于废物管理的规定,逃避海关监管,将境外固体废物、液态废物和气态废物运输进境,情节严重的行为。

本罪的对象是废物,包括固体废物、液态废物和气态废物。这里的固体废物,根据司法解释的规定,是指国家禁止进口的固体废物和国家限制进口的可用作原料的固体废物。国家限制进口的可用作原料的固体废物的具体种类,按照《国家限制进口的可用作原料的固体废物目录》执行。液态废物和气态废物,是指以液态和气态形式存在的废物。客观方面仅限于将废物运输进境的行为,因此,将废物运输出境的,不成立本罪。如果有人将境内的废物运输出境的,则视情况按照走私普通货物、物品罪处理。此外,根据《刑法》第339条第3款的规定,以原料利用为名,进口不能用作原料的固体废物、液态废物和气态废物的,也构成走私废物罪。

依照《刑法》第152条的规定,犯本罪的,处5年以下有期徒刑,并处或者单处罚金;情节特别严重的,处5年以上有期徒刑,并处罚金。单位犯本罪的,对单位判处罚金,并对其直接负责的主管人员和其他直接责任人员,依照自然人犯本罪的规定处罚。

十、走私普通货物、物品罪

(一)走私普通货物、物品罪的概念和特征

走私普通货物、物品罪,是指违反海关法规,逃避海关监管,非法运输、携带、邮寄普通货物、物品进出国(边)境,偷逃应缴税额较大或者1年内曾因走私被给予两次行政处罚后又走私的行为。

(1)本罪侵害的客体是我国海关制度中的对普通货物、物品监管和对进出口货物征收关税的制度。本罪的对象是普通货物、物品。所谓普通货物、物品,是指除《刑法》第151条、第152条、第347条、第350条所列的武器、弹药、核材料、假币、禁止出口的文物及贵重金属、珍贵动植物及其制品、淫秽物品、废物、毒品以及制毒物品等以外的其他货物、物品,包括生产资料和生活资料。

(2)本罪的客观方面表现为违反海关法规,逃避海关监管,非法运输、携带、邮寄应当缴

纳关税的普通货物、物品进出境，偷逃应缴税额较大的行为。根据相关司法解释规定，走私普通货物、物品偷逃应缴税额10万元以上的，才以本罪论处。应缴税额，包括进出口货物、物品应当缴纳的进出口关税和进口环节海关代征税的税额。走私货物、物品所偷逃的应缴税额，应当以走私行为案发时所适用的税则、税率、汇率和海关审定的完税价格计算，并以海关出具的证明为准。值得注意的是，本罪的走私方式除前述绕关走私、通关走私、间接走私、走私的辅助行为等基本形式外，《刑法》第154条规定，下列行为应按本罪定罪处罚：①未经海关许可并且未补缴应缴税额，擅自将批准进口的来料加工、来件装配、补偿贸易的原材料、零件、制成品、设备等保税货物，在境内销售牟利的。②未经海关许可并且未补缴应缴税额，擅自将特定减税、免税进口的货物、物品，在境内销售牟利的。理论上将该条规定称之为"后续走私"。

(3)本罪的主体是一般主体。既可以是中国人，也可以是外国人或无国籍的人。单位也可以成为本罪的主体。

(4)本罪的主观方面是故意。走私主观故意中的明知，是指行为人知道或者应当知道所从事的行为是走私行为。

(二)走私普通货物、物品罪的认定

1. 本罪罪与非罪的界限。本罪的认定，要注意区分罪与非罪的界限。走私偷逃应缴税额达到10万元以上，或者1年内曾因走私被给予2次行政处罚后又走私的，构成本罪。未达到这一定罪标准的，属于一般走私违法行为，可处以罚款和没收走私物品。

2. 本罪与其他走私特定物品犯罪的界限。二者的区别就在于犯罪对象的不同。走私武器、弹药、核材料、假币、禁止出口的文物及贵重金属、珍贵动植物及其制品、淫秽物品、废物、毒品以及制毒物品等特定物品的，按走私武器、弹药、核材料等罪名定罪处罚；走私上述特定物品以外的其他普通货物、物品的，按本罪处理。在走私的货物、物品中藏匿《刑法》第151条、第152条、第347条、第350条规定的货物、物品，构成犯罪的，以实际走私的货物、物品定罪处罚；构成数罪的，实行数罪并罚。未经许可进出口国家限制进出口的货物、物品，或者租用、借用或者使用购买的他人许可证，进出口国家限制进出口的货物、物品，构成犯罪的，应当依照《刑法》第151条、第152条的规定，以走私国家禁止进出口的货物、物品罪等罪名定罪处罚；偷逃应缴税额，同时又构成走私普通货物、物品罪的，依照处罚较重的规定定罪处罚。取得许可，但超过许可数量进出口国家限制进出口的货物、物品，构成犯罪的，依照《刑法》第153条的规定，以走私普通货物、物品罪定罪处罚。

(三)走私普通货物、物品罪的刑事责任

依照《刑法》第153条、第157条的规定，对于犯本罪的，根据情节轻重，分别依照下列规定处罚：①走私货物、物品偷逃应缴税额较大或者1年内曾因走私被给予两次行政处罚后又走私的，处3年以下有期徒刑或者拘役，并处偷逃应缴税额1倍以上5倍以下罚金；②走私货物、物品偷逃应缴税额巨大或者有其他严重情节的，处3年以上10年以下有期徒刑，并处偷逃应缴税额1倍以上5倍以下罚金；③走私货物、物品偷逃应缴税额特别巨大或者有其他特别严重情节的，处10年以上有期徒刑或者无期徒刑，并处偷逃应缴税额1倍以上5倍以下罚

金或者没收财产。单位犯本罪的，对单位判处罚金，并对其直接负责的主管人员和其他直接责任人员，处3年以下有期徒刑或者拘役；情节严重的，处3年以上10年以下有期徒刑；情节特别严重的，处10年以上有期徒刑。

对于多次走私未经处理的，按照累计走私货物、物品的偷逃应缴税额处罚。武装掩护走私的，依照《刑法》第151条第1款的规定从重处罚。以暴力、威胁方法抗拒缉私的，以走私罪和《刑法》第277条规定的妨害公务罪，依照数罪并罚的规定处罚。

第四节　妨害对公司、企业的管理秩序罪罪名分述

一、虚报注册资本罪

（一）虚报注册资本罪的概念和特征

虚报注册资本罪，是指在申请公司登记时，使用虚假证明文件或者采取其他欺诈手段虚报注册资本，欺骗公司登记主管部门，取得公司登记，虚报注册资本数额巨大、后果严重或者有其他严重情节的行为。

本罪侵犯的客体是我国的公司登记管理制度。客观方面表现为在申请公司登记时，使用虚假证明文件或者采取其他欺诈手段虚报注册资本，欺骗公司登记主管部门，取得公司登记，虚报注册资本数额巨大、后果严重或者有其他严重情节的行为。①犯罪对象必须是注册资本。根据2014年4月24日全国人大常委会《关于〈中华人民共和国刑法〉第一百五十八条、第一百五十九条的解释》，《刑法》第158条、第159条的规定，只适用于依法实行注册资本实缴登记制的公司。②虚报注册资本，既可以表现为没有达到登记注册的资本数额，却采取欺诈手段证明达到了法定数额；也可以表现为虽然达到了法定数额却虚报具有更高数额的资本。③本罪是结果犯，行为人是否取得了公司登记，是构成本罪的一个重要条件。虚报注册资本数额巨大、后果严重或者有其他严重情节，具备三者之一，即可成立本罪。本罪的主体是特殊主体，必须是申请公司登记的自然人或者单位。主观方面，必须是出于故意，主观目的在于取得公司登记。

（二）虚报注册资本罪的刑事责任

依照《刑法》第158条的规定，犯本罪的，处3年以下有期徒刑或者拘役，并处或者单处虚报注册资本金额1%以上5%以下罚金。单位犯本罪的，对单位判处罚金，并对其直接负责的主管人员和其他直接责任人员，处3年以下有期徒刑或者拘役。

二、虚假出资、抽逃出资罪

（一）虚假出资、抽逃出资罪的概念和特征

虚假出资、抽逃出资罪，是指公司发起人、股东违反公司法的规定，未交付货币、实物或者未转移财产权，虚假出资，或者在公司成立后抽逃其出资，数额巨大、后果严重或者有其他

严重情节的行为。

本罪侵犯的客体是国家关于公司出资方面的管理制度。客观方面表现为行为人违反公司法的规定，未交付货币、实物或者未转移财产权，虚假出资，或者在公司成立后又抽逃其出资的行为。所谓未交付货币、实物，是指未将货币足额存入准备设立的公司在银行开设的临时账户，或者根本就没有交付任何货币；没有实际交付作为出资的机器、设备、原材料、房屋等实物。未转移财产权，是指对作为出资的实物、工业产权、非专利技术、土地使用权没有办理财产权转移手续或者土地使用权转移手续。虚假出资，是指对以实物、工业产权、非专利技术或者土地使用权出资的，在评估作价时，故意高估或者低估作价，然后再作为出资等情形。公司成立后又抽逃其出资，是指为达到设立公司的目的，通过向其他企业借款或者向银行贷款等手段取得资金作为出资，待公司登记成立后，又抽回这些资金或者是在公司设立时，依法缴纳了自己的出资，当公司成立后，又将已投入的资金撤回等情形。例如，甲、乙二人出资10万元，同时通过购买并使用伪造的商业零售发票，虚填商品实物价值人民币50万元，骗取审计事务所出具验资报告，欺骗公司登记主管部门，以60万元注册资本取得“XX贸易有限公司”营业执照。后甲、乙又合谋将上述10万元资本金转移用于注册另一公司。甲、乙二人的行为构成虚报注册资本罪与抽逃出资罪。本罪主体是特殊主体，必须是公司的发起人或者股东，包括自然人和单位。本罪的主观方面，只能由故意构成。

（二）虚假出资、抽逃出资罪的刑事责任

依照《刑法》第159条的规定，犯本罪的，处5年以下有期徒刑或者拘役，并处或者单处虚假出资金额或者抽逃出资金额2%以上10%以下罚金。单位犯本罪的，对单位判处罚金，并对其直接负责的主管人员和其他直接责任人员，处5年以下有期徒刑或者拘役。

三、欺诈发行股票、债券罪

欺诈发行股票、债券罪，是指在招股说明书、认股书、公司、企业债券募集办法中，隐瞒重要事实或者编造重大虚假内容，发行股票或者公司、企业债券，数额巨大、后果严重或者有其他严重情节的行为。

本罪侵犯的客体是国家对股票、债券的发行管理制度。客观方面表现为行为人在招股说明书、认股书、公司、企业债券募集办法中，隐瞒重要事实或者编造重大虚假内容，发行股票或者公司、企业债券，数额巨大、后果严重或者有其他严重情节的行为。本罪主体是特殊主体，必须是公司的发起人或者股东，包括自然人和单位。本罪的主观方面，只能由故意构成。

依照《刑法》第160条的规定，犯本罪的，处5年以下有期徒刑或者拘役，并处或者单处非法募集资金金额1%以上5%以下罚金。单位犯本罪的，对单位判处罚金，并对其直接负责的主管人员和其他直接责任人员，处5年以下有期徒刑或者拘役。

四、违规披露、不披露重要信息罪

违规披露、不披露重要信息罪，是指依法负有信息披露义务的公司、企业向股东和社会公众提供虚假的或者隐瞒重要事实的财务会计报告，或者对依法应当披露的其他重要信息不按照规定披露，严重损害股东或者其他人利益，或者有其他严重情节的行为。

本罪的客体是复杂客体，既侵犯了负有公开性责任的公司、企业的信息披露制度，同时也侵犯了股东或者其他利益相关公众的知情权和财产权。客观方面表现为行为人向股东和社会公众提供虚假的或者隐瞒重要事实的财务会计报告，或者对依法应当披露的其他重要信息不按照规定披露，严重损害股东或者其他人利益，或者有其他严重情节的行为。本罪主体是单位，但其法律责任只及于直接负责的主管人员和其他直接责任人员。主观方面出于故意。

依照《刑法》第161条的规定，犯本罪的，对其直接负责的主管人员和其他直接责任人员，处3年以下有期徒刑或者拘役，并处或者单处2万元以上20万元以下罚金。

五、妨害清算罪

妨害清算罪，是指公司、企业在进行清算时，隐匿财产，对资产负债表或者财产清单作虚伪记载或者在未清偿债务前分配公司、企业财产，严重损害债权人或者其他人利益的行为。

本罪侵犯的客体是国家对公司、企业的破产清算制度。本罪客观方面必须具备三个要件：① 行为发生在公司、企业清算财产时。②实施了以下四种行为之一：一是隐匿财产；二是对资产负债表作虚假记载，如夸大负债数额，作实际上并不存在的负债记载，对特定债权人作不符合事实的负债记载等；三是对财产清单作虚伪记载，如减少公司、企业的收入，提高固定资产的价格等；四是在清偿债务前分配公司、企业财产。③严重损害债权人或者其他人的利益。这里的严重损害债权人或者其他人利益，参照2010年5月7日最高人民检察院、公安部《关于公安机关管辖的刑事案件立案追诉标准的规定（二）》（本章以下简称《立案追诉标准（二）》）的规定。

依照《刑法》第162条的规定，犯本罪的，对其直接负责的主管人员和其他直接责任人员，处5年以下有期徒刑或者拘役，并处或者单处2万元以上20万元以下罚金。

六、隐匿、故意销毁会计凭证、会计账簿、财务会计报告罪

隐匿、故意销毁会计凭证、会计账簿、财务会计报告罪，是指隐匿、故意销毁依法应当保存的会计凭证、会计账簿、财务会计报告，情节严重的行为。本罪的客体是国家对会计资料的管理制度。本罪的对象是依法应当保存的会计凭证、会计账簿、财务会计报告。客观方面表现为行为人隐匿、故意销毁依法应当保存的会计凭证、会计账簿、财务会计报告，情节严重的行为。这里的情节严重，参照《立案追诉标准（二）》的规定。

依照《刑法》第162条之一的规定，犯本罪的，处5年以下有期徒刑，并处或者单处2万元以上20万元以下罚金。单位犯本罪的，对单位判处罚金，并对其直接负责的主管人员和其他直接责任人员，依照自然人犯本罪的规定处罚。

七、虚假破产罪

虚假破产罪是指公司、企业通过隐匿财产、承担虚构的债务或者以其他方法转移、处分财产，实施虚假破产，严重损害债权人或者其他人利益的行为。本罪侵犯的客体是公司、企业的破产管理制度。客观方面表现为公司、企业通过隐匿财产、承担虚构的债务或者以其他方法转移、处分财产，实施虚假破产，严重损害债权人或者其他人利益。

依照《刑法》第162条之二的规定，犯本罪的，对其直接负责的主管人员和其他直接责任人员，处5年以下有期徒刑或者拘役，并处或者单处2万元以上20万元以下罚金。

八、非国家工作人员受贿罪

（一）非国家工作人员受贿罪的概念和特征

非国家工作人员受贿罪，是指公司、企业或者其他单位的工作人员利用职务上的便利，索取他人财物或非法收受他人财物，为他人谋取利益，或者在经济往来中，违反国家规定，收受各种名义的回扣、手续费，归个人所有，数额较大的行为。

（1）本罪侵犯的客体是公司、企业或者其他单位的正常活动和公司、企业或者其他单位人员的职务廉洁性。

（2）本罪客观方面表现为利用职务上的便利，索取他人财物或者非法收受他人财物，为他人谋取利益，数额较大的行为。①必须利用职务上的便利，即利用自己职务上主管、负责、经管或者参与某项工作的便利条件。②必须索取财物或者非法收受他人财物，并且数额较大。另外，依照《刑法》第163条第2款的规定，公司、企业或者其他单位的工作人员在经济往来中，违反国家规定，收受各种名义的回扣、手续费，归个人所有的，也属于本罪在客观方面的表现形式之一。“违反国家规定”，是指违反全国人大及其常委会制定的法律和决定，国务院制定的行政法规、规定的行政措施、发布的决定和命令，不包括单纯违反地方性规定的行为。“回扣”，是指在商品或劳务活动中，由卖方从所收到的价款中，在账外暗中以现金、实物或者其他方式返还给买方或其经办人的一定比例的款项。“手续费”是指在经济活动中，违反国家规定，以各种名义支付给公司、企业或者其他单位的工作人员除了回扣之外的其他款项，如顾问费、劳务费、信息费、好处费等。本罪的成立要求“数额较大”，参照《立案追诉标准（二）》的规定，是指受贿数额在5千元以上。③必须为他人谋取利益。不管是索取他人财物、还是非法收受他人财物，都必须为他人谋取利益，但不要求行为人实际上为他人谋取到了利益。

（3）本罪的主体是特殊主体，即必须是公司、企业或者其他单位的工作人员，但不包括国有公司、企业或者其他国有单位中从事公务的人员和国有公司、企业或者其他国有单位委派到非国有公司、企业以及其他单位从事公务的人员。另外，根据《刑法》第184条的规定，银行或者其他金融机构的工作人员（国有金融机构工作人员和国有金融机构委派到非国有金融机构从事公务的人员除外），在金融业务活动中索取他人财物或者非法收受他人财物，为他人谋取利益的，或者违反国家规定，收受各种名义的回扣、手续费，归个人所有的，以本罪论处。

（4）本罪的主观方面必须是故意，并且具有索取或者非法收受他人财物的目的。

（二）非国家工作人员受贿罪的认定

1. 本罪罪与非罪的界限

依照法律的规定，公司、企业或者其他单位的工作人员索取或者非法收受他人财物的行为，必须达到数额较大，才构成本罪。

2. 本罪与受贿罪的界限

这两种犯罪都是行为人利用职务上的便利,索取他人财物或非法收受他人财物,为他人谋取利益的行为,两罪的区别主要在于:①犯罪客体不同。本罪侵犯的客体是国家对公司、企业或者其他单位的管理秩序以及公司、企业或者其他单位的利益;而受贿罪的客体是国家机关的正常管理活动以及国家工作人员职务行为的廉洁性。②犯罪主体不同。本罪的主体是公司、企业或者其他单位的非国家工作人员;而受贿罪的主体必须是国家工作人员。

(三)非国家工作人员受贿罪的刑事责任

依照《刑法》第163条的规定,犯本罪的,处5年以下有期徒刑或者拘役;数额巨大的,处5年以上有期徒刑,可以并处没收财产。

九、对非国家工作人员行贿罪

对非国家工作人员行贿罪,是指为谋取不正当利益,给予公司、企业或者其他单位的工作人员以财物,数额较大的行为。

行贿对象必须是公司、企业或者其他单位的工作人员。这里的公司、企业或者其他单位的工作人员,是指公司、企业或者其他单位的非国家工作人员,不包括国家工作人员。行贿主体既可以是自然人,也可以是单位。主观方面必须出于故意,并且是为了谋取不正当利益。这里的不正当利益,是指谋取违反法律、法规、国家政策和国务院各部门规章规定的利益,以及要求公司、企业或者其他单位人员提供违反法律、法规、国家政策和国务院各部门规章规定的帮助或者便利条件。至于实际上是否获取了不正当利益,不影响本罪的成立。对公司、企业或者其他单位的工作人员行贿,刑法明文要求必须达到数额较大,才构成犯罪。这里的数额较大,参照《立案追诉标准(二)》的规定,是指个人行贿数额在1万元以上,单位行贿数额在20万元以上。

依照《刑法》第164条的规定,犯本罪的,处3年以下有期徒刑或者拘役,并处罚金;数额巨大的,处3年以上10年以下有期徒刑,并处罚金。单位犯本罪的,对单位判处罚金,并对其直接负责的主管人员和其他直接责任人员,依照自然人犯本罪的规定处罚。行贿人在被追诉前主动交待行贿行为的,可以减轻或者免除处罚。

十、对外国公职人员、国际公共组织官员行贿罪

对外国公职人员、国际公共组织官员行贿罪,是指为谋取不正当商业利益,给予外国公职人员或者国际公共组织官员以财物的行为。

行贿对象必须是外国公职人员或者国际公共组织官员。行贿主体是一般主体,包括自然人和单位。主观方面必须出于故意,目的是“谋取不正当商业利益”。对外国公职人员或者国际公共组织官员行贿,虽然刑法没有明文要求行贿数额达到较大,但如果行贿数额不大,且系初犯,可视为“犯罪情节显著轻微危害不大”的情况,不应作为犯罪处理。因而本书认为,对外国公职人员或者国际公共组织官员行贿同样属于数额犯,要达到定罪量刑的相应数额标准,才能构成犯罪。

依照《刑法》第164条的规定,犯本罪的,处罚与对非国家工作人员行贿罪相同。

十一、非法经营同类营业罪

非法经营同类营业罪，是指国有公司、企业的董事、经理利用职务之便，自己经营或为他人经营与所任职公司、企业同类的营业，获取非法利益，数额巨大的行为。

本罪的客体是国有公司、企业的利益。本罪的客观方面表现为行为人利用职务之便，非法经营同类营业。"经营"包括两种情况：一是为自己经营，即为自己独资或者担任股东的公司、企业经营；二是为他人经营，但自己从中谋取利益。所谓"同类营业"，是指生产、销售同一商品或者具有其他同一性质的营业。非法经营同类营业的行为必须获取了数额巨大的非法利益才能构成。参照《立案追诉标准（二）》的规定，这里的数额巨大是指获取非法利益，数额在10万元以上。本罪的主体是国有公司、企业的董事、经理。本罪的主观方面是故意，行为人有获取非法利益的目的。

依照《刑法》第165条的规定，犯本罪的，处3年以下有期徒刑或者拘役，并处或者单处罚金；数额特别巨大的，处3年以上7年以下有期徒刑，并处罚金。

十二、为亲友非法牟利罪

为亲友非法牟利罪，是指国有公司、企业、事业单位的工作人员，利用职务便利，为亲友非法牟利，致使国家利益遭受重大损失的行为。

本罪侵犯的客体是公司、企业、事业单位的利益。本罪的客观方面表现为利用职务便利，实施具有下列情形之一的行为：①将本单位的盈利业务交由自己的亲友进行经营；②以明显高于市场的价格向自己和亲友经营管理的单位采购商品或者以明显低于市场的价格向自己的亲友经营管理的单位销售商品；③向自己的亲友经营管理的单位采购不合格商品。构成本罪必须以使国家利益遭受重大损失为前提。所谓"致使国家利益遭受重大损失"，参照《立案追诉标准（二）》的规定。本罪主体是国有公司、企业、事业单位的工作人员。本罪主观方面只能由故意构成，过失行为不可能成立本罪。

依照《刑法》第166条的规定，犯本罪的，处3年以下有期徒刑或者拘役，并处或者单处罚金；致使国家利益遭受特别重大损失的，处3年以上7年以下有期徒刑，并处罚金。

十三、签订、履行合同失职被骗罪

签订、履行合同失职被骗罪，是指国有公司、企业、事业单位直接负责的主管人员，在签订、履行合同过程中，因严重不负责任被诈骗，致使国家利益遭受重大损失的行为。

本罪侵犯的客体是公司、企业、事业单位的利益。客观方面表现为行为人在签订、履行合同过程中，因严重不负责任被诈骗，致使国家利益遭受重大损失的行为。"严重不负责任"，是指玩忽职守，不认真审查对方的合同主体资格、资信情况、履约能力、货源、合同标的的数量、质量等情况，导致被骗。"被诈骗"，是指对方当事人的行为已经涉嫌诈骗犯罪，不以对方当事人已经被人民法院判决构成诈骗犯罪作为立案追诉的前提。同时，本罪的成立要求"致使国家利益遭受重大损失"。该损失，参照《立案追诉标准（二）》的规定。主体是特殊主体，即国有公司、企业、事业单位的直接负责的主管人员。本罪主观方面是过失，既可能是疏忽大意的过失，也可能是过于自信的过失。此外，根据全国人大常委会《关于惩治骗购外汇、逃汇和非法买卖外汇犯罪的决定》第7条的规定,金融机构、从事对外贸易经营活动的公司、企业的工作人员严重不负责任,造成大量外汇被骗购或者逃汇,致使国家利益遭受重大损失的,依照《刑法》第167条的规定定罪处罚,即以签订、履行合同失职被骗罪论处。

依照《刑法》第167条的规定,犯本罪的,处3年以下有期徒刑或者拘役;致使国家利益遭受特别重大损失的,处3年以上7年以下有期徒刑。

十四、国有公司、企业、事业人员失职罪

国有公司、企业、事业人员失职罪,是指国有公司、企业、事业单位的工作人员,由于严重不负责任,造成国有公司、企业破产或者公司、企业、事业单位严重损失,致使国家利益遭受重大损失的行为。本罪客体是公司、企业、事业单位的利益。客观方面表现为行为人因严重不负责任,造成国有公司、企业破产或者公司、企业、事业单位严重损失,致使国家利益遭受重大损失的行为。该损失,参照《立案追诉标准(二)》的规定。本罪属于过失犯罪。

依照《刑法》第168条的规定,犯本罪的,处3年以下有期徒刑或者拘役;致使国家遭受特别重大损失的,处3年以上7年以下有期徒刑。徇私舞弊犯本罪的,从重处罚。

十五、国有公司、企业、事业人员滥用职权罪

国有公司、企业、事业人员滥用职权罪,是指国有公司、企业、事业单位的工作人员,滥用职权,造成国有公司、企业破产或者公司、企业、事业单位严重损失,致使国家利益遭受重大损失的行为。本罪客体是公司、企业、事业单位的利益。客观方面表现为行为人因滥用职权,造成国有公司、企业破产或者公司、企业、事业单位严重损失,致使国家利益遭受重大损失的行为。该损失,参照《立案追诉标准(二)》的规定。本罪属于故意犯罪。

依照《刑法》第168条的规定,犯本罪的,处3年以下有期徒刑或者拘役;致使国家遭受特别重大损失的,处3年以上7年以下有期徒刑。徇私舞弊犯本罪的,从重处罚。

十六、徇私舞弊低价折股、出售国有资产罪

徇私舞弊低价折股、出售国有资产罪,是指国有公司、企业或者其上级主管部门直接负责的主管人员,徇私舞弊,将国有资产低价折股或者低价出售,致使国家利益遭受重大损失的行为。本罪侵犯的客体是国家对国有公司、企业的资产管理制度和国有财产所有权。犯罪对象是国有资产。国有资产,是指国家通过各种形式对国有公司、企业进行投资和投资收益形成的财产,以及依法认定的公司、企业国有财产。客观方面表现为行为人徇私舞弊,将国有资产低价折股或者低价出售,致使国家利益遭受重大损失的行为。所谓"低价折股",是指国有公司、企业在改制过程中,对公司、企业的财产(包括实物、工业产权、非专利技术或者土地使用权等),故意低估作价。所谓"低价出售",是指将国有资产以低于实际价值的价格出卖给非国有单位或个人。所谓"致使国家利益遭受重大损失",参照《立案追诉标准(二)》的规定。

依照《刑法》第169条的规定,犯本罪的,处3年以下有期徒刑或者拘役;致使国家利益遭受特别重大损失的,处3年以上7年以下有期徒刑。

十七、背信损害上市公司利益罪

（一）背信损害上市公司利益罪的概念和特征

背信损害上市公司利益罪，是指上市公司的董事、监事、高级管理人员违背对公司的忠实义务，利用职务便利，操纵上市公司从事损害上市公司利益的活动，致使上市公司利益遭受重大损失的行为，以及上市公司的控股股东或者实际控制人，指使上市公司董事、监事、高级管理人员从事损害上市公司利益的活动，致使上市公司利益遭受重大损失的行为。

本罪侵犯的客体是上市公司的合法利益和正常的管理秩序。客观方面表现为两种情。

（1）上市公司的董事、监事、高级管理人员违背对公司的忠实义务，利用职务便利，操纵上市公司从事损害上市公司利益的活动，致使上市公司利益遭受重大损失。具体的行为方式包括：①无偿向其他单位或者个人提供资金、商品、服务或者其他资产的；②以明显不公平的条件，提供或者接受资金、商品、服务或者其他资产的；③向明显不具有清偿能力的单位或者个人提供资金、商品、服务或者其他资产的；④为明显不具有清偿能力的单位或者个人提供担保，或者无正当理由为其他单位或者个人提供担保的；⑤无正当理由放弃债权、承担债务的；⑥采用其他方式损害上市公司利益的。

（2）上市公司的控股股东或者实际控制人，指使上市公司董事、监事、高级管理人员从事损害上市公司利益的活动，致使上市公司利益遭受重大损失。本罪的成立要求“致使上市公司利益遭受重大损失”。该损失，参照《立案追诉标准（二）》的规定。主体是特殊主体，限于上市公司的董事、监事、高级管理人员及上市公司的控股股东或者实际控制人，其中控股股东或者实际控制人可以是自然人，也可以是单位。主观方面是故意。

（二）背信损害上市公司利益罪的刑事责任

依照《刑法》第169条之一的规定，上市公司的董事、监事、高级管理人员犯本罪的，处3年以下有期徒刑或者拘役，并处或者单处罚金；致使上市公司利益遭受特别重大损失的，处3年以上7年以下有期徒刑，并处罚金。上市公司的控股股东或者实际控制人犯本罪的，依照上述规定处罚。犯本罪的上市公司的控股股东或者实际控制人是单位的，对单位判处罚金，并对其直接负责的主管人员和其他直接责任人员，依照自然人犯本罪的规定处罚。

第五节　破坏金融管理秩序罪罪名分述

一、伪造货币罪

（一）伪造货币罪的概念和特征

伪造货币罪，是指仿照人民币或外币的样式，非法制作假货币，冒充真货币的行为。

（1）本罪侵犯的客体是国家的货币管理制度和金融管理秩序。本罪的对象是货币，是指可在国内市场流通或者兑换的人民币和境外货币，也包括台币。古币等不能在市场流通或兑换的货币，不能成为本罪的对象。

（2）本罪的客观方面表现为仿照货币的图案、形状、色彩、防伪技术等特征，采用机制、人工等方法，非法制造假币，冒充真币。至于伪造的标准，一般应当在外观上或形式上，与真货币基本相似，足以使一般人误信为真货币。但不要求伪造的货币与真货币完全相同，且不要求与真货币所具有的特征完全一致。如果行为人不是非法制作与真货币相似的货币，而是采用其他方法，如从画册上剪下货币的图案，然后再冒充真货币骗取他人钱财，不构成本罪，可以认定为诈骗罪。

（3）本罪的犯罪主体是一般主体，行为人制造货币版样或者与他人事前通谋，为他人伪造货币提供版样的，依照本罪定罪处罚。

（4）本罪主观上只能是出于故意。关于伪造货币罪的目的，一般认为是以行使或流通为犯罪目的。但是，本罪的既遂不以假币流入社会为标准，而是只要伪造出来就是既遂。

（二）伪造货币罪的认定

1. 本罪罪与非罪的界限

本罪是行为犯，刑法没有规定伪造货币罪的数额标准。但在司法实践中，伪造货币行为并非一律构成犯罪。根据最高人民法院《关于审理伪造货币等案件具体应用法律若干问题的解释》（法释〔2000〕26号，本节以下简称《货币案件解释》）第1条规定，伪造货币的总面额在2000元以上或者币量在200张（枚）以上的，构成本罪。因此，未达到上述定罪标准的，不构成犯罪。

2. 本罪的罪数

假币犯罪案件中犯罪分子实施数个相关行为的，在确定罪名时应把握以下原则。

（1）对同一宗假币实施了法律规定为选择性罪名的行为，应根据行为人所实施的数个行为，按相关罪名刑法规定的排列顺序并列确定罪名，数额不累计计算，不实行数罪并罚。

（2）对不同宗假币实施法律规定为选择性罪名的行为，并列确定罪名，数额按全部假币面额累计计算，不实行数罪并罚。

（3）对同一宗假币实施了刑法没有规定为选择性罪名的数个犯罪行为，择一重罪从重处罚。如伪造货币或者购买假币后使用的，以伪造货币罪或购买假币罪定罪，从重处罚。

（4）对不同宗假币实施了刑法没有规定为选择性罪名的数个犯罪行为，分别定罪，数罪并罚。

（三）伪造货币罪的刑事责任

依照《刑法》第170条的规定，犯本罪的，处3年以上10年以下有期徒刑，并处罚金；伪造货币集团的首要分子、伪造货币数额特别巨大的，或者有其他特别严重情节的，处10年以上有期徒刑或者无期徒刑，并处罚金或者没收财产。

二、出售、购买、运输假币罪

（一）出售、购买、运输假币罪的概念和特征

出售、购买、运输假币罪，是指明知是伪造的货币而出售、购买或者运输，数额较大的行为。

本罪侵犯的客体是国家的货币管理制度和金融管理秩序。对象是伪造的货币。客观方面表现为出售、购买、运输伪造的货币，数额较大。出售，是指有偿转让、有偿交付伪造的货币；购买，是指有偿取得假币；运输，应是指转移假币的存在地点。构成本罪，必须达到数额较大。本罪主体是一般主体，但其中的购买假币的主体必须不是金融机构的工作人员。

（二）出售、购买、运输假币罪的认定

《刑法》第171条第3款规定，伪造货币并出售或者运输伪造的货币的，依照刑法第170条的规定定罪从重处罚。伪造货币并出售或者运输的，属于吸收关系，只成立一罪，以伪造货币罪从重处罚。但这仅限于行为人出售、运输自己伪造的假币的情形。如果行为人不仅伪造货币，而且出售或者运输他人伪造的货币，即伪造的假币与出售、运输的假币不具有同一性时，则应当实行数罪并罚。

（三）出售、购买、运输假币罪的刑事责任

依照《刑法》第171条的规定，犯本罪，数额较大的，处3年以下有期徒刑或者拘役，并处2万元以上20万元以下罚金；数额巨大的，处3年以上10年以下有期徒刑，并处5万元以上50万元以下罚金；数额特别巨大的，处10年以上有期徒刑或者无期徒刑，并处5万元以上50万元以下罚金或者没收财产。根据《货币案件解释》第3条的规定，总面值额在4000元以上不满5万元的，属于“数额较大”；总面额在5万元以上不满20万元的，属于“数额巨大”；总面额在20万元以上的，属于“数额特别巨大”。

三、金融工作人员购买假币、以假币换取货币罪

金融工作人员购买假币、以假币换取货币罪，是指银行或者其他金融机构工作人员，购买伪造的货币，或者利用职务上的便利，以伪造的货币换取货币的行为。

本罪侵犯的客体是国家的货币管理制度和金融管理秩序，同时还侵犯了金融机构的财产所有权。客观方面表现为两种情况：一是购买假币；二是利用职务上的便利，以假币换取货币，即利用经手、管理钱款的职务便利，私下以假币换取其经手或者管理的同种、同数量的真货币。本罪的主体是特殊主体，必须是银行或者其他金融机构工作人员。购买假币在《刑法》第171条第1款规定为犯罪，但本条第2款又规定，金融机构工作人员购买假币的单独成罪。上述两个犯罪之间存在着普通法与特别法之间的法条竞合关系。并且，一般人购买假币构成犯罪要求数额较大，而金融工作人员购买假币构成犯罪则不要求数额较大。

依照《刑法》第171条的规定，犯本罪的，处3年以上10年以下有期徒刑，并处2万元以上20万元以下罚金；数额巨大或者有其他严重情节的，处10年以上有期徒刑或者无期徒刑，并

处2万元以上20万元以下罚金或者没收财产；情节较轻的，处3年以下有期徒刑或者拘役，并处或者单处1万元以上10万元以下罚金。

四、持有、使用假币罪

（一）持有、使用假币罪的概念与特征

持有、使用假币罪，是指明知是伪造的货币而持有、使用，数额较大的行为。

本罪侵犯的客体是国家的货币管理制度和金融管理秩序。客观方面表现为持有、使用伪造的货币，数额较大的行为。本罪有以下两种情形：①持有。即将假币置于行为人事实上的支配之下，不要求行为人实际上握有假币，例如，随身携带是持有，将假币存放在家中、亲友等处保管也是持有。需要强调的是，必须是根据现有证据不能认定行为人是为了进行其他假币犯罪，才能以持有假币罪处理。单纯以收藏为目的的持有假币的行为也是持有，不要求以使用为目的。②使用。即将假币当真币使用，履行货币职能。既可以是以外表合法的方式使用假币，如以假币购物、到银行存款、赠予他人、清偿债务等；也可以是以非法形式使用假币，如将假币用于赌博等。例如，甲发现某银行的ATM机能够存入编号以“HD”开头的假币，于是窃取了三张借记卡，先后两次采取存入假币取出真币的方法，共从ATM机内获取6000元人民币。本案中，甲以假币当真币使用，履行货币职能，构成使用假币罪；同时，甲盗窃信用卡并使用，根据《刑法》第196条第3款的规定，应以盗窃罪定罪处罚。故甲同时构成使用假币罪和盗窃罪二罪，应数罪并罚。成立本罪还要求持有、使用假币数额较大。主体是一般主体，不包括单位。主观方面只能是故意，即明知是假币而非法持有或者使用。因缺乏必要知识不明知是假币而持有或使用，不构成犯罪。本罪是选择性罪名，使用假币首先应持有，而单纯持有则独立构成犯罪。先持有进而使用假币，以使用假币定罪而不并罚。

（二）持有、使用假币罪的认定

1. 使用假币罪与出售假币罪的界限

使用假币，一般以交易对方不明知为条件；出售则是将假币作为商品，在对方明知的情况下，为获取非法利益而同意以低于面值的价格成交。使用假币罪是单向犯罪，而出售假币罪则为对合犯，即买卖双方均构成犯罪。例如，甲用总面额10万元的假币换取乙的1万元真币，甲、乙分别构成出售假币罪、购买假币罪。

2. 购买假币后使用的定性

行为人购买假币后使用，构成犯罪的，依照《刑法》第171条的规定，以购买假币罪定罪，从重处罚。购买假币后使用的，是购买假币罪与使用假币罪的牵连犯。根据司法解释规定，对此应以购买假币罪从重处罚。

3. 出售、运输假币而使用的定性

行为人出售、运输假币构成犯罪，同时有使用假币行为的，依照《刑法》第171条、第172条的规定，实行数罪并罚。

(三)持有、使用假币罪的刑事责任

依照《刑法》第172条的规定,犯本罪的,处3年以下有期徒刑或者拘役,并处或者单处1万元以上10万元以下罚金;数额巨大的,处3年以上10年以下有期徒刑,并处2万元以上20万元以下罚金;数额特别巨大的,处10年以上有期徒刑,并处5万元以上50万元以下罚金或者没收财产。

五、变造货币罪

变造货币罪是指采用挖补、揭层、涂改、拼接等手段,改变货币的真实形态、色彩、文字、数目等,使其升值,数额较大的行为。

本罪侵犯的客体是国家的货币管理制度和金融管理秩序。客观方面表现为以真货币为基本材料,在真币的基础上,采用剪贴、涂改、挖补、拼凑、揭层、修描、覆盖等处理方法,对真货币加工改造,以增多货币数量或增大票面面值。如果行为人虽有变造货币的行为,但不能使其升值,则不能构成犯罪。变造货币数额较大的,才成立犯罪。变造货币的总面额2000元为"数额较大"的起刑点。

实践中,应区分本罪与变造货币罪的界限。变造货币行为由伪造货币行为独立出来,二者侵犯的对象基本相同,都是行为人非法地改变货币的属性,使得经过改变后的货币不再是起初合法的货币。但是,在犯罪手法和社会危害性方面,变造货币罪与伪造货币罪并不完全相同。变造是在原货币基础上加工处理使其虚假增值,伪造则系无中生有,将非货币物质加工为货币。因此,变造后的货币有原币成分;伪造的则没有,或完全改变形态。变造一般要投入原币成本,数量不是很大,而伪造则可以大量进行,危害极大。因而两罪法定刑不同,变造货币罪法定最高刑为10年,而伪造货币罪法定最高刑为无期徒刑。例如,将低额美元的纸币加工成高额英镑的纸币的,属于伪造货币;对人民币真币加工处理,使100元面额变为50元面额的,则属于变造货币。

依照《刑法》第173条,犯本罪的,处3年以下有期徒刑或者拘役,并处或者单处1万元以上10万元以下罚金;数额巨大的,处3年以上10年以下有期徒刑,并处2万元以上20万元以下罚金。

六、擅自设立金融机构罪

(一)擅自设立金融机构罪的概念和特征

擅自设立金融机构罪,是指单位和个人未经国家有关主管部门批准,擅自设立商业银行、证券交易所、期货交易所、证券公司、期货经纪公司、保险公司或者其他金融机构的行为。

本罪侵害的客体是国家金融机构的管理制度。金融机构的设立、开业须经国家有关主管部门如证监会、银监会、保监会、中国人民银行总行的严格审批。客观方面表现为未经有关主管部门批准,擅自设立商业银行、证券交易所、期货交易所、证券公司、期货经纪公司、保险公司或者其他金融机构的行为。这里的未经批准,可以分为两种情形:①没有依法提出设立金融机构的申请便自行设立金融机构;②虽然依法提出申请但在没有获得正式批准时便自行

设立金融机构。本罪属于行为犯，只要一经设立、对外挂牌，就构成犯罪，至于行为人成立金融机构后有没有进行融资活动，对构成本罪没有影响。

（二）擅自设立金融机构罪的刑事责任

依照《刑法》第174条的规定，犯本罪的，处3年以下有期徒刑或者拘役，并处或者单处2万元以上20万元以下罚金；情节严重的，处3年以上10年以下有期徒刑，并处5万元以上50万元以下罚金。单位犯本罪的，对单位判处罚金，并对其直接负责的主管人员和其他直接责任人员，依照自然人犯本罪的规定处罚。

七、伪造、变造、转让金融机构经营许可证、批准文件罪

伪造、变造、转让金融机构经营许可证、批准文件罪，是指个人或者单位伪造、变造、转让商业银行、证券交易所、期货交易所、证券公司、期货经纪公司、保险公司或者其他金融机构经营许可证或者批准文件的行为。

伪造、变造、转让金融机构经营许可证、批准文件罪的行为可以分为以下三种情形：①伪造金融机构经营许可证、批准文件；②变造金融机构经营许可证、批准文件；③转让金融机构经营许可证、批准文件。因此，本罪是选择性罪名，实施其中两种以上行为仍定一罪，不实行并罚。

依照《刑法》第174条的规定，犯本罪的，处3年以下有期徒刑或者拘役，并处或者单处2万元以上20万元以下罚金；情节严重的，处3年以上10年以下有期徒刑，并处5万元以上50万元以下罚金。单位犯本罪的，对单位判处罚金，并对其直接负责的主管人员和其他直接责任人员，依照自然人犯本罪的规定处罚。

八、高利转贷罪

（一）高利转贷罪的概念与特征

高利转贷罪，是指以转贷牟利为目的，套取金融机构信贷资金高利转贷他人，违法所得数额较大的行为。

本罪的客体是国家对信贷资金的管理制度。客观方面表现为将套取的金融机构的信贷资金以高于银行的利率转贷他人，违法所得数额较大的行为。因此，本罪在放贷和获取贷款方面基本是正常的，不存在犯罪问题。危害性在于以转贷牟利为目的的高利转贷他人，并且违法所得数额较大。这里的数额较大，参照《立案追诉标准（二）》的规定，是指违法所得数额在10万元以上的，或者虽未达到上述数额标准，但2年内因高利转贷受过行政处罚2次以上，又高利转贷的。主观方面只能是故意，并且具有转贷牟利的目的。例如，某公司系甲、乙二人合伙依法注册成立的公司，以钢材批发零售为营业范围。丙因自己的公司急需资金，便找到甲、乙借款，承诺向该公司支付高于银行利息5个百分点的利息，并另给甲、乙个人好处费。甲、乙见有利可图，即以购买钢材为由，以公司的名义向某银行贷款1000万元，贷期半年。甲、乙将贷款按约定的利息标准借与丙，丙给甲、乙各10万元的好处费。半年后，丙将借款及利息还给该公司，甲、乙即向银行归还本息。本案中甲、乙以牟利为目的，违反国家规定，套取银行

资金高利转贷给丙的行为构成高利转贷罪，同时构成非国家工作人员受贿罪，而丙则构成对非国家工作人员行贿罪。

（二）高利转贷罪的刑事责任

依照《刑法》第175条的规定，犯本罪的，处3年以下有期徒刑或者拘役，并处违法所得1倍以上5倍以下罚金；数额巨大的，处3年以上7年以下有期徒刑，并处违法所得1倍以上5倍以下罚金。单位犯本罪的，对单位判处罚金，并对其直接负责的主管人员和其他直接责任人员，处3年以下有期徒刑或者拘役。

九、骗取贷款、票据承兑、金融票证罪

骗取贷款、票据承兑、金融票证罪，是指单位或个人以欺骗手段取得银行或者其他金融机构贷款、票据承兑、信用证、保函等，给银行或者其他金融机构造成重大损失或者有其他严重情节的行为。

依照《刑法》第175条之一的规定，犯本罪的，处3年以下有期徒刑或者拘役，并处或者单处罚金；造成特别重大损失或者有其他特别严重情节的，处3年以上7年以下有期徒刑，并处罚金。单位犯本罪的，对单位判处罚金，并对其直接负责的主管人员和其他直接责任人员，依照自然人犯本罪的规定处罚。

十、非法吸收公众存款罪

（一）非法吸收公众存款罪的概念和特征

非法吸收公众存款罪，是指违反国家金融管理法规，非法吸收公众存款或者变相吸收公众存款，扰乱金融秩序的行为。

（1）本罪侵犯的客体是国家的金融管理秩序。

（2）本罪的客观方面表现为非法吸收公众存款或者变相吸收公众存款，扰乱金融秩序的行为。根据最高人民法院《关于审理非法集资刑事案件具体应用法律若干问题的解释》（法释〔2010〕18号）（本节以下简称《集资案件解释》），违反国家金融管理法律规定，向社会公众（包括单位和个人）吸收资金的行为，同时具备下列四个条件的，除刑法另有规定的以外，应当认定为《刑法》第176条规定的“非法吸收公众存款或者变相吸收公众存款”：①未经有关部门依法批准或者借用合法经营的形式吸收资金；②通过媒体、推介会、传单、手机短信等途径向社会公开宣传；③承诺在一定期限内以货币、实物、股权等方式还本付息或者给付回报；④向社会公众即社会不特定对象吸收资金。未向社会公开宣传，在亲友或者单位内部针对特定对象吸收资金的，不属于非法吸收或者变相吸收公众存款。实施下列行为之一，符合上述条件的，应当依照《刑法》第176条的规定，以非法吸收公众存款罪定罪处罚：①不具有房产销售的真实内容或者不以房产销售为主要目的，以返本销售、售后包租、约定回购、销售房产份额等方式非法吸收资金的；②以转让林权并代为管护等方式非法吸收资金的；③以代种植（养殖）、租种植（养殖）、联合种植（养殖）等方式非法吸收资金的；④不具有销售商品、提供服务的真实内容或者不以销售商品、提供服务为主要目的，以商品回购、寄存代售等方式非法吸

收资金的；⑤不具有发行股票、债券的真实内容，以虚假转让股权、发售虚构债券等方式非法吸收资金的；⑥不具有募集基金的真实内容，以假借境外基金、发售虚构基金等方式非法吸收资金的；⑦不具有销售保险的真实内容，以假冒保险公司、伪造保险单据等方式非法吸收资金的；⑧以投资入股的方式非法吸收资金的；⑨以委托理财的方式非法吸收资金的[①]；⑩利用民间"会"、"社"等组织非法吸收资金的；⑪其他非法吸收资金的行为。

(3)本罪主体为一般主体，可以是自然人或单位。

(4)本罪主观方面只能是故意，即行为人明知是非法吸收公众存款的行为而有意实施。

(二)非法吸收公众存款罪的认定

1. 本罪罪与非罪的界限

非法吸收或者变相吸收公众存款，扰乱金融秩序的，才成立本罪。根据《集资案件解释》，非法吸收或者变相吸收公众存款，具有下列情形之一的，应当依法追究刑事责任：①个人非法吸收或者变相吸收公众存款，数额在20万元以上的，单位非法吸收或者变相吸收公众存款，数额在100万元以上的；②个人非法吸收或者变相吸收公众存款对象30人以上的，单位非法吸收或者变相吸收公众存款对象150人以上的；③个人非法吸收或者变相吸收公众存款，给存款人造成直接经济损失数额在10万元以上的，单位非法吸收或者变相吸收公众存款，给存款人造成直接经济损失数额在50万元以上的；④造成恶劣社会影响或者其他严重后果的。

2. 本罪既遂与未遂的界限

按照刑法理论，只要是非法吸收了公众存款，扰乱了金融秩序，不论是否已经归还存款人，都构成本罪既遂。如果是吸收公众存款的条件具备，并且已着手宣传，但是，尚未吸收到存款即被制止，构成本罪未遂[②]。

3. 本罪共犯的认定

根据《集资案件解释》，明知他人从事非法吸收公众存款等集资犯罪活动，为其提供广告等宣传的，以相关犯罪的共犯论处。

(三)非法吸收公众存款罪的刑事责任

依照《刑法》第176条的规定，犯本罪的，处3年以下有期徒刑或者拘役，并处或者单处2万元以上20万元以下罚金；数额巨大或者有其他严重情节的，处3年以上10年以下有期徒刑，并处5万元以上50万元以下罚金。单位犯本罪的，对单位判处罚金，并对其直接负责的主管人员和其他直接责任人员依照自然人犯本罪的规定处罚。根据《集资案件解释》，非法吸收或者变相吸收公众存款的数额，以行为人所吸收的资金全额计算。案发前后已归还的数额，可以作为量刑情节酌情考虑。非法吸收或者变相吸收公众存款，主要用于正常的生产经营活动，能够及时清退所吸收资金，可以免予刑事处罚；情节显著轻微的，不作为犯罪处理。

---

①承诺保本付息进行所谓投资理财，属于变相吸收公众存款行为。非法吸收公众存款的涉案金额，应以实际收取的客户享有所有权的自有资金为准。参见陈兴良、张军、胡云腾主编：《人民法院刑事指导案例裁判要旨通纂》(上卷)，北京大学出版社2013年版，第117—120页。

②参见王作富主编：《刑法》，中国人民大学出版社2016年版，第315页。

十一、伪造、变造金融票证罪

伪造、变造金融票证罪，是指伪造、变造金融票证的行为。

本罪侵犯的客体是国家金融管理秩序。伪造、变造的对象是各类金融票证，包括汇票、本票、支票、委托收款凭证、汇款凭证、银行存单等其他银行结算凭证、信用证或者附随的单据、文件、信用卡等。本罪的客观方面表现为伪造、变造各种金融票证。本罪是行为犯，刑法中并未规定本罪的定罪数额标准，但参照《立案追诉标准（二）》的规定，立案有数额要求。认定本罪，要注意把握其与票据诈骗罪、金融凭证诈骗罪、信用证诈骗罪、信用卡诈骗罪的界限。如果行为人在伪造、变造金融票证后又利用这些票证进行诈骗活动，则是牵连犯，应择一重罪论处，不实行数罪并罚。

依照《刑法》第177条的规定，犯本罪的，处5年以下有期徒刑或者拘役，并处或者单处2万元以上20万元以下罚金；情节严重的，处5年以上10年以下有期徒刑，并处5万元以上50万元以下罚金；情节特别严重的，处10年以上有期徒刑或者无期徒刑，并处5万元以上50万元以下罚金或者没收财产。单位犯本罪的，对单位判处罚金，并对其直接负责的主管人员和其他直接责任人员，依照自然人犯本罪的规定处罚。

十二、妨害信用卡管理罪

妨害信用卡管理罪，是指明知是伪造的信用卡而持有、运输，或者明知是伪造的空白信用卡而持有、运输，数量较大；非法持有他人信用卡，数量较大；使用虚假的身份证明骗领信用卡；出售、购买、为他人提供伪造的信用卡或者以虚假的身份证明骗领的信用卡，破坏信用卡管理秩序的行为。

本罪侵犯的客体是信用卡管理秩序。犯罪对象是信用卡。根据2004年12月29日全国人民代表大会常务委员会《关于〈中华人民共和国刑法〉有关信用卡规定的解释》，刑法规定的"信用卡"，是指由商业银行或者其他金融机构发行的具有消费支付、信用贷款、转账结算、存取现金等全部功能或者部分功能的电子支付卡。本罪主观上是故意犯罪。违背他人意愿，使用其居民身份证、军官证、士兵证、港澳居民往来内地通行证、台湾居民来往大陆通行证、护照等身份证明申领信用卡的，或者使用伪造、变造的身份证明申领信用卡的，应当认定为"使用虚假的身份证明骗领信用卡"。

依照《刑法》第177条之一的规定，犯本罪的，处3年以下有期徒刑或者拘役，并处或者单处1万元以上10万元以下罚金；数量巨大或者有其他严重情节的，处3年以上10年以下有期徒刑，并处2万元以上20万元以下罚金。

十三、窃取、收买、非法提供信用卡信息罪

窃取、收买、非法提供信用卡信息罪，是指窃取、收买或者非法提供他人信用卡信息资料的行为。本罪侵犯的客体是个人信息资料的保密权利和信用卡管理秩序。犯罪对象是个人不愿公开的银行信用卡信息。本罪主体是一般主体。银行或者其他金融机构的工作人员利用职务上的便利，犯本罪的，作为从重处罚的主体。

依照《刑法》第177条之一的规定，犯本罪的，处3年以下有期徒刑或者拘役，并处或者单

处1万元以上10万元以下罚金；数量巨大或者有其他严重情节的，处3年以上10年以下有期徒刑，并处2万元以上20万元以下罚金。银行或者其他金融机构的工作人员利用职务上的便利，犯本罪的，从重处罚。

十四、伪造、变造国家有价证券罪

伪造、变造国家有价证券罪，是指伪造、变造国库券或者国家发行的其他有价证券，数额较大的行为。本罪的客体是国家对有价证券的管理制度，对象是国库券或者国家发行的其他有价证券。国库券，是指国家为解决急需预算支出而由财政部发行的国家债券。国家发行的其他有价证券，是指国家发行的除国库券以外的其他国家有价证券以及国家银行金融债券，例如财政债券、国家建设债券、保值公债、国家重点建设债券等，但不包括股票、企业债券和金融票据。伪造、变造国家有价证券的行为要求数额较大，才构成犯罪。

依照《刑法》第178条的规定，犯本罪的，处3年以下有期徒刑或者拘役，并处或者单处2万元以上20万元以下罚金；数额巨大的，处3年以上10年以下有期徒刑，并处5万元以上50万元以下罚金；数额特别巨大的，处10年以上有期徒刑或者无期徒刑，并处5万元以上50万元以下罚金或者没收财产。单位犯本罪的，对单位判处罚金，并对其直接负责的主管人员和其他直接责任人员，依照自然人犯本罪的规定处罚。

十五、伪造、变造股票、公司、企业债券罪

伪造、变造股票、公司、企业债券罪，是指伪造、变造股票或公司、企业债券，数额较大的行为。本罪与伪造、变造国家有价证券罪的行为方式相同，区别在于侵害客体和犯罪对象不同。本罪的客体是国家对股票、公司、企业债券的管理制度，对象是股票、公司、企业债券。股票，是指股份公司为筹集资金公开发行的证明股东在公司中拥有一定权益的有价证券。公司、企业债券，是指公司、企业发行的，并按券面约定在一定期限还本付息的有价证券。伪造、变造股票、公司、企业债券的行为必须达到数额较大，才构成犯罪。

依照《刑法》第178条的规定，犯本罪的，处3年以下有期徒刑或者拘役，并处或者单处1万元以上10万元以下罚金；数额巨大的，处3年以上10年以下有期徒刑，并处2万元以上20万元以下罚金。单位犯本罪的，对单位判处罚金，并对其直接负责的主管人员和其他直接责任人员，依照自然人犯本罪的规定处罚。

十六、擅自发行股票、公司、企业债券罪

擅自发行股票、公司、企业债券罪，是指未经国家有关主管部门批准，擅自发行股票或者公司、企业债券，数额巨大、后果严重或者有其他严重情节的行为。本罪客体是股票、公司、企业债券的发行管理制度。客观方面表现为未经国家有关主管部门的批准，擅自发行股票或者公司、企业债券。这里的国家有关主管部门，是指国务院证券管理部门或者国家授权的其他主管部门。这里的擅自发行，是指未经上述国家有关主管部门的批准而自行发行。主体是一般主体，包括自然人和单位。主观方面必须是故意。构成本罪，要求数额巨大、后果严重或者有其他严重情节。这里的数额巨大、后果严重或者有其他严重情节，参照《立案追诉标准（二）》的规定。

依照《刑法》第179条的规定，犯本罪的，处5年以下有期徒刑或者拘役，并处或者单处非法募集资金金额1%以上5%以下罚金。单位犯本罪的，对单位判处罚金，并对其直接负责的主管人员和其他直接责任人员，处5年以下有期徒刑或者拘役。

十七、内幕交易、泄露内幕信息罪

内幕交易、泄露内幕信息罪，是指证券、期货交易内幕信息的知情人员或者非法获取证券、期货交易内幕信息的人员，在涉及证券的发行，证券、期货交易或者其他对证券、期货交易价格有重大影响的信息尚未公开前，买入或者卖出该证券，或者从事与该内幕信息有关的期货交易，或者泄露该信息，或者明示、暗示他人从事上述交易活动，情节严重的行为。

本罪客观方面表现为两种行为：①内幕交易。即在涉及证券的发行，证券、期货交易或者其他对证券、期货交易价格有重大影响的信息尚未公开前，买入或者卖出该证券，或者从事与该内幕信息有关的期货交易。②泄露内幕信息。即以明示或者暗示的方式将内幕信息透露、提供给予公司没有关系的第三人。成立本罪还要求情节严重。"情节严重"，参照《立案追诉标准(二)》的规定。本罪的主体是特殊主体，即证券、期货交易内幕信息的知情人员或者非法获取证券、期货交易内幕信息的人员，包括个人和单位。这里的内幕信息的知情人员，是指对证券、期货交易内幕信息知情的人。这里的非法获取证券、期货交易内幕信息的人员，是指利用骗取、套取、偷听、监听或者私下交易等手段获取内幕信息的人。其具体范围，参照最高人民法院、最高人民检察院《关于办理内幕交易、泄露内幕信息刑事案件具体应用法律若干问题的解释》(法释〔2012〕6号)第1条、第2条的规定确定。

依照《刑法》第180条的规定，犯本罪的，处5年以下有期徒刑或者拘役，并处或者单处违法所得1倍以上5倍以下罚金；情节特别严重的，处5年以上10年以下有期徒刑，并处违法所得1倍以上5倍以下罚金。单位犯本罪的，对单位判处罚金，并对其直接负责的主管人员和其他直接责任人员，处5年以下有期徒刑或者拘役。

十八、利用未公开信息交易罪

利用未公开信息交易罪，是证券交易所、期货交易所、证券公司、期货经纪公司、基金管理公司、商业银行、保险公司等金融机构的从业人员以及有关监管部门或者行业协会的工作人员，利用由于职务便利获取的内幕信息以外的其他未公开的信息，违反规定，从事与该信息相关的证券、期货交易活动，或者明示、暗示他人从事相关交易活动，情节严重的行为。本罪的犯罪对象是"内幕信息以外的其他未公开的信息"。本罪客观方面的内容包括三个核心要素：一是利用职务便利而获取；二是未公开的信息；三是交易。主体是特殊主体，限于证券交易所、期货交易所、证券公司、期货经纪公司、基金管理公司、商业银行、保险公司等金融机构的从业人员以及有关监管部门或者行业协会的工作人员。

依照《刑法》第180条的规定，犯本罪的，处5年以下有期徒刑或者拘役，并处或者单处违法所得1倍以上5倍以下罚金；情节特别严重的，处5年以上10年以下有期徒刑，并处违法所得1倍以上5倍以下罚金。

十九、编造并传播证券、期货交易虚假信息罪

编造并传播证券、期货交易虚假信息罪，是指编造并且传播影响证券、期货交易的虚假信息，扰乱证券、期货交易市场，造成严重后果的行为。本罪的客体是复杂客体，既侵犯国家对证券、期货交易管理制度，同时也侵犯了投资者的合法利益。客观方面表现为编造并且传播影响证券、期货交易的虚假信息。“编造”，是指无中生有、故意捏造。“传播”，是指使用各种方式使虚假信息广为人知。主体是一般主体，包括自然人和单位。主观方面必须是故意，如果是行为人预测失误，不构成犯罪。

依照《刑法》第181条第1款、第3款的规定，犯本罪的，处5年以下有期徒刑或者拘役，并处或者单处1万元以上10万元以下罚金。单位犯本罪的，对单位判处罚金，并对其直接负责的主管人员和其他直接责任人员，处5年以下有期徒刑或者拘役。

二十、诱骗投资者买卖证券、期货合约罪

诱骗投资者买卖证券、期货合约罪，是指证券交易所、期货交易所、证券公司、期货经纪公司的从业人员，证券业协会、期货业协会或者证券、期货管理部门的工作人员与单位，故意提供虚假信息或者伪造、变造、销毁交易记录，诱骗投资者买卖证券、期货合约，造成严重后果的行为。本罪的客体是复杂客体，既侵犯国家对证券、期货交易管理制度，同时也侵犯了投资者的合法利益。客观方面表现为提供虚假信息或者伪造、变造、销毁交易记录，诱骗投资者买卖证券、期货合约，造成严重后果的行为。本罪主体为特殊主体，仅限于证券交易所、期货交易所、证券公司、期货经纪公司的从业人员，证券业协会、期货业协会或者证券、期货管理部门的工作人员与单位。非证券、期货业内人员不构成本罪。

依照《刑法》第181条第2款、第3款的规定，犯本罪的，处5年以下有期徒刑或者拘役，并处或者单处1万元以上10万元以下罚金；情节特别恶劣的，处5年以上10年以下有期徒刑，并处2万元以上20万元以下罚金。单位犯本罪的，对单位判处罚金，并对其直接负责的主管人员和其他直接责任人员，处5年以下有期徒刑或者拘役。

二十一、操纵证券、期货市场罪

操纵证券、期货市场罪，是指行为人违法操纵证券、期货市场，情节严重的行为。

本罪侵犯的客体是国家对证券、期货交易管理制度和投资者的合法利益。客观方面表现为下列四种行为：①单独或者合谋，集中资金优势、持股或者持仓优势或者利用信息优势联合或者连续买卖，操纵证券、期货交易价格或者证券、期货交易量；②与他人串通，以事先约定的时间、价格和方式相互进行证券、期货交易，影响证券、期货交易价格或者证券、期货交易量；③在自己实际控制的账户之间进行证券交易，或者以自己为交易对象，自买自卖期货合约，影响证券、期货交易价格或者证券、期货交易量；④以其他方法操纵证券、期货市场。本罪主体是一般主体，既可以是自然人，也可以是单位。本罪主观方面是故意。本罪是情节犯，构成犯罪要求达到情节严重。何谓“情节严重”，参照《立案追诉标准(二)》的规定。

依照《刑法》第182条的规定，犯本罪的，处5年以下有期徒刑或者拘役，并处或者单处罚金；情节特别严重的，处5年以上10年以下有期徒刑，并处罚金。单位犯本罪的，对单位判处

罚金，并对其直接负责的主管人员和其他直接责任人员，依照自然人犯本罪的规定处罚。

二十二、背信运用受托财产罪

背信运用受托财产罪，是指商业银行、证券交易所、期货交易所、证券公司、期货经纪公司、保险公司或者其他金融机构，违背受托义务，擅自运用客户资金或者其他委托、信托的财产，情节严重的行为。本罪的客体是复杂客体，既侵犯了国家金融秩序和管理制度，同时也侵犯了委托人的财产权益。客观方面表现为违背受托义务，擅自运用客户资金或者其他委托、信托的财产，情节严重的行为。犯罪主体是单位，个人不构成本罪。

实践中，要注意把握本罪与挪用公款罪及挪用资金罪的区别。一是主体不同。本罪主体是单位，而挪用公款罪与挪用资金罪的主体是个人。二是犯罪对象不同。本罪侵害的对象是合同约定的委托、信托的财产，是特定的资金，而挪用公款罪与挪用资金罪侵害的对象是单位的资金，不特指哪一笔资金。

依照《刑法》第185条之一第1款的规定，犯本罪的，对单位判处罚金，并对其直接负责的主管人员和其他直接责任人员，处3年以下有期徒刑或者拘役，并处3万元以上30万元以下罚金；情节特别严重的，处3年以上10年以下有期徒刑，并处5万元以上50万元以下罚金。

二十三、违法运用资金罪

违法运用资金罪，是指社会保障基金管理机构、住房公积金管理机构等公众资金管理机构，以及保险公司、保险资产管理公司、证券投资基金管理公司，违反国家规定运用资金的行为。本罪侵犯的客体是国家金融秩序和管理制度及委托人的财产权益。犯罪主体是单位，个人不构成本罪。

依照《刑法》第185条第2款的规定，犯本罪的，对单位判处罚金，并对其直接负责的主管人员和其他直接责任人员，处3年以下有期徒刑或者拘役，并处3万元以上30万元以下罚金；情节特别严重的，处3年以上10年以下有期徒刑，并处5万元以上50万元以下罚金。

二十四、违法发放贷款罪

违法发放贷款罪，是指银行或者其他金融机构的工作人员违反国家规定发放贷款，数额巨大或者造成重大损失的行为。本罪侵犯的客体是国家金融机构的贷款管理制度。客观方面表现为违反国家规定发放贷款，数额巨大或者造成重大损失。构成本罪的前提是“违反国家规定”，而不论是否向关系人发放。向关系人发放不违反国家规定的，同样不构成犯罪。构成本罪，还要求数额巨大或者造成重大损失，而不是仅看损失额，同时考虑放贷额。主体是特殊主体，只能是银行或者其他金融机构的工作人员，单位也可以构成本罪，但仅限于有贷款经营资格的单位。本罪的主观方面有一定特殊性，对违反国家规定而言，行为人主观上一般是故意，但对造成的重大损失，则一般是过失。

依照《刑法》第186条的规定，犯本罪的，处5年以下有期徒刑或者拘役，并处1万元以上10万元以下罚金；数额特别巨大或者造成特别重大损失的，处5年以上有期徒刑，并处2万元以上20万元以下罚金。违反国家规定，向关系人发放贷款的，从重处罚。单位犯本罪的，对单位判处罚金，并对其直接负责的主管人员和其他直接责任人员，依照自然人犯本罪的规定处罚。

二十五、吸收客户资金不入账罪

吸收客户资金不入账罪，是指银行或者其他金融机构的工作人员吸收客户资金不入账，数额巨大或者造成重大损失的行为。本罪侵犯的客体是国家金融秩序和存贷款管理制度。客观方面表现为吸收客户资金不入账，数额巨大或者造成重大损失的行为。只要吸收了客户资金不入账，数额巨大或者造成重大损失就构成犯罪，至于行为人是否从中牟利、资金的去向是否用于非法拆借、发放贷款等，在所不论。犯罪主体是特殊主体，只能是金融机构及其工作人员个人。

依照《刑法》第187条的规定，犯本罪的，处5年以下有期徒刑或者拘役，并处2万元以上20万元以下罚金；数额特别巨大或者造成特别重大损失的，处5年以上有期徒刑，并处5万元以上50万元以下罚金。单位犯本罪的，对单位判处罚金，并对其直接负责的主管人员和其他直接责任人员，依照自然人犯本罪的规定处罚。

二十六、违规出具金融票证罪

违规出具金融票证罪，是指银行或者其他金融机构的工作人员违反规定，为他人出具信用证或者其他保函、票据、存单、资信证明，情节严重的行为。本罪侵犯的客体是国家金融秩序和金融机构的财产所有权。客观方面表现为违反规定，为他人出具信用证或者其他保函、票据、存单、资信证明，情节严重的行为。主体是特殊主体，只能是金融机构及其工作人员个人。主观方面只能是故意。

依照《刑法》第188条的规定，犯本罪的，处5年以下有期徒刑或者拘役；情节特别严重的，处5年以上有期徒刑。单位犯本罪的，对单位判处罚金，并对其直接负责的主管人员和其他直接责任人员，依照自然人犯本罪的规定处罚。

二十七、对违法票据承兑、付款、保证罪

对违法票据承兑、付款、保证罪，是指银行或者其他金融机构的工作人员在票据业务中，对违反票据法规定的票据予以承兑、付款或者保证，造成重大损失的行为。本罪侵犯的客体是国家对金融票证的管理制度。客观方面表现为在票据业务中，对违反票据法规定的票据予以承兑、付款或保证，造成重大损失的行为。违反票据法规定的票据，是指不符合票据法的规定，不能予以承兑、付款或者保证的票据。承兑，是指汇票付款人承诺在汇票到期日支付汇票金额的票据行为。付款，是指票据的付款人或者代理付款人支付票据金额以消灭票据关系的附属票据行为。保证，是指由票据债务人以外的人，因承担票据债务保证责任，在汇票到期后因持票人得不到付款，而须向持票人足额付款的票据行为。主体包括银行或者其他金融机构的工作人员与单位。本罪的成立要求造成重大损失。主观方面出于过失。

依照《刑法》第189条规定，犯本罪的，处5年以下有期徒刑或者拘役；造成特别重大损失的，处5年以上有期徒刑。单位犯本罪的，对单位判处罚金，并对其直接负责的主管人员和其他直接责任人员，依照自然人犯本罪的规定处罚。

二十八、逃汇罪

逃汇罪，是指公司、企业或者其他单位，违反国家规定，擅自将外汇存放境外，或者将境内的外汇非法转移到境外，数额较大的行为。本罪的客体是国家的外汇管理制度。犯罪对象是外汇，即以外币表示的可以用作国际清偿的外国货币、外币支付凭证、外币有价证券、特别提款权、欧洲货币单位及其他外汇资产。客观方面表现为违反国家规定，擅自将外汇存放境外，或者将境内的外汇非法转移到境外的行为。外汇管理法规规定的逃汇行为多种多样，但刑法只处罚上述两种逃汇行为。主体是公司、企业或者其他单位，不限于国有单位。单纯个人不构成本罪。主观方面必须出于故意。成立本罪还要求逃汇数额较大。

依照《刑法》第190条的规定，犯本罪的，对单位判处逃汇数额5%以上30%以下罚金，并对其直接负责的主管人员和其他直接责任人员处5年以下有期徒刑或者拘役；数额巨大或者有其他严重情节的，对单位判处逃汇数额5%以上30%以下罚金，并对其直接负责的主管人员和其他直接责任人员处5年以上有期徒刑。

二十九、骗购外汇罪

骗购外汇罪，是指采用各种方法，骗购外汇，数额较大的行为。

本罪侵犯的客体是国家的外汇管理制度。犯罪对象是外汇。本罪客观方面的行为方式包括：①使用伪造、变造的海关签发的报关单、进口证明、外汇管理部门核准件等凭证和单据骗购外汇；②重复使用海关签发的报关单、进口证明、外汇管理部门核准件等凭证和单据骗购外汇；③以其他方式骗购外汇。伪造、变造海关签发的报关单、进口证明、外汇管理部门核准件等凭证和单据，并用于骗购外汇的，以骗购外汇罪从重处罚。明知用于骗购外汇而提供人民币资金的，以共犯论处。海关、外汇管理部门以及金融机构、从事对外贸易经营活动的公司、企业或者其他单位的工作人员与骗购外汇或者逃汇的行为人通谋，为其提供购买外汇的有关凭证或者其他便利的，或者明知是伪造、变造的凭证和单据而售汇、付汇的，以共犯论，从重处罚。本罪的主体是一般主体，自然人和单位都可以构成。本罪的主观方面出于故意。骗购外汇的行为要求数额较大，才构成犯罪。

依照1998年12月29日《全国人民代表大会常务委员会关于惩治骗购外汇、逃汇和非法买卖外汇犯罪的决定》的规定，犯本罪的，处5年以下有期徒刑或者拘役，并处骗购外汇数额5%以上30%以下罚金；数额巨大或者有其他严重情节的，处5年以上10年以下有期徒刑，并处骗购外汇数额5%以上30%以下罚金；数额特别巨大或者有其他特别严重情节的，处10年以上有期徒刑或者无期徒刑，并处骗购外汇数额5%以上30%以下罚金或者没收财产。单位犯本罪的，对单位判处罚金，并对其直接负责的主管人员和其他直接责任人员，处5年以下有期徒刑或者拘役；数额巨大或者有其他严重情节的，处5年以上10年以下有期徒刑；数额特别巨大或者有其他特别严重情节的，处10年以上有期徒刑或者无期徒刑。

三十、洗钱罪

（一）洗钱罪的概念和特征

洗钱罪，是指明知是毒品犯罪、黑社会性质的组织犯罪、恐怖活动犯罪、走私犯罪、贪污贿赂犯罪、破坏金融管理秩序犯罪、金融诈骗犯罪的所得及其产生的收益，为掩饰、隐瞒其来源与性质，而提供资金账户，协助将财产转换为现金或者金融票据，通过转账或者其他结算方式协助资金转移，协助将资金汇往境外，或者以其他方法掩饰、隐瞒犯罪的违法所得及其收益的性质和来源的行为。

（1）本罪侵害的客体是复杂客体，即国家对金融的管理秩序和社会治安管理秩序。本罪的对象是毒品犯罪、黑社会性质的组织犯罪、恐怖活动犯罪、走私犯罪、贪污贿赂犯罪、破坏金融管理秩序犯罪、金融诈骗犯罪等七种特定的犯罪违法所得及其产生的收益。例如，甲明知乙实施高利转贷行为获利200万元，而为其提供资金账户的，构成洗钱罪。又如，甲公司走私汽车获利人民币4000万元后，欲通过乙公司（非国有）的账户将这笔资金换成外汇转移至香港，并说明可按资金数额的10%支付“手续费”，乙公司得知该笔资金为甲公司走私犯罪所得，仍同意为该资金转账提供账户，并在收取“手续费”400万元后，将该资金折换成438万美元，以预付货款为名汇往甲公司在香港的账户。乙公司的行为构成洗钱罪。如果是针对其他犯罪的洗钱行为，可按《刑法》第312条规定的掩饰、隐瞒犯罪所得、犯罪所得收益罪等犯罪定罪处罚。

（2）洗钱罪客观方面的行为具体表现为5种方式：①提供资金账户；② 协助将财产转换为现金、金融票据、有价证券；③通过转账或者其他结算方式协助资金转移；④协助将资金汇往境外；⑤以其他方法掩饰、隐瞒犯罪所得及其收益的来源和性质，“其他方法”，根据《最高人民法院关于审理洗钱等刑事案件具体应用法律若干问题的解释》（法释〔2009〕15号）认定。

（3）本罪的主体是一般主体，包括自然人和单位，但不包括“上游犯罪”的行为人。如果“上游犯罪”的行为人既实施“上游犯罪”，又实施洗钱行为，属于刑法上“不可罚的事后行为”。因此，洗钱罪的主体应是“上游犯罪”以外的自然人或者单位。

（4）本罪的主观方面是故意，其犯罪故意的内容表现为明知是特定犯罪所得及其产生的收益，并希望掩饰、隐瞒其来源与性质。

（二）洗钱罪的认定

（1）本罪与“上游犯罪”共同犯罪的界限。关键在于考察是否存在事前的通谋。如果洗钱者事先与实施有关“上游犯罪” 的犯罪分子通谋，对其违法所得及其收益进行“清洗”使之“合法化”，则洗钱者与“上游犯罪”的犯罪分子构成有关罪的共犯，不单独成立洗钱罪。反之，如果事前无通谋，而帮助“上游犯罪” 的犯罪分子洗钱的，则成立洗钱罪。

（2）本罪的法条竞合问题。明知是犯罪所得及其产生的收益而予以掩饰、隐瞒，构成《刑法》第312条规定的犯罪，同时又构成《刑法》第191条或者第349条规定的犯罪的，依照处罚较重的规定定罪处罚。

(三)洗钱罪的刑事责任

依照《刑法》第191条的规定,犯本罪的,没收实施本条规定犯罪的所得及其产生的收益,处5年以下有期徒刑或者拘役,并处或者单处洗钱数额5%以上20%以下罚金;情节严重的,处5年以上10年以下有期徒刑,并处洗钱数额5%以上20%以下罚金。单位犯本罪的,对单位判处罚金,并对其直接负责的主管人员和其他直接责任人员,处5年以下有期徒刑或者拘役;情节严重的,处5年以上10年以下有期徒刑。

第六节 金融诈骗罪罪名分述

一、集资诈骗罪

(一)集资诈骗罪的概念和特征

集资诈骗罪,是指以非法占有为目的,使用诈骗方法非法集资,数额较大的行为。

(1)本罪的客体是复杂客体,既侵犯了国家正常的金融管理秩序,同时也侵犯了公私财产所有权。

(2)本罪的客观方面表现为行为人以诈骗的方法,进行非法集资且数额较大的行为。所谓“诈骗的方法”,是指行为人采取虚构集资用途,以虚假的证明文件和高回报率为诱饵,骗取集资款的手段;所谓“非法集资”,是指法人、其他组织或者个人,未经有关机关批准,向社会公众募集资金的行为。非法集资数额较大的,才成立本罪。这里的数额较大,参照《立案追诉标准(二)》的规定,是指个人集资诈骗,数额在10万元以上,或者单位集资诈骗,数额在50万元以上的。没有达到这一定罪数额的,可作为一般的非法集资行为处理。

(3)本罪的主体是一般主体,既可以是自然人,也可以是单位。

(4)本罪的主观方面是故意,行为人主观上具有非法占有的目的。根据最高人民法院《关于审理非法集资刑事案件具体应用法律若干问题的解释》(法释〔2010〕18号)的规定,使用诈骗方法非法集资,具有下列情形之一的,可以认定为“以非法占有为目的”:①集资后不用于生产经营活动或者用于生产经营活动与筹集资金规模明显不成比例,致使集资款不能返还的;②肆意挥霍集资款,致使集资款不能返还的;③携带集资款逃匿的;④将集资款用于违法犯罪活动的;⑤抽逃、转移资金、隐匿财产,逃避返还资金的;⑥隐匿、销毁账目,或者搞假破产、假倒闭,逃避返还资金的;⑦拒不交代资金去向,逃避返还资金的;⑧其他可以认定非法占有目的的情形。

(二)集资诈骗罪的认定

认定本罪,应注意区分本罪与欺诈发行股票、债券罪和非法吸收公众存款罪的界限。《全国法院审理金融犯罪案件工作座谈会纪要》(法〔2001〕8号,本节以下简称《金融案件纪要》)明确,集资诈骗罪和欺诈发行股票、债券罪、非法吸收公众存款罪在客观上均表现为向社会公众非法募集资金。区别的关键在于行为人是否具有非法占有的目的。对于以非法占有为目的而非法集资，或者在非法集资过程中产生了非法占有他人资金的故意，均构成集资诈骗罪。

（三）集资诈骗罪的刑事责任

依照《刑法》第192条、第200条的规定，犯本罪的，处5年以下有期徒刑或者拘役，并处2万元以上20万元以下罚金；数额巨大或者有其他严重情节的，处5年以上10年以下有期徒刑，并处5万元以上50万元以下罚金；数额特别巨大或者有其他特别严重情节的，处10年以上有期徒刑或者无期徒刑，并处5万元以上50万元以下罚金或者没收财产。单位犯本罪的，对单位判处罚金，并对其直接负责的主管人员和其他直接责任人员，处5年以下有期徒刑或者拘役，可以并处罚金；数额巨大或者有其他严重情节的，处5年以上10年以下有期徒刑，并处罚金；数额特别巨大或者有其他特别严重情节的，处10年以上有期徒刑或者无期徒刑，并处罚金。

二、贷款诈骗罪

（一）贷款诈骗罪的概念和特征

贷款诈骗罪，是指以非法占有为目的，诈骗银行或其他金融机构的贷款，数额较大的行为。

本罪侵犯的客体是国家的金融管理秩序。客观方面表现为行为人实施了诈骗银行或其他金融机构贷款，数额较大的行为。刑法规定了贷款诈骗的以下行为方式：①编造引进资金、项目等虚假理由的；②使用虚假的经济合同的；③使用虚假的证明文件的；④使用虚假的产权证明作担保或者超出抵押物价值重复担保的；⑤以其他方法诈骗贷款的。使用上述方法之一的，即可成立本罪；同时使用几种方法的，也只成立一罪。构成本罪，还要求诈骗的贷款达到“数额较大”。所谓“数额较大”，参照《立案追诉标准（二）》的规定，是指个人进行贷款诈骗数额在2万元以上。主体是自然人，单位不能构成本罪。在司法实践中，对于单位十分明显地以非法占有为目的，利用签订、履行借款合同诈骗银行或其他金融机构贷款，符合《刑法》第4条规定的合同诈骗罪构成要件的，应当以合同诈骗罪定罪处罚。同时，对于单位以非法占有为目的，编造虚假的项目骗取银行贷款，虽然该单位并不构成贷款诈骗罪，但可以以该罪追究策划人员的刑事责任。主观方面出于故意，行为人主观上有非法占有的目的。

（二）贷款诈骗罪的认定

(1)贷款诈骗与贷款纠纷的界限。《金融案件纪要》明确，对于合法取得贷款后，没有按规定的用途使用贷款，到期没有归还贷款的，不能以贷款诈骗罪定罪处罚；对于确有证据证明行为人不具有非法占有的目的，因不具备贷款的条件而采取了欺骗手段获取贷款，案发时有能力履行还贷义务，或者案发时不能归还贷款是因为意志以外的原因，如因经营不善、被骗、市场风险等，不应以贷款诈骗罪定罪处罚。

(2)本罪与高利转贷罪的界限。两者的主要区别在于：一是主观目的不同，本罪以非法占有为目的，而高利转贷罪则以转贷牟利为目的。二是行为方式不同，本罪是实施法定的各种诈骗贷款的手段取得贷款,高利转贷罪则是通过套取信贷资金又高利转贷他人的方法获得违法所得。

(三)贷款诈骗罪的刑事责任

依照《刑法》第193条的规定,犯本罪的,处5年以下有期徒刑或者拘役,并处2万元以上20万元以下罚金;数额巨大或者有其他严重情节的,处5年以上10年以下有期徒刑,并处5万元以上50万元以下罚金;数额特别巨大或者有其他特别严重情节的,处10年以上有期徒刑或者无期徒刑,并处5万元以上50万元以下罚金或者没收财产。

三、票据诈骗罪

(一)票据诈骗罪的概念和特征

票据诈骗罪,是指利用金融票据进行诈骗活动,数额较大的行为。

(1)本罪侵犯的客体是复杂客体,既包括国家的金融管理秩序,也包含国家、金融机构或者他人的财产所有权。

(2)本罪的客观方面表现为利用金融票据进行诈骗活动,数额较大的行为。刑法规定了票据诈骗的五种行为方式:①明知是伪造、变造的汇票、本票、支票而使用的;②明知是作废的汇票、本票、支票而使用的;③冒用他人的汇票、本票、支票的;④签发空头支票或者与其预留印鉴不符的支票,骗取财物的;⑤汇票、本票的出票人签发无资金保证的汇票、本票或者在出票时作虚假记载,骗取财物的。实施票据诈骗,要求达到"数额较大",才构成犯罪。这里的"数额较大",参照《立案追诉标准(二)》的规定,是指个人进行金融票据诈骗,数额在1万元以上;或者单位进行金融票据诈骗,数额在10万元以上。

(3)本罪主体是一般主体,包括自然人和单位。

(4)本罪主观上是故意,行为人主观上有非法占有的目的。

(二)票据诈骗罪的刑事责任

依照《刑法》第194条、第200条的规定,犯本罪的,处5年以下有期徒刑或者拘役,并处2万元以上20万元以下罚金;数额巨大或者有其他严重情节的,处5年以上10年以下有期徒刑,并处5万元以上50万元以下罚金;数额特别巨大或者有其他特别严重情节的,处10年以上有期徒刑或者无期徒刑,并处5万元以上50万元以下罚金或者没收财产。单位犯本罪的,对单位判处罚金,并对其直接负责的主管人员和其他直接责任人员,处5年以下有期徒刑或者拘役,可以并处罚金;数额巨大或者有其他严重情节的,处5年以上10年以下有期徒刑,并处罚金;数额特别巨大或者有其他特别严重情节的,处10年以上有期徒刑或者无期徒刑,并处罚金。

四、金融凭证诈骗罪

金融凭证诈骗罪,是指使用伪造、变造的委托收款凭证、汇款凭证、银行存单或其他银行结算凭证,骗取财物的行为。本罪的对象是伪造、变造的委托收款凭证、汇款凭证、银行存单等其他银行结算凭证,但不包括票据诈骗罪中的各种票据。本罪的法定刑与票据诈骗罪的法定刑相同。

五、信用证诈骗罪

信用证诈骗罪,是指以非法占有为目的,进行信用证诈骗的行为。本罪侵犯的客体是国家的金融管理秩序和他人的财产所有权。客观方面表现为行为人实施了利用信用证诈骗的行为。刑法列举了信用证诈骗的四种行为方式:①使用伪造、变造的信用证或者附随的单据、文件的;②使用作废的信用证的;③骗取信用证的;④以其他方法进行信用证诈骗活动的。本罪是行为犯,一经实施,即构成犯罪。主体是一般主体,可以是自然人,也可以是单位。主观上是故意,行为人主观上具有利用信用证骗取财物的目的。

依照《刑法》第195条、第200条的规定,犯本罪的,处5年以下有期徒刑或者拘役,并处2万元以上20万元以下罚金;数额巨大或者有其他严重情节的,处5年以上10年以下有期徒刑,并处5万元以上50万元以下罚金;数额特别巨大或者有其他特别严重情节的,处10年以上有期徒刑或者无期徒刑,并处5万元以上50万元以下罚金或者没收财产。单位犯本罪的,对单位判处罚金,并对其直接负责的主管人员和其他直接责任人员,处5年以下有期徒刑或者拘役,可以并处罚金;数额巨大或者有其他严重情节的,处5年以上10年以下有期徒刑,并处罚金;数额特别巨大或者有其他特别严重情节的,处10年以上有期徒刑或者无期徒刑,并处罚金。

六、信用卡诈骗罪

(一)信用卡诈骗罪的概念和特征

信用卡诈骗罪,是指以非法占有为目的,利用信用卡进行诈骗,数额较大的行为。本罪侵害的客体,是国家的金融管理制度和公私财产所有权。犯罪对象是信用卡。客观方面表现为行为人实施了利用信用卡诈骗的行为,表现主要有以下形式:①使用伪造的信用卡,或者使用以虚假的身份证明骗领的信用卡的;②使用作废的信用卡的;③冒用他人信用卡的;④恶意透支的。本罪的成立,以"数额较大"为要件。所谓"数额较大",参照《立案追诉标准(二)》的规定。主体是自然人,单位不能构成本罪主体。主观方面出于故意,行为人具有非法占有他人财物的目的。根据最高人民法院、最高人民检察院《关于办理妨害信用卡管理刑事案件具体应用法律若干问题的解释》(法释〔2009〕19号),有以下情形之一的,应当认定为《刑法》第196条第2款规定的"以非法占有为目的":①明知没有还款能力而大量透支,无法归还的;②肆意挥霍透支的资金,无法归还的;③透支后逃匿、改变联系方式,逃避银行催收的;④抽逃、转移资金,隐匿财产,逃避还款的;⑤使用透支的资金进行违法犯罪活动的;⑥其他非法占有资金,拒不归还的行为。

(二)信用卡诈骗罪的认定

伪造信用卡并使用伪造的信用卡进行诈骗活动的,以信用卡诈骗罪论处。《刑法》第196条第3款规定,盗窃信用卡并使用的,依照刑法第264条的规定即盗窃罪定罪处罚。对于盗窃信用卡但未使用的行为，不宜认定为盗窃罪。盗窃伪造、作废的信用卡并在知道是伪造、作废的信用卡后而使用的，应认定为信用卡诈骗罪。例如，甲窃得同事一张银行借记卡及身份证，向乙谎称路上所拾，甲乙二人根据身份证号码试出了借记卡密码，持卡消费5000元。在本案中，甲构成盗窃罪，乙构成信用卡诈骗罪。

（三）信用卡诈骗罪的刑事责任

依照《刑法》第196条的规定，犯本罪的，处5年以下有期徒刑或者拘役，并处2万元以上20万元以下罚金；数额巨大或者有其他严重情节的，处5年以上10年以下有期徒刑，并处5万元以上50万元以下罚金；数额特别巨大或者有其他严重情节的，处10年以上有期徒刑或者无期徒刑，并处5万元以上50万元以下罚金或者没收财产。

七、有价证券诈骗罪

有价证券诈骗罪，是指使用伪造、变造的国库券或者国家发行的其他有价证券，进行诈骗活动，数额较大的行为。所谓“数额较大”，根据《立案追诉标准（二）》的规定，是指数额在1万元以上。本罪的主体是自然人，单位不能成为本罪主体。

依照《刑法》第197条的规定，犯本罪的，处5年以下有期徒刑或者拘役，并处2万元以上20万元以下罚金；数额巨大或者有其他严重情节的，处5年以上10年以下有期徒刑，并处5万元以上50万元以下罚金；数额特别巨大或者有其他特别严重情节的，处10年以上有期徒刑或者无期徒刑，并处5万元以上50万元以下罚金或者没收财产。

八、保险诈骗罪

（一）保险诈骗罪的概念和特征

保险诈骗罪，是指保险合同法律关系中的投保人、受益人或者被保险人以非法获取保险金为目的，利用保险进行诈骗活动，向保险人骗取保险金，数额较大的行为。

本罪侵犯的客体是国家保险管理制度和保险机构的财产所有权，客观方面表现为行为人实施了利用保险进行诈骗活动，数额较大的行为。刑法列举了保险诈骗罪的五种行为方式：①投保人故意虚构保险标的，骗取保险金的；②投保人、被保险人或者受益人对发生的保险事故编造虚假的原因或者夸大损失的程度，骗取保险金的；③投保人、被保险人或者受益人编造未曾发生的保险事故，骗取保险金的；④投保人、被保险人故意造成财产损失的保险事故，骗取保险金的；⑤投保人、受益人故意造成被保险人死亡、伤残或者疾病，骗取保险金的。本罪的成立，要求达到“数额较大”。这里的“数额较大”，参照《立案追诉标准（二）》的规定，是指个人进行保险诈骗，数额在1万元以上，或者单位进行保险诈骗，数额在5万元以上。主体是特殊主体，即必须是投保人、受益人和被保险人，既可以是自然人，也可以是单位。主观方面是故意，行为人具有利用保险骗取保险金的目的。

（二）保险诈骗罪的认定

（1）本罪一罪与数罪的界限。实践中，不法分子在实施保险诈骗罪的过程中，往往会触犯其他的犯罪，是否以数罪并罚，应分别情况处理：①根据《刑法》第198条第2款规定，如果行为人既触犯保险诈骗罪，又同时构成其他犯罪的，依照数罪并罚的规定予以处罚。例如，行为人为了骗取保险金，放火烧毁已经投保的房屋，并据此向保险人申请理赔的，这种情况下，行为人不仅触犯了保险诈骗罪，同时又构成了放火罪，应当实行并罚。即使未达成既遂而只处于未遂形态，根据最高人民检察院法律政策研究室《关于保险诈骗未遂能否按犯罪处理问题的答复》(高检研发〔1998〕20号)的规定，行为人已经着手实施保险诈骗行为，但由于其意志以外的原因未能获得保险赔偿的，是诈骗未遂，情节严重的，也应依法追究刑事责任。②如果行为人仅制造保险事故而尚未申请理赔的，这种情况下，制造保险事故的放火行为只是保险诈骗罪的预备行为而非着手行为(因为制造保险事故后到保险公司申请理赔的，才是保险诈骗罪的着手)，不过它同时又是放火罪的实行行为，一行为触犯了二罪名，属于想象竞合犯，只需要按高度行为即放火罪论处，而不需要数罪并罚。

(2)本罪共犯的认定。《刑法》第198条第4款规定，保险事故的鉴定人、证明人、财产评估人故意提供虚假的证明文件，为他人诈骗提供条件的，以保险诈骗的共犯论处。例如，交警甲故意为乙实施保险诈骗提供虚假鉴定结论，则甲、乙构成共同犯罪。

(3)保险公司工作人员利用职务上的便利骗取保险金的处理。《刑法》第183条规定，保险公司的工作人员利用职务上的便利，故意编造未曾发生的保险事故进行虚假理赔，骗取保险金归自己所有的，依照刑法第271条的规定即职务侵占罪定罪处罚。国有保险公司工作人员和国有保险公司委派到非国有保险公司从事公务的人员有上述行为的，依照刑法第382条、第383条的规定即贪污罪定罪处罚。可见，对于保险公司工作人员利用职务上的便利骗取保险金的行为，要根据保险公司是国有还是非国有而定贪污罪或职务侵占罪。

(三)保险诈骗罪的刑事责任

依照《刑法》第198条的规定，犯本罪的，处5年以下有期徒刑或者拘役，并处1万元以上10万元以下罚金；数额巨大或者有其他严重情节的，处5年以上10年以下有期徒刑，并处2万元以上20万元以下罚金；数额特别巨大或者有其他特别严重情节的，处10年以上有期徒刑，并处2万元以上20万元以下罚金或者没收财产。单位犯本罪的，对单位判处罚金，并对其直接负责的主管人员和其他直接责任人员，处5年以下有期徒刑或者拘役；数额巨大或者有其他严重情节的，处5年以上10年以下有期徒刑；数额特别巨大或者有其他特别严重情节的，处10年以上有期徒刑。

第七节　危害税收征管罪罪名分述

一、逃税罪

(一)逃税罪的概念和特征

逃税罪，是指纳税人采取欺骗、隐瞒手段进行虚假纳税申报或者不申报，逃避缴纳税款数额较大并且占应纳税额10%以上的，或者扣缴义务人采取上述手段，不缴或者少缴已扣、已收税款，数额较大的行为。本罪侵害的客体是国家的税收征管制度和国家财政税收收入。客观方面表现为纳税人或者扣缴义务人采用欺骗、隐瞒手段，不缴或者少缴应纳税款或者已扣、已收税款，数额较大的行为。本罪的成立，要求达到法定定量标准的程度，才构成犯罪。"法定定量标准"，参照《立案追诉标准（二）》的规定。对多次实施逃税行为，未经处理的，按照累计数额计算。主体是特殊主体，只能由纳税人和扣缴义务人构成，包括自然人和单位。主观方面必须是故意，行为人一般具有逃税的目的。

（二）逃税罪的刑事责任

依照《刑法》第201条、第211条的规定，犯本罪，逃避缴纳税款数额较大并且占应纳税额10%以上的，处3年以下有期徒刑或者拘役，并处罚金；数额巨大并且占应纳税额30%以上的，处3年以上7年以下有期徒刑，并处罚金。单位犯本罪的，对单位判处罚金，并对其直接负责的主管人员和其他直接责任人员，依照自然人犯本罪的规定处罚。

《刑法》第201条第4款规定，纳税人逃避缴纳税款，经税务机关依法下达追缴通知后，补缴应纳税款，缴纳滞纳金，已受行政处罚的，不予追究刑事责任。这是逃税罪的免予刑事处罚事由。但是，5年内因逃避缴纳税款受过刑事处罚或者被税务机关给予2次以上行政处罚的除外。同时，根据《立案追诉标准（二）》的规定，纳税人在公安机关立案后再补缴应纳税款、缴纳滞纳金或者接受行政处罚的，不影响刑事责任的追究。

二、抗税罪

抗税罪，是指以暴力、威胁方法拒不缴纳税款的行为。本罪侵犯的客体是国家的税收征收管理制度及税务人员的人身权利。客观方面表现为使用暴力、威胁方法拒不缴纳税款。主体只能是自然人（包括纳税人和扣缴义务人），单位不能构成本罪。主观方面是故意，行为人的目的是拒不缴纳税款。

根据《最高人民法院关于审理偷税抗税刑事案件具体应用法律若干问题的解释》（法释〔2002〕33号）第6条的规定，实施抗税行为致人重伤、死亡，构成故意伤害罪、故意杀人罪的，分别依照转化后的犯罪即故意伤害罪、故意杀人罪定罪处罚。例如，个体工商户甲欠缴营业税15万元，当税务人员上门征收税款时，甲组织乙等多人进行暴力围攻，殴打税务人员，抗拒缴纳，其中乙出手最狠，将一名税务人员打成重伤，乙的行为构成故意伤害罪。如果在暴力抗税中因过失致税务人员重伤、死亡的，可依情节严重的抗税罪论处。与纳税人或者扣缴义务人共同实施抗税行为的，以抗税罪的共犯依法处罚。

依照《刑法》第202条的规定，犯本罪的，处3年以下有期徒刑或者拘役，并处拒缴税款1倍以上5倍以下罚金；情节严重的，处3年以上7年以下有期徒刑，并处拒缴税款1倍以上5倍以下罚金。

三、逃避追缴欠税罪

逃避追缴欠税罪，是指纳税人欠缴应纳税款，采取转移或者隐匿财产的手段，致使税务机关无法追缴欠缴的税款，数额较大的行为。本罪侵害的客体是国家的税收征管制度和国家财政税收收入。客观方面表现为在欠缴税款的情况下，采取转移、隐匿财产的手段，致使税务机关无法追缴欠缴的税款，数额在1万元以上的行为。因此，构成本罪，必须满足三个条件：其一，纳税人存在欠缴税款的事实；其二，纳税人实施了转移、隐匿财产的行为；其三，纳税人转移、隐匿财产后致使税务机关无法追缴欠缴的税款，且数额在1万元以上。主体是纳税义务人，包括自然人和单位。主观方面只能出于故意。

依照《刑法》第203条、第211条的规定，犯本罪的，处3年以下有期徒刑或者拘役，并处或者单处欠缴税款1倍以上5倍以下罚金；数额在10万元以上的，处3年以上7年以下有期徒刑，并处欠缴税款1倍以上5倍以下罚金。单位犯本罪的，对单位判处罚金，并对其直接负责的主管人员和其他直接责任人员，依照自然人犯本罪的规定处罚。

四、骗取出口退税罪

（一）骗取出口退税罪的概念和特征

骗取出口退税罪，是指以假报出口或者其他欺骗手段，骗取国家出口退税款，数额较大的行为。本罪侵犯的客体是国家出口退税制度和国家财产所有权。客观方面表现为行为人实施了以假报出口或者其他欺骗手段，骗取国家出口退税款，数额较大的行为。根据《最高人民法院关于审理骗取出口退税刑事案件具体应用法律若干问题的解释》（法释〔2002〕30号），这里的“假报出口”，是指以虚构已税货物出口事实为目的，具有下列情形之一的行为：①伪造或者签订虚假的买卖合同；②以伪造、变造或者其他非法手段取得出口货物报关单、出口收汇核销单、出口货物专用缴款书等有关出口退税单据、凭证；③虚开、伪造、非法购买增值税专用发票或者其他可以用于出口退税的发票；④其他虚构已税货物出口事实的行为。这里的“其他欺骗手段”，是指具有下列情形之一的行为：①骗取出口货物退税资格的；②将未纳税或者免税货物作为已税货物出口的；③虽有货物出口，但虚构该出口货物的品名、数量、单价等要素，骗取未实际纳税部分出口退税款的；④以其他手段骗取出口退税款的。这里的“数额较大”，是指5万元以上。主体是一般主体，既可以是自然人，也可以是单位。主观方面只能是故意，行为人具有非法占有国家出口退税款的目的，因过失而导致多报多领出口退税款的不构成本罪。

（二）骗取出口退税罪的认定

骗取出口退税罪本质上是诈骗犯罪，因此只有在行为人没有缴纳税款的情况下才可能成立。如果纳税人缴纳税款后，采取假报出口等欺骗方法，骗取所交纳的税款的，依照逃税罪的规定定罪处罚。对于骗取税款超过所交纳的税款部分，则应认定为骗取出口退税罪，与逃税罪实行并罚。例如，某企业生产的一批外贸供货产品因外商原因无法出口，该企业采用伪造出口退税单证和签订虚假买卖合同等方法，骗取出口退税50万元（其中包括该批产品已征的产品税、增值税等税款19万元）。对该企业应当以逃税罪和骗取出口退税罪并罚。另外，实施骗取出口退税犯罪，同时构成虚开增值税专用发票等其他犯罪，依照刑法处罚较重的规定定罪处罚。

（三）骗取出口退税罪的刑事责任

依照《刑法》第204条、第211条的规定，犯本罪的，处5年以下有期徒刑或者拘役，并处骗取税款1倍以上5倍以下罚金；数额巨大或者有其他严重情节的，处5年以上10年以下有期徒刑，并处骗取税款1倍以上5倍以下罚金；数额特别巨大或者有其他特别严重情节的，处10年以上有期徒刑或者无期徒刑，并处骗取税款1倍以上5倍以下罚金或者没收财产。单位犯本罪的，对单位判处罚金，并对其直接负责的主管人员和其他直接责任人员，依照自然人犯本罪的规定处罚。

五、虚开增值税专用发票、用于骗取出口退税、抵扣税款发票罪

（一）虚开增值税专用发票、用于骗取出口退税、抵扣税款发票罪的概念和特征

虚开增值税专用发票、用于骗取出口退税、抵扣税款发票罪，是指违反国家的发票管理制度，虚开增值税专用发票或者用于骗取出口退税、抵扣税款的其他发票的行为。

（1）本罪侵犯的客体是国家对增值税专用发票以及可用于出口退税、抵扣税款的其他发票的管理制度。所谓“增值税专用发票”，是指以商品或者劳务的增值额为征税对象，并且具有直接抵扣税款功能的专门用于增值税的收付款凭证。所谓“可用于出口退税、抵扣税款的其他发票”，根据2005年12月29日全国人民代表大会常务委员会《关于〈中华人民共和国刑法〉有关出口退税、抵扣税款的其他发票规定的解释》，是指除增值税专用发票以外的，具有出口退税、抵扣税款功能的收付款凭证或者完税凭证，例如运输发票、农林牧水产品收购发票、废旧物品收购发票等。因此，本罪是选择性罪名，可分为虚开增值税专用发票罪、虚开用于骗取出口退税发票罪和虚开用于抵扣税款发票罪。

（2）本罪的客观方面表现为行为人实施了虚开增值税专用发票或者其他可用于骗取出口退税、抵扣税款发票的行为。这里的虚开，是指没有货物购销或者没有提供或接受应税劳务而为他人、为自己、让他人为自己、介绍他人开具专用发票，或者有货物购销或者提供或接受了应税劳务但为他人、为自己、让他人为自己、介绍他人开具数量或者金额不实的专用发票，以及进行了实际经营活动，但让他人为自己代开专用发票等情形。根据《刑法》第205条第3款的规定，虚开包括为他人虚开、为自己虚开、让他人为自己虚开、介绍他人虚开四种情况。从《刑法》第205条的规定看，本罪是行为犯，一经实施，即构成犯罪。但如果虚开的数额很小，行为人又是初犯，则可作为“情节显著轻微，危害不大”的情况，不以犯罪论处。

（3）本罪主体是一般主体，自然人和单位均可构成本罪。

（4）本罪的主观方面必须出于故意，行为人一般具有骗取国家税款的目的，但该目的不是本罪的构成要件。

（二）虚开增值税专用发票、用于骗取出口退税、抵扣税款发票罪的认定

行为人虚开增值税专用发票、用于骗取出口退税、抵扣税款发票，往往是出于逃税或骗取出口退税的目的，这一目的行为同时触犯了逃税罪或者骗取出口退税罪的罪名，属于手段行为和目的行为的牵连，应择一重罪论处。

（三）虚开增值税专用发票、用于骗取出口退税、抵扣税款发票罪的刑事责任

依照《刑法》第205条的规定，犯本罪的，处3年以下有期徒刑或者拘役，并处2万元以上20万元以下罚金；虚开的税款数额较大或者有其他严重情节的，处3年以上10年以下有期徒刑，并处5万元以上50万元以下罚金；虚开的税款数额巨大或者有其他特别严重情节的，处10年以上有期徒刑或者无期徒刑，并处5万元以上50万元以下罚金或者没收财产。单位犯本罪的，对单位判处罚金，并对其直接负责的主管人员和其他直接责任人员，处3年以下有期徒刑或者拘役；虚开的税款数额较大或者有其他严重情节的，处3年以上10年以下有期徒刑；虚开的税款数额巨大或者有其他特别严重情节的，处10年以上有期徒刑或者无期徒刑。

六、虚开发票罪

虚开发票罪，是指虚开增值税专用发票或者用于骗取出口退税、抵扣税款的其他发票以外的发票（即普通发票），情节严重的行为。本罪侵犯的客体是国家的发票管理制度。客观方面表现为行为人实施了虚开增值税专用发票、可以用于骗取出口退税、抵扣税款的其他发票以外的普通发票的行为。这里的虚开，与虚开增值税专用发票、用于骗取出口退税、抵扣税款发票的行为方式完全相同。构成本罪，要求情节严重。根据2011年11月14日最高人民检察院、公安部《关于公安机关管辖的刑事案件立案追诉标准的规定（二）的补充规定》，虚开刑法第205条规定以外的其他发票，涉嫌下列情形之一的，应予立案追诉：①虚开发票100份以上或者虚开金额累计在40万元以上的；②虽未达到上述数额标准，但5年内因虚开发票行为受过行政处罚2次以上，又虚开发票的；③其他情节严重的情形。

依照《刑法》第205条之一的规定，犯本罪的，处2年以下有期徒刑、拘役或者管制，并处罚金；情节特别严重的，处2年以上7年以下有期徒刑，并处罚金。单位犯本罪的，对单位判处罚金，并对其直接负责的主管人员和其他直接责任人员，依照自然人犯本罪的规定处罚。

七、伪造、出售伪造的增值税专用发票罪

伪造、出售伪造的增值税专用发票罪，是指伪造增值税专用发票或者出售伪造的增值税专用发票的行为。本罪主体包括自然人和单位。主观方面必须是故意伪造和明知是伪造的增值税专用发票而故意出售，否则不构成犯罪。行为人所出售的必须是伪造的增值税专用发票，如果出售真实的增值税专用发票，则成立非法出售增值税专用发票罪。本罪虽然是行为犯，但如果数额、数量不大，可作为“情节显著轻微，危害不大”的情况，不以犯罪论处。伪造并出售伪造的增值税专用发票的只定为一罪，不实行数罪并罚，这种情况属于吸收犯，只成立一罪。但是如果出售伪造的增值税专用发票不是其伪造的，则应当数罪并罚。

依照《刑法》第206条的规定，犯本罪的，处3年以下有期徒刑、拘役或者管制，并处2万元以上20万元以下罚金；数量较大或者有其他严重情节的，处3年以上10年以下有期徒刑，并处5万元以上50万元以下罚金；数量巨大或者有其他特别严重情节的，处10年以上有期徒刑或者无期徒刑，并处5万元以上50万元以下罚金或者没收财产。单位犯本罪的，对单位判处罚金，并对其直接负责的主管人员和其他直接责任人员，处3年以下有期徒刑、拘役或者管制；数量较大或者有其他严重情节的，处3年以上10年以下有期徒刑；数量巨大或者有

其他特别严重情节的，处10年以上有期徒刑或者无期徒刑。

八、非法出售增值税专用发票罪

非法出售增值税专用发票罪，是指非法出售增值税专用发票的行为。

依照《刑法》第207条、第211条的规定，犯本罪的，处3年以下有期徒刑、拘役或者管制，并处2万元以上20万元以下罚金；数量较大的，处3年以上10年以下有期徒刑，并处5万元以上50万元以下罚金；数量巨大的，处10年以上有期徒刑或者无期徒刑，并处5万元以上50万元以下罚金或者没收财产。单位犯本罪的，对单位判处罚金，并对其直接负责的主管人员和其他直接责任人员，依照自然人犯本罪的规定处罚。

九、非法购买增值税专用发票、购买伪造的增值税专用发票罪

非法购买增值税专用发票、购买伪造的增值税专用发票罪，是指非法购买增值税专用发票，或者明知是伪造的增值税专用发票而购买的行为。非法购买真、伪两种增值税专用发票的，数量累计计算，不实行并罚。根据《刑法》第208条第2款规定，非法购买增值税专用发票或者购买伪造的增值税专用发票又虚开或者出售的，分别以虚开增值税专用发票罪、出售伪造的增值税专用发票罪、非法出售增值税专用发票罪论处。在上述情况下，实际上是本罪与其他犯罪之间的牵连关系，系牵连犯，应“从一重罪处断”，而不实行并罚。

依照《刑法》第208条、第211条的规定，犯本罪的，处5年以下有期徒刑或者拘役，并处或者单处2万元以上20万元以下罚金。单位犯本罪的，对单位判处罚金，并对其直接负责的主管人员和其他直接责任人员，依照自然人犯本罪的规定处罚。

十、非法制造、出售非法制造的用于骗取出口退税、抵扣税款发票罪

非法制造、出售非法制造的用于骗取出口退税、抵扣税款发票罪，是指伪造、擅自制造或者出售伪造、擅自制造的可以用于骗取出口退税、抵扣税款的其他发票的行为。

依照《刑法》第209条第1款、第211条的规定，犯本罪的，处3年以下有期徒刑、拘役或者管制，并处2万元以上20万元以下罚金；数量巨大的，处3年以上7年以下有期徒刑，并处5万元以上50万元以下罚金；数量特别巨大的，处7年以上有期徒刑，并处5万元以上50万元以下罚金或者没收财产。单位犯本罪的，对单位判处罚金，并对其直接负责的主管人员和其他直接责任人员，依照自然人犯本罪的规定处罚。

十一、非法制造、出售非法制造的发票罪

非法制造、出售非法制造的发票罪，是指伪造、擅自制造或者出售伪造、擅自制造的非用于骗取出口退税、抵扣税款的其他发票的行为。行为人所出售的必须是伪造、擅自制造的普通发票，如果出售的是真实发票，则成立非法出售发票罪。

依照《刑法》第209条第2款、第211条的规定，犯本罪的，处2年以下有期徒刑、拘役或者管制，并处或者单处1万元以上5万元以下罚金；情节严重的，处2年以上7年以下有期徒刑，并处5万元以上50万元以下罚金。单位犯本罪的，对单位判处罚金，并对其直接负责的主管人员和其他直接责任人员，依照自然人犯本罪的规定处罚。

十二、非法出售用于骗取出口退税、抵扣税款发票罪

非法出售用于骗取出口退税、抵扣税款发票罪，是指非法出售可以用于骗取出口退税、抵扣税款的其他发票的行为。行为人所出售的必须是真实发票，如果出售伪造、擅自制造的可以用于骗取出口退税、抵扣税款的发票，则成立出售非法制造的用于骗取退税、抵扣税款发票罪。

依照《刑法》第209条第3款、第211条的规定，犯本罪的，处3年以下有期徒刑、拘役或者管制，并处2万元以上20万元以下罚金；数量巨大的，处3年以上7年以下有期徒刑，并处5万元以上50万元以下罚金；数量特别巨大的，处7年以上有期徒刑，并处5万元以上50万元以下罚金或者没收财产。单位犯本罪的，对单位判处罚金，并对其直接负责的主管人员和其他直接责任人员，依照自然人犯本罪的规定处罚。

十三、非法出售发票罪

非法出售发票罪，是指非法出售可用于骗取出口退税、抵扣税款以外的其他普通发票的行为。

依照《刑法》第209条第4款、第211条的规定，犯本罪的，处2年以下有期徒刑、拘役或者管制，并处或者单处1万元以上5万元以下罚金；情节严重的，处2年以上7年以下有期徒刑，并处5万元以上50万元以下罚金。单位犯本罪的，对单位判处罚金，并对其直接负责的主管人员和其他直接责任人员，依照自然人犯本罪的规定处罚。

十四、持有伪造的发票罪

持有伪造的发票罪，是指明知是伪造的发票而持有且数量较大的行为。

本罪侵犯的客体是国家的发票管理制度和税收征收管理秩序。客观方面表现为明知是伪造的发票而持有且数量较大的行为。主体是一般主体，可以是自然人和单位。主观方面出自故意，即明知是伪造的发票而非法持有。如果因缺乏必要知识，不明知是伪造的发票而持有不构成犯罪。根据2011年11月14日最高人民检察院、公安部《关于公安机关管辖的刑事案件立案追诉标准的规定(二)的补充规定》，明知是伪造的发票而持有，具有下列情形之一的，应予立案追诉：①持有伪造的增值税专用发票50份以上或者票面额累计在20万元以上的，应予立案追诉；②持有伪造的可以用于骗取出口退税、抵扣税款的其他发票100份以上或者票面额累计在40万元以上的，应予立案追诉；③持有伪造的第1项、第2项规定以外的其他发票200份以上或者票面额累计在80万元以上的，应予立案追诉。

依照《刑法》第210条之一的规定，犯本罪的，处2年以下有期徒刑、拘役或者管制，并处罚金；数量巨大的，处2年以上7年以下有期徒刑，并处罚金。单位犯本罪的，对单位判处罚金，并对其直接负责的主管人员和其他直接责任人员，依照自然人犯本罪的规定处罚。

第八节　侵犯知识产权罪罪名分述

一、假冒注册商标罪

（一）假冒注册商标罪的概念和特征

假冒注册商标罪，是指未经注册商标所有人的许可，在同一种商品上使用与其注册商标相同的商标，情节严重的行为。

（1）本罪的客体是复杂客体，既侵害了国家的商标管理制度，也侵害了注册商标所有人的商标专有权。

（2）本罪的客观方面表现为行为人未经注册商标所有人的许可，在同一种商品上使用与其注册商标相同的商标，情节严重的行为。根据最高人民法院、最高人民检察院《关于办理侵犯知识产权刑事案件具体应用法律若干问题的解释》（法释〔2004〕19号，本节以下简称《知识产权案件解释》）的规定，“相同的商标”，是指与被假冒的注册商标完全相同，或者与被假冒的注册商标在视觉上基本无差别、足以对公众产生误导的商标。“使用”，是指将注册商标或者假冒的注册商标用于商品、商品包装或者容器以及产品说明书、商品交易文书，或者将注册商标或者假冒的注册商标用于广告宣传、展览以及其他商业活动等行为。构成本罪要求“情节严重”。“情节严重”，参照《立案追诉标准（二）》的规定。

（3）本罪主体是一般主体，包括自然人和单位。

（4）本罪的主观方面，只能是出于故意。

（二）假冒注册商标罪的认定

（1）本罪的罪数。根据《知识产权案件解释》第13条的规定，实施假冒注册商标犯罪，又销售该假冒注册商标的商品，构成犯罪的，应当以假冒注册商标罪定罪处罚。这种情况下，属于吸收犯，按照刑法关于吸收犯的基本原理，只成立假冒注册商标罪，不另成立销售假冒注册商标的商品罪。但是如果行为人实施假冒注册商标犯罪，又销售明知是他人的假冒注册商标的商品，构成犯罪的，则应当实行数罪并罚。另外，行为人在生产的伪劣商品上假冒他人已经注册的商标的，属于牵连犯，应择一重罪处断。

（2）本罪的共犯。根据《知识产权案件解释》第16条的规定，明知他人实施侵犯知识产权犯罪，而为其提供贷款、资金、账号、发票、证明、许可证件，或者提供生产、经营场所或者运输、储存、代理进出口等便利条件、帮助的，以侵犯知识产权犯罪的共犯论处。

（三）假冒注册商标罪的刑事责任

依照《刑法》第213条、第220条的规定，犯本罪的，处3年以下有期徒刑或者拘役，并处或者单处罚金；情节特别严重的，处3年以上7年以下有期徒刑，并处罚金。单位犯本罪的，对单位判处罚金，并对其直接负责的主管人员和其他直接责任人员，依照自然人犯本罪的规定处罚。

二、销售假冒注册商标的商品罪

销售假冒注册商标的商品罪，是指明知是假冒注册商标的商品，而予以销售，销售金额数额较大的行为。

本罪中的“销售”，是指零售、批发、直销、代销等各种出售商品的行为。“数额较大”，是指销售金额在5万元以上。本罪主观方面必须是“明知”是假冒注册商标的商品而销售。“明知”不等于确知，根据《知识产权案件解释》的规定，是指下列情形之一：①知道自己销售的商品上的注册商标被涂改、调换或者覆盖的；②因销售假冒注册商标的商品受到过行政处罚或者承担过民事责任、又销售同一种假冒注册商标的商品的；③伪造、涂改商标注册人授权文件或者知道该文件被伪造、涂改的；④其他知道或者应当知道是假冒注册商标的商品的情形。

根据最高人民法院、最高人民检察院、公安部《关于办理侵犯知识产权刑事案件适用法律若干问题的意见》(法发〔2011〕3号)，销售明知是假冒注册商标的商品，具有下列情形之一的，以销售假冒注册商标的商品罪(未遂)定罪处罚：①假冒注册商标的商品尚未销售，货值金额在15万元以上的；②假冒注册商标的商品部分销售，已销售金额不满5万元，但与尚未销售的假冒注册商标的商品的货值金额合计在15万元以上的。

依照《刑法》第214条、第220条的规定，犯本罪的，处3年以下有期徒刑或者拘役，并处或者单处罚金；销售金额数额巨大的，处3年以上7年以下有期徒刑，并处罚金。单位犯本罪的，对单位判处罚金，并对其直接负责的主管人员和其他直接责任人员，依照自然人犯本罪的规定处罚。

三、非法制造、销售非法制造的注册商标标识罪

非法制造、销售非法制造的注册商标标识罪，是指伪造、擅自制造他人注册商标标识，或者销售伪造、擅自制造的注册商标标识，情节严重的行为。这里的商标标识，是指文字、图形或者其组合构成的商标图样的物质实体，是表明注册商标的商品显著特征的识别标记，如商标纸、商标标牌、商标标识带等。

依照《刑法》第215条、第220条的规定，犯本罪的，处3年以下有期徒刑、拘役或者管制，并处或者单处罚金；情节特别严重的，处3年以上7年以下有期徒刑，并处罚金。单位犯本罪的，对单位判处罚金，并对直接负责的主管人员和其他直接责任人员，依照自然人犯本罪的规定处罚。

四、假冒专利罪

假冒专利罪，是指假冒他人专利，情节严重的行为。根据《知识产权案件解释》，实施下列行为之一的，属于“假冒他人专利”的行为：① 未经许可，在其制造或者销售的产品、产品的包装上标注他人专利号的；②未经许可，在广告或者其他宣传材料中使用他人的专利号，使人将所涉及的技术误认为是他人专利技术的；③未经许可，在合同中使用他人的专利号，使人将合同涉及的技术误认为是他人专利技术的；④伪造或者变造他人的专利证书、专利文件或者专利申请文件的。具有下列情形之一的，属于“情节严重”：①非法经营数额在20万元以上或者违法所得数额在10万元以上的；②给专利权人造成直接经济损失50万元以上的；③

假冒两项以上他人专利，非法经营数额在10万元以上或者违法所得数额在5万元以上的；④其他情节严重的情形。

依照《刑法》第216条、第220条的规定，犯本罪的，处3年以下有期徒刑或者拘役，并处或者单处罚金。单位犯本罪的，对单位判处罚金，并对其直接负责的主管人员和其他直接责任人员，依照自然人犯本罪的规定处罚。

五、侵犯著作权罪

（一）侵犯著作权罪的概念和特征

侵犯著作权罪，是指以营利为目的，违反著作权法，侵犯他人著作权，违法所得数额较大或者有其他严重情节的行为。本罪侵害的客体是复杂客体，既包括著作权人对其作品享有的著作权和与著作权有关的权益，也包括国家对著作权的管理制度。客观方面表现为违反著作权法，侵犯他人著作权：①未经著作权人许可，复制发行其文字作品、音乐、电影、电视、录像作品、计算机软件及其他作品的；②出版他人享有专有出版权的图书的；③未经录音录像制作者许可，复制发行其制作的录音录像的；④制作、出售假冒他人署名的美术作品的。例如，行为人多次临摹某著名国画大师的一幅名画，然后署上该国画大师姓名并加盖伪造印鉴，谎称真迹售得收入6万元，即属于这种情形。成立本罪，还要求“违法所得数额较大或者有其他严重情节”，具体标准参照《立案追诉标准（一）》的规定。主体是一般主体，自然人和单位都可以构成本罪。主观方面，必须是出于故意，并且具有营利的目的。如果出于教学、研究等非营利目的复制他人作品，则不属于侵犯著作权的行为。

（二）侵犯著作权罪的认定

《知识产权案件解释》第14条规定，实施《刑法》第217条规定的侵犯著作权犯罪，又销售该侵权复制品，构成犯罪的，应当依照《刑法》第217条的规定，以侵犯著作权罪定罪处罚。实施《刑法》第217条规定的侵犯著作权犯罪，又销售明知是他人的侵权复制品，构成犯罪的，应当实行数罪并罚。例如，行为人为了牟利，未经著作权人许可，私自复制了若干部影视作品的VCD，并以批零兼营等方式销售，销售金额为11万元，其中纯利润6万元。这里侵犯著作权罪吸收了销售侵权复制品罪，只定侵犯著作权罪。

（三）侵犯著作权罪的刑事责任

依照《刑法》第217条、第220条的规定，犯本罪的，处3年以下有期徒刑或者拘役，并处或者单处罚金；违法所得数额巨大或者有其他特别严重情节的，处3年以上7年以下有期徒刑，并处罚金。单位犯本罪的，对单位判处罚金，并对其直接负责的主管人员和其他直接责任人员，依照自然人犯本罪的规定处罚。

六、销售侵权复制品罪

销售侵权复制品罪，是指以营利为目的，销售明知是侵权他人著作权的复制品，违法所得数额巨大的行为。

本罪中的侵权复制品，是指因侵犯他人著作权而形成的复制品。本罪的主体是一般主体，包括自然人和单位。主观方面必须是明知是侵权复制品而予以销售，并具有营利目的。成立本罪，要求“违法所得数额巨大”，具体标准参照《立案追诉标准(一)》的规定。

依照《刑法》第218条、第220条的规定，犯本罪的，处3年以下有期徒刑或者拘役，并处或者单处罚金。单位犯本罪的，对单位判处罚金，并对其直接负责的主管人员和其他直接责任人员，依照自然人犯本罪的规定处罚。

七、侵犯商业秘密罪

(一)侵犯商业秘密罪的概念和特征

侵犯商业秘密罪，是指违反法律规定，侵犯商业秘密，给商业秘密的权利人造成重大损失的行为。

(1)本罪侵害的客体是商业秘密权。本罪的对象是商业秘密。根据《刑法》第219条第3款的规定，所谓商业秘密，是指不为公众所知悉的，能为权利人带来经济利益，具有实用性并经权利人采取保密措施的技术信息和经营信息。

(2)本罪的客观方面表现为实施了侵犯商业秘密，给商业秘密的权利人造成重大损失的行为。关于“侵犯商业秘密”，刑法列举了以下4种行为方式：①以盗窃、利诱、胁迫或其他不正当手段获取权利人商业秘密；②披露、使用或者允许他人使用以非法手段获取的权利人的商业秘密；③违反约定或者违反权利人有关保守商业秘密的要求，披露、使用或者允许他人使用其所掌握的商业秘密。例如，甲按照所在企业安排研发出某关键技术，但其违反保密协议将该技术有偿提供给其他厂家使用，获利400万元。甲的行为符合该情形，因而成立侵犯商业秘密罪。④明知或应知前述第一种至第三种违法行为，而获取、使用或者披露他人商业秘密。关于“给商业秘密的权利人造成重大损失”，具体标准参照《立案追诉标准(二)》的规定。

(3)本罪的主体是一般主体，自然人和单位都可以构成本罪。

(4)本罪的主观方面一般是故意，即行为人明知是侵犯商业秘密的行为而有意实施。但在行为人应知是侵犯商业秘密的行为的情况下而获取、使用或者披露他人商业秘密，则应视为过失。

(二)侵犯商业秘密罪的刑事责任

依照《刑法》第219条、第220条的规定，犯本罪的，处3年以下有期徒刑或者拘役，并处或者单处罚金；造成特别严重后果的，处3年以上7年以下有期徒刑，并处罚金。单位犯本罪的，对单位判处罚金，并对其直接负责的主管人员和其他直接责任人员，依照自然人犯本罪的规定处罚。

第九节　扰乱市场秩序罪罪名分述

一、损害商业信誉、商品声誉罪

(一)损害商业信誉、商品声誉罪的概念和特征

损害商业信誉、商品声誉罪，是指捏造并散布虚伪事实，损害他人的商业信誉、商品声誉，给他人造成重大损失或者有其他严重情节的行为。

(1)本罪的客体是他人的商业信誉、商品声誉和市场经济的市场竞争秩序。商业信誉，是指经营者在商业活动中的信用和名誉，包括社会公众对该经营者的资信状况、商业道德、技术水平、经济实力等方面的客观评价。商品声誉，是指企业投放市场的商品在质量、品牌、风格等方面的良好称誉。

(2)本罪的客观方面表现为捏造并散布虚伪事实，损害他人的商业信誉、商品声誉。捏造，是指虚构、编造不符合真相或并不存在的事实；散布，是指宣传、扩散其捏造的虚假事实。他人，既可以是竞争对方，也可以是其他生产者与经营者；既可以是个人，也可以是单位。成立本罪，要求给他人造成重大损失或者有其他严重情节。这里的“给他人造成重大损失或者有其他严重情节”，参照《立案追诉标准(二)》的规定。如果尚未给他人造成重大损失或者无其他严重情节，则不能认定为本罪。例如，甲所购某名牌轿车行驶不久，发动机就发生故障，经多次修理仍未排除，甲用牛车拉着该轿车在闹市区展示，甲因为轿车本身的质量问题，多次维修未果，才将车拉在闹市展示，并不构成损害商品声誉罪。

(3)本罪主体是一般主体，包括自然人和单位。

(4)本罪的主观方面只能是故意。

(二)损害商业信誉、商品声誉罪的刑事责任

依照《刑法》第221条、第231条的规定，犯本罪的，处2年以下有期徒刑或者拘役，并处或者单处罚金。单位犯本罪的，对单位判处罚金，并对其直接负责的主管人员和其他直接责任人员，依照自然人犯本罪的规定处罚。

二、虚假广告罪

(一)虚假广告罪的概念和特征

虚假广告罪，是指广告主、广告的经营者、广告的发布者违反国家规定，利用广告对商品或服务作虚假宣传，情节严重的行为。本罪侵害的客体是复杂客体，即国家对广告的管理秩序以及消费者的权益。客观方面表现为违反国家规定，利用广告对商品或者服务作虚假宣传，情节严重的行为。这里的“违反国家规定”，是指违反《广告法》和《反不正当竞争法》以及国家其他有关广告活动的法规。这里的“虚假宣传”，是指隐瞒商品和服务的真相，对商品的性能、产地、用途、质量、价格、生产者、有效期限、售后服务，或者对服务的内容、形式、质量、

价格等作不符合实际的虚假宣传，欺骗和误导消费者。这里的“情节严重”，参照《立案追诉标准（二）》的规定。主体是特殊主体，即广告主、广告的经营者、广告的发布者，包括个人和单位。主观方面表现为故意，即明知是不真实的广告而故意作虚假宣传。行为人一般具有非法获利的目的，但也可能出于排挤竞争对手等其他不正当竞争的目的。

（二）虚假广告罪的认定

根据《最高人民法院关于审理非法集资刑事案件具体应用法律若干问题的解释》（法释〔2010〕18号），广告经营者、广告发布者违反国家规定，利用广告为非法集资活动相关的商品或者服务作虚假宣传，具有下列情形之一的，以虚假广告罪定罪处罚：①违法所得数额在10万元以上的；②造成严重危害后果或者恶劣社会影响的；③2年内利用广告作虚假宣传，受过行政处罚2次以上的；④其他情节严重的情形。根据最高人民法院、最高人民检察院《关于办理危害食品安全刑事案件适用法律若干问题的解释》（法释〔2013〕12号），广告主、广告经营者、广告发布者违反国家规定，利用广告对保健食品或者其他食品作虚假宣传，情节严重的，以虚假广告罪定罪处罚。根据最高人民法院、最高人民检察院《关于办理危害药品安全刑事案件适用法律若干问题的解释》（法释〔2014〕14号），广告主、广告经营者、广告发布者违反国家规定，利用广告对药品作虚假宣传，情节严重的，以虚假广告罪定罪处罚。

（三）虚假广告罪的刑事责任

依照《刑法》第222条、第231条的规定，犯本罪的，处2年以下有期徒刑或者拘役，并处或者单处罚金。单位犯本罪的，对单位判处罚金，并对其直接负责的主管人员和其他直接责任人员，依照自然人犯本罪的规定处罚。

三、串通投标罪

串通投标罪，是指投标人相互串通投标报价，损害招标人或者其他投标人的利益，情节严重，或者投标人与招标人串通投标，损害国家、集体、公民的合法权益的行为。本罪侵犯的客体是招标市场秩序。客观方面表现为串通投标，分为两种情况：一是投标人相互串通投标报价，损害招标人或者其他投标人的利益，并且情节严重的行为；二是投标人与招标人串通投标，损害国家、集体、公民的合法权益。主体是特殊主体，即投标人与招标人，既可以是自然人，也可以是单位，但必须为2人以上，因此本罪属于对合性犯罪，是必要的共同犯罪。主观方面只能由故意构成。

依照《刑法》第223条、第231条的规定，犯本罪的，处3年以下有期徒刑或者拘役，并处或者单处罚金。单位犯本罪的，对单位判处罚金，并对其直接负责的主管人员和其他直接责任人员，依照自然人犯本罪的规定处罚。

四、合同诈骗罪

（一）合同诈骗罪的概念和特征

合同诈骗罪，是指以非法占有为目的，在签订、履行合同的过程中，骗取对方当事人财物，数额较大的行为。侵害的客体是复杂客体，既侵犯对方当事人的财产所有权，也扰乱了市场秩序。客观方面表现为行为人在签订、履行合同的过程中，骗取对方当事人财物，数额较大的行为。其行为方式具体表现为以下五种情形：①以虚构的单位或者冒用他人名义签订合同；②以伪造、变造、作废的票据或者其他虚假的产权证明担保；③没有实际履约能力，以先履行小额合同或者部分履行合同的方法，诱骗对方当事人继续签订和履行合同；④收受对方当事人给付的货物、货款、预付款或者担保财产后逃匿；⑤以其他方法骗取对方当事人的财物。本罪是数额犯，行为人骗取对方当事人的财物必须达到数额较大。主体是一般主体，单位也可以构成本罪。主观方面，必须是出于故意，并且以非法占有为目的。

（二）合同诈骗罪的认定

（1）本罪与经济合同纠纷的界限。划清两者之间界限的关键，就是要查明行为人的主观目的，即是否具有“以非法占有为目的”。

（2）本罪与其他特殊诈骗罪的界限。合同诈骗罪与保险诈骗罪、贷款诈骗罪、集资诈骗罪、骗取出口退税罪是包容竞合关系。如果行为既符合合同诈骗罪构成要件，也符合后四种罪中某种罪的构成要件时，应按照特殊法优于普通法的原则不能定为合同诈骗，而应定性为后四种罪中的某一罪名；合同诈骗罪与票据诈骗罪、金融票证诈骗罪、信用证诈骗罪、信用卡诈骗罪、有价证券诈骗罪则是交叉竞合关系。如果行为人的行为同时符合合同诈骗罪和后五种罪中某种罪的构成要件，应当依照重罪优于轻罪的原则，根据具体情形择一重者适用法条[①]。

（三）合同诈骗罪的刑事责任

依照《刑法》第224条、第231条的规定，犯本罪的，处3年以下有期徒刑或者拘役，并处或者单处罚金；数额巨大或者有其他严重情节的，处3年以上10年以下有期徒刑，并处罚金；数额特别巨大或者有其他特别严重情节的，处10年以上有期徒刑或者无期徒刑，并处罚金或者没收财产。单位犯本罪的，对单位判处罚金，并对其直接负责的主管人员和其他直接责任人员，依照自然人犯本罪的规定处罚。[②]

五、组织、领导传销活动罪

（一）组织、领导传销活动罪的概念和特征

组织、领导传销活动罪，是指组织、领导以推销商品、提供服务等经营活动为名，要求参加者以缴纳费用或者购买商品、服务等方式获得加入资格，并按照一定顺序组成层级，直接或者间接以发展人员的数量作为计酬或者返利依据，引诱、胁迫参加者继续发展他人参加，骗取财物，扰乱经济社会秩序的行为。

---

①参见广东省广州市越秀区人民检察院课题组：《合同诈骗罪的司法实务研究》，载《法学杂志》2009年第10期。

②在数额犯中，犯罪既遂部分与未遂部分分别对应不同法定刑幅度的，应当先决定对未遂部分是否减轻刑罚，确定未遂部分对应的法定刑幅度，再与既遂部分对应的法定刑幅度进行比较，选择适用处罚较重的法定刑幅度，并酌情从重处罚；二者在同一量刑幅度的，以犯罪既遂酌情从重处罚。参见最高人民法院2016年6月30日指导性案例第62号：王某合同诈骗案。

（1）本罪侵犯的客体是正常的社会经济秩序和他人的财产所有权。

（2）本罪的客观方面表现为组织、领导传销活动，严重扰乱市场经济秩序的行为。传销活动具有以下特征：①以推销商品、提供服务等经营活动为名，要求参加者以缴纳费用或者购买商品、服务等方式获得加入资格，这是传销组织诱骗成员取得传销资格常采用的一种方式和必经程序。②按照一定顺序组成层级，这是传销的组织结构特点。③直接或者间接以发展人员的数量作为计酬或者返利依据，引诱、胁迫参加者继续发展他人参加，这是传销组织的计酬方式特点。④骗取财物，这是传销活动的本质特征。⑤扰乱经济社会秩序，这是传销活动的社会危害性特征[①]。

（3）本罪的主体是一般主体，处罚的是传销活动的组织者和领导者。根据最高人民法院、最高人民检察院、公安部《关于办理组织领导传销活动刑事案件适用法律若干问题的意见》（公通字〔2013〕37号），下列人员可以认定为传销活动的组织者、领导者：在传销活动中起发起、策划、操纵作用的人员；在传销活动中承担管理、协调等职责的人员；在传销活动中承担宣传、培训等职责的人员；曾因组织、领导传销活动受过刑事处罚，或者1年以内因组织、领导传销活动受过行政处罚，又直接或者间接发展参与传销活动人员在15人以上且层级在3级以上的人员；其他对传销活动的实施、传销组织的建立、扩大等起关键作用的人员。以单位名义实施组织、领导传销活动犯罪的，对于受单位指派，仅从事劳务性工作的人员，一般不予追究刑事责任。

（4）本罪的主观方面是故意，目的是骗取财物。

（二）组织、领导传销活动罪的认定

以非法占有为目的，组织、领导传销活动，同时构成组织、领导传销活动罪和集资诈骗罪的，依照处罚较重的规定定罪处罚。犯组织、领导传销活动罪，并实施故意伤害、非法拘禁、敲诈勒索、妨害公务、聚众扰乱社会秩序、聚众冲击国家机关、聚众扰乱公共场所秩序、交通秩序等行为，构成犯罪的，依照数罪并罚的规定处罚。

（三）组织、领导传销活动罪的刑事责任

依照《刑法》第224条之一的规定，犯本罪的，处5年以下有期徒刑或者拘役，并处罚金；情节严重的，处5年以上有期徒刑，并处罚金。

六、非法经营罪

（一）非法经营罪的概念与特征

非法经营罪，是指违反国家规定，进行非法经营活动，扰乱市场秩序，情节严重的行为。

（1）本罪侵犯的客体是市场管理秩序。

（2）本罪的客观方面表现为违反国家规定，进行非法经营活动，扰乱市场秩序，情节严重的行为。成立非法经营罪，其前提是违反国家规定，即违反全国人大及其常委会制定的法律和决定，国务院制定的行政法规、规定的行政措施、发布的决定和命令。非法经营行为的具体

①参见孙国祥主编：《刑法学》，科学出版社2012年版，第445页。

表现形式包括：未经许可经营法律、行政法规规定的专营、专卖物品或者其他限制买卖的物品的；买卖进出口许可证、进出口原产地证明以及其他法律、行政法规规定的经营许可证或者批准文件的；未经国家有关主管部门批准非法经营证券、期货、保险业务的，或者非法从事资金支付结算业务的；其他严重扰乱市场秩序的非法经营行为。此外，非法买卖外汇也是非法经营行为的表现方式之一。根据1998年12月29日《全国人民代表大会常务委员会关于惩治骗购外汇、逃汇和非法买卖外汇犯罪的决定》第4条的规定："在国家规定的交易场所以外非法买卖外汇，扰乱市场秩序，情节严重的，依照刑法第225条的规定定罪处罚"。

(3)本罪的主体是一般主体，自然人和单位均可构成。

(4)本罪的主观方面是故意，行为人具有非法营利目的。

（二）非法经营罪的认定

根据最高人民法院、最高人民检察院《关于办理利用信息网络实施诽谤等刑事案件适用法律若干问题的解释》(法释〔2013〕21号)，违反国家规定，以营利为目的，通过信息网络有偿提供删除信息服务，或者明知是虚假信息，通过信息网络有偿提供发布信息等服务，扰乱市场秩序，情节严重的，以非法经营罪定罪处罚。根据2014年3月26日最高人民法院、最高人民检察院、公安部《关于办理利用赌博机开设赌场案件适用法律若干问题的意见》，以提供给他人开设赌场为目的，违反国家规定，非法生产、销售具有退币、退分、退钢珠等赌博功能的电子游戏设施设备或者其专用软件，情节严重的，以非法经营罪定罪处罚。根据2015年5月18日《全国法院毒品犯罪审判工作座谈会纪要》，行为人出于医疗目的，违反有关药品管理的国家规定，非法贩卖特定麻醉药品或者精神药品，扰乱市场秩序，情节严重的，以非法经营罪定罪处罚。

（三）非法经营罪的刑事责任

依照《刑法》第225条、第231条的规定，犯本罪的，处5年以下有期徒刑或者拘役，并处或者单处违法所得1倍以上5倍以下罚金；情节特别严重的，处5年以上有期徒刑，并处违法所得1倍以上5倍以下罚金或者没收财产。单位犯本罪的，对单位判处罚金，并对其直接负责的主管人员和其他直接责任人员，依照自然人犯本罪的规定处罚。

七、强迫交易罪

强迫交易罪，是指以暴力、威胁手段，实施强迫交易，情节严重的行为。本罪侵犯的客体是正常的市场交易秩序和交易相对方的合法权益。客观方面表现为以暴力、威胁手段，实施强迫交易，情节严重的行为。刑法列举了本罪的五种行为方式：强买强卖商品的；强迫他人提供或者接受服务的；强迫他人参与或者退出投标、拍卖的；强迫他人转让或者收购公司、企业的股份、债券或者其他资产的；强迫他人参与或者退出特定的经营活动的。主体是一般主体，自然人和单位均可构成。主观方面是故意。本罪是情节犯。

根据2014年4月17日最高人民检察院《关于强迫借贷行为适用法律问题的批复》，以暴力、胁迫手段强迫他人借贷，属于《刑法》第226条第2项规定的"强迫他人提供或者接受服务"，情节严重的，以强迫交易罪追究刑事责任；同时构成故意伤害罪等其他犯罪的，依照处罚较重的规定定罪处罚。以非法占有为目的,以借贷为名采用暴力、胁迫手段获取他人财物,符合刑法第263条或者第274条规定的,以抢劫罪或者敲诈勒索罪追究刑事责任。

依照《刑法》第226条、第231条的规定,犯本罪的,处3年以下有期徒刑或者拘役,并处或者单处罚金;情节特别严重的,处3年以上7年以下有期徒刑,并处罚金。单位犯本罪的,对单位判处罚金,并对其直接负责的主管人员和其他直接责任人员,依照自然人犯本罪的规定处罚。

八、伪造、倒卖伪造的有价票证罪

伪造、倒卖伪造的有价票证罪,是指伪造或者倒卖伪造的车票、船票、邮票或者其他有价票证,数额较大的行为。

依照《刑法》第227条第1款、第231条的规定,犯本罪的,处2年以下有期徒刑、拘役或者管制,并处或者单处票证价额1倍以上5倍以下罚金;数额巨大的,处2年以上7年以下有期徒刑,并处票证价额1倍以上5倍以下罚金。单位犯本罪的,对单位判处罚金,并对其直接负责的主管人员和其他直接责任人员,依照自然人犯本罪的规定处罚。

九、倒卖车票、船票罪

倒卖车票、船票罪,是指倒卖车票、船票,情节严重的行为。这里的车票、船票,必须是真实的车票、船票。如果倒卖伪造的车票、船票,则成立倒卖伪造的有价票证罪。倒卖其他交通运输乘用证的,也不成立本罪。

依照《刑法》第227条第2款、第231条的规定,犯本罪的,处3年以下有期徒刑、拘役或者管制,并处或者单处票证价额1倍以上5倍以下罚金。单位犯本罪的,对单位判处罚金,并对其直接负责的主管人员和其他直接责任人员,依照自然人犯本罪的规定处罚。

十、非法转让、倒卖土地使用权罪

非法转让、倒卖土地使用权罪,是指以牟利为目的,违反土地管理法规,非法转让、倒卖土地使用权,情节严重的行为。“违反土地管理法规”,是指违反土地管理法、森林法、草原法等法律以及有关行政法规中关于土地管理的规定。

依照《刑法》第228条、第231条的规定,犯本罪的,处3年以下有期徒刑或者拘役,并处或者单处非法转让、倒卖土地使用权价额5%以上20%以下罚金;情节特别严重的,处3年以上7年以下有期徒刑,并处非法转让、倒卖土地使用权价额5%以上20%以下罚金。单位犯本罪的,对单位判处罚金,并对其直接负责的主管人员和其他直接责任人员,依照自然人犯本罪的规定处罚。

十一、提供虚假证明文件罪

提供虚假证明文件罪,是指承担资产评估、验资、验证、会计、审计、法律服务等职责的中介组织的人员故意提供虚假证明文件,情节严重的行为。例如,甲律师接受律师事务所指派,为某公司股票上市提供法律意见。甲在接受该公司的10万元财物之后,提供了虚假的法律意见书,导致不具备上市条件的该公司取得上市资格,严重损害了股东利益。甲作为律师,故意为该公司提供虚假法律意见书，构成提供虚假证明文件罪。至于其非法收受他人财物，并为该公司提供虚假证明文件的行为，则成立结果加重犯，直接定提供虚假证明文件罪，而不以非国家工作人员受贿罪和提供虚假证明文件罪数罪并罚。

依照《刑法》第229条第1款、第2款和第231条的规定，犯本罪的，处5年以下有期徒刑或者拘役，并处罚金；上述人员索取他人财物或者非法收受他人财物，犯本罪的，处5年以上10年以下有期徒刑，并处罚金。单位犯本罪的，对单位判处罚金，并对其直接负责的主管人员和其他直接责任人员，依照自然人犯本罪的规定处罚。

十二、出具证明文件重大失实罪

出具证明文件重大失实罪，是指承担资产评估、验资、验证、会计、审计、法律服务等职责的中介组织或者中介组织的人员，严重不负责任，出具的证明文件有重大失实，造成严重后果的行为。本罪是过失犯罪，如果不是出于过失而是基于故意，则应以提供虚假证明文件罪论处。同时，本罪必须造成严重后果才能成立。

依照《刑法》第229条第3款、第231条的规定，犯本罪的，处3年以下有期徒刑或者拘役，并处或者单处罚金。单位犯本罪的，对单位判处罚金，并对其直接负责的主管人员和其他直接责任人员，依照自然人犯本罪的规定处罚。

十三、逃避商检罪

逃避商检罪，是指违反进出口商品检验法的规定，故意逃避商品检验，将必须经商检机构检验的进口商品未报经检验而擅自销售、使用，或者将必须经商检机构检验的出口商品未报经检验合格而擅自出口，情节严重的行为。

依照《刑法》第230条、第231条的规定，犯本罪的，处3年以下有期徒刑或者拘役，并处或者单处罚金。单位犯本罪的，对单位判处罚金，并对其直接负责的主管人员和其他直接责任人员，依照自然人犯本罪的规定处罚。

第二十四章　侵犯公民人身权利、民主权利罪

侵犯公民人身权利、民主权利罪，实际上包括两类犯罪，即侵犯公民人身权利罪和侵犯公民民主权利罪，这两类犯罪既有联系又有区别。公民人身权利是民主权利的基础，民主权利是人身权利的保障。本章犯罪大多属于自然犯，具有较强的反伦理性和相对的稳定性。

第一节　侵犯公民人身权利、民主权利罪概述

一、侵犯公民人身权利、民主权利罪的概念和特征

侵犯公民人身权利、民主权利罪，是指故意或者过失地侵犯公民的人身权利、民主权利以及与人身直接有关的其他权利，依法应当受到刑罚处罚的行为。本类犯罪具有以下几个特征。

(1)本类犯罪侵犯的客体，是公民的人身权利、民主权利和与人身有关的其他权利。公民的人身权利，是指法律所规定的与公民的人身不可分离的权利，只有权利人本人才享有，它包括生命权、健康权、性的不可侵犯权、人身自由权、人格名誉权、婚姻自由权等。公民的民主权利，是指公民所享有的管理国家和参加正常的社会活动的权利，主要包括选举权和被选举权、批评权、控告权、申诉权、检举权、宗教信仰自由权、通信自由权等。与人身有关的其他权利包括住宅不受侵犯权、劳动权、休息权、受抚养权等。

(2)本类犯罪在客观方面，表现为各种非法侵犯公民的人身权利、民主权利和与人身有关的其他权利的行为。在表现形式上，多数犯罪只能是作为，如强奸罪，强制猥亵、侮辱罪，绑架罪，拐卖妇女、儿童罪，刑讯逼供罪等。少数几种犯罪，既可表现为作为，也可表现为不作为，如故意杀人罪、故意伤害罪、破坏选举罪、非法拘禁罪等。真正的不作为犯包括遗弃罪。

(3)本类犯罪的主体，多数为一般主体，少数为特殊主体。犯罪主体为特殊主体的犯罪包括：刑讯逼供罪、暴力取证罪、虐待被监管人罪、非法剥夺公民宗教信仰自由罪、侵犯少数民族风俗习惯罪、私自开拆、隐匿、毁弃邮件、电报罪、报复陷害罪、打击报复会计、统计人员罪、虐待被监护、看护人罪、遗弃罪。

(4)本类犯罪在主观方面，故意犯罪40个，过失犯罪2个，包括过失致人死亡罪、过失致人重伤罪。

二、侵犯公民人身权利、民主权利的种类

刑法分则第四章共31个条文，规定了42个罪名。根据直接客体不同，这些犯罪大致可以划分为以下几类。

（1）侵犯公民生命权、健康权的犯罪：故意杀人罪，过失致人死亡罪，故意伤害罪，过失致人重伤罪，组织出卖人体器官罪，刑讯逼供罪，暴力取证罪，虐待被监管人罪。

（2）侵犯公民性自由权、儿童身心健康权的犯罪：强奸罪，强制猥亵、侮辱罪，猥亵儿童罪。

（3）侵犯公民人身自由的犯罪：非法拘禁罪，绑架罪，拐卖妇女、儿童罪，收买被拐卖的妇女、儿童罪，聚众阻碍解救被收买的妇女、儿童罪，强迫劳动罪，雇用童工从事危重劳动罪，组织残疾人、儿童乞讨罪，组织未成年人进行违反治安管理活动罪。

（4）侵犯公民人格权、名誉权、隐私权的犯罪：侮辱罪，诽谤罪，诬告陷害罪，侵犯公民个人信息罪，侵犯通信自由罪，私自开拆、隐匿、毁弃邮件、电报罪。

（5）侵犯公民民主权利的犯罪：破坏选举罪，报复陷害罪，打击报复会计、统计人员罪。

（6）破坏民族平等、宗教信仰的犯罪：煽动民族仇恨、民族歧视罪，出版歧视、侮辱少数民族作品罪，非法剥夺公民宗教信仰自由罪，侵犯少数民族风俗习惯罪。

（7）侵害公民婚姻家庭权利的犯罪：暴力干涉婚姻自由罪，重婚罪，破坏军婚罪，虐待罪，遗弃罪，拐骗儿童罪。

（8）侵犯与人身相关的其他权利的犯罪：强迫劳动罪，非法搜查罪，非法侵入住宅罪。

第二节　侵犯公民人身权利、民主权利罪罪名分述

一、故意杀人罪

（一）故意杀人罪的概念和特征

故意杀人罪，是指故意地非法剥夺他人生命的行为。

（1）本罪侵犯的客体是他人的生命权。虽然我国宪法并没有直接规定公民的生命权，但是考虑到公民的生命权是其他所有宪法权利的基础，而且生命权也是公民最自然的权利，所以刑法必须严格地保护。自杀的行为，虽然违背社会伦理，但是不应当受到刑法规制。本罪的犯罪对象是有生命的自然人，有生命的自然人承载着生命权这种社会关系。故意杀人行为不能直接侵害生命权这种抽象的价值，只能通过造成或者可能造成自然人生命状态的改变来体现对生命权的侵害。人的生命权始于出生而终于死亡。按照我国刑法理论通说，生命起始标准采取独立呼吸说，即胎儿自母体产出后，停止通过脐带的胎盘获取氧气，而开始以肺呼吸之时，始属有生命的自然人。按照传统观点和我国司法实践，生命终结的标准采取心脏停止跳动说。本罪的犯罪对象是有生命的自然人，并不是说客观如此即可符合对象条件，而是要求行为人必须认识到行为对象是有生命的自然人。如果行为对象是有生命的自然人，而行为人却误以为是尸体而开枪的行为，可以符合侮辱尸体罪的犯罪构成要件，但不能符合本罪的犯罪构成要件。

（2）本罪的客观方面是非法剥夺他人生命的行为。首先，行为人必须实施了剥夺他人生命的行为。刑法对杀人的方法没有限制，包括枪击、刀砍、下毒、掐脖子、棍棒打击等，只要足以导致他人死亡结果的发生即可。故意杀人罪的行为可以表现为作为，也可以表现为不作

为。以不作为方式实施杀人的情形，比如母亲故意不给婴儿哺乳使其饿毙，比如行为人因先行行为致使被害人处于危险境地，有能力履行救助义务而拒不履行，致使被害人死亡的。其次，剥夺他人生命的行为必须是非法的。如果行为人依法剥夺他人的生命（如依法对判处死刑的罪犯执行死刑）或者合法致人死亡（例如客观上造成侵害人死亡结果的正当防卫）等，由于不具有非法的特征，都不符合本罪的客观要件。

（3）本罪的主体为一般主体，凡已满14周岁且精神正常的自然人均可构成本罪。因吸毒使本人陷入无刑事责任能力状态而实施杀人行为的，不能减轻其刑事责任[①]。

（4）本罪的主观方面是故意，包括直接故意与间接故意。即明知自己的行为会发生他人死亡的危害结果，并且希望或者放任这种结果发生的心理状态。这是故意杀人罪与过失致人死亡罪、故意伤害（致死）罪区别的关键。

（二）故意杀人罪的认定

1. 与自杀有关案件的处理

我国刑法没有规定自杀行为本身是犯罪行为，但引起、促成自杀的原因比较复杂，其中有些人的行为是导致他人自杀的原因，这就涉及法律责任问题。对此，应从行为人的主观方面、行为和结果之间的因果关系，按照主客观统一的原则，区别处理。

（1）相约自杀，即二人以上相互约定自愿共同自杀的行为，相约自杀以行为人事前已经具有自杀意图为前提，如果相约各方均自杀身亡的，自然不存在刑事责任问题。对于其他相约自杀的案件，则应根据具体情况分别处理：如果相约对方各自实施自杀行为，其中一方死亡，另一方自杀未遂，未遂一方虽然对对方的自杀行为提供精神支持，但是因为自杀行为本身并不是刑法所禁止的行为，所以为自杀提供精神支持的行为亦不应受到刑法处罚；如果相约自杀，其中一方受嘱先杀死对方，继而自杀未遂的，应以故意杀人罪论处，但是量刑时可以从宽处罚。

（2）引起他人自杀，即行为人所实施的某种行为引起他人自杀身亡。应根据不同情况，区别对待：第一，正当行为意外地引起他人自杀的，不存在刑事责任问题。例如教师批评、处分学生，引起学生自杀。第二，错误行为或者轻微违法行为意外地引起他人自杀的，也不成立犯罪，只能作其他相应的处理。比如轻微的辱骂行为导致他人自杀的。第三，犯罪行为引起被害人自杀的。这应按照刑法的有关规定定罪，把自杀后果作为该罪从重处罚的情节，追究刑事责任。具体有两种情况：①自杀作为法定量刑情节。刑法条文明确规定了“引起被害人死亡”及相应的法定刑的，按照规定处罚，如暴力干涉他人婚姻自由、虐待家庭成员而致被害人自杀的，分别构成暴力干涉婚姻自由罪、虐待罪，按照《刑法》第257条第2款、第260条第2款处理。②结果加重犯。刑法条文没有明文规定“引起被害人死亡”而又确因犯罪造成被害人自杀的，如因犯拐卖妇女、儿童罪、非法拘禁、诬告陷害等罪而引起被害人自杀的，可作为该种犯罪的结果加重犯。

（3）逼迫他人自杀，即行为人主观上有杀人的故意，使被害人陷入绝境而被迫自杀。这种情况下，自杀并非死者所愿，名为自杀实则他杀，对行为人应以故意杀人罪论处。

---

①参见陈兴良、张军、胡云腾主编：《人民法院刑事指导案例裁判要旨通纂》（上卷），北京大学出版社2013年版，第0324—0326页。

(4)教唆他人自杀,即行为人对本来没有自杀故意的人进行教唆,使其产生自杀意图并进而实行自杀。这种情况下,行为人主观上有使他人死亡的意图,但在客观上他人毕竟是自杀而死。因此,教唆自杀不能直接等同于故意杀人,在刑法没有明文规定的情况下,不宜作为故意杀人罪处理。但是,教唆不能理解死亡意义的儿童或者精神病人自杀的,或者凭借某种权势、利用某种特殊关系,以暴力、威胁或者其他心理强制方法,使他人自杀身亡的,成立故意杀人罪的间接正犯,应以故意杀人罪论处。例如,组织和利用邪教组织制造、散布迷信邪说,指使、胁迫其成员或者其他人实施自杀行为的,邪教组织成员组织、策划、煽动、教唆、帮助邪教组织人员自杀的,应以故意杀人罪论处。

(5)帮助他人自杀,即在他人已有自杀意图的情况下,帮助他人实现自杀意图的行为。这种情况下,行为人并没有直接实施杀人行为,只是为他人自杀提供便利条件,例如提供针剂、药物或者其他自杀工具,而自杀行为是他人本人实行的。尽管帮助行为与自杀之间具有因果关系,但不构成故意杀人罪。原因在于,帮助行为要成立犯罪,必须以正犯所实施的行为为刑法所禁止为前提,而自杀并不是我国刑法所禁止的行为。

2. 安乐死的法律责任

所谓安乐死,通常是指病患者身患不治之症,濒临死亡,痛苦难忍,为了免除痛苦而要求他人提供死亡帮助或直接让人将其致死的行为。安乐死分为不作为的安乐死与作为的安乐死。不作为的安乐死(消极的安乐死),是指为使病人无痛苦地提早死亡,经病人本人请求或者近亲属同意,不采取治疗措施(包括撤除人工的生命维持装置)任其死亡的安乐死。这种行为虽然符合故意杀人罪的犯罪构成要件,但是可以根据《刑法》第13条"但书"将其出罪。积极安乐死,是指为使病人无痛苦地提早死亡,经病人本人请求或者近亲属同意,采取注射针剂、服用药物或者其他方法,致人死亡的安乐死。在法律未允许实行积极安乐死的情况下,实行积极安乐死的行为,实际上是一种受托杀人。即使有自杀者的承诺,也不能成为杀人者免责的事由,仍应认定构成故意杀人罪。当然,考虑到安乐死的可宽恕性,量刑时可以从宽处罚。

3. 犯罪既遂的标准

故意杀人罪的犯罪既遂必须同时满足以下三个条件:第一,被害人死亡结果的发生;第二,行为人的杀害行为与被害人死亡结果之间具有因果关系,并且在客观上可归责于行为人;第三,杀害行为针对具有生命的自然人。

4. 相关条文对故意杀人罪的规定

根据《刑法》第238条、第247条、第248条、第289条、第292条的规定,对非法拘禁使用暴力致人死亡的,刑讯逼供或暴力取证致人死亡的,虐待被监管人致人死亡的,聚众"打砸抢"致人死亡的,聚众斗殴致人死亡的,应以故意杀人罪论处。

(三)故意杀人罪的刑事责任

依照《刑法》第232条的规定,犯本罪的,处死刑、无期徒刑或者10年以上有期徒刑;情节较轻的,处3年以上10年以下有期徒刑。"情节较轻的"情形主要是是指行为的客观危害或者行为人的主观恶性、人身危险性较小,包括:当场基于义愤的杀人、因受害人长期迫害的杀人、基于被害人请求的杀人、大义灭亲的杀人、防卫过当的杀人等。

二、过失致人死亡罪

（一）过失致人死亡罪的概念和特征

过失致人死亡罪，是指由于过失而致他人死亡的行为。本罪的主要特征是：本罪侵犯的客体是他人的生命权利；客观方面表现为行为人实施了致人死亡的行为，并且已经造成死亡结果，行为与死亡结果之间存在因果关系；主体为一般主体，凡已满16周岁且精神正常的自然人均可构成本罪；主观方面是过失，包括疏忽大意的过失和过于自信的过失。前者是指应当预见自己的行为可能发生他人死亡的危害结果，因为疏忽大意而没有预见从而导致死亡结果发生的心理状态；后者是指已经预见自己的行为可能导致他人死亡结果的发生，但是轻信能够避免以致发生他人死亡结果的心理状态。

（二）过失致人死亡罪的认定

1. 过于自信的过失杀人和间接故意杀人的界限

两者的共同点是：都发生了他人死亡的结果，行为人都认识到自己的行为可能发生他人死亡的结果，并且都不希望这种结果的发生。区分二者的关键在于查明行为人对死亡结果的发生是轻信可以避免，还是抱着放任的态度。在过于自信过失的情况下，行为人抽象地预见到被害人死亡结果可能发生，但具体到此次行为中认为死亡结果不会发生，即凭借自己的经验、技术或者已经采取某种措施而轻信可以避免，但实际未能避免，以致发生被害人死亡的结果。间接故意杀人，行为人对死亡结果的发生，抱放任不管的态度，或者听其自然的态度，死亡结果发生与否，都不违背行为人的意愿。

2. 疏忽大意过失致人死亡和意外事件的界限

两者的共同点是：行为人的行为引起了被害人死亡结果的发生，但都没有预见。区分两者的关键在于查明行为人根据当时的情况能否预见、应否预见自己的行为可能导致他人死亡。行为人在客观上虽然造成他人死亡的结果，但不是出于行为人疏忽大意的过失，而是由于不能预见的原因引起的，属于意外事件。如果行为人应当预见，但由于疏忽大意而没有预见，以致发生死亡结果的，是疏忽大意的过失致人死亡。比如，行为人不知受害人患有心脏病，在争吵过程中推搡并脚踢受害人非要害部位，致使受害人心脏病发作而死亡的，不构成过失致人死亡罪，属于意外事件。[①]

3. 过失致人死亡和《刑法》另有规定的致人死亡的界限

《刑法》第233条规定："刑法另有规定的，依照规定。"这是指《刑法》第233条以外有规定的，应按照有关规定处罚，不按过失致人死亡罪论处。例如，对《刑法》第115条第2款规定的失火、过失投放危险物质、过失爆炸等致人死亡的，第133条规定的交通肇事致人死亡的，都不能按过失致人死亡罪论处，而应按各有关条款的专门规定定罪处罚。刑法如此规定的理论根据在于法条竞合犯。

---

①参见陈兴良、张军、胡云腾主编：《人民法院刑事指导案例裁判要旨通纂》（上卷），北京大学出版社2013年版，第0411—0413页。

（三）过失致人死亡罪的刑事责任

依照《刑法》第233条的规定，犯本罪的，处3年以上7年以下有期徒刑；情节较轻的，处3年以下有期徒刑。刑法另有规定的，依照规定。

三、故意伤害罪

（一）故意伤害罪的概念和特征

故意伤害罪，是指故意伤害他人身体的行为。

（1）本罪侵犯的客体是他人的健康权。他人的健康权，主要是指人体组织的完整（如把手指砍掉、把耳朵咬掉），或人体器官的正常机能（如使肢体瘫痪、神经机能失常、听力减弱、双目失明）。在致人死亡的情况下，虽然客观上损害了他人的生命权，但由于行为人的故意指向他人的健康，并非指向他人生命，因此仍属于故意伤害罪的范畴。

（2）本罪的客观方面表现为非法损害他人健康的行为。这种行为必须是非法的，如果是合法损害他人的身体，则不构成犯罪。例如，医生为保全患者的生命截去其坏死的肢体、实行正当防卫的人将不法侵害者打伤、司法人员将无视开枪警告的逃犯击伤等，都是合法行为，不符合故意伤害罪的客观方面。损害他人健康的行为，通常表现为积极的作为，但也可表现为消极的不作为。伤害的方法可以是多种多样的，刑法对此并无限制，无论采取何种方法，只要损害他人身体健康，即应认定为伤害行为。值得指出的是，根据《刑法》第234条之一第2款的规定，未经本人同意摘取其器官，或者摘取不满18周岁的人的器官，或者强迫、欺骗他人捐献器官的，以本罪论处。但由于死者并不享有本罪所保护的法益——健康权，因而《刑法》第234条之一第3款规定，违背本人生前意愿摘取其尸体器官，或者本人生前未表示同意，违反国家规定，违背其近亲属意愿摘取其尸体器官的，不构成本罪，而依《刑法》第302条规定的盗窃、侮辱尸体罪定罪处罚。

（3）本罪主体是一般主体，凡已满16周岁且精神正常的自然人均可成为本罪主体。已满14周岁不满16周岁的人犯故意伤害罪（致人重伤或者死亡）的，也应负刑事责任。

（4）本罪主观方面是故意，即行为人明知自己的行为会发生损害他人健康的结果，并且希望或放任这种结果发生的心理状态。故意伤害的动机多种多样，不同的动机，不影响故意伤害罪的成立，但可作为量刑时考虑的重要情节。

（二）故意伤害罪的认定

（1）伤害程度的认定。故意伤害的结果，可能是轻微伤、轻伤、重伤，也可能是致人死亡。其中，轻伤和轻微伤的界限是解决罪与非罪的问题；重伤和轻伤的界限是解决重罪与轻罪的问题。司法实践中，应具体区分重伤和轻伤。根据《刑法》第95条的规定，所谓重伤是指有下列情形之一的伤害：①使人肢体残废或毁人容貌的；②使人丧失听觉、视觉或者其他器官功能的；③其他对于人体健康有重大伤害的。

（2）故意伤害（致人死亡）罪与故意杀人罪（既遂）的界限。故意伤害（致人死亡）罪与故意杀人罪（既遂）在客观上都造成了他人死亡的结果，主观方面都是故意。两者的根本区别在于故意内容的不同:在故意伤害致人死亡的情况下,行为人只有伤害故意,致人死亡是过失所致。而在故意杀人的情况下,行为人具有杀人故意,对于他人死亡的结果是希望或者放任其发生的。总而言之,两者的根本区别在于行为人对于受害人死亡结果的主观心理不同,这种主观心理的认定需要证据去证明。

(3)故意伤害罪与《刑法》另有规定的故意伤害行为的关系。按照《刑法》第234条的规定,刑法另有规定的,依照规定,比如强奸罪、抢劫罪、妨害公务罪等。刑法如此规定的理论根据在于法条竞合犯,故意伤害罪属于一般法条,其他规定属于特别法条。

(三)故意伤害罪的刑事责任

依照《刑法》第234条的规定,犯本罪的,处3年以下有期徒刑、拘役或者管制。致人重伤的,处3年以上10年以下有期徒刑;致人死亡或者以特别残忍手段致人重伤造成严重残疾的,处10年以上有期徒刑、无期徒刑或者死刑。

四、组织出卖人体器官罪

组织出卖人体器官罪,是指故意非法组织他人出卖人体器官的行为。本罪侵犯的客体是他人的健康权利。本罪的客观方面表现为非法组织他人出卖人体器官的行为。本罪是行为犯,只要实施了组织他人出卖人体器官的行为,即构成犯罪。主体是一般主体,但只有"组织者"才构成犯罪。主观方面出于故意。

依照《刑法》第234条之一第1款的规定,犯本罪的,处5年以下有期徒刑,并处罚金;情节严重的,处5年以上有期徒刑,并处罚金或者没收财产。

五、过失致人重伤罪

过失致人重伤罪,是指过失伤害他人身体,致人重伤的行为。本罪的客观方面表现为行为人实施了伤害行为,且造成他人重伤的结果。过失造成轻伤(包括过失造成多人轻伤)的,不构成本罪。行为人主观上明显具有轻伤的故意,但由于过失造成他人重伤的,应定为故意伤害罪;行为人由于过失致人重伤,但因抢救无效死亡的,如果行为人对死亡结果有过失的,应定过失致人死亡罪;如果行为人过失造成他人重伤以后,由于介入了其他原因引起的,则应定过失致人重伤罪。

过失致人重伤罪与其他过失致人重伤行为之间是法条竞合犯的关系,过失致人重伤罪是一般法条,刑法规定的其他过失致人重伤行为属于特别法条。当行为符合两者的犯罪构成要件时,特别法优先,排除过失致人重伤罪的适用。比如过失致人重伤罪与交通肇事致人重伤、非法拘禁致人重伤、拐卖妇女、儿童致人重伤、妨害公务致人重伤等。

依照《刑法》第235条的规定,犯本罪的,处3年以下有期徒刑或者拘役。《刑法》另有规定的,依照规定。

六、强奸罪

（一）强奸罪的概念和特征

强奸罪，是指以暴力、胁迫或者其他手段，强行与妇女性交的行为或者奸淫不满14周岁幼女的行为。强奸罪可以划分为两种类型：普通强奸罪，即使用暴力、胁迫或者其他手段强行与妇女性交的行为；特殊强奸罪，即奸淫不满14周岁幼女的行为。

1. 普通强奸罪

犯罪客体是妇女的性自由权。犯罪对象是年满14周岁的妇女。客观方面表现为行为人违背妇女意志，采用暴力、胁迫或者其他手段，强行与妇女发生性交的行为。强奸罪客观方面的内容主要表现为：①行为人与妇女发生性交必须违背了妇女意志。违背妇女意志，即妇女不同意发生性交，而行为人强行与之性交，这是构成强奸罪的本质特征。②行为人客观上采用了暴力、胁迫或者其他方法。“暴力手段”，是指直接对被害妇女身体实施强制手段，如殴打、捆绑、堵嘴、卡脖子、按倒等，使妇女在不能反抗的情况下被奸淫。“胁迫手段”，是指对被害妇女实行精神上的控制，如以行凶、杀害、揭发隐私、毁坏名誉、加害亲属等相威胁，迫使妇女忍辱屈从，不敢反抗。“其他手段”，是指使用暴力、胁迫以外的手段，使被害妇女不知抗拒、无法抗拒。如利用妇女熟睡、患重病的时机，或者使用酒醉、药物麻醉的方法对妇女进行奸淫。犯罪主体是年满14周岁且精神正常的自然人。在单独的直接正犯中，犯罪主体只能是男性。在单独犯罪中，女性可以成为间接正犯的主体；在共同犯罪中，女性可以构成教唆犯、帮助犯和共同正犯。主观方面是直接故意，行为人具有违背妇女意志与之发生性交的目的。具体而言，行为人明知自己利用暴力、胁迫或者其他手段与妇女性交的行为会侵害妇女的性自由权，并且希望这种危害结果发生的心理态度。

2. 特殊强奸罪

特殊强奸罪，指的是奸淫不满14周岁幼女的行为。该类强奸罪的犯罪客体是幼女的身心健康权利。犯罪对象是不满14周岁的幼女。客观方面是与不满14周岁的幼女性交的行为。刑法对该类犯罪的手段没有限制，既包括暴力、胁迫，也包括欺骗、引诱等，即使幼女同意性交，行为人的行为仍然符合客观要件。主观方面是直接故意。根据《最高人民法院、最高人民检察院、公安部、司法部关于依法惩治性侵害未成年人犯罪的意见》（法发〔2013〕12号），行为人对不满14周岁的幼女必须持“明知”的态度，才能符合主观要件。具体而言，司法解释提出三个标准来判断“明知”：第一，行为人知道或者应当知道对方是不满14周岁的幼女，应当认定为“明知”对方是幼女；第二，对于不满12周岁的被害人实施奸淫行为的，应当认定行为人“明知”对方是幼女；第三，对于已满12周岁不满14周岁的被害人，从其身体发育状况、言谈举止、衣着特征、生活作息规律等观察可能是幼女，而实施奸淫行为的，应当认定行为人“明知”对方是幼女。

（二）强奸罪的认定

1. 罪与非罪的界限

认定强奸罪与非罪行为的界限时，需要注意：未婚男女在恋爱过程中自愿发生的性交行为，双方或者一方有配偶的男女通奸行为，以及有教养关系、从属关系的男女自愿发生的性交行为等，都不能构成强奸罪。

2. 强奸与通奸的界限

通奸是指一方或双方有配偶的男女自愿发生性关系的行为，它和强奸罪的根本区别在于没有违背妇女的意志，也没有采取暴力、胁迫等强制手段。通奸一般属于道德品质问题，不能追究刑事责任。强奸与通奸的区别是明显的，理论上不难划分，但司法实践中有些复杂情况，容易混淆。

3. 本罪既遂与未遂的界限

(1)关于强奸罪的既遂标准，理论界主要有射精说、插入说、接触说几种观点。通常认为认定强奸既遂与否应以插入说，即男女生殖器的结合为标准；但对于奸淫幼女之行为而言，其既遂的标准则应采取接触说，即只要双方的性器官接触，就成立既遂。

(2)行为人以强奸的故意对妇女实施暴力，因意志以外的原因而未能得逞的，构成未遂。

(3)强奸罪的犯罪对象必须是女子，误将男子当作女子实施奸淫的，无法侵犯《刑法》所保护的女子的性自由，只能成立强奸罪对象不能犯的未遂。例如，甲深夜潜入乙家行窃，发现留长发穿花布睡衣的乙正在睡觉，意图奸淫，便扑在乙身上强脱其衣，乙惊醒后大声喝问，甲发现乙是男人，慌忙逃跑被抓获，甲的行为属于强奸未遂。

(三)强奸罪的刑事责任

依照《刑法》第236条的规定，强奸妇女的，处3年以上10年以下有期徒刑；奸淫幼女的，从重处罚。有下列情形之一的，处10年以上有期徒刑、无期徒刑或者死刑：①强奸妇女、奸淫幼女情节恶劣的；②强奸妇女、奸淫幼女多人的；③在公共场所当众强奸妇女的；④ 二人以上轮奸的；⑤致使被害人重伤、死亡或者造成其他严重后果的。

七、强制猥亵、侮辱罪

(一)强制猥亵、侮辱罪的概念和特征

强制猥亵、侮辱罪，是指以暴力、胁迫或者其他方法强制猥亵他人或者侮辱妇女的行为。

(1)本罪侵犯的客体是他人或者妇女与性有关的人格尊严。强制猥亵罪的犯罪对象是他人，包括所有女性和男性，强制侮辱罪的犯罪对象是已满14周岁的女性。

(2)本罪的客观方面表现为行为人以暴力、胁迫或者其他方法强制猥亵他人、侮辱妇女的行为。猥亵，是指奸淫以外的一切能够刺激、满足行为人或第三人性欲的行为。侮辱妇女，则是指以各种淫秽下流的语言或动作伤害妇女性羞耻心且不属于奸淫的行为。

(3)本罪的主体为一般主体，即凡年满16周岁且精神正常的自然人，均可构成本罪。从司法实践来看，虽然本罪的行为人绝大多数情况下是男子，但女性同样可以构成本罪。

(4)本罪在主观方面是直接故意，行为人具有猥亵他人、侮辱妇女的目的。行为人在动机上通常表现出刺激或满足行为人或者第三人性欲的倾向。

(二)强制猥亵、侮辱罪的认定

实践中,要注意把握本罪与强奸罪的界限。二者都是侵犯妇女与性有关的人身权利的犯罪,在客观上都使用了暴力、胁迫或者其他方法,在具体表现上往往存在相同或类似之处,如抠摸、搂抱等行为。两罪的区别主要体现在:客观方面不完全相同,强奸罪是强行与妇女发生性交,而本罪是对妇女强行实施性交以外的猥亵、侮辱行为。主观故意内容不同,强奸罪以强行奸淫为目的,而本罪的行为人只是出于寻求下流无耻的精神刺激和感官刺激的动机,主观上并没有奸淫妇女的目的。是否具有奸淫妇女的目的,是区分本罪与强奸罪的关键。

(三)强制猥亵、侮辱罪的刑事责任

依照《刑法》第237条的规定,犯本罪的,处5年以下有期徒刑或者拘役;聚众或者在公共场所当众犯本罪的,或者有其他恶劣情节的,处5年以上有期徒刑。

八、猥亵儿童罪

猥亵儿童罪,是指猥亵不满14周岁的儿童的行为。猥亵行为既可以是强制性的,也可以是非强制性的;猥亵对象是不满14周岁的幼男或幼女;猥亵行为出于故意,且行为人必须明知被害人是或者可能是不满14周岁的儿童。如果行为人以强制的方法猥亵儿童,那么既符合强制猥亵罪,又符合猥亵儿童罪的犯罪构成要件。两者之间是法条竞合犯的关系,猥亵儿童罪是特别法条,应当适用猥亵儿童罪的刑法规定。

依照《刑法》第237条的规定,犯本罪的,在5年以下有期徒刑或者拘役的法定刑幅度内从重处罚;聚众或者在公共场所当众犯本罪的,或者有其他恶劣情节的,在5年以上有期徒刑的法定刑幅度内从重处罚。

九、非法拘禁罪

(一)非法拘禁罪的概念和特征

非法拘禁罪,是指非法拘禁他人或者以其他方法非法剥夺他人人身自由的行为。

(1)本罪侵犯的客体是他人的人身自由权利。本罪的对象是享有人身自由权利的人。我国《宪法》第37条规定,中华人民共和国公民的人身自由不受侵犯。沉睡者、昏迷者等虽然没有行动能力,但是因为随时可能醒来从而恢复行动能力,所以他们也可以成为犯罪对象。如果行为人将沉睡者、昏迷者锁在屋内,但是当受害人离开房间时,锁已经打开的,他们的人身自由权利并没有受到侵犯。

(2)本罪的客观方面表现为非法拘禁或者以其他方法非法剥夺他人人身自由的行为。刑法并没有限制非法剥夺他人人身自由的方式。行为方式既可以是强制性的,也可以是非强制性的,比如拿走双腿全缺的残疾人的轮椅,或者趁妇女入浴时拿走其衣服等。行为方式既可以是作为,也可以是不作为,比如如果司法人员发现不应拘捕时,借故不予以释放,继续羁押的。

非法拘禁罪是继续犯,在犯罪既遂后他人人身自由被剥夺的状态一直持续下去。从表面

上看，非法拘禁行为不断地符合非法拘禁罪的犯罪构成要件，但是仍然属于一个犯罪。刑法通说认为，行为人剥夺他人人身自由时间的长短不影响本罪的成立，但是时间过于短暂的剥夺人身自由的行为则不构成本罪。这个结论的法律根据在于刑法第13条“但书”的规定，以及《刑法》与《治安管理处罚法》之间的关系。

(3)本罪的主体为一般主体，凡年满16周岁具有刑事责任能力的人均可构成本罪。

(4)本罪在主观方面是出于故意，并且具有非法剥夺他人人身自由的目的。

(二)非法拘禁罪的认定

(1)本罪罪与非罪的界限。根据《刑法》与《治安管理处罚法》之间的关系，非法剥夺他人人身自由没有达到最高人民检察院1999年8月6日印发的《关于人民检察院直接受理立案侦查案件立案标准的规定(试行)》的规定，应当按照《治安管理处罚法》处理。行为人剥夺他人人身自由的行为是非法的。如果是合法地限制他人人身自由，如公安人员依法对涉嫌犯罪的犯罪嫌疑人、被告人采取拘留、逮捕等强制措施的，就不符合本罪的犯罪客观要件。比如，医院限制某些病人的行动自由，虽然客观上剥夺他人的人身自由，但是属于业务上的正当行为，不是非法的。

(2)本罪既遂与未遂的界限。本罪的既遂以被害人的人身自由被剥夺为标志。当被害人在行为人的支配之下，没有能力按照其意思决定而自由行动时，即构成既遂。当行为人实施非法剥夺他人人身自由的行为，而被害人的人身自由尚未被剥夺的，构成犯罪未遂。

(3)本罪的罪数。司法实践中，本罪极易与其他犯罪发生罪数方面的问题，对此，应根据其情节与有关规定处理。例如，以非法绑架、扣留他人的方法勒索财物的，成立绑架罪；以出卖为目的非法绑架妇女、儿童的，构成拐卖妇女、儿童罪；收买被拐卖的妇女、儿童后，非法剥夺其人身自由的，应实行数罪并罚。前两种情况如此处理的依据在于法条竞合犯，绑架罪与非法拘禁罪之间存在交叉关系，绑架罪属于特别法条。非法拘禁罪与拐卖妇女、儿童罪之间的关系同理。

(4)为索取债务而非法扣押、拘禁他人的处理。为索取债务而非法扣押、拘禁他人的，构成非法拘禁罪，不构成绑架罪。这里的债务可以是合法债务，也可以是非法债务。这里的他人，包括债务人本人以及与债务人有共同财产关系、抚养关系、扶养关系等利害第三人，另外，如果行为人索要的钱财没有超出被害人所欠的债务的范围，或者二者相差不大，就不能以绑架罪定罪处罚。如果行为人索要的钱财明显超出被害人所欠的且法律不予保护的债务，则可以绑架罪论处。例如，甲在向乙催要赌债无果的情况下，纠集好友把乙挟持至丙家，并给乙家打电话，声称如果再不还钱，就砍掉乙一只手。本案中，甲的行为只能成立非法拘禁罪。

(5)“致人重伤的”与“使用暴力致人伤残”的区别。按照刑法规定，非法拘禁行为本身导致受害人重伤的，构成非法拘禁罪的结果加重犯；在非法拘禁过程中使用暴力导致受害人伤残的，构成故意伤害罪。“致人重伤的”的认定需要两个条件：第一，行为人对重伤结果持过失；第二，非法拘禁行为与重伤结果之间存在直接的因果关系。“致人重伤的”不应当包括受害人自残或者自身过失导致重伤的。“致人死亡的”与“使用暴力致人死亡的”同理。“使用暴力致人伤残、死亡的”这种情况，行为人对于危害结果持何种心理态度?既然刑法规定这种情况按照故意伤害罪或者故意杀人罪来处理，那么就需要行为人对危害结果持故意的心理态度。换言之，如果行为人在非法拘禁过程中对受害人使用暴力，但是过失地引起伤残或者死亡结果发生的，应当非法拘禁罪结果加重犯处理，不应当按照故意伤害罪或者故意杀人罪处理。

（三）非法拘禁罪的刑事责任

依照《刑法》第238条规定，犯本罪的，处3年以下有期徒刑、拘役、管制或者剥夺政治权利；具有殴打、侮辱情节的，从重处罚；致人重伤的，处3年以上10年以下有期徒刑，致人死亡的，处10年以上有期徒刑。使用暴力致人伤残、死亡的，依照故意伤害罪、故意杀人罪定罪处罚。国家机关工作人员利用职权犯本罪的，从重处罚。

十、绑架罪

（一）绑架罪的概念和特征

绑架罪，是指以向被绑架人的近亲属或者其他人提出非法要求为目的，采用暴力、胁迫或者麻醉方法控制他人的行为。

（1）本罪侵犯的客体是公民的人身自由和身体安全。以勒索财物为目的绑架他人的行为，俗称“绑票”，是一种社会危害性极大的犯罪。犯罪对象是他人或者婴幼儿。如果犯罪对象是婴幼儿，那么本罪侵犯的客体就是身体安全；如果犯罪对象是婴幼儿以外的人，那么客体就是人身自由和身体安全。

（2）本罪的客观方面表现为使用暴力、胁迫或者麻醉的方法，控制他人的行为。以勒索财物为目的偷盗婴幼儿的，也构成绑架罪。所谓“偷盗婴幼儿”，是指窃取不满6周岁儿童的行为。

（3）本罪的主体为一般主体，年满16周岁且精神正常的自然人均可构成本罪。

（4）本罪主观方面出自故意，并具有勒索财物的目的或者其他非法目的。其他非法目的包括：政治目的、要挟司法机关释放罪犯的目的等。不具有这种目的的，不构成绑架罪。

（二）绑架罪的认定

1. 本罪既遂与未遂的界限

从绑架罪的立法本意和本质来看，本罪在客观方面应由单一行为构成，行为人只要出于勒索财物或提出其他不法要求为目的而实施了绑架行为，就已经齐备了绑架罪的全部构成要件，至于是否已经向被绑架人的家属或者其他人提出非法要求，非法目的是否达到，均不影响本罪的成立。因此，本罪的既遂与未遂以行为人是否已经控制被绑架人为标准。只要行为人以提出非法要求为目的并且已经控制被绑架人或者完成偷盗婴幼儿的行为就构成犯罪的既遂。当行为人已经着手实行绑架行为，由于意志以外的原因未能控制被绑架人或者未能完成偷盗婴幼儿的，是绑架罪的犯罪未遂。

2. 本罪的罪数

在绑架过程中有强奸行为的，应当以绑架罪与强奸罪数罪并罚。杀害被绑架人后发现被害人有财物，又当场取走财物的，以绑架罪与盗窃罪数罪并罚。在绑架过程中杀害被绑架人的或者故意伤害被绑架人致人重伤、死亡的，以绑架罪论处，按照绑架罪规定加重处罚。

3. 本罪与非法拘禁罪的界限

绑架罪与非法拘禁罪之间存在特殊与一般的关系，两者都是侵犯他人人身自由权利的犯罪，而且绑架罪在客观上也必然表现为非法剥夺他人人身自由的行为。两者的区别主要在于，行为人是否具有勒索财物或其他不法要求的目的。

4. 本罪与抢劫罪的界限

绑架罪作为侵害他人人身自由权利的犯罪，其与抢劫罪的区别在于：

(1)主观方面不尽相同。抢劫罪中，行为人出于非法占有他人财物的目的；绑架罪中，行为人既可能出于勒索财物的目的，也可能出于 其他非法目的。

(2)行为手段不尽相同。抢劫罪表现为当场对被害人施加暴力或者威胁而劫取财物，行为人劫取财物一般具有"当场性"；绑架罪表现为绑架人质，然后以伤害或者杀害人质相威胁而勒索劫取财物，一般不具有"当场性"。

(3)取财对象不同。在抢劫罪中，取财对象与暴力、威胁或者其他手段对象一致；在绑架罪中，取财对象是被绑架人以外的人。

(三)绑架罪的刑事责任

依照《刑法》第239条的规定，犯本罪的，处10年以上有期徒刑或者无期徒刑，并处罚金或者没收财产；情节较轻的，处5年以上10年以下有期徒刑，并处罚金。犯前款罪，杀害被绑架人的，或者故意伤害被绑架人致人重伤、死亡的，处无期徒刑或者死刑，并处没收财产。以勒索财物为目的偷盗婴幼儿的，依照上述规定处罚。

十一、拐卖妇女、儿童罪

(一)拐卖妇女、儿童罪的概念和特征

拐卖妇女、儿童罪，是指以出卖为目的，实施拐骗、绑架、收买、贩卖、接送、中转妇女、儿童的行为。本罪的主要特征有如下几方面。

(1)本罪侵犯的客体是妇女、儿童的人身自由和人格尊严。本罪侵害的对象，仅限于妇女和儿童。如果拐卖已满14周岁男子的行为，不构成本罪，符合其他犯罪构成的，可按其他犯罪处理。误将男性当成女性拐卖，构成犯罪未遂。误将两性人当成女性拐卖，仍然构成犯罪既遂，原因在于两性人也有女性的一面。

(2)本罪的客观方面表现为拐骗、绑架、收买、贩卖、接送、中转妇女、儿童，或者偷盗婴幼儿的行为。拐骗，是指以欺骗、利诱等非暴力手段将妇女、儿童拐走，以便出卖的行为。绑架，是指以暴力、胁迫或者麻醉方法劫持、控制妇女、儿童的行为。收买，是指以金钱或者其他财物买取、换取妇女、儿童的行为。贩卖，是指将妇女、儿童当作商品出售给他人以获取非法利益的行为。接送，是指行为人在拐卖妇女、儿童过程中的接收、运送的行为。中转，是指为拐卖妇女、儿童的罪犯提供中途场所或机会。偷盗婴幼儿，是指窃取不满6周岁的儿童的行为。本罪是选择性罪名，行为人只要实施上述七种行为之一的，就构成本罪，同时实施两种或两种以上行为的，或者既拐卖妇女，又拐卖儿童的，只构成一个罪，而不实行数罪并罚。并且拐卖

是两个独立的行为，只要实施了拐、卖两种行为之一的，就可以成立本罪。换言之，只要实施《刑法》列举行为之一，或者拐、卖两种行为之一的，无论是否出卖，都成立犯罪既遂。

(3)本罪的主体是一般主体。

(4)本罪在主观方面，只能是直接故意，并且具有出卖的目的。即为了出卖而拐骗、绑架、收买、贩卖、接送、中转妇女、儿童的才具备构成本罪的主观要件。至于“出卖”过程中是否“营利”，不影响本罪的成立。

(二)拐卖妇女、儿童罪的认定

1. 本罪罪与非罪的界限

借介绍婚姻、收养的机会而向一方或者双方索取财物的行为，不构成本罪。借送养之名出卖亲生子女与民间送养行为的区别在于行为人是否具有出卖的目的，而是否具有出卖的目的，应当从“送”人的背景和原因、有无收取钱财及收取钱财的多少、对方是否具有抚养目的及有无抚养能力等事实综合判断。比如，行为人认为生孩子送人“抚养”可以赚钱，决定生孩子出卖以偿还债务、维持家庭生活和做生意，在将近两年时间内将所生的3个孩子卖给三人“抚养”，共获得68000元。[①]在该案件中，行为人将生育孩子作为获利的手段，生育后即出卖子女的事实，直接证明行为人主观上具有出卖的目的。

2. 本罪的罪数

对于行为人在拐卖妇女、儿童的过程中同时实施了其他犯罪的，应根据不同情况区别对待：在拐卖过程中兼犯有强奸妇女、奸淫幼女的，或者有非法拘禁以及因妇女、儿童的反抗而用暴力造成被害人伤害、死亡的，应属于本罪处重刑的情节，不实行数罪并罚。如果犯罪分子临时起意杀人的，则应以故意杀人罪与本罪数罪并罚。

3. 本罪与拐骗儿童罪的界限

两罪客观上都实施了拐骗行为，犯罪对象均是未满14周岁的儿童。两者的主要区别在于：

(1)侵犯的客体不同。前者侵犯的客体是被拐卖儿童的人身自由权利，后者侵犯的是他人的家庭关系和儿童的合法权益。

(2)目的不同。前者拐卖儿童的目的一般是为了图财，后者是为了收养、使唤或者奴役。因此，为收养而拐骗儿童以后又将其出卖的，或者借收养名义拐卖儿童的，以及出卖捡拾的儿童的，均以拐卖儿童罪追究刑事责任。例如，甲于某日早晨在路边捡回一名弃婴，抚养了3个月后，声称是自己的亲生儿子，以3000元卖给乙。甲的行为构成拐卖儿童罪。此外，收买妇女、儿童后又出卖的，也应以拐卖妇女、儿童罪论处。

4. 本罪与绑架罪的界限

拐卖妇女、儿童罪包括以出卖为目的绑架妇女、儿童的行为，故二者有相似之处。区别在于：①侵害对象不同：前者的对象仅限于妇女、儿童；后者的对象可以是任何人。②犯罪目的不同：前者以出卖为目的；后者以勒索财物或满足其他不法要求为目的。例如，甲在一豪宅院外将一个正在玩耍的男孩(3岁)骗走，意图勒索钱财，但孩子说不清自己家里的联系方式，无

---

①参见陈兴良主编：《判例刑法教程》(分则篇)，北京大学出版社2015年版，第112—114页。

法进行勒索,甲怕时间长了被发现,于是将孩子带到异地以4000元卖掉。此案中对甲应当以绑架罪与拐卖儿童罪并罚。

(三)拐卖妇女、儿童罪的刑事责任

依照《刑法》第240条的规定,犯本罪的,处5年以上10年以下有期徒刑,并处罚金。有下列情形之一的,处10年以上有期徒刑或者无期徒刑,并处罚金或者没收财产;情节特别严重的,处死刑,并处没收财产:①拐卖妇女、儿童集团的首要分子;②拐卖妇女、儿童3人以上的;③奸淫被拐卖的妇女的;④诱骗、强迫被拐卖妇女卖淫或者将拐卖的妇女卖给他人迫使其卖淫的;⑤以出卖为目的,使用暴力、胁迫或者麻醉方法绑架妇女、儿童的;⑥以出卖为目的,偷盗婴幼儿的;⑦造成被拐卖的妇女、儿童或者其亲属重伤、死亡或者其他严重后果的;⑧将妇女、儿童卖出境外的。

十二、收买被拐卖妇女、儿童罪

收买被拐卖妇女、儿童罪,是指不以出卖为目的,收买被拐卖妇女、儿童的行为。本罪侵犯的客体是被害妇女、儿童的人身自由和人格尊严。对象是14周岁以上的妇女和不满14周岁的男女儿童。客观方面表现为收买被拐卖妇女、儿童的行为。如果收买的不是被拐卖、绑架的妇女、儿童,例如,父母将自己亲生的婴幼儿卖给他人,对收买人不能以本罪论处。主观方面是故意,要明知所收买的是被拐卖的妇女、儿童,且明知自己收买被拐卖的妇女、儿童的行为会侵犯其人身自由和人格尊严,希望或者放任该危害结果发生的心理态度。例如,甲得知乙一直在拐卖妇女,便对乙说,我的表弟丙没有老婆,你有合适的就告诉我一下。不久,乙将拐骗的两名妇女带到甲家,甲与丙将其中一名妇女买下给丙做妻。本案中,乙构成拐卖妇女罪,而甲与丙成立收买被拐卖的妇女罪的共犯。

按照《刑法》第241条第2、3、4款,收买被拐卖的妇女,并且强行与其发生性关系的,依照本罪与强奸罪数罪并罚;收买被拐卖的妇女、儿童,并且非法剥夺、限制其人身自由或者有伤害、侮辱等犯罪行为的,依照本罪与非法拘禁罪、故意伤害罪、侮辱罪数罪并罚。按照《刑法》第241条第5款,收买被拐卖的妇女、儿童又出卖的,依照拐卖妇女、儿童罪一罪定罪处罚。法律如此规定的理论根据是,从社会旁观者来看,收买后又出卖的行为与以出卖为目的的收买、贩卖行为没有实质区别,因此,收买被拐卖的妇女、儿童又出卖的行为属于一个行为,应当按照一罪定罪处罚。

依照《刑法》第241条的规定,犯本罪的,处3年以下有期徒刑、拘役或者管制。收买被拐卖的妇女、儿童,对被买儿童没有虐待行为,不阻碍对其进行解救的,可以从轻处罚;按照被买妇女的意愿,不阻碍其返回原居住地的,可以从轻或者减轻处罚。

十三、聚众阻碍解救被收买的妇女、儿童罪

聚众阻碍解救被收买的妇女、儿童罪,是指首要分子纠集、煽动多人阻碍国家机关工作人员解救被收买的妇女、儿童的行为。

本罪的客体是复杂客体,即被收买的妇女、儿童的人身自由权利和国家机关工作人员解救被收买妇女、儿童的公务活动。客观方面表现为以聚众方式阻碍国家机关工作人员解救被

收买的妇女、儿童；如果阻碍国家机关工作人员解救已被拐骗、绑架但尚未被出卖（未被收买）的妇女、儿童，则构成拐卖妇女、儿童罪的共犯。主体只能是聚众阻碍国家机关工作人员解救被收买妇女、儿童的首要分子，即在聚众犯罪中起组织、策划、煽动、指挥作用的犯罪分子，一般参加者，不能构成犯罪。但其他参加者如果使用暴力、威胁方法的，则构成《刑法》第277条的妨害公务罪。此外，不以聚众方式，但以暴力、威胁方法阻碍国家机关工作人员解救被收买的妇女、儿童的，也成立《刑法》第277条的妨害公务罪。本罪主观方面只能是故意，动机不影响本罪的成立。

依照《刑法》第242条的规定，犯本罪的首要分子，处5年以下有期徒刑或者拘役。

十四、诬告陷害罪

（一）诬告陷害罪的概念和特征

诬告陷害罪，是指捏造犯罪事实，向司法机关或有关单位告发，意图使他人受刑事追究，情节严重的行为。

（1）本罪侵犯的客体是复杂客体，既侵犯了他人的人身权利，也干扰了司法机关的正常活动。诬告的对象必须是特定的，但不要求指名道姓，只要根据诬告的内容可以推知是指何人即可。

（2）本罪的客观方面表现为捏造犯罪事实，向司法机关或有关单位告发，情节严重的行为。①行为人必须有捏造他人犯罪事实的行为，即无中生有，虚构犯罪事实。如果没有捏造事实或者捏造的是非犯罪的事实，不能以本罪论处。至于捏造的是何种犯罪事实、是公诉罪还是自诉罪的事实，在所不问。②行为人必须将捏造的犯罪事实向有关机关告发。既可以是向司法机关告发，也可向被诬告者所在单位及其他有可能向司法机关转送或让司法机关获悉的单位（如新闻媒体）告发。本罪是行为犯，只要行为人实施了诬告行为，虚假告发到达有关的国家机关，就成立犯罪既遂，至于告发以后被害人是否受到刑事追究，不影响定罪。

（3）本罪的主体为一般主体。即年满16周岁且精神正常的自然人。

（4）本罪在主观方面是故意，并具有使他人受到刑事追究的目的。如果行为人不是出于使他人受到刑事追究的目的，不构成本罪。例如，甲为了得到提拔，便捏造同事乙包养情人并匿名举报，使乙失去晋升机会。甲捏造事实举报乙是为了获得升职，而并不是想使他受到刑事追究，因而不构成诬告陷害罪。再如，丙捏造同事丁受贿10万元的事实，并写成500份传单在县城的大街小巷张贴，也看不出丙有使丁受到刑事追究的意图，因而也不构成诬告陷害罪。

（二）诬告陷害罪的认定

1. 罪与非罪的界限

（1）本罪与错告、检举失实行为的界限。《刑法》第243条第3款规定，不是有意诬陷，而是错告，或者检举失实的，不构成本罪。二者区别的关键在于是否具有诬告陷害的犯罪故意。例如，甲匿名举报单位领导乙贪污救灾款50万元，事后查明，乙只贪污了救灾款5000元。甲的行为属于错告或者检举失实，不构成诬告陷害罪。

(2)本罪与一般诬告陷害行为的界限。诬告陷害行为只有情节严重的才构成犯罪。对情节一般的诬告陷害行为,不应以犯罪论。

2. 一罪与数罪

在诬告陷害过程中可能会实施伪证行为,诬告也具有诽谤的性质,这些行为都是诬告陷害罪的一个组成部分或者必然具有的危害,或者说是属于诬告陷害罪的内在情节,所以只认定为诬告陷害罪一罪。

(三)诬告陷害罪的刑事责任

依照《刑法》第243条的规定,犯本罪的,处3年以下有期徒刑、拘役或者管制;造成严重后果的,处3年以上10年以下有期徒刑。国家机关工作人员犯本罪的,从重处罚。

十五、强迫劳动罪

强迫劳动罪,是指以暴力、威胁或者限制人身自由的方法强迫他人劳动的行为。本罪侵犯的客体是他人的人身自由权。客观方面表现为以暴力、威胁或者限制人身自由的方法强迫他人劳动,如采取殴打、胁迫、扣发工资、扣留身份证件等手段限制人身自由,强迫他人劳动。主观方面必须是故意,明知他人实施强迫劳动行为而为其招募、运送人员的,以本罪论处。本罪与非法拘禁罪属于法条竞合犯,刑法对于两罪的规定之间存在重叠。非法拘禁罪是一般法条,而本罪属于特别法条。

依照《刑法》第244条的规定,犯本罪的,处3年以下有期徒刑或者拘役,并处或者单处罚金;情节严重的,处3年以上7年以下有期徒刑,并处罚金。明知他人实施强迫劳动行为而为其招募、运送人员的,依照上述规定处罚。单位犯本罪的,对单位判处罚金,并对其直接负责的主管人员和其他直接责任人员,依照自然人犯本罪的规定处罚。

十六、雇用童工从事危重劳动罪

雇用童工从事危重劳动罪,是指违反劳动管理法规,雇用未满16周岁的未成年人从事超强体力劳动的,或者从事高空、井下作业的,或者在爆炸性、易燃性、放射性、毒害性等危险环境下从事劳动,情节严重的行为。本罪的犯罪客体是未成年人的身心健康权。客观方面表现为行为人违反劳动管理法规,雇用未满16周岁的未成年人从事超强体力劳动的,或者从事高空、井下作业的,或者在爆炸性、易燃性、放射性、毒害性等危险环境下从事劳动,情节严重的行为。对于“情节严重”的标准,参见2008年6月25日最高人民检察院、公安部《关于公安机关管辖的刑事案件立案追诉标准的规定(一)》。主体是一般主体。本罪的主观方面是故意,即明知雇用未满16周岁的未成年人从事危重劳动,违反劳动管理法规或者侵犯未成年人的身心健康,仍然希望或者放任这种结果发生的心理态度。

依照《刑法》第244条之一的规定,犯本罪的,对直接责任人员,处3年以下有期徒刑或者拘役,并处罚金;情节特别严重的,处3年以上7年以下有期徒刑,并处罚金。有上述行为,造成事故,又构成其他犯罪的,依照数罪并罚的规定处罚。

十七、非法搜查罪

非法搜查罪，是指非法对他人身体或者住宅进行搜查的行为。本罪侵犯的客体是他人身体和住宅的不受侵犯权。客观方面表现为非法对他人身体或者住宅进行搜查的行为。非法搜查包括以下两种情形：①无权进行搜查的机关、单位、团体的工作人员或者个人，非法对他人的身体或者住宅进行搜查。②有权进行搜查的国家机关工作人员滥用职权，擅自决定非法对他人的人身、住宅进行搜查，或者搜查违反法律规定的程序。主体是一般主体，特定的主体如司法工作人员犯本罪作为加重主体。主观方面是直接故意。

依照《刑法》第245条的规定，犯本罪的，处3年以下有期徒刑或者拘役；司法工作人员滥用职权犯本罪的，从重处罚。

十八、非法侵入住宅罪

非法侵入住宅罪，是指未经法定机关批准或者未经住宅主人同意，非法强行侵入他人住宅，或者经要求退出而拒不退出的行为。

本罪侵犯的客体是公民住宅的不可侵犯权利。客观方面表现为实施了非法侵入他人住宅的行为。"非法"，是指不经住宅主人同意，又没有法律根据，或不依法定程序强行侵入。"侵入"，一般认为包括两种情况：一是未经住宅主人许可、没有正当理由而擅自闯入他人住宅；二是经许可或者以正当理由进入住宅后，经要求其退出而无故拒不退出。"他人"，包括住宅所有权人、对住宅有居住或出入权利的人，以及暂住在某住处的人。"住宅"，是指用于生活居住的与外界隔绝的住所，包括院落、牧民的帐篷、渔民的居住船、歌厅业主住房、出租用于居住的房子等。本罪的主观方面只能是故意，由于某种原因误入他人住宅，经要求立即退出，不构成本罪；但误入他人住宅后，经要求退出而拒不退出的，仍然可能成立本罪。实践中，非法侵入他人住宅，往往与其他犯罪结合在一起，例如，非法侵入他人住宅后，进行盗窃、强奸、杀人等犯罪活动，在这种情况下，非法侵入他人住宅行为与这些犯罪之间存在牵连关系，应择一重罪论处。

依照《刑法》第245条的规定，犯本罪的，处3年以下有期徒刑或者拘役；司法工作人员滥用职权犯本罪的，从重处罚。

十九、侮辱罪

(一)侮辱罪的概念与特征

侮辱罪，是指使用暴力或者其他方法，公然贬低他人人格，破坏他人名誉，情节严重的行为。本罪侵犯的客体是公民的人格、名誉权。本罪的对象是特定的个人。客观方面表现为使用暴力或者其他方法，公然贬低他人人格，破坏他人名誉，情节严重的行为。主体是一般主体，但必须是自然人。主观方面是直接故意，行为人具有损害他人人格、破坏他人名誉的目的。

(二)侮辱罪的认定

本罪与强制猥亵、侮辱罪有相似之处，但二者有重要区别，其主要区别在于：①侵犯客体和对象不同。前者侵犯的是他人名誉,后者侵犯的是性的自由决定权;前者的对象没有限制,后者的对象只能是他人或者妇女。②客观表现不同。前者不要求采取强制方法,后者必须采取暴力、胁迫等强制方法;前者的侮辱行为既可以对被害人当面实施,也可以是在被害人并不在场的情况下实施,后者的强制猥亵、侮辱妇女的行为,必须直接对被害人当场实施;前者必须以情节严重为构成要件,后者不以情节严重为构成要件。③前者是告诉才处理的犯罪,后者不是告诉才处理的犯罪。

(三)侮辱罪的刑事责任

依照《刑法》第246条规定,犯侮辱罪的,处3年以下有期徒刑、拘役、管制或者剥夺政治权利。犯本罪,告诉的才处理,但是严重危害社会秩序和国家利益的除外。通过信息网络实施本罪的行为,被害人向人民法院告诉,但提供证据确有困难的,人民法院可以要求公安机关提供协助。

二十、诽谤罪

(一)诽谤罪的概念与特征

诽谤罪,是指捏造并散布某种事实,足以败坏他人人格、名誉,情节严重的行为。本罪的客体、主体和主观方面与侮辱罪完全一样。客观方面表现为捏造并散布事实败坏他人人格、名誉,情节严重的行为。所谓捏造,是指无中生有、凭空制造虚假事实。所谓散布,是指在一定范围内加以扩散流布。扩散的方式具有以下两种情形:言语散布,即以口头语言的方式对捏造的事实加以散布。文字散布,即以报刊、书信、出版物或者图画的方式对捏造的事实加以散布。通过信息网络实施诽谤行为的,构成诽谤罪。

(二)诽谤罪的认定

1. 本罪与侮辱罪的界限

本罪与侮辱罪的区别在于:

(1)两者手段不同。诽谤罪的方法只能是口头或文字的,不可能是暴力的;侮辱罪的方法既可以是口头、文字的,也可以是暴力的。

(2)犯罪内容不同。诽谤罪必须有捏造并散布有损于他人名誉的虚假事实的行为;侮辱罪既可以不用具体事实,也可以用真实事实损害他人名誉。

2. 本罪与诬告陷害罪的界限

本罪与诬告陷害罪在客观方面都是针对特定对象,采用捏造事实的手段实施的。其主要区别在于:

(1)犯罪侵犯的客体不同。诬告陷害行为侵犯的客体是公民的人身权利和司法机关的正常活动,而诽谤行为侵犯的客体是他人的人格和名誉权利。

(2)所捏造的事实内容不同。诬告陷害行为捏造的是犯罪事实,诽谤行为捏造的是足以损害他人的人格、名誉的事实。

(3)行为方式不同。诬告陷害必须要向国家机关或者有关部门告发,诽谤是向社会扩散或者让众多的人知道。

(4)主观方面不同。诬告陷害行为是意图使他人受刑事处分，诽谤是意图损害他人的人格、名誉。

(三)诽谤罪的刑事责任

依照《刑法》第246条规定，犯本罪的，处罚与侮辱罪相同。

二十一、刑讯逼供罪

(一)刑讯逼供罪的概念和特征

刑讯逼供罪，是指司法工作人员对犯罪嫌疑人、被告人使用肉刑或者变相肉刑，逼取口供的行为。

(1)本罪侵犯的客体是复杂客体，既侵犯了公民的人身权利，又妨碍了司法机关的正常活动。犯罪对象是犯罪嫌疑人和被告人。

(2)本罪在客观方面，表现为司法工作人员利用职权，使用肉刑或者变相肉刑，对犯罪嫌疑人、被告人逼取口供的行为。肉刑，是指进行捆绑、吊打、非法使用刑具等使犯罪嫌疑人或者被告人的身体器官或者肌肤遭受痛苦的摧残手段。变相肉刑，是指长时间罚冻、罚站、罚饿等不直接伤害身体但造成痛苦的折磨手段。

(3)本罪的主体只能是司法工作人员，即有侦查、检察、审判、监管职责的工作人员。其他人员与司法工作人员伙同刑讯逼供的，以刑讯逼供罪的共犯论处。如果非司法工作人员单独私设公堂、非法审讯，对他人捆绑、逼供、拷打，可以构成非法拘禁罪、故意伤害罪，但不构成刑讯逼供罪。

(4)本罪在主观方面，只能由故意构成，并具有逼取口供的目的。犯罪动机不影响犯罪的成立，但不同的犯罪动机对量刑的轻重有一定的意义。

(二)刑讯逼供罪的认定

1. 刑讯逼供案件罪与非罪的界限

刑讯逼供行为并不都构成刑讯逼供罪，需结合刑讯逼供的情节加以认定。根据2006年7月26日最高人民检察院《关于渎职侵权犯罪案件立案标准的规定》，涉嫌下列情形之一的，应予立案：以殴打、捆绑、违法使用械具等恶劣手段逼取口供的；以较长时间冻、饿、晒、烤等手段逼取口供，严重损害犯罪嫌疑人、被告人身体健康的；刑讯逼供造成犯罪嫌疑人、被告人轻伤、重伤、死亡的；刑讯逼供，情节严重，导致犯罪嫌疑人、被告人自杀、自残造成重伤、死亡，或者精神失常的；刑讯逼供，造成错案的；刑讯逼供3人以上的；纵容、授意、指使、强迫他人刑讯逼供，具有上述情形之一的；其他刑讯逼供应予追究刑事责任的情形。这个司法解释从犯罪手段、危害结果、犯罪对象人数、没有履行监督责任等方面，确定立案标准。

2. 本罪与非法拘禁罪的界限

(1)对象不同：前者的对象是犯罪嫌疑人与被告人；后者的对象可以是任何公民。

(2)行为表现不同：前者是使用肉刑或者变相肉刑；后者是非法拘禁或以其他方法剥夺

他人人身自由。

(3)主体不同:前者是司法工作人员;后者是一般主体。

(4)主观目的不同:前者以逼取口供为目的;后者不要求以逼取口供为目的。

3. 刑讯逼供罪的转化

行为人的行为具备刑讯逼供罪的基本犯罪构成,并且致人伤残、死亡的,刑讯逼供罪转化为故意伤害罪、故意杀人罪,依照故意伤害罪或者故意杀人罪从重处罚。

(三)刑讯逼供罪的刑事责任

依照《刑法》第247条的规定,犯本罪的,处3年以下有期徒刑或者拘役。致人伤残、死亡的,依照《刑法》第234条、第232条的规定定罪从重处罚,即直接以故意伤害罪或者故意杀人罪的规定从重处罚。

二十二、暴力取证罪

暴力取证罪,是指司法工作人员使用暴力逼取证人证言的行为。本罪的客体是复杂客体,即公民的人身权利和司法机关的正常活动。暴力的对象是证人,但对这里的"证人"宜作广义理解,即包括被害人。客观方面表现为使用暴力,逼取证人证言。使用暴力,是指对证人采用殴打、伤害等危害证人人身安全的手段;逼取证人证言,是指强迫证人做出特定内容的证言(包括被害人陈述)。主体只限于司法工作人员,一般公民可以成为本罪的共犯。本罪主观方面只限于故意,以逼取证人证言为目的。

本罪与刑讯逼供罪有相似之处,主体均为司法工作人员,客观上都实施了暴力行为。二者的区别在于:①犯罪对象不同,前者是证人,后者是犯罪嫌疑人或被告人。②主观目的不同,前者是逼取证人证言,后者是逼取口供。

依照《刑法》第247条的规定,犯本罪的,处3年以下有期徒刑或者拘役。致人伤残、死亡的,依照刑法第234条、第232条的规定定罪从重处罚,即直接以故意伤害罪或者故意杀人罪的规定从重处罚。"致人伤残、死亡"的理解,与刑讯逼供罪相同。

二十三、虐待被监管人罪

虐待被监管人罪,是指监狱、拘留所、看守所等监管机构的监管人员,对被监管人进行殴打或体罚虐待,或者指使被监管人殴打或体罚虐待其他被监管人,情节严重的行为。

本罪的客体是复杂客体,即监管机关的正常活动和被监管人的人身权利。犯罪对象是被监管人,包括在监狱、拘役所等劳改场所服刑的已决犯;在看守所羁押的犯罪嫌疑人与被告人,在拘留所等场所被行政拘留、刑事拘留、司法拘留的人员。客观方面表现为直接对被监管人进行殴打或体罚虐待,或者指使被监管人殴打或体罚虐待其他被监管人的行为。殴打,是造成被监管人肉体上的暂时痛苦的行为。体罚虐待,是指对被监管人实行肉体上的摧残和精神上的折磨。例如捆绑、滥用械具、任意禁闭、冻饿、罚跪、强迫从事长时间超负荷体力劳动、凌辱人格等。主体是监狱、拘留所、看守所等监管机构的监管人员,包括劳教工作干警。其他公民可以构成本罪的共犯。主观方面出自直接故意。本罪为情节犯,情节严重根据2006年7月26日最高人民检察院《关于渎职侵权犯罪案件立案标准的规定》确定。

依照《刑法》第248条的规定，犯本罪的，处3年以下有期徒刑或者拘役；情节特别严重的，处3年以上10年以下有期徒刑；致人伤残、死亡的，依照《刑法》第234条、第232条的规定定罪从重处罚，即直接以故意伤害罪或者故意杀人罪的规定从重处罚。监管人员指使被监管人殴打或者体罚虐待其他被监管人的，依照上述规定处罚。

二十四、煽动民族仇恨、民族歧视罪

煽动民族仇恨、民族歧视罪，是指以各种蛊惑人心的方法，公开煽动民族仇恨、民族歧视，情节严重的行为。本罪的客体是少数民族的民族尊严和国家的民族团结。客观方面表现为实施了煽动民族仇恨、民族歧视的行为。所谓煽动，是指公开以语言、文字、图画或者其他方法，使群众激起或者产生民族仇恨、民族歧视。所谓民族仇恨，是指基于民族的来源、历史、风俗习惯等的不同而产生的民族之间相互敌对、仇恨的状况。所谓民族歧视，是指按照民族成分划分人们的社会地位和法律地位，限制和侵犯民族的基本权利的现象。此外，本罪必须达到情节严重才能构成。情节严重，是指使用侮辱、造谣等手段进行煽动的；多次进行煽动，屡教不改的；造成严重后果或者影响恶劣的等。主体是一般主体，可以是汉族人，也可以是少数民族人。主观方面是故意，有挑起民族仇恨和民族歧视的目的。

依照《刑法》第249条规定，犯本罪的，处3年以下有期徒刑、拘役、管制或者剥夺政治权利；情节特别严重的，处3年以上10年以下有期徒刑。

二十五、出版歧视、侮辱少数民族作品罪

出版歧视、侮辱少数民族作品罪，是指在出版物中刊载歧视、侮辱少数民族的内容，情节恶劣，造成严重后果的行为。本罪客体是少数民族的民族尊严和国家的民族团结。本罪的客观方面表现实施了出版歧视、侮辱少数民族内容的出版物的行为。构成本罪，行为人必须达到情节恶劣，造成严重后果。两者之间应该是并列关系，即要构成本罪，既要求情节恶劣，且要求造成严重后果。“情节恶劣”包括刊载的内容严重歪曲历史，甚至制造谣言等。“造成严重后果”包括：严重伤害少数民族群众的感情和自尊心；引起民族纠纷、民族骚乱等后果。本罪的主体是特殊主体，包括出版物的责任编辑、审稿人、作者等直接责任人员。本罪的主观方面是故意，即明知是歧视、侮辱少数民族内容的作品而予以出版。

依照《刑法》第250条的规定，犯本罪的，处3年以下有期徒刑、拘役或者管制。

二十六、非法剥夺公民宗教信仰自由罪

非法剥夺公民宗教信仰自由罪，是指国家机关工作人员非法剥夺公民的宗教信仰自由，情节严重的行为。本罪的客体是公民的宗教信仰自由。我国《宪法》第36条规定了公民的宗教信仰自由，包括：信仰宗教的自由、不信仰宗教的自由、信仰何种宗教的自由，以及进行宗教活动的自由等。客观方面表现为非法剥夺公民宗教信仰自由的行为。主体是特殊主体，即国家机关工作人员。构成本罪必须达到情节严重。“情节严重”主要是指，非法剥夺公民宗教信仰自由手段恶劣，后果严重，政治影响恶劣等。

依照《刑法》第251条的规定，犯本罪的，处2年以下有期徒刑或者拘役。

二十七、侵犯少数民族风俗习惯罪

侵犯少数民族风俗习惯罪，是指国家机关工作人员以强制手段，非法干涉、破坏少数民族风俗习惯或强迫少数民族改变风俗习惯，情节严重的行为。本罪的客体是少数民族保持与改革本民族风俗习惯的权利。客观方面表现为以强制手段非法干涉、破坏少数民族风俗习惯的行为。主体是国家机关工作人员。本罪的成立要求侵犯少数民族风俗习惯的行为达到情节严重。

依照《刑法》第251条的规定，犯本罪的，处2年以下有期徒刑或者拘役。

二十八、侵犯通信自由罪

侵犯通信自由罪，是指故意隐匿、毁弃或者非法开拆他人信件，侵犯公民通信自由权利，情节严重的行为。本罪的客体是公民的通信自由和通信秘密的权利。客观方面表现为隐匿、毁弃或者非法开拆他人信件。隐匿，是指将他人投寄的信件秘密地隐藏起来，使收件人无法查明。毁弃，是指将他人投寄的信件撕毁、烧毁、丢弃，使收件人无法查收。非法开拆，是指违反国家有关规定，未经投寄人或者收件人同意，私自开拆他人信件。这里的他人，包括自然人、法人和非法人组织。这里的信件是指书信、明信片、贺年卡等。主体是一般主体。主观方面是故意，即明知是隐匿、毁弃或者非法开拆他人信件，侵犯他人的通信自由权利和通信秘密，并且希望或者放任这种结果发生的心理态度。构成本罪，要求情节严重。根据2000年12月18日《全国人大常委会关于维护互联网安全的决定》，非法截获、篡改、删除他人电子邮件或者其他数据资料，侵犯公民通信自由和通信秘密的，可以构成本罪。

依照《刑法》第252条的规定，犯本罪的，处1年以下有期徒刑或者拘役。

二十九、私自开拆、隐匿、毁弃邮件、电报罪

私自开拆、隐匿、毁弃邮件、电报罪，是指邮政工作人员私自开拆或者隐匿、毁弃邮件、电报的行为。本罪侵犯的客体是公民的通信自由和通信秘密，以及邮政部门的正常活动。犯罪对象是邮件和电报。客观方面表现为行为人利用职务上的便利，私自开拆或者隐匿、毁弃邮件、电报的行为。需注意的是，如果将退回的信函当作废品出卖也属于毁弃邮件，应以本罪论处。例如，甲任邮政中心信函分拣组长期间，先后3次将各地退回信函数万封（约500千克），以每千克0.4元的价格卖给废品收购站，所得款项占为己有。本案中，甲的行为成立私自毁弃邮件罪。主体是特殊主体，即邮政工作人员，包括邮政部门的营业员、发行员、分拣员、投递员、接发员、押运员以及受邮政部门委托的代办员、分邮员。主观方面是故意，因过失而遗失、毁坏邮件的，不能构成本罪。

依照《刑法》第253条的规定，犯本罪的，处2年以下有期徒刑或者拘役。犯本罪而窃取财物的，以盗窃罪论，从重处罚。

三十、侵犯公民个人信息罪

侵犯公民个人信息罪，是违反国家规定，向他人出售或者提供公民个人信息，情节严重的行为。本罪的客体是公民的个人隐私安全和信息安全。犯罪对象是公民个人信息。客观方

面表现为违反国家规定，向他人出售或者提供公民个人信息，情节严重的行为。“出售”，是指将自己掌握的公民个人信息卖给他人，自己从中牟利的行为。“非法提供”，是指不应将自己掌握的公民个人信息提供给他人而予以提供的行为。这里的他人，包括单位和个人。本罪的主体是一般主体，包括自然人和单位。此外，出售、非法提供公民个人信息的行为必须达到情节严重，才构成犯罪。窃取或者以其他方法非法获取公民个人信息的，依照本罪定罪处罚。违反国家有关规定，将在履行职责或者提供服务过程中获得的公民个人信息，出售或者提供给他人的，依照本罪从重处罚。

依照《刑法》第253条之一的规定，犯本罪的，处3年以下有期徒刑或者拘役，并处或者单处罚金。情节特别严重的，处3年以上7年以下有期徒刑，并处罚金。单位犯本罪的，对单位判处罚金，并对其直接负责的主管人员和其他直接责任人员，依照各该款的规定处罚。

三十一、报复陷害罪

(一)报复陷害罪的概念与特征

报复陷害罪是指国家机关工作人员滥用职权、假公济私，对控告人、申诉人、批评人、举报人实行报复陷害的行为。

(1)本罪侵犯的客体是公民的民主权利和国家机关的正常活动。这里的民主权利包括是公民的控告权、申诉权、批评监督权与举报权。本罪的对象是控告人、申诉人、批评人和举报人。

(2)本罪客观方面表现为滥用职权、假公济私，对控告人、申诉人、批评人、举报人实行报复陷害。滥用职权，是指违反自己的职务权限或者在自己的职权范围内非法使用权力，对上述人员进行报复陷害。假公济私，是指为了达到报复陷害的目的，假借国家机关的名义或者权力，对上述人员进行报复陷害。报复陷害，是指国家机关工作人员利用手中的权力，对被害人进行政治上、经济上或生活上的迫害，例如，非法克扣、停发工资或者免除职务、开除公职等。

(3)本罪的主体是特殊主体，即国家机关工作人员。非国家机关工作人员实施的报复陷害行为不能构成本罪。

(4)本罪的主观方面只能由故意构成，并且具有报复陷害他人的目的。

(二)报复陷害罪的认定

1. 本罪与诬告陷害罪的界限

这两种犯罪的客体和主观方面是相似的。它们的主要区别在于：①侵害客体不同，前者侵害的是公民的民主权利，后者侵害的是公民的人身权利。②对象不同，前者的对象是控告人、申诉人、批评人与举报人，后者的对象可以是一切公民。③犯罪主体不同，前者的主体只能是国家机关工作人员，而后者的主体则可以是任何公民。④犯罪的行为方式不同，前者必须以滥用职权、假公济私为条件，而后者是否利用职权，对犯罪的成立没有影响。⑤犯罪故意的内容不同，前者的行为人有陷害他人的目的，但并非限于受刑事处罚，而后者的行为人，必须具有意图使他人受刑事处罚的目的。国家机关工作人员为了报复陷害控告人、申诉人、批评人，利用职权、捏造犯罪事实，并向有关机关告发的，符合诬告陷害罪的特征，应定诬告陷害罪，不以报复陷害罪论处。

2. 报复陷害罪的罪数形态

国家机关工作人员利用职权的报复陷害行为同时触犯其他犯罪的，属于想象竞合犯，从一重罪。如果国家机关工作人员所采取的报复陷害行为与其职权没有关系，那么不构成本罪。

（三）报复陷害罪的刑事责任

依照《刑法》第254条的规定，犯本罪的，处2年以下有期徒刑或者拘役；情节严重的，处2年以上7年以下有期徒刑。

三十二、打击报复会计、统计人员罪

打击报复会计、统计人员罪，是指公司、企业、事业单位、机关、团体的领导人，对依法履行职责，抵制违反会计法、统计法行为的会计、统计人员实行打击报复，情节恶劣的行为。本罪客体是会计、统计人员的合法权益和会计、统计工作的正常进行。本罪的对象是依法履行职责、抵制违反会计法、统计法行为的会计、统计人员。客观方面表现为对依法履行职责，抵制违反会计法、统计法行为的会计、统计人员实行打击报复。所谓打击报复，主要是指调动工作、撤换职务、强行辞退、克扣工资、奖金或者其他福利等。主体是公司、企业、事业单位、机关、团体的领导人员。主观方面是故意，行为人具有打击报复的目的。此外，构成本罪，必须达到情节恶劣。

依照《刑法》第255条规定，犯本罪的，处3年以下有期徒刑或者拘役。

三十三、破坏选举罪

（一）破坏选举罪的概念和特征

破坏选举罪，是指在选举各级人民代表大会代表和国家机关领导人员时，以暴力、威胁、欺骗、贿赂、伪造选举文件、虚报选举票数等手段破坏选举或者妨害选民和代表自由行使选举权和被选举权，情节严重的行为。

本罪侵犯的客体为公民的选举权和被选举权以及选举的正常秩序。侵犯的对象可以是选举工作人员，也可以是选民、代表。客观方面表现为在选举各级人民代表大会和国家机关领导人员时，以暴力、威胁、欺骗、贿赂、伪造选举文件、虚报选举票数等手段，破坏选举或者妨害选民和代表自由行使选举权和被选举权，情节严重的行为。只要行为人在选举各级人民代表大会代表和国家机关领导人时，采用了上述手段之一的，就构成本罪。但破坏其他选举的，例如政党、工会、妇联、共青团、村民委员会或其他社会团体选举和企业、事业单位领导人的选举，不能构成本罪。主体为一般主体。可以是有选举权和被选举权的公民，也可以是无选举权和被选举权的公民，还可以是选举工作人员。主观方面是故意，并且具有破坏选举工作，妨害选民和代表自由行使选举权和被选举权的目的。

（二）破坏选举罪的认定

实施破坏选举罪的行为，其手段又触犯其他罪名的，通常应从一重罪论处。例如，使用暴力破坏选举致人重伤、死亡的，或者砸毁选举设备破坏选举，分别构成本罪与故意伤害罪、故意杀人罪，或者本罪与故意毁坏财物罪的想象竞合，从一重罪处断。

（三）破坏选举罪的刑事责任

依照《刑法》第256条的规定，犯本罪的，处3年以下有期徒刑、拘役或剥夺政治权利。

三十四、暴力干涉婚姻自由罪

暴力干涉婚姻自由罪，是指以暴力干涉他人行使结婚和离婚自由权利的行为。本罪侵犯的客体，是复杂客体，即主要侵犯他人的婚姻自由权利，同时也侵犯他人的人身权利。客观方面表现为使用暴力方法干涉他人婚姻自由的行为。没有使用暴力或使用极为轻微的暴力干涉他人婚姻自由的，属于一般违反婚姻法的行为，不能认定为本罪。本罪主体是一般主体，司法实践中主要是被害人的家庭成员、亲属或有抚养关系的人以及族人或者奸夫、情夫等。本罪的主观方面，只能是直接故意。

依照《刑法》第257条的规定，犯本罪的，处2年以下有期徒刑或者拘役；致使被害人死亡的，处2年以上7年以下有期徒刑。致使被害人死亡，包括因暴力干涉婚姻自由导致被害人自杀和过失致被害人死亡二种情况。假如行为人以故意杀人或者故意伤害的方法干涉婚姻自由，属于想象竞合犯，从一重罪处断。假如行为人长期以暴力干涉婚姻自由，其中一次实施故意杀人或者故意伤害行为，那么应当按照本罪与故意杀人罪或者故意伤害罪数罪并罚。犯本罪，未引起被害人死亡的，属于告诉才处理的犯罪。

三十五、重婚罪

（一）重婚罪的概念与特征

重婚罪，是指有配偶而又与他人结婚，或者明知他人有配偶而与之结婚的行为。本罪侵犯的客体是我国一夫一妻制的婚姻制度。客观方面表现为有配偶而重婚，或者明知他人有配偶而与之结婚的行为。“有配偶而重婚”，是指已经结婚的男女双方中的任何一方，在婚姻关系存续期间，又与他人结婚的行为。“明知他人有配偶而与之结婚”，是指本人虽然没有结婚，但明知对方是有夫之妇，或者有妇之夫而与其结婚的行为。主体包括重婚者和相婚者。前者是已有配偶的人，在没有依法解除婚姻关系的情况下，又与他人结婚者；后者是本人虽无配偶，但明知他人有配偶而与之结婚者。后一种人是以必要共犯的形式构成的，即与有配偶者共同构成重婚罪。主观方面，只能是故意。对相婚者，必须是明知他人有配偶而与之结婚。

（二）重婚罪的认定

（1）因遭受自然灾害外流谋生而重婚的，因配偶长期外出下落不明，造成家庭生活严重困难，又与他人结婚的，因强迫、包办婚姻或因婚后受虐待外逃重婚的，被拐卖后再婚的，由于都是受客观条件所迫，重婚者的主观恶性较小，可不以重婚罪论。其刑法根据在于刑法第13条“但书”。

(2)把事实上的重婚与临时姘居区别开来。实践中，未办理结婚登记手续即以夫妻名义同居生活，群众也认为是夫妻关系的，成为事实婚姻关系。有配偶的人与他人形成的事实婚或无配偶的人与明知他人有配偶的人形成的事实婚，可以认定是重婚行为。但不以夫妻名义共同同居生活的临时姘居行为，因不符合婚姻关系的特征，不能成立重婚罪。

(3)已经登记结婚但未同居，或者在提出离婚、提起离婚诉讼的期间，双方或一方与第三者登记结婚或者形成事实婚姻的，构成重婚罪。

(三)重婚罪的刑事责任

依照《刑法》第258条的规定，犯重婚罪的，处2年以下有期徒刑或者拘役。

三十六、破坏军婚罪

(一)破坏军婚罪的概念与特征

破坏军婚罪，是指明知是现役军人的配偶，而与之同居或者结婚的行为。

(1)本罪侵犯的客体是现役军人的婚姻关系。刑法规定本罪的目的在于保护现役军人的婚姻关系。现役军人，是指具有军籍并正在中国人民解放军或者人民武装警察部队服役的军人，不包括复员军人、退伍军人、转业军人、人民警察以及在部队、人民武装警察部队中工作但没有军籍的工作人员。

(2)本罪的客观方面表现为与现役军人的配偶同居或者结婚。所谓“现役军人的配偶”，是指现役军人的妻子或丈夫，即与现役军人登记结婚，建立了合法婚姻关系的人。不包括仅与现役军人有婚约关系的“未婚夫”与“未婚妻”。破坏军婚的方式有两种：一是与现役军人的配偶同居，即公开地以夫妻关系共同生活，或者在较长时间内公开或者秘密在一起生活；二是与现役军人的配偶结婚，即登记结婚。

(3)本罪的主体是一般主体，包括男子与女子。现役军人与其他现役军人的配偶结婚或者同居的，也构成本罪。

(4)本罪的主观方面是故意，即行为人明知对方是现役军人的配偶，明知与对方同居或结婚会破坏现役军人的婚姻关系，并且决意与对方同居或者结婚从而希望或者放任这种危害结果发生的心理态度。

(二)破坏军婚罪的刑事责任

依照《刑法》第259条的规定，犯本罪的，处3年以下有期徒刑或者拘役。利用职权、从属关系，以胁迫手段奸淫现役军人妻子的，依照强奸罪的规定定罪处罚。

三十七、虐待罪

（一）虐待罪的概念与特征

虐待罪，是指虐待家庭成员，情节恶劣的行为。

（1）本罪的客体是复杂客体，既包括共同生活的家庭成员在家庭生活中的平等权利，也包括被害人的人身权利。

（2）本罪在客观方面表现为对家庭成员实施了虐待且情节恶劣的行为。“虐待”，是指经常以打骂、冻饿、禁闭、有病不给治疗、强迫从事过度劳动等方法，从肉体上和精神上进行摧残迫害。虐待行为既可以是积极的作为方式，也可以是消极的不作为方式，但不可能是纯粹的不作为。单纯的有病不予治疗、不提供饮食的行为，只能构成遗弃罪。虐待行为具有在一定时间内经常实施、继续实施的特点，家庭成员偶尔发生的打骂行为不是虐待行为。对于虐待手段轻微、持续时间短、没有造成严重后果等情节不恶劣的虐待行为，不以虐待罪论处。

（3）本罪主体是特殊主体，要求具有特定身份，即必须是与被害人具有一定的亲属关系和扶养、赡养关系，并且是在一个家庭内共同生活的成员。

（4）本罪在主观方面只能是故意。虐待的动机不影响犯罪的成立。

（二）虐待罪的认定

行为人在虐待家庭成员过程中，往往有意无意造成被害人伤害或者死亡的，是否成立故意伤害罪、故意杀人罪，应区别情况处理。如果虐待过失致使被害人重伤、死亡或者致使被害人自杀的，应以虐待罪的结果加重犯论处。相反，如果行为人长期对受害人进行虐待，其中有一次故意实施伤害或者杀人行为的，属于想象竞合犯，从一重罪论处。

（三）虐待罪的刑事责任

依照《刑法》第260条的规定，犯本罪的，处2年以下有期徒刑、拘役或者管制。致使被害人重伤、死亡的，处2年以上7年以下有期徒刑。犯本罪，告诉的才处理，但被害人没有能力告诉，或者受到强制、威吓无法告诉的除外。

三十八、虐待被监护、看护人罪

虐待被监护、看护人罪，是指对未成年人、老年人、患病的人、残疾人等负有监护、看护职责的人虐待被监护、看护的人，情节恶劣的行为。本罪的客体是被监护、看护人的人身权利。客观方面表现为行为人对未成年人、老年人、患病的人、残疾人等负有监护、看护职责的人虐待被监护、看护的人，情节恶劣的行为。“情节恶劣”应当综合考察行为人的手段、对象人数、对象、后果、动机等。主体是特殊主体，即对未成年人、老年人、患病的人、残疾人等负有监护、看护职责的自然人或者单位。主观方面是故意，即明知自己对未成年人、老年人、患病的人、残疾人等负有监护、看护职责，并且明知虐待他们会侵犯他们的人身权利，仍然决意实施虐待行为，并且希望或者放任这种结果发生的心理态度。

依照《刑法》第260条之一的规定，犯本罪的，处3年以下有期徒刑或者拘役。单位犯本罪的，对单位判处罚金，并对其直接负责的主管人员和其他直接责任人员，依照上述规定处罚。实施本罪行为，同时构成其他犯罪的，依照处罚较重的规定定罪处罚。刑法如此规定的理论根据在于想象竞合犯的原理。

三十九、遗弃罪

遗弃罪是指对于年老、年幼、患病或者其他没有独立生活能力的人，负有扶养义务而拒绝扶养，情节恶劣的行为。

本罪的客体是特定人员受抚养的权利。遗弃的对象是年老、年幼、患病或者其他没有独立生活能力的人。客观方面表现为行为人对年老、年幼、患病或者其他没有独立生活能力的人负有抚养义务而拒绝抚养，情节恶劣的行为。本罪在行为表现方式是不作为，因此，本罪构成必须在客观上必须具备以下条件：负有扶养义务；具有扶养能力；拒不扶养。主体是法律上对被遗弃者负有扶养义务，又有抚养能力的人。主观方面是故意，即明知自己不履行抚养义务，会侵害被抚养人的权利，仍决意拒绝扶养，并且希望或者放任这种结果的发生。犯罪的动机多种多样，但动机不影响本罪的成立。此外，遗弃罪的成立要求情节恶劣。何谓“情节恶劣”，根据《最高人民法院、最高人民检察院、公安部、司法部关于依法办理家庭暴力犯罪案件的意见》（法发〔2015〕4号），“情节恶劣”包括：对被害人长期不予照顾、不提供生活来源；驱赶、逼迫被害人离家，致使被害人流离失所或者生存困难；遗弃患有严重疾病或者生活不能自理的被害人；遗弃致使被害人身体严重损害或者造成其他后果的等情形。

对于因遗弃导致受害人死亡的，应当根据不同情况作出处理，尤其是考察行为人对死亡结果的主观心理。根据上述“意见”，如果行为人只是为了逃避抚养义务，并不希望或者放任被害人死亡，将生活不能自理的被害人弃置在福利院、医院、派出所等单位或者广场、车站等行人较多的场所，以遗弃罪定罪处罚。如果行为人希望或者放任被害人死亡结果的发生，不履行必要的抚养义务，致使被害人因缺乏生活照料而死亡，或者将生活不能自理的被害人带至荒山野岭等人迹罕至的场所扔弃，应当以故意杀人罪定罪。

依照《刑法》第261条的规定，犯本罪的，处5年以下有期徒刑、拘役或者管制。

四十、拐骗儿童罪

拐骗儿童罪，是指使用蒙骗、利诱或者其他方法，使不满14周岁的未成年人，脱离家庭或者监护人的行为。本罪侵犯的客体是他人的家庭关系和未成年人的合法权益。犯罪对象为不满14周岁的男女儿童。客观方面表现为使用蒙骗、利诱或者其他方法，使不满14周岁的未成年人，脱离家庭或者监护人。主体是一般主体。主观方面表现为故意，行为人的动机往往是为了收养或奴役。

本罪与拐卖儿童罪有相似之处，对象都是不满14周岁的儿童，都可以使用蒙骗、利诱手段。其主要区别在于犯罪目的的不同：本罪的行为人主观上是处于出卖以外的目的，比如收养或奴役，拐卖儿童罪的行为人主观上是为了出卖。因此，如果以出卖或勒索财物为目的拐骗不满14周岁的儿童的，应以拐卖儿童罪或绑架罪论处；如果拐骗儿童后产生出卖或勒索目的，进而出卖儿童或者以暴力、胁迫等手段对儿童进行实力支配以勒索钱财的，应分别认定为拐卖儿童罪或绑架罪，与本罪实行并罚。

依照《刑法》第262条的规定，犯本罪的，处5年以下有期徒刑或者拘役。

四十一、组织残疾人、儿童乞讨罪

组织残疾人、儿童乞讨罪，是指以暴力、胁迫手段组织残疾人或者不满14周岁的未成年人乞讨的行为。本罪侵犯的客体是残疾人和未成年人的人身自由权利。客观方面表现为以暴力、胁迫手段组织残疾人或者不满14周岁的未成年人乞讨的行为。本罪是行为犯，只要实施了以暴力、胁迫手段组织残疾人或者不满14周岁的未成年人乞讨的行为，即构成犯罪。主体是一般主体，但只有"组织者"才构成犯罪。主观方面出于故意。

依照《刑法》第262条之一的规定，犯本罪的，处3年以下有期徒刑或者拘役，并处罚金；情节严重的，处3年以上7年以下有期徒刑，并处罚金。

四十二、组织未成年人进行违反社会管理活动罪

组织未成年人进行违反社会管理活动罪，是指组织未成年人进行盗窃、诈骗、抢夺、敲诈勒索等违反治安管理活动的行为。本罪侵犯的客体是未成年人的人身自由权利和社会秩序。客观方面表现为组织未成年人进行盗窃、诈骗、抢夺、敲诈勒索等违反治安管理活动的行为。本罪是行为犯，只要实施了组织未成年人进行违反治安管理活动的行为，即构成犯罪。主体是一般主体，但只有"组织者"才构成犯罪。主观方面出于故意。

如果未成年人是已满16周岁未满18周岁的人，且未成年人实施的违反治安管理活动符合相应犯罪的犯罪构成要件，那么组织者既属于相应犯罪的共犯，又构成本罪，应当按照想象竞合犯处理。如果未成年人已满16周岁未满18周岁，且未成年人实施的活动不符合相应犯罪的犯罪构成要件，或者未成年人未满16周岁，那么组织者只能构成本罪。

依照《刑法》第262条的规定，犯本罪的，处3年以下有期徒刑或者拘役，并处罚金；情节严重的，处3年以上7年以下有期徒刑，并处罚金。

第二十五章　侵犯财产罪

侵犯财产罪,根据行为的样态,从学理上可以分为两大类:取得财物的犯罪和毁坏财物的犯罪。前者如抢劫罪,后者如故意毁坏财物罪。这些犯罪大多属于自然犯,行为本身具有明显的反社会性和反道义性。

侵犯财产罪是严重扰乱人们日常生活和社会秩序的一类犯罪。由于社会不正之风的诱导、人们的社会防范意识淡薄等原因,近年来,此类案件的发生呈逐年上升的趋势。

第一节　侵犯财产罪概述

一、侵犯财产罪的概念和特征

侵犯财产罪,是指以非法占有为目的,攫取公私财物,或者故意毁坏公私财物,以及故意破坏生产经营的行为。它的主要特征有:

(1)侵犯的客体是公私财产所有权。侵犯的客体是公私财产所有权。在我国刑法理论中,关于财产犯罪客体的学说主要有所有权说、占有说和中间说三种 。所有权说是我国刑法理论的传统观点。根据所有权说,如果没有侵犯所有权,基本上就可以排除侵犯财产罪的成立。因此,如果第三人以非法手段取得他人(无论是否是所有权人)合法占有下的财物,可以构成盗窃罪、抢劫罪等侵犯财产罪;而所有权人实施上述行为,又没有借此勒索等后续行为,由于没有侵犯到财产所有权,就不构成侵犯财产的犯罪。占有说,主要来自日本的刑法理论,认为侵犯财产犯罪的法益是他人对财物事实上的占有。根据占有说,即使是所有权人也不得任意侵犯他人的合法占有,否则就应当承担相应的刑事责任。因此,本人采取不法手段取回自己的财物,亦成立侵犯财产罪。中间说,又有很多不同的观点,主要是对所有权说加以扩张或对占有说加以限制,旨在弥补二者的不足,既不扩大也不缩小财产犯罪的处罚范围。根据中间说的观点,如果所有权人采用秘密窃取等非法手段将财物从合法占有人手中取回,就侵犯了对方的占有权,仍构成相应的财产性犯罪,如盗窃罪等。犯罪对象必须是依法归国家、集体或公民个人所有的财产。我国法律对于非法占有的财产是不予保护的,但它却可成为侵犯财产罪的犯罪对象。如抢劫赌场上的赌资、盗窃他人贪污所得的赃款、敲诈勒索走私犯的走私物品等行为,构成犯罪的,同样要定罪判刑。

(2)侵犯财产罪的客观方面表现为行为人实施了各种非法侵犯公私财产的行为。侵犯财产的行为大致可以分为三种类型:非法占有公私财物的行为;非法挪用公私财产的行为;非法毁坏公私财物的行为。是否造成财产损害以及损害大小是除抢劫罪外其他侵犯财产罪定罪量刑的重要根据。这类犯罪的既遂与未遂,一般应当以公私财产所有权是否实际受到侵害为标准。更具体地说，侵犯财产罪主要有以下几种的客观表现：其一，采用各种非法方法和手段，将他人控制之下的财物，转移到行为人的控制之下据为已有，如抢劫、抢夺、盗窃、诈骗等犯罪。其二，将业已合法持有的他人财物，应当退还而拒不退还，非法据为已有，如侵占罪。其三，非为据为已有，而擅自动用自己经手、管理的财物的，如挪用资金罪、挪用特定款物罪。其四，毁坏公私财物，使财物的价值全部或部分丧失的，如故意毁坏公私财物罪，破坏生产经营罪。从侵犯财产罪的行为方式上看，大多数犯罪只能以作为的方式实施，例如，抢劫、盗窃、敲诈勒索等罪，不可能以不作为方式实施。

(3)主体为一般主体，少数是特殊主体。根据《刑法》第17条的规定，凡是年满16周岁，并具有刑事责任能力的人都可以成为侵犯财产罪的主体；已满14周岁不满16周岁的人，可以成为抢劫罪的主体。但是根据《刑法》第31条的规定，单位不能成为侵犯财产罪的主体。本章的多数犯罪是一般主体，如盗窃罪、诈骗罪、抢夺罪、故意毁坏财物罪等。少数犯罪是特殊主体，要求由具备一定身份的人员构成，如职务侵占罪和挪用资金罪的主体必须是公司、企业或者其他单位的人员。

(4)主观方面只能是故意，其中大部分犯罪是以非法占有公私财物为目的的。因为毕竟侵犯财产罪主要是以非法占有为目的，或者是以故意毁坏公私财物为目的的犯罪行为，只能由直接故意才能引起侵犯财产犯罪行为的发生。

本章的多数犯罪是以非法占有公私财物为目的的。所谓“非法占有为目的”，是指明知是公共的或者他人的财物而意图把它非法转归已有或者归第三者占有。而这里的“第三者”，既包括公民个人，也包括集体。这里的“占有”在不同性质的犯罪中有不同的含义，可以是完全排斥所有人或者保管人对财物的控制而永久地占有，如抢劫罪、盗窃罪、诈骗罪、侵占罪等；也可以是为暂时使用而短期非法占有，如挪用资金罪。而故意毁坏财物罪、破坏生产经营罪则是以非法毁灭、损坏公私财物为目的的。侵犯财产罪的动机多种多样，如贪图钱财，追求享乐，好逸恶劳，泄愤，嫉妒或者陷害他人等，犯罪动机一般并不影响本类犯罪的成立，但是在量刑时应予以考虑。

二、侵犯财产罪犯罪对象“财物”的认定

(一)财物是否仅限于有体物

关于刑法上的财物是否仅限于有体物，理论上存在争议。有体性说认为，刑法上的财物只限于有体物，包括固体物、液体物与气体物。无形物不是《刑法》上的财物，不能成为侵犯财产罪的对象。液化气、蒸汽等是财物，但光、热等不是财物。物理管理可能性说认为，刑法上的财物并不限于有体物，还包括其他具有物理管理可能性的财物，或者说在物理上属于物的，就是刑法上的财物。有体物以及光、热、水力、冷气等是财物，但债权、人的劳动力、牛马的牵引力等不是财物。事务管理可能性说认为，凡是可以作为一种事务进行管理的物，都是《刑法》上的财物。有体物、无体物以及债权、人的劳动力、牛马的牵引力等都是财物。

刑法上的财物应包括有体物与无体物，在某些情况下，还包括财产性利益。首先，随着社会的发展，许多无体物的经济价值越来越明显，无体物虽然无体，但可以对之进行管理，也可以成为所有权的对象，故应成为侵犯财产罪的对象。其次，我国刑法在财物这一对象之外，没

有特别规定财产性利益是部分侵犯财产罪的对象，但财产性利益也应受到法律保护，故在某些情况下能够成为侵犯财产罪的对象。例如，欺骗债权人，使之免除自己债务的，就应以诈骗罪论处。最后，在许多情况下，侵犯财产罪不仅侵犯了作为具体财物的所有权，而且侵犯了财物所滋生或具有的经济利益，这也说明了刑法上的财物不限于有体物，而应包括有体物、无体物及财产性利益。商标权、专利权、著作权、商业秘密等实际上是无形财产，但由于侵犯这些权利的犯罪主要是一种不正当竞争犯罪，故刑法没有将其规定为侵犯财产罪的对象。

（二）财物是否仅限于有价值之物

既然财物是侵犯财产罪的对象，理当要求财物具有财产性价值。从实际上看，作为侵犯财产罪对象的财物，一般都是具有客观的经济价值即金钱交换价值的财物。但从理论上说，作为侵犯财产罪对象的财物，并不要求具有客观的经济价值，只要所有人、占有人主观上认为该物具有价值，即使它客观上没有经济价值，也不失为侵犯财产罪的对象。例如，某些纪念品、礼品，本身不一定具有客观的经济价值，但所有人、占有人认为它具有价值，社会观念也认为这种物值得刑法保护，因而属于财物。只有客观上与主观上都没有价值的物，才不是刑法上的财物。另一方面，对于所有人、占有人来说没有积极价值，但落入他人之手后可能被用来进行不当活动，进而使所有人、占有人遭受财物损害的物，也应认为是有价值之物，能够成为侵犯财产罪的对象。例如，银行收回准备销毁的破损货币，对于银行来说没有积极价值，但只要具有使用的可能性，就不能落入他人手中。行为人窃取这种破损货币的，也成立盗窃罪。

作为侵犯财产罪的侵犯对象的财产，其具体的形式可以是生产资料、生活资料、动产、不动产等具有经济价值的财物，也可以是代表一定经济价值的有价证券或者有价票证，还可以是电、煤气等无形物。同时，作为侵犯财产罪侵犯对象的财产必须具有所有关系，即必须是依法归国家、集体或者公民个人所有的。如果是无主物或者遗弃物则不能成为本章罪的犯罪对象。但是，应当注意以下几点。

(1)根据我国宪法及有关法律规定，矿藏、水流、森林、山岭、草原、荒地、滩涂等自然资源，中国境内地下、内水、领海中遗存的一切文物、古文化遗址、古墓葬、石窟寺以及所有人不明的埋藏物、隐藏物等，均归国家所有。因此，不得将上述财物视为无主物而任意侵占。

(2)遗忘物、遗失物、漂流物不是无主物，它们只是暂时脱离所有人或者保管人的控制。如果拾得遗忘物、遗失物或者打捞漂流物后拒不归还原主，则是非法占有行为。

(3)他人非法占有的财物也不是无主物，他人非法占有的财物，如盗窃犯偷得的赃物，走私犯贩运的货物等，本来就是国家、集体或者公民私人所有的合法财产，应依法没收上缴国库，或者返还原主。

因此，侵犯他人非法占有的财物，归根结底还是侵犯了国家、集体或者个人的合法财产所有权，仍以侵犯财产罪论处。此外作为侵犯财产罪对象的财物不仅要有质的要求，还要有量的标准。一般而言，侵犯财产罪都是结果犯，都要求犯罪客体被侵害的程度具有一定的严重性，显著轻微的则不认定为犯罪。相应地，对于侵犯财产罪的犯罪对象而言，因此也要求在价值上必须达到法定的标准。

（三）财物是否仅限于动产

动产与不动产都是财产，总体上来说，作为侵犯财产罪对象的财物，既包括动产，也包括不动产。但由于侵犯财产罪的具体表现形式不同，不动产只能成为某些犯罪的对象。例如，诈骗罪、侵占罪、敲诈勒索罪、故意毁坏财物罪、破坏生产经营罪的对象既可以是动产，也可以是不动产。而盗窃罪、抢夺罪、聚众哄抢罪、挪用资金罪的对象只能是动产。有争议的是抢劫罪，本书认为抢劫罪的对象既可以动产，也可以是不动产，当然也可能是财产性利益，如使用暴力手段当场非法占有、控制他人房屋的，使用暴力手段迫使他人当场写出免除债务的承诺书的，宜认定为抢劫罪。

（四）财物是否包括违禁品

违禁品一般是指法律禁止个人持有的物品，违禁品属于刑法上的财物没有争议，但其理由则五花八门。例如，有人说，行为人可能以占有违禁品为目的，因而违禁品可能成为侵犯财产罪的对象；有人讲，违禁品既不是无主物，也不是脱离占有的物，因而能成为侵犯财产罪的对象；有人称，违禁品只是行政上禁止个人持有的物品，并不妨碍它可以成为刑法上的财物；有人道，没收违禁品需要通过一定的法律程序，在没有通过法律程序还不能没收时，他人的占有是可能的，故对于没有通过法律程序的夺取行为，应当处罚；如此等等。本书认为，没收违禁品也需要通过法律程序，故对违禁品的占有也是刑法所保护的法益，违禁品能成为刑法上的财物。

（五）财物是否包括葬祭物

有的国家（如日本）刑法明文规定了取得葬祭物的犯罪，而且其法定刑明显低于盗窃罪。尽管如此，刑法理论上仍然有人认为，窃取葬祭物的行为，是取得葬祭物罪与盗窃罪的想象竞合。我国刑法没有规定取得葬祭物罪，但对窃取葬祭物的行为有进行刑法规制的必要。葬祭物似乎表明所有权人已经放弃了所有权，但这种放弃是附条件的，而且根据社会的一般观念，葬祭者仍然由死者亲属占有。因此，葬祭物可以成为财产罪的对象。

（六）财物是否包括人的身体

人的身体本身不是财物，不能成为财产罪的对象。但是，从人的身体上分离出来的部分，可能属于财物。例如，从人的体内抽出的血液、器官，可能成为财产罪的对象。至于安装在人体中为人体一部分而使用的假肢、假牙等，理当属于财物。

（七）财物是否包括财产凭证

财产凭证主要包括有价支付凭证、有价证券与有价票证，它们虽不同于货币，但却表示一定的财产性权利，持有人丧失财产凭证的后果常常是导致财产的损失，换言之，行为人不法取得他人的财产凭证后往往能够进一步取得他人财产。所以，本书认为，财产凭证能够成为财产罪的对象。

总之，作为侵犯财产罪对象的财物，总体上说，包括具有价值与管理可能性的一切有体物、无体物与财产性利益。侵犯财产罪中的财产包括公共财产与公民私人所有的财产。根据《刑法》第91条的规定，公共财产包括国有财产，劳动群众集体所有的财产，用于扶贫和其他公益事业的社会捐助或者专项基金的财产。此外，在国家机关、国有公司、企业、集体企业和人民团体管理、使用或者运输中的私人财产以公共财产论。根据《刑法》第92条的规定，公民私人所有的财物，包括公民的合法收入、储蓄、房屋和其他生活资料，依法归个人、家庭所有的生产资料，个体户和私营企业的合法财产，依法归个人所有的股份、股票、债券和其他财产。

三、侵犯财产罪的种类

侵犯财产罪，包括13个具体罪名。依故意内容的不同，可以分为以下三个类型。

（1）占有型。即以非法占有为目的的侵犯财产罪。其中又可以按照犯罪的方式分为以下四种具体类型：第一，公然强取型犯罪，包括抢劫罪、抢夺罪、聚众哄抢罪、敲诈勒索罪。第二，秘密窃取型犯罪，即盗窃罪。第三，骗取型犯罪。即诈骗罪。第四，侵占型犯罪，包括侵占罪、职务侵占罪、拒不支付劳动报酬罪。其中，第一种类型又可以称为强制占有型犯罪，第二、三、四种类型又可合并称为非强制占有型犯罪。

（2）挪用型。即以挪用为目的的侵犯财产罪。包括挪用资金罪、挪用特定款物罪。

（3）毁损型。即以毁损财物为故意内容的侵犯财产罪。包括故意毁坏财物罪、破坏生产经营罪。

第二节　侵犯财产罪罪名分述

一、抢劫罪

（一）抢劫罪的概念和特征

抢劫罪，是指以非法占有为目的，以暴力、胁迫或者其他方法压制公私财产所有人、持有人或者管理人的反抗，当场强行劫取财物的行为。

（1）本罪侵犯的客体是复杂客体。既包括公私财物的所有权，又包括公民的人身权利。

（2）本罪客观方面表现为当场使用暴力、胁迫或者其他强制方法，强行劫取公私财物。暴力、胁迫或者其他强制方法，是抢劫罪的手段行为；强行劫取公私财物，是抢劫罪的目的行为。在抢劫罪的客观要件中，有两点是应当特别予以注意的。

第一，行为人必须对被害人实施了强制性的行为，这是构成抢劫罪的基本条件，也是区分抢劫罪与抢夺罪的关键所在。所谓强制性行为，包括三种情况：①暴力方法，是指对被害人的人身使用暴力，如捆绑、殴打、禁闭、伤害甚至杀害等足以使被害人的身体受到强制，处于不能反抗或者不敢反抗的状态。②胁迫方法，是指对被害人以立即使用暴力相威胁，进行精神上的强制，使被害人产生恐惧感，不敢反抗。③其他方法，是指对被害人以用酒灌醉或者药物麻醉等方法，使被害人丧失反抗能力，无法反抗。需要说明的是，被害人不能反抗、不敢反抗、无法反抗的状态必须是由行为人的强制性行为造成的，也就是说，行为人的强制性行为与被害人不能反抗、不敢反抗、无法反抗的状态之间具有刑法上的因果关系。如果是被害人由于自己的原因造成醉酒状态，或者是被害人处于昏睡状态，行为人拿走财物，不能认定为抢劫而只能是盗窃。

第二，财物必须是当场取得的，这是构成抢劫罪的重要条件。这一条件表明行为人的强制性行为与取得财物的结果之间在时间上、场合上具有统一性。对于"当场"的理解不能过于狭窄，暴力、胁迫或者其他方法与取得财物之间虽然持续一定时间，也不属于同一场所，但从整体上看行为并无间断的，也应认定为当场取得财物。例如，行为人对被害人实施暴力，迫使被害人交付财物，但被害人身无分文，行为人令被害人立即从家中取来财物，或者一道前往被害人家中取得财物的，也应认定为抢劫罪。

(3)犯罪主体是一般主体，年满14周岁并具有刑事责任能力的自然人，均能构成该罪的主体。

(4)主观方面表现为直接故意，并具有将公私财物非法占有的目的，如果没有这样的故意内容就不构成本罪。如果行为人只抢回自己被偷走、骗走或者赌博输的财物，不具有非法占有他人财物的目的，不构成抢劫罪。

(二)抢劫罪的认定

1. 转化型抢劫罪

《刑法》第269条规定，犯盗窃、诈骗、抢夺罪，为窝藏赃物、抗拒抓捕或者毁灭罪证而当场使用暴力或者以暴力相威胁的，依照抢劫罪的规定定罪处罚。盗窃、诈骗、抢夺罪转化为抢劫罪的必须符合下述三个条件：(1)行为人必须首先实施了盗窃、诈骗、抢夺行为，这是适用《刑法》第269条的前提条件；(2)行为人必须是当场使用暴力或者以暴力相威胁，这是适用《刑法》第269条的时间和手段条件；(3)行为人使用暴力或者以暴力相威胁的目的是为了窝藏赃物、抗拒抓捕或者毁灭罪证，这是适用《刑法》第269条的目的条件。只有上述三个条件同时具备，才能从盗窃、诈骗、抢夺罪转化为抢劫罪。

2. 携带凶器抢夺即以抢劫罪认定

《刑法》第267条第2款规定，携带凶器抢夺的定抢劫罪。按照司法解释，"携带凶器抢夺"包括两种情况：①随身携带禁止器械抢夺；②为了实施犯罪而携带其他器械抢夺。因为凶器如果使用了，就是典型的抢劫，正由于只携带而未使用，才将抢夺认定为抢劫。

3. 抢劫罪的既遂与未遂的认定

抢劫罪侵犯的是复杂客体，包括公私财物的所有权和公民的人身权。因此，按照司法解释，劫取财物或者造成轻伤以上后果，具备其一，即可构成抢劫罪既遂。但是，如果在抢劫过程中致人重伤或者死亡的，则属于抢劫罪的结果加重犯。结果加重犯不存在未遂问题，都是抢劫罪的既遂，应当按照结果加重犯的规定处罚。

(三)抢劫罪的刑事责任

依照《刑法》第263条的规定，犯本罪的，处3年以上10年以下有期徒刑，并处罚金；有下列情形之一的，处10年以上有期徒刑、无期徒刑或者死刑，并处罚金或者没收财产：①入户抢劫的；②在公共交通工具上抢劫的；③抢劫银行或者其他金融机构的；④多次抢劫或者抢劫数额巨大的;⑤抢劫致人重伤、死亡的;⑥冒充军警人员抢劫的;⑦持枪抢劫的;⑧抢劫军用物资或者抢险、救灾、救济物资的。

根据《最高人民法院关于审理抢劫案件具体应用法律若干问题的解释》(法释〔2000〕35号),“入户抢劫”,是指为实施抢劫行为而进入他人生活的与外界相对隔离的住所,包括封闭的院落、牧民的帐篷、渔民作为家庭生活场所的渔船、为生活租用的房屋等进行抢劫的行为。对于入户盗窃,因被发现而当场使用暴力或者以暴力相威胁的行为,应当认定为入户抢劫。除此之外,对于入户诈骗、抢夺而当场使用暴力或者以暴力相威胁的行为,理当认定为入户抢劫;行为人以抢劫目的入户后,使用暴力使被害人离开“户”进而强取财物的,也应认定为入户抢劫;行为人以抢劫目的侵入甲的住宅,抢劫在甲的住宅停留的乙的财物的行为,同样应认定为入户抢劫。“在公共交通工具上抢劫”,既包括在从事旅客运输的各种公共汽车,大、中型出租车,火车,船只,飞机等正在运营中的机动公共交通工具上对旅客、司售、乘务人员实施的抢劫,也包括对运行途中的机动公共交通工具加以拦截后,对公共交通工具上的人员实施的抢劫。小型出租车不应视为公共交通工具。“抢劫银行或者其他金融机构”,是指抢劫银行或者其他金融机构的经营资金、有价证券和客户的资金等。抢劫正在使用中的银行或者其他金融机构的运钞车的,视为“抢劫银行或者其他金融机构”。“多次抢劫”应指三次以上抢劫;“抢劫数额巨大”的认定标准,参照各地确定的盗窃罪数额巨大的认定标准执行。对抢劫博物馆、重要文物的,应作为抢劫数额巨大处理。“抢劫致人重伤、死亡”,既包括行为人的暴力等行为过失致人重伤、死亡,也包括行为人为劫取财物而预谋故意杀人,或者在劫取财物过程中,为制服被害人反抗而故意杀人。“冒充军警人员抢劫的”,是指冒充军人或警察抢劫。“持枪抢劫”,是指行为人使用枪支或者向被害人显示持有、佩带的枪支进行抢劫的行为。“枪支”的概念和范围,适用《枪支管理法》的规定。需要进一步指出的是,这里的“枪”仅限于能发射子弹的真枪,不包括仿真手枪与其他假枪;但不要求枪中装有子弹。“抢劫军用物资或者抢险、救灾、救济物资”中的“军用物资”仅限于武装部队(包括武警部队)使用的物资,不包括公安警察使用的物资。“抢险、救灾、救济物资”是指已确定用于或者正在用于抢险、救灾、救济的物资。

二、盗窃罪

(一)盗窃罪的概念和特征

盗窃罪,是指以非法占有为目的,窃取数额较大的公私财物或者多次盗窃、入户盗窃、携带凶器盗窃、扒窃的行为。

(1)本罪侵犯的客体是公私财物权利。其对象为公私财物,即国家、集体和个人所有的各种财物,一般是指动产而言,但不动产上之附着物,可与不动产分离的,例如,田地上的农作物,山上的树木、建筑物上之门窗等,也可以成为本罪的对象。另外,能源如电力、煤气也可成为本罪的对象。

(2)客观方面表现为窃取数额较大的公私财物或者多次盗窃、入户盗窃、携带凶器盗窃的行为。2年内盗窃3次以上的,应当认定为多次盗窃。非法进入供他人家庭生活,与外界相对隔离的住所盗窃的,应当认定为入户盗窃。携带枪支、爆炸物、管制刀具等国家禁止个人携带的器械盗窃，或者为了实施违法犯罪携带其他足以危害他人人身安全的器械盗窃的，应当认定为携带凶器盗窃。在公共场所或者公共交通工具上盗窃他人随身携带的财物的，应当认定为扒窃。①盗窃罪的对象是财物，这里的财物既包括有体物，也包括无体物。根据《刑法》第196条、第210条和第265条的规定，盗窃信用卡并使用的，盗窃增值税专用发票或者可以用于骗取出口退税、抵扣税款的其他发票的，以牟利为目的盗接他人通信线路、复制他人电信号码或者明知是盗接、复制的电信设备、设施而使用的，以盗窃罪论处。将电信卡非法充值后使用，造成电信资费损失数额较大的，以盗窃罪定罪处罚。盗用他人公共信息网络上网账号、密码上网，造成他人电信资费损失数额较大的，以盗窃罪定罪处罚。[①]但盗窃枪支、弹药、公文、印章等物的，不成立盗窃罪。盗窃罪的对象必须是他人占有的财物。②盗窃罪的行为是窃取他人占有的财物。窃取是指使用非暴力胁迫手段，违反财物占有人的意志，将财物转移为自己或第三者(包括单位)占有。窃取的手段与方法没有限制，即便使用了欺骗方法，但如果该欺骗行为并没有使对方基于认识错误处分财产的，仍然成立盗窃罪。例如，行为人将他人从室内骗至室外，然后自己进入室内窃取财物的，成立盗窃罪。再如，行为人伪装成顾客，到商店试穿高档西服，然后逃走的，也成立盗窃罪。③本罪设置为数额犯、次数犯、情节犯：窃取公私财物数额较大，或者多次窃取公私财物、入户盗窃、携带凶器盗窃。“数额较大”“数额巨大”“数额特别巨大”分别为1000—3000元以上、30000—100000元以上、300000—500000元以上[②]。

(3)盗窃罪的主体只能是已满16周岁，具有辨认控制能力的自然人；单位不可能成为盗窃罪的主体，但单位集体盗窃公私财物，所盗财物由单位所有的，应以共同盗窃犯罪追究决定者与实施者的刑事责任；邮政工作人员私自开拆或者隐匿、毁弃邮件、电报而窃取财物的，依照盗窃罪定罪从重处罚。

(4)主观方面是故意，并且具有非法占有公私财物的目的。即使是自己所有的财产，倘若处于他人合法占有的状态，行为人窃取该财物的，也成立盗窃罪。例如，行为人通过铁路运营部门将自己的财物从甲处托运至乙处，交付托运后行为人窃取该财物，对此应认定为盗窃罪。

(二)盗窃罪的认定

1. 正确区分盗窃罪与非罪的界限

根据司法解释，偷拿家庭成员或者近亲属的财物，获得谅解的，一般可不按犯罪处理；追究刑事责任有必要的，应当酌情从宽。盗窃公私财物数额较大，行为人认罪、悔罪，退赃、退赔，且具有下列情形之一，情节轻微的，可以不起诉或者免予刑事处罚；必要时，由有关部门予以行政处罚：①具有法定从宽处罚情节的；②没有参与分赃或者获赃较少且不是主犯的；③被害人谅解的；④其他情节轻微、危害不大的。

2. 正确区分本罪与其他犯罪的界限

(1)盗窃广播电视设施、公用电信设施价值数额不大，但是构成危害公共安全犯罪的，依照《刑法》第124条的规定定罪处罚；盗窃广播电视设施、公用电信设施同时构成盗窃罪和破

①参见最高人民法院《关于审理扰乱电信市场管理秩序案件具体应用法律若干问题的解释》(法释〔2000〕12号)。
②参见最高人民法院、最高人民检察院《关于办理盗窃刑事案件适用法律若干问题的解释》(法释〔2013〕8号)第3条。

坏广播电视设施、公用电信设施罪的，择一重罪处罚。

(2)盗窃使用中的电力设备，同时构成盗窃罪和破坏电力设备罪的，择一重罪处罚。

(3)盗窃枪支、弹药、爆炸物、危险物质的，只要行为人认识到对象可能是枪支、弹药、爆炸物、危险物质，就成立盗窃枪支、弹药、爆炸物、危险物质的犯罪。相反，没有认识到对象可能是枪支、弹药、爆炸物、危险物质的，只能认定为盗窃罪。

(4)为盗窃其他财物，盗窃机动车辆当犯罪工具使用的，被盗机动车辆的价值计入盗窃数额；为实施其他犯罪盗窃机动车辆的，以盗窃罪和所实施的其他犯罪实行数罪并罚。为实施其他犯罪，偷开机动车辆当犯罪工具使用后，将偷开的机动车辆送回原处或者停放到原处附近，车辆未丢失的，按照其所实施的犯罪从重处罚。

(5)为练习开车、游乐等目的，多次偷开机动车辆，并将机动车辆丢失的，以盗窃罪定罪处罚；在偷开机动车辆过程中发生交通肇事构成犯罪，又构成其他罪的，应当以交通肇事罪和其他罪实行数罪并罚；偷开机动车辆造成车辆损坏的，按照《刑法》第275条的规定定罪处罚；偶尔偷开机动车辆，情节轻微的，可以不认为是犯罪。

(6)实施盗窃犯罪，造成公私财物损毁的，以盗窃罪从重处罚；又构成其他犯罪的，择一重罪从重处罚；盗窃公私财物未构成盗窃罪，但因采用破坏性手段造成公私财物损毁数额较大的，以故意毁坏财物罪定罪处罚。盗窃后，为掩盖盗窃罪行或者报复等，故意破坏公私财物构成犯罪的，应当以盗窃罪和构成的其他罪实行数罪并罚。

(7)盗窃技术成果等商业秘密的，按照《刑法》第219条的规定定罪处罚。(8)行为人利用信息网络，诱骗他人点击虚假链接而实际通过预先植入的计算机程序窃取财物构成犯罪的，以盗窃罪定罪处罚。

(9)以牟利为目的，盗接他人通信线路、复制他人电信码号或者明知是盗接、复制的电信设备、设施而使用的，依照盗窃罪定罪处罚。

(10)盗窃罪与抢夺罪有相似之处，但有区别：首先，二者的对象都是他人占有的财物，但抢夺罪中被害人对财物的占有比盗窃罪中被害人的占有更为紧密，或者说，作为犯罪对象的财物被他人支配的强度不同。其次，二者都是不法取得他人财物，但抢夺行为表现为对物暴力，而盗窃行为仅表现为对财物的转移。

3. 正确认定盗窃罪的着手、未遂与既遂

关于盗窃罪的着手，国外刑法理论与审判实践一般根据不同的盗窃类型予以确定。例如，关于侵入住宅盗窃的案件，少数人主张以侵入住宅作为盗窃罪的着手，多数人认为，侵入住宅后开始实施具体的物色财物的行为时为着手。关于侵入无人看守的仓库的盗窃案件，一般来说，以开始侵入仓库时就是着手。我国刑法理论一般认为接触财物时为着手。

关于盗窃罪的既遂标准，理论上有接触说、转移说、隐匿说、失控说、控制说、失控加控制说。本书主张失控加控制说，即盗窃行为已经使被害人丧失了对财物的控制时，或者行为人已经控制了所盗财物时，都是既遂。被害人的失控与行为人的控制通常是统一的，被害人的失控意味着行为人的控制。但二者也存在不统一的情况，即被害人失去了控制，但行为人并没有控制财物，对此也应认定为盗窃既遂，因为就盗窃罪而言，其危害程度的大小不在于行为人是否控制了财物，而在于被害人是否丧失了对财物的控制。因此，即使行为人没有控制财物，但只要被害人失去了对财物的控制的，也成立盗窃既遂，没有理由以未遂论处。传统理论大多认为是失控说，即只要被害人丧失了对自己财物的控制，不管行为人是否控制了该财物，都应当认定为盗窃既遂。这与传统理论、立法只把盗窃罪作为数额犯来看待有关，但是如今的盗窃罪的设置除了保留其传统数额犯的类型外，还增设了次数犯（多次盗窃）、情节犯（入户盗窃、携带凶器盗窃），失控说作为单一的既遂标准已不合适。

（三）盗窃罪的刑事责任

依照《刑法》第264条规定，盗窃公私财物，数额较大或者多次盗窃、入户盗窃、携带凶器盗窃的，处3年以下有期徒刑、拘役或者管制，并处或者单处罚金；数额巨大或者有其他严重情节的，处3年以上10年以下有期徒刑，并处罚金；数额特别巨大或者有其他特别严重情节的，处10年以上有期徒刑或者无期徒刑，并处罚金或者没收财产。

三、诈骗罪

（一）诈骗罪的概念和特征

诈骗罪，是指以非法占有为目的，采用虚构事实或者隐瞒真相的欺骗方法，使受害人陷于错误认识并“自愿”处分财产，从而骗取数额较大的公私财物的行为。

（1）本罪侵犯的客体是公私财物所有权。有些犯罪活动，虽然也使用某些欺骗手段，甚至也追求某些非法经济利益，但因其侵犯的客体不是或者不限于公私财产所有权。所以，不构成诈骗罪。例如：拐卖妇女、儿童的，属于侵犯人身权利罪。诈骗罪侵犯的对象，仅限于国家、集体或个人的财物，而不是骗取其他非法利益。其对象，也应排除金融机构的贷款。因《刑法》已于第193条特别规定了贷款诈骗罪。

（2）客观方面表现为使用欺诈方法骗取数额较大的公私财物。首先，行为人实施了欺诈行为，欺诈行为从形式上说包括两类，一是虚构事实，二是隐瞒真相；从实质上说是使对方陷入处分财产的认识错误的行为。欺诈行为的内容是，在具体状况下，使对方产生错误认识，并做出行为人所希望的财产处分。欺诈行为本身既可以是作为，也可以是不作为，即有告知某种事实的义务，但不履行这种义务，使对方陷入错误认识或者继续陷入错误认识，行为人利用这种认识错误取得财产的，也是欺诈行为。根据《刑法》第300条规定，组织和利用会道门、邪教组织或者利用迷信骗取财物的，以诈骗罪论处。欺诈行为的对方只要求是具有处分财产的权限或者处于可以处分财产地位的人，不要求一定是财物的所有人或占有人。其次，成立诈骗罪要求对方陷入错误认识之后处分财产。处分财产不限于民法意义上的处分财产（即不限于所有权权能之一的处分），而意味着将被害人的财产转移为行为人占有，或者说使行为人取得被害人的财产。做出这样的要求是为了区分诈骗罪与盗窃罪。处分财产表现为直接交付财产，或者承诺行为人取得财产，或者承诺转移财产性利益，或者承诺免除行为人的债务。

此外，诈骗罪并不限于骗取有体物，还包括骗取无形物与财产性利益。根据《刑法》第210条，使用欺骗手段骗取增值税专用发票或者可以用于骗取出口退税、抵扣税款的其他发票的，成立诈骗罪。

（3）主体为一般主体，自然人主体。

（4）主观方面是直接故意。

(二)诈骗罪的认定

1. 认定为诈骗罪的情形

(1)以欺诈、伪造证明材料或者其他手段骗取养老、医疗、工伤、失业、生育等社会保险金或者其他社会保障待遇的,属于本条规定的诈骗公私财物的行为①。

(2)以虚假、冒用的身份证件办理入网手续并使用移动电话,造成电信资费损失数额较大的,以诈骗罪定罪处罚②。

(3)以使用为目的,伪造停止流通的货币,或者使用伪造的停止流通的货币的,以诈骗罪定罪处罚③。

(4)使用伪造、变造、盗窃的武装部队车辆号牌,骗免养路费、通行费等各种规费,数额较大的,以诈骗罪定罪处罚④。

2. 诈骗罪与其他特殊诈骗罪的界限

刑法除规定上述普通诈骗罪之外,还规定了其他一些特殊诈骗罪,后者主要是指《刑法》第192条至第200条规定的各种金融诈骗罪,以及《刑法》第224条规定的合同诈骗罪。这些特殊诈骗罪主要在诈骗对象、手段上与普通诈骗罪存在区别,规定这些特殊诈骗罪的法条与《刑法》第266条是特别法条与普通法条的关系,根据特别法条优于普通法条的原则,对符合特殊诈骗罪构成要件的行为,应认定为特殊诈骗罪。因此,《刑法》第266条在规定了诈骗罪的罪状与法定刑之后规定:"刑法另有规定的,依照规定。"但是,如果行为人实施特殊诈骗行为,但又不符合特殊诈骗罪的构成要件,而符合普通诈骗罪的构成要件的,则以普通诈骗罪论处。例如,行为人实施信用卡诈骗行为,但银行未催收的,不符合信用卡诈骗罪的构成要件;如果符合《刑法》第266条的诈骗罪的构成要件,则应依照《刑法》第266条的规定定罪处罚。

3. 诈骗罪与盗窃罪的界限

二者的关键区别在于被害人是否基于认识错误而处分财产。如果不存在被害人处分财产的事实,则不可能成立诈骗罪。例如,机器不可能被骗,因此,向自动售货机中投入类似硬币的金属片,从而取得售货机内的商品的行为,不构成诈骗罪,只能成立盗窃罪。再如,行为人从没有处分能力的幼儿、高度精神病患者那里取得财产的,因为谈不上行为人的欺诈与被害人的处分,故不成立诈骗罪,只成立盗窃罪。实践中发案较多的"以借打手机为名进而非法占有"的行为,实际上也属于盗窃,而非诈骗。

4. 诈骗罪与招摇撞骗罪的界限

两者都使用骗术,后者也可能获得财产利益,这两点相同;但是,主观目的、犯罪手段、财物数额要求和侵犯的客体,均有不同。招摇撞骗罪是以骗取各种非法利益为目的,冒充国家工作人员,进行招摇撞骗活动,是损害国家机关的威信、公共利益或者公民合法权益的行为,它所骗取的不仅包括财物(但无数额多少的限制),还包括工作、职务、地位、荣誉等等,属于

---

① 参见全国人民代表大会常务委员会《关于〈中华人民共和国刑法〉第二百六十六条的解释》。

② 参见最高人民法院《关于审理扰乱电信市场管理秩序案件具体应用法律若干问题的解释》(法释〔2000〕12号)第9条。

③ 参见最高人民法院《关于审理伪造货币等案件具体应用法律若干问题的解释(二)》(法释〔2010〕14号)第5条。

④ 参见最高人民法院《关于审理非法生产、买卖武装部队车辆号牌等刑事案件具体应用法律若干问题的解释》(法释〔2002〕9号)第3条。

妨害社会管理秩序罪。当犯罪分子冒充国家工作人员骗取公私财物时，它就侵犯了财产权利，又损害了国家机关的威信和正常活动，属于牵连犯，应当按照行为所侵犯的主要客体和主要危害性来确定罪名并从重惩罚。如果骗取财物数额不大，却严重损害了国家机关的威信，应按招摇撞骗罪论处；反之，则定为诈骗罪，如果严重地侵犯了两种客体，一般依从一重罪处断的原则按诈骗罪处治；如果先后分别独立地犯了两种罪，互不牵连则应按照数罪并罚原则处理。冒充国家机关工作人员进行诈骗，同时构成诈骗罪和招摇撞骗罪的，依照处罚较重的规定定罪处罚。

5. 诈骗罪的未遂

诈骗未遂，以数额巨大的财物为诈骗目标的，或者具有其他严重情节的，应当定罪处罚。利用发送短信、拨打电话、互联网等电信技术手段对不特定多数人实施诈骗，诈骗数额难以查证，但具有下列情形之一的，应当认定为本条规定的“其他严重情节”，以诈骗罪（未遂）定罪处罚：（1）发送诈骗信息5000条以上的；（2）拨打诈骗电话500人次以上的；（3）诈骗手段恶劣、危害严重的。若数量达到上述规定标准十倍以上的，或者诈骗手段特别恶劣、危害特别严重的，应当认定为本条规定的“其他特别严重情节”，以诈骗罪（未遂）定罪处罚。

6. 诈骗罪的共同犯罪

明知他人实施诈骗犯罪，为其提供信用卡、手机卡、通讯工具、通讯传输通道、网络技术支持、费用结算等帮助的，以共同犯罪论处。

（三）诈骗罪的刑事责任

依照《刑法》第266条的规定，犯本罪，数额较大的，处3年以下有期徒刑、拘役或者管制，并处或者单处罚金；数额巨大或者有其他严重情节的，处3年以上10年以下有期徒刑，并处罚金；数额特别巨大或者有其他特别严重情节的，处10年以上有期徒刑或者无期徒刑，并处罚金或者没收财产。数额较大、数额巨大、其他严重情节、其他特别严重情节，根据《最高人民法院、最高人民检察院关于办理诈骗刑事案件具体应用法律若干问题的解释》（法释〔2011〕7号）认定。诈骗既有既遂，又有未遂，分别达到不同量刑幅度的，依照处罚较重的规定处罚；达到同一量刑幅度的，以诈骗罪既遂处罚。

四、抢夺罪

（一）抢夺罪的概念和特征

抢夺罪，是指以非法占有为目的，公然夺取数额较大的公私财物或者多次抢夺的行为。

（1）本罪的客体是公私财物的所有权。在此点上本罪与抢劫罪不同；本罪只侵犯公私财物的所有权，而不危害人身安全，属单一客体。犯罪对象是一般的财物，如金钱、物品等，不包括枪支、弹药、公文、证件、印章等特殊物品，否则不构成本罪。

（2）本罪的客观方面表现为趁人不备，出其不意，对财物行使有形力，使他人不及抗拒，而取得数额较大的财物的行为；或者表现为多次实施抢夺的行为。抢夺行为是直接夺取财物的行为，即直接对财物实施暴力。行为人在被害人当场可以得知财物被抢的情况下实施抢夺行为，被害人可以当场发觉但通常来不及抗拒。刑法理论上通常所说的“公然”夺取即是此意。抢夺行为不必在不特定人或多数人面前实施，相反完全可能在仅有行为人与被害人的场所实施。抢夺的对象仅限于他人占有的动产，而且原则上应是数额较大的公私财物。如果多次实施抢夺行为的，则不论抢夺的财物数额的多少，也成立此罪。

(3)本罪的主体为一般主体，凡年满16周岁具备刑事责任能力的自然人均可成为本罪主体。

(4)本罪主观方面只能是直接故意，即行为人明知自己的行为会发生侵害公私财产的结果，并且希望或者放任这种结果发生，还具有不法所有公私财物的目的。

(二)抢夺罪的认定

1. 区分抢夺罪与抢劫罪的界限

相同之处在于客观上都实施了“抢”的行为，主观上都是故意，且都具有非法占有公私财物的目的。区别在于实施犯罪的手段不同，抢夺是“公然夺取”财物，而抢劫则是使用“暴力、胁迫或者其他方法”取得财物。侵犯的客体不同，抢夺罪侵犯的客体是简单客体，即公私财产所有权，而抢劫罪的犯罪客体是复杂客体，包括公私财产所有权和人身权利。犯罪客观方面的表现不同，抢夺罪是不采用暴力、胁迫等强制方法而公然夺取财物，而抢劫罪则是行为人采取暴力、胁迫或者其他手段迫使被害人交出财物或者直接将财物抢走。也即抢夺罪的实行行为是单一行为，抢劫罪的实行行为是复合行为。值得注意的是，应当注意区分行为人在抢夺财物的过程中造成被害人伤害的情况。例如，行为人趁人不备夺取他人的项链而造成被害人颈部动脉血管受伤，或者夺取他人手中财物而只是被害人跌倒摔伤。在这种情况下是认定为抢劫罪还是抢夺罪，应当从以下几个方面加以把握：其一，要看强力行为的作用对象和使用目的；其二，要看伤害是否是犯罪分子故意为之；其三，如果行为人行为前本来并没有计划适用暴力手段夺取财物，此时应当直接按照抢劫罪定罪处罚。因此，此时行为人的犯意已经发生了转化，其行为完全符合抢劫罪的构成要件。

2. 携带凶器进行抢夺的定性

如果行为人是携带凶器进行抢夺，不管凶器是否使用，都依照抢劫罪的规定定罪处罚。所谓“携带凶器抢夺”，是指行为人随身携带枪支、爆炸物、管制刀具等国家禁止个人携带的器械进行抢夺，或者为了犯罪而携带其他器械进行抢夺的行为[①]。行为人随身携带国家禁止个人携带的器械以外的其他器械抢夺，但有证据证明该器械确实不是为了实施犯罪准备的，不以抢劫罪定罪；行为人将随身携带凶器有意加以显示、能为被害人察觉到的，直接适用《刑法》第263条的抢劫罪定罪处罚；行为人携带凶器抢夺后，在逃跑过程中为窝藏赃物、抗拒抓捕或者毁灭罪证而当场使用暴力或者以暴力相威胁的，适用《刑法》第267条第2款的规定定罪处罚[②]。

---

① 参见最高人民法院《关于审理抢劫案件具体应用法律若干问题的解释》(法释〔2000〕35号)第6条。
② 参见最高人民法院《关于审理抢劫、抢夺刑事案件适用法律若干问题的意见》(法发〔2005〕8号)第4条。

（三）抢夺罪的刑事责任

依照《刑法》第267条的规定，犯本罪，数额较大的，或者多次抢夺的，处3年以下有期徒刑、拘役或者管制，并处或者单处罚金；数额巨大或者有其他严重情节的，处3年以上10年以下有期徒刑，并处罚金；数额特别巨大或者有其他特别严重情节的，处10年以上有期徒刑或者无期徒刑，并处罚金或者没收财产。

五、聚众哄抢罪

（一）聚众哄抢罪的概念和特征

聚众哄抢罪，是指以非法占有为目的，聚集多人公然夺取公私财物，数额较大或者情节严重的行为。

（1）本罪侵犯的客体是公私财产的所有权。本罪的犯罪对象，是各种各样的公私财物，一般是具有经济价值的财物，但至于财物为何性质，未指明。财产有动产与不动产之分，一般对动产成为本罪的犯罪对象没有疑问，动产的范围十分广泛，包括一切可以移动的生产资料和消费资料，如机器设备、牛马、原材料，以及柴米油盐等，而不动产上的可移动部分，如房屋上的门窗，果树上结的果实，以及证明不动产产权的文契等，都属于动产范围。对于不动产是否可成为本罪的犯罪对象存在争议。哄抢财物，意味着财物发生转移，从所有者、保管者的控制之下，转移到哄抢者手中，而不动产一般是不能用上述方法转移的，但是不能排除发生以贪利动机侵犯不动产的可能性。由于刑法未明确规定哄抢只限于动产，因此，对于哄抢不动产的，也可以本罪定罪。

（2）本罪客观方面表现为组织、策划、指挥众人公然夺取公私财物或者积极参与聚众公然抢夺公私财物，数额较大或者有其他严重情节的行为。聚众哄抢的特点是，聚集多人夺取公私财物，从人数上来看，必须是三人或者三人以上。参与哄抢的人员处于随时可能增加或者减少的状态；哄抢人不使用暴力、胁迫手段，依靠人多势众取得财物。

（3）本罪的主体为一般主体，即凡达到刑事责任年龄，具有刑事责任能力的人，均可成为本罪的主体。并非是所有参加聚众哄抢的行为人，而是只有其中的首要分子或者积极参加的人才能成为本罪主体，“首要分子”，是指在聚众哄抢中起组织、策划、指挥作用的人员。“积极参加的”人一般是指在聚众哄抢中，积极出主意，起骨干带头作用，哄抢财物较多的。

（4）本罪在主观方面表现为故意，即具有聚众哄抢的故意，目的是非法占有公私财物。以非法占有为目的，包括自己占有或者第三者占有。没有非法占有公私财物的目的，不能定本罪，实践中，有的人因与他人发生债务或财产纠纷，采用纠集多人强行夺取对方财物的方法，用以抵债，可以本罪论处。

（二）聚众哄抢罪的认定

（1）聚众哄抢罪与《刑法》第289条规定的聚众“打砸抢”的界限。前者一般只是聚集多人抢夺公私财物，一般不使用暴力手段，即使使用轻微暴力，也不针对人身，后者则是聚集多人又打又砸又抢，是一种破坏性更为强烈的严重犯罪，暴力色彩极为明显、浓厚；前者是一个独立的罪名,后者则不是独立的罪名。

(2)聚众哄抢罪与聚众扰乱公共秩序罪的界限。前者客观方面为聚众哄抢公私财物,侵犯的客体是公私财产所有权;后者表现为聚众扰乱各种公共场所的正常的秩序等活动,侵犯的客体是社会公共秩序;前者的犯罪对象是公私财产,后者则不一定。

(三)聚众哄抢罪刑事责任

依照《刑法》第268条的规定,犯本罪,数额较大或者有其他严重情节的,对首要分子和积极参加的,处3年以下有期徒刑、拘役或者管制,并处罚金;数额巨大或者有其他特别严重情节的,处3年以上10年以下有期徒刑,并处罚金。

六、侵占罪

(一)侵占罪的概念和特征

侵占罪,是指以非法占有他人财物为目的,将代为保管的他人财物或者他人的遗忘物、埋藏物非法占为己有,数额较大,拒不交还的行为。

(1)本罪客观方面表现为将代为保管的他人财物或者他人的遗忘物、埋藏物非法占为己有,数额较大,拒不交还的行为。第一,行为人必须具有非法占有他人财物的行为,这是构成侵占罪的前提条件。占有,是指主体对财物事实上的支配状态,不仅包括物理范围内的支配,而且也包括一般社会观念认可的财物支配状态。本罪的犯罪对象是他人的财物,包括:①他人委托自己代为保管的他人财物。既可以是个人财物,也可以是单位的财物。②遗忘物。遗忘物是指财物的所有人或者持有人由于不慎而暂时失去占有、控制的财物。③埋藏物。是指埋藏于地下的财物,除了有明确个人归属的以外,所有权都属于国家。第二,侵占的财物必须达到数额较大的程度,这是构成侵占罪的数额条件。第三,拒不退还,这是构成侵占罪的行为条件。如果行为人虽然有非法占有自己代为保管的他人财物、遗忘物、埋藏物的行为,但一经要求其退还或者交出立即退还或者交出,则不构成侵占罪。

(2)本罪的主体为一般主体,凡年满16周岁具有刑事责任能力的自然人均可构成本罪。

(3)本罪在主观方面必须出于故意,即明知属于他人交与自己保管的财物、遗忘物或者埋藏物而仍非法占为己有。过失不能构成本罪。构成本罪还必须具有非法占有的目的。仅有故意而无非法占有之目的,如故意毁坏所代管的他人财物、遗忘物或者埋藏物,或者要求他人偿付因代管等支出的费用而迟延交还的或者因不小心毁坏或丢失的等,就不能以本罪论处。

(二)侵占罪的认定

1. 侵占罪与职务侵占罪的界限

这两种犯罪虽然都是侵占财物的行为,但前者是一般主体的犯罪,后者是特殊主体的犯罪;前者侵占的是为他人代为保管的财物或者遗忘物、埋藏物,而后者侵占的是本单位的财物。

2. 本罪与盗窃罪的界限

侵占罪与盗窃罪同属侵犯财产罪，其主体都是一般主体。其区别主要表现在：盗窃罪是秘密窃取公私财物的行为，在盗窃时，财物并不在行为人控制之下；而侵占罪则是行为人实施侵占行为时，被侵占之物当时已在他的实际控制之下。

3. 本罪与贪污罪的界限

（1）犯罪对象不同。贪污罪只限于公共财产，且不能是不动产，而侵占罪不仅可以是公共财物，还可以是私人财物，且包括不动产。

（2）犯罪主体不同。侵占罪的主体是一般主体，只要是代为保管他人财物且对其加以侵占的人，均可成为本罪的主体。贪污罪的主体是特殊主体，即国家工作人员。

（3）犯罪客观方面表现不同。贪污罪表现为行为人必须利用职务上的便利，即利用自己职务范围内的权力和地位所形成的经手管理公共财物的便利条件。而侵占罪中行为人是否利用职务上的便利，并不影响该罪的成立。

（4）刑事诉讼地位不同。贪污罪是公诉案件，侵占罪是自诉案件。

（三）侵占罪的刑事责任

依照《刑法》第270条的规定，犯本罪，数额较大，拒不交还的，处2年以下有期徒刑、拘役或者罚金；数额巨大或者有其他严重情节的，处2年以上5年以下有期徒刑，并处罚金。本罪告诉的才处理。

七、职务侵占罪

（一）职务侵占罪的概念和特征

职务侵占罪，是指公司、企业或者其他单位的人员，利用职务上的便利，将本单位财物非法占为己有，数额较大的行为。

（1）本罪侵犯的客体是公司、企业或者其他单位的财产所有权。此处所称“公司”，是指按照《中华人民共和国公司法》规定设立的非国有的有限责任公司和股份有限公司；“企业”，是指除上述公司以外的非国有的经过工商行政管理机关批准设立的有一定数量的注册资金及一定数量的从业人员的营利性的经济组织，如商店、工厂、饭店、宾馆及各种服务性行业、交通运输行业等经济组织；其他单位，是指除上述公司、企业以外的非国有的社会团体或经济组织，包括集体或者民办的事业单位，以及各类团体。犯罪对象，是上述单位所有的各种财物，包括有形物与无体物。包括动产和不动产。所谓“动产”，不仅指已在公司、企业、其他单位占有、管理之下的钱财（包括人民币、外币、有价证券等），而且也包括本单位有权占有而未占有的财物，如公司、企业或其他单位拥有的债权。就财物的形态而言，犯罪对象包括有形物和无形物，如厂房、电力、煤气、天然气、工业产权，等等。

（2）本罪在客观方面表现为三个特征：一是行为人必须利用了职务上的便利，即利用自己职务上所具有的管理、经手本单位财物的方便条件。如果行为人不是利用自己职务上的便利，而是利用自己因工作关系对本单位环境、情况等比较熟悉的方便条件，非法占有本单位财物的，不能构成本罪。二是实施了非法占有本单位财物的行为，非法占有的方式可以是侵吞、盗窃、骗取等各种手段。如果非法占有的并不是本单位的财物,不能构成本罪。这种行为除了将代为保管的单位财物非法占为已有的侵占外,还包括利用职务之便的窃取、骗取等行为。根据《刑法》第183条的规定,保险公司的工作人员(但国有保险公司的工作人员和国有保险公司委派到非国有保险公司从事公务的人员除外),利用职务上的便利,故意编造未曾发生的保险事故进行虚假理赔,骗取保险金归自己所有的,以职务侵占罪论处。三是必须达到数额较大的,才能构成本罪。

(3)本罪主体为特殊主体,包括公司、企业或者其他单位的人员。具体是指三种不同身份的自然人,一是股份有限公司、有限责任公司的董事、监事,这些董事、监事必须不具有国家工作人员身份,他们是公司的实际领导者,具有一定的职权,当然可以成为本罪的主体。二是上述公司的人员,是指除公司董事、监事之外的经理、部门负责人和其他一般职员和工人。这些经理、部门负责人以及职员也必须不具有国家工作人员身份,他们或有特定的职权,或因从事一定的工作,可以利用职权或工作之便侵占公司的财物而成为本罪的主体,三是上述公司以外企业或者其他单位的人员,是指集体性质企业、私营企业、外商独资企业的职工,国有企业、公司、中外合资、中外合作企业等中不具有国家工作人员身份的所有职工。综上,凡具有国家工作人员身份的人员,利用职务或者工作上的便利,侵占本单位的财物的,应依照《刑法》第382条、第383条关于贪污罪的规定处罚,不具有国家工作人员身份的,利用职务上的便利,侵占本单位财物,则按本罪论处。这里所说的"国家工作人员"是指在国有公司、企业或者其他公司、企业中行使管理职权,并具有国家工作人员身份的人员,包括受国有公司、国有企业委派或者聘请,作为国有公司、国有企业代表,在中外合资、合作、股份制公司、企业等非国有公司企业中,行使管理职权,并具有国家工作人员身份的人员。具有国家工作人员身份的人,不能成为本罪的主体。

(4)本罪在主观方面是直接故意,且具有非法占有公司、企业或其他单位财物的目的。即行为人妄图在经济上取得对本单位财物的占有、收益、处分的权利。至于是否已经取得或行使了这些权利,并不影响犯罪的构成。

(二)职务侵占罪的认定

1. 认定为本罪的情形

对村民小组组长利用职务上的便利,将村民小组集体财产非法占为已有,数额较大的行为,应当依照《刑法》第271条第1款的规定,以职务侵占罪定罪处罚[①]。在国有资本控股、参股的股份有限公司中从事管理工作的人员,除受国家机关、国有公司、企业、事业单位委派从事公务的以外,不属于国家工作人员。对其利用职务上的便利,将本单位财物非法占为已有,数额较大的,应当依照《刑法》第271条第1款的规定,以职务侵占罪定罪处罚[②]。

2. 本罪与贪污罪的界限

如果是国有公司、企业或者其他国有单位中从事公务的人员和国有公司、企业或者其他国有单位委派到非国有公司、企业以及其他单位从事公务的人员,有利用职务上的便利将本

① 参见最高人民法院《关于村民小组组长利用职务便利非法占有公共财物行为如何定性问题的批复》(法释字〔1999〕12号)。

② 参见最高人民法院《关于在国有资本控股、参股的股份有限公司中从事管理工作的人员利用职务便利非法占有本公司财物如何定罪问题的批复》(法释〔2001〕17号)。

单位财物非法占为己有行为的，依照贪污罪的规定定罪处罚。

3. 本罪和诈骗罪的界限

两种犯罪都是以非法占有为目的，侵犯财产所有权的行为，两者的主要区别就在于：

（1）主体要件不同，本罪主体是特殊主体，必须是公司、企业或者其他单位的人员；而诈骗罪的主体为一般主体。

（2）犯罪对象不同。本罪的对象是本公司企业的财物，这种财物实际上已被行为人所掌握，而诈骗罪的对象是不为自己实际控制的他人财物。

（3）犯罪的行为不同。本罪是利用职务上的便利侵占本单位的财物；而诈骗罪则是用虚构的事实或者隐瞒事实真相的方法骗取他人的财物。

（三）职务侵占罪的刑事责任

依照《刑法》第271条的规定，犯本罪，数额较大的，处5年以下有期徒刑或者拘役；数额巨大的，处5年以上有期徒刑，可以并处没收财产。

八、挪用资金罪

（一）挪用资金罪的概念和特征

挪用资金罪，是指公司、企业或者其他单位的工作人员，利用职务上的便利，挪用单位资金归个人使用或者借贷给他人，数额较大，超过3个月未还的，或者虽然未超过3个月，但数额较大，进行营利活动或者非法活动的行为。

（1）本罪侵害的客体是公司、企业或者其他单位资金的使用收益权，对象则是本单位的资金。所谓本单位的资金，是指由单位所有或实际控制使用的一切以货币形式表现出来的财产。

（2）本罪客观方面表现为利用职务上的便利，挪用本单位资金归个人使用或者借贷给他人。在此前提下分为三种情况：一是数额较大、超过3个月未还的；二是虽未超过3个月，但数额较大、进行营利活动的；三是进行非法活动的。

利用职务上的便利，即利用自己主管、管理、经手单位资金的便利条件。挪用，是指不经合法批准，擅自动用所主管、管理、经手的单位资金，并准备归还。挪用包括挪用单位资金归个人使用与借贷给他人两种情况，其中的“他人”包括自然人与法人等单位。根据2000年6月30日最高人民法院《关于如何理解刑法第二百七十二条规定的“挪用本单位资金归个人使用或者借贷给他人”问题的批复》（法释〔2000〕22号），公司、企业或者其他单位的非国家工作人员，利用职务上的便利，挪用本单位资金归本人或者其他自然人使用，或者挪用人以个人名义将所挪用的资金借给其他自然人和单位，构成犯罪的，应当以挪用资金罪定罪处罚。根据2000年10月9日最高人民检察院《关于挪用尚未注册成立公司资金的行为适用法律问题的批复》，筹建公司的工作人员在公司登记注册前，利用职务上的便利，挪用准备设立的公司在银行开设的临时账户上的资金，归个人使用或者借贷给他人，构成犯罪的，应当以挪用资金罪论处。

（3）本罪主体必须是公司、企业或者其他单位的工作人员，但不包括国有公司、企业或者其他国有单位中从事公务的人员和国有公司、企业或者其他国有单位委派到非国有公司、企业以及其他单位从事公务的人员(其行为符合挪用公款罪的构成要件时,成立挪用公款罪)。根据《刑法》第185条的规定,银行或者其他金融机构的工作人员(国有金融机构工作人员和国有金融机构委派到非国有金融机构从事公务的人员除外),利用职务上的便利用本单位或者客户资金的,依照挪用资金罪定罪处罚。根据《最高人民法院关于对受委托管理、经营国有财产人员挪用国有资金行为如何定罪问题的批复》(法释〔2000〕5号),对于受国家机关、国有公司、企业、事业单位、人民团体委托,管理、经营国有财产的非国家工作人员,利用职务上的便利,挪用国有资金归个人使用构成犯罪的,应当以挪用资金罪定罪处罚。

(4)本罪在主观方面只能出于故意,即行为人明知自己在挪用或借贷本单位资金,并且利用了职务上的便利,而仍故意为之。

(二)挪用资金罪的认定

挪用本单位资金的行为,有一般违法违纪行为和犯罪行为之分。区分二者之间的界限,主要可以从以下两个方面分析:其一,挪用本单位资金的数额。这是衡量挪用本单位资金的行为的社会危害性的一个重要方面,对于挪用资金罪中"数额较大,超过3个月未还的"、"虽未超过3个月,但数额较大、进行营利活动的"这两种情形来说,"数额较大"是构成犯罪的必备要件。因此,在这种情况下,是否达到"数额较大",就成为区分一般的挪用本单位资金的违法违纪行为和犯罪行为的重要标准之一。对于挪用单位资金罪中"进行非法活动的"这种情况,虽然刑法并未规定数额上的要求,但是,从有关的司法解释的精神看,挪用数额很小,社会危害性不大的,并不作为犯罪,而只是作为一般的违法违纪行为处理。其二,挪用本单位资金的时间。这是衡量挪用本单位资金的行为的社会危害性的另一个重要方面。对于本罪中"数额较大、超过3个月未还的"这种情况而言,"超过3个月未还"就是构成挪用资金罪的必备要件。在这种情况下,挪用本单位资金是否超过3个月未还就成为区分一般的挪用本单位资金的违法违纪行为和犯罪行为的界限的重要标准之一。对于挪用资金罪中"虽未超过3个月,但数额较大、进行营利活动的"、"进行非法活动的"这两种情况,虽然刑法法中并无时间长短的要求,但是,如果挪用的时间很短,造成的社会危害性不大,可以不认为是犯罪,而作为一般的挪用本单位资金的违法违纪行为处理。

(三)挪用资金罪的刑事责任

依照《刑法》第272条的规定,犯本罪,数额较大的,处3年以下有期徒刑或者拘役;数额巨大或者数额较大不退还的,处3年以上10年以下有期徒刑。

九、挪用特定款物罪

(一)挪用特定款物罪的概念和特征

挪用特定款物罪,是指违反国家财经管理制度,挪用用于救灾、抢险、防汛、优抚、扶贫、移民、救济款物,情节严重,致使国家和人民群众利益遭受重大损害的行为。

(1)本罪侵犯的客体是国家对特定款物专款专用、专物专用的财经管理制度。本罪侵犯的对象，只能是国家用于救灾、抢险、防汛、优抚、扶贫、移民、救济的特定款物，既包括用于上述用途的由国家预算安排的民政事业费，又包括临时调拨的救灾、抢险、防汛等款物以及由国家募捐的救灾、救济款物。根据国家的有关规定，救灾款应重点用于灾情严重地区自力无法克服生活困难的灾民，不得平均分配和发放。抢险、防汛款用于购买抢险、防汛的物资、通讯器材、设备和其他有关开支。优抚款主要用于烈属、军属、残废军人等的抚恤、生活补助，以及疗养、安置等。救济款主要用于农村中由集体供给、补助后生活仍有困难的五保户、贫困户的生活救济；城镇居民中无依无靠、无生活来源的孤老、残、幼和无固定职业、无固定收入的贫困户的生活救济；无依无靠、无生活来源的散居归侨、外侨以及其他人员的生活困难救济等。为了救灾、抢险、防汛、优抚、扶贫、移民、救济等方面的需要，国家临时调拨、募捐或者用上述专款购置的食品、被服、药品、器材设备以及其他物资，也属于作为本罪对象的特定专用物资。特定款物不得挪作他用，也不得混用。挪用其他款物，即使是专用款物，如教育经费，也不能构成本罪。

(2)本罪在客观方面表现为挪用国家用于救灾、抢险、防汛、优抚、扶贫、移民、救济款物，情节严重，致使国家和人民群众利益遭受重大损害的行为。之所以不仅要求“情节严重”，还要求有“重大损害”的结果才追究刑事责任，是由于本罪的挪用行为与贪污罪、挪用公款罪、盗窃罪、诈骗罪中获取财物行为的性质毕竟不同。通常认为，挪用特定款物而造成抗洪、抗旱、抗震、防汛等工作的重大困难和损失的；挪用特定款物数额较大，直接侵害群众生活利益或者妨害恢复生产自救的；直接导致灾情扩大的；挪用特定款物而造成群众逃荒、疾病、死亡的等，构成挪用特定款物罪。

(3)本罪的主体是特殊主体，即对保管、分配和使用特定款物直接负责的主管人员和其他直接责任人员。

(4)本罪在主观方面表现为故意。即明知是国家救灾、抢险、防汛、优抚、扶贫、移民、救济款物而故意挪用，过失不能构成本罪。

(二)挪用特定款物罪的刑事责任

依照《刑法》第273条的规定，犯本罪的，处3年以下有期徒刑或者拘役；情节特别严重的，处3年以上7年以下有期徒刑。

十、敲诈勒索罪

(一)敲诈勒索罪的概念和特征

敲诈勒索罪，是指敲诈勒索公私财物，数额较大或多次敲诈勒索的行为。

(1)本罪侵犯的客体是复杂客体，不仅侵犯了公私财产所有权，而且侵犯了他人的人身权利等其他权利。

(2)从本罪的客观方面来看，应当把握三个特征：①行为人对被害人采取了威胁或者要挟的方法。威胁或者要挟的方法，是指对财物的所有人、保管人给予精神上的强制，造成其心理上的恐惧，使其不敢反抗。威胁或者要挟的方法通常包括以对被害人及其亲属的人身实施暴力相威胁；以毁坏被害人的人格、名誉相威胁；以毁坏财物相威胁；以揭发被害人的隐私相威胁；以栽赃陷害相威胁；等等。②行为人迫使被害人交出数额较大的公私财物或者多次敲诈勒索。③行为人已经实际非法占有了数额较大的公私财物或者已经实施了多次敲诈勒索的行为。数额、情节等依据两高《关于办理敲诈勒索刑事案件适用法律若干问题的解释》（法释〔2013〕10号）认定。2年内敲诈勒索3次以上的，应认定为"多次敲诈勒索"。

（3）本罪的主体为一般主体。凡达到法定刑事责任年龄且具有刑事责任能力的自然人均能构成本罪。

（4）本罪在主观方面表现为直接故意，必须具有非法强索他人财物的目的。如果行为人不具有这种目的，或者索取财物的目的并不违法，如债权人为讨还久欠不还的债务而使用带有一定威胁成分的语言，催促债务人加快偿还等，则不构成敲诈勒索罪。

（二）敲诈勒索罪的认定

1. 认定为本罪的情形

以在信息网络上发布、删除等方式处理网络信息为由，威胁、要挟他人，索取公私财物，数额较大，或者多次实施上述行为的，依照刑法第274条的规定，以敲诈勒索罪定罪处罚。[①]

2. 区分敲诈勒索罪与抢劫罪的界限

敲诈勒索罪的威胁方法与抢劫罪的胁迫方法有类似之处，又都具有非法占有公私财物的目的，二者的区别在于：

（1）前者的威胁既可以当面实施，也可以不当面实施；既可以由自己实施，也可以通过第三者实施。后者的威胁是当面直接对被害人实施的。

（2）前者威胁的内容既可以是当场实现的，也可以是在以后的某个时间实现的，后者威胁的内容只能是当场可以实现的。

（3）前者既可以是当场取得财物，也可以在以后的某个时间取得财物，后者只能是当场取得财物。

3. 区分敲诈勒索罪与绑架罪的界限

绑架罪中包括了向被绑架人的近亲属及其他人勒索财物的情况，它与敲诈勒索罪的关键区别在于是否实际上绑架了他人。例如，甲、乙合谋后，由与丙相识的甲将丙骗往外地游玩，乙给丙的家属打电话，声称已经"绑架"了丙，借以要求"赎金"的，不成立绑架罪，而成立敲诈勒索罪。

4. 区分敲诈勒索罪的既遂与未遂的界限

被害人基于恐惧心理处分财产，行为人取得了财物时，就是敲诈勒索罪的既遂。但是，如果被害人不是基于恐惧心理交付财物，而是基于怜悯心理提供财物，或者为了配合警察逮捕行为人而按约定时间与地点交付财物的（显然不属于处分财产的行为），只能认定为敲诈勒索罪的未遂。这是针对传统立法敲诈勒索罪是数额犯而言的，对于"多次敲诈勒索的"次数犯，它不以行为人是否实际取得财物为既遂、未遂的标准。

---

①参见最高人民法院、最高人民检察院《关于办理利用信息网络实施诽谤等刑事案件适用法律若干问题的解释》（法释〔2013〕21号）第6条。

（三）敲诈勒索罪的刑事责任

依照《刑法》第274条的规定，犯本罪，数额较大或者多次敲诈勒索的，处3年以下有期徒刑、拘役或者管制，并处或者单处罚金；数额巨大或者有其他严重情节的，处3年以上10年以下有期徒刑，并处罚金；数额特别巨大或者有其他特别严重情节的，处10年以上有期徒刑，并处罚金。

十一、故意毁坏财物罪

（一）故意毁坏财物罪的概念和特征

故意毁坏财物罪，是指故意毁灭或者损坏公私财物，数额较大或者情节严重的行为。

（1）本罪侵犯的客体是公私财物的所有权。犯罪对象可以是各种形式的公私财物，包括生产资料、生活资料；动产、不动产等等。但是，如果行为人所故意毁坏的是刑法另有规定的某些特定财物，危害其他客体要件的，应按刑法有关规定处理。例如，破坏交通工具、交通设备、易燃易爆设备、广播电视、电信设施等危害公共安全的，按刑法分则第2章有关罪名论处。

（2）本罪客观上表现为毁坏公私财物。对象为公私财物，既可以是动产，也可以是不动产。行为表现为毁坏。关于毁坏的含义，刑法理论上存在不同学说。物质的毁坏说认为，毁坏是指通过对物的全部或者部分进行物质性破坏、毁损，以致全部不能或者部分不能遵从该财物的本来用法进行使用的行为。根据这一学说，使他人鱼池的鱼游失、将他人的戒指扔入海中等行为不属于毁坏。有形侵害说认为，毁坏是指针对物体行使有形力，毁损物体或者损害物体的价值、效用的行为。根据这一观点，使他人鱼池的鱼游失的行为不是毁坏，但将他人的戒指扔入海中的行为属于毁坏。本来的用法侵害说认为，毁坏是指物质性地损害财物的全体或者一部，或者使物达到不能遵从其本来的用法进行使用的状态的行为。一般的效用侵害说认为，有损财物的效用的一切行为，都是毁坏。本书采取一般的效用侵害说，即不限于从物理上变更或者消灭财物的形体，而是包括丧失或者减少财物的效用的一切行为。所谓财物效用的丧失与减少，不仅包括因为物理上、客观上的损害而导致财物的效用丧失或减少，而且包括因为心理上、感情上的缘故而导致财物的效用丧失或者减少（如将餐具装入粪便）；不仅包括财物本身的丧失，而且包括被害人对财物占有的丧失等情况。毁坏财物数额较大或者有其他严重情节的，才成立本罪。但毁坏耕地或者进行破坏性采矿的，成立其他犯罪，不成立本罪；毁坏交通工具、交通设施、易燃易爆等设备，危害公共安全的，成立危害公共安全的犯罪，也不成立本罪。

（3）本罪的主体是一般主体，凡达到刑事责任年龄且具备刑事责任能力的自然人均能构成本罪。

（4）本罪主观方面表现为故意。犯罪目的不是非法获取财物而是将财物毁坏。这是侵犯财产罪中毁财型犯罪与其他贪利型犯罪的根本区别。犯罪动机各种各样，一般是出于个人报复或妒嫉等心理。除刑法特别规定的失火、过失决水、过失爆炸以及过失破坏交通工具、交通设备、易燃易爆设备、广播电视、电信设施等犯罪需按有关条文追究刑事责任外，过失毁坏公私财物的，不构成犯罪，属于民事赔偿问题。

（二）故意毁坏财物罪的刑事责任

依照《刑法》第275条的规定，犯本罪，数额较大或者有其他严重情节的，处3年以下有期徒刑、拘役或者罚金；数额巨大或者有其他特别严重情节的，处3年以上7年以下有期徒刑。

十二、破坏生产经营罪

（一）破坏生产经营罪的概念和特征

破坏生产经营罪，是指由于泄愤报复或者其他个人目的，毁坏机器设备、残害耕畜或者以其他方法破坏生产经营的行为。

（1）本罪所侵害的客体是生产经营的正常活动。生产经营，就其范围而言，非常广泛，如工业、农业、林业、牧业、渔业、副业等生产经营活动以及与这些产业的生产经营密切相关的建筑业、运输业、第二产业、商业等。就性质而言，既包括国有的，也包括集体的，还包括个体的、私有的、外资的等。只要属于生产经营，不论其属于何种性质，对之加以破坏的，都可构成本罪。

（2）本罪在客观方面表现为以毁坏机器设备、残害耕畜或其他方法破坏生产经营的行为。其他方法则多种多样，如切断电源，破坏锅炉、供料线，颠倒冷热供给程序、破坏电脑致使生产指挥、工艺流程产生混乱，以影响工业生产、破坏农业机械、排灌设备、农具，毁坏种子、秧苗、树苗、庄稼、果树、鱼苗等，毁坏农业生产；破坏运输、储存工具，影响商业经营，等等。至于其方式，则既可以表现为积极的作为，如砸碎、烧毁，又可以表现为消极的不作为，如明知有故障而不加排除。但不论方式如何，采用的手段怎样，破坏的对象都必须与生产经营活动直接相联系，破坏用于生产经营的生产工具、生产工艺、生产对象等。如果是毁坏闲置不用或在仓库备用的机器设备、已经收获并未用于加工生产的粮食、水果，残害已经丧失畜役力的待售肉食牲畜的行为，则由于它们与生产经营活动没有直接联系，因此不能构成本罪。构成犯罪的，应以他罪如故意毁坏财物罪等定罪量刑。

（3）本罪的犯罪主体是一般主体，即凡年满16周岁以上、具有刑事责任能力的自然人均可构成本罪主体。

（4）本罪在主观方面表现为直接故意，并且具有泄愤报复或者其他个人目的。

（二）破坏生产经营罪的认定

（1）本罪与放火罪、决水罪、爆炸罪、投放危险物质罪的界限。上述方法也可能被用来破坏生产经营，这时，行为不仅触犯了破坏生产经营罪，同时也触犯了上述危害公共安全罪，对这种同时触犯两种罪名的行为，刑法理论称想象竞合犯，从一重处理。

（2）本罪与破坏交通工具、破坏交通设备、破坏电力设备及易燃易爆设备罪的界限。破坏上述特定对象，往往会直接或者间接地使生产经营遭到破坏，对这种破坏行为定性，主要从犯罪对象和客体上分析，凡破坏生产过程中的上述工具、设备，危害的主要是生产经营的，定破坏生产经营罪；凡破坏的是用于公共生活的上述工具、设备，危害的主要是公共安全的，分别按破坏交通工具罪、破坏交通设备罪、破坏电力设备罪和破坏易燃易爆设备罪定性。

(3)本罪与重大责任事故罪的界限。区别这两种罪,关键要查明行为人主观罪过的形式,首先查明破坏行为是故意实施的,还是过失实施的,其次查明行为人有无泄愤报复等个人动机。过失实施破坏行为,给生产造成重大损失的,构成重大责任事故罪。而出于泄愤报复等个人目的故意实施破坏生产经营行为的,构成破坏生产经营罪。

(三)破坏生产经营罪的刑事责任

依照《刑法》第276条的规定,犯本罪的,处3年以下有期徒刑、拘役或者管制;情节严重的,处3年以上7年以下有期徒刑。

十三、拒不支付劳动报酬罪

(一)拒不支付劳动报酬罪的概念和特征

拒不支付劳动报酬罪,是指以转移财产、逃匿等方法逃避支付劳动者的劳动报酬或者有能力支付而不支付劳动者的劳动报酬,数额较大,经政府有关部门责令支付仍不支付的行为。

(1)本罪犯罪客体是双重客体,既侵犯劳动者的财产权,又妨碍了正常的劳动用工关系,侵犯了社会主义市场经济秩序。

(2)本罪的客观方面表现为以转移财产、逃匿等方法逃避支付报酬或者有能力支付而不支付劳动者的劳动报酬,数额较大,经政府有关部门责令支付仍不支付。"以转移财产、逃匿等方法逃避支付劳动者的劳动报酬"是指以逃避支付劳动者的劳动报酬为目的的下列形式之一:①隐匿财产、恶意清偿、虚构债务、虚假破产、虚假倒闭或者以其他方法转移、处分财产的;②逃跑、藏匿的;③隐匿、销毁或者篡改账目、职工名册、工资支付记录、考勤记录等与劳动报酬相关的材料的;④以其他方法逃避支付劳动报酬的。

(3)本罪犯罪主体为一般主体,即企业和自然人①。

(4)本罪在主观方面表现为故意,包括直接故意和间接故意。即主观上明知自己的"不支付劳动者劳动报酬"的这种不作为行为会产生劳动者不能及时实际得到劳动报酬的社会危害后果,却希望或放任这种后果发生。

认定本罪的主要依据有最高人民法院《关于审理拒不支付劳动报酬刑事案件适用法律若干问题的解释》(法释〔2013〕3号)、最高人民法院、最高人民检察院、人力资源和社会保障部、公安部《关于加强对拒不支付劳动报酬案件查处工作的通知》(人社部发〔2012〕3号)、最高人民法院、最高人民检察院、人力资源和社会保障部、公安部《关于加强涉嫌拒不支付劳动报酬犯罪案件查处衔接工作的通知》(人社部发〔2014〕100号)。

---

①不具备用工主体资格的单位或者个人(包工头),违法用工且拒不支付劳动者报酬,数额较大,经政府有关部门责令支付仍不支付的,应当以拒不支付劳动报酬罪追究刑事责任。不具备用工主体资格的单位或者个人(包工头)拒不支付劳动报酬,即使其他单位或者个人在刑事立案前为其垫付了劳动报酬的,也不影响追究该用工单位或者个人(包工头)拒不支付劳动报酬罪的刑事责任。参见最高人民法院指导性案例第28号:胡某某拒不支付劳动报酬案。

(二)拒不支付劳动报酬罪的刑事责任

依照《刑法》第276条之一的规定,犯本罪的,处3年以下有期徒刑或者拘役,并处或者单处罚金;造成严重后果的,处3年以上7年以下有期徒刑,并处罚金。单位犯本罪的,对单位判处罚金,并对其直接负责的主管人员和其他直接责任人员,依照自然人犯本罪的规定处罚。拒不支付劳动报酬,尚未造成严重后果,在提起公诉前支付劳动者的劳动报酬,并依法承担相应赔偿责任的,可以减轻或者免除处罚。

第二十六章　妨害社会管理秩序罪

妨害社会管理秩序罪，大多以违反秩序管理法规为前提。秩序管理法规中，一部分与道德规范具有密切联系，另一部分则与道德规范没有密切联系，因此，本章犯罪中既有传统型的自然犯，也有现代型的法定犯。

第一节　妨害社会管理秩序罪概述

一、妨害社会管理秩序罪的概念与构成特征

（一）妨害社会管理秩序罪的概念

妨害社会管理秩序罪，是指故意或过失地妨害国家机关或者其他有关机构对日常社会的管理活动，破坏社会正常秩序，情节严重，依法应予刑罚处罚的行为。

刑法规定本类犯罪是为了维护社会管理秩序。社会秩序，是指由社会生活所必须遵守的行为准则与国家管理活动所调整的社会模式、结构体系和社会关系的有序性、稳定性与连续性。人类并不仅仅满足于能够生存下去的状态，相反具有从混乱走向秩序的倾向。但秩序的形成与维护需要规范，一定的社会秩序总是与一定的行为准则相联系；秩序的形成与维护也需要管理，一定的社会秩序总是依赖于一定的管理活动。公民遵守行为准则与国家从事管理活动，是维护社会秩序的基本条件。因此，在某种意义上说，社会秩序与社会管理秩序是同义语。

所谓社会管理秩序，是个含义十分广泛的概念，可以从广义、中间意义以及狭义三个层面加以理解。广义的社会管理秩序是指国家机关或有关机构对社会方方面面进行管理所形成的整个社会有条不紊的状态。因为国家机关或有关机构对社会的管理活动是多方面的，例如有政治管理、经济管理、文化管理等，这样的管理形成了相对应的秩序，如政治秩序、经济秩序、文化秩序等。中间意义上的社会管理秩序，是指除经济秩序、政治秩序以外的社会秩序，包括军事管理秩序、财产管理秩序等。狭义的社会管理秩序是指国家机关或有关机构对日常社会生活进行管理而形成的有序状态。这种日常生活，如公共生活、治安管理、司法活动、文化管理、自然资源和环境保护等，既有别于国家生活，也不同于个人生活，成为相对独立的一个领域。刑法所规定的犯罪都从不同角度破坏了社会管理秩序。

本章犯罪所侵犯的社会管理秩序，指的是狭义的社会管理秩序，即除政治秩序、经济秩序、公共安全、公民权利、财产关系、职务行为的廉洁性、国防利益、国家机关正常活动、军事利益以外的其他社会管理秩序。

(二)妨害社会管理秩序罪的构成特征

(1)本类犯罪侵犯的客体是社会管理秩序,即国家机关或其他有关机构依法对社会进行管理而形成的有序状态。

(2)客观方面表现为行为人实施了违反国家的秩序管理法规,妨害国家对社会的管理活动,破坏社会秩序,情节严重的行为。本章犯罪都表现为妨害国家对社会的管理活动,破坏社会秩序,并且情节严重,因此,大多属于作为犯罪。由于社会管理秩序的范围广泛,秩序管理活动的范围也广泛,因此,妨害社会管理秩序的犯罪行为的具体内容与表现形式多种多样,这是本章犯罪的重要特点。

(3)本类犯罪的主体,多为一般主体,也有少数是特殊主体。在本章的自然人犯罪主体中,除贩卖毒品罪的主体可以是已满14周岁,具有辨认控制能力的自然人以外,其他自然人犯罪主体必须是已满16周岁,具有辨认控制能力的自然人。少数犯罪要求行为人具有特殊身份,如包庇、纵容黑社会性质组织罪。个别犯罪的主体只能是单位,如采集、供应血液、制作、供应血液制品事故罪。少数犯罪主体即可以由自然人构成也可以由单位构成,如掩饰、隐瞒犯罪所得、犯罪所得收益罪。

(4)本类犯罪的主观方面大多数出于故意,其中有少数犯罪要求行为人出于特定目的。例如,赌博罪主观方面要求以营利为目的,制作、复制、出版、贩卖、传播淫秽物品牟利罪主观方面必须以牟利为目的。对于某种犯罪主观上既可以出自故意,也可以出自过失,如泄露国家秘密罪。但也有少数犯罪主观上表现为过失,如医疗事故罪等。

二、妨害社会管理秩序罪的类型

根据《刑法》分则第六章的规定,妨害社会管理秩序罪分为以下九类:

(一)扰乱公共秩序罪

这类犯罪妨害了社会公众生活秩序以及公共场所秩序,具体包括50个罪名:妨害公务罪,煽动暴力抗拒法律实施罪,招摇撞骗罪,伪造、变造、买卖国家机关公文、证件、印章罪,盗窃、抢夺、毁灭国家机关公文、证件、印章罪,伪造公司、企业、事业单位、人民团体印章罪,伪造、变造、买卖身份证件罪,使用虚假身份证件、盗用身份证件罪,非法生产、买卖警用装备罪,非法获取国家秘密罪,非法持有国家绝密、机密文件、资料、物品罪,非法生产、销售专用间谍器材、窃听、窃照专用器材罪,非法使用窃听、窃照专用器材罪,组织考试作弊罪,非法出售、提供试题、答案罪,代替考试罪,非法侵入计算机信息系统罪,非法获取计算机信息系统数据、非法控制计算机信息系统罪,提供侵入、非法控制计算机信息系统程序、工具罪,破坏计算机信息系统罪,拒不履行信息网络安全管理义务罪,非法利用信息网络罪,帮助信息网络犯罪活动罪,扰乱无线电通讯管理秩序罪,聚众扰乱社会秩序罪,聚众冲击国家机关罪,扰乱国家机关工作秩序罪,组织、资助非法聚集罪,聚众扰乱公共场所秩序、交通秩序罪,投放虚假危险物质罪,编造、故意传播虚假恐怖信息罪,编造、故意传播虚假信息罪,聚众斗殴罪,寻衅滋事罪,组织、领导、参加黑社会性质组织罪,入境发展黑社会组织罪,包庇、纵容黑社会性质组织罪,传授犯罪方法罪,非法集会、游行、示威罪,非法携带武器、管制刀具、爆炸物参加集会、游行、示威罪，破坏集会、游行、示威罪，侮辱国旗、国徽罪，组织、利用会道门、邪教组织、利用迷信破坏法律实施罪，组织、利用会道门、邪教组织、利用封建迷信致人重伤、死亡罪，聚众淫乱罪，引诱未成年人聚众淫乱罪，盗窃、侮辱、故意毁坏尸体、尸骨、骨灰罪，赌博罪，开设赌场罪，故意延误投递邮件罪。

（二）妨害司法罪

这类犯罪妨害了司法机关的正常活动秩序，具体包括20个罪名：伪证罪，辩护人、诉讼代理人毁灭证据、伪造证据、妨害作证罪，妨害作证罪，虚假诉讼罪，打击报复证人罪，帮助毁灭、伪造证据罪，泄露不应公开的案件信息罪，披露、报道不应公开的案件信息罪，扰乱法庭秩序罪，窝藏、包庇罪，拒绝提供间谍犯罪、恐怖主义犯罪、极端主义犯罪证据罪，掩饰、隐瞒犯罪所得、犯罪所得收益罪，拒不执行判决、裁定罪，非法处置查封、扣押、冻结的财产罪，破坏监管秩序罪，脱逃罪，劫夺被押解人员罪，组织越狱罪，暴动越狱罪，聚众持械劫狱罪。

（三）妨害国（边）境管理罪

这类犯罪妨害了国（边）境管理秩序，具体包括8个罪名：组织他人偷越国（边）境罪，骗取出境证件罪，提供伪造、变造的出入境证件罪，出售出入境证件罪，运送他人偷越国（边）境罪，偷越国（边）境罪，破坏界碑、界桩罪，破坏永久性测量标志罪。

（四）妨害文物管理罪

这类犯罪妨害了国家对文物的管理秩序，具体包括10个罪名：故意损毁文物罪，故意损毁名胜古迹罪，过失损毁文物罪，非法向外国人出售、赠送珍贵文物罪，倒卖文物罪，非法出售、私赠文物藏品罪，盗掘古文化遗址、古墓葬罪，盗掘古人类化石、古脊椎动物化石罪，抢夺、窃取国有档案罪，擅自出卖、转让国有档案罪。

（五）危害公共卫生罪

这类犯罪妨害了公共卫生管理秩序，具体包括11个罪名：妨害传染病防治罪，传染病菌种、毒种扩散罪，妨害国境卫生检疫罪，非法组织卖血罪，强迫卖血罪，非法采集、供应血液、制作、供应血液制品罪，采集、供应血液、制作、供应血液制品事故罪，医疗事故罪，非法行医罪，非法进行节育手术罪，妨害动植物防疫、检疫罪。

（六）破坏环境资源保护罪

这类犯罪破坏了环境资源保护，妨害了对环境资源的管理秩序，具体包括15个罪名：污染环境罪，非法处置进口的固体废物罪，擅自进口固体废物罪，非法捕捞水产品罪，非法猎捕、杀害珍贵、濒危野生动物罪，非法收购、运输、出售珍贵、濒危野生动物、珍贵、濒危野生动物制品罪，非法狩猎罪，非法占有农用地罪，非法采矿罪，破坏性采矿罪，非法采伐、毁坏国家重点保护植物罪，非法收购、运输、加工、出售国家重点保护植物、国家重点保护植物制品罪，盗伐林木罪，滥伐林木罪，非法收购、运输盗伐、滥伐林木罪。

(七)走私、贩卖、运输、制造毒品罪

这类犯罪通称为毒品犯罪,妨害了国家对毒品的禁止、管理秩序,危害了公共健康,具体包括11个罪名:走私、贩卖、运输、制造毒品罪,非法持有毒品罪,包庇毒品犯罪分子罪,窝藏、转移、隐瞒毒品、毒赃罪,非法生产、买卖、运输制毒物品、走私制毒物品罪,非法种植毒品原植物罪,非法买卖、运输、携带、持有毒品原植物种子、幼苗罪,引诱、教唆、欺骗他人吸毒罪,强迫他人吸毒罪,容留他人吸毒罪,非法提供麻醉药品、精神药品罪。

(八)组织、强迫、引诱、容留、介绍卖淫罪

这类犯罪妨害了国家对社会风尚的管理秩序,具体包括6个罪名:组织卖淫罪,强迫卖淫罪,协助组织卖淫罪,引诱、容留、介绍卖淫罪,引诱幼女卖淫罪,传播性病罪。

(九)制作、贩卖、传播淫秽物品罪

这类犯罪妨害了国家对文化市场以及性风尚的管理秩序,具体包括5个罪名:制作、复制、出版、贩卖、传播淫秽物品牟利罪,为他人提供书号出版淫秽书刊罪,传播淫秽物品罪,组织播放淫秽音像制品罪,组织淫秽表演罪。

第二节 扰乱公共秩序罪罪名分述

一、妨害公务罪

(一)妨害公务罪的概念和特征

妨害公务罪,是指以暴力、威胁方法阻碍国家机关工作人员依法执行职务,阻碍人民代表大会代表依法执行代表职务,阻碍红十字会工作人员依法履行职责的行为;或者故意阻碍国家安全机关、公安机关依法执行国家安全工作任务,虽未使用暴力、威胁方法,但造成严重后果的行为;或者暴力袭击正在依法执行职务的人民警察的行为。

(1)本罪侵犯的客体是国家机关、人民代表大会、红十字会、国家安全机关以及公安机关依法执行职务的活动。本罪侵害的对象,是依法正在执行职务的国家机关工作人员。"执行职务",既包括在国家机关工作时间和场所内的公务活动,也包括根据特定的命令在其他场所的公务活动。比如,公安人员,不论在何时何地抓捕正在实施犯罪的犯罪嫌疑人,都是依法执行职务。但是,超越职权范围的活动,或者滥用职权侵犯国家和群众利益的活动,受到他人阻止的,不构成妨害公务罪。本罪的犯罪对象还包括人大代表和红十字会工作人员。如果阻碍军人执行职务的,构成《刑法》第368条的规定以阻碍军人执行职务罪处罚,不成立妨碍公务罪。依法执行国家安全工作任务的国家安全机关、公安机关,依法执行职务的人民警察也是本罪的犯罪对象。

(2)客观方面表现为有下列阻碍执行职务情形之一:①以暴力、威胁方法阻碍国家机关工作人员依法执行职务。这是妨害公务罪的典型类型。所谓暴力,是指对国家工作人员的身

体实行打击或强制，如殴打、捆绑等。所谓威胁，指以口头或者书面的形式，对国家工作人员以实行杀害、伤害、破坏名誉等相要挟，阻碍实施公务。②以暴力、威胁的方法阻碍人民代表大会代表依法执行代表职务。这是妨害公务罪的第二种类型。③在自然灾害和突发性事件中，以暴力、威胁方法阻碍红十字会工作人员依法履行职责的行为。这是妨害公务罪的第三种类型。④虽未使用暴力、威胁方法，但阻碍国家安全机关、公安机关的人员依法执行国家安全任务，造成严重后果的行为。这是妨害公务罪的第四种类型。与前三种类型不同，阻碍执行国家安全工作任务的行为，不要求使用暴力、胁迫方法，但要求造成严重后果。所谓严重后果，是指如犯罪嫌疑人逃跑，侦查线索中断，犯罪证据灭失，犯罪现场遭到严重破坏，赃款赃物被转移等。⑤暴力袭击正在依法执行职务的人民警察的行为。这是妨害公务罪的第五种类型。

（3）主体必须是已满16周岁，具有辨认、控制能力的自然人，至于行为人与国家机关工作人员的职务行为有无特定关系，则在所不问。

（4）主观方面只能是故意，行为人明知国家机关、人民代表大会、红十字会、国家安全机关、公安机关以及人民警察正在依法执行或履行职务，而故意以暴力、胁迫方法予以阻碍，希望或者放任使之无法正常执行职务或者履行职责的结果发生。如果行为人不知道所侵害的对象是上述人员，或者虽然知道是上述人员，但不知道其正在依法执行职务，或者误认为其依法执行公务的行为不合法，而加以阻碍，则不构成本罪。

（二）妨害公务罪的认定

1. 正确区分罪与非罪的界限

首先对于人民群众与国家机关工作人员的违法乱纪活动作斗争的行为，应当予以鼓励，不能认定为本罪。对于人民群众因合理要求没有得到满足而与国家机关工作人员发生轻微冲突的行为，应当正确疏导，不能认定为本罪。对于使用了轻微暴力、胁迫手段但客观上不足以阻碍国家机关工作人员依法执行职务的行为，应当批评教育，不能认定为犯罪。依法执行公务的对方（如被逮捕者）实施的一般暴力、胁迫行为，不宜认定为妨害公务罪。

2. 正确区分一罪与数罪

如果行为人以暴力妨害公务的行为造成了国家机关、人民代表大会、红十字会、国家安全机关以及公安机关人员的人身伤害或死亡，属于想象竞合犯，应从一重罪论处。妨害公务的行为，可能成为其他犯罪的手段，在这种情况下，原则上应从一重罪论处，但刑法有特别规定的，应当依照刑法的特别规定处理。例如，以暴力、胁迫方法抗拒缉私的，应以走私罪和本罪实行数罪并罚。再如，在运送他人偷越国（边）境中以暴力、胁迫方法抗拒检查的，应选择刑法规定的较重法定刑。此外，本罪的暴力行为如果触犯了其他罪名，如暴力行为致人重伤，抢夺依法执行职务的司法工作人员的枪支等，原则上应从一重罪论处。

（三）妨害公务罪的刑事责任

依照《刑法》第277条第1款的规定，犯本罪的，处3年以下有期徒刑、拘役、管制或者罚金。这种较轻的法定刑，说明了本罪中的暴力不包括致人重伤、死亡的。暴力袭击正在依法执行职务的人民警察的，以妨害公务罪从重处罚。

二、煽动暴力抗拒法律实施罪

(一)煽动暴力抗拒法律实施罪的概念和特征

煽动暴力抗拒法律实施罪,是指故意煽动群众暴力抗拒国家法律、行政法规的实施,扰乱公共秩序的行为。

本罪侵犯的客体是国家法律和行政法规的正常实施秩序。客观方面表现为煽动群众暴力抗拒国家法律、行政法规实施,扰乱社会秩序的行为。煽动是指以鼓动性言词或文字引导、劝诱、挑动、促使群众实施某种行为。主体为一般主体,即年满16周岁且具有刑事责任能力的自然人。主观方面表现为故意,即明知自己的行为会发生群众暴力抗拒国家法律、行政法规实施的结果并且希望这种结果的发生的心理状态。过失不能构成此罪。

(二)煽动暴力抗拒法律实施罪的认定

1. 本罪与煽动分裂国家罪和煽动颠覆国家政权罪的界限

主要在于目的和煽动的内容不同,煽动暴力抗拒法律实施罪是以阻碍法律、行政法规实施为目的,煽动群众使用暴力抗拒法律、行政法规的实施;而煽动分裂国家罪和煽动颠覆国家政权罪,则是以分裂国家或者倾覆国家政权和社会主义制度为目的,煽动民族分裂、地方割据或者煽动推翻人民民主专政政权和社会主义制度。

2. 本罪与妨害公务罪的界限

《刑法》第277条妨害公务罪第1款"以暴力、威胁方法阻碍国家机关工作人员依法执行职务的"和第4款"故意阻碍国家安全机关、公安机关依法执行国家安全工作的任务,未使用暴力、威胁方法,造成严重后果的",是妨害公务罪的两种客观表现。法律、行政法规的实施是通过行政执法人员、司法人员履行公务来进行的,因而阻碍其公务执行也可看作阻碍法律、行政法规实施。但本罪所针对的不是具体的公务行为,而是国家法律、行政法规的实施。再者,两罪的客观表现不同,后者表现为行为人以暴力、威胁的方法阻碍国家机关工作人员、人大代表、红十字会工作人员,或未使用暴力、威胁方法阻碍安全机关、公安机关依法执行职务或履行职责。如果行为人在煽动特定的多数人暴力抗拒法律、行政法规实施时,在煽动的具体内容中又有以暴力等方法阻碍公务行为的,应以想象竞合犯依煽动暴力抗拒法律实施罪定罪处罚。

3. 本罪的既遂与未遂

煽动群众暴力抗拒法律实施罪属于行为犯,只要行为人实施了此种犯罪,则构成本罪的既遂,并不要求被煽动的群众实施了暴力抗拒法律实施的行为,也不要求被煽动群众的抗拒行为造成严重的后果。

(三)煽动暴力抗拒法律实施罪的刑事责任

依照《刑法》第278条的规定,犯本罪的,处3年以下有期徒刑、拘役、管制或者剥夺政治权利;造成严重后果的,处3年以上7年以下有期徒刑。

三、招摇撞骗罪

（一）招摇撞骗罪的概念和特征

招摇撞骗罪，是指以谋取非法利益为目的，冒充国家机关工作人员招摇撞骗的行为。

(1)本罪侵犯的客体是国家机关的威信及其正常活动，同时损害公共利益或公民的合法权益

(2)客观方面表现为冒充国家机关工作人员进行招摇撞骗的行为。所谓冒充，指冒充国家机关中依法从事公务的人员的身份或职位，可以是非国家机关工作人员冒充国家机关工作人员，也可以是一般国家机关工作人员冒充上级国家机关工作人员。客观方面包括冒充国家机关工作人员与招摇撞骗两个行为，如果行为人只是冒充国家机关工人员而未进行招摇撞骗，或者虽然招摇撞骗但冒充的不是国家机关工作人员，则不构成本罪。

(3)本罪的主体为一般主体，即任何达到刑事责任年龄，具备刑事责任能力的人都可以成为本罪的主体。非国家工作人员和国家工作人员均可构成本罪。

(4)本罪在主观方面只能是出于故意，其犯罪目的是为了谋取非法利益。这里所说的非法利益，不单指物质利益，也包括各种非物质利益，例如，为了骗取某种政治待遇或者荣誉待遇，甚至为了骗取“爱情”，玩弄异性等。

（二）招摇撞骗罪的认定

(1)本罪与诈骗罪的关系。刑法理论界存在重大分歧：有的主张二者是普通法条与特殊法条的法条竞合关系，有的主张二者只可能出现事实的竞合，即属于想象竞合犯。法条竞合的观点会得出不合理的结论，如果按照特殊法条优先的原则，适用特殊法条招摇撞骗罪，但后者的法定刑最高10年，而诈骗罪的法定最高刑为无期徒刑，明显做不到罪刑相适应的原则。而且两罪的法益并不存在包含关系。而按照想象竞合的观点，可以有效地克服法条竞合观点的出现。正因为如此，当前刑法理论和司法实践的主流观点都采取了想象竞合的观点。

(2)本罪与敲诈勒索罪的界限。在司法实践中，行为人冒充国家机关工人员的身份进行招摇撞骗与假冒国家机关工作人员的身份向被害人进行胁迫、威逼、强行索取财物的行为相类似。这两种行为都与职务的国家权力性质有关，其区别在于前者是利用冒充国家机关工作人员的身份欺骗被害人，使之自愿地交出财物，而后者是利用冒充国家机关工作人员的身份，进行恐吓、威胁被害人，使之由于恐惧、害怕而被迫交出财物；前者一般采取比较平和的手段进行，而后者一般采用暴力、威胁的方法进行。

（三）招摇撞骗罪的刑事责任

依照《刑法》第279条的规定，犯本罪的，处3年以下有期徒刑、拘役、管制或者剥夺政治权利；情节严重的，处3年以上10年以下有期徒刑。冒充人民警察招摇撞骗的，从重处罚。

四、伪造、变造、买卖国家机关公文、证件、印章罪

伪造、变造、买卖国家机关公文、证件、印章罪，是指伪造、变造、买卖国家机关的公文、证件、印章的行为。

（1）本罪侵犯的客体为国家对社会的正常管理秩序。国家机关是代表国家行使管理社会职能的机构，国家机关的公文、证件、印章是国家机关管理社会的重要手段，伪造、变造、买卖国家机关公文、证件、印章的行为，严重扰乱了国家机关管理社会的秩序，具有相当的社会危害性，应予刑罚处罚。

（2）本罪客观方面表现为实施了伪造、变造、买卖国家机关的公文、证件、印章的行为。国家机关包括立法机关、行政机关与司法机关，以及中国共产党的各级机关和中国人民政治协商会议的各级机关。公文，是指以国家机关名义制作的处理公务的文书即公文书。证件，一般是指有权制作的国家机关颁发的，用以证实身份、权利义务关系或者其他事项的凭证。印章，应包括印形与印影。印形是指固定了国家机关名称等内容并可以通过一定方式表示在其他物体上的图章；印影是指印形加盖在纸张等物体上呈现的形象。伪造公文、证件，是指伪造应当由国家机关制作的公文、证件，包括有形伪造和无形伪造。有形伪造公文、证件是指没有制作权限的人，冒用国家机关名义制作公文、证件。无形伪造公文、证件是指有制作权限的人，擅自以国家机关的名义制作与事实不相符合的公文、证件。

（3）本罪主体是一般主体，即年满16周岁并具有刑事责任能力的自然人，单位不能成为本罪的主体。

（4）本罪主观方面是故意，而且一般为直接故意，即行为人明知其行为是伪造、变造、买卖国家机关公文、证件、印章而决意为之。

依照《刑法》第280条的规定，犯本罪的，处3年以下有期徒刑、拘役、管制或者剥夺政治权利，并处罚金；情节严重的，处3年以上10年以下有期徒刑，并处罚金。伪造、变造、买卖国家机关的公文、证件、印章并用于诈骗、招摇撞骗等犯罪活动的，是牵连犯，按照其中的重罪处罚。

五、盗窃、抢夺、毁灭国家机关公文、证件、印章罪

盗窃、抢夺、毁灭国家机关公文、证件、印章罪，是指盗窃、抢夺、毁灭国家机关的公文、证件、印章的行为。

依照《刑法》第280条的规定，犯本罪的，处3年以下有期徒刑、拘役、管制或者剥夺政治权利，并处罚金；情节严重的，处3年以上10年以下有期徒刑，并处罚金。

六、伪造公司、企业、事业单位、人民团体印章罪

伪造公司、企业、事业单位、人民团体印章罪，是指没有制作权限的人，擅自伪造公司、企业、事业单位、人民团体的印章的行为。这里的公司、企业，包括国有公司、企业，集体性质的公司、企业以及私营和中外合资、中外合作的公司、企业。事业单位与人民团体，也没有所有制的限定。伪造印章，包括伪造印形与印影。

最高人民法院、最高人民检察院《关于办理伪造、贩卖伪造的高等院校学历、学位证明刑

事案件如何适用法律问题的解释》(法释〔2001〕22号)规定:“对于伪造高等院校印章制作学历、学位证明的行为,应当依照《刑法》第280条第2款的规定,以伪造事业单位印章罪定罪处罚。明知是伪造高等院校印章制作的学历、学位证明而贩卖的,以伪造事业单位印章罪的共犯论处。”本书认为,明知是伪造高等院校印章制作的学历、学位证明而贩卖的,只有事前与伪造者通谋的,才能认定为伪造事业单位印章罪的共犯;如果在伪造者伪造学历、学位证明后再贩卖的,即使明知为伪造的学历、学位证明,也不能认定为伪造事业单位印章罪的共犯,否则有悖于《刑法》总则关于共同犯罪的规定。

依照《刑法》第280条第2款的规定,犯本罪的,处3年以下有期徒刑、拘役、管制或者剥夺政治权利,并处罚金。

七、伪造、变造、买卖身份证件罪

伪造、变造、买卖身份证件罪,是指伪造、变造、买卖居民身份证、护照、社会保障卡、驾驶证等依法可以用于证明身份的证件的行为。伪造不仅包括无权制作身份证件的人擅自制作身份证件,而且包括有权制作人制作虚假的身份证件。变造身份证件,是指对真实有效的身份证件的非本质部分进行加工、修改;如果对真实有效的身份证件的本质部分进行加工、修改,则属于伪造身份证件。如更改真实身份证件的姓名、照片的行为,应认定为伪造身份证件。伪造、变造、买卖身份证件罪是伪造、变造、买卖国家机关证件罪的特殊法条,即刑法将身份证件、护照、社会保障卡、驾驶证等依法可以用于证明身份的证件从一般国家机关证件中独立出来,规定了独立的罪名。

依照《刑法》第280条的规定,犯本罪的,处3年以下有期徒刑、拘役、管制或者剥夺政治权利,并处罚金;情节严重的,处3年以上7年以下有期徒刑,并处罚金。

八、使用虚假身份证件、盗用身份证件罪

(一)使用虚假身份证件、盗用身份证件罪的概念和特征

使用虚假身份证件、盗用身份证件罪,是指行为人在依照国家规定应当提供真实身份的活动中,使用伪造、变造的身份证件、护照、驾驶证等虚假身份证件的行为,或者盗用身份证件,情节严重的行为。

(1)本罪侵害的客体是社会公共信用,及行为人使用伪造、变造的居民身份证、护照、驾驶证等虚假身份证件对社会诚实信用秩序带来的破坏。犯罪对象是居民身份证、护照、驾驶证等虚假身份证或者真实的身份证件。此处,应当注意对“虚假身份证件”的理解,刑法采用列举加兜底的立法模式,在身份证、护照、驾驶证后又用了“等依法可以用于证明身份的证件”进行概括性规定,目的在于严密刑事法网。因此,对“依法可以用于证明身份的证件”应当做限制解释,即仅限于记载的个人信息量和社会公信力与居民身份证、护照、驾驶证相当的证件。

(2)本罪在客观方面表现为在依照国家规定应当提供真实身份的活动中,使用伪造、变造的居民身份证、护照、社会保障卡、驾驶证等等依法可以用于证明身份的证件,或者盗用身份证件,情节严重的行为。①在依照国家规定应当提供身份证明的活动中实施。所谓国家规

定，是指违反全国人民代表大会及其常务委员会制定的法律和决定，国务院制定的行政法规、规定的行政措施、发布的决定和命令；所谓身份证明，是指由国家相关部门制发的可用于证明公民身份的证件，如居民身份证、护照、社会保障卡、驾驶证等，实践中还应当包括居民户口簿、临时身份证、军官证、武警警官证、士兵证、军队学员证、军队文职干部证、军队离退休干部证和军队职工证、护照、港澳同胞回乡证、港澳居民来往内地通行证、中华人民共和国来往港澳通行证、台湾地区居民来往大陆通行证、大陆居民往来台湾通行证、外国人居留证、外国人出入境证、外交官证、领事馆证、海员证等在有效期内使用的证件；应当提供真实身份的活动，是指在具有社会重要意义或者直接与行为人的权利义务密切相关的活动，行为人在这些活动中需要提供相应的证件以证明其身份具有该活动 或者享有某权利的资格。例如，在国家组织的公务员考试中，考生需要携带身份证以证明其具有参加公务员考试的资格；驾驶员在驾驶机动车时要随身携带驾驶证以 证明其具有驾驶机动车的资格。②使用伪造、变造的或者盗用他人的可以用于证明身份的证件。伪造是指编造，捏造可以用于证明身份的证件，以假乱真；变造是指用涂改、擦消、拼接等方法对用于证明身份证件的姓名、年龄等事项内容进行变更；盗用是指盗窃他人可用于证明身份的证件并使用。使用伪造、变造的居民身份证、护照、驾驶证等虚假身份证件，是指该证件不是国家机关制作、颁发的，而是伪造、变造的虚假证件，至于证件上的内容是否是行为人的真实身份信息，不影响对本罪的认定。③必须达到情节严重。

(3)本罪的主体为一般主体，即年满16周岁具有刑事责任能力的自然人。

(4)本罪的主观方面是故意，而且只能是直接故意。

(二)使用虚假身份证件、盗用身份证件罪的认定

(1)本罪与伪造、变造、买卖身份证件罪的界限。本罪属于伪造、变造、买卖身份证件罪的下游犯罪，因为现实中有可以使用的市场存在，所以会滋生伪造、变造、买卖的行为。

两罪的关键区别在于客观方面不同，本罪在客观方面表现为使用伪造、变造的居民身份证、护照、驾驶证等虚假身份证件的行为；而伪造、变造、买卖身份证件罪在客 观方面表现为伪造、变造、买卖居民身份证、护照、驾驶证罪等依法可以用于证明身份的证件的行为。如果行为人为了使用而伪造、变造、买卖居民身份证、护照、驾驶证等身份证件的，既构成本罪，又构成伪造、变造、买卖身份证件罪，属于牵连行为，应当按照牵连犯的处断原则，从一重罪论处。

(2)本罪与其他相关犯罪的界限。行为人使用虚假身份证件，往往具有其他非法目的，例如，为了诈骗他人财物而使用伪造、变造的居民身份证与他人签订合同；为了偷越国境，使用伪造、变造的护照等。行为人的行为可能既成立本罪，又构成其他犯罪，此时，应当按照牵连犯的处断原则，依照处罚较重的规定定罪处罚。

(三)使用虚假身份证件、盗用身份证件罪的刑事责任

依照《刑法》第280条之一，犯本罪，处拘役或者管制，并处或者单处罚金。同时构成其他犯罪的，依照处罚较重的规定定罪处罚。

九、非法生产、买卖警用装备罪

非法生产、买卖警用装备罪，是指违反国家规定，未经许可生产、买卖人民警察制式服装、车辆号牌等专用标志、警械，情节严重的行为。本罪侵犯的客体是人民警察制式服装、车辆号牌等专用标志警械的管理秩序。客观方面表现为非法生产、买卖人民警察制式服装、车辆号牌等专用标志、警械，情节严重的行为。主体为一般主体，单位也可以构成本罪。主观方面表现为故意。

依照《刑法》第281条的规定，犯本罪的，处3年以下有期徒刑、拘役或者管制，并处或者单处罚金。单位犯本罪的，对单位判处罚金，并对其直接负责的主管人员和其他直接责任人员，依照自然人犯本罪的规定处罚。

十、非法获取国家秘密罪

非法获取国家秘密罪，是指以窃取、刺探、收买方法，非法获取国家秘密的行为。

本罪侵犯的客体是国家的保密制度，其中“国家秘密”属于行为对象，如果不是国家秘密，行为人却误以为是国家秘密而获取的，属于不可罚的不能犯，不成立未遂；非法获取了国家秘密，属于既遂。客观方面表现为以窃取、刺探、收买方法，非法获取国家秘密的行为。非法获取是指依法不应知悉、取得国家秘密的人知悉、取得了国家秘密，或者用秘密窃取的方式取得国家秘密。非法获取的对象是国家秘密，包括绝密、机密、秘密三种级别的国家秘密。主体为一般主体，即已满16周岁且具有刑事责任能力的自然人均可构成本罪的主体。主观方面表现为故意，过失不能构成本罪。本罪的故意应该表现为直接故意，而不能表现为间接故意。要注意本罪与非法提供国家秘密、情报罪的界限。关键在于是否为境外的机构、组织、个人实施非法获取国家秘密或者是否将非法获取的国家秘密故意向境外的机构、组织、个人非法提供。

依照《刑法》第282条的规定，犯本罪的，处3年以下有期徒刑、拘役、管制或者剥夺政治权利；情节严重的，处3年以上7年以下有期徒刑。

十一、非法持有国家绝密、机密文件、资料、物品罪

非法持有国家绝密、机密文件、资料、物品罪，是指非法持有属于国家绝密、机密的文件、资料或者其他物品，拒不说明来源与用途的行为。在认定这类案件性质时，需要注意以下两个问题：①本罪对象限于机密级和绝密级的国家秘密；②与其他涉及国家秘密的犯罪的联系与区别。犯间谍罪、非法提供国家秘密、情报罪与非法获取国家秘密罪的，也可能非法持有国家绝密、机密文件、资料、物品，对其非法持有国家秘密的行为不单独定罪。

依照《刑法》第282条的规定，犯本罪的，处3年以下有期徒刑、拘役或者管制。

十二、非法生产、销售间谍专用器材、窃听、窃照专用器材罪

非法生产、销售间谍专用器材罪，是指非法生产、销售专用间谍器材或者窃听、窃照专用器材的行为。专用器材是指间谍活动特殊需要的器材，如暗藏式窃听、窃照器材、突发式收发报机、一次性密码本、密写工具、用于获取情报的电子监听、接收器材，等等。

依照《刑法》第283条的规定,犯本罪的,处3年以下有期徒刑、拘役或者管制,并处或者单处罚金;情节严重的,处3年以上7年以下有期徒刑,并处罚金。单位犯本罪的,对单位判处罚金,并对其直接负责的主管人员和其他直接责任人员,依照自然人犯本罪的规定处罚。

十三、非法使用窃听、窃照专用器材罪

非法使用窃听、窃照专用器材罪,是指非法使用窃听、窃照专用器材,造成严重后果的行为。在认定这类案件性质时,需要注意以下两个问题:①非法使用窃听、窃照专用器材罪与非罪的界限。构成非法使用窃听、窃照专用器材罪必须同时具有非法使用窃听、窃照专用器材和造成严重后果这两个客观要件。②非法使用窃听、窃照专用器材罪与其他犯罪的界限。非法使用窃听、窃照专用器材罪的对象不包括国家秘密、情报或者商业秘密,行为人非法使用窃听、窃照专用器材窃取国家秘密或者情报、商业秘密,构成其他犯罪的,不以非法使用窃听、窃照专用器材罪论处。

依照《刑法》第284条的规定,犯本罪的,处2年以下有期徒刑、拘役或者管制。

十四、组织考试作弊罪

(一)组织考试作弊罪的概念和特征

组织考试作弊罪,是指在法律规定的国家考试中,组织作弊,扰乱考试秩序的行为。

(1)本罪侵犯的客体为复杂客体,包括国家对考试组织的管理秩序和他人公平参与考试的权利。

(2)本罪的客观方面表现为在法律规定的国家考试中组织作弊的行为。组织作弊行为一般通过"传出试题"和"传入答案"两个主要过程来实现。整个作案流程组织严密、分工明确、多人配合,共同牟取暴利,其中组织行为居于核心地位。这里的组织行为是指发起、组建和设立考试作弊的团伙(如招募、雇佣、拉拢、收买相关人员等),为组织考试作弊活动制订计划、进行谋划和布置,实际指挥、调整具体措施的实施、人员的分工与安排等。组织的对象也不仅限于考生,组织家长、监考人员或者相关辅导教师参与作弊的,也属于组织作弊。"法律规定的考试",是指由国家颁布的法律中所规定的,由国家相关主管部门确定实施,由经批准的实施考试的机构承办,面向社会公众,统一进行的各种考试,包括中考、高考、研究生入学考试等学业考试,计算机等级考试、全国英语等级考试等社会证书类考试,司法职业资格考试、证券师从业资格考试等资格类考试,国家公务员招录考试等招录考试等等。考试作弊根据2012年《国家教育考试违规处理办法》第6条予以认定。

(3)本罪的主体为一般主体。年满16周岁,具备刑事责任能力的自然人都能成为本罪的主体。本罪仅处罚组织考生作弊的组织者,不处罚参与作弊的考生。

(4)本罪的主观方面为故意,即明知自己组织考生进行舞弊的行为会损害国家的考试管理秩序及他人公平参与考试的权利,而希望或放任这种危害结果的发生。

（二）组织考试作弊罪的认定

（1）组织考试作弊罪的罪与非罪。构成本罪和非法出售、提供考试试题、答案罪、代替考试罪，所涉及的考试都必须是法律所规定的相关国家考试。在非法律规定的相关考试中，进行上述组织作弊、帮助他人组织作弊、非法出售、提供试题、答案和替考行为的均不构成本条所规定之犯罪。

（2）组织考试作弊罪的时效。对于2015年10月31日以前组织考试作弊，为他人组织考试作弊提供作弊器材或者其他帮助，以及非法向他人出售或者提供考试试题、答案，根据修正前刑法应当以非法获取国家秘密罪、非法生产、销售间谍专用器材罪或者故意泄露国家秘密罪等追究刑事责任的，适用修正前刑法的有关规定。但是，根据第284条之一的规定处刑较轻的，适用本罪定罪量刑。

（三）组织考试作弊罪的刑事责任

依照《刑法》第284条之一的规定，犯本罪的，处3年以下有期徒刑或拘役，并处或者单处罚金；情节严重的，处3年以上7年以下有期徒刑，并处罚金。为他人实施上述犯罪提供作弊器材或者其他帮助的，依照上述规定处罚。

十五、非法出售、提供试题、答案罪

（一）非法出售、提供试题、答案罪的概念和特征

非法出售、提供试题、答案罪，是指为实施考试作弊行为，向他人非法出售或者提供国家考试的试题和答案的行为。本罪侵犯的客体为复杂客体，包括国家对考试组织的管理秩序和他人公平参与考试的权利。客观方面表现为向他人非法出售或者提供法律规定的国家考试的试题、答案的行为。首先，行为人实施的是非法出售或者提供行为。行为人可以以牟利为目的，向他人提供试题和答案，与他人进行金钱交易，也可以不以牟利为目的，出于其他目的，向他人提供试题和答案。其次，必须是《刑法》第284条之一第1款所规定的“法律规定的国家考试”。最后，行为人提供的必须是试题、答案，行为人可以是出售或提供试题或答案，也可以是既出售或提供试题，也出售或提供答案。主体为一般主体，即年满16周岁，具备刑事责任能力的自然人。主观方面为故意，需明知自己提供的是法律规定的国家考试的试题、答案，犯罪目的在于实施考试作弊行为。

（二）本罪与故意泄露国家秘密罪的区分

（1）故意泄露国家秘密罪，是指违反保守国家秘密法的规定，故意泄露国家秘密，情节严重的行为。在客体上，本罪侵犯的是国家的考试管理秩序以及考生公平参加考试的权利，故意泄露国家秘密罪侵犯的是国家的保密制度。

（2）客观方面，本罪表现为向他人非法出售、提供的行为即可，故意泄露国家秘密罪表现为口头的、书面的、或提供给他人阅读、或非法复制或窃取后送给他人等，且需达到情节严重。

(3)主体上,本罪为一般主体,故意泄露国家秘密罪的主体主要是国家机关工作人员,但非国家机关工作人员也可构成。

(4)主观方面,两者均为故意,但是本罪是为了实施考试舞弊行为,而故意泄露国家秘密罪对动机、目的未作要求。

如果行为人为了实施考试作弊行为,向他人出售或提供属于国家秘密的试题、答案,情节严重的,既构成本罪,也构成故意泄露国家秘密罪,属于想象竞合犯,应当从一重处断。如果未达情节严重,如出售、提供属于国家秘密级的一项试题、答案的,应以本罪论处。如果行为人并非为了实施考试作弊行为的目的,而是出于炫耀,以显示自己消息灵通等目的,向他人提供属于国家秘密的试题、答案,且情节严重的,应当认定为故意泄露国家秘密罪,未达情节严重的,不构成犯罪。如果行为人向他人非法出售属于国家秘密的试题、答案进行牟利的,可以推定行为人主观上有为实施考试作弊的目的。

(三)非法出售、提供试题、答案罪的刑事责任

依照《刑法》第284条之一的规定,犯本罪的,处3年以下有期徒刑或拘役,并处或者单处罚金;情节严重的,处3年以上7年以下有期徒刑,并处罚金。

十六、代替考试罪

代替考试罪,是指代替他人或者让他人代替自己参加法律所规定的国家考试的行为。本罪所侵犯的客体为复杂客体,包括国家对考试组织的管理秩序和他人公平参与考试的权利。客观方面表现为代替他人或者让他人代替自己参加法律所规定的国家考试的行为。“代替他人”,是指冒名顶替应当参加考试的人去参加考试。“让他人代替自己”,是指指使他人冒名顶替自己去参加自己应当参加的考试。此处所参加的考试,必须是第284条之一第1款中所规定的法律规定的相关国家考试。主体为一般主体,即年满16周岁,具备刑事责任能力的人。包括应试者与替考者。被组织起来进行作弊的替考者虽不能成为第284条之一第1款组织考试作弊罪的犯罪主体,但是能够成为本罪的处罚对象。主观方面为故意。

依照《刑法》第284条之一的规定,犯本罪的,处拘役或者管制,并处或者单处罚金。

十七、非法侵入计算机信息系统罪

非法侵入计算机信息系统罪,是指违反国家规定,故意侵入国家事务、国防建设、尖端科学技术领域的计算机信息系统的行为。本罪侵犯的客体是国家事务、国防建设、尖端科学技术领域的计算机信息系统安全;客观方面表现为非法侵入国家重点保护的计算机信息系统的行为。本罪的对象限于国家重点保护的计算机信息系统,即国家事务、国防建设、尖端科学技术领域的计算机信息系统。在认定这类案件性质时要注意非法侵入计算机信息系统罪与利用计算机实施其他犯罪的联系与区别。侵入国家重点保护的计算机信息系统窃取国家秘密或实施其他犯罪的,应属于牵连犯的行为,按照其中的一个重罪处罚。

依照《刑法》第285条的规定,犯本罪的,处3年以下有期徒刑或者拘役。单位犯本罪的,对单位判处罚金,并对其直接负责的主管人员和其他直接责任人员,依照上述规定处罚。

十八、非法获取计算机信息系统数据、非法控制计算机信息系统罪

非法获取计算机信息系统数据、非法控制计算机信息系统罪，是指违反国家规定，侵入国家事务、国防建设、尖端科学技术领域以外的计算机信息系统或者采用其他技术手段，获取该计算机信息系统中存储、处理或者传输的数据，或者对该计算机信息系统实施非法控制，情节严重的行为。

依照《刑法》第285条的规定，犯本罪的，处3年以下有期徒刑或者拘役，并处或者单处罚金；情节特别严重的，处3年以上7年以下有期徒刑，并处罚金。单位犯本罪的，对单位判处罚金，并对其直接负责的主管人员和其他直接责任人员，依照上述规定处罚。

十九、提供侵入、非法控制计算机信息系统程序、工具罪

提供侵入、非法控制计算机信息系统程序、工具罪，是指提供专门用于侵入、非法控制计算机信息系统的程序、工具，或者明知他人实施侵入、非法控制计算机信息系统的违法犯罪行为而为其提供程序、工具，情节严重的行为。

依照《刑法》第285条的规定，犯本罪的，处3年以下有期徒刑或者拘役，并处或者单处罚金；情节特别严重的，处3年以上7年以下有期徒刑，并处罚金。单位犯本罪的，对单位判处罚金，并对其直接负责的主管人员和其他直接责任人员，依照上述规定处罚。

二十、破坏计算机信息系统罪

（一）破坏计算机信息系统罪的概念和特征

破坏计算机信息系统罪，是指违反国家规定，对计算机信息系统功能和信息系统中存储、处理、传输的数据和应用程序进行破坏，造成计算机信息系统不能正常运行，后果严重的行为。

本罪侵犯的客体是国家对计算机信息系统的安全运行管理制度和计算机信息系统的所有人及合法用户的合法权益。客观方面表现为违反国家规定，对计算机信息系统功能和信息系统中存储、处理、传输的数据和应用程序进行破坏，造成计算机信息系统不能正常运行，后果严重的行为，包括三种行为方式：①违反国家规定，使用删除、修改、增加、干扰等技术操作方法，造成计算机信息系统不能正常运行，后果严重的；②违反国家规定，对计算机信息系统中存储、处理或者传输的数据应用程序进行删除、修改、增加的操作，后果严重的；③故意制作、传播计算机病毒等破坏性程序，影响计算机系统正常运行，后果严重的。

（二）破坏计算机信息系统罪的认定

在认定这类案件性质时，需要注意以下两个问题。

（1）本罪的破坏手段是以技术操作方式实施的，如果直接对计算机硬件设备毁坏、拆卸的，依照刑法的有关规定定罪处罚，不以本罪论处。

（2）破坏计算机信息系统罪与利用计算机实施其他犯罪的界限。利用计算机实施金融诈骗、盗窃、贪污、挪用公款、窃取国家秘密或者其他犯罪的，依照刑法有关规定定罪处罚。因利

用计算机犯罪又导致计算机信息系统不能正常运行，后果严重的，应当按照牵连犯处罚。

（三）破坏计算机信息系统罪的刑事责任

根据《刑法》第286条的规定，犯本罪的，处5年以下有期徒刑或者拘役；后果特别严重的，处5年以上有期徒刑。单位犯该罪的，对单位判处罚金，并对其直接负责的主管人员和其他直接责任人员，依照自然人犯本罪的规定处罚。

二十一、拒不履行信息网络安全管理义务罪

（一）拒不履行信息网络安全管理义务罪的概念和特征

拒不履行信息网络安全管理义务罪，是指网络服务提供者不履行法律、行政法规规定的信息网络安全管理义务，经监管部门责令采取改正措施而拒不改正，致使违法信息大量传播、或用户信息泄露并造成严重后果、或刑事案件证据灭失情节严重、或有其他严重情节的行为。

（1）本罪侵犯的客体是有关国家网络安全的管理制度。

（2）本罪客观方面表现三个方面：一是行为违法，即网络服务提供者不履行法律、行政法规规定的信息网络安全管理义务；二是拒不改正，即经监管部门责令采取改正措施而拒不改正；三是产生后果，即导致了违法信息大量传播、或用户信息泄露并造成严重后果、或刑事案件证据灭失情节严重、或有其他严重情节的后果的产生。网络服务提供者，是指通过信息网络向公众提供信息或者为获取网络信息等目的提供服务的机构，包括网络上的一切提供设施、信息和中介、接入等技术服务的个人用户、网络服务商以及非营利组织，可以分为网络接入服务提供者、网络平台服务提供者、网络内容及产品服务提供者。法律、行政法规规定的信息网络安全管理义务，是指国家对于“网络服务提供者”在履行网络安全管理义务的相关规定。网络监管，是指网络营运监管、网络内容监管、网络版权监管、网络经营监管、网络安全监管、网络经营许可监管等。监管部门，是指代表政府参与网络监管的主要职能部门，如通信管理部门、互联网新闻宣传管理部门、公安部门、文化部门，广播电影电视管理部门和新闻出版部门等。

（3）本罪主体为特殊主体。即年满16周岁具有刑事责任能力的网络服务提供者，单位也可构成本罪。

（4）本罪在主观方面只能由故意构成，过失不构成本罪。

（二）拒不履行信息网络安全管理义务罪的刑事责任

依照《刑法》第286条之一的规定，犯本罪的，处3年以下有期徒刑、拘役或者管制，并处或者单处罚金。单位犯本罪的，对单位判处罚金，并对其直接负责的主管人员和其他直接责任人员，依照上述规定处罚。实施本罪行为，同时构成其他犯罪的，依照处罚较重的规定定罪处罚。

二十二、非法利用信息网络罪

非法利用信息网络罪，是指非法利用信息网络，实施违法或者犯罪活动，情节严重的行为。非法利用信息网络罪的客观方面主要表现如下：①设立用于实施诈骗、传授犯罪方法、制作或者销售违禁物品、管制物品等违法犯罪活动的网站、通讯群组的；②发布有关制作或者销售毒品、枪支、淫秽物品等违禁物品、管制物品或者其他违法犯罪信息的；③为实施诈骗等违法犯罪活动发布信息的。

依照《刑法》287条之一的规定，犯本罪的，处3年以下有期徒刑或者拘役，并处或者单处罚金；单位犯本罪的，对单位判处罚金，并对其直接负责的主管人员和其他直接责任人员，依照上述规定处罚。犯本罪，同时构成其他犯罪的，依照处罚较重的规定定罪处罚。

二十三、帮助信息网络犯罪活动罪

帮助信息网络犯罪活动罪，是指明知他人利用信息网络实施犯罪，为其犯罪提供互联网接入、服务器托管、网络存储、通讯传输等技术支持，或者提供广告推广、支付结算等帮助，情节严重的行为。

依照《刑法》287条之二的规定，犯本罪的，处3年以下有期徒刑或者拘役，并处或者单处罚金。单位犯本罪的，对单位判处罚金，并对其直接负责的主管人员和其他直接责任人员，依照上述规定处罚。犯本罪，同时构成其他犯罪的，依照处罚较重的规定定罪处罚。

二十四、扰乱无线电通讯管理秩序罪

扰乱无线电通讯管理秩序罪，是指违反国家规定，擅自设置、使用无线电台（站），或者擅自使用无线电频率，干扰无线电通讯秩序，情节严重的行为。

根据最高人民法院《关于审理扰乱电信市场管理秩序案件具体应用法律若干问题的解释》（法释〔2000〕12号），违反国家规定，擅自设置、使用无线电台（站），或者擅自占用频率，非法经营国际电信业务或者涉港澳台电信业务进行营利活动，同时构成非法经营罪和扰乱无线电通讯管理秩序罪的，依照处罚较重的规定定罪处罚。

依照《刑法》第288条的规定，犯本罪的，处3年以下有期徒刑、拘役或者管制，并处或者单处罚金；情节特别严重的，处3年以上7年以下有期徒刑，并处罚金。单位犯本罪的，对单位判处罚金，并对其直接负责的主管人员和其他直接责任人员，依照上述规定处罚。

二十五、聚众扰乱社会秩序罪

（一）聚众扰乱社会秩序罪的概念与特征

聚众扰乱社会秩序罪，是指聚众扰乱社会秩序，情节严重，致使工作、生产、营业和教学、科研、医疗无法进行，造成严重损失的行为。

（1）本罪的客体是社会秩序。这里所说的社会秩序不是广义的一般的社会秩序，而是指特定范围内的社会秩序，具体是指国家机关与人民团体的工作秩序，企业单位的生产与营业秩序，事业单位的教学、科研与医疗秩序。侵犯的对象是国家机关、企事业单位和人民团体。

(2)本罪客观方面表现为聚众扰乱社会秩序。聚众,是指首要分子纠集特定或者不特定之多数人于一定地点,而成为可以从事共同行为的一群人。扰乱,是指造成社会秩序的混乱与社会心理的不安,具体表现为使社会秩序的有序性变为无序性,使社会秩序的稳定性变为动乱性,使社会秩序的连续性变为间断性。扰乱社会秩序,情节严重(不限于客观方面的情节),致使工作、生产、营业和教学、科研、医疗无法进行,造成严重损失的,才成立本罪。

(3)本罪主体为已满16周岁,具有辨认、控制能力的自然人。但刑法仅仅处罚其中的首要分子与积极参加者。对于一般参加者,不以犯罪论处。

(4)本罪主观方面为故意,但由于是聚众犯罪,故意的内容极为复杂。首先,要求首要分子与积极参与者具有超越个人意思的集体意思即众多的共同意思。其次,要求具有形成聚众的意思与作为聚众成员从事活动的意思。但是,不要求参加扰乱活动的全体成员之间具有意思联络。

(二)聚众扰乱社会秩序罪的刑事责任

依照《刑法》第290条第1款的规定,犯本罪的,对首要分子处3年以上7年以下有期徒刑;对其他积极参加的,处3年以下有期徒刑、拘役、管制或者剥夺政治权利。

二十六、聚众冲击国家机关罪

聚众冲击国家机关罪,是指组织、策划、指挥或者积极参加聚众冲击国家机关的活动,致使国家机关工作无法进行,造成严重损失的行为。

本罪侵犯的客体是国家机关的正常工作秩序。客观方面表现为聚众冲击国家机关,致使国家机关无法工作,造成严重损失的行为。主体为一般主体,凡年满16周岁且具备刑事责任能力的自然人均能构成本罪。但并非一切聚众冲击国家机关的人均构成本罪,构成本罪的只能是聚众冲击国家机关的首要分子和其他积极参加者。所谓首要分子,即在聚众冲击国家机关犯罪中起组织、策划、指挥作用的犯罪分子;所谓其他积极参加者,是指除首要分子以外的在犯罪活动中起主要作用的犯罪分子。对于一般参加者,只能追究其行政责任,不能成为本罪主体。主观方面只能由故意构成。行为人往往企图通过冲击活动,制造事端,给国家机关施加压力,以实现自己的某种无理要求或者借机发泄不满情绪。

在认定这类案件性质时,需要注意以下两个问题:

(1)聚众冲击国家机关罪与妨害公务罪的界限。区别主要在于行为对象和行为方式不同,聚众冲击国家机关罪的对象是国家机关,限于聚众冲击的方式;而妨害公务罪的对象是正在依法执行职务的国家机关工作人员,不限于聚众的方式。从实质上讲,聚众冲击国家机关罪妨害的是国家机关的工作秩序,而妨碍公务罪所针对的是国家机关工作人员的具体职务活动。

(2)聚众冲击国家机关罪与聚众扰乱社会秩序罪的界限。区别在于:一是行为对象有所不同,本罪的对象限于国家机关,而聚众扰乱社会秩序罪的对象还包括国家机关以外的单位;二是行为方式有所不同,本罪是聚众冲击,而聚众扰乱社会秩序罪是聚众扰乱。

依照《刑法》第290条第2款的规定,犯本罪的,对首要分子,处5年以上10年以下有期徒刑;对其他积极参加的,处5年以下有期徒刑、拘役、管制或者剥夺政治权利。

二十七、扰乱国家机关工作秩序罪

扰乱国家机关工作秩序罪，是指多次扰乱国家机关正常工作秩序，经行政处罚仍不改正，造成严重后果的行为。

本罪侵犯的客体是国家机关的正常工作秩序，扰乱对象必须是国家机关。客观方面，要求扰乱行为达到多次，通常是指3次以上，但多次的时间间隔没有规定。并且经行政处罚后仍不改正，行政处罚的次数不限，一次也算。造成严重后果。本处使用的严重后果与《刑法》290条第1款使用的是"严重损失"，两者是有很大区别的。"严重损失"中的严重虽然不明确，但损失的含义是明确的，因为按照损失的含义，通常指的是丧失的人或物。抛开对人造成的损害，损失通常是指有形物质的丧失或价值减损。而本罪的严重后果不仅仅包括物质上的损失，还可以包括无形的损失，例如正常的工作秩序。

依照《刑法》第290条第3款的规定，犯本罪的，处3年以下有期徒刑、拘役或者管制。

二十八、组织、资助非法聚集罪

组织、资助非法聚集罪，是指多次组织、资助他人非法聚集，扰乱社会秩序，情节严重的行为。本罪侵犯的客体是社会秩序。客观方面包括多次组织、资助他人非法聚集，多次通常是指3次以上，时间间隔没有规定；被组织者、被资助者有非法聚集的事实发生；如果本罪追究未遂的话，就不要求实际发生了非法聚集，只要行为人已着手实施非法聚集，但由于意志以外的原因而未得逞的，也可构成本罪；扰乱社会秩序并达到情节严重的程度。主体是一般主体。主观方面是故意。

根据《刑法》第290条第4款的规定，犯本罪的，处3年以下有期徒刑、拘役或者管制。

二十九、聚众扰乱公共场所秩序、交通秩序罪

聚众扰乱公共场所秩序、交通秩序罪，是指组织、策划、指挥聚众扰乱车站、码头、民用航空站、商场、公园、影剧院、展览会、运动场以及其他公共场所秩序，或者聚众堵塞交通或者破坏交通秩序，抗拒、阻碍国家治安管理工作人员依法执行职务，情节严重的行为。

依照《刑法》第291条的规定，犯本罪的，对首要分子，处5年以下有期徒刑、拘役或者管制。

三十、投放虚假危险物质罪

投放虚假危险物质罪，是指投放虚假的爆炸性、毒害性、放射性、传染病病原体等物质，严重扰乱社会秩序的行为。在认定这类案件性质时要注意本罪与投放危险物质罪的界限：①侵犯的客体不同。投放虚假危险物质罪侵犯的客体是社会公共秩序、投放危险物质罪侵犯的客体是公共安全。②投放的物质属性不同。投放虚假危险物质罪所投放的是不具有爆炸性、毒害性、放射性、传染病原体等危险属性的物质，投放危险物质罪所投放的必须是爆炸性、毒害性、放射性、传染病原体等物质。③故意的内容不同。投放虚假危险物质罪是以扰乱社会公共秩序为故意内容的，投放危险物质罪则是以危害公共安全为故意内容的。

依照《刑法》第291条之一的规定，犯本罪的，处5年以下有期徒刑、拘役或者管制；造成

严重后果的,处5年以上有期徒刑。

三十一、编造、故意传播虚假恐怖信息罪

编造、故意传播虚假恐怖信息罪,是指编造爆炸威胁、生化威胁、放射威胁等恐怖信息,或者明知是编造的恐怖信息而故意传播,严重扰乱社会秩序的行为。本罪中的"虚假恐怖信息"、"严重扰乱社会秩序"等,依据最高人民法院《关于审理编造、故意传播虚假恐怖信息刑事案件适用法律若干问题的解释》(法释〔2013〕24号)予以认定。该解释规定,编造、故意传播虚假恐怖信息,严重扰乱社会秩序,同时又构成其他犯罪的,择一重罪处罚。最高人民法院、最高人民检察院、公安部《关于办理暴力恐怖和宗教极端刑事案件适用法律若干问题的意见》(公通字〔2014〕34号)规定,编造以发生爆炸威胁、生化威胁、放射威胁、劫持航空器威胁、重大灾情、重大疫情等严重威胁公共安全的事件为内容的虚假恐怖信息,或者明知是虚假恐怖信息而故意传播、散布,严重扰乱社会秩序的,以编造、故意传播虚假恐怖信息罪定罪处罚。

依照《刑法》第291条之一的规定,犯本罪的,处5年以下有期徒刑、拘役或者管制;造成严重后果的,处5年以上有期徒刑。

三十二、编造、故意传播虚假信息罪

编造、故意传播虚假信息罪,是指编造虚假的险情、疫情、灾情、警情,在信息网络或者其他媒体上传播,或者明知是上述虚假信息,故意在信息网络或者其他媒体上传播,严重扰乱社会秩序的行为。

依照《刑法》第291条之一第2款的规定,犯本罪的,处3年以下有期徒刑、拘役或者管制;造成严重后果的,处3年以上7年以下有期徒刑。

三十三、聚众斗殴罪

聚众斗殴罪,是指故意组织、策划、指挥或者积极参加聚众斗殴的行为。本罪侵犯的客体是社会公共秩序,即社会公共生活的安定状态。客观方面表现为组织、策划、指挥或者积极参加聚众斗殴的行为。聚众斗殴是指双方或多方人数均在3人以上的相互施加暴力攻击人身的行为,斗殴双方往往事先约定,因此一般纠集的人数较多。主体是年满16周岁且具备刑事责任能力的自然人,只有聚众斗殴的首要分子和其他积极参加者,才能构成聚众斗殴罪主体。所谓首要分子,是指在聚众斗殴中起组织、策划、指挥作用的犯罪分子;所谓其他积极参加者,是指除首要分子以外的在聚众斗殴中起重要作用的犯罪分子。主观方面是故意犯罪。在认定这类案件性质时要注意聚众斗殴罪与其他罪的界限。聚众斗殴致人轻伤的,应认定为聚众斗殴罪,不需另定故意伤害罪;在聚众斗殴的过程中致人重伤、死亡的,应当以故意伤害罪或者故意杀人罪论处。

依照《刑法》第292条的规定,犯本罪的,处3年以下有期徒刑、拘役或者管制;有下列情形之一的,处3年以上10年以下有期徒刑:①多次聚众斗殴的;②聚众斗殴人数多、规模大、社会影响恶劣的;③在公共场所或者交通要道聚众斗殴,造成社会秩序严重混乱的;④持械聚众斗殴的。

三十四、寻衅滋事罪

寻衅滋事罪，是指寻衅滋事，破坏公共秩序的行为。本罪侵犯的客体是社会公共秩序。寻衅滋事行为往往会侵犯到公民的人身权利或者财产权利，但不因据此认为本罪侵犯的客体是复杂的客体。因为在公共场所起哄闹事，造成公共场所秩序严重混乱的行为不一定会直接侵犯到公民的人身权利或者财产权利。客观方面表现为下列寻衅滋事行为之一：①随意殴打他人，情节恶劣的；②追逐、拦截、辱骂他人，情节恶劣的；③强拿硬要或者任意毁损、占用公私财物，情节严重的；④在公共场所起哄闹事，造成公共场所秩序严重混乱的。主体为一般主体，凡年满16周岁且具备刑事责任能力的自然人均能构成本罪。主观方面为故意。

在认定这类案件性质时，需要注意以下几个问题：

（1）本罪与故意伤害罪的界限。区别主要在于动机不同。前者往往是无端寻衅、打人取乐、发泄或者显示威风，因此侵害的对象往往是不特定的人；而后者往往是产生于一定的事由或恩怨，因此对象一般是特定事情的关系人。

（2）本罪与强制猥亵、侮辱罪的界限。区别在于前者的行为对象虽然也包括妇女，但其行为方式中不包括使用暴力、胁迫的手段对妇女进行猥亵、侮辱。追逐、拦截妇女并强制猥亵、侮辱的，应以强制猥亵、侮辱罪论处。

（3）本罪与聚众扰乱社会秩序罪、聚众扰乱公共场所秩序、交通秩序罪的界限。区别在于动机和起因不同。前者是基于寻求刺激的动机，无端生事；而后者往往是为了满足某种个人的要求，事出有因，企图用聚众闹事的方式向有关单位施加压力，以达到获取个人利益的目的。

依照《刑法》第293条的规定，犯本罪的，处5年以下有期徒刑、拘役或者管制。纠集他人多次实施上述行为，严重破坏社会秩序的，处5年以上10年以下有期徒刑，可以并处罚金。

三十五、组织、领导、参加黑社会性质组织罪

（一）组织、领导、参加黑社会性质组织罪的概念和特征

组织、领导、参加黑社会性质组织罪，是指组织、领导和积极参加黑社会性质组织的行为。

（1）本罪侵犯的客体是社会管理秩序。黑社会性质的组织，它的产生和存在对社会秩序和公众安全构成极大威胁。黑社会性质的组织犯罪的形式多种多样，如贩卖毒品、走私武器、暴力杀人、组织卖淫、腐蚀官员等等。

（2）客观方面表现为组织、领导、积极参加或者参加黑社会性质组织的行为。①行为人组织、领导、参加的对象是黑社会性质组织。根据《刑法》第294条的规定，黑社会性质的组织应当同时具备以下特征：第一，形成较稳定的犯罪组织，人数较多，有明确的组织者、领导者，骨干成员基本固定；第二，有组织地通过违法犯罪活动或者其他手段获取经济利益，具有一定的经济实力，以支持该组织的活动；第三，以暴力、威胁或者其他手段，有组织地多次进行违法犯罪活动，为非作恶，欺压、残害群众；第四，通过实施违法犯罪活动，或者利用国家工作人员的包庇或者纵容，称霸一方，在一定区域或者行业内，形成非法控制或者重大影响，严重破

坏经济、社会生活秩序。②行为的方式是组织、领导、参加。组织，主要是指在黑社会性质组织未建立之前，通过策划、指挥、招揽、引诱、拉拢、胁迫、安排、调配等行为倡导、发起、组建黑社会性质组织的行为。领导，是指在黑社会性质组织建立以后，对该组织起策划、决策、指挥作用，属于统率、支配的地位。参加，包括积极参加和一般参加。其中积极参加是指明知是黑社会性质的组织而以积极的态度加入该组织，或在成为该组织成员后积极参与该组织所进行的违法犯罪活动。一般参加是指组织中的一般成员，包括随声附和者，消极对待者。③只要实施了组织、领导、参加黑社会性质组织行为的即成立本罪。本罪在犯罪形态上属于行为犯，亦即一旦行为人实施了组织、领导、参加黑社会性质组织行为的，不论其是否已进行了其他违法犯罪活动，也不论其事后是继续留在该组织还是已经脱离该组织，均已构成本罪。

(3)本罪主体为一般主体，即达到年满16周岁并且具有刑事责任年龄具有刑事责任能力的自然人。

(4)本罪在主观方面是直接故意，即明知是黑社会性质的组织而组织、领导和积极参加。

(二)组织、领导、参加黑社会性质组织罪的认定

(1)区分组织、领导、参加黑社会性质组织罪与普通刑事犯罪集团的界限。黑社会性质的组织具有攫取金钱权力、称霸一方的目的，以暴力、威胁为基本手段，从事各种各样的违法犯罪活动，并且具有较强的政治、经济实力、较大的组织规模及较严密的组织形式。而普通犯罪集团虽然也是有组织、有预谋、有计划地进行犯罪，但其目的是具体的，如进行盗窃、抢劫，或者走私、贩毒，因而通常实施一种或数种犯罪，集团的规模、政治经济实力尚不足以称霸一方，集团的内部分工相对简单，在组织形式上也不如黑社会性质的组织严密。

(2)既组织、领导、参加了黑社会性质的组织，又实施了其他犯罪活动的罪数问题。组织、领导和参加黑社会性质的组织是刑法上独立的犯罪，因此，犯组织、领导、参加黑社会性质组织罪，又有其他犯罪行为的，如指使组织成员杀人、放火或者接受组织派遣任务实行杀人、放火等犯罪行为的，应当实行数罪并罚。

(三)组织、领导、参加黑社会性质组织罪的刑事责任

依照《刑法》第294条规定，组织、领导和积极参加黑社会性质的组织的，处7年以上有期徒刑，并处没收财产；积极参加的，处3年以上7年以下有期徒刑，可以并处罚金或者没收财产；其他参加的，处3年以下有期徒刑、拘役、管制或者剥夺政治权利，可以并处罚金。犯本罪又有其他犯罪行为的，依照数罪并罚的规定处罚。

三十六、入境发展黑社会组织罪

入境发展黑社会组织罪，是指境外的黑社会组织的人员到中华人民共和国境内发展组织成员的行为。本罪的客体是社会治安管理秩序；客观方面表现为境外黑社会组织到中华人民共和国境内发展组织成员的行为，即在中国境内吸收中国境内公民成为其组织成员的行为；主体是特殊主体，即境外的黑社会组织的人员；主观方面为故意。在认定这类案件性质时要注意，境外的黑社会组织人员到中国境内发展组织成员的，即构成犯罪，如果又有其他犯罪行为的，应当依照数罪并罚的规定处罚。

依照《刑法》第294条的规定，犯本罪的，处3年以上10年以下有期徒刑。犯本罪又有其他犯罪行为的，依照数罪并罚的规定处罚。

三十七、包庇、纵容黑社会性质组织罪

包庇、纵容黑社会性质组织罪，是指国家机关工作人员包庇黑社会性质组织，或者纵容黑社会性质组织进行违法犯罪活动的行为。本罪侵犯的客体是复杂客体，既妨害了国家打击黑社会性质组织的正常活动，又侵犯了社会管理秩序。客观方面具有下列行为之一：①包庇黑社会性质组织；②纵容黑社会性质组织进行违法犯罪活动。包庇是指国家机关工人员为使黑社会性质组织及其成员逃避查禁，而通风报信，隐匿、毁灭、伪造证据，阻止他人作证、检举揭发，指使他人作伪证，帮助逃匿，或者阻挠其他国家机关工作人员依法查禁等行为。纵容是指国家机关工作人员不依法履行职责，放纵黑社会性质阻止进行违法犯罪活动的行为。主体是特殊主体即国家机关工作人员。主观方面为故意。

依照《刑法》第294条的规定，犯本罪的，处5年以下有期徒刑；情节严重的，处5年以上有期徒刑。犯本罪又有其他犯罪行为的，依照数罪并罚的规定处罚。

三十八、传授犯罪方法罪

（一）传授犯罪方法罪的概念与特征

传授犯罪方法罪，是指故意使用语言、文字、动作、图像或者其他手段，将犯罪方法传授给他人的行为。本罪侵犯的客体是社会治安管理秩序。客观方面表现为使用各种手段将犯罪方法传授给他人。各种手段，包括口头传授、书面传授与动作示范传授，包括公开传授与秘密传授、直接传授与间接传授。犯罪方法，包括预备犯罪、实行犯罪的技术、步骤、办法等等。他人，既可以是达到法定年龄的人，也可以是未达到法定年龄的人。被传授的人是否掌握、接受了犯罪方法，不影响本罪的成立。主体是已满16周岁，具有辨认、控制能力的自然人。从司法实践上看，主要是一些常习犯、累犯以及其他长期、经常作案的罪犯。主观方面只能是故意，明知是犯罪方法而故意传授给他人。

（二）传授犯罪方法罪的认定

传授犯罪方法罪与教唆犯罪的区别：

（1）侵犯的法益性质不同。前者侵犯的是社会管理秩序；后者依所教唆的犯罪性质而定。

（2）客观行为不同。前者是将犯罪方法传授给他人；后者是使他人产生犯罪决意。

（3）对象要求不同。前者对被传授的对象没有限定；后者要求教唆对象是达到法定年龄，具有辨认控制能力的人。

（4）故意内容不同。前者是对传授犯罪方法具有故意；后者是对所教唆的犯罪具有故意。

（5）成立共同犯罪的情况不同。传授犯罪方法的，即使被传授的人按照所传授的方法实施了犯罪，二者也不成立共犯；如果被教唆的人犯被教唆的罪，则二者成立共犯。

（6）定罪量刑的根据不同。传授犯罪方法罪是独立的罪名，具有独立的法定刑；而教唆犯罪不是独立罪名，没有独立的法定刑。

在实践中存在教唆犯罪与传授犯罪方法相结合或相竞合的情况，即对同一犯罪内容同时实施教唆行为与传授犯罪方法的行为，或者用传授犯罪方法的手段使他人产生犯罪决意。在这种情况下，原则上从一重罪论处。但是，如果行为人分别对不同的对象实施教唆行为与传授犯罪方法，或者向同一对象教唆此罪而传授彼罪的犯罪方法，则应按所教唆的罪与传授犯罪方法罪实行数罪并罚。

（三）传授犯罪方法罪的刑事责任

根据《刑法》第295条的规定，犯本罪的，处5年以下有期徒刑、拘役或者管制；情节严重的，处5年以上10年以下有期徒刑；情节特别严重的，处10年以上有期徒刑或者无期徒刑。

三十九、非法集会、游行、示威罪

（一）非法集会、游行、示威罪的概念和特征

非法集会、游行、示威罪，是指举行集会、游行、示威未依照法律规定申请或者申请未经许可，或者未按照主管机关许可的时间、地点、路线进行，又拒不服从解散命令，严重破坏社会秩序的行为。本罪的客体是国家对集会、游行、示威活动的管理制度。客观方面表现为行为人实施了举行集会、游行、示威活动，未依照法律规定申请或者申请未获许可，或者未按照主管机关许可的起止时间、地点、路线进行，并且拒不服从解散命令，严重破坏社会秩序的行为。主体为一般主体，但只有集会、游行、示威的负责人和直接责任人员才承担刑事责任。主观方面为故意。

（二）非法集会、游行、示威罪的认定

（1）区分罪与非罪的界限。行为人虽然有非法举行集会、游行、示威的行为，但没有拒不服从解散命令，或者没有造成严重破坏社会秩序的结果的，不以犯罪论处。

（2）区分本罪与其他罪的界限。本罪与聚众扰乱社会秩序罪、聚众冲击国家机关罪以及聚众扰乱公共场所秩序、交通秩序罪都具有聚众性，都可能发生于公共场所，都会造成严重破坏社会秩序的结果，区别的关键在于，本罪是以举行具有集会、游行、示威性质的活动为前提的。

（三）非法集会、游行、示威罪的刑事责任

依照《刑法》第296条的规定，犯本罪的，处5年以下有期徒刑、拘役、管制或者剥夺政治权利。

四十、非法携带武器、管制刀具、爆炸物参加集会、游行、示威罪

非法携带武器、管制刀具、爆炸物参加集会、游行、示威罪，是指违反法律规定，携带武器、管制刀具或者爆炸物参加集会、游行、示威的行为。本罪侵犯的客体是复杂客体，既侵犯了国家对集会、游行、示威的管理制度，又侵犯了国家对武器、管制刀具、爆炸物的管理制度。客观方面表现为行为人实施了违反法律规定，携带武器、管制刀具或者爆炸物参加集会、游

行、示威的行为。这里的违反法律规定，指的是行为人违反了《集会游行示威法》等法律的规定。主体为一般主体。主观方面为故意。

依照《刑法》第297条的规定，犯本罪的，处3年以下有期徒刑、拘役、管制或者剥夺政治权利。

四十一、破坏集会、游行、示威罪

破坏集会、游行、示威罪，是指扰乱、冲击或者以其他方法破坏依法举行的集会、游行、示威，造成公共秩序混乱的行为。本罪侵犯的客体是复杂客体，既侵犯了国家对集会、游行、示威的管理制度，又侵犯了社会治安管理秩序。

依照《刑法》第298条的规定，犯本罪的，处5年以下有期徒刑、拘役、管制或者剥夺政治权利。

四十二、侮辱国旗、国徽罪

侮辱国旗、国徽罪，是指在公众场合故意以焚烧、毁损、涂划、玷污、践踏等方式侮辱中华人民共和国国旗、国徽的行为。

依照《刑法》第299条的规定，犯本罪的，处3年以下有期徒刑、拘役、管制或者剥夺政治权利。

四十三、侮辱国歌罪

侮辱国歌罪，是指在公共场合故意篡改中华人民共和国国歌歌词、曲谱，以歪曲、贬损方式奏唱国歌，或者以其他方式侮辱国歌，情节严重的行为。

根据《刑法》第299条规定，犯本罪处3年以下有期徒刑、拘役、管制或者剥夺政治权利。

四十四、组织、利用会道门、邪教组织、利用迷信破坏法律实施罪

组织、利用会道门、邪教组织、利用迷信破坏法律实施罪，是指组织、利用会道门、邪教组织或者利用迷信破坏国家法律、行政法规实施的行为。本罪有两种方式：一是有组织的方式，即发起成立会道门、邪教组织或者恢复已被取缔的会道门、邪教组织，发展门徒、招收会员；二是利用的方式。

在认定这类案件性质时，需要注意以下三个问题。

（1）组织、利用会道门、邪教组织、利用迷信破坏法律实施罪与因愚昧落后而进行的迷信活动的区别。后者没有破坏国家法律实施的目的，不认为是犯罪。

（2）区分本罪与煽动分裂国家罪、煽动颠覆国家政权罪的界限。如果以会道门和邪教组织作掩护，宣传煽动分裂国家、颠覆国家政权、具有危害国家安全性质的，则应按照煽动分裂国家罪或者煽动颠覆国家政权罪论处。

（3）区分本罪与煽动暴力抗拒法律实施罪的界限。区别的关键在于，本罪限于采取利用会道门、邪教组织、迷信的方式，而不限定煽动暴力；后罪不包括采取利用迷信的方式煽动，但限定煽动的内容必须包含煽动暴力。

依照《刑法》第300条的规定，犯本罪的，处3年以上7年以下有期徒刑，并处罚金；情节

特别严重的，处7年以上有期徒刑或者无期徒刑，并处罚金或者没收财产；情节较轻的，处3年以下有期徒刑、拘役、管制或者剥夺政治权利，并处或者单处罚金。犯本罪又有奸淫妇女、诈骗财物等犯罪行为的，依照数罪并罚的规定处罚。

四十五、组织、利用会道门、邪教组织、利用封建迷信致人重伤、死亡罪

组织、利用会道门、邪教组织、利用封建迷信致人重伤、死亡罪，是指组织和利用会道门、邪教组织或者利用封建迷信欺骗他人，致人重伤、死亡的行为。本罪侵犯的客体是复杂客体，既侵犯了他人的生命权利，又侵犯了社会治安管理秩序。

在认定这类案件性质时，需要注意以下三个问题：

（1）区分本罪与组织、利用会道门、邪教组织、利用迷信破坏法律实施罪的界限。二者的共同之处都以利用会道门、邪教组织、迷信为特征，不同之处在于，前者以致人死亡为客观要素，但不以破坏法律实施为要素；后者以破坏法律实施为要素，但不以致人死亡为要件。

（2）区分本罪与故意杀人罪的界限。本罪通常是利用会道门、邪教组织、迷信愚弄他人自杀、接受怪异的生活方式、迷信的治疗方法等而导致死亡。如果利用迷信唆使信徒杀害其他信徒或者他人的，应当以故意杀人罪论处。

（3）组织和利用会道门、邪教组织或者利用迷信奸淫妇女、诈骗财物的，又定强奸罪、诈骗罪，依照数罪并罚的规定处罚。为准确认定上述两罪，最高人民法院、最高人民检察院先后发布了2个司法解释：《关于办理组织和利用邪教组织犯罪案件具体应用法律若干问题的解释》（法释〔1999〕18号）和《关于办理组织和利用邪教组织犯罪案件具体应用法律若干问题的解释（二）》（法释〔2001〕19号）》

依照《刑法》第300条的规定，犯本罪的，处3年以上7年以下有期徒刑，并处罚金；情节特别严重的，处7年以上有期徒刑或者无期徒刑，并处罚金或者没收财产；情节较轻的，处3年以下有期徒刑、拘役、管制或者剥夺政治权利，并处或者单处罚金。

四十六、聚众淫乱罪

聚众淫乱罪，是指聚集众人进行集体淫乱活动或者多次参加多人进行的淫乱活动的行为。本罪的客体是国家对社会风尚的管理秩序。客观方面表现为行为人实施聚众淫乱的行为。聚众淫乱，是指纠集三人以上群奸群宿（聚众奸宿）或进行其他淫乱活动。淫乱行为除了自然性交以外，还包括其他刺激、兴奋、满足性欲的行为，如聚众从事手淫、口淫、鸡奸等行为。在聚众淫乱活动中，参与者应是自愿的，而不是被强迫的。主体为一般主体，但本罪仅处罚聚众淫乱的首要分子和多次参加聚众淫乱的人员。只有在聚众淫乱中起组织、策划、指挥作用的首要分子，或者虽不是首要分子但多次参加聚众淫乱的人，才成立本罪。主观方面为故意。

依照《刑法》第301条的规定，犯本罪的，处5年以下有期徒刑、拘役或者管制。

四十七、引诱未成年人聚众淫乱罪

引诱未成年人聚众淫乱罪，是指引诱未成年人参加聚众淫乱活动的行为。本罪侵犯的客体是复杂客体，既侵犯了社会的风化，又侵犯了未成年人的身心健康。

在认定这类案件性质时，需要注意的问题：引诱是教唆的一种形式，引诱未成年人参加聚众淫乱，实际上是聚众淫乱罪的教唆犯犯罪行为，但法律将这一行为单独的规定为犯罪。因此，不再按聚众淫乱罪的教唆犯来处理，而是按本罪定罪处罚。但教唆未成年人参加聚众淫乱的，按聚众淫乱罪的教唆犯处理。

依照《刑法》第301条的规定，犯本罪的，处5年以下有期徒刑、拘役或者管制，并依照聚众淫乱罪从重处罚。

四十八、盗窃、侮辱、故意毁坏尸体、尸骨、骨灰罪

盗窃、侮辱、故意毁坏尸体、尸骨、骨灰罪，是指秘密窃取尸体或者公然侮辱尸体、尸骨、骨灰的行为。本罪侵犯的客体是社会的风化。客观方面表现为盗窃、侮辱尸体、尸骨、骨灰的行为。盗窃尸体，是指行为人以非法占有为目的秘密窃取尸体的行为。侮辱尸体，是指以暴露、猥琐、损毁、涂划、践踏等方式损害尸体的尊严或者伤害有关人员感情的行为。一般表现为言辞辱骂、诽谤、贬损尸体、用污秽玷污尸体，奸污女尸，对尸体加以猥亵、毁损、破坏，或者出卖尸体或者尸体部分，抛弃尸体，或者开棺露尸、鞭尸，等等。主体是一般主体。主观方面为故意，即行为人明知是他人的尸体、尸骨、骨灰而予以盗窃、侮辱，行为人的动机和目的是多种多样的，有的出于泄愤报复，有的是为了盗窃财物。

依照《刑法》第302条的规定，犯本罪的，处3年以下有期徒刑、拘役或者管制。

四十九、赌博罪

赌博罪，是指以营利为目的，聚众赌博或者以赌博为业的行为。本罪侵犯的客体是社会风尚和管理秩序。在认定这类案件性质时，需要注意以下两个问题：

1. 赌博罪与非罪的界限

(1)把赌徒、赌棍与一般参与赌博的群众区别开来，对前者应依法追究刑事责任，对后者主要是批评教育。

(2)对于亲属或者朋友之间带有娱乐性质的赌博行为，不应当作为犯罪处理。

(3)对于以营利为目的，巧立名目，设置骗局，非法发行彩票，从中渔利的，应当视为聚众赌博，按照赌博罪的规定追究刑事责任。

2. 赌博罪与其他罪的界限

(1)行为人设置圈套诱骗他人参赌获取钱财，属赌博行为，构成犯罪的，应当以赌博罪定罪处罚；参赌者识破骗局要求退还所输钱财时，设赌者又使用暴力或者以暴力相威胁，拒绝退还的，应以赌博罪从重处罚；致参赌者伤害或死亡的，应以赌博罪和故意伤害罪或者故意杀人罪实行数罪并罚。

(2)对于因赌博引起打架斗殴，致人重伤死亡或者直接行凶杀人的，应分别按故意伤害罪或者故意杀人罪处理。赌徒用暴力、胁迫手段抢走他人赌资，或者经预谋而抢劫赌场的，按照抢劫罪处理。

依照《刑法》第303条的规定，犯本罪的，处3年以下有期徒刑、拘役或者管制，并处罚金。

五十、开设赌场罪

开设赌场罪，是指以营利为目的，设立、承包、租赁专门用于赌博活动场所，提供赌博用具的行为。

在认定这类案件性质时，需要注意以下三个问题：

（1）赌博场所既包括较为常见的进行赌博活动的固定或者不固定、常设或者不常设的场所，也包括近些年来出现的在网络上进行赌博活动的场所。建立赌博网站，或者为赌博网站担任代理，接受投注的行为，属于开设赌场罪的行为。

（2）我国公民在我国领域外周边地区开设赌场，以吸引我国公民为主要客源的，以开设赌场罪论处。

（3）明知他人开设赌场而为其提供资金、计算机网络、通讯费用结算等直接帮助的，以开设赌场罪论处。

依照《刑法》第303条的规定，犯本罪的，处3年以下有期徒刑、拘役或者管制，并处罚金；情节严重的，处3年以上10年以下有期徒刑，并处罚金。

五十一、故意延误投递邮件罪

故意延误投递邮件罪，是指邮政工作人员严重不负责任，故意延误投递邮件，致使公共财产、国家和人民利益遭受重大损失的行为。本罪侵犯的客体是国家对邮政的管理秩序。客观方面表现为邮政工作人员严重不负责任，故意延误投递邮件，致使公共财产、国家和人民利益遭受重大损失的行为。不是出于故意而是由于过失致使邮件延误投递的，不构成本罪。主体为特殊主体，即邮政工作人员。主观方面为故意，即明知是应按时投递的邮件却故意拖延，过失不构成本罪。

依照《刑法》第304条的规定，犯本罪的，处2年以下有期徒刑或者拘役。

第三节 妨害司法罪罪名分述

一、伪证罪

（一）伪证罪的概念和特征

伪证罪，是指在刑事诉讼中，证人、鉴定人、记录人、翻译人对与案件有重要关系的情节，故意作虚假证明、鉴定、记录、翻译，意图陷害他人或者隐匿罪证的行为。

（1）本罪侵犯的客体是复杂客体，即国家的司法权和公民的人身权利、民主权利。

（2）客观方面表现为在刑事诉讼中，对与案件有重要关系的情节作虚假的证明、鉴定、记录、翻译的行为。具体包括以下要点：①伪证发生在刑事诉讼过程中，即发生在刑事案件的立案、侦查、起诉、审判的过程中。②伪证的行为方式包括作为与不作为。③行为人必须有作虚假的证明、鉴定、记录、翻译的行为。“虚假”一般包括两种情况：一是无中生有，捏造或者夸大事实以陷人入罪；二是将有说无，掩盖或者缩小事实以开脱罪责。④虚假的证明、鉴定、记录、翻译的内容，必须是与案件有重要关系的情节。这里的案件只限于刑事案件，在民事案件中作伪证的，不成立本罪。与案件有重要关系的情节，是指对案件结论有影响的情节，即对是否构成犯罪、犯罪的性质、罪行的轻重、量刑的轻重具有重要关系的情节。伪证行为只要足以影响案件结论即可，不要求实际上影响了案件结论。

(3)本罪犯罪主体是特殊主体，即刑事诉讼中的证人、鉴定人、记录人、翻译人。其中“证人”包括被害人。

(4)主观方面是故意，即有意作虚假的证明、鉴定、记录、翻译。

(二)伪证罪的认定

1. 区分罪与非罪的界限

如果证人如实地根据自己的经验、记忆作出了陈述，即使事后被证明与案件的客观事实有出入，也不能认定为犯罪。如果鉴定人、记录人、翻译人不是有意作伪证，而是由于业务水平不高或工作疏忽，而提供了错误的鉴定结论、记录、翻译的，不能认定为犯罪。刑事案件的被告人、犯罪嫌疑人就与自己有利害关系的情节作虚假陈述的，不构成本罪。

2. 本罪与诬告陷害罪的区别

(1)伪证罪发生在刑事诉讼的过程中；诬告陷害罪发生在立案侦查之前，而且可能是引起立案侦查的原因。

(2)伪证罪是对与刑事案件有重要关系的情节作虚假的证明、鉴定、记录、翻译；诬告陷害是捏造犯罪事实。

(3)伪证罪的主体是证人、鉴定人、记录人、翻译人；诬告陷害罪的主体是一般主体。

(4)伪证罪的主观上既可以是意图陷害他人，也可能是意图为他人开脱罪责；而诬告陷害罪的意图是使他人受刑事处分。行为人诬告他人犯罪，引起了司法机关的追诉活动后，在刑事诉讼中又作伪证的，原则上宜从一重罪处罚。

(三)伪证罪的刑事责任

根据《刑法》第305条的规定，犯本罪的，处3年以下有期徒刑或者拘役；情节严重的，处3年以上7年以下有期徒刑。

二、辩护人、诉讼代理人毁灭证据、伪造证据、妨害作证罪

辩护人、诉讼代理人毁灭证据、伪造证据、妨害作证罪，是指在刑事诉讼中，辩护人、诉讼代理人毁灭、伪造证据，帮助当事人毁灭、伪造证据，威胁、引诱证人违背事实改变证言或者作伪证的行为。本罪侵犯的客体是司法机关的正常刑事诉讼活动。客观方面表现为实施下列行为之一：①行为人直接或者唆使当事人以外的人毁灭、伪造证据；②帮助当事人毁灭、伪造证据；③威胁、引诱证人违背事实改变证言或者作伪证。本罪主体是特殊主体，仅指刑事案件的辩护人和诉讼代理人。本罪的主观方面表现为故意。要注意伪造证据与证据失实的区别。《刑法》第306条第2款规定：“辩护人、诉讼代理人提供、出示、引用的证人证言或者其他证据失实，不是有意伪造的，不属于伪造证据。”

根据《刑法》第306条的规定，犯本罪的，处3年以下有期徒刑或拘役；情节严重的，处3

年以上7年以下有期徒刑。

三、妨害作证罪

妨害作证罪，是指以暴力、威胁、贿买等方法阻止证人作证或者指使他人作伪证的行为。本罪侵犯的客体是司法机关的正常诉讼活动。本罪的客观方面表现为两类妨害作证的行为：①以暴力、威胁、贿买等方法阻止证人作证；②指使他人作伪证。犯罪主体是一般主体。本罪的主观方面表现为故意，即意图使证人不作证或者作伪证。在认定这类案件性质时，需要注意以下五个问题。

(1)区分本罪与辩护人、诉讼代理人毁灭证据、伪造证据、妨害作证罪的界限。区别在于主体和诉讼的范围不同，前者为一般主体，后者为特殊主体；前者发生在各种诉讼中，而后者只能发生在刑事诉讼中。

(2)行为人以暴力、威胁、贿买等方法阻止证人作证或者指使他人作伪证，但证人依然作证、他人未作伪证的，成立妨害作证罪未遂；只有客观上组织了证人作证或者使他人作出了伪证，才成立妨害作证罪既遂。

(3)"以暴力、威胁、贿买等方法"：该规定表明，刑法已经将第305条伪证罪的教唆犯正犯化，即将伪证罪的教唆犯，作为妨害作证罪的正犯来处理。但按照同类解释规则，其他方法须与暴力、威胁、贿买方法等类似。

(4)犯罪嫌疑人、被告人采取一般的嘱托、请求、劝诱等方法阻止他人作伪证或者指使他人作伪证的，因为缺乏期待可能性，不以妨害作证罪论处。如果犯罪嫌疑人、被告人采取暴力、威胁、贿买等方法阻止他人作证或者指使他人作伪证的，具有期待可能性，应认定为妨害作证罪。共犯人采取一般的请求、利诱方法阻止同案犯作供述或者指使同案犯作虚假供述的(如同案犯之间的串供行为)缺乏期待可能性，不成立犯罪；如果以暴力、威胁、贿买等方法阻止同案犯作供述，或者指使同案犯作虚假供述的，构成妨害作证罪。

(5)因采取暴力手段阻止证人作证或指使他人作伪证而触犯其他罪名的，应当按照处理牵连犯的原则，从一重罪处断。

根据《刑法》第307条的规定，犯本罪的，处3年以下有期徒刑或者拘役；情节严重的，处3年以上7年以下有期徒刑。司法工作人员犯本罪的，从重处罚。

四、帮助毁灭、伪造证据罪

帮助毁灭、伪造证据罪，是指其他人帮助当事人毁灭、伪造证据，情节严重的行为。在认定这类案件性质时，需要注意：帮助人与毁灭、伪造证据人不构成共同犯罪。其中的"帮助"，属于实行行为，不同于共同犯罪中的帮助犯。

根据《刑法》第307条的规定，犯本罪的，处3年以下有期徒刑或者拘役。司法工作人员犯本罪的，从重处罚。

五、虚假诉讼罪

（一）虚假诉讼罪的概念和特征

虚假诉讼罪，是指诉讼参加人以捏造的事实提起民事诉讼，妨害司法秩序或者严重侵害他人合法权益的行为。

（1）本罪的客体是正常的司法秩序和他人的合法权益。

（2）本罪的客观方面是以捏造的事实提起民事诉讼，妨害司法秩序或者严重侵害他人合法权益的行为。在通常情况下，行为人进行虚假诉讼是以“捏造事实”、伪造对自己有利的证据来欺骗司法机关。除此之外，虚假诉讼罪还有可能以“隐瞒真相”的方式进行。在民事诉讼中，一方当事人隐瞒事实欺骗法院提起虚假诉讼进而谋取不正当利益。比如，在司法实践中，当事人以对方已经履行完毕但未销毁的债务文书或者其他材料为证据，向法院提起诉讼，要求对方再次履行债务或者达到其他非法目的。这就是典型的以“隐瞒真相”的方式提起虚假诉讼。而且，“隐瞒真相”可以称为变相地“捏造事实”，“隐瞒真相”消极不作为与“捏造事实”积极作为之间具有等价性。所以，隐瞒真相也属于虚假诉讼的行为方式之一。虚假诉讼罪中的诉讼限定为民事诉讼，行为人向仲裁机构提起虚假仲裁的行为，不适用该罪规定。这里的民事诉讼，指的是完整的民事诉讼流程，包括起诉、立案、开庭、审判、审判监督、执行等程序。行为人除了向法院提起虚假诉讼外，还可能利用伪造的判决书、公证文书、仲裁裁决书向法院申请强制执行，这在本质上也是对法院正常司法秩序的一种破坏，同样也有可能侵害他人的合法权益，也应当按照虚假诉讼行为论处。

（3）本罪的主体是一般主体，即一般的诉讼参与人，包括自然人和单位。

（4）本罪的主观方面只能是故意，过失不构成本罪。

（二）虚假诉讼罪的刑事责任

根据《刑法》第307条之一的规定，犯本罪的，处3年以下有期徒刑、拘役或者管制，并处或者单处罚金；情节严重的，处3年以上7年以下有期徒刑，并处罚金。单位犯本罪的，对单位判处罚金，并对其直接负责的主管人员和其他直接责任人员，依照上述规定处罚。实施本罪行为，非法占有他人财产或者逃避合法债务，又构成其他犯罪的，依照处罚较重的规定定罪从重处罚。司法工作人员利用职权，与他人共同实施本罪行为的，从重处罚；同时构成其他犯罪的，依照处罚较重的规定定罪从重处罚。

六、打击报复证人罪

打击报复证人罪，是指故意对证人进行打击报复的行为。本罪侵犯的客体是证人依法作证的权利。客观方面表现为对证人进行打击报复的行为，对象是已经在诉讼过程中依法作证的证人。了解案件情况但尚未作证的人，属于妨害作证罪的对象，不是本罪的对象。通过加害证人近亲属的方式来报复证人的，根据《刑事诉讼法》第49条的规定，可以构成本罪。本罪的主体为一般主体。本罪的主观方面表现为故意。

根据《刑法》第308条的规定，犯本罪的，处3年以下有期徒刑或者拘役；情节严重的，处3

年以上7年以下有期徒刑。

七、泄露不应公开的案件信息罪

泄露不应公开的案件信息罪，是指司法工作人员、辩护人、诉讼代理人或者其他诉讼参与人，泄露依法不公开审理的案件中不应当公开的信息的行为。本罪所侵犯的客体是复杂客体，包括司法机关正常的诉讼秩序，具体而言是司法机关正常的审判秩序，以及诉讼当事人涉案信息的安全。客观方面表现为泄露依法不公开审理的案件中不应公开的信息，造成信息公开传播或者其他严重后果。主体为特殊主体，具体而言，即不公开审理的案件诉讼中的司法工作人员、辩护人、诉讼代理人或者其他诉讼参与人。主观方面为故意，既可是直接故意，也可是间接故意，行为人主观上需明知所泄露的信息属于不公开审理的案件信息。至于主观上有没有牟利的目的，不影响本罪的认定。

根据《刑法》第308条之一的规定，犯本罪的，处3年以下有期徒刑、拘役或者管制，并处或者单处罚金。实施本罪行为，泄露国家秘密的，依照刑法第398条的规定定罪处罚。

八、披露、报道不应公开的案件信息罪

披露、报道不应公开的案件信息罪，是指公开披露、报道不应该公开的案件信息，情节严重的行为。

（1）本罪所侵犯的客体是复杂客体，具体而言是司法机关正常的审判秩序，以及诉讼当事人涉案信息的安全。

（2）本罪的客观方面表现为行为人公开披露、报道依法不公开审理的案件中不应当公开的信息，情节严重的。"披露"，是指发表、公布。"报道"，是指通过报纸、杂志、广播、电视或其他形式把信息告诉公众。披露、报道的案件信息为第308条之一第1款中所规定的不公开审理案件的不应公开的信息，包括国家秘密、商业秘密、个人隐私等信息。"情节严重"，应指造成信息公开传播或者因信息泄露而给利益相关者所带来的严重损失，如国家秘密为他人所知悉，将可能造成危害社会稳定、经济发展、国防安全或者其他严重危害后果的，如诉讼参与人的个人隐私为他人所知悉，导致其名誉、人格遭到贬损，甚至引发自伤、自杀等严重后果的，如商业秘密为他人所知悉。给商业秘密所有者带来严重的经济损失的等等。

（3）本罪的主体应为一般主体，既可以是自然人，也可以是单位，但不包括司法工作人员、辩护人、诉讼代理人在内，一般为新闻媒体工作者和相关新闻媒体机构。

（4）本罪的主观方面为故意，直接故意和间接故意均可。行为人应当明知披露、报道的信息为不公开审理案件中不应公开的信息，出于何种动机对是否构成本罪并无影响。

根据《刑法》第308条之一的规定，犯本罪的，处3年以下有期徒刑、拘役或者管制，并处或者单处罚金。单位犯本罪的，对单位判处罚金，并对其直接负责的主管人员和其他直接责任人员，依照上述规定处罚。

九、扰乱法庭秩序罪

扰乱法庭秩序罪，是指聚众哄闹、冲击法庭或者殴打司法工作人员，侮辱、诽谤威胁司法工作人员或者诉讼参与人，不听法庭制止，有毁坏法庭设施，抢夺、损毁诉讼文书、证据等严

重扰乱法庭秩序的行为。本罪侵犯的客体是人民法院审理案件的正常秩序。客观方面表现为聚众哄闹、冲击法庭或者殴打司法工作人员或者诉讼参与人，严重扰乱法庭秩序的行为；侮辱、诽谤、威胁司法工作人员或者诉讼参与人，不听法庭制止，严重扰乱法庭秩序的行为；有毁坏法庭设施，抢夺、损毁诉讼文书、证据等行为。哄闹、冲击法庭必须采取聚众的形式，殴打司法工作人员则不要求采取聚众的形式。主体为一般主体。主观方面表现为故意。当聚众哄闹、冲击法庭或者殴打司法工作人员的行为同时触犯本罪与其他严重犯罪时，不能实行数罪并罚，而应该按照想象竞合犯的原则，从一重罪处断。

根据《刑法》第309条的规定，犯本罪的，处3年以下有期徒刑、拘役、管制或者罚金。

十、窝藏、包庇罪

（一）窝藏、包庇罪的概念和特征

窝藏、包庇罪，是指明知是犯罪的人而为其提供隐藏处所、财物，帮助其逃匿或者作假证明包庇的行为。本罪侵犯的客体是司法机关的正常活动。客观方面表现为为犯罪的人提供隐藏处所、财物、帮助其逃匿或者作假证明包庇的行为。“犯罪的人”，不是严格意义上的已经被法院定罪的罪犯，而应广义地理解为包括逍遥法外的涉嫌犯罪人和逍遥法外的罪犯。明知是一般违法分子而故意窝藏、包庇的，一般也不构成犯罪。但现行《刑法》第362条扩大了现行《刑法》第310条规定的此罪的对象范围，将一般违法的卖淫者、嫖娼者纳入了其对象范围。行为包括四种形式：①提供隐藏处所；②提供财物，资助或协助犯罪人逃匿；③提供其他便利条件帮助逃匿；④作假证明包庇。本罪的行为对象是已经实施了犯罪行为、正在受追查或者正在逃匿的人，包括已决犯与未决犯。犯罪主体是一般主体。主观方面是故意，既明知对方是犯罪的人，又具有使其逃避法律制裁的意图。

（二）窝藏、包庇罪的认定

在认定这类案件性质时，需要注意以下三个问题：

（1）区分本罪与知情不举的界限。知情不举是指明知是犯罪分子而不检举告发的行为，与窝藏、包庇罪的区别在于主观上没有使犯罪分子逃避法律制裁的目的，客观上没有实施窝藏、包庇的行为。

（2）区分本罪与伪证罪的界限。作假证明包庇的行为与伪证行为相似，区别在于：①犯罪主体不同，包庇罪是一般主体，伪证罪是特殊主体；②犯罪的时间不同，包庇罪可以在刑事诉讼过程中实施，也可以在此之前实施，而伪证罪只能在刑事诉讼过程中实施。因此，特定的主体在刑事诉讼中作伪证以包庇犯罪分子的，是伪证罪，其他人在刑事诉讼之前或之中提供假证明包庇犯罪分子的，是包庇罪。

（3）区分本罪与帮助毁灭、伪造证据罪的界限。区别在于发生的场合和行为对象不同，包庇罪的作假证明限于在刑事诉讼中为犯罪分子作假证明；而帮助毁灭、伪造证据罪的伪造证据，可以是在任何诉讼案件中伪造任何证据（包括伪造假证明）。作假证明实际上是伪造证据的情况之一。帮助当事人毁灭罪证、湮灭罪迹的行为，应属于帮助毁灭、伪造证据罪的行为之一，对这种行为应以帮助毁灭、伪造证据罪论处，不再以包庇罪论处。

(4)国家机关工人员包庇黑社会性质组织的,成立包庇黑社会性质组织罪。

(5)应当特别注意刑法关于包庇罪的特别规定。按照《刑法》第362条的规定,旅馆业、文化娱乐业、出租汽车业等单位的人员,在公安机关查处卖淫嫖娼活动时,为违法犯罪分子通风报信,情节严重的,依照《刑法》第310条的规定即包庇罪定罪处罚。这种特殊包庇罪的特征在于:①客观方面表现为在公安机关查处卖淫、嫖娼活动时,为违法犯罪分子通风报信,情节严重的行为;②犯罪主体是旅馆业、文化娱乐业、出租汽车业等单位的人员,包括在上述单位工作或者受雇用的一切人员;③主观方面是故意,具有使卖淫嫖娼人员逃避查处的目的。但对于公安机关查处其他不构成犯罪的行为时,为被查处者通风报信的,不成立犯罪。

(三)窝藏、包庇罪的刑事责任

根据《刑法》第310条的规定,犯本罪的,处3年以下有期徒刑、拘役或者管制;情节严重的,处3年以上10年以下有期徒刑。事前通谋的,以共同犯罪论处。

十一、拒绝提供间谍犯罪、恐怖主义犯罪、极端主义犯罪证据罪

拒绝提供间谍犯罪、恐怖主义犯罪、极端主义犯罪证据罪,是指明知他人有间谍犯罪或者恐怖主义、极端主义犯罪行为,在司法机关向其调查有关情况、收集有关证据时,拒绝提供,情节严重的行为。本罪侵犯的客体是国家安全机关、公安机关打击与防范间谍犯罪、恐怖主义犯罪、极端主义犯罪的正常活动。

根据《刑法》第311条的规定,犯本罪的,处3年以下有期徒刑、拘役或者管制。

十二、掩饰、隐瞒犯罪所得、犯罪所得收益罪

(一)掩饰、隐瞒犯罪所得、犯罪所得收益罪的概念和特征

掩饰、隐瞒犯罪所得、犯罪所得收益罪,是指明知是犯罪所得及其产生的收益而予以窝藏、转移、收购、代为销售或者以其他方法掩饰、隐瞒的行为。本罪的犯罪客体为司法机关的正常活动。客观方面表现为对他人的犯罪所得及其产生的收益而予以窝藏、转移、收购、代为销售或者以其他方法掩饰、隐瞒的行为。行为对象是他人犯罪所及其产生的收益。行为人以窝藏、转移、收购、销售的方式,掩饰、隐瞒自己犯罪所得及其产生的收益,不是刑法上独立意义的犯罪行为。主体包括自然人和单位。主观方面是故意,即明知是犯罪手段获得的钱财而仍然予以窝藏、转移、收购、代为销售或者以其他方法掩饰、隐瞒,行为人可以在行为前明知,也可以在行为过程中明知。

(二)掩饰、隐瞒犯罪所得、犯罪所得收益罪的认定

(1)区分罪与非罪的界限。偶尔因贪图便宜,对来路不明的物品予以收买的,不宜以犯罪处理。

(2)区分本罪与共同犯罪的界限。本罪是在他人犯罪获取赃物之后实施的。如果在作案前有通谋,作案后帮助窝赃、销赃、掩饰、隐瞒,从中分赃或者廉价收买其赃物从中渔利的,构成共同犯罪,不属于本罪的行为。

(3)掩饰、隐瞒犯罪所得、犯罪所得收益,认罪、悔罪并退赃、退赔,且具有下列情形之一的,可以认定为犯罪情节轻微,免予刑事处罚:①具有法定从宽情节②为近亲属掩饰、隐瞒犯罪所得及其产生的收益,且系初犯、偶犯的;③有其他情节轻微情形的。行为人为自用而掩饰、隐瞒犯罪所得,财物价值达到"掩饰、隐瞒犯罪所得及其产生的收益价值3千元至1万元以上的"标准,认罪、悔罪并退赃、退赔的,一般可不认为是犯罪,应当酌情从宽。

(4)盗用单位名义实施掩饰、隐瞒犯罪所得及其产生的收益行为,违法所得由行为人私分的,依照刑法和司法解释,按有关自然人犯罪的规定定罪处罚。

(三)掩饰、隐瞒犯罪所得、犯罪所得收益罪的刑事责任

根据《刑法》第312条的规定,犯本罪的,处3年以下有期徒刑、拘役或者管制,并处或者单处罚金;情节严重的,处3年以上7年以下有期徒刑,并处罚金。单位犯本罪的,对单位判处罚金,对其直接负责人的主管人员和其他直接责任人员,依照上述规定处罚。

十三、拒不执行判决、裁定罪

(一)拒不执行判决、裁定罪的概念与特征

拒不执行判决、裁定罪,是指对人民法院的判决、裁定有能力执行而拒不执行,情节严重的行为。

(1)本罪侵犯的客体是司法机关的正常活动和人民法院判决、裁定的权威性。

(2)客观方面表现为对人民法院已发生法律效力的判决、裁定有能力执行而拒不执行的行为。根据立法解释,"人民法院的判决、裁定",是指人民法院依法作出的具有执行内容并已经发生法律效力的判决、裁定。人民法院为依法执行支付令、生效的调解书、仲裁裁决、公证债权文书等所作的裁定属于该条规定的裁定。"有能力执行而拒不执行,情节严重"是指:①被执行人隐藏、转移、故意毁损财产或者无偿转让财产、以明显不合理的低价转让财产,致使判决、裁定无法执行的;②担保人或者被执行人隐藏、转移、故意毁损或者转让已向人民法院提供担保的财产,致使判决、裁定无法执行的;③协助执行义务人接到人民法院协助执行通知书后,拒不协助执行,致使判决、裁定无法执行的;④被执行人、担保人、协助执行义务人与国家机关工作人员通谋,利用国家机关工作人员的职权妨害执行,致使判决、裁定无法执行的;⑤其他有能力执行而拒不执行,情节严重的行为。

(3)本罪犯罪主体是特殊主体,包括被执行人、担保人和协助执行义务人,可以是自然人,也可以是单位。

(4)主观方面是故意,即明知是已经生效的判决、裁定有义务执行而拒不执行。

(二)拒不执行判决、裁定罪的认定

(1)区分本罪与妨害公务罪的界限。区别在于:①犯罪主体不同。本罪的主体是判决、裁定的被执行人、担保人和协助执行义务人,自然人、单位均可;妨害公务罪的主体是一般主体,自然人主体。②行为对象不同。本罪妨害的是法院执行判决、裁定的活动;而妨害公务罪妨害的是国家机关工作人员的公务活动。③行为方式不同。本罪不限于采取暴力、威胁的方式;而妨害公务罪则限于采取暴力、威胁方式。

(2)国家机关工作人员犯本罪的处罚。国家机关工作人员与被执行人、担保人、协助执行义务人通谋,利用国家机关工作人员的职权妨害执行,致使判决、裁定无法执行的,以本罪的共犯追究刑事责任。国家机关工作人员收受贿赂或者滥用职权,有妨害执行致使判决、裁定无法执行行为的,同时又构成受贿罪、滥用职权罪的,依照处罚较重的规定定罪处罚。

(3)拒不执行判决、裁定的被告人在一审宣告判决前,履行全部或者部分执行义务的,可以酌情从宽处罚。拒不执行支付赡养费、抚养费、抚育费、抚恤金、医疗费用、劳动报酬等判决、裁定的,可以酌情从重处罚。

(三)拒不执行判决、裁定罪的刑事责任

根据《刑法》第313条的规定,犯本罪的,处3年以下有期徒刑、拘役或者罚金;情节特别严重的,处3年以上7年以下有期徒刑,并处罚金。单位犯本罪的,对单位判处罚金,对其直接负责的主管人员和其他直接责任人员,依照上述规定处罚。

十四、非法处置查封、扣押、冻结的财产罪

非法处置查封、扣押、冻结的财产罪,是指对司法机关已经查封、扣押、冻结的财产,隐藏、转移、变卖或者故意毁损,情节严重的行为。在认定这类案件性质时要注意,行为人为了拒不执行判决、裁定,在判决、裁定生效以后隐藏、转移、变卖、毁损已经被司法机关查封、扣押、冻结的财产,对抗判决、裁定执行的,应当以拒不执行判决、裁定罪定罪处罚;如果是在判决、裁定生效之前就实施了妨害已被查封、扣押、冻结的财产的行为,导致判决、裁定无法执行的,应以本罪论处。

根据《刑法》第314条的规定,犯本罪的,处3年以下有期徒刑、拘役或者罚金。

十五、破坏监管秩序罪

破坏监管秩序罪,是指依法被关押的罪犯,破坏监管秩序,情节严重的行为。本罪侵犯的客体是监管场所的正常监管秩序。客观方面表现为破坏监管秩序,情节严重的行为。具体包括:①殴打监管人员的;②组织其他被监管人破坏监管秩序的;③聚众闹事,扰乱监狱正常秩序的;④殴打、体罚或者指使他人殴打体罚其他被监管人。殴打监管人员如果致人重伤、死亡的,则属于本罪与故意伤害罪等罪的想象竞合犯,择一重罪处罚。本罪犯罪主体是特殊主体,是正在被依法关押服刑的已决犯,包括在监狱服刑的罪犯和在看守所代为执行的罪犯,不包括已被逮捕关押但尚未被定罪判刑的未决犯,也不包括未被关押的已决犯;本罪的主观方面是故意。

根据《刑法》第315条的规定,犯本罪的,处3年以下有期徒刑。

十六、脱逃罪

脱逃罪,是指依法被关押的罪犯、被告人、犯罪嫌疑人从羁押、刑罚执行场所或者押解途中逃走的行为。本罪侵犯的客体是监管场所的正常监管秩序。客观方面表现为依法被关押的罪犯、被告人、犯罪嫌疑人从关押场所或者押解途中脱逃的行为。“脱逃”即离开关押场所,包括作为与不作为方式。行为人摆脱了监管机关和监管人员的实力支配时,属于脱逃既遂;但

行为人逃出关押场所后，尚明显处于被监管人员追捕的过程中，属于脱逃未遂。主体是特殊主体，即依法被逮捕、关押的罪犯、被告人、犯罪嫌疑人，包括已经拘留、逮捕而尚未判决的未决犯和已被判处拘役以上剥夺自由刑罚的罪犯。被劳动教养或者行政拘留的人，被司法机关采取拘传、取保候审、监视居住等强制措施的犯罪嫌疑人、被告人，被判处管制、判处拘役、徒刑宣告缓刑的罪犯以及被假释的罪犯不是本罪的主体。主观方面为故意。

根据《刑法》第316条的规定，犯本罪的，处5年以下有期徒刑或者拘役。

十七、劫夺被押解人员罪

（一）劫夺被押解人员罪的概念和特征

劫夺被押解人员罪，是指劫持押解途中的罪犯、被告人、犯罪嫌疑人的行为。本罪侵犯的客体是国家对人犯的监督管理秩序。客观方面表现为劫夺押解途中的罪犯、被告人、犯罪嫌疑人的行为。行为的对象是押解途中的罪犯、被告人、犯罪嫌疑人。劫夺监狱、看守所等关押场所的罪犯、被告人、犯罪嫌疑人，不构成本罪。本罪的主体为一般主体。本罪的主观方面为故意。

（二）劫夺被押解人员罪的认定

（1）区分劫夺被押解人员罪与妨害公务罪的界限。押解人犯从广义上讲也属于一种公务活动，因此，劫夺被押解人员也具有妨害公务的性质。二者的主要区别在于目的不同，本罪必须具有劫夺人犯的目的，而妨碍公务罪不具有此特定目的；如果行为人不具有劫夺被押解人员的意图，仅以暴力、威胁的方法妨碍押解工作的，不构成本罪，但可以构成妨害公务罪。

（2）关于罪数问题。行为人因使用暴力方法劫夺被押解人员，造成押解人员伤害或者死亡的，或者杀害押解人员后劫夺被押解人员的，或者劫夺被押解人员后为灭口又杀害押解人员的，应当按照数罪并罚的原则处理。

（三）劫夺被押解人员罪的刑事责任

根据《刑法》第316条的规定，犯本罪的，处3年以上7年以下有期徒刑；情节严重的，处7年以上有期徒刑。

十八、组织越狱罪

组织越狱罪，是指依法被关押的罪犯、被告人、犯罪嫌疑人有组织、有计划地以非暴动方式越狱逃跑的行为。本罪的客体是国家对在押人员的监管秩序。本罪的客观方面表现为行为人实施了组织越狱的行为。其具体表现有两种方式：一是组织越狱；二是积极参加有组织的越狱。所谓越狱，是指逃离监狱、看守所等国家设立的刑罚执行场所或者关押犯罪嫌疑人、被告人的场所，包括押解途中。犯罪主体是特殊主体，即依法被关押的犯罪分子，包括已决犯和未决犯。本罪的主观方面为故意。

根据《刑法》第317条的规定，犯本罪的，对首要分子和积极参加者，处5年以上有期徒刑；对其他参加者，处5年以下有期徒刑或者拘役。

十九、暴动越狱罪

暴动越狱罪，是指依法被关押的犯罪分子，以有组织或者聚众的形式集体使用暴力手段强行越狱的行为。本罪的客体是国家对在押人员的监管秩序。本罪的客观方面表现为行为人实施了暴动越狱的行为。本罪的主体是特殊主体，即在押的罪犯、犯罪嫌疑人、被告人。本罪的主观方面为故意。

根据《刑法》第317条的规定，犯本罪的，对首要分子和积极参加者，处10年以上有期徒刑或者无期徒刑；情节特别严重的，处死刑；对其他参加者，处3年以上10年以下有期徒刑。

二十、聚众持械劫狱罪

聚众持械劫狱罪，是指狱外的人聚众持械劫夺被依法关押在狱中的犯罪分子的行为。在认定这类案件性质时，要注意区分聚众持械劫狱罪与劫夺被押解人罪的界限。两者的区别在于是否具有聚众、持械的特征。所谓"持械"，是指行为人手拿刀、枪、棍棒等凶器实施劫狱的行为。

根据《刑法》第317条的规定，犯本罪的，对首要分子和积极参加者，处10年以上有期徒刑或者无期徒刑；情节特别严重的，处死刑；其他参加者，处3年以上10年以下有期徒刑。

第四节　妨害国(边)境管理罪罪名分述[①]

一、组织他人偷越国(边)境罪

组织他人偷越国(边)境罪，是指违反国家出入国(边)境管理法规，非法组织他人偷越我国国境或边境的行为。本罪的客体是国家对国(边)境的正常管理秩序。这里的国(边)境，既指国境，即我国与外国的疆界，又指边境，即我国大陆与台、港、澳地区在行政区划上的交界；客观方面表现为行为人实施了非法组织他人出入国(边)境的行为；主体为一般主体；主观方面为故意，行为人出于何种动机、目的，不影响本罪的成立。

在认定这类案件性质时，要注意以下两个问题：

(1)根据最高人民法院《关于办理妨害国(边)境管理刑事案件应用法律若干问题的解释》(法释〔2012〕17号)，领导、策划、指挥他人偷越国(边)境或者在首要分子指挥下，实施拉拢、引诱、介绍他人偷越国(边)境等行为的，属于"组织他人偷越国(边)境"的行为。

(2)犯本罪并对被组织人有杀害、伤害、强奸、拐卖等犯罪行为，或者对检查人员有杀害、伤害等犯罪行为的，依照数罪并罚的规定处罚。

根据《刑法》第318条的规定，犯本罪的，处2年以上7年以下有期徒刑，并处罚金；有下列情形之一的，处7年以上有期徒刑或者无期徒刑，并处罚金或者没收财产：①组织他人偷越国(边)境集团的首要分子；②多次组织他人偷越国(边)境或者组织他人偷越国(边)境人数众多的；③造成被组织人重伤、死亡的；④剥夺或者限制被组织人人身自由的；⑤以暴力、

---

①本节相关认定参见最高人民法院《关于办理妨害国(边)境管理刑事案件应用法律若干问题的解释》(法释〔2012〕17号)。

威胁方法抗拒检查的；⑥违法所得数额巨大的；⑦有其他特别严重情节的。

二、骗取出境证件罪

骗取出境证件罪，是指以劳务输出、经贸往来或者其他名义，弄虚作假，骗取护照、签证等出境证件，为组织他人偷越国（边）境使用的行为。

根据《刑法》第319条的规定，犯本罪的，处3年以下有期徒刑，并处罚金；情节严重的，处3年以上10年以下有期徒刑，并处罚金。单位犯本罪的，对单位判处罚金，并对其直接负责的主管人员和其他直接责任人员，依照自然人犯本罪的规定处罚。

三、提供伪造、变造的出入境证件罪

提供伪造、变造的出入境证件罪，是指为他人提供伪造、变造的护照、签证等出入境证件的行为。“为他人提供”，其中“提供”包括有偿与无偿。该犯罪行为不能认为是偷越国（边）境罪的帮助犯，而属于实行犯。行为人伪造出入境证件后又提供给他人的，应从一重罪处罚；如果出售入境证件的，同时触犯非法买卖国家机关证件罪与本罪，属于想象竞合犯，择一重罪处罚。

根据《刑法》第320条的规定，犯本罪的，处5年以下有期徒刑，并处罚金；情节严重的，处5年以上有期徒刑，并处罚金。

四、出售出入境证件罪

出售出入境证件罪，是指向他人出售护照、签证等出入境证件的行为。对于出售伪造、变造的出入境证件的行为，则应以提供伪造、变造的出入境证件罪论处。

根据《刑法》第320条的规定，犯本罪的，处5年以下有期徒刑，并处罚金；情节严重的，处5年以上有期徒刑，并处罚金。

五、运送他人偷越国（边）境罪

运送他人偷越国（边）境罪，是指非法将偷越国（边）境的人员送出或者送入国（边）境的行为。

根据《刑法》第321条的规定，犯本罪的，处5年以下有期徒刑、拘役或者管制，并处罚金；有下列情形之一的，处5年以上10年以下有期徒刑，并处罚金：①多次实施运送行为或者运送人数众多的；②所使用的船只、车辆等交通工具不具备必要的安全条件，足以造成严重后果的；③违法所得数额巨大的；④有其他特别严重情节的。在运送他人偷越国（边）境中，造成被运送人重伤、死亡，或者以暴力、威胁方法抗拒检查的，处7年以上有期徒刑，并处罚金。

犯本罪，对被运送人有杀害、伤害、强奸、拐卖等犯罪行为的，或者对检查人员有杀害、伤害等犯罪行为的，依照数罪并罚的规定处罚。

六、偷越国（边）境罪

偷越国（边）境罪，是指违反国（边）境管理法规，偷越国（边）境，情节严重的行为或者为参加恐怖活动组织、接受恐怖活动培训或者实施恐怖活动，偷越国（边）境的行为。

根据《刑法》第322条的规定，犯本罪的，处1年以下有期徒刑、拘役或者管制，并处罚金；为参加恐怖活动组织、接受恐怖活动培训或者实施恐怖活动，偷越国(边)境的，处1年以上3年以下有期徒刑，并处罚金。

七、破坏界碑、界桩罪

破坏界碑、界桩罪，是指故意破坏国家边境界碑、界桩的行为。

根据《刑法》第323条的规定，犯本罪的，处3年以下有期徒刑或者拘役。

八、破坏永久性测量标志罪

破坏永久性测量标志罪，是指故意破坏国家设立的永久性测量标志的行为。根据《刑法》第323条的规定，犯本罪的，处3年以下有期徒刑或者拘役。

第五节 妨害文物管理罪罪名分述

一、故意损毁文物罪

故意损毁文物罪，是指故意损毁国家保护的珍贵文物或者被确定为全国重点文物保护单位、省级文物保护单位的文物的行为。本罪侵犯的客体是国家的文物管理制度。客观方面表现为损毁国家保护的珍贵文物和国家级、省级文物保护单位的文物的行为。损毁的对象包括两类：一类是国家保护的珍贵文物，根据文物保护法及其实施细则的规定，珍贵文物包括具有重大历史、科学、艺术价值的纪念物、艺术品、工艺美术品、革命文献资料、手稿、古旧图书资料以及代表性实物等文物。珍贵文物依法分为一、二、三级，是否属于珍贵文物由有关部门鉴定确认。此外，具有科学价值的古脊椎动物化石和古人类化石同文物一样受国家保护。另一类是被确定为全国重点文物保护单位和省级文物保护单位的文物。

根据《刑法》第324条的规定，犯本罪的，处3年以下有期徒刑或者拘役，并处或者单处罚金；情节严重的，处3年以上10年以下有期徒刑，并处罚金。

二、故意损毁名胜古迹罪

故意损毁名胜古迹罪，是指故意损毁国家保护的名胜古迹，情节严重的行为。在认定这类案件性质时，要注意区分故意毁损名胜古迹罪与故意损毁文物罪对情节的要求不同。构成故意损毁名胜古迹罪以情节严重为条件；而构成故意损毁文物罪没有情节严重的限制条件。

根据《刑法》第324条的规定，犯本罪的，处5年以下有期徒刑或者拘役，并处或者单处罚金。

三、过失损毁文物罪

过失损毁文物罪，是指过失损毁国家保护的珍贵文物或者被确定为全国重点文物保护单位、省级文物保护单位的文物，造成严重后果的行为。本罪侵犯的客体为国家对名胜古迹保护的正常管理活动。客观方面的具体表现可以是捣毁、拆除、污损、挖掘、焚烧等形式。该行为的特征表现为以下几个方面:①该损毁行为是行为人为实现危害结果之外的其他目的而实施的。②过失损毁行为是包含发生危害结果可能性的行为。主体为一般主体。主观方面为过失,包括疏忽大意的过失和过于自信的过失。

根据《刑法》第324条的规定,犯本罪的,处3年以下有期徒刑或者拘役。

四、非法向外国人出售、赠送珍贵文物罪

非法向外国人出售、赠送珍贵文物罪,是指违反文物保护法规,将收藏的国家禁止出口的珍贵文物私自出售或者私自赠送给外国人的行为。本罪侵犯的客体是国家对珍贵文物的管理活动,犯罪对象是珍贵文物。客观方面表现为违反文物保护法规,将收藏的国家禁止出口的珍贵文物私自出售或者私自赠送给外国人的行为。主体为一般主体,单位亦可成为本罪主体。主观方面表现为故意,如果行为人主观上确实不知是珍贵文物或者被他人欺骗利用,因其主观上没有犯罪的故意,不应按本罪处罚。

根据《刑法》第325条的规定,犯本罪的,处5年以下有期徒刑或者拘役,可以并处罚金。单位犯本罪的,对单位判处罚金,并对其直接负责的主管人员和其他直接责任人员,依照上述规定处罚。

五、倒卖文物罪

倒卖文物罪,是指以牟利为目的,倒卖国家禁止经营的文物,情节严重的行为。本罪的客体是侵犯了国家对文物的管理活动。客观方面表现为违反国家文物保护法规,倒卖国家禁止经营的文物,情节严重的行为。主体为一般主体,即年满16周岁且具有刑事责任能力的自然人,单位也可以构成本罪的主体。主观方面为直接故意,即行为人明知是国家禁止经营的文物而倒卖此文物,并且希望产生破坏文物管理活动的严重危害后果。同时还必须要求行为人在倒卖故意支配下,具有牟利的目的。如果行为人不具有牟利的目的,而纯粹属于个人爱好,则不宜以犯罪论处。

在认定这类案件性质时,要注意区分倒卖文物罪与非法经营罪的界限。区别在于对象不同。前者的犯罪对象为国家禁止经营的文物;后者的犯罪对象为未经许可经营专营、专卖物品或者其他限制买卖的物品、买卖进出口许可证、进出口原产地证明以及其他法律、行政法规规定的经营许可证或者批准文件。

根据《刑法》第326条的规定,犯本罪的,处5年以下有期徒刑或者拘役,并处罚金;情节特别严重的,处5年以上10年以下有期徒刑,并处罚金。单位犯本罪的,对单位判处罚金,并对其直接负责的主管人员和其他直接责任人员,依照上述规定处罚。

六、非法出售、私赠文物藏品罪

非法出售、私赠文物藏品罪,是指国有博物馆、图书馆等单位,违反文物保护法规,将国家保护的文物藏品出售或者私自赠送给非国有单位或者个人的行为。

根据《刑法》第327条的规定,犯本罪的,对单位判处罚金,并对其直接负责的主管人员和其他直接责任人员,处3年以下有期徒刑或者拘役。

七、盗掘古文化遗址、古墓葬罪

盗掘古文化遗址、古墓葬罪，是指盗掘具有历史、艺术、科学价值的古文化遗址、古墓葬的行为。在认定这类案件性质时，需要注意以下三个问题：

（1）区分本罪与故意损毁文物罪、故意损毁名胜古迹罪的界限。区别在于：①目的不同。犯本罪具有窃取文物的目的，而后两罪不具此目的。②行为对象不同。本罪的对象限于古文化遗址、古墓葬，而后两罪一个限于珍贵文物、国家级、省级文物保护单位，一个限于名胜古迹。③行为方式不同。本罪限于盗掘的方式，而后两罪可以包括任何方式的损毁。如果是在盗掘古文化遗址、古墓葬的过程中，又损毁珍贵文物或者名胜古迹的，应当以本罪处罚。

（2）区分本罪与盗窃罪的界限。盗掘古文化遗址、古墓葬并窃取文物的，仍以本罪论处；盗掘其他墓葬窃取财物数额较大的，以盗窃罪论处；窃取他人已挖掘出来的珍贵文物的，也应当以盗窃罪论处。

（3）关于本罪的既遂。行为人只要实施了盗掘古文化遗址、古墓葬的行为，即构成本罪的既遂，至于是否窃取了文物，并不影响成立本罪的既遂。

根据《刑法》第328条的规定，犯本罪的，处3年以上10年以下有期徒刑，并处罚金；情节较轻的，处3年以下有期徒刑、拘役或者管制，并处罚金；有下列情形之一的，处10年以上有期徒刑或者无期徒刑，并处罚金或者没收财产：①盗掘确定为全国重点文物保护单位和省级文物保护单位的古文化遗址、古墓葬的；②盗掘古文化遗址、古墓葬集团的首要分子；③多次盗掘古文化遗址、古墓葬的；④盗掘古文化遗址、古墓葬，并盗窃珍贵文物或者造成珍贵文物严重破坏的。

八、盗掘古人类化石、古脊椎动物化石罪

盗掘古人类化石、古脊椎动物化石罪，是指盗掘国家保护的具有科学价值的古人类化石和古脊椎动物化石的行为。在认定这类案件性质时，要注意区分本罪与盗掘文化遗址、古墓葬罪的界限。主要区别在于行为对象不同。前者犯罪对象为古人类化石、古脊椎动物化石，后者为文化遗址、古墓葬。

根据《刑法》第328条的规定，犯本罪的，依照盗掘古文化遗址、古墓葬罪的法定刑处罚。

九、抢夺、窃取国有档案罪

抢夺、窃取国有档案罪，是指抢夺、窃取国家所有的档案的行为。本罪侵犯的客体是国家对档案的管理制度和国家对国有档案的所有权。在认定这类案件性质时，需要注意以下两个问题。

（1）区分本罪与抢夺罪、盗窃罪的界限。主要区别在于行为对象不同。前者的行为对象是国有档案，后两者的行为对象是公私财物。三者的关系在一定意义上属于特别法条与普通法条之间的关系，所以在适用上遵循特别法条优于普通法的原则。如果抢夺、窃取对象中既有国有档案，又有其他公私财物的，则应按照本罪与后两罪并罚。

（2）如果抢夺、窃取的国有档案属于国家秘密的，同时又触犯非法获取国家秘密罪的，是想象竞合犯，应当按照其中的重罪处罚。

根据《刑法》第329条的规定，犯本罪的，处5年以下有期徒刑或者拘役。

十、擅自出卖、转让国有档案罪

擅自出卖、转让国有档案罪，是指违反档案法的规定，擅自出卖、转让国家所有的档案，情节严重的行为。

在认定这类案件性质时要注意罪与非罪的界限。①擅自出卖、转让的是否为国有档案，如果出卖、转让的对象不是国有档案，则不能按本罪处罚。②是否情节严重。如果擅自出卖、转让国有档案的行为没有达到情节严重，则也不能构成本罪。③出卖、转让的是否违反档案法的规定。如果根据档案法的规定转让国有档案的，则是适法行为。④是否出于故意。如果由于过失而出卖、转让国有档案的，则按一般的违法行为处理。

根据《刑法》第329条的规定，犯本罪的，处3年以下有期徒刑或拘役。犯本罪同时又构成刑法规定的其他犯罪的，依照处罚较重的规定定罪处罚。

第六节　危害公共卫生罪罪名分述

一、妨害传染病防治罪

妨害传染病防治罪，是指违反传染病防治法的规定，引起甲类传染病传播或者有传播严重危险的行为。

甲类传染病的范围，依照我国《传染病防治法》和国务院有关规定确定，主要指鼠疫、霍乱等传染病。“甲类管理的传染病”，是指乙类传染病中传染性非典型肺炎，炭疽中的肺炭疽，人感染高致病性禽流感以及国务院卫生行政管理部门根据需要报经国务院批准公布实施的其他需要按甲类管理的乙类传染病和突发原因不明的传染病。

根据《刑法》第330条的规定，犯本罪的，处3年以下有期徒刑或者拘役；后果特别严重的，处3年以上7年以下有期徒刑。后果特别严重，包括：①供水单位供应的饮用水不符合国家规定的卫生标准的；②拒绝按照卫生防疫机构提出的卫生要求，对传染病病原体污染的污水、污物、粪便进行消毒处理的；③准许或者纵容传染病病人、病原携带者和疑似传染病病人从事国务院卫生行政部门规定禁止从事的易使该传染病扩散的工作的；④拒绝执行卫生防疫机构依照传染病防治法提出的预防、控制措施的。单位犯本罪的，对单位判处罚金，对其直接负责的主管人员和其他直接责任人员，依照上述规定处罚。

二、传染病菌种、毒种扩散罪

传染病菌种、毒种扩散罪，是指从事实验、保藏、携带、运输传染病菌种、毒种的人员，违反国务院行政部门的有关规定，过失造成传染病菌种、毒种扩散，后果严重的行为。本罪的客体是双重客体，即本罪同时侵犯了国家对传染病菌种、毒种的管理秩序和人民群众的生命健康。客观方面表现为行为人违反国务院卫生行政部门的有关规定，从事实验、保藏、携带、运输传染病菌种、毒种的过程中造成传染病菌种、毒种扩散，后果严重的行为。主体是特殊主体，仅限于自然人。主观方面是过失。

根据《刑法》第331条的规定，犯本罪的，处3年以下有期徒刑或者拘役；后果特别严重的，处3年以上7年以下有期徒刑。

三、妨害国境卫生检疫罪

妨害国境卫生检疫罪，是指违反国境卫生检疫规定，引起检疫传染病传播或者有传播严重危险的行为。所谓检疫传染病，是指鼠疫、霍乱、黄热病以及国务院规定和公布的其他传染病。

根据《刑法》第332条的规定，犯本罪的，处3年以下有期徒刑或者拘役，并处或者单处罚金。单位犯本罪的，对单位判处罚金，并对其直接负责的主管人员和其他直接责任人员，依照上述规定处罚。

四、非法组织卖血罪

非法组织卖血罪，是指违反血液制品管理法规，擅自组织他人出卖血液的行为。本罪侵犯的客体是国家血液采集、供应的管理制度和公民的健康权利。客观方面表现为行为人实施了非法组织卖血的行为。主体为一般主体。主观方面为故意，行为人多具有牟利的目的，但法律未规定必须以牟利为目的。

在认定这类案件性质时要注意，按照《刑法》第234条的规定，非法组织他人卖血，对他人造成伤害的，应当以故意伤害罪追究刑事责任。其中"他人"必须是不特定或者多数人，故劝诱特定个人出卖血液的，不成立犯罪。

根据《刑法》第333条的规定，犯本罪的，处5年以下有期徒刑，并处罚金。

五、强迫卖血罪

强迫卖血罪，是指以暴力、威胁方法强迫他人出卖血液的行为。

在认定这类案件性质时要注意以下两个问题：

(1)本罪与非法组织卖血罪的区别：本罪的客观方面表现为以暴力、威胁方法强迫他人出卖血液，而后者则是非法组织他人出卖血液。

(2)按照《刑法》第333条第2款的规定，强迫他人卖血，对他人造成伤害的，应当以故意伤害罪追究刑事责任。而且所判处的刑罚不能低于强迫卖血罪的法定最低刑，即不能低于5年有期徒刑。

根据《刑法》第333条的规定，犯本罪的，处5年以上10年以下有期徒刑，并处罚金。

六、非法采集、供应血液、制作、供应血液制品罪

非法采集、供应血液、制作、供应血液制品罪，是指违反血液制品管理法规，未经有关机构许可，擅自采集、供应血液或者擅自制作、供应血液制品，不符合国家规定的标准，足以危害人体健康的行为。

在认定这类案件性质时，需要注意以三个下问题：

(1)"血液"、"血液制品"、"危害人体健康"、"特别严重后果"等，根据《最高人民法院、最高人民检察院关于办理非法采供血液等刑事案件具体应用法律若干问题的解释》(法释

〔2008〕12号）认定。

（2）本罪是危险犯，以"足以危害人体健康"为构成要件。如果行为人实施了本罪所要求的危害行为，但并未达到上述危险，则不能以本罪认定，属于一般的违法行为，由有关行政部门予以行政处分。

（3）本罪的危害行为包括两类：采集、供应血液；制作、供应血液制品。行为人只要实施了任何一类行为就可构成本罪，如果行为人同时实施了两类行为，仍应以一罪认定，而不以数罪并罚。

根据《刑法》第334条的规定，犯本罪的，处5年以下有期徒刑或者拘役，并处罚金；对人体健康造成严重危害的，处5年以上10年以下有期徒刑，并处罚金；造成特别严重后果的，处10年以上有期徒刑或者无期徒刑，并处罚金或者没收财产。

七、采集、供应血液、制作、供应血液制品事故罪

采集、供应血液、制作、供应血液制品事故罪，是指经国家主管部门批准采集、供应血液或者制作、供应血液制品的部门，不依照规定进行检测或者违背其他操作规定，造成危害他人身体健康后果的行为。

在认定这类案件性质时，要注意区分采集、供应血液、制作、供应血液制品事故罪与非法采集、供应血液、制作、供应血液制品罪的界限。二者的主要区别在于：

（1）主体不同。前者是特殊主体，即只能是有资格从事血液制品生产经营活动的单位；后者是一般主体，并且只能是自然人。

（2）客观方面表现不同。前者表现为违反有关规定的行为，并以实际造成对人体健康损害的后果为要件；后者以不符合国家标准、足以损害他人健康的危险状态为要件。

（3）主观方面不同。前者为责任事故型的过失犯罪，后者为故意犯罪。

根据《刑法》第334条的规定，犯本罪的，对单位判处罚金，并对其直接负责的主管人员和其他直接责任人员，处5年以下有期徒刑或者拘役。

八、医疗事故罪

（一）医疗事故罪的概念和特征

医疗事故罪，是指医务人员由于严重不负责任，造成就诊人死亡或者严重损害就诊人身体健康的行为。

（1）侵犯的客体是国家对医务人员的管理秩序和就诊人的生命及健康权利。

（2）客观方面表现为严重不负责任，致使就诊人死亡或者健康受到严重损害的行为。行为既可以是作为，也可以是不作为，前者如护理人员打错针、发错药，后者如值班医生擅离职守。行为造成就诊人死亡或者严重损害就诊人身体健康的，才成立本罪。

（3）犯罪主体只能是医务人员，即直接从事诊疗护理事务的人员，包括国家、集体医疗单位的医生、护士、药剂人员，以及经主管部门批准开业的个体行医人员。

（4）主观方面是过失。本罪疏忽大意的过失常常具体表现为，在医疗事故的发生中，根据行为人相应职称和岗位责任制要求，应当预见到和可以预见到自己的行为可能造成对病员

的危害结果，因为疏忽大意而未能预见到，或对于危害病员生命、健康的不当做法，应当做到有效的防范，因为疏忽大意而未能做到，致使危害结果发生。如不执行或不正确执行规章制度和履行职责，对危重病员推诿、拒治；对病史采集、病员检查、处理漫不经心，马虎草率；或擅离职守；或遇到不能胜任的技术操作，既不请示，也不请人帮助，一味蛮干；或擅自做无指征和有禁忌证的手术和检查等，而造成了对病员的危害结果。本罪过于自信过失一般表现为，行为人虽然预见到自己的行为可能给病员导致危害结果，但是轻信借助自己的技术、经验或有利的客观条件能够避免，因而导致了判断上和行为上的失误，导致发生危害结果。故意致人死亡的，视性质与情节成立故意杀人等罪。

（二）医疗事故罪的认定

（1）划清医疗事故罪与医疗技术事故的界限。《医疗事故处理办法》第5条规定："医疗事故分为责任事故和技术事故。责任事故是指医务人员因违反规章制度、诊疗护理常规等失职行为所致的事故；技术事故是指医务人员因技术过失所致的事故。"技术事故一般是指医务人员因技术水平不高、缺乏临床经验等技术上的失误所导致的事故，而不是因为严重不负责任所导致的事故。所以，对医疗技术事故不能认定为本罪。

（2）区分医疗事故罪与医疗意外事故的界限。这里所说的医疗意外事故，是指由于医务人员不能预见或者不可抗拒的原因而导致就诊人死亡或者严重损害就诊人身体健康的事故。在这种情况下，由于医务人员主观上没有过失，故不能认定为本罪。

（3）区分医疗事故罪与一般医疗事故。这里所说的一般医疗事故，是指医务人员虽然有不负责任的行为，也造成了一定的危害结果，但没有造成刑法所规定的致人死亡或严重损害人身健康的情况。

（4）本罪与过失致人死亡罪、过失致人重伤罪的区别。《刑法》第233条、第235条分别规定了过失致人死亡罪，过失致人重伤罪。本罪与后两个罪在行为上的危害后果、主观方面有着相似之处，但在客体、客观方面、主体上有所不同。首先本罪不仅侵犯他人的生命健康权利，还侵犯国家的医疗管理活动，后两个罪则仅侵犯他人的生命健康权利。其次，本罪的危害行为是行为人在从事医务活动中发生的，后两个罪没有此要求，方式手段可以多样。最后，主体不同。本罪是特殊的主体，仅限于依法从事医务工作人员，后两个罪是一般的主体，凡已满16周岁且具有刑事责任能力的人均能成为它们的主体。

根据《刑法》第335条的规定，犯本罪的，处3年以下有期徒刑或者拘役。

九、非法行医罪

（一）非法行医罪的概念与特征

非法行医罪，是指未取得医生执业资格的人非法行医，情节严重的行为。本罪侵犯的客体是国家对医务人员的管理秩序和就诊人的生命及健康权利。客观方面表现为非法行医，情节严重的行为，即无医生执业资格的人从事诊疗活动，包括在医疗机构中从事诊疗活动和擅自开业从事诊疗活动。主体是一般主体，但只能是未取得医生执业资格的人。主观方面为故意。不要求营利的目的，故未取得医生执业资格的人免费为他人行医，情节严重的，应认定为非法行医罪。

（二）非法行医罪的认定

（1）具有下列情形之一的，属于"未取得医生执业资格的人非法行医"：①未取得或者以非法手段取得医师资格从事医疗活动的；②个人未取得《医疗机构执业许可证》开办医疗机构的；③被依法吊销医师执业证书期间从事医疗活动的；④未取得乡村医生执业证书，从事乡村医疗活动的；⑤家庭接生员实施家庭接生以外的医疗行为的。[①]

（2）区分本罪与医疗事故罪：①客观方面不同，前者在客观方面表现为，违反国家有关医疗管理的法律、法规的规定，非法行医，情节严重的行为。后者在客观方面表现为，医务人员在合法的诊疗护理过程中，违反规章制度，严重不负责任，造成就诊人死亡或者严重损害就诊人身体健康的行为。②本罪的主体是没有医生执业资格的人，医疗事故罪的主体是有医生执业资格的医务人员。③本罪的主观方面为故意，医疗事故罪的主观方面为过失。

（3）本罪和与故意杀人罪、故意伤害罪、过失致人死亡罪和过失致人重伤罪的区别。非法行医罪的客观特征有多种表现，但其中一种危害结果是造成就诊人员伤亡，这与后四罪的后果有相同之处。区别主要表现为：①客体不同。非法行医罪侵害的客体是国家对医疗机构的管理制度和公众的生命健康安全，而后四罪所侵犯的客体仅是特定公民的生命健康权利。②客观方面不同。非法行医罪发生在非法从事医疗活动的过程中，而后四罪的发生一般都不在医疗活动的过程中。③非法行医罪的主体是特殊主体，限于未取得医生执业资格的人，而后四罪的主体是一般主体。④主观方面不同。非法行医罪的行为人对严重不良后果的心理态度是过失或间接故意，而故意杀人罪、故意伤害罪的主观方面为直接故意或间接故意；过失致人死亡罪、过失致人重伤罪的主观方面为过失。

根据《刑法》第336条的规定，犯本罪的，处3年以下有期徒刑、拘役或者管制，并处或者单处罚金；严重损害就诊人身体健康的，处3年以上10年以下有期徒刑，并处罚金；造成就诊人死亡的，处10年以上有期徒刑，并处罚金。

十、非法进行节育手术罪

非法进行节育手术罪，是指无医生执业资格的人擅自为他人进行节育复通手术、假节育手术、终止妊娠手术或者摘取宫内节育器，情节严重的行为。本罪侵犯的客体是国家的计划生育制度和就诊人的健康及生命权利。

在认定这类案件性质时，需要注意以下两个问题：

（1）区分本罪与非法行医罪的界限。本罪实际上是非法行医罪的特殊类型，因此具备非法进行节育手术罪的犯罪构成要件，同时也具备非法行医罪的犯罪构成要件。二者的主要区别在于：非法进行节育手术罪的客体除包括他人的生命、健康之外，还特别包括计划生育的管理秩序。

（2）本罪的构成要求行为人非法进行节育手术的行为达到"情节严重"的程度，如果行为人非法进行节育手术的行为没有达到情节严重的程度，那就不能构成犯罪，而应该按一般违

---

① 参见最高人民法院《关于审理非法行医刑事案件具体应用法律若干问题的解释》（法释〔2008〕5号）第1条。

法行为处理。若非法进行节育手术并且严重损害就诊人健康或者造成就诊人死亡的,应当按非法进行节育手术罪而不按其他罪论处。

根据《刑法》第336条的规定,犯本罪的,处3年以下有期徒刑、拘役或者管制,并处或者单处罚金;严重损害就诊人身体健康的,处3年以上10年以下有期徒刑,并处罚金;造成就诊人死亡的,处10年以上有期徒刑,并处罚金。

十一、妨害动植物防疫、检疫罪

妨害动植物防疫、检疫罪,是指违反有关动植物防疫、检疫的国家规定,引起重大动植物疫情的,或者有引起重大动植物疫情危险,情节严重的行为。

根据《刑法》第337条的规定,犯本罪的,处3年以下有期徒刑或者拘役,并处或者单处罚金。单位犯本罪的,对单位判处罚金,并对其直接负责的主管人员和其他直接责任人员,依照自然人犯本罪的规定处罚。

第七节 破坏环境资源保护罪罪名分述

一、污染环境罪

(一)污染环境罪的概念和特征

污染环境罪,是指违反国家规定,排放、倾倒或者处置有放射性的废物、含传染病病原体的废物、有毒物质或者其他有害物质,严重污染环境的行为。

(1)本罪侵犯的客体是国家环境保护制度和公私财产与公民生命、健康的安全。本罪的对象为有害物质。具体包括放射性废物、含传染病病原体的废物、有毒物质或者其他有害物质。

(2)本罪在客观方面表现为违反国家规定,排放、倾倒或者处置有放射性的废物、含传染病病原体的废物、有毒物质或其他有害物质,严重污染环境的行为。①实施本罪必须违反国家规定。是指违反全国人大及其常务委员会制定的有关环境保护方面的法律,以及国务院制定的相关行政法规、行政措施、发布的决定或命令。这些法律、法规主要包括《环境保护法》、《大气污染防治法》、《水污染防治法》、《海洋环境保护法》、《固体废物污染环境防治法》等法律,以及《放射防护条例》、《工业"三废"排放试行标准》等一系列专门法规。②实施排放、倾倒和处置行为。其中排放是指把各种有害物质排入土地、水体、大气的行为,包括泵出、溢出、泄出、喷出、倒出等;倾倒是指通过船舶、航空器、平台或者其他载运工具,向土地、水体、大气倾卸有害物质的行为;处置是指以焚烧、填埋或其他改变有害物质属性的方式处理有害物质或者将其置于特定场所或者设施并不再取回的行为。③必须造成了严重污染环境的后果。本罪属结果犯,行为人非法排放、倾倒、处置有害物质的行为是否构成犯罪,应对其行为所造成的后果加以认定,如该行为造成严重后果,则以本罪论。否则不能以犯罪论处。至于"严重污染环境"的标准是什么,参见"两高"《关于办理环境污染刑事案件适用法律若干问题的解释》(法释〔2013〕15号)第1条,该条规定了"在饮用水水源一级保护区、自然保护区核心区排放、倾倒、处置有放射性的废物、含传染病病原体的废物、有毒物质的”、“非法排放、倾倒、处置有害物质三吨以上的”等14种情形，具备其中情形之一的，应当认定为“严重污染环境”。

(3)本罪的主体为一般主体，即凡是达到刑事责任年龄具有刑事责任能力的人，均可构成本罪。单位可以成为本罪主体。

(4)本罪在主观方面表现为过失。这种过失是指行为人对造成严重污染环境的后果的心理态度而言，行为人对这种事故及严重后果本应预见，但由于疏忽大意而没有预见，或者虽已预见到但轻信能够避免。至于行为人对违反国家规定排放、倾倒、处置有害物质这一行为本身有时则常常是为意为之，但这并不影响本罪的过失犯罪性质。

(二)污染环境罪的认定

在认定这类案件性质时，要注意区分污染环境罪与危险物品肇事罪的界限。主要区别在于：①对象不同。本罪的对象是有害物质、有毒有害的物质，危险物品肇事罪的对象是危险品。②发生的场合和违反的规定不同。本罪是在排放、处理废物过程中发生的，违反的是环境保护法规，危险物品肇事罪是在危险物品的生产、使用、运输、管理过程中发生的，违反的是危险物品管理规定。

(三)污染环境罪的刑事责任

根据《刑法》第338、346条的规定，犯本罪的，处3年以下有期徒刑或者拘役，并处或者单处罚金；后果特别严重的，处3年以上7年以下有期徒刑，并处罚金。单位犯本罪的，对单位判处罚金，对其直接负责的主管人员和其他直接责任人员依照上述规定处罚。

二、非法处置进口的固体废物罪

(一)非法处置进口的固体废物罪的概念和特征

非法处置进口的固体废物罪，是指违反国家规定，将境外的固体废物进境倾倒、堆放、处置的行为。

(1)本罪的犯罪对象是境外的各种固体废物。固体废物是指在生产建设、日常生活和其他活动中产生的污染环境的固态半固态废弃废物。无论哪一种固体废物，都可成为本罪的对象。

(2)本罪在客观方面表现为违反国家规定，将境外的固体废物进境倾倒、堆放、处置的行为。①必须是违反国家规定的行为。②实施了将境外的固体废物倾倒、堆放、处置的行为。本罪属行为犯，只要实施了进境倾倒、堆放、处置固体废物的行为，即构成犯罪。

(3)本罪的主体为一般主体，即凡是达到刑事责任年龄具有刑事责任能力的人，均可构成本罪。单位也可成为本罪主体。实践中，本罪的主体大多为废物进口单位或废物利用单位。个人单位构成本罪的情况极为罕见。

(4)本罪在主观方面表现为故意，过失不构成本罪。

(二)非法处置进口的固体废物罪的认定

1. 本罪与污染环境罪的界限

两者在犯罪主体和犯罪的同类客体上都是相同的。两者主要区别是:

(1)犯罪直接客体不同。本罪侵犯的客体是国家有关固体废物污染防治的管理制度;而后罪的客体为国家对环境保护和污染防治的管理制度。

(2)犯罪客观要件不同。本罪在客观上表现为违反国家规定,将境外的固体废物进境倾倒、堆放、处置的行为,犯罪对象仅限于进口的固体废物;而后罪在客观上则表现为违反国家规定排放、倾倒或者处置有害物质的行为。

(3)犯罪主观要件不同。本罪在主观上表现为故意,而后罪主观上应该是过失。

2. 本罪与走私固体废物罪的界限

两者的主体是相同的,区别主要在于:

(1)主观要件均为故意,只是故意的内容不同,本罪的故意表现为行为人明知将境外的固体废物进境倾倒、堆放、处置的行为违反国家对环境保护和污染防治的管理活动和管理制度,并有可能污染环境而为之。而后罪的故意表现为明知运输进境的固体废物是国家禁止进口的,仍逃避海关的监管将其运输进境。

(2)客体要件不同。本罪侵犯的客体是国家有关固体废物污染防治的管理活动和管理制度,属于妨害社会管理秩序的犯罪;而后罪侵犯的客体是国家的对外贸易管理,属于破坏社会主义市场经济秩序的犯罪。

(3)犯罪客观要件不同。本罪的犯罪对象是国家允许进口的,主要是限制进口的固体废物;后罪的犯罪对象是境外固体废物,不受是否禁止的或限制进口的固体废物的制约。

(三)非法处置进口的固体废物罪的刑事责任

根据《刑法》第339、346条的规定,犯本罪的,处5年以下有期徒刑或者拘役,并处罚金;造成重大环境污染事故,致使公私财产遭受重大损失或者严重危害人体健康的,处5年以上10年以下有期徒刑,并处罚金;后果特别严重的,处10年以上有期徒刑,并处罚金。单位犯本罪的,对单位判处罚金,并对其直接负责的主管人员和其他直接责任人员,依照上述规定处罚。

三、擅自进口固体废物罪

(一)擅自进口固体废物罪的概念和特征

擅自进口固体废物罪,是指未经国务院有关主管部门许可,擅自进口固体废物用作原料,造成重大环境污染事故,致使公私财产遭受重大损失或者严重危害人体健康的行为。本罪侵犯的客体是国家对固体废物污染环境的防治制度。根据《固体废物污染环境防治法》的规定,国家禁止进口不能作原料的废物;限制进口可以用作原料的固体废物。本罪在客观方面表现为未经国务院有关主管部门许可,擅自进口固体废物用作原料,造成重大环境污染事故,致使公私财产遭受重大损失或者严重人体健康的行为。主体为一般主体,即凡是达到刑事责任年龄具有刑事责任能力的人，均可构成本罪。单位也可构成本罪。主观方面表现为过失。也就是说行为人对造成的严重危害后果主观是过失的，但是，对于未经国务院有关部门许可，擅自进口固体废物用作原料是法律禁止的，行为人则是明知的。

（二）擅自进口固体废物罪的认定

（1）区分本罪与非法处置进口的固体废物罪的界限。主要区别在于目的不同。本罪具有利用废物做原料的目的，而后罪则是以将境外的固体废物进境倾倒、堆放、处置为目的。

（2）区分本罪与走私固体废物罪的界限。主要区别在于是否逃避海关监管。走私固体废物罪必须有逃避海关监管的行为，而本罪没有逃避海关监管的行为。

（3）以原料利用为名，进口不能用做原料的固体废物、液态废物和气态废物的，依照《刑法》第152条规定，以走私废物罪定罪处罚。

（三）擅自进口固体废物罪的刑事责任

根据《刑法》第339、346条的规定，犯本罪的，处5年以下有期徒刑或者拘役，并处罚金；后果特别严重的，处5年以上10年以下有期徒刑，并处罚金。单位犯本罪的，对单位判处罚金，并对其直接负责的主管人员和其他直接责任人员，依照上述规定处罚。

四、非法捕捞水产品罪

（一）非法捕捞水产品罪的概念和特征

非法捕捞水产品罪，是指违反水产资源保护法规，在禁渔区、禁渔期或者使用禁用的工具、方法捕捞水产品，情节严重的行为。本罪侵犯的客体是国家对水产资源的保护制度。客观方面表现为违反保护水产资源法规，在禁渔区、禁渔期或者使用禁用的工具、方法捕捞水产品的行为。主体为一般主体，即凡是达到刑事责任年龄具有刑事责任能力的人，均可构成本罪，单位也可成为本罪的主体。主观方面表现为故意，至于是为了营利或者其他目的，均不影响本罪的成立，过失不构成本罪。

（二）非法捕捞水产品罪的认定

（1）区分合法行为与犯罪的界限。根据《渔业法实施细则》第19条的规定，因科学研究等特殊需要，在禁渔区、禁渔期捕捞或者使用禁用的渔具、方法，或者捕捞重点保护的渔业资源品种，只要经过省级以上人民政府渔业行政主管部门批准，即为合法，不构成本罪。

（2）区分一般违法行为与犯罪的界限。不具备情节严重的非法捕捞水产品的行为，如未按渔业法规定取得捕捞许可证而擅自进行捕捞，数量不大的；使用禁用的渔具和方法捕捞水产品但未造成严重危害后果的；偶尔违反捕捞许可证关于作业类型、场所、时限等方面的规定进行捕捞的，属于一般违法行为，尚未构成犯罪，由渔业主管部门或公安机关予以行政处罚。情节是否严重，是区分两者的标准。

(三)非法捕捞水产品罪的刑事责任

根据《刑法》第340、346条的规定,犯本罪的,处3年以下有期徒刑、拘役、管制或者罚金。单位犯本罪的,对单位判处罚金,并对其直接负责的主管人员和其他直接责任人员,依照上述规定处罚。

五、非法猎捕、杀害珍贵、濒危野生动物罪

(一)非法猎捕、杀害珍贵、濒危野生动物罪的概念与特征

非法猎捕、杀害珍贵、濒危野生动物罪,是指违反野生动物保护法规,未经有关部门批准,非法猎捕、杀害国家重点保护的珍贵、濒危野生动物的行为。本罪侵犯的客体是国家对珍贵、濒危野生动物的保护制度。犯罪对象是国家重点保护的珍贵、濒危野生动物。客观方面表现为非法猎捕、杀害国家重点保护的珍贵、濒危野生动物的行为。非法捕杀珍贵、濒危野生动物的行为方式多种多样,但可以归纳为三类:猎取珍贵、濒危的陆生野生动物,捕捞珍贵、濒危的水生野生动物,杀害珍贵、濒危的陆生或水生野生动物。同时具备两种方式的,也只构成一罪,不能按数罪并罚。主体为一般主体,自然人、单位均可成为本罪主体。主观方面表现为故意,过失不构成本罪。

(二)非法猎捕、杀害珍贵、濒危野生动物罪的认定

1. 本罪与非法捕捞水产品罪的界限

主要区别在于对象不同。前罪的对象限于珍贵、濒危野生动物,其中包括珍贵、濒危的水生动物,而后罪的对象是一般水产品。

2. 本罪与非法狩猎罪的区别

(1)本罪的对象是国家重点保护的珍贵、濒危野生动物,包括陆生和水生的野生动物。而后者对象为陆生的一般野生动物。

(2)本罪表现为未经合法许可擅自对珍贵、濒危野生动物进行猎捕、杀害,而后者表现为违反狩猎法规,在禁猎区、禁猎期或者使用禁用的工具、方法进行狩猎,破坏野生动物资源,情节严重的行为。

(3)本罪客体为国家对珍贵、濒危野生动物保护的管理活动,而后者的客体是国家对一般野生动物资源保护的管理的活动。

(三)非法猎捕、杀害珍贵、濒危野生动物罪的刑事责任

根据《刑法》第341、346条的规定,犯本罪的,处5年以下有期徒刑或者拘役,并处罚金;情节严重的,处5年以上10年以下有期徒刑,并处罚金;情节特别严重的,处10年以上有期徒刑,并处罚金或者没收财产。单位犯本罪的,对单位判处罚金,并对其直接负责的主管人员和其他直接责任人员,依照上述规定处罚。

六、非法收购、运输、出售珍贵、濒危野生动物、珍贵、濒危野生动物制品罪

非法收购、运输、出售珍贵、濒危野生动物、珍贵、濒危野生动物制品罪，是指违反野生动物保护法规，未经有关部门批准，非法收购、运输、出售国家重点保护的珍贵、濒危野生动物及其制品的行为。"珍贵、濒危野生动物"，包括列入国家重点保护野生动物名录的国家一级、二级保护野生动物、列入《濒危野生动植物种国际贸易公约》附录一、附录二的野生动物以及驯养繁殖的上述物种。

根据《刑法》第341、346条的规定，犯本罪的，处5年以下有期徒刑或者拘役，并处罚金；情节严重的，处5年以上10年以下有期徒刑，并处罚金；情节特别严重的，处10年以上有期徒刑，并处罚金或者没收财产。单位犯本罪的，对单位判处罚金，并对其直接负责的主管人员和其他直接责任人员，依照上述规定处罚。"情节严重"、"情节特别严重"，依照《最高人民法院关于审理破坏野生动物资源刑事案件具体应用法律若干问题的解释》（法释〔2000〕37号）确定。

七、非法狩猎罪

非法狩猎罪，是指违反狩猎法规，在禁猎区、禁猎期或者使用禁用的工具、方法进行狩猎，破坏野生动物资源，情节严重的行为。本罪侵犯的客体是国家保护野生动物资源的管理制度。客观方面表现为违反狩猎法规，在禁猎区、禁猎期或者使用禁用的工具、方法进行狩猎，破坏野生动物资源，情节严重的行为。"情节严重"，依照《最高人民法院关于审理破坏野生动物资源刑事案件具体应用法律若干问题的解释》（法释〔2000〕37号）确定。主体是一般主体，自然人、单位均可构成本罪主体。主观方面表现为故意，即明知是在禁猎区、禁猎期或者使用禁止的工具、方法进行狩猎而故意为之。

根据《刑法》第341、346条的规定；犯本罪的，处3年以下有期徒刑、拘役、管制或者罚金。单位犯本罪的，对单位判处罚金，并对其直接负责的主管人员和其他直接责任人员，依照上述规定处罚。

八、非法占用农用地罪

非法占用农用地罪，是指违反土地管理法规，非法占用耕地、林地等农用地，改变被占用土地用途，数量较大，造成耕地、林地等农用地大量毁坏的行为。本罪侵犯的客体是国家的农用地管理制度，本罪的对象是耕地、林地等农用地资源。客观方面表现为违反土地管理法规，非法占用耕地、林地等农用地改作他用，数量较大，造成大量毁坏的行为。主体既可以是自然人，也可以是单位。主观方面表现为故意。

根据《刑法》第342条、第346条的规定，犯本罪的，处5年以下有期徒刑或者拘役，并处或者单处罚金。单位犯本罪的，对单位判处罚金，并对其直接负责的主管人员和其他直接责任人员，依照上述规定处罚。

九、非法采矿罪

(一)非法采矿罪的概念和特征

非法采矿罪,是指违反矿产资源法的规定,未取得采矿许可证擅自采矿的,擅自进入国家规划矿区,对国民经济具有重要价值的矿区和他人矿区范围采矿,或者擅自开采国家规定实行保护性开采的特定矿种,情节严重的行为。

(1)本罪侵犯的客体是国家对矿产资源和矿业生产的管理制度以及国家对矿产资源的所有权。本罪的对象是矿产资源,是指在地质运动过程中形成的,蕴于地壳之中的,能为人们用于生产和生活的各种矿物质的总称。其中包括各种呈固态、液态或气态的金属、非金属矿产、燃料矿产和地下热能等。

(2)本罪在客观上表现为违反矿产资源保护法的规定,非法采矿,情节严重的行为。包括三种情形:①未取得采矿许可证擅自采矿;②擅自进入国家规划矿区,对国民经济具有重要价值的矿区和他人矿区范围采矿;③擅自开采国家规定实行保护性开采的特定矿种。

(3)本罪的主体为一般主体,但一般限于直接责任人员,具体包括国营、集体或乡镇矿山企业中做出非法采矿决策的领导人员和主要执行人员以及聚众非法采矿的煽动、组织、指挥人员和个体采矿人员。单位亦可构成本罪。

(4)本罪主观上出于故意。其主观目的是为获取矿产品以牟利。

(二)非法采矿罪的刑事责任

根据《刑法》第343、346条的规定,犯本罪的,处3年以下有期徒刑、拘役或者管制,并处或者单处罚金;情节特别严重的,处3年以上7年以下有期徒刑,并处罚金。单位犯本罪的,对单位判处罚金,并对其直接负责的主管人员和其他直接责任人员,依照上述规定处罚。

十、破坏性采矿罪

(一)破坏性采矿罪的概念和特征

破坏性采矿罪,是指违反矿产资源法的规定,采取破坏性的开采方法开采矿产资源,造成矿产资源严重破坏的行为。本罪侵犯的客体是国家对矿产资源的管理活动。本罪的对象是矿产资源,包括各种呈固态、液态或气态的金属、非金属矿产、燃料矿产和地下热能等。客观方面表现为违反矿产资源法的规定,采取破坏性的开采方法开采矿产资源,造成矿产资源严重破坏的行为。主体为一般主体,自然人、单位均可成为本罪主体。主观方面表现为故意,过失不能构成本罪。

(二)区分本罪与故意毁坏财物罪的界限

破坏性采矿罪与故意毁坏财物罪的相似之处在于它们在客体上都侵犯了财物的所有权,主观上都出于故意。但两罪之间却存在着本质的差别:

(1)客体不同。破坏性采矿罪主要侵犯的国家保护矿产资源的管理制度;而故意毁坏财物罪侵犯的则是公私财物的所有权。

（2）客观方面不同。破坏性采矿罪在客观上表现为违反矿产资源保护法的规定，实施采矿行为，从而造成矿产资源破坏，但这种行为并没有改变矿产资源的性质，只是在某种程度上造成巨大浪费现象，降低或减少其利用率和回收率，从而造成对整体矿产资源的破坏，但矿产资源本身仍具有其原有价值和使用价值；而故意毁坏财物罪在客观上则表现为毁坏行为，即毁灭、损坏，其结果是使公私财物的使用价值或价值部分或全部丧失。

（3）主体不同。破坏性采矿罪的主体既可以是自然人，也可以是单位；而故意毁坏财物罪的犯罪主体只能由自然人构成。

（三）破坏性采矿罪的刑事责任

根据《刑法》第343、346条的规定，犯本罪的，处5年以下有期徒刑或者拘役，并处罚金。情节特别严重的，处3年以上7年以下有期徒刑，并处罚金。单位犯本罪的，对单位判处罚金，并对其直接负责的主管人员和其他直接责任人员，依照上述规定处罚。

十一、非法采伐、毁坏国家重点保护植物罪

（一）非法采伐、毁坏国家重点保护植物罪的概念和特征

非法采伐、毁坏国家重点保护植物罪，是指违反国家规定，非法采伐、毁坏珍贵树木或者国家重点保护的其他植物的行为。本罪侵犯的客体是国家的林业管理制度，包括林木区域、分布、林木种植、林木树种规划、林木采伐等各项林业管理制度。犯罪对象是指珍贵树木或者国家重点保护的其他植物等。客观方面表现为违反森林法的规定，非法采伐、毁坏国家重点保护植物的行为。“非法采伐”，是指违反森林资源保护的法律、法规的规定，未经允许擅自砍伐国家重点保护植物的行为。“毁坏”，是指毁灭和损坏，亦即使国家重点保护植物的价值或使用价值部分丧失或者全部丧失的行为，如造成国家重点保护植物数量减少、濒于灭绝或者已经绝种等。毁坏的方法是多种多样的，如果行为人采用放火、爆炸等方法破坏国家重点保护植物的，由于已危害到不特定公私财产的安全，应以危害公共安全罪中的具体犯罪论处。主体为一般主体。凡达到刑事责任年龄、具备刑事责任能力的自然人均可以构成。单位也可成为本罪主体。主观方面只能由故意构成，过失不构成本罪。

（二）非法采伐、毁坏国家重点保护植物罪的认定

要注意区分本罪与盗伐林木罪、滥伐林木罪的界限。非法采伐、毁坏国家重点保护植物罪与盗伐林木罪、滥伐林木罪都属于侵害林木资源的犯罪，侵犯的客体都是国家对森林资源保护的管理制度，犯罪主体均包括自然人和单位，且主观罪过形式都是故意，但非法采伐、毁坏国家重点保护植物罪与盗伐林木罪、滥伐林木罪之间仍是有区别的，主要表现在：

（1）犯罪的客体方面不同。非法采伐、毁坏国家重点保护植物罪表现为违反森林法的规定，非法采伐和毁坏国家重点保护植物的行为，其中不仅包括非法采伐的行为，还包括故意毁坏的行为，行为人只要实施了非法采伐、毁坏即可构成本罪，不要求达到情节严重；而盗伐林木罪、滥伐林木罪则分别表现为未经林业行政主管部门批准，私自采伐国有集体或个人承

包经营管理的林木的行为（此为盗伐林木的行为），和未经林业行政主管部门批准并核发采伐许可证，或虽有许可证，但不按照该许可证的要求而任意采伐的行为（此为滥伐林木的行为），其中，构成此两罪的要求具有“数量较大”的非法采伐行为。

（2）犯罪对象不同。非法采伐、毁坏国家重点保护植物罪的对象只能是国家重点保护植物，即《国家重点保护的野生植物名录》和《国家珍贵树种名录》所列的国家重点保护植物，盗伐林木罪和滥伐林木罪的对象则指国家重点保护植物以外的其他各种树木。

（三）非法采伐、毁坏国家重点保护植物罪的刑事责任

根据《刑法》第344条、第346条的规定，犯本罪的，处3年以下有期徒刑、拘役或者管制，并处罚金；情节严重的，处3年以上7年以下有期徒刑，并处罚金。单位犯本罪的，对单位判处罚金，并对其直接负责的主管人员和其他直接责任人员，依照上述规定处罚。

十二、非法收购、运输、加工、出售国家重点保护植物、国家重点保护植物制品罪

（一）非法收购、运输、加工、出售国家重点保护植物、国家重点保护植物制品罪的概念和特征

非法收购、运输、加工、出售国家重点保护植物、国家重点保护植物制品罪，是指违反国家规定，非法收购、运输、加工、出售珍贵树木或者国家重点保护的其他植物及其制品的行为。本罪侵犯的客体，是国家的林业管理制度。客观方面表现为非法收购、运输、加工、出售国家重点保护植物及其制品，破坏国家林业管理制度的行为。收购是指以营利为目的，予以购买。如果行为人收购的是合法采伐的林木，则不构成本罪。主体为一般主体，自然人、单位均可成为本罪主体。主观方面表现为故意，过失不构成本罪。

（二）非法收购、运输、加工、出售国家重点保护植物、国家重点保护植物制品罪的刑事责任

根据《刑法》第344条、第346条的规定，犯本罪的，处3年以下有期徒刑、拘役或者管制，并处罚金；情节严重的，处3年以上7年以下有期徒刑，并处罚金。单位犯本罪的，对单位判处罚金，并对其直接负责的主管人员和其他直接责任人员，依照上述规定处罚。

十三、盗伐林木罪

（一）盗伐林木罪的概念和特征

盗伐林木罪，是指以非法占有为目的，盗伐国家、集体所有的森林或者其他林木，以及盗伐他人自留山上成片林木，数量较大，破坏森林资源的行为。本罪侵犯的客体是国家的森林资源保护制度。客观方面表现为违反森林法规，盗伐国家、集体或他人所有的森林或其他林木，数量较大的行为。根据最高人民法院《关于审理破坏森林资源刑事案件具体应用法律若干问题的解释》（法释〔2000〕36号），盗伐行为包括：擅自砍伐国家、集体、他人所有或者他人承包经营管理的森林或者其他林木；擅自砍伐本单位或者本人承包经营管理的森林或者其他林木；在林木采伐许可证规定的地点以外采伐国家、集体、他人所有或者他人承包经营管

理的森林或者其他林木。犯罪主体是一般主体，既包括自然人，也包括单位；对雇用他人盗伐林木构成犯罪的案件，如果被雇者不知是盗伐他人林木的，应由雇主承担刑事责任（雇主为间接正犯）；如果被雇者明知是盗伐他人林木的，应按盗伐林木罪的共犯论处。主观方面是故意，即以非法占有为目的而盗伐国家、集体或他人所有的森林或其他林木。以毁坏为目的砍伐国家、集体或者他人的林木的，应认定为故意毁坏财物罪。

（二）盗伐林木罪的认定

（1）区分本罪与盗窃罪的界限。将国家、集体、他人所有并已经伐倒的树木秘密据为己有，以及偷砍他人房前屋后、自留地种植的零星树木，数量较大的，应定盗窃罪。

（2）区分本罪与非法采伐、毁坏国家重点保护植物罪的界限。主要区别在于对象不同。前罪对象是普通林木，后罪的对象是珍贵树木和国家重点保护的其他植物。

（三）盗伐林木罪的刑事责任

根据《刑法》第345条、第346条的规定，犯本罪的，处3年以下有期徒刑、拘役或者管制，并处或者单处罚金；数量巨大的，处3年以上7年以下有期徒刑，并处罚金；数量特别巨大的，处7年以上有期徒刑，并处罚金。盗伐国家级自然保护区内的森林或者其他林木的，从重处罚。单位犯本罪的，对单位判处罚金，并对其直接负责的主管人员和其他直接责任人员，依照上述规定处罚。

十四、滥伐林木罪

（一）滥伐林木罪的概念和特征

滥伐林木罪，是指违反森林法及其他森林保护法规，未经林业行政主管部门及法律规定的其他主管部门批准并核发采伐许可证，或者虽持有采伐许可证，但违背采伐证所规定的地点、数量、树种、方式而任意采伐本单位所有或管理的林木，以及本人自留山上的森林或者其他林木，数量较大的行为。

本罪客观方面表现为违反森林法的规定，滥伐森林或者其他林木，数量较大的行为。这里的森林与其他林木的范围与盗伐林木罪的对象范围基本相同。但是，滥伐属于自己所有的林木的，也可能成立本罪，因为属于个人所有的林木，也是国家森林资源的一部分，虽然不能成为盗伐林木罪的对象，却可以成为滥伐林木罪的对象。根据前述司法解释，下列行为属于滥伐林木：①未经林业行政主管部门及法律规定的其他主管部门批准并核发林木采伐许可证，或者虽持有林木采伐许可证，但违反林木采伐许可证规定的时间、数量、树种或者方式，任意采伐本单位所有或者本人所有的森林或者其他林木的；②超过林木采伐许可证规定的数量采伐他人所有的森林或者其他林木的。林木权属争议一方在林木权属确权之前，擅自砍伐森林或者其他林木，数量较大的，以滥伐林木罪论处。

（二）滥伐林木罪的刑事责任

根据《刑法》第345条、第346条的规定，犯本罪的，处3年以下有期徒刑、拘役或者管制，并处或者单处罚金;数量巨大的,处3年以上7年以下有期徒刑,并处罚金。滥伐国家的自然保护区内的森林或者其他林木的,从重处罚。单位犯本罪的,对单位判处罚金,并对其直接负责的主管人员和其他直接责任人员,依照上述规定处罚。

十五、非法收购、运输盗伐、滥伐的林木罪

(一)非法收购、运输盗伐、滥伐的林木罪的概念和特征

非法收购、运输盗伐、滥伐的林木罪,是指非法收购、运输明知是盗伐、滥伐的林木,情节严重的行为。本罪侵犯的客体是国家对森林资源的管理活动。犯罪对象是盗伐、滥伐的林木。客观方面表现为非法收购盗伐、滥伐的林木,情节严重的行为。情节严重,是指多次作案的;收购的数量较大的,屡教不改的;对管理人员履行职责进行阻挠的;造成恶劣社会影响的等。主体为一般主体,自然人、单位皆可以成为本罪主体。主观方面表现为故意。

(二)非法收购、运输盗伐、滥伐林木罪的认定

(1)本罪与收购赃物罪的界限。盗伐、滥伐的林木在广义上也属于赃物,因此对其进行非法收购、运输的行为也属于一种收购赃物的行为。区分的关键在于收购的对象不同。对非法收购、运输盗伐、滥伐的林木的行为,应以本罪论处;对非法收购、运输盗伐、滥伐的林木以外的其他赃物的行为,应以掩饰、隐瞒犯罪所得、犯罪所得收益罪论处。

(2)本罪与盗伐、滥伐林木罪共犯的界限。唆使他人盗伐、滥伐林木而后予以低价收购的或者与盗伐、滥伐的犯罪分子事先通谋,承担盗伐、滥伐林木的运输分工的,应以盗伐、滥伐林木罪的共犯论处。

(三)非法收购、运输盗伐、滥伐林木罪的刑事责任

《刑法》第345条、第346条的规定,犯本罪的,处3年以下有期徒刑、拘役或者管制,并处或者单处罚金;情节特别严重的,处3年以上7年以下有期徒刑,并处罚金。单位犯本罪的,对单位判处罚金,并对其直接负责的主管人员和其他直接责任人员,依照上述规定处罚。

第八节 走私、贩卖、运输、制造毒品罪罪名分述

本节罪的犯罪对象毒品,是指鸦片、海洛因、甲基苯丙胺(冰毒)、吗啡、大麻、可卡因以及国家规定管制的其他能够使人形成瘾癖的麻醉药品和精神药品。毒品的数量以查证属实的走私、贩卖、运输、制造、非法持有毒品的数量计算,不以纯度折算。

一、走私、贩卖、运输、制造毒品罪

(一)走私、贩卖、运输、制造毒品罪的概念和特征

走私、贩卖、运输、制造毒品罪,是指明知是毒品而故意实施走私、贩卖、运输、制造的行为。

(1)本罪侵犯的客体是国家对毒品的管理制度和人民的生命健康。《中华人民共和国药品管理法》、《中华人民共和国禁毒法》、《麻醉药品管理办法》、《精神药品管理办法》、《麻醉药品生产管理办法》、《麻醉药品经营管理办法》等法规都对麻醉药品和精神药品的供应、运输、生产等做了具体而严格的规定,任何单位和个人违反上述法律规定,走私、贩卖、运输、制造毒品的行为,都直接侵犯了有关毒品管制法规。本罪的对象是毒品。根据刑法第357条规定:"刑法所称的毒品是指鸦片、海洛因、甲基苯丙胺(冰毒)、吗啡、大麻、可卡因以及国务院规定管制的其他能够使人形成瘾癖的麻醉药品和精神药品。"

(2)本罪在客观方面上表现为行为人进行走私、贩卖、运输、制造毒品的行为。①走私毒品。走私毒品是指非法运输、携带、邮寄毒品进出国(边)境的行为。行为方式主要是输入毒品与输出毒品,此外对在领海、内海运输、收购、贩卖国家禁止进出口的毒品,以及直接向走私毒品的犯罪人购买毒品的,应视为走私毒品。②贩卖毒品。贩卖毒品是指有偿转让毒品或者以贩卖为目的而非法收购毒品。有偿转让毒品,即行为人将毒品交付给对方,并从对方获取物质利益。贩卖方式既可以是公开的,也可能是秘密的;既可以是行为人请求对方购买,也可能是对方请求行为人转让;既可能是直接交付给对方,也可能是间接交付给对方。在间接交付的场合,如果中间人认识到是毒品而帮助转交给买方的,则该中间人的行为也是贩卖毒品;如果中间人没有认识到是毒品,则不构成贩卖毒品罪。出于贩卖目的而非法收买毒品的,也应认定为贩卖毒品。③运输毒品。运输毒品是指采用携带、邮寄、利用他人或者使用交通工具等方法在我国领域内将毒品从此地转移到彼地。运输毒品必须限制在国内,而且不是在领海、内海运输国家禁止进出口的毒品,否则便是走私毒品。行为人先将毒品从甲地运往乙地,由于某种原因,又将毒品运回甲地的,属于运输毒品。④制造毒品。制造毒品一般是指使用毒品原植物而制作成毒品。它包括以下几种情况:一是将毒品以外的物作为原料,提取或制作成毒品,如将罂粟制成为鸦片。二是毒品的精制,即去掉毒品中的不纯物,使之成为纯毒品或纯度更高的毒品。如去除海洛因中所含的不纯物。三是使用化学方法使一种毒品变为另一种毒品。如使用化学方法将吗啡制作成海洛因。四是使用化学方法以外的方法使一种毒品变为另一种毒品。如将盐酸吗啡加入蒸馏水,使之成为注射液。五是非法按照一定的处方针对特定人的特定情况调制毒品。上述五种行为都属于制造毒品。

本罪是选择性罪名,凡实施了走私、贩卖、运输、制造毒品行为之一的,即以该行为确定罪名。凡实施了其中两种以上行为的,如运输、贩卖毒品,定为运输、贩卖毒品罪,不实行数罪并罚。运输、贩卖同一种毒品的,毒品数量不重复计算;不是同一种毒品的,毒品数量累计计算。居间介绍买卖毒品的,无论是否获利,均以贩卖毒品罪的共犯论处。走私毒品,又走私其他物品构成犯罪的,按走私毒品和构成的其他走私罪分别定罪,实行数罪并罚。

对多次走私、贩卖、运输、制造毒品,未经处理的,毒品数量累计计算。所谓"未经处理"的既包括未经刑罚处理,也包括未作行政处理。但对于犯罪已过追诉时效的,则毒品数量不再累计计算。已作过处理的,应视为已经结案。

(3)本罪的主体是一般主体,即达到刑事责任年龄且具有刑事责任能力的自然人均可成为本罪主体。根据《刑法》第17条第2款规定:已满14周岁未满16周岁的未成年人贩卖毒品的,应当负刑事责任。但是,对于走私、运输、制造毒品犯罪,只有达到16周岁才负刑事责任。

(4)本罪在主观方面表现为故意,且是直接故意,即明知是毒品而走私、贩卖、运输、制造，过失不构成本罪。如果行为人主观上不明知是毒品，而是被人利用而实施了走私、贩卖、运输、制造的行为，就不构成犯罪。一般是以营利为目的，但也不能排除其他目的，法律没有要求构成本罪必须以营利为目的。

（二）走私、贩卖、运输、制造毒品罪的认定

1. 本罪与其他犯罪的界限

对于走私其他货物、物品的，以实际走私的货物、物品的性质认定犯罪，不能认定为走私毒品罪。行为人在一次走私活动中，既走私毒品又走私其他货物、物品的，一般应按走私毒品罪和构成的其他走私罪，实行数罪并罚。行为人故意以非毒品冒充毒品或者明知是假毒品而贩卖营利的，应认定为诈骗罪，而非贩卖毒品罪，但行为人不明知是毒品而贩卖，事实上具有贩卖毒品的可能性的，应认定为贩卖毒品（未遂）。行为人在生产、销售的食品中掺入微量毒品的，应认定为生产、销售有毒、有害食品罪，不宜认定为贩卖毒品罪。

2. 本罪的既遂与未遂

走私、贩卖、运输、制造毒品罪有四种行为方式，其既遂与未遂的标准因行为方式而异。

（1）走私毒品罪的既遂与未遂。走私毒品主要分为输入毒品与输出毒品，输入毒品分为陆路输入与海路、空路输入。陆路输入应当越国境线、使毒品进入国内领域内的时刻为既遂标准。海路、空路输入毒品，装载毒品的船舶到达本国港口或航空器到达本国领土内时为既遂，否则为未遂。

（2）贩卖毒品的既遂与未遂。贩卖以毒品实际上转移给买方为既遂。转移毒品后行为人是否已经获取了利益，则并不影响既遂的成立。毒品实际上没有转移时，即使已经达成转移的协议，或者行为人已经获得了利益，也不能认为是既遂。

（3）运输毒品的既遂与未遂。行为人以将毒品从甲地运往乙地为目的，开始运输毒品时，是运输毒品罪的着手，由于行为人意志以外的原因没有到达目的地时，属于犯罪未遂；毒品到达目的地时是犯罪既遂，到达目的地后，即使由于某种原因而将毒品运回原地或者其他地方时，也是犯罪既遂。

（4）制造毒品罪的既遂与未遂。制造毒品罪应以实际上制造罪品为既遂标准，至于制造出来的毒品数量多少、纯度高低等，都不影响既遂的成立。着手制造毒品后，没有实际上制造出毒品的，则是制造毒品未遂。

（5）对于居间介绍买卖毒品的，无论是否获利，均以贩卖毒品罪的共犯论处。走私、贩卖、运输、制造毒品，无论数量多少，都应当追究刑事责任，予以刑罚处罚。

（三）走私、贩卖、运输、制造毒品罪的刑事责任

根据《刑法》第347条的规定，犯本罪，有下列情形之一的，处15年有期徒刑、无期徒刑或者死刑，并处没收财产：①走私、贩卖、运输、制造鸦片1000克以上、海洛因或者甲基苯丙胺50克以上或者其他毒品数量大的；②走私、贩卖、运输、制造毒品集团的首要分子；③武装掩护走私、贩卖、运输、制造毒品的；④以暴力抗拒检查、拘留、逮捕，情节严重的；⑤参与有组织的国际贩毒活动的。走私、贩卖、运输、制造鸦片200克以上不满1000克、海洛因或者甲基苯丙胺10克以上不满50克或者其他毒品数量较大的，处7年以上有期徒刑，并处罚金。走私、

贩卖、运输、制造鸦片不满200克、海洛因或者甲基苯丙胺不满10克或者其他少量毒品的,处3年以下有期徒刑、拘役或者管制,并处罚金;情节严重的,处3年以上7年以下有期徒刑,并处罚金。单位犯本罪的,对单位判处罚金,并对直接负责的主管人员和其他直接责任人员,依照上述有关规定处罚。利用、教唆未成年人走私、贩卖、运输、制造毒品,或者向未成年人出售毒品的,从重处罚。多次走私、贩卖、运输、制造毒品,未经处理的,毒品数量累计计算。

二、非法持有毒品罪

(一)非法持有毒品罪的概念和特征

非法持有毒品罪,是指非法持有鸦片、海洛因或者甲基苯丙胺或者其他毒品数量较大的行为。

(1)本罪客观方面表现为非法持有数量较大的毒品。①行为人所持有的必须是毒品。②持有毒品的行为必须具有非法性,即行为人持有毒品时,没有合法的根据。如果行为人合法持有毒品,则不构成犯罪。例如,医生因病人病情的需要,为使用毒品而持有毒品的,经过有权机关批准从事毒品管理职业的,经过有权机关批准制造毒品后持有毒品或依法运输毒品的,都是合法行为,不构成非法持有毒品罪。③必须实施持有毒品的行为。持有是一种事实上的支配,行为人与物之间存在一种事实上的支配与被支配的关系。持有具体表现为直接占有、携有、藏有或者以其他方法支配毒品。只要行为人认识到它的存在,能够对之进行管理或者支配,就是持有。持有是一种持续行为,只有当毒品在一定时间内由行为人支配时,才构成持有;至于时间的长短,则并不影响持有的成立,只是一种量刑情节,但如果时间过短,不足以说明行为人事实上支配着毒品时,则不能认为是持有。④非法持有毒品达到一定数量才构成犯罪。即非法持有鸦片200克以上、海洛因或者甲基苯丙胺10克以上或者其他毒品数量较大的,才成立非法持有毒品罪。

(2)本罪的主观方面是故意,行为人明知是毒品而非法持有。对于没有认识到是毒品而持有的,不能认定为本罪。

(二)非法持有毒品罪的认定

(1)区分罪与非罪的界限。非法持有毒品的数量不符合《刑法》中“数量较大”的要求的,不构成犯罪。

(2)罪数问题。因实施其他毒品犯罪而持有毒品的,按所实施的毒品犯罪定罪处罚,不数罪并罚。

(3)本罪与走私、贩卖、运输、制造毒品罪的区别。(1)客观表现不同。本罪的行为特点是各种形式的“持有”,而后罪的行为方式限于“走私、贩卖、运输、制造”四种。(2)成立犯罪的标准不同。本罪属于数额犯,须行为人持有法定数量的毒品才构成犯罪;而后罪属于行为犯,只要行为人实施了走私、贩卖、运输、制造毒品的行为之一,不论数量多少,便足以成立犯罪。

(4)持有假毒品的行为认定。如果行为人误将假毒品当作真毒品而持有,是否能以本罪认定?此种情况属于事实上认识错误,应以本罪论处,形态是实行终了的未遂。

(三)非法持有毒品罪的刑事责任

根据《刑法》第348条的规定,犯本罪,非法持有鸦片1000克以上、海洛因或者甲基苯丙胺50克以上或者其他毒品数量大的,处7年以上有期徒刑或者无期徒刑,并处罚金;非法持有鸦片200克以上不满1000克、海洛因或者甲基苯丙胺10克以上不满50克或者其他毒品数量较大的,处3年以下有期徒刑、拘役或者管制,并处罚金;情节严重的,处3年以上7年以下有期徒刑,并处罚金。

三、包庇毒品犯罪分子罪

(一)包庇毒品犯罪分子罪的概念和特征

包庇毒品犯罪分子罪,是指明知是走私、贩卖、运输、制造毒品的犯罪分子,而向司法机关作虚假证明掩盖其罪行,或者帮助其湮灭罪证,以使其逃避法律制裁的行为。

(1)本罪侵犯的客体是司法机关同毒品犯罪分子作斗争的正常活动。

(2)本罪在客观方面表现为行为人对明知是走私、贩卖、运输、制造毒品罪的犯罪分子给予保护,使其逃避法律制裁的行为。这些犯罪分子既包括尚未被抓获而潜逃在外的犯罪分子,也包括已被抓获的已决犯和未决犯。"包庇"是指向司法机关作假证明掩盖走私、贩卖、运输、制造毒品的犯罪分子罪行,或者帮助其毁灭罪证,以使其逃避法律制裁的行为。实践中,如果明知其人是公安机关正在追捕的走私、贩卖、运输、制造毒品的案犯,而仍向其提供资助或者交通工具,帮助该案犯潜逃的,或者帮助毒品犯罪分子毁灭罪迹,隐匿、转移、销毁罪证等,都属于包庇毒品犯罪分子的行为。

(3)本罪的主体为一般主体,即凡是达到刑事责任年龄具有刑事责任能力的人均可构成本罪。国家机关工作人员包庇毒品犯罪分子的,应从重处罚。

(4)本罪在主观方面表现为故意,过失不构成犯罪。行为人的动机多种多样,有的是出于亲友之情,有的是出于哥们义气,有的是出于贪图钱财等,无论出于何种动机,只要明知是走私、贩卖、运输、制造毒品的犯罪分子而予以包庇的,均构成本罪。窝藏走私、贩卖、运输、制造毒品犯罪分子的,也应当按照本罪处罚。

(二)包庇毒品犯罪分子罪的认定

(1)区分本罪与毒品犯罪的共犯的界限。犯包庇毒品犯罪分子罪,事先通谋的,以走私、贩卖、运输、制造毒品罪的共犯论处。

(2)区分本罪与窝藏、包庇罪的界限。主要区别在于行为对象不同,本罪包庇的对象限于走私、贩卖、运输、制造毒品的犯罪分子。

(三)包庇毒品犯罪分子罪的刑事责任

根据《刑法》第349条的规定,犯本罪的,处3年以下有期徒刑、拘役或者管制;情节严重的,处3年以上10年以下有期徒刑。缉毒人员或者其他国家机关工作人员掩护、包庇走私、贩卖、运输、制造毒品的犯罪分子的,从重处罚。

四、窝藏、转移、隐瞒毒品、毒赃罪

（一）窝藏、转移、隐瞒毒品、毒赃罪的概念和特征

窝藏、转移、隐瞒毒品、毒赃罪，是指明知是毒品或者毒品犯罪所得的财物而为犯罪分子窝藏、转移、隐瞒的行为。本罪的客体是国家司法机关同毒品犯罪作斗争的正常活动。客观方面表现为行为人实施了窝藏、转移、隐瞒毒品、毒赃的行为。所谓毒赃，是指犯罪分子通过走私、贩卖、运输、制造毒品所获得的钱或物；主体为一般主体；主观方面为故意，即行为人明知是走私、贩卖、运输、制造毒品的犯罪分子的毒品、毒赃而故意予以窝藏、转移、隐瞒，否则不成立本罪。

（二）窝藏、转移、隐瞒毒品、毒赃罪的认定

1. 区分本罪与掩饰、隐瞒犯罪所得、犯罪所得收益罪的界限。这是普通法条与特别法条之间的关系。本罪是特别法条，窝藏、隐瞒的仅限于毒品犯罪所得及其产生的收益；掩饰、隐瞒犯罪所得、犯罪所得收益罪是普通法条，该罪中的犯罪所得及其收益是指毒品犯罪以外的犯罪所得及其产生的收益。

2. 区分本罪与毒品共犯的界限。犯窝藏、转移、隐瞒毒品、毒赃罪，事先通谋的，以走私、贩卖、运输、制造毒品罪的共犯论处。

（三）窝藏、转移、隐瞒毒品、毒赃罪的刑事责任

根据《刑法》第349条的规定，犯本罪的，处3年以下有期徒刑、拘役或者管制；情节严重的，处3年以上10年以下有期徒刑。缉毒人员或者其他国家机关工作人员掩护、包庇走私、贩卖、运输、制造毒品的犯罪分子的，从重处罚。

五、非法生产、买卖、运输制毒物品、走私制毒物品罪

非法生产、买卖、运输制毒物品、走私制毒物品罪，是指违反国家规定，非法生产、买卖、运输醋酸酐、乙醚、三氯甲烷或者其他用于制造毒品的原料、配剂，或者携带上述物品进出境，情节较重的行为。

根据《刑法》第350条的规定，犯本罪的，处3年以下有期徒刑、拘役或者管制，并处罚金；情节严重的，处3年以上7年以下有期徒刑，并处罚金；情节特别严重的，处7年以上有期徒刑，并处罚金或者没收财产。单位犯本罪的，对单位判处罚金，并对其直接负责的主管人员和其他直接责任人员，依照上述规定处罚。明知他人制造毒品而为其生产、买卖、运输特定制毒物品的，以制造毒品罪的共犯论处。

六、非法种植毒品原植物罪

（一）非法种植毒品原植物罪的概念和特征

非法种植毒品原植物罪，是指明知是罂粟、大麻等毒品原植物而非法种植且数量较大，

或者经公安机关处理后又种植，或者抗拒铲除的行为。

(1)本罪侵犯的客体是国家对毒品原植物种植的管制。本罪的对象是毒品原植物，即用来提炼、加工成鸦片、海洛因、甲基苯丙胺、吗啡、可卡因等麻醉药品和精神药品的原植物。

(2)本罪在客观方面表现为行为人实施了违反国家有关法规，非法种植毒品原植物数量较大的，或经公安机关处理后又种植以及抗拒铲除的行为。种植，是指播种、施肥、灌溉、割取津液、收取种子等，不论行为人实施了上述全部行为还是只实施了一种行为，都可视为种植。只要有证据证明行为人确实有种植的行为，即使没有成苗，从面积上估算，达到法条所规定数量的，也构成此罪。

(3)本罪的主体为一般主体，即凡是达到刑事责任年龄具有刑事责任能力的人，均可构成本罪。

(4)本罪在主观方面表现为故意，过失不构成本罪。即行为人明知是制造毒品的原植物而非法种植，不论其目的是营利还是满足个人享用，均构成本罪。

(二)非法种植毒品原植物罪的刑事责任

根据《刑法》第351条的规定，犯本罪，有下列情形之一的，处5年以下有期徒刑、拘役或者管制，并处罚金：①种植罂粟500株以上不满3000株或者其他毒品原植物数量较大的；②经公安机关处理后又种植的；③抗拒铲除的。非法种植罂粟3000株以上或者其他毒品原植物数量大的，处5年以上有期徒刑，并处罚金或者没收财产。非法种植毒品原植物，在收获前自动铲除的，可以免除处罚。

七、非法买卖、运输、携带、持有毒品原植物种子、幼苗罪

非法买卖、运输、携带、持有毒品原植物种子、幼苗罪，是指非法买卖、运输、携带、持有未经灭活的罂粟等毒品原植物种子或者幼苗，数量较大的行为。本罪侵犯的客体是国家对毒品原植物的管理制度。买卖、运输、携带、持有已经灭活的毒品原植物的种子或者幼苗的不构成本罪。客观方面表现为行为人实施了违反国家有关法规，非法买卖、运输、携带、持有毒品原植物种子或者幼苗，数量较大的行为。非法买卖，是指以金钱或者实物作价非法购买或者出售未经灭活的毒品原植物种子或者幼苗的行为。非法运输，是指未经国家有关部门批准，私自从事未经灭活的罂粟等毒品原植物种子或者幼苗运输的行为，包括国内运输和在国境、边境非法输入输出。非法携带、持有，是指违反国家规定，没有合法的携带权、持有权而占有、携带、藏有或者以其他方式携带、持有未经灭活的罂粟等毒品原植物种子或幼苗的行为。构成本罪还必须具备数量较大这一要素。主体为一般主体，即凡是达到刑事责任年龄具有刑事责任能力的人，均可构成本罪。主观方面表现为故意，过失不构成本罪。

根据《刑法》第352条的规定，犯本罪的，处3年以下有期徒刑、拘役或者管制，并处或者单处罚金。

八、引诱、教唆、欺骗他人吸毒罪

引诱、教唆、欺骗他人吸毒罪，是指通过引诱、教唆、欺骗的方法使他人吸食、注射毒品的行为。

本罪与一般教唆犯罪的界限:(1)侵犯的客体不同。前者侵犯的客体是复杂客体,即侵害了社会治安管理秩序,又侵害了他人的身体健康。而后者侵犯的客体,则取决于所教唆犯罪的客体,如教唆杀人罪侵犯的客体是他人的生命权利。(2)罪名不同。前者是一个独立罪名,吸毒行为法律上没有规定为犯罪,而教唆他人吸毒的行为,法律上规定为独立犯罪。而后者则不是独立罪名,对于教唆犯,要按照他所教唆的罪来确定罪名,教唆犯属于共同犯罪。

根据《刑法》第353条的规定,犯本罪的,处3年以下有期徒刑、拘役或者管制,并处罚金;情节严重的,处3年以上7年以下有期徒刑,并处罚金。引诱、教唆、欺骗未成年人吸食、注射毒品的,从重处罚。

九、强迫他人吸毒罪

(一)强迫他人吸毒罪的概念和特征

强迫他人吸毒罪,是指违背他人意志,迫使他人吸食、注射毒品的行为。本罪侵犯的客体是社会治安管理秩序和他人的身体健康,属于复杂客体。客观方面表现为行为人违背他人的意志,使用暴力、胁迫或者其他强制手段迫使他人吸食、注射毒品的行为。主体为一般主体。主观方面表现为故意,过失不构成本罪,即行为人明知是毒品,而故意强迫他人吸毒。

(二)强迫他人吸毒罪的认定

(1)本罪与非罪的界限。本条对此罪没有规定"情节严重"作为必要要件,也就是说只要实施了强迫他人吸毒的行为,原则上就构成本罪。而不论被害人是否吸食、注射毒品或吸食、注射毒品成瘾。但实践中并不是任何强迫他人吸毒的行为都构成犯罪,应综合全案的各种情况,根据刑法的规定,如果情节显著轻微,危害不大的,不认为是犯罪,可给予行政处罚。

(2)本罪与引诱教唆欺骗他人吸毒罪的界限。强迫他人吸毒与引诱、教唆、欺骗他人吸毒在主体、客体、主观方面相同,明显的区别在于客观表现上的不同,前者为采取暴力、胁迫等强制性的手段,后者则是用引诱、教唆、欺骗等手段。此外,从犯罪对象上看,前者在暴力、胁迫下违心地吸毒,后者在引诱、教唆、欺骗下,由不愿到情愿吸毒。二者在法定刑上是不同的,要严格加以区分,不能造成重罪轻判或轻罪重判的问题。如果行为人对同一个人同时实施了强迫、引诱、教唆、欺骗的手段,造成他人吸毒的后果,应择一重罪处罚,定强迫他人吸毒罪,如果行为人对不同的人分别采取上述手段,促使他人吸毒,则分别构成两个罪名,应予以数罪并罚。

(三)强迫他人吸毒罪的刑事责任

根据《刑法》第353条的规定,犯本罪的,处3年以上10年以下有期徒刑。强迫未成年人吸毒的,从重处罚。

十、容留他人吸毒罪

容留他人吸毒罪,是指为他人吸食、注射毒品提供场所的行为。本罪侵犯的客体是社会的正常管理秩序和人们的身心健康。客观方面表现为行为人实施了容留他人吸毒的行为。主体为一般主体，即凡是达到刑事责任年龄具有刑事责任能力的人，均可构成本罪。主观方面表现为故意，过失不构成本罪。构成本罪，不要求主观上具有牟利目的。

根据《刑法》第354条的规定，犯本罪的，处3年以下有期徒刑、拘役或者管制，并处罚金。

十一、非法提供麻醉药品、精神药品罪

（一）非法提供麻醉药品、精神药品罪的概念和特征

非法提供麻醉药品、精神药品罪，是指依法从事生产、运输、管理、使用国家管制的麻醉药品、精神药品的单位和人员，违反国家规定，明知他人是吸食、注射毒品的人，而向其提供国家管制的能够使人形成瘾癖的麻醉药品、精神药品的行为。

本罪侵犯的客体是国家对麻醉药品、精神药品的管理制度。客观方面表现为违反国家规定，向吸毒者提供国家规定管制的能够使人成瘾的麻醉药品、精神药品。主体为特殊主体，即依法从事生产、运输、管理、使用国家管制的麻醉药品、精神药品的人员和单位。单位包括生产厂家以及销售、运输、管理、教学科研、医疗等部门。主观方面只能是故意，要求行为人有下列三个方面的明知：①明知提供毒品的对象是吸食、注射毒品的人；②明知对方是用于吸食或注射；③明知自己所提供的是毒品。如果行为人因过失而将毒品提供给他人，造成严重后果的，应以医疗事故罪等追究刑事责任。

（二）非法提供麻醉药品、精神药品罪的刑事责任

根据《刑法》第355条的规定，犯本罪的，处3年以下有期徒刑或者拘役，并处罚金；情节严重的，处3年以上7年以下有期徒刑，并处罚金。单位犯本罪的，对单位判处罚金，并对其直接负责的主管人员和其他直接责任人员，依照上述规定处罚。

还要注意的是，依法从事生产、运输、管理、使用国家管制的麻醉药品、精神药品的单位和人员，非法向走私、贩卖毒品的犯罪分子提供麻醉药品、精神药品的，以走私、贩卖毒品罪论处；以牟利为目的向吸毒者提供麻醉药品、精神药品的，以贩卖毒品罪论处。[①]行为人向走私、贩卖毒品的犯罪分子或者吸食、注射毒品的人员贩卖国家规定管制的使人形成瘾癖的麻醉药品或者精神药品，以贩卖毒品罪定罪处罚；行为人出于医疗目的，违反有关药品管理规定，非法贩卖上述麻醉药品或者精神药品，扰乱市场秩序，情节严重的，以非法经营罪定罪处罚[②]。

按照《刑法》第356条的规定，因走私、贩卖、运输、制造、非法持有毒品罪被判过刑，又犯本节规定之罪的，从重处罚。此为毒品犯罪的再犯。

---

① 参见2012年5月16日最高人民检察院、公安部《关于公安机关管辖的刑事案件立案追诉标准的规定（三）》第12条第2款。

② 参见《全国部分法院审理毒品犯罪案件工作座谈会纪要》（法〔2015〕129号）第7条。

第九节　组织、强迫、引诱、容留介绍卖淫罪罪名分述

一、组织卖淫罪

（一）组织卖淫罪的概念与特征

组织卖淫罪，是指以招募、雇佣、引诱、容留等手段，控制他人从事卖淫活动的行为。本罪客观方面表现为组织他人卖淫的行为。组织，是指以招募、雇佣、引诱、容留等手段，控制他人从事卖淫活动的行为。卖淫，是指以营利为目的，满足不特定对方的性欲的行为，包括与不特定的对方发生性交和从事其他猥亵活动。主体是已满16周岁，具有辨认、控制能力的自然人。组织者既可以是一人，也可以是多人。旅馆业、饮食服务业、文化娱乐业、出租汽车业等单位的人员或者负责人，利用本单位的条件，组织他人卖淫的，应认定为组织卖淫罪。主观上只能出于故意，虽然卖淫以营利为目的，组织卖淫者通常也以营利为目的，但刑法并没有将营利目的规定为主观要件要素。

（二）组织卖淫罪的刑事责任

根据《刑法》第358条的规定，犯本罪的，处5年以上10年以下有期徒刑，并处罚金；情节严重的，处10年以上有期徒刑或者无期徒刑，并处罚金或者没收财产。组织未成年人卖淫的，从重处罚。犯本罪，并有杀害、伤害、强奸、绑架等犯罪行为的，依照数罪并罚的规定处罚。按照《刑法》第361条的规定，旅馆业、饮食服务业、文化娱乐业、出租汽车业等单位的人员，利用本单位的条件，组织他人卖淫的，按照自然人犯本罪的规定处罚；前述单位的主要负责人犯本罪的，从重处罚。

二、强迫卖淫罪

强迫卖淫罪，是指违背他人的意志，迫使他人卖淫的行为。本罪侵犯的客体是他人的人身权利和性的不可侵犯的权利，犯罪的对象是“他人”，这里的“他人”主要是指妇女，但也包括不满14周岁的幼女和男性。客观方面表现为违背他人意志，用暴力、胁迫或者其他方法迫使他人卖淫。如果仅仅是采用物质引诱、暗示、鼓动他人卖淫，没有违背他人意志的，不能构成本罪。主体是一般主体。主观方面表现为故意，且为直接故意。

根据《刑法》第358条的规定，犯本罪的，处5年以上10年以下有期徒刑，并处罚金；情节严重的，处10年以上有期徒刑或者无期徒刑，并处罚金或者没收财产。强迫未成年人卖淫的，从重处罚。犯本罪，并有杀害、伤害、强奸、绑架等犯罪行为的，依照数罪并罚的规定处罚。按照《刑法》第361条的规定，旅馆业、饮食服务业、文化娱乐业、出租汽车业等单位的人员，利用本单位的条件，强迫他人卖淫的，按照自然人犯本罪的规定处罚；前述单位的主要负责人犯本罪的，从重处罚。

三、协助组织卖淫罪

协助组织卖淫罪，是指为组织卖淫的人招募、运送人员或者有其他协助组织他人卖淫行为的行为。协助组织卖淫的行为包括为组织卖淫的人去招募、运送人员，或者其他的协助行为，例如充当皮条客、保镖、管账人等。如果刑法没有规定本罪，对协助组织他人卖淫的行为，应认定为组织卖淫罪的共犯行为，但刑法考虑到这种行为的严重危害程度，避免将本罪主体以从犯论进而从轻、减轻或者免除从罚，从而导致刑罚畸轻现象，便将协助组织他人卖淫的行为规定为独立犯罪。据此，协助组织他人卖淫的行为与组织他人卖淫的行为，不构成共同犯罪，应当分别定罪量刑处罚。

根据《刑法》第358条的规定，协助组织卖淫的，处5年以下有期徒刑，并处罚金；情节严重的，处5年以上10年以下有期徒刑，并处罚金。

四、引诱、容留、介绍卖淫罪

引诱、容留、介绍卖淫罪，是指利用金钱、物质等手段诱使他人卖淫，或者提供场所给他人卖淫使用，或者使卖淫人员与嫖客发生联系，得以实现卖淫嫖娼的行为。本罪引诱行为的对象不包括幼女。引诱，是指在他人本无卖淫意愿的情况下，使用勾引、利诱等手段使他人从事卖淫活动的行为。容留，是指允许他人在自己管理的场所卖淫或者为他人卖淫提供场所的行为。介绍，一般是指在卖淫者与嫖客之间牵线搭桥，勾通撮合，使他人卖淫得以实现的行为。实施引诱、容留、介绍三种行为之一的，即可构成本罪；同时实施上述行为的，也只认定为一罪，不实行数罪并罚。主体是已满16周岁，具有辨认、控制能力的自然人。旅馆业、饮食服务业、文化娱乐业、出租汽车业等单位的人员，利用本单位的条件，引诱、容留、介绍他人卖淫的，应认定为本罪。主观方面必须出于故意，但是否出于营利目的，不影响本罪的成立。

根据《刑法》第359条的规定，犯本罪的，处5年以下有期徒刑、拘役或者管制，并处罚金；情节严重的，处5年以上有期徒刑，并处罚金。

五、引诱幼女卖淫罪

引诱幼女卖淫罪，是指引诱不满14周岁的幼女进行卖淫的行为。本罪侵犯的客体是社会治安管理秩序，同时也严重摧残了幼女的身心健康。本罪的犯罪对象是幼女，幼女是指不满14周岁的少女。客观方面表现为引诱幼女卖淫的行为。引诱，是指行为人利用金钱或其他物质或非物质性利益作诱饵，或者采取灌输腐朽思想等其他手段，勾引、诱惑、劝导、怂恿幼女从事卖淫活动。卖淫，是指为谋利，与不特定的他人进行性交或者其他性行为。行为人引诱幼女向他人卖淫，才能构成本罪，若是引诱幼女与自己发生性关系，则应依具体案情以强奸罪论处。行为人的行为方式仅限于引诱，若是组织、强迫、容留、介绍幼女卖淫的，则应分别以组织卖淫罪、强迫卖淫罪和容留、介绍卖淫罪论处。主体为一般主体。主观方面表现为故意。

根据《刑法》第359条的规定，犯本罪的，处5年以上有期徒刑，并处罚金。

六、传播性病罪

传播性病罪，是指明知自己患有梅毒、淋病等严重性病而进行卖淫嫖娼的行为。

本罪侵犯的客体是双重客体，即他人的身体健康和社会治安治理秩序。行为人在明知自己患有梅毒、淋病等严重性病的情况下，仍旧进行卖淫、嫖娼活动，其行为将直接传播性病，对他人的身体健康造成危害。客观方面表现为严重性病患者实施卖淫嫖娼的行为。卖淫、嫖娼是相对应的行为，卖淫是指以营利为动机，与不特定的异性发生性交或从事其他淫乱活动，嫖娼则是指以交付金钱或其他财物为代价与卖淫者发生性交或从事其他淫乱活动。主体是特殊主体，即已满16周岁并具有刑事责任能力，且患有梅毒、淋病等严重性病的人。主观方面表现为故意，过失不构成本罪。即行为人明知自己患有严重性病，而出于某种动机或为达到某种目的，仍然向他人卖淫或嫖娼。行为人的“明知”可以是确切知道自己患有某种严重性病，也可以是其知道可能患有某种严重性病。假如行为人未被确诊为患有严重性病，但根据其知识、阅历能证实其明知可能患有严重性病的，也应视为“明知”。

根据《刑法》第360条的规定，犯本罪的，处5年以下有期徒刑、拘役或者是管制，并处罚金。

第十节　制作、贩卖、传播淫秽物品罪罪名分述

一、制作、复制、出版、贩卖、传播淫秽物品牟利罪

（一）制作、复制、出版、贩卖、传播淫秽物品牟利罪的概念与特征

制作、复制、出版、贩卖、传播淫秽物品牟利罪，是指以牟利为目的，制作、复制、出版、贩卖、传播淫秽物品的行为。

（1）本罪侵犯的客体是社会的道德风尚和国家对文化事业的管理制度。对象是淫秽物品。《刑法》第367条第1款规定：“刑法所称淫秽物品，是指具体描绘性行为或者露骨宣扬色情的诲淫性书刊、影片、录像带、录音带、图片及其他淫秽物品。”

（2）客观方面表现为制作、复制、出版、贩卖、传播淫秽物品的行为。①行为人所制作、复制、出版、贩卖、传播的必须是淫秽物品。②本罪行为表现为制作、复制、出版、贩卖、传播淫秽物品。制作，是指生产、录制、编写、绘画、印刷等创造、产生淫秽物品的行为。复制，是指通过翻印、翻拍、复印、转录等方式将原已存在的淫秽物品制作一份或多份的行为。出版，是指将淫秽作品编辑加工后，经过复制向公众发行的行为。贩卖，通常是指低价购进再高价卖出的行为，但也应包括单纯的有偿转让淫秽物品的行为。传播，是指通过播放、陈列、在互联网上建立淫秽网站、网页等方式使淫秽物品让不特定或者多数人感知以及通过出借、赠送等方式散布、流传淫秽物品的行为。实施上述行为之一的，即可成立本罪；同时实施上述行为的，也只成立一罪。

（3）本罪主体必须是已满16周岁，具有辨认、控制能力的自然人以及单位。

（4）本罪的主观方面必须出于故意，并具有牟利目的。本罪的故意要求行为人认识到自己制作、复制、出版、贩卖、传播的是淫秽物品。此外还必须具有牟利目的。

（二）制作、复制、出版、贩卖、传播淫秽物品牟利罪的刑事责任

根据《刑法》第363、366条的规定，犯本罪的，处3年以下有期徒刑、拘役或者管制，并处罚金；情节严重的，处3年以上10年以下有期徒刑，并处罚金；情节特别严重的，处10年以上有期徒刑或者无期徒刑，并处罚金或者没收财产。单位犯本罪的，对单位判处罚金，并对其直接负责的主管人员和其他直接责任人员，依照上述规定处罚。

二、为他人提供书号出版淫秽书刊罪

为他人提供书号出版淫秽书刊罪，是指违反国家关于书号管理的规定，向其他单位或者个人提供书号，致使淫秽书刊得以出版的行为。本罪侵犯的客体是社会的道德风尚和国家对出版业的管理制度。客观方面表现为违反国家关于书号管理的规定，向他人提供书号致使他人得以出版淫秽书刊的行为。犯罪主体是特殊主体，通常是新闻出版部门的管理人员或者是单位。主观方面是过失，即在不知他人用于出版淫秽书刊的情况下为他人提供书号。如果明知他人用于出版淫秽书刊而提供书号的，应当以出版淫秽物品牟利罪的共犯论处。

根据《刑法》第363、366条的规定，犯本罪的，处3年以下有期徒刑、拘役或者管制，并处或者单处罚金。单位犯本罪的，对单位判处罚金，并对其直接负责的主管人员和其他直接责任人员，依照上述规定处罚。

三、传播淫秽物品罪

传播淫秽物品罪，是指传播淫秽的书刊、影片、音像、图片或者其他淫秽物品，情节严重的行为。

在认定这类案件性质时，需要注意两个问题：

（1）区分罪与非罪的界限。构成本罪必须情节严重，所谓情节严重，主要是指多次传播的；传播的次数虽然不多，但传播的数量大的；传播的对象人数多、造成恶劣影响的或者造成严重后果的，等等。有传播行为但情节没有达到严重程度的，不构成犯罪。

（2）区分本罪与传播淫秽物品牟利罪的界限。区别在于：①是否具有牟利的目的；②构成犯罪是否要情节严重。

根据《刑法》第364、366条的规定，犯本罪的，处2年以下有期徒刑、拘役或者管制。单位犯本罪的，对单位判处罚金，并对其直接负责的主管人员和其他直接责任人员依照上述规定处罚。向未成年人传播淫秽物品的，从重处罚。

四、组织播放淫秽音像制品罪

组织播放淫秽音像制品罪，是指召集多人播放淫秽电影、录像等音像制品的行为。

在认定这类案件性质时，需要注意以下两个问题：①区分本罪与传播淫秽物品牟利罪的界限。二者有交叉，淫秽音像制品是淫秽物品的一种，组织播放是传播的一种方式，如果组织播放音像制品具有牟利的目的，则构成传播淫秽物品牟利罪；如果不具有牟利的目的，则构成组织播放淫秽音像制品罪。②区分本罪与传播淫秽物品罪的界限。组织播放淫秽音像制品罪只限于“组织播放”这一特定的行为方式。

根据《刑法》第364、366条的规定，犯本罪的，处3年以下有期徒刑、拘役或者管制，并处罚金；情节严重的，处3年以上10年以下有期徒刑，并处罚金。单位犯本罪的，对单位判处罚金，并对其直接负责的主管人员和其他直接责任人员，依照上述规定处罚。制作、复制淫秽音像制品组织播放的，从重处罚。向不满18周岁的未成年人传播淫秽物品的，从重处罚。

五、组织淫秽表演罪

组织淫秽表演罪，是指以招募、雇用、引诱等手段控制、管理他人进行淫秽表演的行为。

本罪客观方面表现为"组织进行淫秽表演"，这是刑法明文规定的罪状。刑法没有规定为"组织他人进行淫秽表演"，说明了以下两点：第一，虽然本罪的主体只是组织者，但组织者本人是否直接进行淫秽表演，不影响本罪的成立。第二，虽然通常是组织"他人"进行淫秽表演，但也不排除组织人与动物一起进行淫秽表演或者组织动物进行淫秽表演。组织，是指策划、指挥、安排进行淫秽表演的行为。如招聘、雇用他人进行淫秽表演，联系演出、提供场所等进行淫秽表演，组织多人观看淫秽表演等等。进行淫秽表演，是指露骨宣扬色情内容的表演，如展示妇女的乳房，展示人、动物的性器官，展示人的各种自然或者非自然性交行为，展示人与动物的性交行为，展示动物之间的交配行为等等。

根据《刑法》第365、366条的规定，犯本罪的，处3年以下有期徒刑、拘役或者管制，并处罚金；情节严重的，处3年以上10年以下有期徒刑，并处罚金。单位犯本罪的，对单位判处罚金，并对其直接负责的主管人员和其他直接责任人员，依照上述规定处罚。

第二十七章　危害国防利益罪

危害国防利益罪侵害或威胁我国的国防利益。国防利益是关系国家生存、发展和安全保障的重要利益，危害国防利益就会影响国防现代化建设，危害国家的生存、发展和安全。危害国防利益是本类罪区别于其他九类罪的本质特征。

第一节　危害国防利益罪概述

一、危害国防利益罪的概念和特征

危害国防利益罪，是指违反国防管理法规，危害国防利益，依照法律应当受刑罚处罚的行为。本类犯罪的主要特征是：

（1）本类犯罪侵犯的客体是我国的国防利益。国防利益，是指为防备和抵抗外来侵略，制止武装颠覆，保卫国家的主权、统一、领土完整和安全所进行的军事活动，以及与军事有关的政治、经济、外交、科技、教育等方面活动的利益。它包括国防资产、国防建设方面的利益、国防管理秩序、武装力量建设、作战和军事行动方面的利益等。危害国防利益罪侵害的对象包括：武装部队；军人；军用武器装备；军事设施；军事通信；军事禁区和军事管理区；兵员；部队的公文、证件、印章；武装部队专用标志等等。

（2）本类犯罪在客观方面表现为违反国防法规，危害国防利益的行为。危害国防利益的行为的具体内容表现为，妨害军队作战和军事行动、破坏国防建设、危害国防管理秩序和拒绝或逃避履行国防义务等四个方面。就客观方面的行为方式来说，有作为，也有不作为。有的犯罪无论战时还是平时都能构成，有的则只能在战时才能构成。根据《刑法》第451条的规定，所谓战时，是指国家宣布进入战争状态、部队受领作战任务或者遭敌突然袭击时。部队执行戒严任务或者处置突发性暴力事件时，也以战时论。

（3）本类犯罪主体多数为一般主体，只有个别犯罪的主体是特殊主体，如战时拒绝、逃避征召、军事训练罪的主体仅限于预备役人员。多数犯罪只能由自然人实施；少数犯罪既可由自然人实施，也可由单位实施，如故意提供不合格武器装备、军事设施罪；还有一个犯罪则只能由单位实施，即战时拒绝、故意延误军事订货罪。

（4）本类犯罪在主观方面一般出于故意，只有过失提供不合格武器装备、军事设施罪和过失破坏武器装备、军事设施、军事通信罪2个罪主观方面属于过失，其他21个罪的主观方面均为故意。

二、危害国防利益罪的种类

危害国防利益罪作为一个类罪名，包括23个具体犯罪。根据危害国防利益行为构成犯罪的时间是否限于战时，可将危害国防利益罪分为以下两类：

（1）平时危害国防利益罪。包括阻碍军人执行职务罪，阻碍军事行动罪，破坏武器装备、军事设施、军事通信罪，过失损坏武器装备、军事设施、军事通信罪，故意提供不合格武器装备、军事设施罪，过失提供不合格武器装备、军事设施罪，聚众冲击军事禁区罪，聚众扰乱军事管理区秩序罪，冒充军人招摇撞骗罪，煽动军人逃离部队罪，雇用逃离部队军人罪，接送不合格兵员罪，伪造、变造、买卖武装部队公文、证件、印章罪，盗窃、抢夺武装部队公文、证件、印章罪，非法生产、买卖武装部队制式服装罪，伪造、盗窃、买卖、非法提供、非法使用武装部队专用标志罪。

（2）战时危害国防利益罪。包括战时拒绝、逃避征召、军事训练罪，战时拒绝、逃避服役罪，战时故意提供虚假敌情罪，战时造谣扰乱军心罪，战时窝藏逃离部队军人罪，战时拒绝、故意延误军事订货罪，战时拒绝军事征用罪。

第二节 危害国防利益罪罪名分述

一、阻碍军人执行职务罪

（一）阻碍军人执行职务罪的概念和特征

阻碍军人执行职务罪，是指以暴力、威胁方法阻碍军人依法执行职务的行为。

（1）本罪侵犯的客体为国防秩序与军人的人身权利。犯罪对象必须是正在依法执行职务的军人。所谓军人，依照《刑法》第450条的规定，是指中国人民解放军的现役军官、文职干部、士兵以及具有军籍的学员和中国人民武装警察部队的现役警官、文职干部、士兵及具有警籍的学员，执行军事任务的预备役人员和其他人员以军人论。

（2）本罪在客观方面表现为以暴力、威胁方法阻碍军人依法执行职务的行为。首先，行为人必须使用了暴力、威胁的方法。所谓暴力，是指对依法执行职务的军人的人身进行袭击或者强制的方法，通常表现为攻击、殴打、伤害、捆绑、拘禁等有形力，同时还包括用酒灌醉、用药物麻醉等无形力。所谓威胁，是指以将要实施暴力为内容的威胁。其次，行为的指向必须是正在依法执行职务的军人。如果针对的不是正在执行职务的军人，不构成本罪。

（3）本罪的主体是一般主体，即年满16周岁并具有刑事责任能力的自然人。

（4）本罪在主观方面为故意。

（二）阻碍军人执行职务罪的认定

（1）本罪与妨害公务罪的界限。本罪与妨害公务罪在犯罪对象、犯罪客体等方面均有区别。本罪与妨害公务罪存在法条竞合关系，根据特别法优于普通法的原则，对阻碍军人依法执行职务的行为应当一律以本罪论处。

（2）本罪一罪与数罪的界限。如果行为人使用暴力阻碍军人依法执行职务，致使军人重伤、死亡的，或者在阻碍军人依法执行职务的过程中抢夺、抢劫枪支、弹药的，其行为同时触犯阻碍军人执行职务罪和故意伤害罪、故意杀人罪、抢夺枪支、弹药罪、抢劫枪支、弹药罪等罪名。这种情况属于一行为触犯数罪名的想象竞合犯，应当按照从一重罪原则处断，即应按照处罚较重的罪名定罪处罚。

（三）阻碍军人执行职务罪的刑事责任

依照《刑法》第368条第1款的规定，犯本罪的，处3年以下有期徒刑、拘役、管制或者罚金。

二、阻碍军事行动罪

（一）阻碍军事行动罪的概念和特征

阻碍军事行动罪，是指故意阻碍武装部队军事行动，造成严重后果的行为。本罪侵犯的客体是武装部队的军事行动。客观方面表现为阻碍武装部队的军事行动，造成严重后果的行为。阻碍武装部队的军事行动的具体方法除暴力、威胁外，还包括其他一切可能妨害武装部队的军事行动的方法。本罪是结果犯，行为人实施阻碍武装部队的军事行动的行为，必须造成严重后果的，才能构成犯罪。主体是一般主体，包括军人和非军人。主观方面为故意。

（二）阻碍军事行动罪的认定

（1）本罪与武装叛乱、暴乱罪的界限。武装叛乱、暴乱罪是指采取武装对抗的形式，反叛国家和政府进行对抗的行为。在策划、组织、煽动群众暴力阻碍武装部队的军事行动中，与国家和政府进行公开的武力对抗的，其行为则同时触犯了武装叛乱、暴乱罪和阻碍军事行动罪，属于想象竞合犯，应当按照从一重罪处断的原则，以武装叛乱、暴乱罪论处。如果仅仅是策划、组织、煽动群众用非暴力的手段阻碍武装部队的军事行动的，并且造成严重后果的，则只能以本罪论处。但是，行为人在阻碍武装部队的军事行动的过程中，策划、胁迫、勾引、收买武装部队人员、人民警察、民兵进行武装叛乱或者武装暴乱的，其行为则分别构成本罪和武装叛乱、暴乱罪，应当进行数罪并罚。

（2）本罪与阻碍军人执行职务罪的界限。两者的区别主要在于：①侵犯的客体不同。本罪侵害的客体是武装部队的军事行动；而阻碍军人执行职务罪侵害的客体是国防秩序与军人的人身权利。②犯罪的客观方面不完全相同。本罪的客观方面表现为，阻碍武装部队的军事行动，造成严重后果的行为；而阻碍军人执行职务罪的客观方面表现为，以暴力、威胁方法阻碍军人依法执行职务的行为。具体来讲，本罪属于结果犯，后者属于行为犯；本罪以暴力、威胁方法为手段要件，后罪则对犯罪手段没有任何要求，无论任何手段只要对军事行动具有阻碍作用即可。

（三）阻碍军事行动罪的刑事责任

依照《刑法》第368条第2款的规定，犯本罪的，处5年以下有期徒刑或者拘役。

三、破坏武器装备、军事设施、军事通信罪

破坏武器装备、军事设施、军事通信罪，是指故意破坏武器装备、军事设施、军事通信的行为。本罪侵犯的客体是军队战斗力的物质保障，即国家防务及武装部队的战斗力和军事通信能力。犯罪对象是武器装备、军事设施、军事通信。武器装备，是指武装部队用于实施和保障作战行动的武器、武器系统和军事技术器材。军事设施，是指国家直接用于军事目的的建筑、场地和设备。军事通信，是指武装部队为实施指挥或者武器控制而运用各种通信手段进行的信息传递活动。客观方面表现为破坏武器装备、军事设施、军事通信的行为。破坏，是指以各种方法使武器装备、军事设施、军事通信全部或部分不能正常使用。主体是一般主体，包括军人与非军人。主观方面表现为故意，即明知是武器装备、军事设施或者军事通信而故意破坏。

依照《刑法》第369条第1款的规定，犯本罪的，处3年以下有期徒刑、拘役或者管制；破坏重要武器装备、军事设施、军事通信的，处3年以上10年以下有期徒刑；情节特别严重的，处10年以上有期徒刑、无期徒刑或者死刑。战时犯本罪的，从重处罚。

四、过失损坏武器装备、军事设施、军事通信罪

过失破坏武器装备、军事设施、军事通信罪，是指过失损坏武器装备、军事设施、军事通信，造成严重后果的行为。所谓严重后果，一般是指造成武器装备、军事设施或军事通信失去使用价值；造成重大财产损失或人员伤亡；严重影响军事行动，等等。

依照《刑法》第369条第2款的规定，犯本罪的，处3年以下有期徒刑或者拘役；造成特别严重后果的，处3年以上7年以下有期徒刑。战时犯本罪的，从重处罚。

五、故意提供不合格武器装备、军事设施罪

故意提供不合格武器装备、军事设施罪，是指明知是不合格的武器装备、军事设施而提供给武装部队的行为。本罪的客体是武器装备、军事设施的质量管理制度。本罪客观方面表现为将不合格的武器装备、军事设施提供给武装部队的行为。所谓不合格，是指不符合规定的质量标准。所谓提供，是指生产、修理、施工、采购等单位或者个人通过销售、调拨等方式，交付武装部队。本罪的主体为一般主体，包括自然人和单位。本罪的主观方面为故意。

依照《刑法》第370条第1款、第3款的规定，犯本罪的，处5年以下有期徒刑或者拘役；情节严重的，处5年以上10年以下有期徒刑；情节特别严重的，处10年以上有期徒刑、无期徒刑或者死刑。单位犯本罪的，对单位判处罚金，并对其直接负责的主管人员和其他直接责任人员，依照上述规定处罚。

六、过失提供不合格武器装备、军事设施罪

过失提供不合格武器装备、军事设施罪，是指违反武器装备、军事设施的质量管理规定，不严格履行武器装备、军事设施的检验职责，过失将不合格的武器装备、军事设施提供给武装部队，造成严重后果的行为。本罪的客体是武器装备、军事设施的质量管理秩序。本罪的客观方面表现为违反武器装备、军事设施的质量管理规定，不严格履行武器装备、军事设施的

检验职责，过失将不合格的武器装备、军事设施提供给武装部队，造成严重后果的行为。本罪的主体是一般主体，即年满16周岁并具有刑事责任能力的自然人。本罪的主观方面是过失。

依照《刑法》第370条2款的规定，犯本罪的，处3年以下有期徒刑或者拘役；造成特别严重后果的，处3年以上7年以下有期徒刑。

七、聚众冲击军事禁区罪

聚众冲击军事禁区罪，是指聚众冲击军事禁区，严重扰乱军事禁区秩序的行为。本罪的客体是军事禁区的管理秩序。本罪的客观方面表现为聚众冲击军事禁区，严重扰乱军事禁区秩序。"聚众冲击军事禁区"中的"聚众"是指纠集多人，强行闯入军事禁区，或占据办公地点，或毁坏财物，或殴打人员。"冲击"是指强行闯入军事禁区。只有严重扰乱军事禁区秩序的才构成犯罪。本罪的主体为一般主体，但法律规定只追究聚众冲击军事禁区中的首要分子和其他积极参加的人员的刑事责任。本罪的主观方面是故意。

依照《刑法》第371条第1款的规定，犯本罪的，对首要分子处5年以上10年以下有期徒刑；对其他积极参加的，处5年以下有期徒刑、拘役、管制或者剥夺政治权利。

八、聚众扰乱军事管理区秩序罪

聚众扰乱军事管理区秩序罪，是指聚众扰乱军事管理区秩序，情节严重，致使军事管理区工作无法进行，造成严重损失的行为。本罪的客体是军事管理区的管理秩序。本罪的客观方面表现为聚众扰乱军事管理区秩序，情节严重，致使军事管理区工作无法进行，造成严重损失的行为。本罪的主体为一般主体，但只追究首要分子和其他积极参加者的刑事责任。本罪的主观方面是故意。

依照《刑法》第371条第2款的规定，犯本罪的，对首要分子，处3年以上7年以下有期徒刑；对其他积极参加的，处3年以下有期徒刑、拘役、管制或者剥夺政治权利。

九、冒充军人招摇撞骗罪

（一）冒充军人招摇撞骗罪的概念与特征

冒充军人招摇撞骗罪，是指以谋取非法利益为目的，冒充军人招摇撞骗的行为。本罪侵犯的客体是军人的声誉和军队的正常活动。客观方面表现为冒充军人招摇撞骗的行为。冒充军人，一般是指非军人冒充军人的身份，但也包括军衔、职务级别较低的军人冒充军衔、职务级别较高的军人，或者一般部门的军人冒充机要部门的军人的行为。招摇撞骗，是指以假冒的军人身份或者职务，进行炫耀，并利用他人对军人的信任，实施了骗取政治荣誉、职务待遇或者其他非法利益的行为。所谓非法利益，既包括金钱、财物等物质利益，也包括荣誉、异性的爱等非物质性利益。主体是一般主体。主观方面只能是故意。

（二）冒充军人招摇撞骗罪的认定

（1）本罪与非罪行为的界限。如果行为人仅仅出于虚荣动机冒充军人身份，没有进一步实施招摇撞骗行为的，不能以本罪论处。

(2)本罪与招摇撞骗罪的界限。本罪与《刑法》第279条规定的招摇撞骗罪的区别在于:①侵犯的客体不同。本罪侵犯的客体是军人的声誉和军队的正常活动;而招摇撞骗罪侵犯的客体是国家机关的声誉和正常活动。②冒充的对象不同。冒充军人招摇撞骗罪的冒充对象是军人;而招摇撞骗罪的冒充对象是国家机关工作人员。

(3)本罪与诈骗罪的界限。如果行为人冒充军人去骗取财物,一行为同时触犯了冒充军人招摇撞骗罪和诈骗罪两个罪名,属于想象竞合犯,应当从一重处断。当然,如果骗取的财物数额不大,尚未达到诈骗罪立案标准则无所谓想象竞合犯,可直接以冒充军人招摇撞骗罪论处。

(三)冒充军人招摇撞骗罪的刑事责任

依照《刑法》第372条的规定,犯本罪的,处3年以下有期徒刑、拘役、管制或者剥夺政治权利;情节严重的,处3年以上10年以下有期徒刑。

十、煽动军人逃离部队罪

煽动军人逃离部队罪,是指以口头、书面等形式鼓动军人逃离部队,情节严重的行为。本罪的客体是部队的兵员管理秩序。客观方面表现为以口头、书面等形式鼓动军人逃离部队,情节严重的行为。主体是年满16周岁并具有刑事责任能力的自然人。主观方面是故意。

依照《刑法》第373条的规定,犯本罪的,处3年以下有期徒刑、拘役或者管制。

十一、雇用逃离部队军人罪

雇用逃离部队军人罪,是指明知是逃离部队的军人而雇用,情节严重的行为。本罪的客体是部队的兵员管理秩序。客观方面表现为雇用逃离部队军人,情节严重的行为。主体是年满16周岁并具有刑事责任能力的自然人。主观方面是故意,即明知是逃离部队的军人而予以雇用。

依照《刑法》第373条的规定,犯本罪的,处3年以下有期徒刑、拘役或者管制。

十二、接送不合格兵员罪

接送不合格兵员罪,是指征兵工作人员在征兵工作中徇私舞弊,将不符合条件的应征公民接送进部队,情节严重的行为。本罪的客体是征兵工作的正常活动。客观方面表现为在征兵工作中徇私舞弊,接收或者向部队输送不合格兵员,情节严重的行为。主体是特殊主体,即必须是具有在征兵工作中负有征兵职责的征兵工作人员。主观方面是故意,即行为人明知接送的是不合格兵员,而予以接送。

依照《刑法》第374条的规定,犯本罪,情节严重的,处3年以下有期徒刑或者拘役;造成特别严重后果的,处3年以上7年以下有期徒刑。

十三、伪造、变造、买卖武装部队公文、证件、印章罪

伪造、变造、买卖武装部队公文、证件、印章罪,是指故意伪造、变造、买卖武装部队公文、证件、印章的行为。本罪的客体是武装部队的公文、证件、印章管理秩序。客观方面表现为伪

造、变造、买卖武装部队公文、证件、印章的行为。伪造，是指无权制作的人员和单位非法制作。变造，是指利用涂改、剪贴、更换照片等改变其真实内容的方法制作。买卖、是指购买和出卖。行为人只要有上述行为之一即可构成本罪。主体是一般主体，包括军人和非军人。主观方面是故意。其中买卖武装部队公文、证件、印章罪必须以非法获利为目的。

依照《刑法》第375条第1款的规定，犯本罪的，处3年以下有期徒刑、拘役、管制或者剥夺政治权利；情节严重的，处3年以上10年以下有期徒刑。

十四、盗窃、抢夺武装部队公文、证件、印章罪

盗窃、抢夺武装部队公文、证件、印章罪，是指盗窃、抢夺武装部队公文、证件、印章的行为。本罪客体是武装部队的公文、证件、印章管理秩序。客观方面表现为盗窃、抢夺武装部队公文、证件、印章的行为。主体是年满16周岁并具有刑事责任能力的自然人。主观方面是故意，并具有非法占有的目的。

依照《刑法》第375条第1款的规定，犯本罪的，处3年以下有期徒刑、拘役、管制或者剥夺政治权利；情节严重的，处3年以上10年以下有期徒刑。

十五、非法生产、买卖武装部队制式服装罪

非法生产、买卖武装部队制式服装罪，是指非法生产、买卖武装部队制式服装，情节严重的行为。本罪客体是武装部队制式服装的管理秩序。客观方面表现为非法生产、买卖武装部队制式服装，情节严重的行为。主体是年满16周岁并具有刑事责任能力的自然人，单位可以构成本罪。主观方面是故意。

依照《刑法》第375条第2款、第4款的规定，犯本罪的，处3年以下有期徒刑、拘役或者管制，并处或者单处罚金。单位犯本罪的，对单位判处罚金，并对其直接负责的主管人员和其他直接责任人员，依照上述规定处罚。

十六、伪造、盗窃、买卖、非法提供、非法使用武装部队专用标志罪

伪造、盗窃、买卖、非法提供、非法使用武装部队专用标志罪，是指伪造、盗窃、买卖、非法提供、非法使用武装部队车辆号牌等专用标志，情节严重的行为。本罪客体是军用标志管理秩序。客观方面表现为伪造、盗窃、买卖、非法提供、非法使用武装部队车辆号牌等专用标志，情节严重的行为。主体是年满16周岁并具有刑事责任能力的自然人，单位也可以构成本罪。主观方面是故意。

依照《刑法》第375条第3款、第4款的规定，犯本罪的，处3年以下有期徒刑、拘役或者管制，并处或者单处罚金；情节特别严重的，处3年以上7年以下有期徒刑，并处罚金。单位犯本罪的，对单位判处罚金，并对其直接负责的主管人员和其他直接责任人员，依照上述规定处罚[①]。

---

① 上述四罪相关问题的认定参见《最高人民法院、最高人民检察院关于办理妨害武装部队制式服装、车辆号牌管理秩序等刑事案件具体应用法律若干问题的解释》（法释〔2011〕16号），及2017年4月27日最高人民检察院、公安部《关于公安机关管辖的刑事案件立案追诉标准的规定（一）的补充规定》。

十七、战时拒绝、逃避征召、军事训练罪

战时拒绝、逃避征召、军事训练罪，是指预备役人员战时拒绝、逃避征召或者军事训练，情节严重的行为。本罪客体是战时预备役人员的征召秩序和军事训练管理秩序。客观方面表现为战时拒绝、逃避征召或者军事训练，情节严重的行为。主体是特殊主体，仅限于预备役人员。"预备役人员"是指军队外服兵役的人员，包括编入民兵组织或者经过登记服预备役的人员。预备役人员，分为预备役军官和预备役士兵。主观方面是故意。

依照《刑法》第376条第1款的规定，犯本罪的，处3年以下有期徒刑或者拘役。

十八、战时拒绝、逃避服役罪

战时拒绝、逃避服役罪，是指公民战时拒绝、逃避服役，情节严重的行为。本罪客体是国家战时兵役管理秩序。客观方面表现为战时拒绝、逃避服役，情节严重的行为。所谓"拒绝服役"，是指拒不履行兵役义务。所谓"逃避服役"，是指以某种行为或虚假理由躲避服兵役。行为人往往以自伤身体、隐匿、假装病残逃避服役，或者雇请他人冒名顶替。"情节严重"，是指经教育后仍然拒绝、逃避服役义务的；拒绝、逃避服役影响作战或其他重要军事任务完成的；煽动他人拒绝、逃避服兵役的；以暴力手段拒绝服役的等。主体是依法应服兵役的公民，主要是应征公民。本罪的主观方面是故意。认定本罪应注意区分罪与非罪的界限。只有情节严重的才能构成本罪；所以"情节严重"与否是划分本罪与非罪的最主要的标准。此外，还应注意战时与平时的界限，若是平时拒绝、逃避服兵役的，则不能以本罪论处。

依照《刑法》第376条第2款的规定，犯本罪的，处2年以下有期徒刑或者拘役。

十九、战时故意提供虚假敌情罪

战时故意提供虚假敌情罪，是指战时非军职人员故意向武装部队提供虚假敌情，因而对作战造成严重后果的行为。本罪客体是我军的作战利益。客观方面表现为向武装部队提供虚假敌情，因而对作战造成严重后果的行为。所谓"虚假敌情"，是指不符合真实情况的敌情，包括虚假的敌方军事以及军事有关的政治、经济、科技、气象、地理等方面的情况。所谓"严重后果"，是指对作战部署进行较大调整的；造成人员伤亡的；贻误战机的等。主体是年满16周岁并具有刑事责任能力的自然人。主观方面是故意，即明知自己提供虚假敌情会影响部队对敌情的正确判断，危害作战和国防利益，并希望或放任这种危害结果的发生。

依照《刑法》第377条的规定，犯本罪的，处3年以上10年以下有期徒刑；造成特别严重后果的，处10年以上有期徒刑或者无期徒刑。

二十、战时造谣扰乱军心罪

战时造谣扰乱军心罪，是指在战时情况下，制造谣言，迷惑群众，动摇军心的行为。犯罪客体是部队的作战利益。客观方面表现为战时造谣惑众、扰乱军心的行为。所谓"造谣惑众"、"扰乱军心"，是指制造谣言并散布谣言，蛊惑官兵，或煽动怯战、厌战的情绪，扰乱军人心理。主体是年满16周岁并具有刑事责任能力的自然人。主观方面是故意，即明知自己造谣惑众、扰乱军心的行为会影响部队士气，危害作战行动，并希望或者放任这种危害结果的发生。

依照《刑法》第378条的规定，犯本罪的，处3年以下有期徒刑、拘役或者管制；情节严重的，处3年以上10年以下有期徒刑。

二十一、战时窝藏逃离部队军人罪

战时窝藏逃离部队军人罪，是指战时明知是逃离部队的军人而为其提供隐蔽处所、财物，情节严重的行为。本罪客体是战时部队军人管理秩序。客观方面表现为战时为逃离部队的军人提供隐蔽处所、财物，情节严重的行为。"逃离部队的军人"，是指为逃避服役而不经请假私自离队的军人和探亲、休假、住院、出差、学习逾期不归的军人。"情节严重"，是指因窝藏逃离部队军人影响部队作战及其他重要军事任务完成的；战时国家发布动员令后窝藏的；窝藏多名逃离部队军人的；经批评教育后继续窝藏的；造成其他严重后果的等。主体是年满16周岁并具有刑事责任能力的自然人。主观方面是故意，即明知是战时逃离部队军人而窝藏。

依照《刑法》第379条的规定，犯本罪的，处3年以下有期徒刑或者拘役。

二十二、战时拒绝、故意延误军事订货罪

战时拒绝、故意延误军事订货罪，是指战时生产、销售单位无正当理由拒绝或故意延误军事订货，情节严重的行为。本罪客体是军事订货秩序。客观方面表现为战时无正当理由拒绝、延误军事订货，情节严重的行为。主体为特殊主体，即科研、生产、销售单位。主观方面是故意，即行为人明知是军事订货而加以拒绝或者延误。

依照《刑法》第380条的规定，犯本罪的，对单位判处罚金，并对其直接负责的主管人员和他直接责任人员，处5年以下有期徒刑或者拘役；造成严重后果的，处5年以上有期徒刑。

二十三、战时拒绝军事征收、征用罪

战时拒绝军事征收、征用罪，是指在战时情况下，公民对国家、政府和武装力量征用其所属的房屋、车辆、场地等作战所需的物资，能够提供而拒绝提供，情节严重的行为。本罪客体是战时军事征收、征用制度。军事征收、征用是武装力量在特定情况下为保证完成作战等军事任务的需要所采取的应急措施。客观方面表现为战时拒绝军事征收、征用，情节严重的行为。拒绝军事征收、征用，是指行为人不将被征收、征用的个人的房屋设施、交通工具或者其他物资交付武装部队或供其使用。"情节严重"，是指以暴力抗拒军事征收、征用的，严重影响作战等军事任务完成的，造成其他严重后果的。本罪的主体为年满16周岁并具有刑事责任能力的自然人。本罪的主观方面是故意，即行为人明知是军事征收、征用而予以拒绝。

依照《刑法》第381条的规定，犯本罪的，处3年以下有期徒刑或者拘役。

第二十八章　贪污贿赂罪

贪污贿赂罪，古称“贪墨”犯罪，因其侵犯国家的廉政制度，腐蚀和动摇国家政权的根基，一直是我国刑法打击的重点。当下随着反腐败斗争的深入，我国反腐败立法体系日臻健全，立法技术日趋完善。根据刑法分则第八章以及相关刑法修正案的规定，本类犯罪涵盖14个具体罪名，基本适应了新时期反腐败斗争的需要。

第一节　贪污贿赂罪概述

一、贪污贿赂罪的概念和特征

贪污贿赂罪，是指国家工作人员、国有单位或者其他人员、其他单位实施的贪污、贿赂等侵犯国家工作人员职务或者国有单位廉洁制度的行为。本类犯罪的主要特征是：

（1）本类犯罪侵犯的客体是国家的廉政制度。其中，贪污、挪用类犯罪侵犯了职务行为的廉洁性，同时也侵犯了公共财产的所有权；贿赂类犯罪属于典型的权钱交易型犯罪，侵犯了职务行为的不可收买性。

（2）本类犯罪在客观方面一般表现为国家工作人员利用职务上的便利，实施贪污、挪用公共财物，索取、收受贿赂的行为。少数犯罪如行贿罪、介绍贿赂罪，虽然非国家工作人员利用职务之便实施，但是与国家工作人员实施的受贿罪具有对合性或者关联性。本类犯罪多数由作为构成，个别犯罪如隐瞒境外存款罪则由不作为构成。

（3）本类犯罪中多数犯罪的主体是特殊主体，如贪污罪、受贿罪、挪用公款罪、巨额财产来源不明罪、隐瞒境外存款罪等，必须是国家工作人员。少数与受贿具有对合性或者撮合性的犯罪，如行贿罪、对单位行贿罪和介绍贿赂罪则是一般主体。大多数犯罪只能由自然人实施，但少数犯罪则只能由单位实施。

（4）本类犯罪在主观方面均由故意构成，过失不能构成本类犯罪。

二、贪污贿赂罪的种类

根据刑法分则第八章的规定，贪污贿赂罪一共规定了14个具体罪名：贪污罪、挪用公款罪、受贿罪、单位受贿罪、利用影响力受贿罪、行贿罪、对有影响力的人行贿罪、对单位行贿罪、介绍贿赂罪、单位行贿罪、巨额财产来源不明罪、隐瞒境外存款罪、私分国有资产罪、私分罚没财物罪。这14种具体犯罪从犯罪主体角度可以分为四类：

（1）作为自然人的特殊主体实施的犯罪，包括贪污罪、挪用公款罪、受贿罪、利用影响力受贿罪、巨额财产来源不明罪、隐瞒境外存款罪。

(2)作为自然人的一般主体实施的犯罪,包括行贿罪、介绍贿赂罪。

(3)以单位为主体实施的犯罪,包括单位受贿罪、单位行贿罪、私分国有资产罪、私分罚没财物罪。

(4)单位和自然人均可实施的犯罪,如对有影响力的人行贿罪、对单位行贿罪。

第二节　贪污贿赂罪罪名分述

一、贪污罪

(一)贪污罪的概念和特征

贪污罪,是指国家工作人员和受国家机关、国有公司、企业、事业单位、人民团体委托管理、经营国有财产的人员,利用职务上的便利,侵吞、窃取、骗取或者以其他手段非法占有公共财物的行为。

(1)本罪的客体是复杂客体,既侵犯了公职人员职务行为的廉洁性,也侵犯了公共财产所有权。本罪的犯罪对象是公共财产。根据《刑法》第91条的规定,"公共财产,是指下列财产:①国有财产;②劳动群众集体所有的财产;③用于扶贫和其他公益事业的社会捐助或专项基金的财产;④在国家机关、国有公司、企业、集体企业和人民团体管理、使用或者运输中的私人财产,以公共财产论"。[①]此外,根据《刑法》第394条的规定,国家工作人员在国内公务活动或者对外交往中接受的礼物,也可以成为贪污罪的对象。

(2)本罪在客观方面表现为行为人利用职务上的便利,以侵吞、窃取、骗取或者以其他方法非法占有公共财物的行为。所谓"利用职务上的便利",根据1999年9月16日最高人民检察院《关于人民检察院直接立案侦查案件立案标准的规定(试行)》(本章以下简称《立案标准》),是指利用职务上主管、管理、经手公共财物的权力及方便条件。利用职务上的便利是构成贪污罪的一个重要特征,也是贪污罪区别于其他侵犯财产罪的主要标志。所谓"侵吞",是指行为人利用职务上的便利,将暂时由自己合法管理、支配、使用或者经手的公共财物非法据为己有。所谓"窃取",是指行为人利用职务上的便利,秘密窃取由本人暂时合法管理、支配、使用或者经手的公共财物,即通常所说的监守自盗。例如,某国有公司出纳意图非法占有本人保管的公共财物,但不使用自己手中的钥匙和所知道的密码,而是使用铁棍将自己保管的保险柜打开并取走现金3万元。之后,为伪造作案现场,声称失窃。本案中,该出纳将自己基于职务保管的财物据为己有,成立贪污罪。所谓"骗取",是指行为人利用职务上的便利,采用虚构事实、隐瞒真相的方法,非法占有公共财物。根据《刑法》第183条第2款的规定,国有保险公司的工作人员和国有保险公司委派到非国有保险公司从事公务的人员利用职务上的便利,故意编造未曾发生的保险事故进行虚假理赔,骗取保险金归自己所有的,应当以贪污罪论处。"其他手段",是指行为人利用职务上的便利,使用侵吞、窃取、骗取以外的其他方法占有公共财物。如利用职权,巧立名目,私分大量公款、公物;冒名借出公款,存入银行取息归

①土地使用权具有财产性利益,属于《刑法》第382条第1款规定中的"公共财物",可以成为贪污的对象。参见最高人民法院2012年9月18日第三批指导性案例第11号:杨某某等贪污案。

己等。

（3）本罪的主体是特殊主体，具体包括两类人员：第一类是国家工作人员，根据《刑法》第93条的规定，是指：①国家机关中从事公务的人员；②国有公司、企业、事业单位、人民团体中从事公务的人员[①]；③国家机关、国有公司、企业、事业单位委派到非国有公司、企业、事业单位、社会团体从事公务的人员；④其他依照法律从事公务的人员。根据2000年4月29日《全国人民代表大会常务委员会关于〈刑法〉第九十三条第二款的解释》，村民委员会等村基层组织的人员协助人民政府从事下列行政管理工作，属于《刑法》第93条第2款的"其他依照法律从事公务的人员"：救灾、抢险、防汛、优抚、扶贫、移民、救济款物的管理；社会捐助公益事业款物的管理；国有土地的经营和管理；土地征用补偿费用的管理；代征、代缴税款；有关计划生育、户籍、征兵工作；协助人民政府从事的其他行政管理工作。村民委员会等村基层组织的人员从事上述公务，利用职务上的便利，非法占有公共财物的，应以贪污罪论处。例如，某村民委员会主任，在协助政府管理土地征用补偿费时，利用职务便利将其中数额较大款项据为己有，构成贪污罪。第二类是受国家机关、国有公司、企业、事业单位、人民团体委托管理、经营国有财产的人员。"受委托管理、经营国有财产"，根据前引《立案标准》，是指因承包、租赁、聘用等而管理、经营国有财产。

（4）本罪主观方面只能是故意，行为人具有非法占有公共财物的目的。

（二）贪污罪的认定

1. 本罪与盗窃罪、诈骗罪、侵占罪的界限

贪污罪的行为包括了侵占、窃取、骗取公共财物的行为，它们之间的主要区别在于：

（1）犯罪客体不同。即前者侵犯的是复杂客体，后者则仅侵犯了公私财产所有权。

（2）犯罪对象不同。前者的对象仅限于公共财物，后者的对象既可以是公共财物，也可以是公民私人所有的财物。

（3）犯罪主体不同。即前者是特殊主体，而后者是一般主体。

（4）犯罪的客观方面不同。是否利用职务上的便利，侵吞、窃取、骗取公共财物，是区分贪污罪与侵占罪、盗窃罪、诈骗罪的关键。

2. 本罪与职务侵占罪的界限

本罪与职务侵占罪在主观上都是故意犯罪，并且都以非法占有为目的，在客观上都以利用职务上的便利为必备要件。二者的主要区别是：

（1）犯罪主体不同。本罪的主体是国家工作人员以及受国家机关、国有公司、企业、事业单位、人民团体委托管理、经营国有财产的人员，职务侵占罪的主体是公司、企业或者其他单位中不具有国家工作人员身份的工作人员。

（2）犯罪对象不同。本罪的犯罪对象是公共财物；职务侵占罪的犯罪对象不限于国有财物，还包括集体所有和个体所有的财物。

（3）客观方面不同。本罪在客观方面是利用职务上的便利，侵吞、窃取、骗取或者以其他

---

①例如，国有A公司总经理甲发现A公司将从B公司购进的货物转手卖给某公司时，A公司即可赚取300万元。甲便让其妻乙注册成立C公司，并利用其特殊身份，让B公司与A公司解除合同后，再将货物卖给C公司。C公司由此获得300万元利润。甲构成贪污罪。

手段非法占有公共财物；而职务侵占罪在客观方面是利用职务上的便利，侵占本单位财物的行为。

3. 本罪共犯的认定

对于国家工作人员与他人勾结，共同非法占有单位财物的行为，应当按照《最高人民法院关于审理贪污、职务侵占案件如何认定共同犯罪的几个问题的解释》(法释〔2000〕15号)的规定定罪处罚。

(1)行为人与国家工作人员勾结，利用国家工作人员的职务便利，共同侵吞、窃取、骗取或者以其他手段非法占有公共财物的，以贪污罪共犯论处。

(2)行为人与公司、企业或者其他单位的人员勾结，利用公司、企业或者其他单位人员的职务便利，共同将该单位财物非法占为己有，数额较大的，以职务侵占罪共犯论处。

(3)公司、企业或者其他单位中，不具有国家工作人员身份的人与国家工作人员勾结，分别利用各自的职务便利，共同将本单位财物非法占为己有的，按照主犯的犯罪性质定罪。例如，甲为非国家工作人员，是某国有公司控股的股份有限公司主管财务的副总经理；乙为国家工作人员，是该公司财务部主管。甲与乙勾结，分别利用各自的职务便利，共同侵吞了本单位的财物100万元。本案中，甲、乙分别利用了各自的职务便利，而甲作为公司主管财务的副总经理，乙作为公司的财务部主管，甲在犯罪中起的作用更大一些，因此甲是主犯，二人的共同犯罪按甲的犯罪性质定罪。甲定职务侵占罪，乙是共犯，也定职务侵占罪。

4. 本罪既遂与未遂的认定

贪污罪是一种以非法占有为目的的财产性职务犯罪，与盗窃、诈骗、抢夺等侵犯财产罪一样，应当以行为人是否实际控制财物作为区分贪污罪既遂与未遂的标准。对于行为人利用职务上的便利，实施了虚假平账等贪污行为，但公共财物尚未实际转移，或者尚未被行为人控制就被查获的，应当认定为贪污未遂。行为人控制公共财物后，是否将财物据为己有，不影响贪污既遂的认定①。

5. 国家出资企业工作人员在改制过程中贪污行为的认定

国家工作人员或者受国家机关、国有公司、企业、事业单位、人民团体委托管理、经营国有财产的人员利用职务上的便利，在国家出资企业改制过程中故意通过低估资产、隐瞒债权、虚设债务、虚构产权交易等方式隐匿公司、企业财产，转为本人持有股份的改制后公司、企业所有，应当依法追究刑事责任的，以贪污罪定罪处罚。贪污数额一般应当以所隐匿财产全额计算；改制后公司、企业仍有国有股份的，按股份比例扣除归于国有的部分。所隐匿财产在改制过程中已为行为人实际控制，或者国家出资企业改制已经完成的，以犯罪既遂处理。不具备贪污罪的主体身份的人员实施上述行为的，以职务侵占罪定罪处罚；贪污罪主体以外的人员与贪污罪主体共同实施上述行为的，以贪污罪的共犯论处。

在企业改制过程中未采取低估资产、隐瞒债权、虚设债务、虚构产权交易等方式故意隐匿公司、企业财产的，一般不应当认定为贪污；造成国有资产重大损失，以国有公司、企业人员失职罪，国有公司、企业人员滥用职权罪，徇私舞弊低价折股、出售国有资产罪定罪处罚。改制后的公司、企业中只有改制前公司、企业的管理人员或者少数职工持股，改制前公司、企

①参见2003年11月13日《全国法院审理经济犯罪案件工作座谈会纪要》。

业的多数职工未持股的，以贪污罪定罪处罚。国家出资企业中的国家工作人员在公司、企业改制或者国有资产处置过程中徇私舞弊，将国有资产低价折股或者低价出售给特定关系人持有股份或者本人实际控制的公司、企业，致使国家利益遭受重大损失的，以贪污罪定罪处罚。贪污数额以国有资产的损失数额计算。国家工作人员利用职务上的便利，在国家出资企业改制过程中隐匿公司、企业财产，在其不再具有国家工作人员身份后将所隐匿财产据为己有的，以贪污罪定罪处罚[①]。

（三）贪污罪的刑事责任

依照《刑法》第383条的规定，犯本罪的，根据情节轻重，分别依照下列规定处罚：①贪污数额较大或者有其他较重情节的，处3年以下有期徒刑或者拘役，并处罚金。②贪污数额巨大或者有其他严重情节的，处3年以上10年以下有期徒刑，并处罚金或者没收财产。③贪污数额特别巨大或者有其他特别严重情节的，处10年以上有期徒刑或者无期徒刑，并处罚金或者没收财产；数额特别巨大，并使国家和人民利益遭受特别重大损失的，处无期徒刑或者死刑，并处没收财产。[②]

对多次贪污未经处理的，按照累计贪污数额处罚。

犯本罪，在提起公诉前如实供述自己罪行、真诚悔罪、积极退赃，避免、减少损害结果的发生，贪污数额较大或者有其他较重情节的，可以从轻、减轻或者免除处罚；贪污数额巨大或者有其他严重情节、贪污数额特别巨大或者有其他特别严重情节的，可以从轻处罚。犯本罪被判处死刑缓期执行的，人民法院根据犯罪情节等情况可以同时决定在其死刑缓期执行2年期满依法减为无期徒刑后，终身监禁，不得减刑、假释。

二、挪用公款罪

（一）挪用公款罪的概念和特征

挪用公款罪，是指国家工作人员利用职务上的便利，挪用公款归个人使用，进行非法活动，或者挪用公款数额较大、进行营利活动，或者挪用公款数额较大、超过3个月未还的行为。

1. 本罪侵犯的客体

本罪侵犯的客体是复杂客体，即同时侵犯了国家工作人员职务行为的廉洁性和公共财产的占有、使用、收益权。犯罪对象限于公款，即国家、集体所有的货币资金及客户置放金融机构的资金、用于扶贫和其他公益事业的社会捐助或者专项基金的货币资金以及由国家机关、国有公司、企业、集体企业和人民团体管理、使用或者运输中的货币。支票、股票、国库券等有价证券，直接代表一定数额的货币，是证券形式的货币财产，也可以成为本罪的犯罪对象。公物一般不能成为本罪的对象。但是，如果挪用用于救灾、抢险、防汛、优抚、扶贫、移民、救济的现款或者物资归个人使用的，则应按本罪从重处罚。

---

①参见最高人民法院、最高人民检察院《关于办理国家出资企业中职务犯罪案件具体应用法律若干问题的意见》（法发〔2010〕49号）。

②关于“数额较大”、“数额巨大”、“数额特别巨大”的标准，参见最高人民法院、最高人民检察院《关于办理贪污贿赂刑事案件适用法律若干问题的解释》（法释〔2016〕9号）

2. 本罪的客观方面

本罪的客观方面表现为行为人利用职务上的便利，挪用公款归个人使用，进行非法活动，或者挪用公款数额较大进行营利活动，或者挪用公款超过3个月不归还的行为。本罪的客观方面具体包括：

（1）行为人利用了职务上的便利。所谓利用职务上的便利，是指行为人利用自己主管、管理、经手公款的职权或者职务的便利条件。

（2）挪用公款归个人使用。根据2002年4月28日全国人大常委会《关于〈刑法〉第三百八十四条第一款的解释》，有下列情形之一的，属于挪用公款"归个人使用"：将公款供本人、亲友或者其他自然人使用的；以个人名义将公款供其他单位使用的；个人决定以单位名义将公款供其他单位使用，谋取个人利益的。例如，下列情形均属于"挪用公款归个人使用"：①国家工作人员甲，将公款借给其弟炒股；②国家机关工作人员乙，以个人名义将公款借给原工作过的国有企业使用；③某国有公司总经理丙，擅自决定以本公司名义将公款借给某国有事业单位使用，以安排其子在该单位就业。

（3）挪用公款行为的具体表现形式包括：其一，挪用公款进行非法活动的。"非法活动"，即挪用公款归个人使用，进行国家法律、法规明令禁止的违法犯罪活动，包括犯罪活动和一般违法活动。这种挪用公款行为构成犯罪，不受数额较大和挪用时间的限制。根据最高人民法院、最高人民检察院《关于办理贪污贿赂刑事案件适用法律若干问题的解释》（法释〔2016〕9号），挪用公款进行非法活动的，以挪用公款3万元为追究刑事责任的起点数额。挪用公款给他人使用，不知道使用人将公款用于非法活动，数额较大、超过3个月未还的，构成挪用公款罪；明知使用人将公款用于非法活动的，应当认定为挪用人挪用公款进行非法活动。其二，挪用公款数额较大，进行营利活动的。"营利活动"，是指国家法律、法规允许的牟利活动，例如挪用公款存入银行、用于集资、购买股票、国债、炒股、开商店、办工厂等。这种挪用公款行为构成犯罪，要求挪用数额较大，但不受挪用时间和是否归还的限制。根据前引《解释》，挪用公款进行营利活动的，以挪用公款数额5万元为起点。挪用公款给他人使用，不知道使用人将公款用于营利活动，数额较大、超过3个月未还的，构成挪用公款罪；明知使用人将公款用于营利活动的，应当认定为挪用人挪用公款进行营利活动。其三，挪用公款数额较大、超过3个月未还的。这种挪用公款行为是指挪用公款用于非法活动、营利活动以外的用途，如建私人住宅、还债、支付医药费、购置家具等。根据前引《解释》，"数额较大"，以5万元作为起点；挪用正在生息或者需要支付利息的公款归个人使用，数额较大，超过3个月但在案发前全部归还本金的，可以从轻或者减轻处罚，给国家、集体造成的利息损失应予追缴；挪用公款数额巨大，超过3个月，案发前全部归还的，可以酌情从轻处罚。可见，只要挪用公款超过3个月，不管案发前是否归还，都构成挪用公款罪，但案发前已归还的情况可以作为从宽处罚的情节。

3. 本罪的主体

本罪的主体是特殊主体，即只能是国家工作人员。根据《刑法》第185条的规定，国有金融机构工作人员和国有金融机构委派到非国有金融机构从事公务的人员挪用本单位或者客户资金的，以挪用公款罪论处[①]。

4. 本罪在主观方面

本罪在主观方面表现为故意，并且具有非法挪用公款归个人使用的犯罪目的，日后准备归还。至于挪用的动机，或者为进行非法活动，或者为进行营利活动，或者出于生活上的某种需要。在挪用公款案件中，不同动机对构成挪用公款罪的成立是有影响的。

（二）挪用公款罪的认定

(1)本罪与贪污罪的界限。本罪与贪污罪主体都是国家工作人员，在主观方面都是出于故意，犯罪对象都包括公款，客观方面都利用了职务上的便利。两者的主要区别在于：①主体范围不尽相同。本罪的主体仅限于国家工作人员，而贪污罪的主体除国家工作人员外，还包括受国家机关、国有公司、企业、事业单位、人民团体委托管理、经营国有财产的人员。②犯罪对象不尽相同。本罪的犯罪对象除了7种特定款物外，一般不包括公物，而是限于公款；而贪污罪的犯罪对象则既可以是公款，也可以是公物。③客观方面表现不同。本罪在客观方面表现为行为人利用职务上的便利，挪用公款归个人使用，进行非法活动，或者挪用公款数额较大、进行营利活动，或者挪用公款数额较大、超过3个月未还；贪污罪在客观方面则表现为利用职务上的便利，以侵吞、窃取、骗取或者以其他手段非法占有公共财物的行为，贪污财物的用途对定罪没有影响。④犯罪目的不同。本罪的犯罪目的是暂时挪用公款归个人使用，具有归还的意图，而贪污罪的犯罪目的则是永久地非法占有公共财物。因此，行为人挪用公款后，犯罪目的由非法占用转化为非法占有的，如挪用公款后，携带公款潜逃的；挥霍公款，致使公款不能退还的；使用公款进行违法犯罪活动，致使公款不能退还的等，应以贪污罪论处。

(2)本罪与挪用资金罪的界限。本罪与挪用资金罪在主观方面均为故意，客观行为方式均为挪用。其区别主要在于：①犯罪主体不同。本罪的主体是国家工作人员，而挪用资金罪的主体是公司、企业或者其他单位中除国家工作人员以外的其他工作人员。受国家机关、国有公司、企业、事业单位、人民团体委托管理、经营国有财产的非国家工作人员，利用职务上的便利，挪用国有资金归个人使用构成犯罪的，应当依照挪用资金罪的规定定罪处罚，而不构成本罪。②犯罪客体和犯罪对象不同。本罪的犯罪客体是复杂客体，而挪用资金罪则仅侵犯了公司、企业或者其他单位的资金的部分所有权，属于单一客体。本罪的犯罪对象是公款和用于救灾、抢险、防汛、优抚、扶贫、移民、救济的款物；而挪用资金罪的犯罪对象既包括国有、集体公司、企业或者其他单位的资金，也包括私营公司、企业或者其他单位的资金。

(3)本罪与挪用特定款物罪的界限。本罪与挪用特定款物罪在犯罪主体，犯罪的主观方面和客观方面基本相同，其主要区别在于：①犯罪对象不同。挪用公款罪侵害的对象是公款，挪用特定款物罪侵害的对象只能是国家特定的用于救灾、抢险、防汛、优抚、救济的专项款物。②挪用的用途不同。挪用公款罪的挪用公款是归个人使用，挪用特定款物罪挪用的特定款物是作其他公用。如果挪用特定款物归个人使用，应以挪用公款罪，从重处罚。③主体不尽相同。挪用公款罪的主体是国家工作人员；挪用特定款物罪的主体，一般是国家工作人员，主

---

①国有公司长期聘用的管理人员属于刑法规定的国有公司中从事公务的人员，其利用职务便利挪用本单位资金归个人使用，构成犯罪的，应以挪用公款罪论处。参见陈兴良、张军、胡云腾主编：《人民法院刑事指导案例裁判要旨通纂》（下卷），北京大学出版社2013年版，第1120—1121页。

要是掌管特定款物的主管人员或直接责任人员。

(4)挪用公款罪的罪数与共犯。因挪用公款索取、收受贿赂构成犯罪的，或者挪用公款进行非法活动构成其他犯罪的，依照数罪并罚的规定处罚。

挪用公款给他人使用，使用人与挪用人共谋，指使或参与策划取得挪用款的，以挪用公款罪的共犯定罪处罚。例如，甲恳求国有公司财务主管乙，从单位挪用10万元供他炒股，并将一块名表送给乙。乙做假账将10万元交与甲，甲表示尽快归还。20日后，乙用个人财产归还单位10万元。本案中，甲、乙勾结私自动用公款，构成挪用公款罪的共犯。

(5)关于国家出资企业工作人员使用改制公司、企业的资金担保个人贷款，用于购买改制公司、企业股份的行为的处理。国家出资企业的工作人员在公司、企业改制过程中为购买公司、企业股份，利用职务上的便利，将公司、企业的资金或者金融凭证、有价证券等用于个人贷款担保的，以挪用资金罪或者挪用公款罪定罪处罚。行为人在改制前的国家出资企业持有股份的，不影响挪用数额的认定，但量刑时应当酌情考虑。经有关主管部门批准或者按照有关政策规定，国家出资企业的工作人员为购买改制公司、企业股份实施上述行为的，可以视具体情况不作为犯罪处理[①]。

(三)挪用公款罪的刑事责任

依照《刑法》第384条的规定，犯本罪的，处5年以下有期徒刑或者拘役；情节严重的，处5年以上有期徒刑。挪用公款数额巨大不退还的，处10年以上有期徒刑或者无期徒刑。挪用用于救灾、抢险、防汛、优抚、扶贫、移民和救济款物归个人使用的，从重处罚。

三、受贿罪的概念和特征

(一)受贿罪的概念和特征

受贿罪，是指国家工作人员利用职务上的便利，索取他人财物，或者非法收受他人财物，为他人谋取利益的行为。

(1)本罪侵犯的客体是国家工作人员职务行为的廉洁性。犯罪对象是贿赂，贿赂的范围主要是财物，包括财产性的利益。

(2)本罪在客观方面表现为行为人利用职务上的便利，索取他人财物，或者非法收受他人财物，为他人谋取利益的行为。本罪客观方面具体包括两个方面的内容：①行为人“利用职务上的便利”。“利用职务上的便利”，根据前引《立案标准》，是指利用本人职务范围内的权力，即自己职务上主管、负责或者承办某项公共事务的职权及其所形成的便利条件。它包括两种形式：其一，直接利用本人职权、职务范围内的权力，即行为人直接利用本人职务范围内主管、管理、经办钱、物或者人事等各种权力，强调的是权钱交易的直接性；其二，利用与职务有关的便利条件，即虽然不是直接利用职权，但将本人的职权或地位，作用于他人的职权或职务，通过他人的职权或职务，为他人谋取利益。最典型的是通过命令、指示、指挥等方式，利用与自己有直接隶属关系的下级国家工作人员职务上的行为，为请托人谋取利益。

---

①参见最高人民法院、最高人民检察院《关于办理国家出资企业中职务犯罪案件具体应用法律若干问题的意见》(法发〔2010〕49号)。

②行为人索取他人财物，或者非法收受他人财物，为他人谋取利益。所谓“索取他人财物”，即索贿，是指行为人在公务活动中主动向他人索要财物，包括向他人勒索财物。对于索取贿赂的，不论是否“为他人谋取利益”，均可构成受贿罪。“非法收受他人财物”，是指行为人对他人给付的财物予以接受。对于被动收受贿赂的行为，必须同时具备“为他人谋取利益”的条件，才构成受贿罪。为他人谋取利益包括承诺、实施和实现三个阶段的行为。只要具有其中一个阶段的行为，如国家工作人员收受他人财物时，根据他人提出的具体请托事项，承诺为他人谋取利益的，就具备了为他人谋取利益的要件。明知他人有具体请托事项而收受其财物的，视为承诺为他人谋取利益。至于为他人谋取的利益是否正当，为他人谋取的利益是否实现，都不影响受贿罪的成立。例如，国家工作人员甲利用职务上的便利为某单位谋取利益，随后，该单位的经理送给甲一张购物卡，并告知其购物卡的价值为2万元、使用期限为1个月，甲收下购物卡后忘记使用，导致购物卡过期作废，卡内的2万元被退回到原单位。本案中，国家工作人员甲利用职务上的便利为某单位谋取利益后，收受他人财物的行为属于受贿既遂，至于未能利用这一财物致其失效，属于犯罪后对赃物的处置，不影响犯罪的既遂[①]。

此外，受贿罪在客观方面还有两种表现形式：①斡旋贿赂。根据《刑法》第388条的规定，斡旋贿赂，是指国家工作人员利用本人职权或者地位形成的便利条件，通过其他国家工作人员职务上的行为，为请托人谋取不正当利益，索取请托人财物或者收受请托人财物的行为。斡旋受贿，符合受贿罪的数额和情节要求的，按受贿罪定罪处罚。构成斡旋受贿，需要具备以下条件：其一，行为人利用的是其他国家工作人员的职务行为。如果行为人利用的是其他不具有国家工作人员身份的公司、企业管理人员职务上的行为，那就不能构成斡旋受贿。其二，行为人利用了本人职权或者地位所形成的便利条件。所谓利用本人职权或者地位所形成的便利条件，是指行为人利用因其职权或者地位对其他国家工作人员所形成的政治上或经济上的制约条件。如单位内不同部门的国家工作人员之间、上下级单位没有职务上隶属、制约关系的国家工作人员之间、有工作联系的不同单位的国家工作人员之间等。如果行为人利用的是与其他国家工作人员之间的单纯亲友关系，则不能成立“斡旋受贿”。其三，必须是为请托人谋取不正当利益。所谓“谋取不正当利益”，是指谋取违反法律、法规、国家政策和国务院各部门规章规定的利益，以及谋取违反法律、法规、国家政策和国务院各部门规章规定的帮助或方便条件。如果行为人通过其他国家工作人员职务上的行为为请托人谋取的是正当利益，从中索取或者收受了请托人的财物，则不能构成斡旋受贿。受贿罪属于结果犯，行为人必须事实上索取或者非法收受了他人财物，并且数额较大或者情节较重的，才能构成本罪。②经济受贿。《刑法》第385条第2款规定，国家工作人员在经济往来中，违反国家规定，在账外私自收受各种名义的回扣、手续费，归个人所有的，应当以受贿论处。理论上将此种犯罪称之为“经济受贿”。构成经济受贿，需要具备以下条件：其一，必须发生在经济往来中。其二，必须违反国家规定。所谓“违反国家规定”，是指违反全国人大及其常委会制定的法律、国务院制定的行政法规和行政措施、发布的决定和命令。其三，将回扣和手续费归个人所有。所谓“回

①国家工作人员利用职务上的便利为请托人谋取利益，并与请托人以“合办”公司的名义获取“利润”，没有实际出资和参与经营管理的，以受贿论处。国家工作人员明知他人有请托事项而收受其财物，视为承诺“为他人谋取利益”，是否已实际为他人谋取利益或谋取到利益，不影响受贿的认定。国家工作人员利用职务上的便利为请托人谋取利益，以明显低于市场的价格向请托人购买房屋等物品的，以受贿论处，受贿数额按照交易时当地市场价格与实际支付价格的差额计算。国家工作人员收受财物后，因与其受贿有关联的人、事被查处，为掩饰犯罪而退还的，不影响认定受贿罪。参见最高人民法院2011年12月20日第一批指导性案例第3号：潘某某、陈某受贿案。

扣”，是指在商品交易中，卖方在收取的价款中扣出一部分返还给买方或者买方经办人的现金；所谓“手续费”，是多种费用的统称，如好处费、辛苦费、介绍费、酬劳费、活动费、信息费等。

(3)本罪的主体是特殊主体，即必须是国家工作人员。村民委员会等基层组织人员协助人民政府从事行政管理工作，利用职务上的便利实施本罪行为的，应以受贿罪论处。国家工作人员利用职务上的便利为请托人谋取利益，并与请托人事先约定，在其离退休后收受请托人财物，构成犯罪的，以受贿罪定罪处罚。如果与请托人没有事先约定，离退休后收受原请托人财物的，不能定受贿罪。例如，某国家工作人员甲，在主管土地拍卖工作时向一家房地产公司通报了重要情况，使其如愿获得黄金地块。甲退休后，该公司为表示感谢，自作主张送予其价值5万元的按摩床。甲由于与请托人没有事先约定，因而不构成犯罪[①]。

(4)本罪在主观方面为故意，并且只能是直接故意。

(二)受贿罪的认定

1. 本罪与接受正当馈赠、取得合法报酬的界限

在区分受贿与接受馈赠的界限时，可从以下几个方面进行综合判断：第一，给予方与接受方是否存在亲友关系，是否存在馈赠的正当理由；第二，给予方是否要求接受方为其谋取利益，接受方是否许诺、着手或者已经为其谋取利益；第三，给予与接受的方式是否具有隐蔽性，给予与接受财物的数额与价值的大小，等等。国家工作人员在其本职工作以外，在法律、政策允许的范围内，利用业余时间为他人提供智力或者体力的劳动，获得报酬的，是合法行为，不能成立受贿罪。但是，如果国家工作人员在业余时间，利用职务上的便利为他人谋取利益，获得报酬的，则应以受贿论处。

2. 本罪与贪污罪的界限

本罪与贪污罪的主体都是特殊主体，主观方面都是故意。二者的区别在于：

(1)犯罪主体范围不同。本罪主体只限于国家工作人员，而贪污罪的主体除国家工作人员外，还包括受国家机关、国有公司、企业、事业单位、人民团体委托管理、经营国有资产的人员。

(2)行为方式不同。本罪的客观方面表现为行为人利用职务上的便利，索取他人财物或者非法收受他人财物并为他人谋取利益；贪污罪的客观方面则表现为行为人利用职务上的便利，使用侵吞、窃取、骗取或者其他方法非法占有公共财物。

(3)犯罪客体和犯罪对象不同。本罪侵犯的客体在一般情况下只是公务行为的廉洁性。而贪污罪则是同时侵犯公务行为的廉洁性和公共财产所有权。本罪的犯罪对象是他人的公私财物，而贪污罪的犯罪对象则是公共财物。

3. 本罪与敲诈勒索罪的界限

二者的界限一般不难区分，容易混淆的是表现为索贿形式的受贿罪与敲诈勒索罪的界限。其主要区别在于：

---

①国家工作人员在国家出资企业改制过程中利用职务上的便利为请托人谋取利益，事先约定在其不再具有国家工作人员身份后收受请托人财物，或者在身份变化前后连续收受请托人财物的，以受贿罪定罪处罚。参见最高人民法院、最高人民检察院《关于办理国家出资企业中职务犯罪案件具体应用法律若干问题的意见》(法发〔2010〕49号)。

(1)犯罪主体不同。本罪的主体是特殊主体,而敲诈勒索罪的主体则是一般主体。

(2)犯罪的客观方面不同。索贿必须是利用职务上的便利,敲诈勒索罪没有利用职务上的便利,这是区分二者的关键。

(3)犯罪客体不同。以索贿方式构成的受贿罪侵犯的客体主要是公务行为的廉洁性,同时也侵犯了他人的财产权利。而敲诈勒索罪侵犯的客体则主要是他人的财产权利,同时侵犯了他人的人身权利或者其他利益。

4. 本罪与非国家工作人员受贿罪的界限

本罪与非国家工作人员受贿罪在主观方面的罪过形式都是故意,客观方面都是利用职务上的便利索取或者非法收受他人财物。两者的区别在于:

(1)犯罪主体不同。本罪的主体是国家工作人员,而非国家工作人员受贿罪的主体是公司、企业或其他单位的非国家工作人员。

(2)犯罪的客观方面不同。本罪的受贿行为构成犯罪并不必然要求数额较大,索取他人财物构成受贿罪时也不要求为他人谋取利益;而非国家工作人员受贿罪则要求无论是以索取他人财物还是以非法收受他人财物的方式构成该罪,都要求具有为他人谋取利益这一要件,并且索取或者收受的财物必须达到数额较大。

(3)犯罪客体不同。本罪侵犯的客体主要是国家工作人员职务行为的廉洁性,而非国家工作人员受贿罪侵犯的客体首先是公司、企业或者其他单位的管理秩序,其次才是侵犯了公司、企业或者其他单位人员职务行为的廉洁性[①]。

5. 受贿罪共犯的认定

根据刑法关于共同犯罪的规定,非国家工作人员与国家工作人员勾结,伙同受贿的,应当以受贿罪的共犯追究刑事责任。非国家工作人员是否构成受贿罪共犯,取决于双方有无共同受贿的故意和行为。国家工作人员的近亲属向国家工作人员代为转达请托事项,收受请托人财物并告知该国家工作人员,或者国家工作人员明知其近亲属收受了他人财物,仍按照近亲属的要求利用职权为他人谋取利益的,对该国家工作人员应认定为受贿罪,其近亲属以受贿罪共犯论处。近亲属以外的其他人与国家工作人员通谋,由国家工作人员利用职务上的便利为请托人谋取利益,收受请托人财物后双方共同占有的,构成受贿罪共犯。国家工作人员利用职务上的便利为他人谋取利益,并指定他人将财物送给其他人,构成犯罪的,应以受贿罪定罪处罚[②]。例如,交警甲和无业人员乙勾结,让乙告知超载司机"只交罚款一半的钱,即可优先通行",司机交钱后,乙将交钱司机的车号报给甲,由在高速路口执勤的甲放行,二人利用此法共得32万元,乙留下10万元,余款归甲,则甲、乙构成受贿罪共犯。

(三)受贿罪的刑事责任

本罪的法定刑属于援引法定刑模式,即借用贪污罪的法定刑。依照《刑法》第386条的规

---

①国有医疗机构中,从事医疗数据统计、传输、维护等信息管理工作的事业编制人员,其统计、传输、维护的信息和数据系国有医疗机构对医疗业务进行管理、监督、决策的重要依据,属于医保信息,工作内容具有公务性质,该人员系国有事业单位中从事公务的人员,应以国家工作人员论。该类人员利用从事信息管理的职务便利,非法收受医药营销人员财物,向其提供本医疗机构药品使用情况统计数据等信息,为相关药品生产、销售企业以不正当手段销售药品提供便利的行为,应当依照《刑法》第385条第1款的规定,以受贿罪定罪处罚。参见上海市嘉定区人民检察院诉丁某某受贿案,载《最高人民法院公报》2014年第9期。

②参见《全国法院审理经济犯罪案件工作座谈会纪要》(法〔2003〕167号)。

定，犯本罪的，根据受贿所得数额及情节，依照《刑法》第383条关于贪污罪的法定刑处罚。具体标准如下：①受贿数额较大或者有其他较重情节的，处3年以下有期徒刑或者拘役，并处罚金。②受贿数额巨大或者有其他严重情节的，处3年以上10年以下有期徒刑，并处罚金或者没收财产。③受贿数额特别巨大或者有其他特别严重情节的，处10年以上有期徒刑或者无期徒刑，并处罚金或者没收财产；数额特别巨大，并使国家和人民利益遭受特别重大损失的，处无期徒刑或者死刑，并处没收财产。

对多次受贿未经处理的，按照累计受贿数额处罚。索贿的从重处罚。

犯本罪，在提起公诉前如实供述自己罪行、真诚悔罪、积极退赃，避免、减少损害结果的发生，受贿数额较大或者有其他较重情节的，可以从轻、减轻或者免除处罚；受贿数额巨大或者有其他严重情节、受贿数额特别巨大或者有其他特别严重情节的，可以从轻处罚。犯本罪被判处死刑缓期执行的，人民法院根据犯罪情节等情况可以同时决定在其死刑缓期执行2年期满依法减为无期徒刑后，终身监禁，不得减刑、假释[①]。

四、单位受贿罪

单位受贿罪，是指国家机关、国有公司、企业、事业单位、人民团体索取、非法收受他人财物，为他人谋取利益，情节严重的行为。本罪侵犯的客体是国有单位及其工作人员的廉洁制度。本罪在客观方面表现为索取、非法收受他人财物，为他人谋取利益，情节严重的行为。构成本罪必须同时具备为他人谋取利益及情节严重两个条件。国家机关、国有企事业单位和人民团体在经济往来中，在账外暗中收受各种名义的回扣、手续费，并为行贿方谋取利益的，也构成本罪。例如，法院院长告知某企业经理赵某“如给法院捐赠500万元办公经费，你们那个案件可以胜诉”，该企业胜诉后，给法院单位账户打入500万元，应认定法院构成单位受贿罪。本罪的主体是特殊主体，只有国家机关、国有公司、企业、事业单位、人民团体才能成为本罪的犯罪主体。本罪的主观方面只能由故意构成。单位的这种故意必须通过其直接负责的主管人员和其他直接责任人员故意索取、收受贿赂的行为体现出来。

依照《刑法》第387条的规定，犯本罪的，对单位判处罚金，并对其直接负责的主管人员和其他直接责任人员，处5年以下有期徒刑或者拘役。

五、利用影响力受贿罪

（一）利用影响力受贿罪的概念和特征

利用影响力受贿罪，是指国家工作人员的近亲属或者其他与该国家工作人员关系密切的人，以及离职的国家工作人员或者其近亲属以及其他与其关系密切的人，利用影响力收受请托人财物，数额较大或者有其他较重情节的行为。

本罪侵犯的客体是国家的廉政建设制度。本罪的客观方面表现为：①国家工作人员的近亲属或者其他与该国家工作人员关系密切的人，通过该国家工作人员职务上的行为，为请托人谋取不正当利益。②国家工作人员的近亲属或者其他与该国家工作人员关系密切的人，利

①参见王作富主编：《刑法》，中国人民大学出版社2016年版，第536页。

用该国家工作人员职权或者地位形成的便利条件，通过其他国家工作人员职务上的行为，为请托人谋取不正当利益。③离职的国家工作人员或者其近亲属以及其他与其关系密切的人，利用自己（离职的国家工作人员）或者该离职的国家工作人员原职权或者地位形成的便利条件，通过其他国家工作人员职务上的行为，为请托人谋取不正当利益。本罪的主体是非国家工作人员，包括两类人：①与国家工作人员关系密切的人，包括国家工作人员的近亲属，以及其他与该国家工作人员关系密切的人，如情人、经济利益共同体等。②离职的国家工作人员或者其近亲属以及其他与其关系密切的人。本罪的主观方面是故意。例如，甲系人社局副局长，甲父让甲将不符合社保条件的几名亲戚纳入社保范围后，收受亲戚送来的3万元，甲父构成利用影响力受贿罪[①]。

（二）利用影响力受贿罪的认定

认定本罪，要注意把握本罪与受贿罪共犯以及本罪的罪与非罪的界限。本罪是行为人在国家工作人员不知情的情况下实施的犯罪行为。如果非国家工作人员与国家工作人员勾结，伙同受贿的，应当以受贿罪的共犯追究刑事责任。非国家工作人员是否构成受贿罪共犯，取决于双方有无共同受贿的故意和行为。国家工作人员的近亲属向国家工作人员代为转达请托事项，收受请托人财物并告知该国家工作人员；或者国家工作人员明知其近亲属收受了他人财物，仍按照近亲属的要求利用职权为他人谋取利益的，对该国家工作人员应认定为受贿罪，其近亲属以受贿罪共犯论处。近亲属以外的其他人与国家工作人员通谋，由国家工作人员利用职务上的便利为请托人谋取利益，收受请托人财物后双方共同占有的，也构成受贿罪共犯。相反，如果在行为人与国家工作人员没有通谋的情况下实施受贿行为，则要具体区别对待：即如果该行为人本身具有国家工作人员身份的，且行为符合《刑法》第388条规定要求的，对其行为理应按照所谓“斡旋受贿”以受贿罪论处；如果该行为人并非是国家工作人员，对其行为则应以本罪论处。如果行为人为“近亲属”以及“关系密切的人”以外的其他人，同时又不具有国家工作人员身份的，在与国家工作人员没有通谋的情况下收受贿赂，是不应该构成犯罪的。

（三）利用影响力受贿罪的刑事责任

依照《刑法》第388条之一的规定，犯本罪的，处3年以下有期徒刑或者拘役，并处罚金；数额巨大或者有其他严重情节的，处3年以上7年以下有期徒刑，并处罚金；数额特别巨大或者有其他特别严重情节的，处7年以上有期徒刑，并处罚金或者没收财产。

六、行贿罪

（一）行贿罪的概念和特征

行贿罪是指为谋取不正当利益，给予国家工作人员以财物的行为。本罪的主要特征是：

（1）本罪侵犯的客体是国家工作人员职务的廉洁性和国家机关的正常活动。行贿的对象是国家工作人员。

---

①参见刘宪权：《贿赂犯罪的完善与适用——以〈刑法修正案（七）〉为视角》，载《法学杂志》2009年第12期。

(2)本罪在客观方面表现为行为人给予国家工作人员以财物的行为。与受贿的形式相对应,行贿也分为两种情形:一是行为人主动给予受贿人以财物。在这种情况下,无论行为人意图谋取的正当利益是否实现,均不影响行贿罪的成立。二是行为人因国家工作人员索要而被动给予其财物。在这种情况下,如果行为人是因被国家工作人员勒索而被迫交付财物,只有在行为人获得不正当利益的情况下,才能构成行贿罪。如果没有获得不正当利益的,不是行贿。此外,根据《刑法》第389条第2款之规定,在经济往来中,违反国家规定,给予国家工作人员以财物,数额较大的,或者违反国家规定,给予国家工作人员以各种名义的回扣、手续费的,也应以行贿论处。这种特殊行贿行为,理论上称为“经济行贿”。

(3)本罪的主体是一般主体。

(4)本罪的主观方面,只能是故意,目的是为谋取不正当利益。根据最高人民法院、最高人民检察院《关于办理行贿刑事案件具体应用法律若干问题的解释》(法释〔2012〕22号),“谋取不正当利益”,是指行贿人谋取的利益违反法律、法规、规章、政策规定,或者要求国家工作人员违反法律、法规、规章、政策、行业规范的规定,为自己提供帮助或者方便条件。违背公平、公正原则,在经济、组织人事管理等活动中,谋取竞争优势的,应当认定为“谋取不正当利益”[①]。如果行贿人谋取的是正当利益,则不构成行贿罪,但受贿人可能构成受贿罪,因此,行贿罪与受贿罪之间并非一一对应的关系。

(二)行贿罪的认定

认定本罪,要区分本罪与对非国家工作人员行贿罪的界限。两者的主要区别在于:①犯罪客体和对象不同。本罪侵犯的客体是国家工作人员职务行为的廉洁性,犯罪对象只限于国家工作人员;而对非国家工作人员行贿罪侵犯的客体主要是公司、企业或者其他单位的管理秩序,犯罪对象只能是公司、企业或者其他单位中的非国家工作人员。②犯罪主体不同。本罪只能由自然人实施;而对公司、企业人员行贿罪则既可以由自然人实施,也可以由单位实施。

(三)行贿罪的刑事责任

依照《刑法》第390条的规定,犯本罪的,处5年以下有期徒刑或者拘役,并处罚金;因行贿谋取不正当利益,情节严重的,或者使国家利益遭受重大损失的,处5年以上10年以下有期徒刑,并处罚金;情节特别严重的,或者使国家利益遭受特别重大损失的,处10年以上有期徒刑或者无期徒刑,并处罚金或者没收财产。行贿人在被追诉前[②]主动交代行贿行为的,可以从轻或者减轻处罚。其中,犯罪较轻的,对侦破重大案件起关键作用的,或者有重大立功表现的,可以减轻或者免除处罚。

七、对有影响力的人行贿罪

有影响力的人行贿罪,是指为谋取不正当利益,向国家工作人员的近亲属或者其他与该国家工作人员关系密切的人,或者向离职的国家工作人员或者其近亲属以及其他与其关系密切的人行贿的行为。本罪侵犯的客体是国家的廉政建设制度。客观方面表现为:①为谋取

---

①行贿人谋取不正当利益的行为构成犯罪的,应当与行贿犯罪实行数罪并罚。
②“被追诉前”,是指检察机关对行贿人的行贿行为刑事立案前。

不正当利益，向国家工作人员的近亲属或者其他与该国家工作人员关系密切的人行贿。②为谋取不正当利益，向离职的国家工作人员或者其近亲属以及其他与其关系密切的人行贿。本罪主体是一般主体，包括自然人和单位，这里的单位可以是任何形式的单位。行贿的对象有五类：第一类是国家工作人员的近亲属；第二类是与该国家工作人员关系密切的人；第三类是离职的国家工作人员；第四类是离职的国家工作人员的近亲属；第五类是其他与离职的国家工作人员关系密切的人。主观方面是故意。

依照《刑法》第390条之一的规定，自然人犯本罪的，处3年以下有期徒刑或者拘役，并处罚金；情节严重的，或者使国家利益遭受重大损失的，处3年以上7年以下有期徒刑，并处罚金；情节特别严重的，或者使国家利益遭受特别重大损失的，处7年以上10年以下有期徒刑，并处罚金。单位犯本罪的，对单位判处罚金，并对其直接负责的主管人员和其他直接责任人员，处3年以下有期徒刑或者拘役，并处罚金。

八、对单位行贿罪

对单位行贿罪，是指个人或单位为谋取不正当利益，给予国家机关、国有公司、企业、事业单位、人民团体以财物，或者在经济往来中，违反国家规定，给予各种名义的回扣、手续费的行为。本罪侵犯的客体是国有单位及其工作人员的廉洁制度和国有单位的正常活动。犯罪对象是国家机关、国有公司、企业、事业单位、人民团体。本罪在客观方面表现为给予国家机关、国有公司、企业、事业单位、人民团体以财物，或者在经济往来中，违反国家规定，给予各种名义的回扣、手续费的行为。本罪的主体是一般主体，包括自然人和单位。主观方面只能是故意，并且具有谋取不正当利益的目的。

认定本罪，要将其与行贿罪和对非国家工作人员行贿罪区分开来。本罪与这两种罪的相同点是：犯罪主体都是一般主体；主观方面都有谋取不正当利益的目的；客观方面都实施了给付钱物的行为。所不同的主要是犯罪对象，本罪行贿对象是国家机关、国有公司、企业、事业单位、人民团体；行贿罪的对象是国家工作人员；对非国家工作人员行贿罪的对象则是公司、企业或者其他单位的非国家工作人员。

依照《刑法》第391条的规定，自然人犯本罪的，处3年以下有期徒刑或者拘役，并处罚金。单位犯本罪的，对单位判处罚金，并对其直接负责的主管人员和其他直接责任人员，依照自然人犯本罪的规定处罚。

九、介绍贿赂罪

介绍贿赂罪，是指向国家工作人员介绍贿赂，情节严重的行为。本罪侵犯的客体是国家工作人员的职务廉洁性。被介绍贿赂的对象只能是国家工作人员，不包括单位。因介绍而得以行贿的，既可以是自然人，也可以是单位。客观方面表现为行为人在行贿人和受贿人之间沟通、引荐、撮合、促使行贿与受贿得以实现的行为。主体是一般主体。主观方面是直接故意。至于行为人出于何种动机，是否因介绍贿赂而从行贿方或者受贿方得到某种利益，则不影响本罪的成立。本罪以情节严重为成立条件，虽然介绍贿赂但情节不严重的，不成立本罪。

依照《刑法》第392条的规定，犯本罪的，处3年以下有期徒刑或者拘役，并处罚金。介绍贿赂人在被追诉前主动交代介绍贿赂行为的，可以减轻或者免除处罚。

十、单位行贿罪

单位行贿罪，是指单位为谋取不正当利益而行贿，或者违反国家规定，给予国家工作人员以回扣、手续费，情节严重的行为。本罪侵犯的客体是国家工作人员职务的廉洁性。行贿的对象是国家工作人员。客观方面表现为单位为谋取不正当利益而行贿，或者违反国家规定，给予国家工作人员以回扣、手续费，情节严重的行为。本罪的主体是单位，包括公司、企业、事业单位、机关、团体，且不仅仅局限于国有的企业、事业单位、机关、团体，也包括集体所有制企业、事业单位，还包括中外合资、合作企业、有限公司、外资公司、私营企业等。主观方面是故意，并且具有为单位谋取不正当利益的目的。如果因行贿取得的违法所得归个人所有，则以行贿罪论处，而不认定为单位行贿罪。

认定本罪，要将其与行贿罪和对非国家工作人员行贿罪区分开来。首先是主体不同。本罪的主体是单位；行贿罪的主体是自然人；对非国家工作人员行贿罪的主体既包括单位，也包括自然人。其次是犯罪对象不同。本罪与行贿罪的对象都是国家工作人员；而对非国家工作人员行贿罪的对象则是公司、企业或者其他单位的非国家工作人员。例如，甲经理为了销售本公司经营的医疗器械，安排公司监事乙某在与某市立医院联系销售业务过程中，按销售金额25%的比例给医院四位正、副院长回扣共计25万余元。本案中，该公司提供回扣的行为构成单位行贿罪。

依照《刑法》第393条的规定，犯本罪的，对单位判处罚金，并对其直接负责的主管人员和其他直接责任人员，处5年以下有期徒刑或者拘役，并处罚金。因行贿取得的违法所得归个人所有的，依照行贿罪的规定定罪处罚。

十一、巨额财产来源不明罪

巨额财产来源不明罪，是指国家工作人员的财产或者支出明显超过合法收入，差额巨大，不能说明其合法来源的行为。本罪侵犯的客体是国家工作人员职务的廉洁性。客观方面表现为行为人的财产或者支出明显超过合法收入，差额巨大，在有关机关责令行为人说明来源时，行为人不能说明其合法来源的行为。行为人不能说明合法来源，包括以下情况：①行为人拒不说明财产来源；②行为人无法说明财产的具体来源；③行为人所说的财产来源经司法机关查证并不属实；④行为人所说的财产来源因线索不具体等原因，司法机关无法查实，但能排除存在来源合法的可能性和合理性的。主体是特殊主体，只限于国家工作人员。主观方面是直接故意，即行为人明知其财产或者支出明显超过合法收入，差额巨大，却故意不说明真实来源。

依照《刑法》第395条第1款的规定，犯本罪的，处5年以下有期徒刑或者拘役；差额特别巨大的，处5年以上10年以下有期徒刑。财产的差额部分予以追缴。

十二、隐瞒境外存款罪

隐瞒境外存款罪，是指国家工作人员违反国家规定，对数额较大的境外存款隐瞒不报的行为。本罪侵犯的国家工作人员的财产申报制度。客观方面表现为不作为，即行为人不履行申报境外存款的义务，数额较大的行为。主体必须是国家工作人员。主观方面只能是故意，即行为人明知国家规定应当申报境外存款而故意隐瞒不报。

依照《刑法》第395条第2款的规定，犯本罪的，处2年以下有期徒刑或者拘役；情节较轻的，由其所在单位或者上级主管机关酌情给予行政处分。

十三、私分国有资产罪

私分国有资产罪，是指国家机关、国有公司、企业、事业单位、人民团体，违反国家规定，以单位名义将国有资产集体私分给个人，数额较大的行为。本罪的客体是国家对国有财产的所有权及廉政建设制度。犯罪对象是国有财产，即国家依法取得和认定的，或者国家以各种形式对企业投资和投资收益、国家向行政事业单位拨款等形成的资产。客观方面表现为违反国家规定，以单位名义，将国有资产集体私分给个人，数额较大的行为。如果将国有资产私分给单位少数成员的，则应认定为共同贪污。主体是特殊主体，只能是国家机关、国有公司、企业、事业单位、人民团体，但其刑事责任及于直接负责的主管人员和其他直接责任人员。主观方面是故意，即明知是国有资产，仍有意违反国家规定，以单位名义进行私分。

依照《刑法》第396条第1款的规定，犯本罪的，对其直接负责的主管人员和其他直接责任人员，处3年以下有期徒刑或者拘役，并处或者单处罚金；数额巨大的，处3年以上7年以下有期徒刑，并处罚金。

十四、私分罚没财物罪

私分罚没财物罪，是指司法机关、行政执法机关违反国家规定，将应当上缴国家的罚没财物，以单位名义集体私分给个人的行为。本罪的客体是复杂客体，既侵犯了司法机关、行政执法机关及其国家工作人员的廉洁性，同时也侵犯了罚没财物的国家所有权。犯罪对象是罚没财物，即依照法律判处罚金、罚款或者没收财产、没收违法犯罪所得、没收供犯罪所用的本人财物所取得的，应当上缴国库的财物。司法机关、行政执法机关只有私分应当上缴国家的罚没财物时，才成立私分罚没财物罪。如果私分其他国有资产，应认定为私分国有资产罪。客观方面表现为违反国家规定，以单位名义，将应当上缴国家的罚没财物集体私分给个人。如果不是以单位名义集体私分罚没财物，而是少数人利用职务上的便利私分罚没财物，则构成贪污罪。主体是特殊主体，只能是司法机关、行政执法机关，但其刑事责任及于直接负责的主管人员和其他直接责任人员。主观方面是故意，即明知是罚没财产应当上缴国家而故意违法私分给个人。

依照《刑法》第396条第2款的规定，犯本罪的，对其直接负责的主管人员和其他直接责任人员，处3年以下有期徒刑或者拘役，并处或者单处罚金；数额巨大的，处3年以上7年以下有期徒刑，并处罚金。

第二十九章　渎职罪

渎职罪的构成，其前提是“有职可渎”，因此，渎职罪的主体主要是国家机关工作人员。既包括凡国家机关工作人员均可构成的渎职罪，如滥用职权罪、玩忽职守罪，也包括只能由享有特定职权、负有特定职责的国家机关工作人员才能构成的渎职罪，如徇私枉法罪、环境监管失职罪等。

第一节　渎职罪概述

一、渎职罪的概念和特征

渎职罪，是指国家机关工作人员利用职务上的便利或者徇私舞弊、滥用职权、玩忽职守，妨害国家机关的正常活动，损害公众对国家机关工作人员职务活动客观公正性的信赖，致使国家与人民利益遭受重大损失的行为。本类犯罪具有以下几个特征。

(1)渎职罪的客体是国家机关正常的管理活动。在履行职责的过程中滥用职权、玩忽职守，从而破坏了国家机关正常的管理活动，进而损害国家、社会和人民的利益。

(2)渎职罪的客观方面表现为利用职务上的便利或者徇私舞弊、滥用职权、玩忽职守，致使国家和人民利益遭受重大损失的行为。有的表现为徇私舞弊，即出于私情私利而不客观公正地履行职责；有的表现为滥用职权，即超越职权或者玩弄职权；有的表现为故意不履行职责，即故意不实施应当实施的职务行为；有的表现为失职行为，即过失不履行或不正确履行应当履行的职责。根据《刑法》的规定，这些行为通常只有给国家和人民利益造成重大损失时，才成立犯罪。

(3)渎职罪的主体主要是国家机关工作人员，即在国家各级立法机关、各级行政机关、各级司法机关、各级军事机关中从事公务的人员，不包括在国有公司、企业中从事公务的人员。根据全国人大常委会2002年12月28日《关于〈中华人民共和国刑法〉第九章渎职罪主体适用问题的解释》，在依照法律、法规规定行使国家行政管理职权的组织中从事公务的人员，或者在受国家机关委托代表国家机关行使职权的组织中从事公务的人员，或者虽未列入国家机关人员编制但在国家机关中从事公务的人员，在代表国家机关行使职权时，有渎职行为，构成犯罪的，依照《刑法》关于渎职罪的规定追究刑事责任。

根据最高人民检察院2002年4月24日《关于企业事业单位的公安机构在机构改革过程中其工作人员能否构成渎职侵权犯罪主体问题的批复》，企业事业单位的公安机构在机构改革过程中虽尚未列入公安机关建制，其工作人员在行使侦查职责时，实施渎职侵权行为的，可以成为渎职侵权犯罪的主体。需要说明的是，并非任何国家机关的工作人员都可以成为任何渎职罪的主体，刑法的某些条文根据各种具体渎职罪的性质，对国家机关工作人员的范围进一步做出了限制。如徇私舞弊不征、少征税款罪的主体，必须是税务机关的工作人员。

关于渎职罪的主体，有两点需要注意：第一，故意泄露国家秘密罪、过失泄露国家秘密罪的主体可以是非国家机关工作人员；第二，对于军人违反职责的犯罪，在刑法有特别规定的情况下，应适用特别规定，不应认定为本章的渎职罪。

(4)渎职罪的主观方面大多数出于故意，少数出于过失，故意与过失的具体内容因具体犯罪不同而不同。本章没有目的犯。

二、渎职罪的类型

根据《刑法》分则第九章的规定，渎职罪包括37个罪名：滥用职权罪，玩忽职守罪，故意泄露国家秘密罪，过失泄露国家秘密罪，徇私枉法罪，民事、行政枉法裁判罪，执行判决、裁定失职罪，执行判决、裁定滥用职权罪，枉法仲裁罪，私放在押人员罪，失职致使在押人员脱逃罪，徇私舞弊减刑、假释、暂予监外执行罪，徇私舞弊不移交刑事案件罪，滥用管理公司、证券职权罪，徇私舞弊不征、少征税款罪，徇私舞弊发售发票、抵扣税款、出口退税罪，违法提供出口退税凭证罪，国家机关工作人员签订、履行合同失职被骗罪，违法发放林木采伐许可证罪，环境监管失职罪，食品监管渎职罪，传染病防治失职罪，非法批准征用、占用土地罪，非法低价出让国有土地使用权罪，放纵走私罪，商检徇私舞弊罪，商检失职罪，动植物检疫徇私舞弊罪，动植物检疫失职罪，放纵制售伪劣商品犯罪行为罪，办理偷越国(边)境人员出入境证件罪，放行偷越国(边)境人员罪，不解救被拐卖、绑架妇女、儿童罪，阻碍解救被拐卖、绑架妇女、儿童罪，帮助犯罪分子逃避处罚罪，招收公务员、学生徇私舞弊罪，失职造成珍贵文物损毁、流失罪。

第二节　渎职罪罪名分述

一、滥用职权罪

(一)滥用职权罪的概念与特征

滥用职权罪，是指国家机关工作人员滥用职权，致使公共财产、国家和人民利益遭受重大损失的行为。

(1)本罪侵犯的客体是国家机关的正常管理活动。

(2)客观方面表现为行为人滥用职权，致使公共财产、国家和人民利益遭受重大损失的行为。所谓滥用职权，是指超越职权的范围或者违背法律授权的宗旨，违反职权程序行使职权。首先，滥用职权应是滥用国家机关工作人员的一般职务权限，如果行为人实施的行为与其一般的职务权限没有任何关系，则不属于滥用职权。其次，行为人或者是以不当目的实施职务行为或者是以不法方法实施职务行为；在出于不当目的实施职务行为的情况下，即使从行为的方法上看没有超越职权，也属于滥用职权。最后，滥用职权的行为违反了职务行为的宗旨，或者说与其职务行为的宗旨相违背。滥用职权的行为主要表现为以下几种情况：一是超越职权，擅自决定或处理没有具体决定、处理权限的事项；二是玩弄职权，随心所欲地对事项做出决定或者处理；三是故意不履行应当履行的职责，或者说任意放弃职责；四是以权谋私、假公济私，不正确地履行职责。

根据刑法的规定，滥用职权行为，只有致使公共财产、国家和人民利益遭受重大损失的，才符合犯罪客观要件。如何认定“致使公共财产、国家和人民利益遭受重大损失”？根据《最高人民法院、最高人民检察院关于办理渎职刑事案件适用法律若干问题的解释(一)》(法释〔2012〕18号)，国家机关工作人员滥用职权，具有下列情形之一的，应当属于“致使公共财产、国家和人民利益遭受重大损失”：①造成死亡1人以上，或者重伤3人以上，或者轻伤9人以上，或者重伤2人、轻伤3人以上，或者重伤1人、轻伤6人以上；②造成经济损失30万元以上的；③造成恶劣社会影响的；④其他情形。2012年11月15日最高人民检察院《关于印发第二批指导性案例的通知》，对滥用职权造成恶劣社会影响的，应当认定为“致使公共财产、国家和人民利益遭受重大损失”。指导性案例与上述司法解释相一致。

(3)犯罪主体是特殊主体，即国家机关工作人员。

(4)本罪主观方面有争议，行为人对于危害结果至少有过失，可以是过失也可以是故意。

(二) 滥用职权罪的认定

滥用职权罪与刑法另有规定的其他滥用职权犯罪之间的关系。刑法还规定了其他滥用职权的犯罪，如徇私枉法罪，民事、行政枉法裁判罪，私放在押人员罪等。这些犯罪与滥用职权罪之间属于法条竞合犯的关系，行为人的行为同时触犯滥用职权罪的规定和其他有关条款规定的，应当按照特别法的规定定罪处罚。

(三)滥用职权罪的刑事责任

依照《刑法》第397条的规定，犯本罪的，处3年以下有期徒刑或者拘役；情节特别严重的，处3年以上7年以下有期徒刑。国家机关工作人员徇私舞弊犯滥用职权罪的，处5年以下有期徒刑或者拘役；情节特别严重的，处5年以上10年以下有期徒刑。

二、玩忽职守罪

(一)玩忽职守罪的概念和特征

玩忽职守罪，是指国家机关工作人员玩忽职守，致使公共财产、国家和人民的利益遭受重大损失的行为。

(1)本罪的犯罪客体是国家机关的正常管理活动。

(2)本罪客观方面表现为行为人玩忽职守，致使公共财产、国家和人民利益遭受重大损失的行为。玩忽职守，是指严重不负责任，不履行职责或者不正确履行职责的行为。不履行，是指行为人应当履行且有条件、有能力履行职责，但违背职责没有履行，其中包括擅离职守的行为；不正确履行，是指在履行职责的过程中，违反职责规定，马虎草率、粗心大意。玩忽职守行为致使公共财产、国家和人民利益遭受重大损失的，才成立本罪。“致使公共财产、国家和人民利益遭受重大损失”的认定标准与滥用职权罪相同。

(3)本罪主体必须是国家机关工作人员。

根据全国人大常委会1998年12月29日《关于惩治骗购外汇、逃汇和非法买卖外汇犯罪的决定》,海关、外汇管理部门的工作人员严重不负责任,造成大量外汇被骗购或者逃汇,致使国家利益遭受重大损失的,以玩忽职守罪论处。

根据最高人民检察院2000年10月9日《关于合同制民警能否成为玩忽职守罪主体问题的批复》,合同制民警在依法执行公务期间,属其他依照法律从事公务的人员,应以国家机关工作人员论;对合同制民警在依法执行公务活动中的玩忽职守行为,符合玩忽职守罪构成条件的,依法以玩忽职守罪追究刑事责任。

根据最高人民检察院2000年10月31日《关于属工人编制的乡(镇)工商所所长能否依照《刑法》第三百九十七条的规定追究刑事责任问题的批复》,经人事部门任命,但为工人编制的乡(镇)工商所所长,依法履行工商行政管理职责时,属其他依照法律从事公务的人员,应以国家机关工作人员论;如果玩忽职守,致使公共财产、国家和人民利益遭受重大损失,以玩忽职守罪追究刑事责任。

2012年11月15日最高人民检察院《关于印发第二批指导性案例的通知》,村民委员会、居民委员会等基层组织人员协助人民政府从事行政管理工作时,滥用职权、玩忽职守构成犯罪的,应当依照渎职罪的相关规定定罪处罚。

(4)本罪主观方面是过失。即行为人应当预见自己玩忽职守的行为会导致危害结果的发生,但是因为疏忽大意而没有预见,或者已经预见而轻信能够避免这种危害结果发生的心理态度。

(二)玩忽职守罪的认定

1. 玩忽职守罪与滥用职权罪的界限

二者的主要区别是渎职的客观行为方式不同。玩忽职守罪主要表现为以作为或者不作为的方式不履行职责或者怠于履行职责;滥用职权罪主要表现为以作为的方式超越权限处理无权处理的事务或者不顾职责的程序随心所欲地进行处理。此外,二者在主观方面也有区别,前者为过失,后者至少是过失。

2. 玩忽职守罪与刑法另有规定的玩忽职守犯罪的界限

刑法另有规定的具有玩忽职守性质的渎职犯罪,如过失泄露国家秘密罪,失职致使在押人员脱逃罪,国家机关工作人员签订、履行合同失职被骗罪,环境监管失职罪,传染病防治失职罪,商检失职罪,动植物检疫失职罪,放纵制售伪劣商品犯罪行为罪,不解救被拐卖、绑架妇女、儿童罪,失职造成珍贵文物损毁、流失罪等。本罪与上述犯罪是普通法与特别法的法条竞合关系,因此行为人触犯《刑法》另有规定的特定玩忽职守犯罪的,应当依照特别法的规定定罪处罚。

3. 玩忽职守罪与责任事故犯罪的界限

玩忽职守罪以造成重大损失为构成要件,本质上也属于一种责任事故类型的犯罪,与其他责任事故类型的犯罪所不同的,在于它是公务型责任事故。它与重大飞行事故罪、铁路运营事故罪、重大责任事故罪、重大劳动安全事故罪、危险物品肇事罪、工程重大安全事故罪、教育设施重大安全事故罪、消防责任事故罪、妨碍传染病防治罪、传染病菌种、毒种扩散罪、医疗事故罪、污染环境罪等责任事故犯罪,在侵犯的客体、犯罪主体都是不相同的。

(三)玩忽职守罪的刑事责任

依照《刑法》第397条的规定,犯本罪的,处3年以下有期徒刑或者拘役;情节特别严重的,处3年以上7年以下有期徒刑。犯玩忽职守罪,且徇私舞弊的,处5年以下有期徒刑或者拘役;情节特别严重的,处5年以上10年以下有期徒刑。

三、故意泄露国家秘密罪

(一)故意泄露国家秘密罪的概念和特征

故意泄露国家秘密罪,是指国家机关工作人员违反保守国家秘密法的规定,故意泄露国家秘密,情节严重的行为。主要特征是:

(1)本罪侵犯的客体是国家的保密制度。

(2)客观方面表现为违反保守国家秘密法的规定,泄露国家秘密,情节严重的行为。违反保守国家秘密法的规定,是指违反《保守国家秘密法》及其实施细则的规定。国家秘密,是指关于国家的安全和利益,依照法定程序确定,在一定时间内只限一定范围的人员知悉的事项。本罪的成立要求情节严重。根据2006年7月26日最高人民检察院《关于渎职侵权犯罪案件立案标准的规定》,涉嫌下列情形之一的,应予立案:①泄露绝密级国家秘密1项(件)以上的;②泄露机密级国家秘密2项(件)以上的;③泄露秘密级国家秘密3项(件)以上的;④向境外机构、组织、人员泄露国家秘密,造成或者可能造成危害社会稳定、经济发展、国防安全或者其他严重后果的;⑤通过口头、书面或者网络等方式向公众散布、传播国家秘密的;⑥利用职权指使或者强迫他人违反国家保守秘密法的规定泄露国家秘密的;⑦以牟取私利为目的泄露国家秘密的;⑧其他情节严重的情形。

(3)犯罪主体是国家机关工作人员。按照刑法的规定,非国家机关工作人员犯本罪的,也以本罪定罪处罚。

(4)主观方面是故意。即明知自己违反保守国家秘密法规定的行为会发生国家秘密泄露的后果,并且希望或者放任这种结果发生的心理态度。

(二)故意泄露国家秘密罪的认定

(1)本罪与为境外窃取、刺探、收买、非法提供国家秘密、情报罪的区别。主要区别表现在:前者的对象只能是国家秘密,后者的对象包括国家秘密与情报;前者的主体主要是国家机关工作人员,后者的主体没有特别限制;前者的行为是泄露国家秘密,后者的行为是为境外的机构、组织、人员窃取、刺探、收买、非法提供国家秘密或者情报;前者要求情节严重,后者不要求情节严重。行为人将国家秘密泄露给境外的机构、组织、人员的,同时符合故意泄露国家秘密罪和为境外窃取、刺探、收买、非法提供国家秘密罪的犯罪构成要件,属于想象竞合犯,应从一重罪论处。

(2)本罪与非法获取国家秘密罪的区别。关键区别在于:前者是将知悉的国家秘密泄露于不应知悉者的行为;后者是以窃取、刺探、收买方法非法获取国家秘密的行为。行为人非法获取国家秘密又故意泄露该国家秘密的,行为人实施的两个行为分别符合非法获取国家秘密罪和故意泄露国家秘密罪的犯罪构成要件,而且两者之间存在必然的类型性关系,应当属于牵连犯,从一重罪论处。

(三)故意泄露国家秘密罪的刑事责任

依照《刑法》第398条的规定,犯本罪的,处3年以下有期徒刑或者拘役;情节特别严重的,处3年以上7年以下有期徒刑。对非国家机关工作人员犯本罪的,依照上述规定酌情处罚。

四、过失泄露国家秘密罪

过失泄露国家秘密罪,是指行为人违反保守国家秘密法的规定,过失泄露国家秘密,情节严重的行为。本罪的犯罪客体是国家的保密制度。犯罪客观方面表现为行为人违反保守国家秘密法的规定,过失泄露国家秘密,情节严重的行为。"情节严重"根据2006年7月26日最高人民检察院《关于渎职侵权犯罪案件立案标准的规定》予以认定。犯罪主体既包括国家机关工作人员,也包括非国家机关工作人员。主观方面是过失,即应当预见自己违反保守国家秘密法的行为会发生泄露国家秘密的后果,因为疏忽大意而没有预见或者已经预见而轻信能够避免这种结果发生的心理态度。

依照《刑法》第398条的规定,犯本罪的,处3年以下有期徒刑或者拘役;情节特别严重的,处3年以上7年以下有期徒刑。对非国家机关工作人员犯本罪的,依照上述规定酌情处罚。

五、徇私枉法罪

(一)徇私枉法罪的概念与特征

徇私枉法罪,是指司法工作人员徇私枉法、徇情枉法,对明知是无罪的人而使他受追诉,对明知是有罪的人而故意包庇不使他受追诉,或者在刑事审判活动中故意违背事实和法律作枉法裁判的行为。

(1)本罪侵犯的客体是司法机关的正常活动和司法机关的威信。

(2)客观方面表现为司法工作人员徇私枉法、徇情枉法,对明知是无罪的人而使他受追诉,对明知是有罪的人而故意包庇不使他受追诉,或者在刑事审判活动中故意违背事实和法律作枉法裁判的行为。具体包括:①对明知是无罪的人而使他受追诉。即对没有实施危害社会行为,或者对情节显著轻微危害不大,不认为是犯罪以及其他依照刑法规定不负刑事责任的人,采取伪造、隐匿、毁灭证据或者其他隐瞒事实、违背法律的手段,以追究刑事责任为目的进行侦查、起诉、审判等追诉活动。②对明知是有罪的人而故意包庇不使他受追诉。这是指对有确凿事实证明其实施犯罪的人,采取伪造、隐匿、毁灭证据或者其他隐瞒事实、违背法律的手段,故意包庇使其不受侦查、起诉或者审判。故意包庇不使受追诉的犯罪事实,既可以是全部的犯罪事实,也可以是部分犯罪事实。③在刑事审判活动中故意违背事实和法律作枉法裁判。这是指枉法进行裁定、判决,使有罪判无罪、无罪判有罪或者重罪轻判、轻罪重判[1]。

(3)本罪犯罪主体是特殊主体即司法工作人员。所谓司法工作人员,是指有侦查、检察、审判、监管职责的工作人员。

(4)主观方面是故意。即明知自己徇私枉法的行为会扰乱司法机关的正常活动和损害司法机关的威信,仍然决意实施徇私枉法行为,并且希望或者放任该危害结果发生的心理态度。徇私、徇情是犯罪动机。

(二)徇私枉法罪的认定

(1)徇私枉法罪与帮助毁灭、伪造证据罪的关系。当司法工作人员帮助当事人毁灭、伪造证据的方法徇私枉法的,应当如何处理?行为人同时符合徇私枉法罪和帮助毁灭、伪造证据罪的犯罪构成要件。因为行为人只实施了一个行为,即毁灭、伪造证据的行为,属于想象竞合犯,应当从一重罪,即徇私枉法罪。

(2)徇私枉法罪与伪证罪的界限。区别在于:①主体不同。徇私枉法罪的主体限于有侦查、起诉、审判等司法职责的人员;而伪证罪的主体为证人、鉴定人、记录人、翻译人。②客观方面不同。徇私枉法罪限于利用司法职务的便利条件;而伪证罪则不需要利用任何职务上的便利条件。

(3)司法工作人员收受贿赂又实施徇私枉法行为的,应当如何处理?按照刑法第399条第4款的规定,依照处罚较重的规定定罪处罚。

(三)徇私枉法罪的刑事责任

依照《刑法》第399条的规定,犯本罪的,处5年以下有期徒刑或者拘役;情节严重的,处5年以上10年以下有期徒刑;情节特别严重的,处10年以上有期徒刑。司法工作人员收受贿赂犯本罪的,依照处罚较重的规定定罪处罚。

六、民事、行政枉法裁判罪

民事、行政枉法裁判罪,是指在民事、行政审判活动中故意违背事实和法律作枉法裁判,情节严重的行为。本罪的客体是司法机关的正常活动。本罪的客观方面表现为在民事、行政审判活动中违背事实和法律作枉法裁判,情节严重的行为。本罪的犯罪主体是司法工作人员。本罪的主观方面是故意,即明知在民事、行政审判活动中违背事实和法律作枉法裁判会危害司法机关的正常活动,仍然决意实施该行为,并且希望或者放任这种结果发生的心理态度。

依照《刑法》第399条的规定,犯本罪的,处5年以下有期徒刑或者拘役;情节特别严重的,处5年以上10年以下有期徒刑。司法工作人员收受贿赂犯本罪的,依照处罚较重的规定定罪处罚。

七、执行判决、裁定失职罪

执行判决、裁定失职罪,是指在执行判决、裁定活动中,严重不负责任,不依法采取诉讼

①参见周光权:《徇私枉法罪研究》,载《人民检察》2007年第12期。

保全措施，不履行法定执行职责，致使当事人或者其他人的利益遭受重大损失的行为。本罪侵犯的客体是司法机关的正常活动。客观方面表现为，行为人在执行判决、裁定活动中，严重不负责任，不依法采取诉讼保全措施，不履行法定执行职责，致使当事人或者其他人的利益遭受重大损失的行为。主体是司法工作人员。主观方面是过失。

依照《刑法》第399条第3、4款的规定，犯本罪的，处5年以下有期徒刑或者拘役；致使当事人或者其他人的利益遭受特别重大损失的，处5年以上10年以下有期徒刑。司法工作人员收受贿赂犯本罪的，依照处罚较重的规定定罪处罚。

八、执行判决、裁定滥用职权罪

执行判决、裁定滥用职权罪，是指在执行判决、裁定活动中，滥用职权，违法采取诉讼保全措施、强制执行措施，致使当事人或者其他人的利益遭受重大损失的行为。本罪侵犯的客体是司法机关的正常活动。客观方面表现为，行为人在执行判决、裁定活动中，滥用职权，违法采取诉讼保全措施、强制执行措施，致使当事人或者其他人的利益遭受重大损失的行为。犯罪主体是司法工作人员。主观方面是故意。

依照《刑法》第399条第3、4款的规定，犯本罪的，处5年以下有期徒刑或者拘役；致使当事人或者其他人的利益遭受特别重大损失的，处5年以上10年以下有期徒刑。司法工作人员收受贿赂犯本罪的，依照处罚较重的规定定罪处罚。

九、枉法仲裁罪

枉法仲裁罪，是指依法承担仲裁职责的人员，在仲裁活动中故意违背事实和法律作枉法仲裁，情节严重的行为。本罪侵犯的客体是仲裁机构的正常活动。客观方面表现为在仲裁活动中故意违背事实和法律作枉法仲裁，情节严重的行为。主体是特殊主体，即在仲裁机构中承担仲裁职责的人员。主观方面是故意，包括直接故意和间接故意。

依照《刑法》第399条之一的规定，犯本罪的，处3年以下有期徒刑或者拘役；情节特别严重的，处3年以上7年以下有期徒刑。

十、私放在押人员罪

（一）私放在押人员罪的概念与特征

私放在押人员罪，是指司法工作人员私放在押的犯罪嫌疑人、被告人或者罪犯的行为。

本罪的犯罪客体是司法机关的正常活动。犯罪对象是在押的犯罪嫌疑人、被告人或者罪犯。客观方面表现为司法工作人员私放在押的犯罪嫌疑人、被告人或者罪犯的行为。私放在押人员的行为利用了职务上的便利，既可以表现为作为，也可以表现为不作为。例如，私自释放在押的犯罪嫌疑人、被告人、罪犯，或者授意、指使、强迫他人释放在押的犯罪嫌疑人、被告人、罪犯；伪造、变造有关法律文书，以使在押的犯罪嫌疑人、被告人、罪犯脱逃；为在押的犯罪嫌疑人、被告人、罪犯通风报信、提供条件，帮助其脱逃；明知罪犯脱逃而故意不阻拦、不追捕。主体必须是司法工作人员。根据《最高人民检察院关于工人等非监管机关在编监管人员私放在押人员和失职致使在押人员脱逃行为适用法律问题的解释》（高检发释字〔2001〕2

号)，工人等非监管机关在编监管人员在被监管机关聘用受委托履行监管职责的过程中，私放在押人员的，应以私放在押人员罪追究刑事责任。主观方面是故意，即明知是在押的犯罪嫌疑人、被告人或者罪犯，明知自己的私放行为会使犯罪嫌疑人、被告人或者罪犯逃避监管，从而危害司法机关的正常活动，并且希望或者放任这种结果发生。

(二)私放在押人员罪的认定

私放在押人员罪与脱逃罪的共犯应加以区别。非司法工作人员帮助在押人员脱逃的，应以脱逃罪的共犯论处；司法工作人员虽帮助在押人员脱逃，但没有利用职务之便的，也应以脱逃罪的共犯论处；此外，司法工作人员私放在押人员，被释放的在押人员原则上构成脱逃罪，而不是成立私放在押人员罪的共犯。

(三)私放在押人员罪的刑事责任

依照《刑法》第400条第1款的规定，犯本罪的，处5年以下有期徒刑或者拘役；情节严重的，处5年以上10年以下有期徒刑；情节特别严重的，处10年以上有期徒刑。

十一、失职致使在押人员脱逃罪

失职致使在押人员脱逃罪，是指司法工作人员由于严重不负责任，致使在押的犯罪嫌疑人、被告人或者罪犯脱逃，造成严重后果的行为。本罪客体是司法机关的正常活动。犯罪客观方面表现为司法工作人员由于严重不负责任，致使在押的犯罪嫌疑人、被告人或者罪犯脱逃，造成严重后果的行为。主体是司法工作人员。主观方面是过失。

依照《刑法》第400条第2款的规定，犯本罪的，处3年以下有期徒刑或者拘役；造成特别严重后果的，处3年以上10年以下有期徒刑。

十二、徇私舞弊减刑、假释、暂予监外执行罪

徇私舞弊减刑、假释、暂予监外执行罪，是指司法工作人员由于严重不负责任，致使在押的犯罪嫌疑人、被告人或者罪犯脱逃，造成严重后果的行为。本罪的犯罪客体是司法机关的正常活动。客观方面表现为司法工作人员由于严重不负责任，致使在押的犯罪嫌疑人、被告人或者罪犯脱逃，造成严重后果的行为。应当追诉的情形根据2006年7月26日最高人民检察院《关于渎职侵权犯罪案件立案标准的规定》予以确定。主观方面是故意，且具有徇私的动机。

依照《刑法》第401条的规定，犯本罪的，处3年以下有期徒刑或者拘役；情节严重的，处3年以上7年以下有期徒刑。

十三、徇私舞弊不移交刑事案件罪

徇私舞弊不移交刑事案件罪，是指行政执法人员徇私舞弊，对依法应当移交司法机关追究刑事责任的不移交，情节严重的行为。本罪侵犯的客体是行政执法机关和司法机关的正常活动。客观方面表现为行政执法人员徇私舞弊，对依法应当移交司法机关追究刑事责任的不移交，情节严重的行为。本罪的犯罪主体是行政执法人员，包括在公安、工商、税务、海关、检

疫等行政机关中依法行使行政职权的国家机关工作人员。主观方面是故意,即在行政执法过程中,行为人明知其执法对象的行为依法应当移交司法机关追究刑事责任的不移交,会危害行政执法机关和司法机关的正常活动,仍然决意不移交,从而希望或者放任这种危害结果发生的心理态度。

依照《刑法》第402条的规定,犯本罪的,处3年以下有期徒刑或者拘役;造成严重后果的,处3年以上7年以下有期徒刑。

十四、滥用管理公司、证券职权罪

滥用管理公司、证券职权罪,是指国家有关主管部门的国家机关工作人员,徇私舞弊,滥用职权,对不符合法律规定条件的公司设立、登记申请或者股票、债券发行、上市申请,予以批准或者登记,致使公共财产、国家和人民利益遭受重大损失的行为。本罪的犯罪客体是国家管理公司登记和申请、股票和债券发行和上市的正常管理秩序。客观方面表现为国家有关主管部门的国家机关工作人员,徇私舞弊,滥用职权,对不符合法律规定条件的公司设立、登记申请或者股票、债券发行、上市申请,予以批准或者登记,致使公共财产、国家和人民利益遭受重大损失的行为。本罪的犯罪主体是国家有关主管部门的国家机关工作人员。本罪的犯罪主观方面是故意,且具有徇私的动机。

依照《刑法》第403条的规定,犯本罪的,处5年以下有期徒刑或者拘役。上级部门强令登记机关及其工作人员实施上述行为的,对其直接负责的主管人员,依照上述规定处罚。

十五、徇私舞弊不征、少征税款罪

徇私舞弊不征、少征税款罪,是指税务机关的工作人员徇私舞弊,不征或者少征应征税款,致使国家税收遭受重大损失的行为。本罪的犯罪客体是国家税收征管秩序。犯罪客观方面表现为税务机关的工作人员徇私舞弊,不征或者少征应征税款,致使国家税收遭受重大损失的行为。本罪的犯罪主体是税务机关的工作人员。本罪的犯罪主观方面是故意,且具有徇私的动机。

依照《刑法》第404条的规定,犯本罪的,处5年以下有期徒刑或者拘役;造成特别重大损失的,处5年以上有期徒刑。

十六、徇私舞弊发售发票、抵扣税款、出口退税罪

徇私舞弊发售发票、抵扣税款、出口退税罪,是指税务机关的工作人员违反法律、行政法规的规定,在办理发售发票、抵扣税款、出口退税工作中,徇私舞弊,致使国家利益遭受重大损失的行为。本罪的犯罪客体是国家发票、税收管理秩序。客观方面表现为税务机关的工作人员违反法律、行政法规的规定,在办理发售发票、抵扣税款、出口退税工作中,徇私舞弊,致使国家利益遭受重大损失的行为。主体是税务机关的工作人员。主观方面是故意,且具有徇私的动机。

依照《刑法》第405条的规定,犯本罪的,处5年以下有期徒刑或者拘役;致使国家利益遭受特别重大损失的,处5年以上有期徒刑。

十七、违法提供出口退税凭证罪

违法提供出口退税凭证罪，是指国家机关工作人员违反国家规定，在提供出口货物报关单、出口收汇核销单等出口退税凭证的工作中，徇私舞弊，致使国家利益遭受特别重大损失的行为。本罪的犯罪客体是国家税收管理秩序。客观方面表现为国家机关工作人员违反国家规定，在提供出口货物报关单、出口收汇核销单等出口退税凭证的工作中，徇私舞弊，致使国家利益遭受特别重大损失的行为。主体是税务机关以外的其他国家机关的工作人员。主观方面是故意，且具有徇私的动机。

依照《刑法》第405条的规定，犯本罪的，处5年以下有期徒刑或者拘役；致使国家利益遭受特别重大损失的，处5年以上有期徒刑。

十八、国家机关工作人员签订、履行合同失职被骗罪

国家机关工作人员签订、履行合同失职被骗罪，是指国家机关工作人员在签订、履行合同过程中，因严重不负责任被诈骗，致使国家利益遭受重大损失的行为。本罪的犯罪客体是国家机关的正常活动。客观方面表现为国家机关工作人员在签订、履行合同过程中，因严重不负责任被诈骗，致使国家利益遭受重大损失的行为。主体是国家机关的工作人员。主观方面是过失。在认定这类案件性质时，要注意区分本罪与签订、履行合同失职被骗罪的界限。区别就在于主体不同。本罪主体是国家机关工作人员，而后罪的主体为国有公司、企业、事业单位直接负责的主管人员。

依照《刑法》第404条的规定，犯本罪的，处3年以下有期徒刑或者拘役；致使国家利益遭受特别巨大损失的，处3年以上7年以下有期徒刑。

十九、违法发放林木采伐许可证罪

违法发放林木采伐许可证罪，是指林业主管部门的工作人员违反森林法的规定，超过批准的年采伐限额发放林木采伐许可证或者违反规定滥发林木采伐许可证，情节严重，致使森林遭受严重破坏的行为。本罪的犯罪客体是国家正常的林业管理活动。客观方面表现为林业主管部门的工作人员违反森林法的规定，超过批准的年采伐限额发放林木采伐许可证或者违反规定滥发林木采伐许可证，情节严重，致使森林遭受严重破坏的行为。主体是国家林业部门的工作人员。主观方面是故意。

依照《刑法》第407条的规定，犯本罪的，处3年以下有期徒刑或者拘役。

二十、环境监管失职罪

环境监管失职罪，是指负有环境保护监督管理职责的国家机关工作人员严重不负责任，导致发生重大环境污染事故，致使公私财产遭受重大损失或者造成人身伤亡的严重后果的行为。本罪的犯罪客体是国家正常的环境监管活动。客观方面表现为负有环境保护监督管理职责的国家机关工作人员严重不负责任，导致发生重大环境污染事故，致使公私财产遭受重大损失或者造成人身伤亡的严重后果的行为。主体是负有环境监督管理职责的国家机关的工作人员。主观方面是过失。

依照《刑法》第408条的规定，犯本罪的，处3年以下有期徒刑或者拘役。

二十一、食品监管渎职罪

食品监管渎职罪，是指负有食品安全监督管理职责的国家机关工作人员，滥用职权或者玩忽职守，导致发生重大食品安全事故或者造成其他严重后果的行为。本罪的犯罪客体是国家正常的食品安全监管活动。客观方面表现为有食品安全监督管理职责的国家机关工作人员，滥用职权或者玩忽职守，导致发生重大食品安全事故或者造成其他严重后果的行为。主体是负有食品安全监督管理职责的国家机关工作人员。主观方面可以是故意，也可以是过失。根据2014年2月20日最高人民检察院《关于印发第四批指导性案例的通知》，在食品安全监督管理存在渎职过程中受贿的，应当以食品监管渎职罪和受贿罪数罪并罚。

依照《刑法》第408条之一的规定，犯本罪的，处5年以下有期徒刑或者拘役；造成特别严重后果的，处5年以上10年以下有期徒刑。徇私舞弊犯本罪的，从重处罚。

二十二、传染病防治失职罪

传染病防治失职罪，是指从事传染病防治的政府卫生行政部门的工作人员严重不负责任，导致传染病传播或者流行，情节严重的行为。本罪的犯罪客体是国家正常的传染病防治管理活动。客观方面表现为从事传染病防治的政府卫生行政部门的工作人员严重不负责任，导致传染病传播或者流行，情节严重的行为。主体是从事传染病防治的政府卫生行政部门的工作人员。主观方面是过失。

依照《刑法》第409条的规定，犯本罪的，处3年以下有期徒刑或拘役。

二十三、非法批准征收、征用、占用土地罪

非法批准征用、占用土地罪，是指国家机关工作人员徇私舞弊，违反土地管理法规，滥用职权，非法批准征收、征用、占用土地，情节严重的行为。本罪的犯罪客体是国家正常的土地管理活动。客观方面表现为国家机关工作人员徇私舞弊，违反土地管理法规，滥用职权，非法批准征收、征用、占用土地，情节严重的行为。根据2001年8月31日全国人大常委会《关于<中华人民共和国刑法>第二百二十八条、第三百四十二条、第四百一十条的解释》，“违反土地管理法规”，是指违反土地管理法、森林法、草原法等法律以及有关行政法规中关于土地管理的规定。“非法批准征收、征用、占用土地”，是指非法批准征收、征用、占用耕地、林地等农用地以及其他土地。主体是国家机关工作人员。主观方面是故意。

依照《刑法》第410条的规定，犯本罪的，处3年以下有期徒刑或者拘役；致使国家或者集体利益遭受特别重大损失的，处3年以上7年以下有期徒刑。

二十四、非法低价出让国有土地使用权罪

非法低价出让国有土地使用权罪，是指国家机关工作人员徇私舞弊，违反土地管理法规，滥用职权非法低价出让国有土地使用权，情节严重的行为。本罪的犯罪客体是国家正常的土地管理活动。客观方面表现为国家机关工作人员徇私舞弊，违反土地管理法规，滥用职权非法低价出让国有土地使用权，情节严重的行为。主体是国家机关的工作人员。主观方面

是故意。

依照《刑法》第410条的规定，犯本罪的，处3年以下有期徒刑或者拘役；致使国家或者集体利益遭受特别重大损失的，处3年以上7年以下有期徒刑。

二十五、放纵走私罪

放纵走私罪，是指海关工作人员徇私舞弊，放纵走私，情节严重的行为。本罪的犯罪客体是国家海关的正常管理活动。客观方面表现为海关工作人员徇私舞弊，放纵走私，情节严重的行为。应予立案的情形根据2006年7月26日最高人民检察院《关于渎职侵权犯罪案件立案标准的规定》予以确定。主体是海关工作人员。主观方面是故意。关于本罪与走私犯罪的共犯的界限，关键在于海关工作人员与走私犯罪的行为人是否有共谋，如果两者同谋，在放纵走私过程总以积极的行为配合走私分子逃避海关监管或者放纵走私之后分得赃款的，应当以共同走私犯罪追究刑事责任。[①]

依照《刑法》第411条的规定，犯本罪的，处5年以下有期徒刑或者拘役；情节特别严重的，处5年以上有期徒刑。

二十六、商检徇私舞弊罪

商检徇私舞弊罪，是指国家商检部门、商检机构的工作人员徇私舞弊，伪造检验结果的行为。本罪的犯罪客体是国家正常的商检活动。客观方面表现为国家商检部门、商检机构的工作人员徇私舞弊，伪造检验结果的行为。主体是国家商检部门或者商检机构的工作人员。主观方面是故意。

依照《刑法》第412条的规定，犯本罪的，处5年以下有期徒刑或者拘役；造成严重后果的，处5年以上10年以下有期徒刑。

二十七、商检失职罪

商检失职罪，是指国家商检部门、商检机构的工作人员严重不负责任，对应当检验的物品不检验，或者延误检验出证、错误出证，致使国家利益遭受重大损失的行为。本罪的犯罪客体是国家正常的商检活动。客观方面表现为行为人严重不负责任，对应当检验的物品不检验，或者延误检验出证、错误出证，致使国家利益遭受重大损失的行为。主体是国家商检部门或者商检机构的工作人员。主观方面是过失。

依照《刑法》第412条的规定，犯本罪的，处3年以下有期徒刑或者拘役。

二十八、动植物检疫徇私舞弊罪

动植物检疫徇私舞弊罪，是指动植物检疫机关的检疫人员徇私舞弊，伪造检疫结果的行为。本罪的犯罪客体是国家正常的动植物检疫活动。客观方面表现为行为人徇私舞弊，伪造检疫结果的行为。主体是动植物检疫机关的检疫人员。主观方面是故意，且具有徇私的动机。

依照《刑法》第413条的规定，犯本罪的，处5年以下有期徒刑或者拘役；造成严重后果

①参见《最高人民法院、最高人民检察院、海关总署关于办理走私刑事案件适用法律若干问题的意见》(法〔2002〕139号)。

的,处5年以上10年以下有期徒刑。

二十九、动植物检疫失职罪

动植物检疫失职罪,是指动植物检疫机关的检疫人员严重不负责任,对应当检疫的检疫物不检疫或者延误检疫出证、错误出证,致使国家利益遭受重大损失的行为。本罪的犯罪客体是国家正常的动植物检疫活动。本罪的犯罪客观方面表现为行为人严重不负责任,对应当检疫的检疫物不检疫或者延误检疫出证、错误出证,致使国家利益遭受重大损失的行为。本罪的犯罪主体是动植物检疫机关的检疫人员。本罪的犯罪主观方面是过失。

依照《刑法》第413条第2款的规定,犯本罪的,处3年以下有期徒刑或者拘役。

三十、放纵制售伪劣商品犯罪行为罪

放纵制售伪劣商品犯罪行为罪,是指对生产、销售伪劣商品犯罪行为负有追究责任的国家机关工作人员,徇私舞弊,不履行法律规定的追究职责,情节严重的行为。本罪的犯罪客体是国家机关正常的商品管理活动。本罪的犯罪客观方面表现为对生产、销售伪劣商品犯罪行为负有追究责任的国家机关工作人员,徇私舞弊,不履行法律规定的追究职责,情节严重的行为。本罪的犯罪主体是对生产、销售伪劣商品犯罪行为负有追究责任的国家机关工作人员。本罪的犯罪主观方面是故意,且具有徇私的动机。

依照《刑法》第414条的规定,犯本罪的,处5年以下有期徒刑或者拘役。

三十一、办理偷越国(边)境人员出入境证件罪

办理偷越国(边)境人员出入境证件罪,是指负责办理护照、签证以及其他出入境证件的国家机关工作人员,对明知是企图偷越国(边)境的人员予以办理出入境证件的行为。本罪的犯罪客体是国家机关正常的国(边)境管理活动。客观方面表现为行为人对明知是企图偷越国(边)境的人员予以办理出入境证件的行为。主体是负责办理护照、签证以及其他出入境证件的国家机关工作人员。主观方面是故意。

依照《刑法》第415条的规定,犯本罪的,处3年以下有期徒刑或者拘役;情节严重的,处3年以上7年以下有期徒刑。

三十二、放行偷越国(边)境人员罪

放行偷越国(边)境人员罪,是指边防、海关等国家机关工作人员,对明知是偷越国(边)境的人员,予以放行的行为。本罪的犯罪客体是国家机关正常的国(边)境管理活动。客观方面表现为行为人对明知是偷越国(边)境的人员,予以放行的行为。主体是边防、海关等国家机关工作人员。主观方面是故意。

依照《刑法》第415条的规定,犯本罪的,处3年以下有期徒刑或者拘役;情节严重的,处3年以上7年以下有期徒刑。

三十三、不解救被拐卖、绑架妇女、儿童罪

不解救被拐卖、绑架妇女、儿童罪,是指对被拐卖、绑架的妇女、儿童负有解救职责的国

家机关工作人员，接到被拐卖、绑架的妇女、儿童及其家属的解救要求或者接到其他人的举报，而对被拐卖、绑架的妇女、儿童不进行解救，造成严重后果的行为。本罪的犯罪客体是国家机关的正常活动。客观方面表现为行为人接到被拐卖、绑架的妇女、儿童及其家属的解救要求或者接到其他人的举报，而对被拐卖、绑架的妇女、儿童不进行解救，造成严重后果的行为。本罪是纯正的不作为犯。主体是对被拐卖、绑架的妇女、儿童负有解救职责的国家机关工作人员。主观方面是故意。

依照《刑法》第416条第1款的规定，犯本罪的，处5年以下有期徒刑或者拘役。

三十四、阻碍解救被拐卖、绑架妇女、儿童罪

阻碍解救被拐卖、绑架妇女、儿童罪，是指负有解救职责的国家机关工作人员，利用职务阻碍解救的行为。本罪的犯罪客体是国家机关的正常活动。客观方面表现为负有解救职责的国家机关工作人员，利用职务阻碍解救的行为。主体是负有解救职责的国家机关工作人员。主观方面是故意。

依照《刑法》第416条的规定，犯本罪的，处2年以上7年以下有期徒刑；情节较轻的，处2年以下有期徒刑或者拘役。

三十五、帮助犯罪分子逃避处罚罪

帮助犯罪分子逃避处罚罪，是指有查禁犯罪活动职责的国家机关工作人员，向犯罪分子通风报信、提供便利，帮助犯罪分子逃避处罚的行为。本罪的犯罪客体是国家机关的正常活动。客观方面表现为有查禁犯罪活动职责的国家机关工作人员，向犯罪分子通风报信、提供便利，帮助犯罪分子逃避处罚的行为。主体是有查禁犯罪活动职责的国家机关工作人员。主观方面是故意。

应予追诉的情形根据2006年7月26日最高人民检察院《关于渎职侵权犯罪案件立案标准的规定》予以确定。根据有关司法解释，公安人员对盗窃、抢劫的机动车辆，非法提供机动车牌证或者为其取得机动车牌证提供便利，帮助犯罪分子逃避处罚的，以本罪论处[①]。

依照《刑法》第417条的规定，犯本罪的，处3年以下有期徒刑或者拘役；情节严重的，处3年以上10年以下有期徒刑。

三十六、招收公务员、学生徇私舞弊罪

招收公务员、学生徇私舞弊罪，是指国家机关工作人员在招收公务员、学生工作中徇私舞弊，情节严重的行为。本罪的犯罪客体是国家机关的正常活动。客观方面表现为国家机关工作人员在招收公务员、学生工作中徇私舞弊，情节严重的行为。主体是国家机关工作人员。本主观方面是故意，且具有徇私的动机。

依照《刑法》第418条的规定，犯本罪的，处3年以下有期徒刑或者拘役。

---

①参见1998年5月8日《最高人民法院、最高人民检察院、公安部、国家工商行政管理局关于依法查处盗窃、抢劫机动车案件的规定》(公通字〔1998〕31号)。

三十七、失职造成珍贵文物损毁、流失罪

失职造成珍贵文物损毁、流失罪，是指国家机关工作人员严重不负责任，造成珍贵文物损毁或者流失，后果严重的行为。本罪的犯罪客体是国家对珍贵文物的管理活动。客观方面表现为国家机关工作人员严重不负责任，造成珍贵文物损毁或者流失，后果严重的行为。应予立案的情形根据2006年7月26日最高人民检察院《关于渎职侵权犯罪案件立案标准的规定》予以确定。主体是国家机关工作人员。主观方面是过失。

依照《刑法》第419条的规定，犯本罪的，处3年以下有期徒刑或者拘役。

第三十章　军人违反职责罪

军人违反职责罪，实际上属于军事犯罪，同时也可归结为普通犯罪中的一种特殊犯罪。本类犯罪的结构在刑法分则中具有一定的特殊性，而且其内容也具有相对独立性。

第一节　军人违反职责罪概述

一、军人违反职责罪的概念和特征

军人违反职责罪，是指军人违反职责，危害国家军事利益，依照法律应当受刑罚处罚的行为。本类犯罪的主要特征是：

(1)本类犯罪侵犯的是国家的军事利益。所谓军事利益，是指国家的军事设施、军事装备、国防建设、武装斗争、军事后勤供给、军事技术研究等方面的利益。军事利益是直接关系着国家安危和人民幸福的利益，是国家最基本的利益；如果国家的军事利益受到侵害，就是国家本身受到威胁，则根本无法实现国家和人民的其他利益。所以，军事利益应当受到国家法律的保护。

(2)本类犯罪在客观方面表现为行为人实施了违反军人职责、危害国家军事利益的行为。所谓违反军人职责，是指行为人不遵守国家有关军事法规命令、条例等所确定的具体职责。这些职责有些是针对每个军人的、普遍性的职责，如《中华人民共和国兵役法》第7条规定“现役军人必须遵守军队的命令和条例，忠于职守，随时为保卫祖国而战斗。”有些是针对特定种类的军人作出的具体的规定，如《战斗条令》《舰艇条令》《飞行条令》等。所谓危害国家军事利益，是指行为人违反军人职责的行为导致了对国家军事利益的侵害。军人违反职责的行为，既可以表现为作为，也可以表现为不作为，前者如逃离部队罪、阻碍执行职务罪，后者如遗弃伤员罪、玩忽职守罪，也有的犯罪既可以由作为构成，也可以由不作为构成，如战时违抗作战命令罪与逃避、拒绝军事义务罪。法定的时间、地点是本类犯罪中某些犯罪构成的必要客观条件，如“战时”、“战场”是某些犯罪构成必须具备的因素。

(3)本类犯罪的主体为特殊主体，即军人。具体而言包括下列三类：第一，中国人民解放军和中国人民武装警察部队现役军人，包括中国人民解放军的现役军官、文职干部、士兵及具有军籍的学员和中国人民武装警察部队的现役警官、文职干部、士兵及具有军籍的学员。中国人民武装警察部队是我国武装力量的一部分，也采取兵役制，武警部队的官兵在服役期间享有军籍，履行军职。现役军人从公民被兵役机关正式批准入伍之日起始，至其为部队批准退役、退休、离休或被除名、开除之日为止。在军人服役期间犯军职罪而在退役、离役之后才发现的，在没有超过追诉时效的情况下，仍应按本类犯罪处理。第二，战时预备役人员，是指执行军事任务的预备役人员。根据《兵役法》的规定，预备役人员在战时拒绝、逃避征召或者军事训练，情节严重的，也可成为本类犯罪的主体。第三，其他军内在编职工，主要是指执行军事任务的其他军内人员。

(4)本类犯罪的主观方面主要为故意犯罪，少数可以由过失构成，有些犯罪还要求特定的目的，如战时自伤罪，必须以逃避作战义务为目的。

二、军人违反职责罪的种类

根据《刑法》第420至451条的规定，本章共规定了31种具体罪名。根据侵犯国家军事利益的不同方面，军人违反职责罪可划分为以下五类：

(1) 危害作战利益的犯罪。具体有9个：战时违抗命令罪，隐瞒、谎报军情罪，拒传、假传军令罪，投降罪，战时临阵脱逃罪，违令作战消极罪，拒不救援友邻部队罪，战时造谣惑众罪，战时自伤罪。

(2)违反部队管理制度的犯罪。具体有6个：擅离、玩忽军事职守罪，阻碍执行军事职守罪，指使部属违反职责罪，军人叛逃罪，逃离部队罪，私放俘虏罪。

(3)危害军事秘密的犯罪。具体有4个：非法获取军事秘密罪，为境外窃取、刺探、收买、非法提供军事秘密罪，故意泄露军事秘密罪，过失泄露军事秘密罪。

(4)危害部队物质保障的犯罪。具体有7个：武器装备肇事罪，擅自改变武器装备编配用途罪，盗窃、抢夺武器装备、军用物资罪，非法出卖、转让武器装备罪，遗弃武器装备罪，遗失武器装备罪，擅自出卖、转让军队房地产罪。

(5)侵犯部属、伤病军人、平民、俘虏利益的犯罪。具体有5个：虐待部属罪，遗弃伤病军人罪，战时拒不救治伤病军人罪，战时残杀居民、掠夺居民财物罪，虐待俘虏罪。

第二节　军人违反职责罪罪名分述

一、战时违抗命令罪

战时违抗命令罪，是指部属人员战时故意违背并抗拒执行上级的命令，对作战造成危害的行为。“战时”，是指国家宣布进入战争状态、部队受领作战任务或者遭敌突然袭击时。部队执行戒严任务或者处置突发性暴力事件时，以战时论。[①]本罪侵犯的客体是作战指挥秩序。本罪的客观方面表现为在战时对上级命令、指示故意违抗、拒不执行，并对作战造成危害的行为。违抗行为可以是作为，如进行与上级命令相悖的行动；也可以是不作为，如拒不执行救助伤员的命令等。对作战造成危害是指因为违抗作战命令导致扰乱了我军战斗部属、损失较大，或贻误了战机，从而给敌人以可乘之机，使部队造成较大损失的等。构成本罪，必须有对作战造成危害的后果。本罪的主体是军人。主观方面是故意，即行为人明知应该执行命令而故意不执行。

依照《刑法》第421条的规定，犯本罪的，处3年以上10年以下有期徒刑；致使战斗、战役遭受重大损失的，处10年以上有期徒刑、无期徒刑或者死刑。

①参见2013年2月26日最高人民检察院、原解放军总政治部《军人违反职责罪立案标准的规定》(政检[2013]1号)。

二、隐瞒、谎报军情罪

隐瞒、谎报军情罪，是指军人故意掩盖真实的军事情况不报告或者报告不真实的军事情况因而对作战造成危害的行为。本罪侵犯的客体是军情报告秩序。本罪在客观方面表现为隐瞒、谎报军情，对作战利益造成重大危害的行为。军情是指与军事特别是与作战有关的情况，如敌军的兵力、装备、部署、活动等情况，我军及友军的兵力、装备、部署、作战准备、战斗进展、战果战绩等情况，战区的地形、地貌、水文、气象等自然情况，以及与军事有关的政治、经济、科技等方面的情况等。军事情报机关搜集的情报，不论其内容与军事活动有无直接关系，都属军情。所谓隐瞒军情是指将按规定应该向上级报告的军情隐而不报，掩盖事实真象。所谓谎报军情是指违背客观事实，将编造或者篡改的军情向上级报告，欺骗上级。本罪是选择性罪名。隐瞒、谎报军情必须是对作战造成危害，才构成犯罪。本罪的主体为所有参战的军人，但主要是担负报告各种军事情况任务的通信、侦察、机要、监听、破译等人员。这些人员担负着向上级报告军情的特殊职责。其他军人在特殊情况下，也可成为本罪的犯罪主体。如担负警戒任务的哨兵，发现敌情故意隐瞒不报或者作虚假的报告，即属隐瞒、谎报军情。本罪在主观方面表现为故意。行为人因过失而谎报军情的，如果对作战危害十分严重，可按第425条擅离、玩忽军事职守罪论处。

依照《刑法》第422条的规定，犯本罪的，处3年以上10年以下有期徒刑；致使战斗、战役遭受重大损失的，处10年以上有期徒刑、无期徒刑或者死刑。所谓致使战斗、战役遭受重大损失，在司法实践中，主要是指造成我军人员重大伤亡，武器装备、军事设施和军用物资严重损失，直至战斗、战役失利，等等。

三、拒传、假传军令罪

拒传军令罪，是指军人在战时拒绝传递军令，或者假传军令，对作战造成危害的行为。本罪侵犯的客体是作战指挥秩序。客观方面表现为拒传或者假传军令，对作战造成危害的行为。军令是指与部队军事行动有关的命令，如人员配备，部队设防，担负的战备任务，进入或者解除等级战备，受领作战任务，部队开进、集结，兵力部署，火力配置，战斗编成，协同计划，保障方案等命令。本罪是选择性罪名。无论是拒传军令还是假传军令的行为，必须是对作战造成危害的，才构成犯罪。主体是特殊主体，即只能是负有传递军令职责的军人，如通信、机要员等。主观方面是故意，即行为人明知是应该传递的命令而拒绝传递，或者明知是虚假的军令而有意传递。

依照《刑法》第422条的规定，犯本罪的，处3年以上10年以下有期徒刑；致使战斗、战役遭受重大损失的，处10年以上有期徒刑、无期徒刑或者死刑。

四、投降罪

投降罪，是指军人在战场上，因贪生怕死、畏惧战斗，而自动放下武器，投降敌人的行为。本罪侵犯的客体是军人参战秩序和国防安全秩序。客观方面表现为在战场上自动放下武器向敌人投降的行为。“在战场上”与“战时”有所区别，前者强调的是敌我双方直接交战，彼此互有具体的作战行动，而后者仅说明是在战争时期，敌我双方不一定发生了直接的作战行动。主体为特殊主体，本罪主体必须是参战的军职人员，并是具有使用武器打击敌人的行为能力的人。主观方面是故意，即行为人明知自己的行为是放弃抵抗，向敌人投降的行为而有意为之。

依照《刑法》第423条的规定，犯本罪的，处3年以上10年以下有期徒刑；情节严重的，处10年以上有期徒刑或者无期徒刑；投降敌人后，为敌人效劳的，处10年以上有期徒刑、无期徒刑或者死刑。

五、战时临阵脱逃罪

战时临阵脱逃罪，是指军人在战时逃离战斗岗位或部队，逃避战场职责的行为。本罪侵犯的客体是战斗士气以及作战利益。客观方面表现为在战时临阵脱逃的行为。“战时”是本罪在客观方面的必备要件。所谓临阵脱逃，是指在战时擅自离开战斗岗位，应该投入战斗而拒不履行战斗义务。本罪无未遂，只要行为人临阵脱逃，即构成犯罪，所以如果行为人逃离后又归队的，仍然构成犯罪，其归队行为可以作为量刑情节予以考虑。主体是特殊主体，为参战的军职人员，包括直接参加战斗的军职人员，也包括参战的非直接战斗的军职人员，如医护、通讯、后勤人员等。主观方面是故意，即行为人明知应该参加战斗而有意逃避参加。

依照《刑法》第424条的规定，犯本罪的，处3年以下有期徒刑；情节严重的，处3年以上10以下有期徒刑；致使战斗、战役遭受重大损失的，处10年以上有期徒刑、无期徒刑或者死刑。

六、擅离、玩忽军事职守罪

擅离、玩忽军事职守罪，是指指挥人员或者值班、值勤人员，擅离职守或者玩忽职守，造成严重后果的行为。本罪侵犯的客体是指挥和值班、值勤秩序。客观方面表现为擅离职守或者玩忽职守，造成严重后果的行为。擅离职守是指行为人擅自离开正在履行职责的岗位。玩忽职守是指行为人在履行职责的岗位上，严重不负责任，不履行或者不正确履行职责。擅离职守或者玩忽职守的行为只有造成了严重后果，才能构成擅离、玩忽军事职守罪。本罪的主体为特殊主体，是军队中的指挥人员和值班、值勤人员。主观方面由过失构成。擅离职守的行为人对违反指挥和值班、值勤规章制度，擅离岗位的行为都是明知的，但对可能造成的危害后果却抱有侥幸心理，以为不会发生，所以属于过于轻信的过失犯罪。而玩忽职守则是因疏忽大意没有预见可能造成的危害后果，或者虽然已经预见但轻信能够避免，主观上存在疏忽大意或者过于轻信两种过失心理状态。

依照《刑法》第425条的规定，犯本罪的，处3年以下有期徒刑或者拘役；造成特别严重后果的，处3年以上7年以下有期徒刑；战时犯本罪的，处5年以上有期徒刑。

七、阻碍执行军事职务罪

阻碍执行军事职务罪，是指军人以暴力、威胁方法，阻挠军队指挥人员、值班人员、值勤人员执行职务的行为。本罪侵犯的客体是指挥和值班、值勤秩序。客观方面表现为行为人采用暴力或者威胁手段，阻碍军队指挥人员、值班、值勤人员执行职务的行为。本罪侵害的对象是正在执行职务的部队指挥人员或者值班、值勤人员。本罪属于行为犯。只要行为人实施了以暴力、威胁或其他方法阻碍执行职务的行为，就构成犯罪。本罪的主体为特殊主体，即军人。本罪的主观方面为故意。

依照《刑法》第426条的规定，犯本罪的，处5年以下有期徒刑或者拘役；情节严重的，处5以上10下有期徒刑；情节特别严重的，处10上有期徒刑或者无期徒刑。战时从重处罚。

八、指使部属违反职责罪

指使部属违反职责罪，是指滥用职权，指使部属进行违反职责的活动，造成严重后果的行为。本罪侵害的客体是正当行使指挥权的秩序。客观方面表现为滥用职权，指使部属进行违反职责的活动，造成严重后果的行为。所谓"滥用职权"，是指超越条例条令所规定的职责范围和权限，不正当地运用职务上的权力。所谓"指使部属进行违反职责的活动"，是指指使部属实施违反军人的共同职责、一般职责和专业职责的行为。这些违反职责的行为从其危害程度看，包括违反军纪的行为和一般违法行为，但不包括犯罪行为。主体是特殊主体，是军队中的各级首长和其他有权指挥他人的人员。主观方面是故意。

依照《刑法》第427条的规定，犯本罪的，处5年以下有期徒刑或者拘役；情节特别严重的，处5年以上10年以下有期徒刑。

九、违令作战消极罪

违令作战消极罪，是指指挥人员违抗命令，临阵畏缩，作战消极，造成严重后果的行为。本罪侵害的客体是军人参战秩序。客观方面表现为行为人违抗命令、临阵畏缩、作战消极，造成严重后果的行为，如在作战中故意违背、抗拒执行首长、上级的命令，面临战斗任务而畏难怕险，怯战殆战，行动消极，造成作战任务不能完成或者迟缓完成的。[①]在和平时期违抗上级某项命令的，一般按军纪处理，不构成本罪。临阵是指两种情况：一种是在战场上或战斗中；另一种情况是指部队虽然尚未进入战斗，但已受领战斗任务，正待命出击的场合下。本罪的主体为特殊主体。根据本条的规定，只有指挥人员才能成为本罪的主体。指挥人员是在部队对作战、训练、施工、抢险、救灾等活动及日常行政管理实施组织领导的人员。主观方面为故意。

依照《刑法》第428条的规定，犯本罪的，处5年以下有期徒刑，致使战斗、战役遭受重大损失的，或者有其他特别严重情节的，处5年以上有期徒刑。

十、拒不救援友邻部队罪

拒不救援友邻部队罪，是指在战场上明知友邻部队处境危急请求救援，能救援而不救援，致使友邻部队遭受重大损失的行为。本罪的客体是我军在战场上的友邻关系。客观方面表现为在战场上友邻部队处境危急请求救援，自己有条件组织部队前去救援而没有救援，致使友邻部队遭受重大损失的行为。主体是各级部队的指挥人员。主观方面是故意。

依照《刑法》第429条的规定，犯本罪的，处5年以下有期徒刑。

---

①参见2013年2月26日最高人民检察院、原解放军总政治部《军人违反职责罪立案标准的规定》第九条。

十一、军人叛逃罪

军人叛逃罪，是指军人在履行公务期间，擅离岗位，叛逃境外或者在境外叛逃，危害国家军事利益的行为。本罪侵害的客体是国家军事利益和国（边）境秩序。本罪在客观方面表现为在履行公务期间，擅离岗位，叛逃境外或者在境外叛逃的危害国家军事利益的行为。本罪主体是军人。构成本罪的行为人逃往的国家或者地区应属于非敌对性质的，如果逃往敌对国家或地区的，应当依照刑法第109条的投敌叛变罪论处；如果是擅离部队或者逾假不归，情节严重的，可按擅离军事职守罪、逃离部队罪等论处。主观方面是故意。

依照《刑法》第430条规定，犯本罪的，处5年以下有期徒刑或者拘役；情节严重的，处5年以上有期徒刑；驾驶航空器、舰船叛逃的，或者有其他特别严重情节的，处10年以上有期徒刑、无期徒刑或者死刑。

十二、非法获取军事秘密罪

非法获取军事秘密罪，是以窃取、刺探、收买方法，非法获取军事秘密的行为。本罪侵害的客体是军事秘密的安全。本罪的对象是国家军事秘密。军事秘密是国家秘密的重要组成部分，按其重要程度分为绝密、机密和秘密三级。本罪在客观方面表现为行为人必须具有以窃取、刺探、收买方法非法获取军事秘密的行为。窃取，是指行为人采取自认为不会被立即发觉的秘密方法，获取军事秘密的行为；刺探，是指行为人搜集、侦察、探听军事秘密的行为；收买是指军职人员以金钱或财物为交换形式，从他人那儿获取军事秘密的行为。主体为军人。主观方面是故意。

依照《刑法》第431条的规定，犯本罪的，处5年以下有期徒刑；情节严重的，处5年以上10年以下有期徒刑，情节特别严重的，处10年以上有期徒刑。

十三、为境外窃取、刺探、收买、非法提供军事秘密罪

为境外窃取、刺探、收买、非法提供军事秘密罪，是指窃取、刺探、收买、非法提供有关国家军事秘密。本罪侵害的客体是军事秘密的安全和国防安全。客观方面表现为行为人为境外的机构、组织、人员窃取、刺探、收买、非法提供军事秘密的行为。本罪属于选择性罪名。主体是特殊主体，即军人。主观方面是故意，即行为人明知是境外的机构、组织、人员而为其窃取、刺探、收买、非法提供军事秘密。

依照《刑法》第431条的规定，犯本罪的，处10年以上有期徒刑、无期徒刑或者死刑。

十四、故意泄露军事秘密罪

故意泄露军事秘密罪，是指违反保守国家秘密法规，故意泄露军事秘密，情节严重的行为。本罪侵犯的客体是军事秘密的安全。客观方面表现为违反保守国家秘密法规，故意泄露军事秘密的行为。主体是所有军人，即《刑法》第450条所规定的人员。既包括对军事秘密负有特殊保密义务的军人，如机要、通信、保密人员等，也包括所有了解军事秘密的普通军人，而且不论他们是通过职务活动了解的军事秘密，还是通过其他渠道了解的军事秘密。主观方面是故意。

依照《刑法》第432条的规定，犯本罪的，处5年以下有期徒刑或者拘役；情节特别严重的，处5年以上10年以下有期徒刑；战时犯本罪的，处5年以上10年以下有期徒刑；情节特别严重的，处10年以上有期徒刑或者无期徒刑。

十五、过失泄露军事秘密罪

过失泄露军事秘密罪，是指违反保守国家秘密法规，过失泄露军事秘密，情节严重的行为。本罪侵犯的客体是军事秘密的安全。客观方面表现为违反保守国家秘密法规，过失泄露军事秘密的行为。主体是军人。主观方面是过失。

依照《刑法》第432条的规定，犯本罪的，处5年以下有期徒刑或者拘役；情节特别严重的，处5年以上10年以下有期徒刑；战时犯本罪的，处5年以上10年以下有期徒刑；情节特别严重的，处10年以上有期徒刑或者无期徒刑。

十六、战时造谣惑众罪

战时造谣惑众罪，是指军人战时造谣惑众，动摇军心的行为。本罪的客体是战时宣传舆论秩序。客观方面表现为战时造谣惑众，动摇军心的行为。“招摇惑众，动摇军心”是指故意编造、散布谣言，煽动怯战、厌战或者恐怖情绪，蛊惑官兵，造成或者足以造成部队情绪恐慌、士气不振、军心涣散的行为。[①]主体是军人，包括参加作战的军职人员和非参战的军职人员。主观方面是故意，即行为人明知自己向他人散布的内容是虚假的而有意为之。

依照《刑法》第433条的规定，犯本罪的，处3年以下有期徒刑；情节严重的，处3年以上10年以下有期徒刑；情节特别严重的，处10年以上有期徒刑或者无期徒刑。

十七、战时自伤罪

战时自伤罪，是指军人在战时为逃避军事义务，自己故意伤害自己身体的行为。本罪侵犯的客体是军人参战秩序。客观方面表现为战时自伤身体，包括加重已有的伤害。主体是特殊主体，只能由军人构成。主观方面表现为故意，并且具有逃避军事义务的目的。

依照《刑法》第434条的规定，犯本罪的，处3年以下有期徒刑；情节严重的，处3年以上7年以下有期徒刑。

十八、逃离部队罪

逃离部队罪，是指符合义务兵条件的公民应征入伍后，违反兵役法规，逃离部队，拒绝履行军事义务，情节严重的行为。本罪侵犯的客体是国家的兵役秩序。客观方面表现为违反兵役法规，逃离部队，情节严重的行为。犯罪主体是特殊主体，即具有服兵役义务的现役军人，包括现役军官（警官）、文职干部、士兵和具有军籍的学员。主观方面是故意，并具有逃避服兵役的目的。

依照《刑法》第435条的规定，犯本罪的，处3年以下有期徒刑；战时犯本罪的，处3年以上7年以下有期徒刑。

---

①参见2013年2月26日最高人民检察院、原解放军总政治部《军人违法职责罪案件立案标准的规定》，第十六条。

十九、武器装备肇事罪

武器装备肇事罪，是指违反武器装备使用规定，情节严重，因而发生责任事故，致人重伤、死亡或者造成其他严重后果的行为。本罪侵犯的客体是武器装备的使用秩序。本罪侵犯的对象，是各种武器装备。客观方面表现为违反武器装备使用规定，情节严重，因而发生责任事故，致人重伤、死亡或者造成其他严重后果的行为。主体为特殊主体，即只有军人才能成为本罪主体。主观方面为过失。

依照《刑法》第436条的规定，犯本罪的，处3年以下有期徒刑或者拘役；后果特别严重的，处3年以上7年以下有期徒刑。

二十、擅自改变武器装备编配用途罪

擅自改变武器装备编配用途罪，是指违反武器装备管理规定，擅自改变武器装备的编配用途，造成严重后果的行为。本罪侵犯的客体是武器装备的管理秩序。客观方面表现为违反武器装备管理规定，擅自改变武器装备的编配用途，造成严重后果的行为。"擅自改变武器装备的编配用途"，主要指在管理、使用、操作武器装备的过程中，故意违反规定或操作规程，不按上级下发的编配范围、用途、管理权限、使用程序等规定，擅自改变武器装备固定的使用方法，如将坦克吊车用作给地方建筑队施工，将军用直升机用作商业宣传广告等。"造成严重后果"，主要是指武器装备毁损，人员伤亡，造成公私财产重大损失，影响部队执行重要任务。主体是军人。主观方面是过失，这里的过失，是指应当预见到自己违反武器装备管理规定改变武器装备编配用途的行为可能造成严重后果，由于疏忽大意而没有预见，或者已经预见而轻信能够避免，以致发生这种后果的主观心理状态。

依照《刑法》第437条的规定，犯本罪的，处3年以下有期徒刑或者拘役；造成特别严重后果的，处3年以上7年以下有期徒刑。

二十一、盗窃、抢夺武器装备、军用物资罪

盗窃、抢夺武器装备、军事物资罪，是指采取盗窃或者抢夺的方法，非法占有武器装备或者军事物资的行为。本罪的客体是部队武器装备、军用物资的所有权。客观方面表现为盗窃或者抢夺武器装备、军用物资的行为。盗窃、抢夺的对象是部队在编的、正在使用的和储存备用的武器装备或者军用物资，不包括已确定退役报废的武器装备、军用物资，因为退役报废的武器装备、军用物资已不能直接形成部队的战斗力。武器装备，是指直接用于实施和保障作战行动的武器、武器系统和军事技术器材。军用物资是指除武器装备以外，供军事上使用的其他物资，如被装、粮秣、油料、建材、药材等。本罪为选择性罪名。主体是军人。主观方面是故意，并且具有非法占有武器装备、军用物资的目的。

依照《刑法》第438条的规定，犯本罪的，处5年以下有期徒刑或者拘役；情节严重的，处5年以上10年以下有期徒刑；情节特别严重的，处10年以上有期徒刑、无期徒刑或者死刑。

二十二、非法出卖、转让武器装备罪

非法出卖、转让武器装备罪，是指违反军队武器装备管理规定，非法出卖、转让军队武器

装备的行为。本罪的客体是部队武器装备的管理秩序。客观方面表现为非法出卖、转让军队武器装备的行为。主体是军人。主观方面是故意。

依照《刑法》第439条的规定，犯本罪的，处3年以上10年以下有期徒刑；出卖、转让大量武器装备或者有其他特别严重情节的，处10年以上有期徒刑、无期徒刑或者死刑。

二十三、遗弃武器装备罪

遗弃武器装备罪，是指军职人员违抗命令，遗弃武器装备的行为。本罪的客体是部队武器装备的管理秩序。本罪遗弃的对象，一般是行为人依法持有或者有权管理的能供部队使用的武器装备，包括虽暂时损坏但是可以修复的武器装备。客观方面表现为违抗命令，遗弃武器装备的行为。违抗命令，是指下级部属违背上级首长的作战命令、指示。遗弃武器装备，不是指一般地将武器装备丢失，而是指负有履行保管武器装备的义务，有能力承担保管武器装备的能力而拒不履行保管义务，侵犯国家对于武器装备的管理规定。遗弃武器装备，既可以是作为犯罪，也可以是不作为犯罪，即行为人可能以不管不问的手段对武器装备不履行应尽的保管义务。主体是军人。主观方面是故意，即行为人明知是部队的武器装备，仍有意予以遗弃。

依照《刑法》第440条的规定，犯本罪的，处5年以下有期徒刑或者拘役；遗弃重要或者大量武器装备的，或者有其他严重情节的，处5年以上有期徒刑。

二十四、遗失武器装备罪

遗失武器装备罪，是指军职人员遗失武器装备，不及时报告或者有其他严重情节的行为。本罪侵犯的客体是武器装备的使用制度。犯罪对象，是各种武器装备。本罪客观方面表现为遗失武器装备，不及时报告或者有其他严重情节的行为。本罪的主体为特殊主体，即军人。主观方面为过失。

依照《刑法》第441条的规定，犯本罪的，处3年以下有期徒刑或者拘役。

二十五、擅自出卖、转让军队房地产罪

擅自出卖、转让军队房地产罪，是指违反规定，擅自出卖、转让军队房地产，情节严重的行为。本罪侵犯的客体是军队房地产管理制度。犯罪对象是军队房地产。客观方面表现为违反规定，擅自出卖、转让军队房地产，情节严重的行为。军队房地产是指由军队管理、使用的房屋及其附属设施、设备和土地、林木等。违反规定是指违反《内务条令》《中国人民解放军房地产管理条例》及其他有关军队房地产管理和使用的规定。擅自出卖、转让军队房地产行为，只有情节严重的，才能构成犯罪。主体是军队各单位的主管人员和有房地产管理职责的人员，属于特殊主体。主观方面是故意。

依照《刑法》第442条的规定，犯本罪的对直接责任人员，处3年以下有期徒刑或者拘役；情节特别严重的，处3年以上10年以下有期徒刑。

二十六、虐待部属罪

虐待部属罪，是指处于领导岗位的军职人员滥用职权，对部属进行精神上的折磨或肉体

上的摧残，情节恶劣，致人重伤或者造成其他严重后果的行为。本罪的客体是我军官兵一致的上下级关系和部属的人身权利。客观方面表现为滥用职权，虐待部属，致人重伤或者造成其他严重后果的行为。判断受虐待部属伤情轻重，一般依照刑法规定和司法部、最高人民法院、最高人民检察院、公安部拟定的《人体重伤鉴定标准》的有关规定，结合案件情况进行综合评价。主体是部队中的各级首长和有指挥权的人员，与侵害对象之间有指挥与被指挥的隶属关系。没有隶属关系的军人之间，一方凭借资历或其他有利条件，对另一方实施虐待，如老兵虐待新兵，不能以本罪论。主观方面是故意。

依照《刑法》第443条的规定，犯本罪的，处5年以下有期徒刑或者拘役；致人死亡的，处5年以上有期徒刑。

二十七、遗弃伤病军人罪

遗弃伤病军人罪，是指军职人员在战场上故意将我方伤病军人弃置不顾，情节恶劣的行为。本罪的客体是战场救护秩序。遗弃的对象必须是我方的伤病军人，不包括受伤、生病的俘虏。伤病军人不仅包括伤员，应包括因作战而患病的病员。客观方面表现为在战场上将伤病军人遗弃的行为。遗弃是指对有条件抢救的伤病军人弃置不顾不予抢救，一般表现为不作为的形式。在紧急情况下，对确实无条件把战场上的伤病军人抢救下来的，或者虽已抢救下来但由于客观条件的限制未予及时救助的，不应视为遗弃。遗弃行为必须发生在战场上。主体是军人。主观方面是故意，即行为人明知是伤病军人仍有意予以遗弃。

依照《刑法》第444条的规定，犯本罪的，对直接责任人员，处5年以下有期徒刑。

二十八、战时拒不救治伤病军人罪

战时拒不救治伤病军人罪，是指负有救护治疗责任的军职人员战时在救护治疗职位上，有条件救治而拒不救治危重伤病军人的行为。本罪侵犯的客体是我军的战场救护秩序。客观方面表现为战时在救治治疗职位上有条件救治而拒不救治危重伤病军人的行为。拒不救治的对象必须是我方的伤病军人。如果是受伤的俘虏，则不构成本罪。拒不救治是指对有条件救治的伤员弃置不顾不予抢救，一般表现为不作为的形式。主体为军队医务人员，一般是负有救护治疗职责的军职人员。主观方面是故意。

依照《刑法》第445条的规定，犯本罪的，处5年以下有期徒刑或者拘役；造成伤病军人重残、死亡或者有其他严重情节的，处5年以上10年以下有期徒刑。

二十九、战时残害居民、掠夺居民财物罪

战时残害居民、掠夺居民财物罪，是指战时在军事行动地区，残害无辜居民或者掠夺无辜居民财物的行为。本罪的客体是战时群众工作秩序。本罪的对象是战区无辜居民。战时在军事行动地区，通常又简称为“战区”。它既包括我军作战区域，也包括我军宣布的戒严区域。客观方面表现为战时在军事行动地区，残害无辜居民或者掠夺无辜居民财物的行为。残害往往包括一系列违法犯罪的行为，如殴打、体罚、虐待、焚烧、奸淫、杀伤等。掠夺财物包括抢劫、抢夺、敲诈勒索等。本罪是选择性罪名。主体是军人。主观方面是故意，即行为人明知自己的行为是残害无辜居民、掠夺无辜居民财物而仍然予以残害、掠夺。

依照《刑法》第446条的规定，犯本罪的，处5年以下有期徒刑；情节严重的，处5年以上10年以下有期徒刑；情节特别严重的，处10年以上有期徒刑、无期徒刑或者死刑。

三十、私放俘虏罪

私放俘虏罪，是指军职人员违反战场纪律，对被俘的敌方人员擅自放走的行为。本罪的客体是部队的俘虏管理秩序。本罪的犯罪对象必须是俘虏，即在战争或武装冲突部队被抓获的敌方的人员。如果仅为敌方的普通百姓，则不属本罪的犯罪对象。客观方面表现为私放俘虏的行为。私放俘虏的行为既可以发生在战时，也可以发生在战后，所以本罪没有限定为战时犯罪。主体为特殊主体，主要是对俘虏有管理责任的军职人员，也可以是其他军职人员。主观方面是故意。

依照《刑法》第447条的规定，犯本罪的，处5年以下有期徒刑；私放重要俘虏、私放俘虏多人或者有其他严重情节的，处5年以上有期徒刑。

三十一、虐待俘虏罪

虐待俘虏罪，是指军职人员对被我军俘获不再进行反抗的敌方人员，实施虐待，情节恶劣的行为。本罪的客体是俘虏管理秩序。本罪侵犯的对象必须是俘虏。客观方面表现为虐待俘虏的行为。虐待俘虏的行为既可以发生在战时，也可以发生在战后。主体是军人，在司法实践中，多为负有看押、管理俘虏职责的军人。主观方面是故意。

依照《刑法》第448条的规定，犯本罪的，处3年以下有期徒刑。

主要参考书目

1. 高铭暄、马克昌主编，赵秉志执行主编：《刑法学》（第八版），北京大学出版社、高等教育出版社2017年版。

2. 王作富主编：《刑法》（第六版），中国人民大学出版社2016年版。

3. 全国人大常委会法制工作委员会刑法室编著：《中华人民共和国刑法修正案（九）解读》，中国法制出版社2015年版。

4.陈兴良、张军、胡云腾主编：《人民法院刑事指导案例裁判要旨通纂》（上下卷），北京大学出版社2013年版。

5. 孙国祥主编：《刑法学》（第二版），科学出版社2012年版。

6. 张明楷著：《刑法学》，法律出版社2016年版。

7. 赵秉志主编：《当代刑法学》，中国政法大学出版社2009年版。